Schöningh

TEAM 9

Arbeitsbuch für Politik und Wirtschaft

Gymnasium
Nordrhein-Westfalen

Herausgegeben von:
Wolfgang Mattes

Erarbeitet von:
Karin Herzig und Wolfgang Mattes

www.schoeningh-schulbuch.de
Schöningh Verlag, Jühenplatz 1–3, 33098 Paderborn

Druck A 5 4 3 2 / Jahr 2019 18 17 16
Alle Drucke der Serie A sind im Unterricht parallel verwendbar.
Die letzte Zahl bezeichnet das Jahr dieses Druckes.

Umschlaggestaltung: Nora Krull, Bielefeld
Fotos: picture-alliance/dpa (U 1 links), action press (U 1 rechts), Metin Yilmaz (U 4)
Illustrationen: Reinhild Kassing, Kassel
Druck und Bindung: westermann Druck GmbH, Braunschweig

ISBN 978-3-14-023732-1

Inhaltsverzeichnis

3. Auf dem Weg zur Berufswahl
Wie sehen wir unsere eigene berufliche Zukunft?

4. Medien und Politik
Wie wichtig sind die Medien für uns und die Demokratie?

5. Die Bedeutung der sozialen Marktwirtschaft
Leistungen und Herausforderungen

6. Soziale Sicherung heute und morgen

Wie viel Schutz kann und soll der Staat den Menschen bieten?

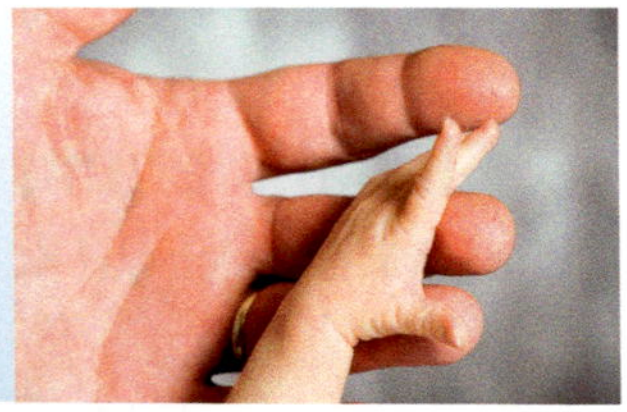

7. Wirtschaft und Umwelt

Gibt es Wege zur Vereinbarkeit von Ökonomie und Ökologie?

8. Grund- und Menschenrechte

Welche Bedeutung haben sie für uns?

9. Globalisierung
Wie wirkt sie sich auf Kultur, Wirtschaft und Politik aus?

10. Die Europäische Union – Erfolge, Krisen und Herausforderungen
Wie sehr brauchen wir das vereinte Europa?

11. Friedenssicherung als Aufgabe internationaler Politik
Welche Chancen gibt es für eine friedlichere Welt?

Methodenkarten

Verzeichnis der Seiten

Infoseiten

Verzeichnis der Seiten

Warum sind Kompetenzen so wichtig?

Das Foto zeigt Schülerinnen und Schüler einer zehnten Klasse während einer Präsentation vor Publikum zum Thema *Jugend und Politik*. In der Vorbereitung haben sie sich in das Thema eingearbeitet und eine Befragungsaktion in ihrer Schule durchgeführt. Auf die Präsentation haben sie sich vorbereitet, indem sie den Vortrag untereinander aufgeteilt und Folien mit PC gestaltet haben. Vor dem Auftritt vor Publikum übten sie den Vortrag in ihrer Gruppe. Während der Präsentation sind alle konzentriert und hoch motiviert. Damit haben diese Schülerinnen und Schüler einen Weg gefunden, ihre persönlichen Kompetenzen zu entwickeln.

Kompetenz kann mit *Befähigung* übersetzt werden. Kompetent sein bedeutet, dass man in und außerhalb der Schule von seinen erlernten Fähigkeiten Gebrauch machen kann, von seinem Wissen, seinem Können, seiner Fähigkeit, sich ein eigenes Urteil zu bilden und mit anderen in Teams zusammenzuarbeiten.

Die Schülerinnen und Schüler, die man auf dem Foto sieht, waren stolz, nachdem sie einen Applaus für ihre Präsentation bekamen. Kompetenz schafft Selbstvertrauen. Sie ist etwas, was jeder Mensch sich wünscht.

Dieses Buch soll euch dabei helfen, für wichtige Themen aus Politik und Wirtschaft in eurer Kompetenzentwicklung Schritt für Schritt voranzuschreiten.

Auf vielen Seiten werdet ihr die abgebildete Kompetenzampel entdecken. Die vier Farben stehen für vier unterschiedliche Kompetenzbereiche. Je nachdem, welche Farbe aufleuchtet, seht ihr sofort, was der Schwerpunkt des Lernens sein wird. Mit dem Kunstwort *Smuh* könnt ihr euch die Reihenfolge der Kompetenzen von oben nach unten einprägen.

Sachkompetenz

Man arbeitet sich in neue Themengebiete ein, erwirbt neues Wissen und ist in der Lage, es anzuwenden.

Methodenkompetenz

Man übt das eigenverantwortliche Lernen, in dem man alleine oder in Teams die Fähigkeiten trainiert, die einem bei der Bewältigung von Lernanforderungen nützlich sind.

Urteilskompetenz

Man schult sie, indem man sich darin übt, einen mit überzeugenden Argumenten begründeten Standpunkt zu den umstrittenen Themen in der Demokratie zu formulieren.

Handlungskompetenz

Auf der Basis von erworbenem Wissen und erworbenen Fähigkeiten übt man sich darin, seine Fähigkeiten im aktiven Tun anzuwenden – zum Beispiel in der Zusammenarbeit mit anderen in Rollen- und Planspielen oder auch bei Erkundungen und in anderen Übungsfeldern außerhalb des Unterrichts.

Wiederkehrende Elemente in TEAM

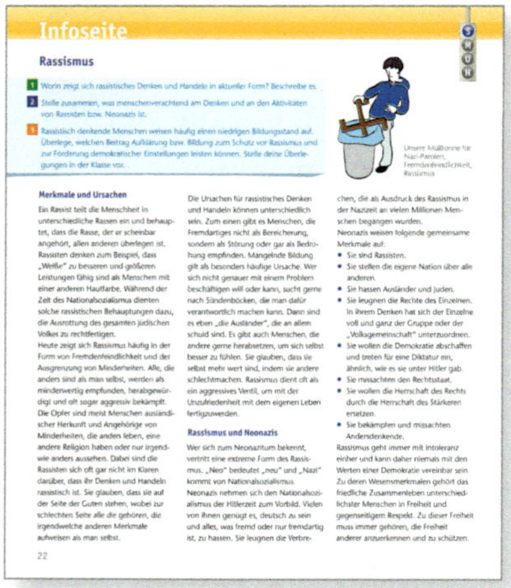

Infoseiten

Hier informierst du dich über bedeutsame Themen des Faches.

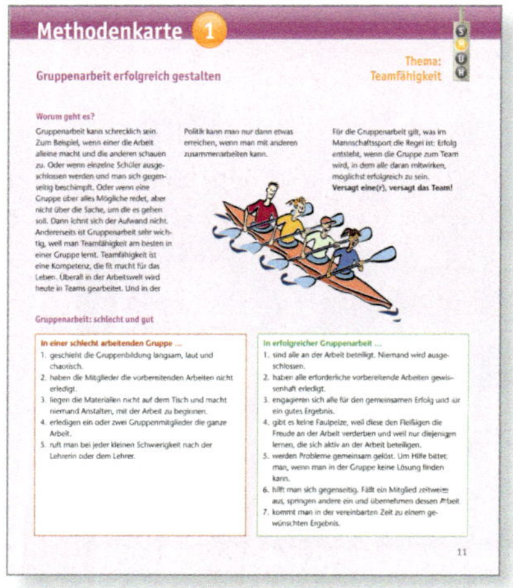

Methodenkarten

Hier bekommst du Hilfen und Regeln zur Durchführung wichtiger Methoden.

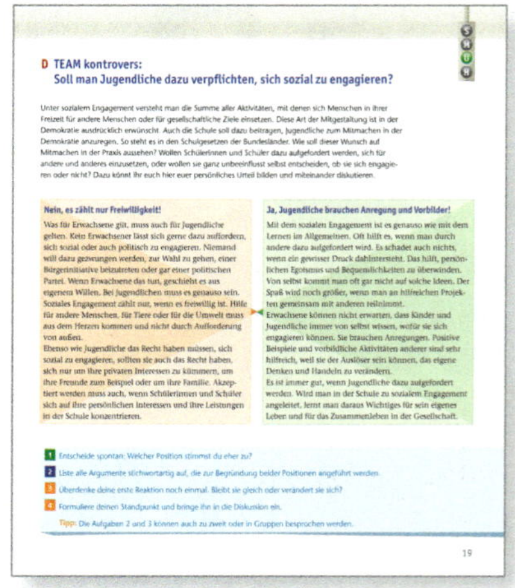

TEAM kontrovers

Auf diesen Seiten werden unterschiedliche Ansichten zu umstrittenen Themen aus Politik und Wirtschaft angeboten. Sie sollen zur persönlichen Urteilsbildung beitragen.

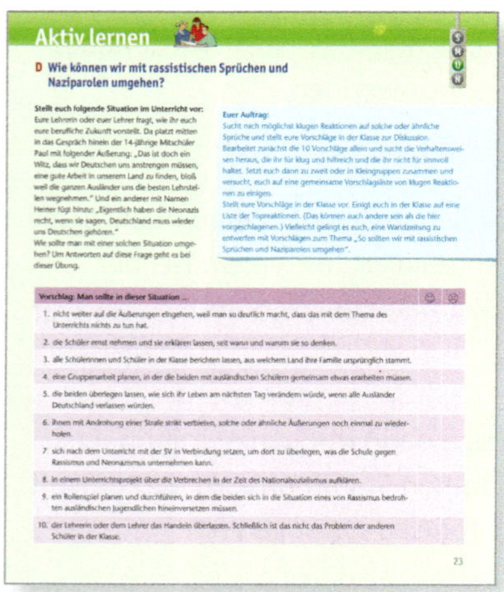

Aktiv lernen

Hier hast du die Gelegenheit, Aufgabenstellungen eigenverantwortlich zu bearbeiten – mal allein, oft zu zweit oder in Gruppenarbeit.

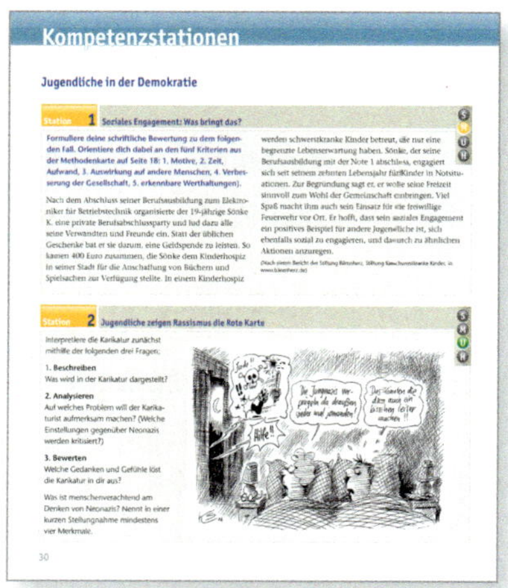

Kompetenzstationen

Hier wiederholst du das Gelernte mithilfe von interessanten Aufgaben zu den einzelnen Unterkapiteln.

Die durchnummerierten Arbeitsaufträge zu den Materialien in diesem Buch haben unterschiedliche Funktionen. Wir haben ihnen unterschiedliche Farben zugeordnet.

1 Mit den grünen Aufgaben könnt ihr testen, ob ihr euch Wichtiges aus dem Inhalt des gelesenen Materials merken konntet.

2 Mit den blauen Aufgaben könntet ihr euch mit einzelnen Aspekten des Themas genauer auseinandersetzen. Wenn es mehrere davon gibt, könnt ihr auch eine Auswahl treffen oder die Arbeit aufteilen.

3 Die orangenen Aufträge erfordern etwas mehr an eigenem Nachdenken. Das heißt aber nicht, dass ihr davor zurückschrecken solltet. Oft hilft es, wenn man sie in Partner- oder Gruppenarbeit gemeinsam bearbeitet.

Methodenkarte 1

S M U H

Gruppenarbeit erfolgreich gestalten

Thema: Teamfähigkeit

Worum geht es?

Gruppenarbeit kann schrecklich sein. Zum Beispiel, wenn einer die Arbeit alleine macht und die anderen schauen zu. Oder wenn einzelne Schüler ausgeschlossen werden und man sich gegenseitig beschimpft. Oder wenn eine Gruppe über alles Mögliche redet, aber nicht über die Sache, um die es gehen soll. Dann lohnt sich der Aufwand nicht. Andererseits ist Gruppenarbeit sehr wichtig, weil man Teamfähigkeit am besten in einer Gruppe lernt. Teamfähigkeit ist eine Kompetenz, die fit macht für das Leben. Überall in der Arbeitswelt wird heute in Teams gearbeitet. Und in der Politik kann man nur dann etwas erreichen, wenn man mit anderen zusammenarbeiten kann.

Für die Gruppenarbeit gilt, was im Mannschaftssport die Regel ist: Erfolg entsteht, wenn die Gruppe zum Team wird, in dem alle daran mitwirken, möglichst erfolgreich zu sein.
Versagt eine(r), versagt das Team!

Gruppenarbeit: schlecht und gut

In einer schlecht arbeitenden Gruppe …

1. geschieht die Gruppenbildung langsam, laut und chaotisch.
2. haben die Mitglieder die vorbereitenden Arbeiten nicht erledigt.
3. liegen die Materialien nicht auf dem Tisch und macht niemand Anstalten, mit der Arbeit zu beginnen.
4. erledigen ein oder zwei Gruppenmitglieder die ganze Arbeit.
5. ruft man bei jeder kleinen Schwierigkeit nach der Lehrerin oder dem Lehrer.

In erfolgreicher Gruppenarbeit …

1. sind alle an der Arbeit beteiligt. Niemand wird ausgeschlossen.
2. haben alle erforderliche vorbereitende Arbeiten gewissenhaft erledigt.
3. engagieren sich alle für den gemeinsamen Erfolg und für ein gutes Ergebnis.
4. gibt es keine Faulpelze, weil diese den Fleißigen die Freude an der Arbeit verderben und weil nur diejenigen lernen, die sich aktiv an der Arbeit beteiligen.
5. werden Probleme gemeinsam gelöst. Um Hilfe bittet man, wenn man in der Gruppe keine Lösung finden kann.
6. hilft man sich gegenseitig. Fällt ein Mitglied zeitweise aus, springen andere ein und übernehmen dessen Arbeit.
7. kommt man in der vereinbarten Zeit zu einem gewünschten Ergebnis.

1 Jugend und gesellschaftliches Engagement

In Brandenburg trafen sich im Sommer 2013 etwa 400 Jugendliche in einem Ferienzeltlager. Dabei hatten sie die Gelegenheit, in Workshops zu überlegen, wie sie sich für Toleranz und Demokratie und gegen Rassismus und Fremdenfeindlichkeit stark machen können.

Wofür setzen wir uns ein?

1. Allein nachdenken

Wie gefällt dir die Idee, an einem Zeltlager teilzunehmen, in dem Jugendliche deines Alters über das Mitmachen in der Demokratie diskutieren?

2. Zu zweit beraten

Welche Beispiele jugendlichen Engagements kennt ihr aus eigener Erfahrung oder aus Erzählungen anderer?

3. In der Klasse sammeln

Viele Erwachsene wünschen sich, dass junge Leute sich gegen Rassismus und für Demokratie engagieren. Was können Gründe dafür sein?

Im Verlauf dieses Kapitels könnt ihr …

- Beispiele jugendlichen Engagements untersuchen und beurteilen,
- diskutieren, ob Erwachsene Jugendliche auffordern sollen, sich sozial zu engagieren,
- begründen, warum Rassismus menschenverachtend ist,
- überlegen, wie man mit rassistischen Sprüchen und Naziparolen umgehen soll,
- Ansichten über Mängel und Vorzüge der Demokratie untersuchen und bewerten.

Eigene Schwerpunkte könnt ihr setzen, indem ihr …

- Interviews mit Personen führt, die sich sozial engagieren,
- im Internet Filmbeiträge zum Thema der Unterrichtsreihe recherchiert und vorstellt,
- an einer Umfrage unter Mitschülerinnen und Mitschülern teilnehmt.

1 Soziales Engagement: Bringt das was?

Aktivitäten Jugendlicher anhand von Kriterien bewerten

Man opfert Zeit und bekommt kein Geld, wenn man sich ehrenamtlich für eine Sache oder ein Problem in der Gesellschaft engagiert. Trotzdem sind viele Jugendliche bereit dazu. Wie wichtig ist das? Wie bewertet ihr, was andere tun? Das sind Fragen, mit denen ihr euch in dieser Einheit auseinandersetzen könnt.

A Jugendliche berichten: „Wir tun was!"

Schon als Kind gründete Felix Finkbeiner die Internetplattform Plant-for-the-Planet. Lena Scheifgen gehört dem Weltvorstand des Aktionsbündnisses an. Zum Zeitpunkt des Interviews sind die beiden Gymnasiasten 15 Jahre alt.

Wie war das, als Kind eine eigene Organisation zu gründen? Hattest du nie das Gefühl, dass du das noch gar nicht kannst?

Felix: Ich wollte am Anfang auch gar keine Organisation gründen. Gregor und Sascha, zwei Abiturienten im Nachbarort, erfuhren von der Idee. Sie erstellten mit mir eine Website und luden die Medien zur Pflanzung des ersten Baumes an unserer Schule ein. Ein Radiosender und eine Zeitung berichteten. Schnell schlossen sich andere Kinder und Jugendliche aus anderen Städten an. […]

Wann hast du, Lena, von Plant-for-the-Planet erfahren? Wie bist du dazu gekommen, dort mitzumachen?

Lena: Ich habe in der Schule, in der 8. Klasse, über einen Akademieflyer von Plant-for-the-Planet erfahren und habe, ohne wirklich zu wissen, worum es geht, mitgemacht. Der Flyer hat sich interessant angehört und mich hat das Thema Klimakrise angesprochen. Außerdem fand ich es gut, dass auch Kinder und Jugendliche aktiv werden und versuchen, durch das Bäumepflanzen und durch Vorträge etwas zu verändern, da auch ich das Gefühl hatte, dass die Politik und die Erwachsenen es nicht schaffen werden, wirklich etwas gegen die Klimakrise und für unsere Zukunft zu tun.

Was ist das Wichtigste, das ihr durch euer Engagement gelernt habt?

Felix: Alleine habe ich nur ein paar Hundert Bäume gepflanzt, aber zusammen haben wir, natürlich auch mithilfe vieler Erwachsener, in nur sechs Jahren 12,6 Milliarden neue Bäume gepflanzt. Das ist vielleicht die wichtigste Erkenntnis. Wir Kinder müssen unsere Zukunft in die eigenen Hände nehmen. Wir stehen erst am Anfang. 1992 hat Severn Suzuki mit vierzehn auf der UN-Nachhaltigkeitskonferenz gesprochen. Ihre Rede hat in zwanzig Jahren zwanzig Millionen Klicks auf YouTube erreicht. Heute schafft es ein gutes Video in zwei Tagen auf zwanzig Millionen Klicks. Die sozialen Medien helfen uns.

Lena: Bei jeder Aktion und bei jeder Veranstaltung lernen wir neue Leute kennen, und jede Veranstaltung ist anders, sodass wir immer neue Erfahrungen sammeln können. Ich bin durch mein Engagement viel selbstbewusster und selbstständiger geworden. Außerdem habe ich viel im Umgang mit Menschen gelernt.

(Aus: Meike Blatzheim, Beatrice Wallis: Jetzt tu ich was – Von der Lust, die Welt zu verändern, Beltz Verlag, Weinheim/Basel 2013, S. 78 ff.)

1 Findest du gut, was die beiden machen? Äußere dich spontan zum Interview.

2 Welche Gründe nennen die beiden für ihr Engagement? Sammelt sie.

B Zahlen, Ziele und Motive

34 Prozent aller Jugendlichen in Deutschland geben an, dass sie „oft" für andere aktiv sind. Das ist eines der Ergebnisse aus der 17. Shell Jugendstudie aus dem Jahr 2015. Insgesamt ist die Bereitschaft zum sozialen Engagement damit leicht rückläufig. 2010 lag der Anteil noch bei 39 Prozent. Der Rückgang ist nach Ansicht der Forscherinnen und Forscher aber nicht auf ein schwindendes Interesse zurückzuführen. Es mangele vielmehr den Jugendlichen an der dafür notwendigen Zeit und das liege daran, dass die Anforderungen in der Schule und in der Ausbildung im Vergleich zu früher größer geworden ist.

Aus einem Interview der Wochenzeitung „Die Zeit" mit Heinz Reinders, Professor für Bildungsforschung an der Universität Würzburg.

DIE ZEIT: Haben Jugendliche überhaupt noch Zeit, sich sozial zu engagieren?

Heinz Reinders: Das war einer der überraschenden Befunde:
Fast 50 Prozent der 2 400 Jugendlichen im Alter zwischen 14 und 15 Jahren, die wir befragt haben, haben sich in den letzten zwölf Monaten ehrenamtlich engagiert. Sie waren dabei rund 22 Stunden im Monat aktiv. 47 Prozent gaben an, dass sie schon länger als ein Jahr engagiert sind. […]

DIE ZEIT: In welchen Bereichen spielt sich das Engagement ab?

Reinders: Die Schüler engagieren sich in der Kirche um die Ecke, bereiten Kindergottesdienste vor oder sind in der Schule oder in Sportvereinen aktiv, in denen sie ohnehin schon selbst Sport treiben. Die Alltagsnähe ist eine wichtige Voraussetzung für das soziale Engagement. Niemand würde dafür 60 Kilometer mit dem Auto fahren.

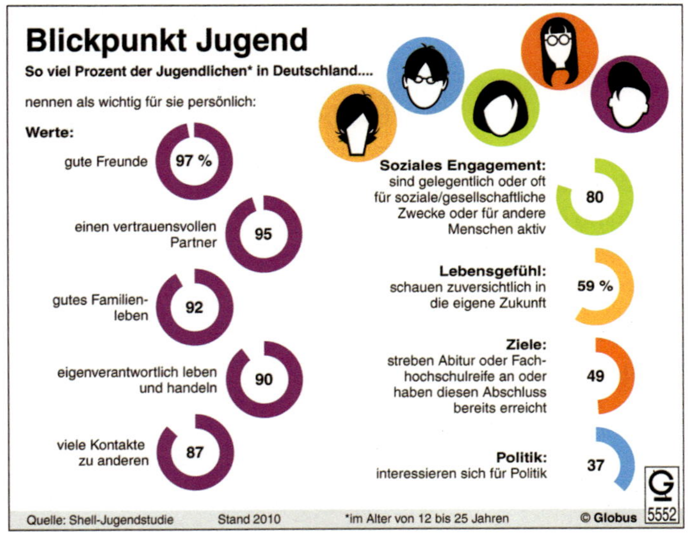

DIE ZEIT: Sie versuchen mit Ihrer Studie auch einen Zusammenhang zwischen Ehrenamt und politischem Engagement herzustellen. Hängt die Entscheidung, später wählen zu gehen, wirklich davon ab, ob einer mal Kindergottesdienste vorbereitet hat?

Reinders: Einen direkten Zusammenhang nehmen wir gar nicht an. Viel spannender ist die Entwicklung, die dahintersteht. Wer sich sozial engagiert, erlebt eine Selbstwirksamkeit, spürt, dass es möglich ist, im Kleinen die Gesellschaft zu verändern. Die meisten Jugendlichen sagen, sie finden ihre Aufgabe sinnvoll, und haben das Gefühl, etwas zu bewirken. Auf diese Weise erleben sie sich als jemanden, der in der Gesellschaft einen Beitrag leistet, und Stück für Stück fangen sie an, sich als Teil dieser Gesellschaft zu begreifen – mit bestimmten Verantwortlichkeiten, die sich daraus ergeben. Von diesem Bewusstsein ist es nur noch ein kleiner Schritt, sich auch politisch zu beteiligen.

(Aus: Jeannette Otto: Ehrenamt bewegt was, in: Wochenzeitung „Die ZEIT" Nr. 29, 2011)

3 Wofür setzen sich Jugendliche ein? Nenne die Bereiche, die in den Textauszügen genannt sind.

4 Fasse das Schaubild mit eigenen Worten zusammen. Beachte dabei besonders die Aussagen zu Werten und zu sozialem Engagement.

5 Welche Fakten oder Zahlenangaben in den Materialien dieser Seite empfindest du als so interessant und wichtig, dass du sie dir merken möchtest? Notiere sie und stelle sie vor.

6 „Wer sich sozial engagiert, spürt, dass es möglich ist, die Gesellschaft zu verändern." Nimm Stellung zu dieser Aussage und tausche dich mit anderen darüber aus.

C Ist das vorbildlich, was diese Jugendlichen tun?

Drei Beispiele jugendlichen Engagements werden auf den folgenden beiden Seiten vorgestellt. Sie können in Dreiergruppen bearbeitet werden.
Teilt dazu die Arbeit auf. Jedes Gruppenmitglied bearbeitet ein Beispiel und bewertet es anhand der fünf Kriterien aus der Methoden-Karte auf der folgenden Seite. Fälle und Bewertungen werden dann der Reihe nach in den Gruppen vorgestellt und besprochen.

Beispiel 1: Schülerinnen besuchen Senioren

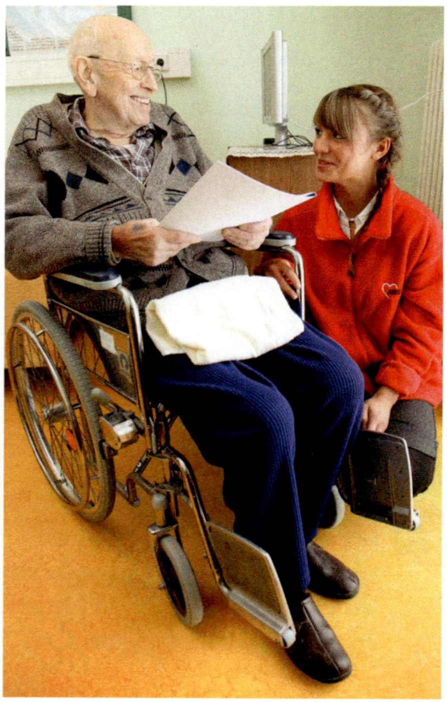

An mindestens einem Nachmittag in der Woche nehmen sich Paulina, Lara, Alicia, Jennifer, Juliana und Line Zeit für die Bewohner des Josef-Hauses an der Krahenhöhe. […] 2010 kooperierte die Einrichtung mit der August-Dicke-Schule. In der AG „Mixed Generations“ haben Schüler der Schule Spiele-Nachmittage für die Senioren organisiert. Aufgrund von Umbauarbeiten im Josef-Haus im Jahr 2011 konnte die AG nicht fortgeführt werden – Paulina, Alicia und Lara blieben dem Heim aber treu und spielen seitdem wöchentlich „Stadt-Land-Fluss“ mit den Bewohnern, klönen mit ihnen oder unternehmen Spaziergänge mit den Senioren. „Wir führen tolle Gespräche mit den Senioren und man bekommt auch viel zurück“, findet Schülerin Lara. „Man bekommt eine andere Einstellung gegenüber älteren Menschen und Altenheimen“, ergänzt Alicia.
Jennifer Brylla besucht die städtische Gesamtschule und hat das Josef-Haus durch ein Praktikum kennengelernt. Seit Mai betreut sie zwei Bewohner individuell. „Die Arbeit macht mir sehr viel Spaß!“, verrät die 16-Jährige.
Die jüngsten Ehrenämtler sind Juliana Bialuch und Line Bojarski. Die beiden Zwölfjährigen überraschen die Bewohner jede Woche mit frischen Waffeln. „Am schönsten ist es, wenn uns die Bewohner wiedererkennen“, findet Line.

(Aus: Ann-Christin Stosberg: Schüler helfen in Altenheim, in: Solinger Tageblatt vom 18.09.2014, im Internet unter www.solinger-tageblatt.de; Zugriff: 16.06.2015, © Solinger Tagblatt)

Beispiel 2: Johannes unterstützt das Jugendrotkreuz

Johannes (17) engagiert sich schon seit mehreren Jahren. Der Gymnasiast ist auch Schülersprecher an seiner Schule.

Nach einer Operation habe ich mein Interesse am Helfen entdeckt. Und schon in der Klinik wollte ich immer wissen, was die Ärzte da an mir machen. Ungefähr ein Jahr später entdeckte ich ein Angebot, das Sommerferienprogramm „Ein Nachmittag beim Roten Kreuz“. Dort wollte ich unbedingt hin. An diesem Nachmittag wurde mein Interesse am Helfen noch größer. Ich lernte, wie man jemanden richtig verbindet, wie man jemandem hilft, der sich am Rücken verletzt hat, und wie man ein Funkgerät bedient. […]
Nach den Sommerferien habe ich dann einmal wöchentlich das Jugendrotkreuz besucht und mache das noch heute so. Seitdem lerne ich, wie ich Menschen in Notlagen helfen kann, aber auch Dinge, die nichts mit Erster Hilfe zu tun haben, sondern eher mit

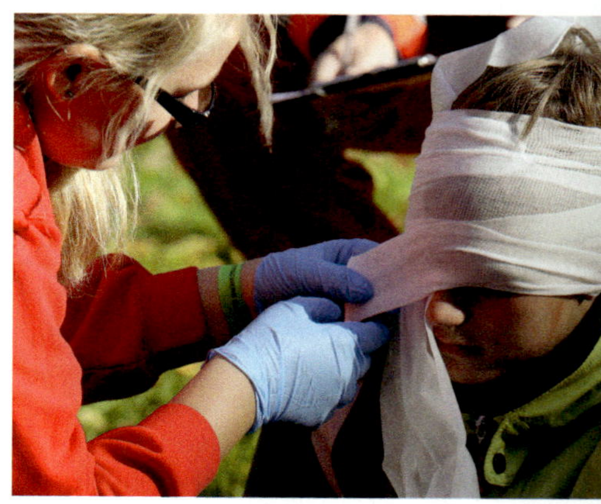

Im Jugendrotkreuz steht das Engagement für Menschen in Not im Vordergrund, z. B. wirst du dort in Erster Hilfe ausgebildet.

sozialem Engagement. Themen wie Logistik im Einsatz oder Aufbau eines Behandlungsplatzes kommen auch nicht zu kurz.
Diese Vielseitigkeit macht die Arbeit beim Roten Kreuz erst so richtig interessant.

Heute leitest du selbst eine Jugendgruppe. Seit wann machst du das und wie sieht ein typisches Treffen mit der Gruppe aus?

Einmal wöchentlich trifft sich die Gruppe für 75 Minuten im Rot-Kreuz-Haus. Meine Gruppenleiterkollegin und ich bringen den Jugendrotkreuzlern bei, wie sie verletzten Personen helfen können, indem sie ihnen Verbände anlegen oder sie betreuen. [...] Was bei unseren Treffen natürlich auch nicht zu kurz kommen darf, sind Spiel und Spaß. So schauen wir Gruppenleiter, dass wir die Themen so spannend und lustig aufbereiten, dass die Jugendlichen auch gerne wiederkommen.

Hast du durch dein ehrenamtliches Engagement etwas Besonderes erfahren oder gelernt?

Viele, vor allem erwachsene Menschen freuen sich darüber, dass es noch Jugendliche gibt, denen das soziale Engagement am Herzen liegt und die sich für ihre Mitbürger einsetzen.

Beispiel 3: Mit Greenpeace, um die Welt zu retten

Hannah M. erzählt:
In einer Zeit, in der es mir in meinem sozialen Umfeld nicht so gut ging, damals war ich 15 Jahre alt, war ich auf der Suche nach Veränderung, nach etwas Neuem. Ich habe lange überlegt, was das sein könnte. Aufgrund meines Interesses an der Umwelt informierte ich mich im Internet über die verschiedenen Umweltorganisationen. Die Greenpeace-Jugend sprach mich sofort an. Ich schickte eine E-Mail an die Gruppe und wurde zum nächsten Treffen eingeladen. Vom allerersten Treffen an fühlte ich mich aufgenommen, und so kam es, dass ich dort aktiv wurde. Nach einem halben Jahr wurde dann ein neuer Ansprechpartner oder eine neue Ansprechpartnerin für unsere Jugend-AG (JAG) gesucht, wobei die Wahl auf mich fiel. [...]

Was macht ihr in eurer Gruppe?

In unserer JAG beschäftigen wir uns mit den verschiedenen Greenpeace-Themen, wie zum Beispiel Energie, Meere, Klima, Wälder, Ernährung und Konsum, Gentechnik und Öl. Wir informieren uns über diese Bereiche und tauschen uns aus. [...]
Die gesamte Themenpalette, für die sich Greenpeace einsetzt, liegt uns am Herzen, da wir für unsere Welt Verantwortung tragen und aktiv unseren Beitrag dazu leisten wollen. Die Erde erwärmt sich, unser Klima steht auf der Kippe. [...] Also müssen wir die Menschen darauf aufmerksam machen und sie auffordern, aktiv ihren Beitrag zum Klimaschutz zu leisten und ihre Verantwortung für die Welt wahrzunehmen.

(Die Beispiele 2 und 3 wurden entnommen aus: Meike Blatzheim, Beatrice Wallis: Jetzt tu ich was – Von der Lust, die Welt zu verändern, Beltz Verlag, Weinheim/Basel 2013, S. 113 und 162ff.)

Beispiele im Internet

Mit den folgenden Internetadressen könnt ihr nach weiteren Beispielen für jugendliches Engagement suchen. Aktivitäten, die ihr besonders positiv bewertet, könnt ihr auswählen und in der Klasse vorstellen.
www.sozialertag.de
www.schueler-helfen-leben.de
www.engagiert-in-nrw.de
www.greenpeace-jugend.de
www.bundjugend.de
www.strassenkind.de
www.plant-for-the-planet.org
www.jugendrotkreuz.de

1 Was tun die Jugendlichen? Fasse den von dir gewählten Fall mit eigenen Worten zusammen.

2 Wie fällt deine Bewertung aus? Wende dazu die Kriterien aus der Methodenkarte an. Stelle deine Überlegungen dann in der Gruppe vor.

3 Als vorbildlich bezeichnet man ein Verhalten von Personen, mit dem man sich identifizieren kann und das zur Nachahmung einlädt. Wie sehr entdeckt ihr Vorbildlichkeit in den geschilderten Beispielen? Sprecht darüber in der Gruppe und stellt das Ergebnis eurer Beratungen vor.

Was auch noch interessant sein kann:
- ein Interview führen. Befrage eine Person, die sich sozial engagiert. Stelle dein Interview vor.
- recherchieren bei YouTube: Mithilfe der angegebenen Internetadressen findest du dort zahlreiche Filmbeiträge. Wähle aus, bewerte und präsentiere ein nachahmenswertes Beispiel.

Methodenkarte 2

S M U H

Bewerten anhand von Kriterien

Thema: Aktivitäten Jugendlicher

Worum geht es?

Wir alle neigen dazu, alles, was um uns herum geschieht, unaufhörlich einer Bewertung zu unterziehen. Mahlzeiten werden bewertet, Kleidung bei sich selbst und bei anderen, YouTube-Videos, Filme, Fernsehsendungen, Partys, Veranstaltungen, Ausflüge. Endlos ließe sich diese Reihe fortsetzen. Dabei genügt es uns oft, die Dinge einfach nur gut oder nicht gut zu finden, Daumen hoch, Daumen runter, cool oder uncool. Alltägliche Bewertungen geschehen meist ganz spontan, wobei wir uns die Mühe ersparen, unsere Sicht der Dinge ausführlich zu begründen. Tragen wir unsere Bewertungen anderen vor, sollten wir sie begründen können. Wahrscheinlich würdest du zum Beispiel protestieren, wenn Lehrer ihre Notengebung nicht begründen können oder wollen. Kann man selbst keine Begründungen für seine Bewertungen liefern, muss man damit rechnen, nicht sonderlich ernst genommen zu werden. Das kann man ausschließen, indem man das kluge Bewerten trainiert.

Klug sind Bewertungen, wenn …
- sie die Sache genau benennen, die bewertet werden soll,
- sie überzeugend formuliert sind mit einer Wortwahl, die weder primitiv noch verletzend ist,
- man als Bewertender deutlich machen kann, was man als wertvoll an der zu bewertenden Sache empfindet.

Kriterien zur Bewertung jugendlichen Engagements

Im Begriff *Bewerten* steckt das Wort *Wert*. Werte sind innere Einstellungen, die wir und andere als wertvoll ansehen. Sie sind auch die Prüfmaßstäbe, die man als Grundlage verwenden kann zur Einschätzung des Engagements Jugendlicher. Für Prüfmaßstäbe benutzen wir das Wort ***Kriterien*** (Singular: Kriterium).
Fünf Kriterien könnt ihr zugrunde legen, um Aktivitäten Jugendlicher persönlich bewerten zu können:

1. Welche Motive (= Beweggründe) haben die Jugendlichen dazu veranlasst, aktiv zu werden?
2. Wie viel Zeit, Aufwand und Arbeit haben sie dafür eingesetzt?
3. Welche Auswirkungen hat ihr Handeln auf andere Menschen (oder Tiere oder Pflanzen oder die Umwelt im Allgemeinen)?
4. Wie wertvoll ist das, was die Jugendlichen tun, für das Leben in der Gesellschaft?
5. Welche Werthaltungen lassen sich in den Aktivitäten erkennen und verdienen es, als besonders wertvoll hervorgehoben zu werden?

   Zu 5: Solche Werthaltungen können zum Beispiel sein: Hilfsbereitschaft, Lust auf Verbesserung des Zusammenlebens, Verbesserung der Chancen und der Mitwirkung anderer Menschen, Festigung und Förderung der Demokratie.

S M U H

D TEAM kontrovers: Soll man Jugendliche dazu verpflichten, sich sozial zu engagieren?

Unter sozialem Engagement versteht man die Summe aller Aktivitäten, mit denen sich Menschen in ihrer Freizeit für andere Menschen oder für gesellschaftliche Ziele einsetzen. Diese Art der Mitgestaltung ist in der Demokratie ausdrücklich erwünscht. Auch die Schule soll dazu beitragen, Jugendliche zum Mitmachen in der Demokratie anzuregen. So steht es in den Schulgesetzen der Bundesländer. Wie soll dieser Wunsch auf Mitmachen in der Praxis aussehen? Wollen Schülerinnen und Schüler dazu aufgefordert werden, sich für andere und anderes einzusetzen, oder wollen sie ganz unbeeinflusst selbst entscheiden, ob sie sich engagieren oder nicht? Dazu könnt ihr euch hier euer persönliches Urteil bilden und miteinander diskutieren.

Nein, es zählt nur Freiwilligkeit!

Was für Erwachsene gilt, muss auch für Jugendliche gelten. Kein Erwachsener lässt sich gerne dazu auffordern, sich sozial oder auch politisch zu engagieren. Niemand will dazu gezwungen werden, zur Wahl zu gehen, einer Bürgerinitiative beizutreten oder gar einer politischen Partei. Wenn Erwachsene das tun, geschieht es aus eigenem Willen. Bei Jugendlichen muss es genauso sein. Soziales Engagement zählt nur, wenn es freiwillig ist. Hilfe für andere Menschen, für Tiere oder für die Umwelt muss aus dem Herzen kommen und nicht durch Aufforderung von außen.

Ebenso wie Jugendliche das Recht haben müssen, sich sozial zu engagieren, sollten sie auch das Recht haben, sich nur um ihre privaten Interessen zu kümmern, um ihre Freunde zum Beispiel oder um ihre Familie. Akzeptiert werden muss auch, wenn Schülerinnen und Schüler sich auf ihre persönlichen Interessen und ihre Leistungen in der Schule konzentrieren.

Ja, Jugendliche brauchen Anregung und Vorbilder!

Mit dem sozialen Engagement ist es genauso wie mit dem Lernen im Allgemeinen. Oft hilft es, wenn man durch andere dazu aufgefordert wird. Es schadet auch nichts, wenn ein gewisser Druck dahintersteht. Das hilft, persönlichen Egoismus und Bequemlichkeiten zu überwinden. Von selbst kommt man oft gar nicht auf solche Ideen. Der Spaß wird noch größer, wenn man an hilfreichen Projekten gemeinsam mit anderen teilnimmt.

Erwachsene können nicht erwarten, dass Kinder und Jugendliche immer von selbst wissen, wofür sie sich engagieren können. Sie brauchen Anregungen. Positive Beispiele und vorbildliche Aktivitäten anderer sind sehr hilfreich, weil sie der Auslöser sein können, das eigene Denken und Handeln zu verändern.

Es ist immer gut, wenn Jugendliche dazu aufgefordert werden. Wird man in der Schule zu sozialem Engagement angeleitet, lernt man daraus Wichtiges für sein eigenes Leben und für das Zusammenleben in der Gesellschaft.

1 Entscheide spontan: Welcher Position stimmst du eher zu?

2 Liste alle Argumente stichwortartig auf, die zur Begründung beider Positionen angeführt werden.

3 Überdenke deine erste Reaktion noch einmal. Bleibt sie gleich oder verändert sie sich?

4 Formuliere deinen Standpunkt und bringe ihn in die Diskussion ein.

Tipp: Die Aufgaben 2 und 3 können auch zu zweit oder in Gruppen besprochen werden.

2 Jugendliche zeigen Rassismus die Rote Karte

Den Umgang mit rassistischen Sprüchen trainieren

Eine Einstiegsübung für alle:
Glaubst du, dass viele Schülerinnen und Schüler dazu bereit sind, an Projekten gegen Rassismus und Fremdenfeindlichkeit teilzunehmen? Notiere deine Gedanken zu dieser Frage und tausche dich mit anderen darüber aus.

A Schülerprojekte gegen Rassismus

Beispiel 1: „Ey, Schwarzkopf“, „Finger weg, du Pole“, „du Spasti“, „du Opfer“, „du Homo“, „du Hurensohn“ – nur einige von vielen Ausdrücken, die man wohl auf vielen Schulhöfen oder in den Pausen aus Schülermündern hören kann. „Wir von der Schülervertretung wollten was gegen diese alltäglichen Beleidigungen tun“, sagt Hussein Zeaiter (16). „Da wir uns als zertifizierte Schule ohne Rassismus – Schule mit Courage verpflichtet haben, jedes Jahr Aktionen dazu durchzuführen, wurde jetzt das Projekt ‚Gegen Rassismus und Diskriminierung in der Alltagssprache‘ in den achten Klassen durchgeführt“, ergänzt SV-Kollege Mike Jakobi. […]
„Im letzen Abschnitt des Projektvormittages wurden typische Schimpfwörter des Schulalltages gesammelt, dann deren heimliche Botschaft entschlüsselt und gemeinsam überlegt, ob nicht eine neutralere Aussage möglich ist, die eben nicht diskriminierend oder rassistisch ist“, erklärt SV-Lehrerin Mareike Eickers. […] „Uns ist schon klar, dass die Beleidigungen nicht plötzlich ganz verschwinden“, sagt Schülervertreter Mike. „Aber wir hoffen, dass es weniger werden und die allen nicht mehr so oft herausrutschen.“ Und wenn jemand einen anderen beschimpft habe, ergänzt Hussein, „dann hilft das Projekt bestimmt dabei, dass man hinterher sofort über den Fehler nachdenkt und dass man besser in der Lage ist, sich zu entschuldigen.“

(Aus: Marcus Esser: Projekt gegen Rassismus in der Alltagssprache, Artikel vom 01.07.2014 (bearbeitet), in: Westdeutsche Allgemeine Zeitung, im Internet unter www.derwesten.de; Zugriff: 16.06.2015)

Beispiel 2: 270 Schüler des Attendorner Rivius Gymnasiums starteten beim City-Lauf mit dem Logo der Aktion Schule gegen Rassismus. Wie schon in den vergangenen Jahren stellte das Rivius Gymnasium auch beim diesjährigen Attendorner City-Lauf die teilnehmerstärkste Mannschaft und sicherte sich damit den begehrten Beulco-Cup zum 5. Mal in Serie. In anderer Hinsicht gab es eine Premiere. Zum ersten Mal startete das Rivius-Team unter dem Motto: „Mit Ausdauer gegen Rassismus und Gewalt“. Angeregt und durchgeführt wurde diese Initiative von der Schülervertretung. […]
„Beim City-Lauf 2011 kam uns die Idee für diese Aktion“, berichtet

Schüler Benedikt Russe, und SV-Sprecherin Livia Dolle ergänzt: „Wir standen beim Start weiter hinten, sahen die vielen weißen Rücken unserer Mitschüler und dachten uns: Die müssen wir nutzen.“ Bei der nächsten Sport-Fachkonferenz stellten sie ihre Idee vor und stießen auf Begeisterung. […]
Und so zierte in diesem Jahr beim City-Lauf erstmals das Logo des Netzwerks „Schule ohne Rassismus – Schule mit Courage“ die T-Shirts der 270 Rivius-Teilnehmer, ergänzt um den doppeldeutigen Zusatz „Und zwar mit Ausdauer“.

(Aus: Rivius-Schüler setzen Zeichen gegen den Rassismus, Artikel von 21.05.2012, in: www.derwesten.de; Zugriff: 16.06.2015, © Funke Digital, Essen)

1 Hättest du eines oder beide oder keines dieser Schülerprojekte unterstützt? Entscheide spontan und tauscht euch in der Klasse darüber aus.
Könnt ihr von Aktionen gegen Rassismus berichten?

B Seit über 20 Jahren: die Aktion „Schule ohne Rassismus"

Als ein Beispiel für die Möglichkeit, etwas gegen Rassismus, Fremdenfeindlichkeit und Neonazismus zu tun, gilt seit Langem die Aktion Schule ohne Rassismus – Schule mit Courage.

Dortmund, März 2015:
Schulministerin Sylvia Löhrmann hat das Immanuel-Kant-Gymnasium in Dortmund anlässlich seines 20-jährigen Jubiläums als „Schule ohne Rassismus" besucht. Das Gymnasium wurde nur wenige Monate nach der bundesweiten Gründung der Initiative „Schule ohne Rassismus – Schule mit Courage" (SoR) im Jahr 1995 die erste Teilnehmerschule des Netzwerks. Schulministerin Löhrmann: „Schon in der Schule ist es wichtig, junge Menschen dafür zu sensibilisieren, dass jede Form von Diskriminierung mit unserem demokratischen Selbstverständnis unvereinbar ist. Fast ein Drittel der ‚Schulen ohne Rassismus' sind in Nordrhein-Westfalen beheimatet – das zeigt, dass unsere Schulen in NRW Rassismus, Diskriminierung und Ausgrenzung engagiert die Stirn bieten." Mit über 1 600 Schulen ist „Schule ohne Rassismus – Schule mit Courage" das größte Schulnetzwerk in Deutschland, allein aus NRW nehmen rund 450 Schulen teil. Im Programm „Schule ohne Rassismus – Schule mit Courage" gestalten Schülerinnen und Schüler das Klima an ihrer Schule aktiv mit. Gemeinsam mit den Eltern, Lehrkräften und anderen schulischen Mitarbeiterinnen und Mitarbeitern bekennen sie sich zu Toleranz und wenden sich gegen die Diskriminierung von Minderheiten aufgrund von Religion, sozialer Herkunft, des Geschlechts, körperlicher Merkmale, der politischen Weltanschauung oder der sexuellen Orientierung. „Schule ohne Rassismus" leistet als Programm und Netzwerk in den Schulen einen wichtigen und wertvollen Beitrag zur Demokratiepädagogik.

(Aus: Presseinformation des Ministeriums für Schule und Weiterbildung des Landes Nordrhein-Westfalen vom 13.03.2015, im Internet unter: schulministerium.nrw.de; Zugriff: 17.06.2015)

Internetrecherche gegen Rassismus und Fremdenfeindlichkeit

„Schule ohne Rassismus – Schule mit Courage" ist ein Projekt von und für Schülerinnen und Schüler. Auf der Homepage des Aktionsbündnisses findet ihr alles, was man über die Ziele, die Aktionen und die Beitrittsbedingungen wissen sollte:
www.schule-ohne-rassismus.org
Weitere wichtige Adressen, die sich mit den Themen Rassismus, Fremdenfeindlichkeit und Extremismus auseinandersetzen, sind:
www.mut-gegen-rechte-gewalt.de
www.amadeo-antonio-stiftung.de
www.buendnis-toleranz.de
www.nrwgegendiskriminierung.de

2 Welche Ziele und welche Verdienste von „Schule ohne Rassismus" nennt die Ministerin? Notiere sie.

3 Welche der genannten Zielsetzungen hältst du für besonders wichtig? Wähle aus, stelle sie vor und begründe deine Entscheidung.

Was auch noch interessant sein kann:
- eine der genannten Internetadressen aussuchen und andere über die Gestaltung und die Inhalte der Homepage informieren
- Projektideen sammeln – Falls eure Schule bereits dazugehört, könnt ihr euch auch über die bereits durchgeführten Aktionen informieren.
- Plakate entwerfen – gegen Rassismus, für Toleranz und Demokratie

S M U H

Rassismus

1 Worin zeigt sich rassistisches Denken und Handeln in aktueller Form? Beschreibe es.

2 Stelle zusammen, was menschenverachtend am Denken und an den Aktivitäten von Rassisten bzw. Neonazis ist.

3 Rassistisch denkende Menschen weisen häufig einen niedrigen Bildungsstand auf. Überlege, welchen Beitrag Aufklärung bzw. Bildung zum Schutz vor Rassismus und zur Förderung demokratischer Einstellungen leisten können. Stelle deine Überlegungen in der Klasse vor.

Unsere Mülltonne für Nazi-Parolen, Fremdenfeindlichkeit, Rassismus

Merkmale und Ursachen

Ein Rassist teilt die Menschheit in unterschiedliche Rassen ein und behauptet, dass die Rasse, der er scheinbar angehört, allen anderen überlegen ist. Rassisten denken zum Beispiel, dass „Weiße" zu besseren und größeren Leistungen fähig sind als Menschen mit einer anderen Hautfarbe. Während der Zeit des Nationalsozialismus dienten solche rassistischen Behauptungen dazu, die Ausrottung des gesamten jüdischen Volkes zu rechtfertigen.
Heute zeigt sich Rassismus häufig in der Form von Fremdenfeindlichkeit und der Ausgrenzung von Minderheiten. Alle, die anders sind als man selbst, werden als minderwertig empfunden, herabgewürdigt und oft sogar aggressiv bekämpft. Die Opfer sind meist Menschen ausländischer Herkunft und Angehörige von Minderheiten, die anders leben, eine andere Religion haben oder nur irgendwie anders aussehen. Dabei sind die Rassisten sich oft gar nicht im Klaren darüber, dass ihr Denken und Handeln rassistisch ist. Sie glauben, dass sie auf der Seite der Guten stehen, wobei zur schlechten Seite alle die gehören, die irgendwelche anderen Merkmale aufweisen als man selbst.

Die Ursachen für rassistisches Denken und Handeln können unterschiedlich sein. Zum einen gibt es Menschen, die Fremdartiges nicht als Bereicherung, sondern als Störung oder gar als Bedrohung empfinden. Mangelnde Bildung gilt als besonders häufige Ursache. Wer sich nicht genauer mit einem Problem beschäftigen will oder kann, sucht gerne nach Sündenböcken, die man dafür verantwortlich machen kann. Dann sind es eben „die Ausländer", die an allem schuld sind. Es gibt auch Menschen, die andere gerne herabsetzen, um sich selbst besser zu fühlen. Sie glauben, dass sie selbst mehr wert sind, indem sie andere schlechtmachen. Rassismus dient oft als ein aggressives Ventil, um mit der Unzufriedenheit mit dem eigenen Leben fertigzuwerden.

Rassismus und Neonazis

Wer sich zum Neonazitum bekennt, vertritt eine extreme Form des Rassismus. „Neo" bedeutet „neu" und „Nazi" kommt von Nationalsozialismus.
Neonazis nehmen sich den Nationalsozialismus der Hitlerzeit zum Vorbild. Vielen von ihnen genügt es, deutsch zu sein und alles, was fremd oder nur fremdartig ist, zu hassen. Sie leugnen die Verbrechen, die als Ausdruck des Rassismus in der Nazizeit an vielen Millionen Menschen begangen wurden.
Neonazis weisen folgende gemeinsame Merkmale auf:

- Sie sind Rassisten.
- Sie stellen die eigene Nation über alle anderen.
- Sie hassen Ausländer und Juden.
- Sie leugnen die Rechte des Einzelnen. In ihrem Denken hat sich der Einzelne voll und ganz der Gruppe oder der „Volksgemeinschaft" unterzuordnen.
- Sie wollen die Demokratie abschaffen und treten für eine Diktatur ein, ähnlich, wie es sie unter Hitler gab.
- Sie missachten den Rechtsstaat.
- Sie wollen die Herrschaft des Rechts durch die Herrschaft des Stärkeren ersetzen.
- Sie bekämpfen und missachten Andersdenkende.

Rassismus geht immer mit Intoleranz einher und kann daher niemals mit den Werten einer Demokratie vereinbar sein. Zu deren Wesensmerkmalen gehört das friedliche Zusammenleben unterschiedlichster Menschen in Freiheit und gegenseitigem Respekt. Zu dieser Freiheit muss immer gehören, die Freiheit anderer anzuerkennen und zu schützen.

D Wie können wir mit rassistischen Sprüchen und Naziparolen umgehen?

Stellt euch folgende Situation im Unterricht vor:
Eure Lehrerin oder euer Lehrer fragt, wie ihr euch eure berufliche Zukunft vorstellt. Da platzt mitten in das Gespräch hinein der 14-jährige Mitschüler Paul mit folgender Äußerung: „Das ist doch ein Witz, dass wir Deutschen uns anstrengen müssen, eine gute Arbeit in unserem Land zu finden, bloß weil die ganzen Ausländer uns die besten Lehrstellen wegnehmen." Und ein anderer mit Namen Heiner fügt hinzu: „Eigentlich haben die Neonazis recht, wenn sie sagen, Deutschland muss wieder uns Deutschen gehören."
Wie sollte man mit einer solchen Situation umgehen? Um Antworten auf diese Frage geht es bei dieser Übung.

Euer Auftrag:
Sucht nach möglichst klugen Reaktionen auf solche oder ähnliche Sprüche und stellt eure Vorschläge in der Klasse zur Diskussion.
Bearbeitet zunächst die 10 Vorschläge allein und sucht die Verhaltensweisen heraus, die ihr für klug und hilfreich und die ihr nicht für sinnvoll haltet. Setzt euch dann zu zweit oder in Kleingruppen zusammen und versucht, euch auf eine gemeinsame Vorschlagsliste von klugen Reaktionen zu einigen.
Stellt eure Vorschläge in der Klasse vor. Einigt euch in der Klasse auf eine Liste der Topreaktionen. (Das können auch andere sein als die hier vorgeschlagenen.) Vielleicht gelingt es euch, eine Wandzeitung zu entwerfen mit Vorschlägen zum Thema „So sollten wir mit rassistischen Sprüchen und Naziparolen umgehen".

Vorschlag: Man sollte in dieser Situation …	☺	☹
1. nicht weiter auf die Äußerungen eingehen, weil man so deutlich macht, dass das mit dem Thema des Unterrichts nichts zu tun hat.		
2. die Schüler ernst nehmen und sie erklären lassen, seit wann und warum sie so denken.		
3. alle Schülerinnen und Schüler in der Klasse berichten lassen, aus welchem Land ihre Familie ursprünglich stammt.		
4. eine Gruppenarbeit planen, in der die beiden mit ausländischen Schülern gemeinsam etwas erarbeiten müssen.		
5. die beiden überlegen lassen, wie sich ihr Leben am nächsten Tag verändern würde, wenn alle Ausländer Deutschland verlassen würden.		
6. ihnen mit Androhung einer Strafe strikt verbieten, solche oder ähnliche Äußerungen noch einmal zu wiederholen.		
7. sich nach dem Unterricht mit der SV in Verbindung setzen, um dort zu überlegen, was die Schule gegen Rassismus und Neonazismus unternehmen kann.		
8. in einem Unterrichtsprojekt über die Verbrechen in der Zeit des Nationalsozialismus aufklären.		
9. ein Rollenspiel planen und durchführen, in dem die beiden sich in die Situation eines von Rassismus bedrohten ausländischen Jugendlichen hineinversetzen müssen.		
10. der Lehrerin oder dem Lehrer das Handeln überlassen. Schließlich ist das nicht das Problem der anderen Schüler in der Klasse.		

3 Wie wichtig ist Jugendlichen die Demokratie?

Aussagen über die Demokratie sammeln und beurteilen

A Ansichten Jugendlicher

Die Autoren dieses Buches haben viele Schülerinnen und Schüler befragt, worin sie die Vorteile und die Nachteile der Demokratie sehen. Wir drucken einige Auszüge aus den schriftlichen Stellungnahmen daraus ab. Sie sollen euch dazu anregen, eure eigenen Einschätzungen zu formulieren und auszutauschen.

„Die Demokratie ist auf jeden Fall die beste Art, einen Staat zu führen. Man kann frei wählen, was man mit seinem Leben anfangen will. Man kann auch seine Regierung abwählen, wenn sie einem nicht passt. Überhaupt, dass es freie Wahlen gibt, ist ein großer Vorteil. Ein Nachteil ist, dass man sich um alles kümmern muss. Man ist so ziemlich auf sich selbst angewiesen in der Demokratie." Anja, 16 Jahre

„Ehrlich gesagt ist das Beste für mich, dass ich mich aus allem raushalten kann. Ich muss mich nicht für Politik interessieren, und ich muss auch nicht zur Wahl gehen. Es ist eben alles freiwillig in der Demokratie, und das ist auch gut so. Nachteile? Bei Demokratie denke ich an Politik und Politik finde ich uninteressant." Antero, 15 Jahre

„Ich bin froh, dass ich in einer Demokratie lebe, da ich meinen Mund aufmachen kann und sagen darf, was mich stört und was nicht. Ich darf frei handeln, sofern ich die Gesetze nicht verletze, und darf meine eigene Meinung in der Politik vertreten. Ich kann eine Partei wählen, die meinen Vorstellungen entspricht. Es dauert oft ziemlich lange in der Demokratie, bis man wirklich zu einer Entscheidung kommt." Sami, 16 Jahre

„Eigentlich denkt man nie darüber nach, was die Vorteile einer Demokratie sind. Das Leben in der Demokratie ist für uns ja so selbstverständlich. Wenn ich Berichte von Menschen höre, die in einem unfreien Land leben, dann bin ich allerdings froh darüber, dass wir in der Demokratie nicht in ständiger Angst vor der Polizei oder vor Soldaten leben müssen, dass wir uns frei bewegen und reisen können. Nachteile fallen mir keine ein." Melanie, 15 Jahre

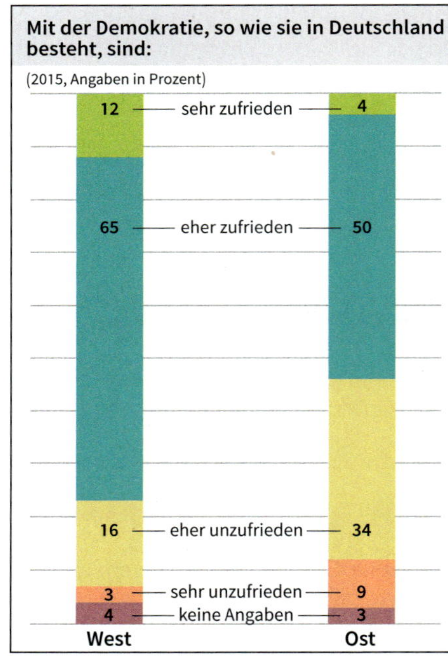

Befragt wurden Jugendliche im Alter von 15 bis 25 Jahren
Quelle: Shell Jugendstudie 2015, S. 173; TNS Infratest Sozialforschung

1 Welche der abgedruckten Ansichten über die Demokratie findest du am überzeugendsten? Wähle aus.

2 Wie zufrieden sind die Jugendlichen in Deutschland insgesamt mit der Demokratie? Erläutere das Befragungsergebnis aus der Shell Jugendstudie.

B Quiz für Einsteiger: Teste dein Wissen über die Demokratie

5 mal A plus 5 mal B plus 5 mal C

1 Staatsoberhaupt der Bundesrepublik Deutschland ist …
(A) der Bundeskanzler
(B) der Bundestagspräsident
(C) der Bundespräsident

2 Die gewählte Volksvertretung der Bürgerinnen und Bürger in Deutschland ist …
(A) der Bundestag
(B) der Bundesrat
(C) der Landtag

3 Nach Artikel 63 des Grundgesetzes (GG) wird der deutsche Bundeskanzler …
(A) vom Volk direkt gewählt
(B) vom Bundestag gewählt
(C) vom Bundespräsidenten bestimmt

4 Mit dem Begriff *Volkssouveränität* bezeichnet man die Tatsache, dass das Volk …
(A) durch Wahlen bestimmt, wer politische Herrschaft ausüben darf
(B) entscheidet, was politisch geschehen soll
(C) das Staatsoberhaupt wählt

5 Nach dem Artikel 38 GG gehört folgendes Merkmal nicht zu einer demokratischen Wahl:
(A) Wahlen sind frei
(B) Wahlen sind geheim
(C) Es besteht Wahlpflicht

6 Bei welcher Wahl ist die Zahl der wahlberechtigten Bürgerinnen und Bürger am kleinsten?
(A) bei der Landtagswahl
(B) bei der Kommunalwahl
(C) bei der Bundestagswahl

7 Nach Artikel 38 GG sind die Abgeordneten des Deutschen Bundestages …
(A) verpflichtet, sich strikt an die Beschlüsse ihrer Partei zu halten
(B) an die Aufträge und Weisungen ihrer Wähler gebunden
(C) nur ihrem Gewissen unterworfen

8 Wahlen zum Deutschen Bundestag finden …
(A) alle vier Jahre
(B) alle fünf Jahre
(C) alle sechs Jahre statt

9 Eine vom Bundestag verabschiedete Regelung, an die alle Staatsbürger sich halten müssen, nennt man …
(A) ein Gesetz
(B) einen Regierungsbeschluss
(C) eine Verordnung

10 Die Bundesregierung besteht aus …
(A) dem Bundeskanzler und den Ministerpräsidenten der Länder
(B) dem Bundespräsidenten, dem Bundeskanzler und den Ministern
(C) dem Bundeskanzler und den Bundesministerinnen und -ministern

11 Nach Artikel 50 GG wirken die 16 Bundesländer an der Gesetzgebung des Bundes mit …
(A) durch den Bundespräsidenten
(B) durch den Bundesrat
(C) durch die Landesparlamente

12 Nach Artikel 54 GG wird alle fünf Jahre der Bundespräsident gewählt …
(A) vom Volk
(B) vom Bundestag
(C) von der Bundesversammlung

13 Eine Vereinbarung einer Zusammenarbeit von zwei oder mehreren Parteien in einem Parlament mit dem Ziel, eine regierungsfähige Mehrheit zu bilden, nennt man …
(A) eine Fraktion
(B) eine Koalition
(C) eine Opposition

14 Welche politische Einrichtung in Deutschland wird auch als „Hüterin der Verfassung" bezeichnet?
(A) der Bundestag
(B) das Bundesverfassungsgericht
(C) die Bundesversammlung

15 Deutschland ist eine Republik. Zu einer Republik gehört auf keinen Fall, dass …
(A) das Staatsoberhaupt ein König oder eine Königin ist
(B) das Volk in regelmäßigen Abständen das Parlament wählt
(C) alle Staatsgewalt vom Volk ausgeht

Das Quiz ist richtig gelöst, wenn die Antworten A, B und C jeweils fünfmal vorkommen.

C Worin bestehen Mängel und Vorzüge der Demokratie?

Der Textausschnitt wurde dem Buch „Vorsicht Politik" von Siegfried Schiele und Gotthard Breit entnommen. Ihr sollt euch darin üben, den Text zu verstehen, zu beurteilen und euch wichtige Informationen daraus langfristig zu merken. Diese Ziele erreicht ihr, wenn ihr euch mit der Pickup-Methode vertraut macht, die auf der folgenden Doppelseite vorgestellt wird.

Die Demokratie ist teuer, umständlich, kompliziert und langweilig, nicht effektiv, nicht attraktiv. Es ist nicht schwer, weitere negative Eigenschaften über unsere Demokratie zusammenzutragen. Die Demokratie macht es den Kritikern recht leicht.
Und an der Kritik ist ja auch etwas dran. Demokratie ist tatsächlich eine recht teure Angelegenheit. So gibt es in Deutschland zum Beispiel den Bundestag und dazu noch 16 Parlamente in den Bundesländern. In diesen Parlamenten sitzen insgesamt etwa 2500 Abgeordnete, die alle Diäten erhalten. Damit diese Parlamente arbeiten können, braucht man etliche Gebäude und Verwaltungen mit vielen Beschäftigten.
Dazu kommen noch die kostspieligen Regierungen im Bund und in den Ländern mit ihren Ministerien und riesigen Verwaltungsapparaten. So könnte man noch lange fortfahren, um den Beweis zu führen, dass Demokratie eine teure Sache ist.
Auch andere Mängel sind nicht leicht von der Hand zu weisen. Wenn die Regierung etwa eine gute Idee hat, um das Gesundheitswesen zu reformieren, kann sie nicht einfach Beschlüsse fassen, die dann in ganz Deutschland sofort umgesetzt werden. Sie muss vielmehr den schwierigen und langwierigen Weg durchs Parlament gehen, wo das Gesetz dreimal beraten und verabschiedet werden muss, und … und … und. Überall Vorschriften und Hindernisse, die sich einem beherzten Zugreifen in den Weg stellen. Und so kommt es, dass viele Menschen die ganzen politischen Abläufe für umständlich und kompliziert halten. […] Wie soll Demokratie attraktiv sein, wenn sie so viel Geld kostet, wenn sie umständlich arbeitet und wenn die Ergebnisse zuweilen recht mager und auch unverständlich sind?
Werfen wir doch mal einen Blick auf eine Alternative: Eine Diktatur kann auf den ersten Blick viel einfacher und kostengünstiger sein. Ein Diktator braucht keine Parlamente, er kann sehr rasch entscheiden, in kurzer Zeit können viele Reformen umgesetzt werden, zumal es einem warm ums Herz werden kann, wenn dann noch die Menschen begeistert sind und viele Fahnen die Zustimmung zum Diktator so richtig zum Ausdruck bringen.
Diese positive Betrachtungsweise kann sich schnell ändern, wenn Entscheidungen getroffen werden, die einem nicht passen, und man aus Angst vor dem Machthaber noch nicht einmal schimpfen darf. Oder wenn man zusammenzählt, was die Überwachungsgremien kosten, die sicherstellen sollen, dass keine abweichenden, unerwünschten Meinungen vertreten werden. Von der Misshandlung von Minderheiten und drohenden Kriegsgefahr gar nicht zu reden. […]
Die Demokratie erfüllt trotz der genannten negativen Eigenschaften einen großen Zweck: Sie sichert die Freiheit der Bürgerinnen und Bürger. Abgeordnete aus unterschiedlichen Parteien in den verschiedenen Parlamenten sorgen dafür, dass neue Gesetze gründlich unter die Lupe genommen werden, ehe sie verabschiedet werden können. In einer Demokratie gibt es eine Opposition, damit alle Vorgänge im Land ausreichend geprüft, kritisiert und kontrolliert werden. […]
Selbst wenn die Demokratie in unseren Augen manche Schwächen hat, so gibt es nach alter Erfahrung nichts, aber auch gar nichts, was die Freiheit der Menschen ähnlich wirkungsvoll garantiert und den Missbrauch der Macht verhindert.

(Siegfried Schiele, Gotthard Breit: Vorsicht Politik, Wochenschau Verlag, Schwalbach/Ts. 2008, S. 78 ff.)

Zu den Begriffen Demokratie und Diktatur findest du weitere Informationen im Glossar dieses Buches.

1 Warum fällt es Kritikern oft nicht schwer, Negatives über die Demokratie zusammenzutragen? Fasse die Textaussagen dazu zusammen.

2 Bearbeite den Text mithilfe der in der folgenden Methodenkarte beschriebenen Pickup-Methode.

3 Beurteile ihn in einer schriftlichen Stellungnahme anhand der fünf Fragen zur Beurteilung von Sachtexten. Stelle den Inhalt und deine Beurteilung in der Klasse vor.

Methodenkarte 3

S M U H

Sachtexte verstehen und beurteilen mit der Pickup-Methode

Thema: Demokratie

Worum geht es?

Wer politisch gebildet sein will, sollte seine Lesekompetenz im Umgang mit Sachtexten trainieren. Hilfreich dazu ist, wenn man sich eine Vorgehensweise erarbeitet, die man immer wieder anwenden kann. Man benutzt sie bei Sachtexten, die einem auf den ersten Blick als schwierig erscheinen. Wir schlagen euch hier die Texteinsammelmethode (= Pickup-Methode) vor. Sie besteht aus fünf Schritten. Zur Anwendung der Methode benötigst du eine Kopie des Textes auf der linken Seite.

Wie macht man das?

1. Du notierst, wovon der Text handelt.

In einem ersten Lesedurchgang solltest du den Text einmal insgesamt überfliegen. Notiere im Anschluss daran, worum es in diesem Text insgesamt geht.

2. Du teilst den Text in Abschnitte ein.

Abschnitt für Abschnitt lässt sich ein Text leichter bearbeiten, als wenn man immer das Ganze vor Augen hat. Wenn du die Abschnitte mit Zwischenüberschriften versiehst, hast du zugleich die Stichpunkte, an denen du dich bei einer mündlichen oder schriftlichen Zusammenfassung orientieren kannst.

3. Du markierst Textstellen.

Markieren sollte man erst bei einem zweiten Lesedurchgang. Wähle dazu Textstellen aus, die du als besonders wichtig empfindest. Markiere sparsam, keinesfalls mehr als 20 Prozent der gesamten Textmenge.

4. Du klärst unbekannte Begriffe.

Suche in deinem Text nach den unbekannten Begriffen, die dir selbst als unverzichtbar für das Verständnis erscheinen. Kläre ihre Bedeutung.

5. Du fasst den Text mündlich oder schriftlich zusammen.

Wenn du alle Schritte bis hierhin durchlaufen hast, wird dir eine Zusammenfassung nicht mehr schwerfallen. Du kannst sagen, wovon der Text insgesamt handelt. Du strukturierst deine Zusammenfassung mit den Zwischenüberschriften. Du kannst Wichtiges zitieren und du kannst Fachbegriffe erklären.

Fünf Fragen zur Beurteilung von Sachtexten

Die Fähigkeit, eine begründete Stellungnahme zur Beurteilung von Texten formulieren zu können, gehört zur Lesekompetenz dazu. Beim Verfassen des persönlichen Urteils kann man sich an den folgenden Fragen orientieren:

1. Welche Informationen aus diesem Text sind so wichtig, dass ich sie mir langfristig merken möchte?
2. Welche Meinungsäußerungen enthält er (zum Beispiel über die Stärken und Schwächen der Demokratie)?
3. Sind die geäußerten Meinungen gut begründet, sodass ich sie nachvollziehen kann?
4. Wie bedeutend oder unbedeutend ist dieser Text für meine eigene Urteilsbildung über das Thema?
5. Kann ich den Text anderen Personen zum Lesen empfehlen oder nicht?

D Wir veranschaulichen die Unterschiede der Demokratie zur Diktatur

Demokratie	Diktatur

A Die Regierung ist aus freien Wahlen hervorgegangen.

B Menschen mit von der Regierungslinie abweichenden Meinungen werden diskriminiert.

C Eine Person oder eine Gruppe herrscht über alle anderen.

D Die Staatsgewalt ist an die Gesetze gebunden.

E Die Macht des Herrschers beruht auf einer starken Armee.

F Die Menschen werden gezwungen, den Regierenden zuzujubeln.

G Es gibt mindestens zwei Parteien und eine wirksame Opposition im Parlament.

H Die Menschen haben Rechte, die ihnen die Regierung nicht nehmen kann.

I Massenmedien werden kontrolliert, Zeitungen werden zensiert.

J Die Staatsgewalt ist zwischen Regierung, Parlament und Gerichtsbarkeit aufgeteilt.

K Bei den Wahlen haben die Wählerinnen und Wähler eine Auswahl unter mehreren Möglichkeiten.

L Wahlen haben die Funktion, die Macht des Herrschers oder der herrschenden Gruppe zu sichern.

Euer Auftrag:

1. Lege eine Tabelle mit den beiden Spalten Demokratie und Diktatur an. Fülle sie aus.
2. Formuliere mit einer Partnerin/ einem Partner die gesammelten Stichworte in zwei kurze Stellungnahmen zum Thema Demokratie und Diktatur um.
3. Stellt diese in der Klasse vor.

E Wie denken Mitschülerinnen und Mitschüler über die Demokratie?

Mit einer Befragung könnt ihr herausfinden, wie andere Schülerinnen und Schüler über die Demokratie denken. Ihr könnt dazu den Fragebogen auf dieser Seite verwenden. Natürlich könnt ihr euch auch weitere Fragen überlegen und den Fragenkatalog erweitern.
In der Klasse lässt sich die Befragung in Form von Partnerinterviews durchführen. Dazu übernehmen alle abwechselnd die Rolle des Fragers und des Befragten.
Aufwendiger wird die Aktion, wenn ihr Schülerinnen und Schüler aus anderen Klassen in die Befragung einbezieht. Ausgestattet mit Kopien des Fragebogens kann jede und jeder von euch einen oder mehrere Schüler in einer großen Pause interviewen. Ihr könnt die Fragebögen auch in anderen Klassen verteilen und am nächsten Tag einsammeln.
Wenn ihr eine umfangreiche Befragungsaktion plant, solltet ihr vorher die Erlaubnis der Schulleitung einholen.
Achtet darauf, dass die Befragung anonym erfolgt und der Datenschutz garantiert ist. Der Fragebogen kann Angaben wie Alter und Geschlecht enthalten, wenn euch dies für die Auswertung als wichtig erscheint.
Fallen viele ausgefüllte Fragebögen an, kann ein Team die Auswertung am PC vornehmen. Mit den Ergebnissen könnt ihr z. B. eine Wandzeitung gestalten.
Sprecht in der Klasse über die einzelnen Ergebnisse. Gibt es Überraschungen oder entsprechen sie euren Erwartungen?

Vorschlag für die Gestaltung eines Fragebogens
Thema: Jugend und Demokratie

Persönliche Angaben:

Mädchen ☐ **Junge** ☐ **Alter** ☐

1. Wie zufrieden bist du – alles in allem – mit der Demokratie, so wie sie in Deutschland besteht?
   ☐ sehr zufrieden
   ☐ eher zufrieden
   ☐ eher unzufrieden
   ☐ sehr unzufrieden

2. Kannst du einen, zwei oder drei Vorzüge nennen, die für dich besonders wichtig sind in der Demokratie?
   A ____________________
   B ____________________
   C ____________________

3. Fallen dir spontan auch Nachteile ein, wenn du an das Leben in der Demokratie denkst?
   ____
   ____
   ____

4. Glaubst du, dass der Erhalt der Demokratie in Deutschland in der Zukunft gesichert ist, oder hältst du den Erhalt für gefährdet?
   ☐ Ja, die Demokratie ist sicher.
   ☐ Nein, die Demokratie ist nicht sicher.
   ☐ Darauf weiß ich keine Antwort.

5. Wie schätzt du dein persönliches Interesse an Politik ein? Würdest du sagen, dass du
   ☐ sehr interessiert,
   ☐ ziemlich interessiert,
   ☐ ein wenig interessiert oder
   ☐ gar nicht interessiert bist?

Jugendliche in der Demokratie

Station 1 Soziales Engagement: Was bringt das?

S M U H

Formuliere deine schriftliche Bewertung zu dem folgenden Fall. Orientiere dich dabei an den fünf Kriterien aus der Methodenkarte auf Seite 18: 1. Motive, 2. Zeit, Aufwand, 3. Auswirkung auf andere Menschen, 4. Verbesserung der Gesellschaft, 5. erkennbare Werthaltungen.

Nach dem Abschluss seiner Berufsausbildung zum Elektroniker für Betriebstechnik organisierte der 19-jährige Sönke K. eine private Berufsabschlussparty und lud dazu alle seine Verwandten und Freunde ein. Statt der üblichen Geschenke bat er sie darum, eine Geldspende zu leisten. So kamen 400 Euro zusammen, die Sönke dem Kinderhospiz in seiner Stadt für die Anschaffung von Büchern und Spielsachen zur Verfügung stellte. In einem Kinderhospiz werden schwerstkranke Kinder betreut, die nur eine begrenzte Lebenserwartung haben. Sönke, der seine Berufsausbildung mit der Note 1 abschloss, engagiert sich seit seinem zehnten Lebensjahr für Kinder in Notsituationen. Zur Begründung sagt er, er wolle seine Freizeit sinnvoll zum Wohl der Gemeinschaft einbringen. Viel Spaß macht ihm auch sein Einsatz für die freiwillige Feuerwehr vor Ort. Er hofft, dass sein soziales Engagement ein positives Beispiel für andere Jugendliche ist, sich ebenfalls sozial zu engagieren, und dadurch zu ähnlichen Aktionen anzuregen.

(Nach einem Bericht der Stiftung Bärenherz, Stiftung für schwerstkranke Kinder, in: www.bärenherz.de)

Station 2 Jugendliche zeigen Rassismus die Rote Karte

S M U H

Interpretiere die Karikatur zunächst mithilfe der folgenden drei Fragen:

1. Beschreiben
Was wird in der Karikatur dargestellt?

2. Analysieren
Auf welches Problem will der Karikaturist aufmerksam machen? (Welche Einstellungen gegenüber Neonazis werden kritisiert?)

3. Bewerten
Welche Gedanken und Gefühle löst die Karikatur in dir aus?

Was ist menschenverachtend am Denken von Neonazis? Nennt in einer kurzen Stellungnahme mindestens vier Merkmale.

Station 3 Wie denken Jugendliche über die Demokratie?

S M U H

- Fasse den folgenden Text zusammen, indem du die Schrittfolge der Pickup-Methode anwendest.
- Schreibe eine Stellungnahme mithilfe der fünf Fragen zur Bewertung von Texten.

Was ist Demokratie?

Demokratie ist eine Staatsform, in der die Staatsgewalt vom Volk ausgeht und direkt oder indirekt vom Volk ausgeübt wird (Volkssouveränität). Demokratie entwickelte sich in Europa zuerst in den griechischen Stadtstaaten (polis) als direkte oder unmittelbare Demokratie.

Zu den wichtigsten Kennzeichen einer Demokratie gehören regelmäßig wiederkehrende freie, allgemeine, gleiche und geheime Wahlen. Alle Entscheidungen in der Demokratie werden nach dem Mehrheitsprinzip bei Anerkennung vom Schutz der Minderheit getroffen. Gewährleistet sein muss die Bindung der Staatsgewalt an eine Verfassung. Diese kann auch die Form von Einzelgesetzen oder Konventionen haben, wie z. B. in Großbritannien. Ferner muss die Sicherung unveräußerlicher Grundrechte (z. B. Glaubens-, Meinungs-, Informations-, Versammlungsfreiheit, Freizügigkeit) gewährleistet sein. Ein weiteres wesentliches Element der Demokratie ist die Gewaltenteilung, wonach voneinander unabhängige Organe der Gesetzgebung, Regierung und Rechtsprechung bestehen.

Bei der direkten Demokratie werden alle Entscheidungen unmittelbar vom Volk getroffen. Sie ist meist nur in Stadtstaaten oder kleinen Gemeinwesen (z. B. der Schweiz) und auch dort nur teilweise verwirklicht. Durchgesetzt hat sich die repräsentative Demokratie, so auch in Deutschland. Hier werden Gesetze von gewählten Volksvertretern (Abgeordneten) beschlossen. Direkte plebiszitäre Entscheidungen (Volksentscheide) sind im Ausnahmefall möglich, häufig aber sogar ausgeschlossen. Zur repräsentativen Demokratie gehört die parlamentarische Demokratie, bei der die Volksvertretung für die Gesetzgebung zuständig ist und auch die Regierungsbildung bestimmt. Die parlamentarische Demokratie verwirklicht haben z. B. Deutschland, Großbritannien, Italien. In einer Präsidialdemokratie wählt das Volk den Präsidenten, der zumeist die Ämter des Staatsoberhaupts und des Regierungschefs in sich vereint. Der Präsident ist nicht vom Vertrauen des Parlaments abhängig (wie z. B. in Frankreich, USA). Im Einzelnen kann die demokratische Staatsform unterschiedlich ausgestaltet sein. Entscheidend sind regelmäßige Wahlen, ungehinderte Tätigkeit oppositioneller Parteien und die Möglichkeit von Regierungswechseln.

(Aus: Dr. Susanne Gaschke [Hg.]: DIE ZEIT, Junior-Lexikon, Zeitverlag Gütersloh 2007, Band 1, S. 221)

1. Einleitung:
Im Text geht es um …

2. Hauptteil:
- Gliederung in Abschnitte
- besonders wichtige Textstellen
- Erläuterung von Fachbegriffen
- Zusammenfassung (schriftlich und mündlich)

3. Meine Textbewertung

Demokratie in der Bundesrepublik Deutschland

2

Vor dem Reichstagsgebäude in Berlin protestieren mehrere Tausend Menschen gegen ein im Bundestag eingebrachtes Gesetz, das die Speicherung personenbezogener Daten vorsieht, während gleichzeitig im Parlament die gewählten Abgeordneten über diesen Gesetzesentwurf beraten.

Wie kann Demokratie lebendig gestaltet werden?

1. Allein nachdenken

Welche Gedanken zum Thema *Politik und Demokratie* in Deutschland lösen das Foto und der Text dazu in dir aus?

2. Zu zweit beraten

Was wisst ihr bereits über politische Einrichtungen und deren Aufgaben auf Bundesebene?

3. In der Klasse sammeln

Worauf sollte man achten, wenn man eine kluge politische Entscheidung treffen will, von der möglichst viele Menschen profitieren?

Im Verlauf dieses Kapitels könnt ihr …

- untersuchen, was Menschen unternehmen, um ihre politischen Interessen zu vertreten,
- darüber diskutieren, ob Volksabstimmungen die Demokratie bereichern können,
- Aufgaben der Parteien beschreiben und eigene parteipolitische Ziele entwickeln,
- Vorzüge und Nachteile verschiedener Wahlsysteme beurteilen,
- euren Mitschülern die Aufgaben der fünf wichtigsten Verfassungsorgane erläutern,
- am Beispiel des Tierschutzes darstellen, wie ein Gesetz entsteht,
- darüber diskutieren, wie Rechtsextremismus und Fremdenfeindlichkeit die Demokratie bedrohen.

Eigene Schwerpunkte könnt ihr setzen, indem ihr …

- über ein gesetzliches Verbot von Tierversuchen miteinander diskutiert,
- Stellung nehmt zum Problem der Gewissensfreiheit von Volksvertretern,
- eine Debatte über das Wahlrecht ab 16 bei Bundestagswahlen durchführt,
- eure eigene Zukunftsvision von einer idealen Demokratie entwickelt.

1 Wie viel Bürgerbeteiligung braucht die Demokratie?

Die eigene Bereitschaft zum Mitmachen prüfen

Zur Veranschaulichung von politischer Mitwirkung werden hier drei Beispiele vorgestellt. Zur Bearbeitung könnt ihr Dreiergruppen bilden und die Beispiele A, B und C innerhalb der Gruppen aufteilen. Jedes Gruppenmitglied bearbeitet ein Beispiel und stellt es in der Gruppe vor. Zur Klärung der Begriffe Bürgerinitiative, Bürgerbegehren, Bürgerentscheid und Petition könnt ihr auch das Glossar heranziehen.

A Drei Mitmachbeispiele

Beispiel 1
Draganas Engagement im Kinder- und Jugendrat

Die Mitarbeit in einem Kinder- und Jugendrat ist für viele junge Leute ein Einstieg zur aktiven Beteiligung in der Politik. Ein Beispiel dafür ist Dragana Gavric, die über mehrere Jahre hinweg erste Vorsitzende im Kinder- und Jugendparlament der Stadt Offenbach war. Zum Zeitpunkt unseres Interviews ist sie 15 Jahre alt.

TEAM: Was sind die Gründe, warum du dich für die Mitarbeit im Kinder- und Jugendparlament entschieden hast?
Dragana: Dafür gibt es natürlich mehrere Gründe. Zum einen ist es meiner Meinung nach sehr wichtig, die Jugend in die Politik mit einzubeziehen. Die Zukunft liegt in unseren Händen, also kann es sicherlich nichts schaden, Initiative zu ergreifen und etwas für den Bezug der Kinder und Jugendlichen zur Politik und vor allem für die Stadtpolitik zu tun. Oft fühlt sich die Jugend nicht ernst genommen und ohne das KJP wäre es meiner Meinung nach auch relativ schwer, wenn nicht sogar unrealistisch, etwas Positives in der Stadt zu bewirken. Zum anderen interessiere ich mich sehr für Politik und meine, dass man zu gar nichts käme, wenn es nicht Einzelne gäbe, die aktiv mithelfen, etwas zu verändern.
TEAM: Was hat dein politisches Engagement bisher für dich persönlich gebracht?
Dragana: Viel hat es gebracht – definitiv. Und ich denke, ich sage das nicht nur für mich, sondern auch für die anderen Mitglieder, jedenfalls für die große Mehrheit.
Ich habe gelernt, dass nichts passiert, wenn man keine Initiative ergreift und sich nicht für andere einsetzt. Etwas verändern kann man nur, wenn man es in die Hände nimmt. Vor allem habe ich gelernt, auch Unstimmigkeiten mit einer diplomatischen Diskussion zu beheben. Alles geht, man muss es nur wollen und etwas dafür tun.
TEAM: Was würdest du Kindern und Jugendlichen raten, die mit dem Gedanken spielen, für ein Kinder- und Jugendparlament zu kandidieren?
Dragana: Trau dich! Man kann nichts verlieren und wenn du nicht gewählt wirst, kannst du trotzdem aktiv mitarbeiten. Du kannst die Sitzungen besuchen und deine Meinung abgeben. Gehe mit Freunden zusammen zu den ersten Treffen und nach den ersten zwei oder drei Treffen brauchst du die Freundin oder den Freund nicht mehr. Selbst wenn du nicht stimmberechtigt bist, kannst du wenigstens gehört werden, und wenn du argumentativ deine Meinung einbringen kannst, kann es auch von großem Vorteil sein. Du lernst Leute kennen und kannst beispielsweise an einem Rhetorikseminar teilnehmen. Das ist sehr gut für deine Zukunft! Und alles, was für die Zukunft gut ist, kann jetzt nicht schlecht sein.

Mithilfe der Suchbegriffe „Kinder- und Jugendparlament Offenbach am Main" findet ihr weitere Informationen.

1 Fasse zusammen, wie Dragana über Mitarbeit im KJP denkt. Stichworte: Gründe, Erfahrungen, Ratschläge für andere. Das geht alleine.

2 Darüber könnt ihr in der Gruppe sprechen: Hat sich der Aufwand für Dragana gelohnt? Bereichert ihr Engagement die Demokratie? Beurteilt ihr Engagement unter diesen Aspekten.

Beispiel 2

Schülerinnen und Schüler entwickeln neue Form politischer Beteiligung

Die Klasse 9c der Realschule Kerpen hat schon viele politische Aktionen für Kinder in anderen Ländern gestartet. So reichten sie eine Petition gegen Kinderarbeit auf den Plantagen der Tabakindustrie ein, sammelten Unterschriften für „Kinder ohne Aids“ und waren im Januar bereits im Landtag mit ihrer Aktion „Rote Hand“, mit der sie auf das Schicksal von Kindersoldaten aufmerksam machen möchten.

Jetzt hatten sie Carina Gödecke in ihre Schule eingeladen, um ihr ein besonderes Projekt vorzustellen. Nachdem sie etwas über den Landtag, seine Zusammensetzung und Arbeitsweise erfahren hatten, berichteten sie von ihrer Idee für eine neue Internetseite. Auf der Internetseite sollten einzelne Gesetzesvorhaben in NRW vorgestellt und diskutiert werden. Das damit verbundene Thema soll dann im Unterricht verhandelt werden. […] Ziel, so die Klasse, sei die Beteiligung von Jugendlichen an politischen Prozessen: „Es ist blöd, wenn wir nicht mitreden können, denn es betrifft ja unsere Zukunft.“ Carina Gödecke war von der Idee mit der Website über Landesgesetze begeistert. „Die Schirmherrschaft dafür übernehme ich gerne, über die Details müssen wir noch reden. Optimal wäre, wenn im Sinne eines Schneeballsystems diese Seite auch für andere Schulen infrage käme“, sagte Gödecke und erhielt dafür viel Applaus. Lehrerin Bettina Henke ergänzte: „Es handelt sich um ein Pilotprojekt. Wir wollen es mit dieser Klasse ausprobieren und dann soll es größere Dimensionen annehmen.“

(Aus: Eine neue Möglichkeit, sich an politischen Prozessen zu beteiligen, von Doro Dietsch/Landtag NRW. Artikel vom 13. März 2015, in: www.landtag.nrw.de; Zugriff: 10.11.2015)

Krönender Abschluss

Die Idee der Schülerinnen und Schüler entwickelte sich sehr rasch zu einem Erfolg. Eine Internetseite mit Informationen zu aktuellen Gesetzgebungsvorhaben des Landtags in Nordrhein-Westfalen ist nun für alle Interessierten einsehbar. Am 24. Juni 2015 – kurz vor Beginn der Sommerferien – konnte die Realschule Kerpen auf ihrer Homepage von einem „krönenden Abschluss“ berichten. Bei einem Besuch von Landtagsabgeordneten der SPD, CDU und der FDP einen Tag zuvor in ihrer Schule teilten die Schülerinnen und Schüler diesen ihre Vorschläge zur Gestaltung des vom Landtag geplanten Inklusionsstärkungsgesetzes mit, und die Berufspolitiker machten sich fleißig Notizen für ihre wenige Stunden später stattfindenden Fraktionssitzungen. Erstmals schalteten sich damit Schülerinnen und Schüler in ein laufendes Gesetzesvorhaben ein. Die 9c hatte eine Menge guter Ideen gesammelt zur Verbesserung der Situation von Menschen mit Behinderung – zum Beispiel für den Besuch einer Disco und für das Fahren mit Bussen und Bahn.

(Die Informationen wurden der Homepage der Realschule Kerpen entnommen, www.realschule.kerpen.de; Zugriff: 12.11.2015)

Die Liste der Gesetzesvorhaben findet ihr im Internet unter www.landtag.nrw.de, Suchbegriff: aktuelle Gesetzgebung;

*Aktion Friedensband ist ein gemeinnütziger Verein, der Jugendliche unterstützt, wenn sie politisch aktiv werden wollen; www.friedensband.de

Kerpen 2015: Landtagspräsidentin Carina Gödecke übernimmt die Schirmherrschaft über das Schülerprojekt der 9c.

1 Fasse zusammen, was diese Schülerinnen und Schüler unternommen haben, um politischen Einfluss auszuüben. Stichworte: Petition, Einladungen, Internet, Landesgesetz zur Inklusion.

2 Darüber könnt ihr in der Gruppe sprechen:
Welche der Aktivitäten haltet ihr für besonders wichtig? Was konnten die Schüler eurer Ansicht nach dabei lernen? Welche Bedeutung hat diese Form der Beteiligung für das Leben in der Demokratie?

Beispiel 3

Bürgerbegehren stoppt Neubau der Messe in Essen

Die Fakten

Die Stadt Essen wollte ihr Messegelände modernisieren. 14 veraltete Ausstellungshallen sollten abgerissen und durch moderne Neubauten ersetzt werden. Geschätzte Kosten: 123 Millionen Euro. So hatte es die Mehrheit im Stadtrat, bestehend aus CDU, SPD, FDP und dem Essener Bürgerbündnis, im Juli 2013 beschlossen. Doch kaum war die Entscheidung verkündet, regte sich Widerstand in der Essener Bevölkerung. Eine Bürgerinitiative „Kein Messeumbau um jeden Preis“ formierte sich mit dem Ziel, den kostenintensiven Neubau zu stoppen. Die Gegner stellten sich nicht grundsätzlich gegen eine Modernisierung. Sie wollten aber verhindern, dass die Stadt noch mehr Schulden anhäuft und sich so mit der Neubaumaßnahme finanziell übernimmt. Auf Initiative der Grünen und der Linkspartei wurde kurz darauf ein Bürgerbegehren gestartet. Darin wurde der Stadtrat aufgefordert, den zuvor gefassten Beschluss aufzuheben. Wenige Wochen später, am 8. November 2013, lehnte der Rat das Begehren ab. Wird ein Bürgerbegehren vom Rat der Stadt abgelehnt, muss zwangsläufig ein Bürgerentscheid folgen. Und so waren am 19. Januar 2014 die Essener Bürgerinnen und Bürger dazu aufgerufen, für oder gegen den Neubau der Messehallen zu stimmen. Denkbar knapp fiel das Ergebnis aus. 66 066 stimmten im Sinne des Begehrens mit Nein, 65 104 mit Ja (für den Neubau). Damit war der Stadtrat überstimmt und der Neubau gekippt.

Die Argumente

Für den Neubau der Messehallen hatte sich auch eine Initiative „Pro Messe Essen“ eingesetzt, in der sich neben anderen Befürwortern auch viele Arbeitnehmerinnen und Arbeitnehmer und die Leitung der Messegesellschaft engagierten.

Ihrer Ansicht nach war der Umbau sinnvoll, weil Essen so als Messestadt attraktiver wäre und zahlreiche Arbeitsplätze gesichert würden.

Die Bürgerinitiative und die Initiatoren des Bürgerbegehrens argumentierten, als hoch verschuldete Stadt könne sich Essen eine so teure Maßnahme gar nicht leisten. Außerdem sei es besser, Geld an anderer Stelle zu investieren – zum Beispiel für die Ausstattung von Kitas, die Instandhaltung von Sportstätten und den Ausbau des öffentlichen Busverkehrs.

Plakataktion – einmal Ja und einmal Nein zum Bürgerbegehren

Ein Sieg der Demokratie?

Am Abend nach der Entscheidung sprach der gewählte Oberbürgermeister Reinhard Paß (SPD) von einer Enttäuschung für ihn und für die Mehrheit im Rat, bedankte sich aber für das bürgerliche Engagement in seiner Stadt. Der Stadtrat müsse nun überlegen, wie es mit dem Messegelände weitergehen könne. Vertreter der Bürgerinitiative gegen den Neubau sahen in der Entscheidung weder Sieger noch Verlierer, sondern einen Sieg der Demokratie.

Am 29. Oktober beschloss der Stadtrat von Essen eine billigere Modernisierungslösung. Die Messegesellschaft entwickelte dazu ein Konzept, das wesentlich geringere Ausgaben vorsah.

(Die Ereignisse wurden vom Autor anhand mehrerer Presseberichte zusammengefasst.)

1 Fasse die Ereignisse rund um den geplanten Neubau zwischen der ersten und der letzten Abstimmung im Stadtrat von Essen zusammen. Stichworte: Widerstand, Bürgerinitiative, Bürgerbegehren, Bürgerentscheid, Abschluss

2 Darüber könnt ihr in der Gruppe sprechen: Welche der Argumente haltet ihr für überzeugend? Wie schätzt ihr die Ansicht ein, dass es hier weder Sieger noch Verlierer, sondern einen Sieg der Demokratie gab?

S M U H

B Welche Möglichkeiten politischer Beteiligung kommen für uns infrage?

In diesem Fragebogen findet ihr zehn unterschiedliche Mitmachmöglichkeiten in der Demokratie. In Gruppenarbeit sollt ihr darüber diskutieren, welche Möglichkeiten für euch infrage kommen und welche nicht.

Euer Auftrag:

1. Entscheidet euch zunächst einzeln bei jedem Vorschlag für die Möglichkeit A, B oder C. Stellt eure Entscheidungen der Reihe nach in der Gruppe vor.
2. Ermittelt in der Gruppe die drei, vier, fünf oder mehr Mitmachmöglichkeiten, die für euch am ehesten infrage kommen, und stellt sie in der Klasse vor.
3. In der Klasse könnt ihr sammeln, auf welche Mitmachmöglichkeiten die größte Zahl der A- und B-Antworten entfällt. Beantwortet zum Schluss folgende Frage:
   - Wie sieht es insgesamt mit der Mitwirkungsbereitschaft in unserer Klasse aus?

	Ich bin dazu bereit, …	A Dazu bin ich sofort bereit.	B Jetzt noch nicht, aber in ein paar Jahren.	C Das kommt für mich nicht infrage.
1.	mich für die Interessen meiner übrigen Klassenkameraden einzusetzen.			
2.	in einem Schulprojekt mitzuarbeiten, bei dem es um Hilfsmaßnahmen für andere Menschen geht.			
3.	mich über aktuelle Themen aus den Bereichen Politik und Demokratie regelmäßig zu informieren.			
4.	aktiv in der SV unserer Schule mitzuarbeiten.			
5.	mit anderen Nutzern in sozialen Netzwerken Diskussionen über politische Themen zu führen.			
6.	an einer zeitlich begrenzten Aktion für eine Verbesserung des Umweltschutzes oder des Tierschutzes aktiv mitzuarbeiten.			
7.	mich als Kandidatin oder als Kandidat für die Mitarbeit im städtischen Jugendparlament aufstellen zu lassen.			
8.	an einer friedlichen Demonstration teilzunehmen, wenn ich den Grund dafür für vernünftig halte.			
9.	beim Bund für Umwelt und Naturschutz, bei Greenpeace, Amnesty International oder einer kirchlichen Hilfsorganisation Mitglied zu werden.			
10.	der Jugendorganisation einer politischen Partei beizutreten.			

C Möglichkeiten politischer Beteiligung

1 Notiere im Verlauf des Lesens dieser Doppelseite mindestens zehn Möglichkeiten politischer Beteiligung.

2 Mit welchen Mitteln können Interessenverbände und Bürgerinitiativen politische Mitwirkung ausüben? Beschreibe sie.

3 Wie wichtig ist politische Bildung als Voraussetzung zur aktiven politischen Beteiligung? Schreibe dazu deine persönliche Stellungnahme.

Formen der Einflussnahme

Unter politischer Beteiligung versteht man alles Handeln von Personen oder Gruppen, das zum Ziel hat, die politischen Verhältnisse zu beeinflussen. Die Beteiligung kann sowohl passiv als auch aktiv erfolgen. Am Prozess der politischen Einflussnahme nimmt schon teil, wer politische Bildung erwirbt. Dazu gehört, dass man sich über das politische Tagesgeschehen auf dem Laufenden hält und die Berichterstattung in Rundfunk, Fernsehen und im Internet dazu verfolgt, dass man sich ein eigenes Urteil zu umstrittenen Themen bildet und Gespräche über politische Themen im Familien-, Freundes- und Kollegenkreis führt. Der Schritt zur politischen Beteiligung in der Demokratie kann auch durch die Mitarbeit in der Schülervertretung an der eigenen Schule vorbereitet werden.

Die Teilnahme an Wahlen ist die grundlegendste Form aktiver Beteiligung. Weitere Formen reichen von der Mitwirkung bei Unterschriftenaktionen, einem Engagement in Umwelt-, Menschenrechts- und Selbsthilfegruppen, der Teilnahme an Versammlungen und Demonstrationen, dem Schreiben von Leserbriefen und E-Mails an Abgeordnete, dem Besuch von Sprechstunden der Abgeordneten bis zum Verfassen von Eingaben an die Parlamente und an den Bundespräsidenten. Man kann in einer Bürgerinitiative oder einem Verband mitarbeiten, Mitglied in einer politischen Partei werden und sich auch um die Kandidatur für eine politische Wahl bewerben.

Das Internet hat zu völlig neuen Formen politischer Beteiligung geführt. Menschen tauschen politische Ansichten in sozialen Netzwerken aus, verabreden sich zu gemeinsamen Aktionen und kommunizieren direkt mit den verantwortlichen Politikerinnen und Politikern. Seitdem es im Jahr 2005 möglich wurde, sich mit Petitionen auch online an den Deutschen Bundestag zu wenden, ist die Zahl dieser Beschwerden, Bitten und Vorschläge an das Parlament sprunghaft angestiegen.

Das Foto zeigt die Eingangshalle zum Deutschen Bundestag, die sogenannte Lobby. Früher nahmen die Vertreter von Interessenverbänden hier gerne Kontakt zu Politikern auf, um ihren Einfluss geltend zu machen. Sie werden daher häufig als Lobbyisten bezeichnet.

Demonstrationen sind erlaubt, wenn sie angemeldet und gewaltfrei sind.

Interessenverbände

Personen oder Gruppen schließen sich freiwillig zu einem Verband zusammen, um bestimmte Ziele (Interessen) gegenüber einer Verwaltung oder einer Regierung durchzusetzen. [...] Schüler- oder Lehrerverbände sind zum Beispiel solche Interessenverbände, die versuchen, ihre Ziele und Anliegen gegenüber den Schulbehörden durchsetzen. Auch Gewerkschaften oder die Vereinigungen der Arbeitgeber sind Interessenverbände. Sie vertreten besonders bei den Tarifverhandlungen die Interessen ihrer Mitglieder. Große Interessenverbände haben oft eigene Vertretungen in der Stadt, wo auch die Regierung eines Landes ihren Sitz hat. So können sie schnell wichtige Leute im Parlament, in den Parteien und in der Regierung treffen und über ihre Angelegenheiten reden. Sie machen dann Lobby-Arbeit. Wenn Interessenverbände besonders stark sind und versuchen, auf Politik und Gesetzgebung Einfluss zu nehmen, werden sie auch als „pressure groups" bezeichnet.

(Aus: Gerd Schneider u. Christiane Toyka-Seid: Politik-Lexikon von Aufschwung bis Zivilcourage, Campus Verlag, Frankfurt/New York 2006, S. 138f.)

Bürgerinitiativen

In Bürgerinitiativen schließen sich Leute zusammen, um auf die Beseitigung eines Missstandes hinzuweisen oder weil sie sich von den Behörden und Parlamenten nicht hinreichend unterrichtet und beachtet fühlen. In Deutschland gibt es einige tausend Bürgerinitiativen. In vielen Fällen haben sie ihre Ziele erreichen können. Besonders häufig setzen sie sich für Verbesserungen im Umweltschutz, für Kinderrechte, für Verkehrsberuhigung und für ein besseres Bildungssystem ein. Manche Bürgerinitiativen lösen sich wieder auf, wenn sie ihr Ziel ganz oder teilweise erreicht haben. Bürgerinitiativen werden vielfach als belebendes Element in der Demokratie angesehen. Sie haben politische, soziale und ökologische Probleme in das öffentliche Bewusstsein gerückt und viele Menschen wachgerüttelt. Kritik an Bürgerinitiativen wird laut, wenn sie jede Art von Veränderung blockieren oder wenn Minderheiten ihre Interessen gegen die Interessen der Mehrheit durchsetzen wollen. Das kann zum Beispiel der Fall sein, wenn sie den Bau einer Behinderteneinrichtung oder eines Spielplatzes in einem Wohngebiet verhindern wollen.

Möglichkeiten direkter Demokratie

Direkte Demokratie bedeutet, dass die Bürgerinnen und Bürger direkt, also nicht über ihre gewählten Vertreterinnen und Vertreter, an den politischen Entscheidungen beteiligt sind. Solche Möglichkeiten gibt es in fast allen Bundesländern auf der Ebene der Gemeindepolitik in der Form eines Bürgerbegehrens und des Bürgerentscheids.
Wollen die Bürgerinnen und Bürger in einer Stadt zum Beispiel lieber eine städtische Kindertagesstätte haben als den vom Rat geplanten Erweiterungsbau des Stadttheaters, so können sie das mit einem schriftlich eingereichten *Bürgerbegehren* beim Stadtrat beantragen. Dieser Antrag muss mit einer bestimmten Mindestzahl von Unterschriften versehen sein. Nimmt der Rat dieses Bürgerbegehren nicht an, so muss innerhalb einer bestimmten Frist ein *Bürgerentscheid** über die Sache durchgeführt werden.

Spontaner Protest nach Verabredung im Internet

Das heißt, die Bürgerinnen und Bürger entscheiden nun per Abstimmung direkt über Theaterausbau oder Kindertagesstätte. Die Abstimmung ist gültig, wenn sich ein bestimmter Anteil der wahlberechtigten Bürgerinnen und Bürger daran beteiligt hat. Bei den politischen Entscheidungen auf der Ebene der Landespolitik gibt es die Möglichkeit direkter politischer Mitwirkung durch das Volksbegehren und den *Volksentscheid*.*

* Weitere Informationen zu den hier genannten Formen direkter Demokratie findest du im Glossar.

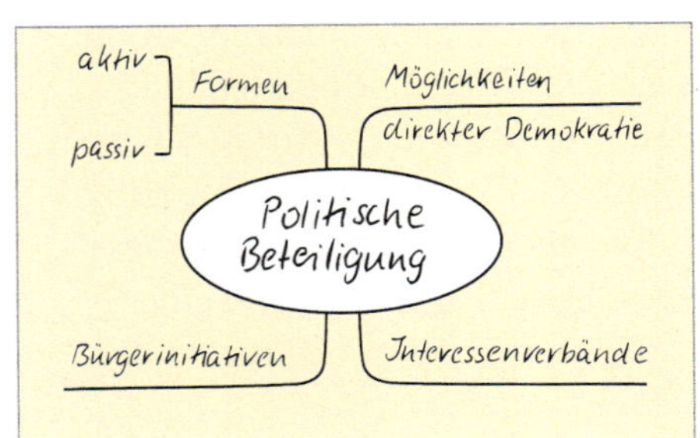

D Soll das Volk auch in der Bundespolitik direkt mitbestimmen?

Eine Einstiegsübung für alle:
Stell dir vor, du könntest als Erwachsener darüber mitentscheiden, ob du einem Gesetz zur Erhöhung des Kindergeldes oder einem Gesetz für oder gegen eine Verschärfung des Jugendstrafrechts zustimmst.
- Würdest du von diesem Recht gerne Gebrauch machen oder eher nicht?

Beispiel Schweiz: Volk stimmt über Gesetzesinitiativen ab

In der Schweiz gehören Volksabstimmungen zur Tradition. Dabei macht das Volk es der Regierung nicht immer leicht. So erteilte es den Plänen der Regierung zum Bau eines zweiten Gotthard-Straßentunnels eine Absage und die geplante Heraufsetzung des Frauenpensionsalters wurde auch abgeschmettert. Im November 2010 sprachen sich die Schweizer mehrheitlich für eine automatische Abschiebung kriminell gewordener Ausländer aus. Diese Entscheidung brachte die Regierung in arge Bedrängnis, weil sie feststellte, dass diese Entscheidung ein Verstoß gegen die Europäische Menschenrechtskonvention darstellt. 2016 korrigierten die Schweizer ihr hartes Urteil. Als es erneut zu einer Volksabstimmung über die Ausweisung krimineller Ausländer kam, entschied eine Mehrheit von fast 60 Prozent der Schweizer mit Nein.

Mehr aktive Mitwirkung statt passiver Begleitung?

Die Bundesrepublik Deutschland ist eine repräsentative Demokratie. Die Bürgerinnen und Bürger wählen die Abgeordneten als ihre Vertreterinnen und Vertreter (= Repräsentanten) in den Bundestag. Eine direkte Mitbestimmung der Bürgerinnen und Bürger bei aktuellen politischen Entscheidungen des Bundes ist im Grundgesetz bislang nur für den Fall einer Neugliederung der Bundesländer vorgesehen (Artikel 29 Grundgesetz). Anders sieht es in den Kommunen und in den Bundesländern aus. Dort gibt es Bürger- bzw. Volksentscheide. Das sind Formen direkter Demokratie, bei denen die Bürgerinnen und Bürger sozusagen in die Rolle des Gesetzgebers schlüpfen.
In den vergangenen Jahren hat es im Deutschen Bundestag wiederholt Gesetzesvorlagen zur Einführung von Volksentscheiden auf Bundesebene gegeben. Doch keiner der Gesetzesvorschläge fand bisher die dafür erforderliche Mehrheit. Der Grund: Gesetze, die die Verfassung ändern, müssen im Bundestag und im Bundesrat mit Zweidrittelmehrheit verabschiedet werden. So legt es das Grundgesetz fest. In jüngster Zeit sind die Stimmen derer immer lauter geworden, die eine direkte politische Beteiligung des Volkes an grundlegenden politischen Entscheidungen fordern. Man verweist dabei auf andere Mitgliedstaaten der Europäischen Union, in denen Volksentscheide längst selbstverständlich sind (z. B. in Italien und Frankreich). Nach Ansicht vieler Kritiker des aktuellen Zustandes sind die Bürgerinnen und Bürger in Deutschland zu sehr in die Rolle des passiven Beobachters von Politik gedrängt. Sie fordern ein Mehr an aktiver Beteiligung.
Befürwortung und Gegnerschaft von Volksentscheiden lässt sich nicht eindeutig nach Parteizugehörigkeit entscheiden. In allen großen Parteien gibt es Befürworter und Gegner und beide Seiten führen gewichtige Argumente ins Feld.

Aktion in Berlin für eine Änderung des Grundgesetzes, für Volksentscheide auf Bundesebene

1 Warum hat bisher noch kein Gesetzesvorschlag zur Einführung von Volksentscheiden in der Bundespolitik die erforderliche Zustimmung gefunden? Nenne den Grund.

2 Was unterscheidet die Ausgestaltung der Demokratie in der Schweiz und in anderen Staaten von der Wirklichkeit in der Bundesrepublik Deutschland? Erläutere die Unterschiede anhand konkreter Entscheidungsbeispiele.

S M U H

E TEAM kontrovers
Pro und kontra Volksentscheide auf Bundesebene

Hier findet ihr eine Reihe von Argumenten, die für und gegen Volksentscheide auf Bundesebene in die Diskussion eingebracht werden.

Erster Schritt:
Legt eine Tabelle an und ordnet darin die Argumente unter der Überschrift: Pro und kontra Volksentscheide auf Bundesebene.

Zweiter Schritt:
Bewertet die Qualität der Argumente, um euch so ein eigenes Urteil zu bilden. Formuliert eure Ansicht in Form einer schriftlichen Stellungnahme. Sucht dazu auch nach weiteren Argumenten für eure eigene Sichtweise.

Dritter Schritt:
Stellt eure Stellungnahmen in der Klasse vor und diskutiert miteinander.

Argumente – Argumente – Argumente – Argumente – Argumente – Argumente – Argumente – Argumente	
1. Volksentscheide auf Bundesebene wären eine Bereicherung der Demokratie, weil die Wählerinnen und Wähler damit auch über die Wahl hinaus politisch aktiv sein können.	
2. Am Beispiel der Schweiz kann man sehen, dass die Demokratie mit Volksentscheiden hervorragend funktioniert.	Pro
3. Bundespolitische Entscheidungen, zum Beispiel über Fragen der Altersversorgung, des Gesundheitswesens, des Umweltschutzes oder der Reform des Arbeitsmarktes, sind viel zu kompliziert. Der normale Bürger ist damit überfordert.	?
4. Junge Leute würden dadurch besser an die Politik herangeführt. Sie können so spüren, dass sie politisch etwas bewegen können.	Kontra
5. Volksentscheide würden dazu führen, dass kleine Gruppen von Bürgern, die sich in der Sache gut auskennen, ihre Interessen auf Kosten der Allgemeinheit durchsetzen.	
6. Bei einem Volksentscheid haben auch diejenigen eine Stimme, die von der Sache, um die es geht, keine Ahnung haben. Es kämen unkluge Entscheidungen zustande, die sich die Demokratie nicht leisten kann.	?
7. Demokratie ist ihrem Ursprung nach die Herrschaft des Volkes. Also muss das Volk auch Chancen haben, an der Herrschaftsausübung beteiligt zu werden.	Pro
8. In schwierigen Zeiten muss das gewählte Parlament auch unpopuläre Entscheidungen treffen können, die die Mehrheit der Bevölkerung wenig begeistern. Das geht aber nur in der repräsentativen Demokratie.	?
9. Das Beispiel der Schweiz zeigt, dass das Volk alle unpopulären Entscheidungen ablehnt und somit wichtige Veränderungen blockiert.	
10. Die gewählten Politikerinnen und Politiker müssten bei ihren Entscheidungen viel genauer auf die Stimmung in der Bevölkerung achten, weil sich das Volk sonst per Volksentscheid darüber hinwegsetzen könnte.	Kontra

2 Wie wichtig sind die Parteien?

Einen eigenen Standpunkt entwickeln

A Vorwissen sammeln

Über die Parteien in Deutschland habt ihr sicherlich schon vieles gelesen, gehört und gesehen. Wahrscheinlich kennt ihr die Namen der großen Parteien. Vielleicht wisst ihr auch, welche derzeit im Bundestag und im Landtag eures Bundeslandes vertreten sind. Brainstorming ist eine Methode, mit der ihr euer Vorwissen in den nun folgenden Unterricht einbringen könnt.
Wie diese Methode funktioniert, erfahrt ihr in der Methodenkarte.

Methodenkarte 4

Brainstorming

Thema: „Was ich bereits über die Parteien weiß …“

Worum geht es?

Hier könnt ihr einbringen, was ihr bereits über die Parteien wisst und wie ihr über sie denkt. Die geeignete Methode dazu ist das *Brainstorming*. Übersetzt heißt das „Gedankenwirbel“. Alles, was einem an Wissen und Gedanken zu einem gestellten Thema in den Sinn kommt, kann man mit dieser Methode sammeln.

Wie macht man das?

Damit sich möglichst alle beteiligen können, solltet ihr einige Regeln beachten:

- Lasst euch das Thema des Brainstormings eine Weile durch den Kopf gehen.
- Notiert dann in ein, zwei Stichworten eure Gedanken dazu.
- Nehmt euch fest vor, mindestens einen Beitrag zum Brainstorming einzubringen.

Für die Durchführung des Brainstormings sollte eine Zeit vereinbart werden (5 bis 10 Minuten). Zwei oder mehrere Schüler notieren sichtbar für alle Stichworte zu den Beiträgen der Teilnehmer.

Besondere Merkmale:

Im Verlauf der Methode wird nur gesammelt. Die Äußerungen werden nicht kritisiert, und es wird auch nicht darüber diskutiert.

Über die besonders wichtigen und die weniger wichtigen Beträge kann man sich hinterher verständigen. Wenn ein Mitschüler bereits etwas sagt, was man selbst auch sagen wollte, meldet man sich trotzdem. Im Brainstorming kann es ruhig Wiederholungen geben. Formuliert eure Beiträge immer ganz persönlich: *Ich weiß …, Ich denke …, Mir fällt dazu ein, …*

B Standpunkte zum Thema: Brauchen wir die Parteien?

Erster Standpunkt: Es geht nicht ohne

Bei manchen Leuten gelten Parteien prinzipiell als anrüchig: Sind denn nicht Neutralität und Überparteilichkeit viel besser? Ist es nicht peinlich, sich vor wildfremden Leuten zur Wahl zu stellen? Hat das Streiten um eine Sache nicht immer etwas hässlich Rechthaberisches? Und wenn zum Schluss in Parteien und zwischen Parteien um des lieben Friedens willen Kompromisse gemacht werden, sind sie dann nicht meist faul?
Die Antworten lauten: Nein, nein, nein und nein. Demokratie, die Herrschaft des Volkes, braucht Mitbürger, die auch Verantwortung übernehmen wollen. Niemand muss, aber ohne geht es nicht. Jeder darf. Und allein richtet man in einem Volk von 80 000 000 Menschen wenig aus. „Streiten" kann man auch „Diskutieren" nennen. Genau dafür sind Parteien da: für die ständige Diskussion, jeden Tag, zu jedem Thema, das einem wichtig erscheint. Jeder kann eintreten, jeder kann mitreden, Vorsitzende wählen und Kandidaten aufstellen, selbst eine Aufgabe übernehmen oder für ein Parlament kandidieren.
Den sogenannten „Parteienstreit" zwischen den Parteien, das böse „Parteiengezänk" – das kann nur schlimm finden, wer selbst immer recht haben will und meint, es solle besser nur eine einzige Partei geben, seine!

(Aus: Hans-Peter Bartels: Wozu Parteien gut sind, in: DIE ZEIT – Das Junior-Lexikon In 6 Bänden, Zeit-Verlag, Hamburg 2007, Bd. 4, S. 222f.)

Zweiter Standpunkt: Pauschalurteile sind gefährlich

Manche Medien und Bürger gefallen sich ja darin, pauschal über „die Parteien" und „die Politiker" herzuziehen. Das finde ich billig und ungerecht. Natürlich machen Parteien und Politiker auch Fehler. Natürlich darf und soll man das kritisieren. Aber man darf und soll es nicht verallgemeinern. Wo wären wir ohne diese Frauen und Männer, die sich in Parteien engagieren und bereit sind, politische Verant-

wortung zu übernehmen, sei es als Ehrenamtliche im Gemeinderat, sei es als Minister in der Bundesregierung? Wer eine ehrliche Antwort auf diese Frage sucht, der kann sich an undifferenzierter Parteien- und Politikerschelte nicht beteiligen.

(Bundespräsident Joachim Gauck in einem Interview mit der Sonntagszeitung „Welt am Sonntag" vom 11.11.2012; Interview Christian Malzahn, Daniel Sturm)

1 Wie wird in den beiden Standpunkten die Notwendigkeit der Parteien begründet? Fasse zusammen.

2 Welche Ansichten werden kritisiert? Mit welchen Worten?

3 Welche Position zum Thema Parteien kannst du in der Karikatur entdecken?

4 Brauchen wir die Parteien? Formuliere dazu deinen eigenen Standpunkt. Orientieren kannst du dich an den folgenden Stichworten: Verantwortungsübernahme, Diskussion, Kritik, Bedeutung für die Demokratie.

Was auch noch interessant sein kann:

- andere Schüler befragen zum Thema: Wie denkst du über die Parteien?

C Aufgaben der Parteien in der Demokratie

Die Doppelseite enthalt vielfältige Informationen zum Thema Parteien. Als Merk- und Visualisierungshilfe wird die Erstellung einer Mindmap empfohlen. Das geht auch in Partnerarbeit.

1 Warum wird die Bundesrepublik Deutschland oft als Parteiendemokratie bezeichnet? Erkläre es.

2 Was ist eine Partei und was sollte man über ihre Aufgaben, ihre Finanzierung, über die Kritik an ihr wissen? Erläuterte es mithilfe einer Visualisierung.

3 Stelle zusammen, was du im Text und im Schaubild über die Parteien in und außerhalb des Bundestages erfährst.

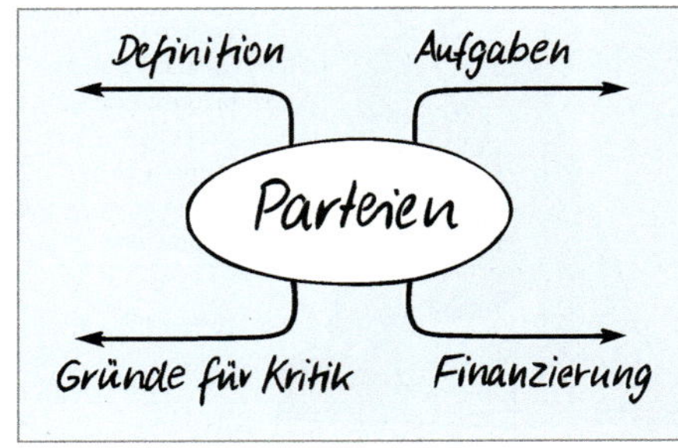

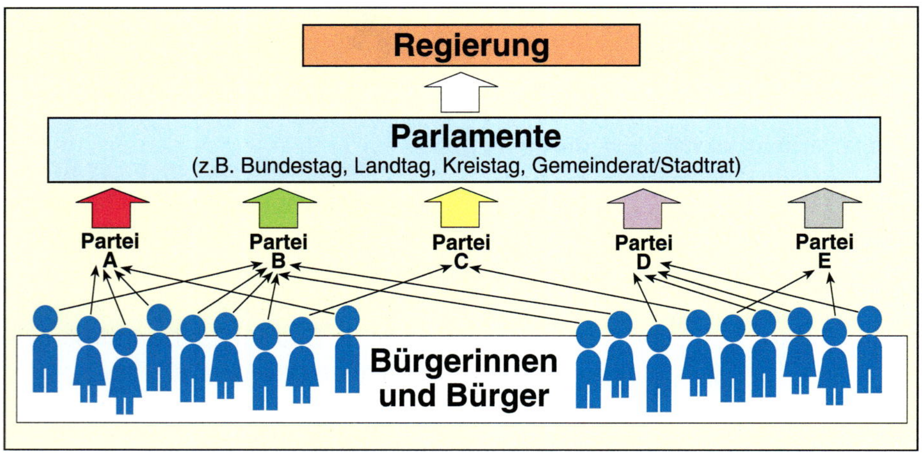

Parteiendemokratie in Deutschland

Artikel 21 des Grundgesetzes
Parteien
(1) Die Parteien wirken bei der politischen Willensbildung des Volkes mit. Ihre Gründung ist frei. Ihre innere Ordnung muss demokratischen Grundsätzen entsprechen.

Parteien sind Vereinigungen von Bürgerinnen und Bürgern, die gemeinsame Interessen und gemeinsame politische Vorstellungen haben. Parteien wollen in Wahlen politische Macht in Parlamenten und Regierungen gewinnen, um ihre politischen Ziele zu verwirklichen.
Die Demokratie in Deutschland ist eine Parteiendemokratie. Wer sich aktiv politisch beteiligen und nicht nur alle vier Jahre bei der Wahl über Programme und Kandidaten abstimmen will, die andere beschlossen und aufgestellt haben, der kann dies nur über die Mitarbeit in einer Partei tun. Eine realistische Chance, nach Bundes- oder Landtagswahlen in ein Parlament einzuziehen, haben heute ebenfalls nur noch Kandidatinnen und Kandidaten, die von einer Partei aufgestellt worden sind. Auch im Bundestag und in den Landtagen bestimmen die Fraktionen der Parteien das Geschehen. Trotz dieser herausragenden Bedeutung für das politische Leben in Deutschland sind noch nicht einmal 2% der Wahlberechtigten Mitglieder einer politischen Partei – Tendenz fallend.

Parteigründung

Nach dem Grundgesetz steht es allen Bürgerinnen und Bürgern frei, eine Partei zu gründen [Art. 21 GG]. Ihr Aufbau muss allerdings demokratischen Grundsätzen entsprechen, und sie muss öffentlich Rechenschaft geben darüber, woher ihre Geldmittel kommen. Parteien, die die freiheitliche demokratische Grundordnung beseitigen wollen, sind verboten. Über den Antrag für ein solches Verbot, den nur die Bundesregierung, der Bundestag oder der Bundesrat stellen können, entscheidet das Bundesverfassungsgericht. Dies ist bisher nur zweimal geschehen. 1952 wurde die rechtsextremistische „Sozialistische Reichspartei" und 1956 die linksextremistische KPD verboten.

Aufgaben

Für das Funktionieren der Demokratie in Deutschland sind die Parteien unentbehrlich. Sie sammeln politisch Gleichgesinnte, legen ausformulierte politische Programme vor, die jeweils bestimmte Vorstellungen und Interessen in der Gesellschaft bündeln und Lösungswege für politische Probleme vorschlagen (Programmfunktion). Außerdem bieten sie ein politisch ausgebildetes Führungspersonal an (Rekrutierungsfunktion). Erst dies macht Wählerinnen und Wählern bei Bundes- und Landtagswahlen eine Auswahl möglich. Sie können sich zwischen unterschiedlichen Politik-Angeboten und zwischen verschiedenen Personen entscheiden. Ferner transportieren die Parteien unablässig politische Meinungen aus der Bevölkerung in die Parlamente und Regierungen, sodass der Kontakt zur Basis für „die da oben" nicht verloren geht. Die Rechte und Pflichten regelt ein spezielles Parteiengesetz.

(Aus: Eckart Thurich: Pocket Politik. Demokratie in Deutschland, Stichwort Parteien, Bundeszentrale für politische Bildung, Bonn 2011, S. 94f.)

Finanzierung

Parteien brauchen zur Erfüllung ihrer Aufgaben erhebliche Finanzmittel. Sie müssen eine weitverzweigte Organisation von der Gemeinde bis zum Bund mit zahlreichen hauptamtlichen Mitarbeitern unterhalten, Veranstaltungen durchführen, Informations- und Werbematerial herstellen und verteilen sowie Wahlkämpfe bestreiten.
Die Einnahmen der Parteien setzen sich im Wesentlichen aus Mitgliedsbeiträgen, Spenden und Steuermitteln zusammen. Mit den Mitgliedsbeiträgen können die Kosten, vor allem bei den kleineren Parteien mit verhältnismäßig wenigen Mitgliedern, nicht bestritten werden. Spenden sollen möglichst begrenzt bleiben, um die Einflussnahme von Interessengruppen auf die Parteien zu verhindern.

(Aus: Horst Pötzsch: Die Deutsche Demokratie, hrsg. von der Bundeszentrale für politische Bildung, Bonn 2009, S. 45f.)

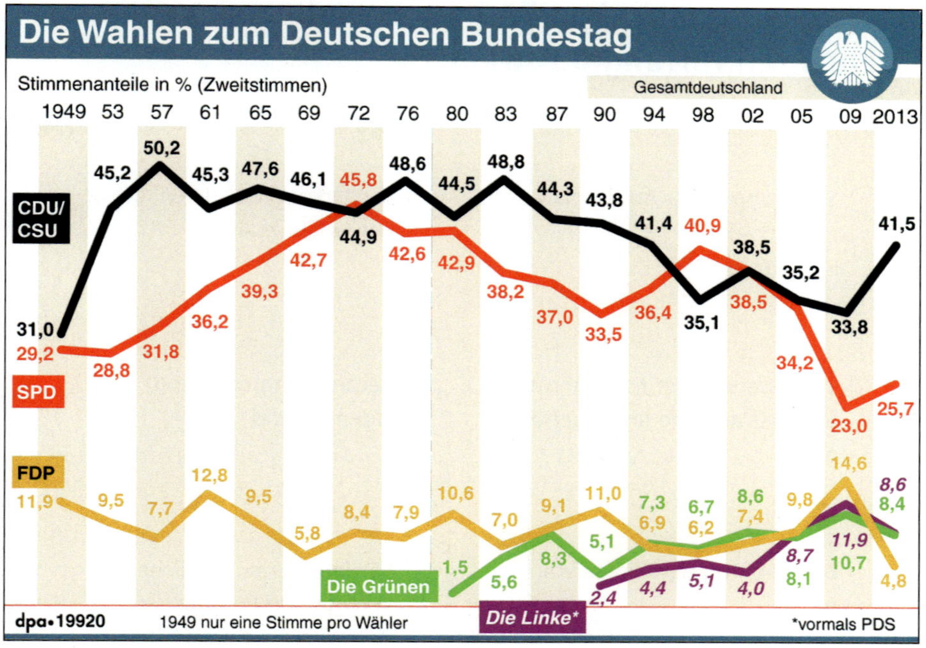

Aus dem Parteiengesetz in der Fassung vom 23. August 2011

§ 25 Spenden

(1) Parteien sind berechtigt, Spenden anzunehmen. Bis zu einem Betrag von 1000 Euro kann eine Spende mittels Bargeld erfolgen. Parteimitglieder, die Empfänger von Spenden an die Partei sind, haben diese unverzüglich an ein für Finanzangelegenheiten von der Partei satzungsmäßig bestimmtes Vorstandsmitglied weiterzuleiten.

Die Finanzierung der Parteien aus Steuermitteln hängt von ihren Erfolgen bei den Landtags-, Bundestags- und Europawahlen ab. Es gilt der Grundsatz: je mehr Stimmen, desto mehr Geld. Für jede Zweitstimme gibt es einen jährlichen Zuschuss aus der Staatskasse von 85 Cent für die ersten 4 Millionen Stimmen und 70 Cent für jede Stimme darüber. Geld bekommen allerdings nur die Parteien, die bei Landtagswahlen mindestens 1,0 Prozent der abgegebenen Stimmen erhielten und bei Bundestags- und Europawahlen mindestens 0,5 Prozent.

(Anmerkung des Autors, Stand 2016)

Aktiv lernen

D Welchen politischen Problemen sollen sich die Parteien vorrangig zuwenden?

- ☐ Schaffung neuer Arbeitsplätze
- ☐ Verstärkung der Hilfen für die Entwicklungsländer
- ☐ Verbesserung der Maßnahmen für Asylsuchende und Flüchtlinge
- ☐ Bekämpfung der Armut im eigenen Land
- ☐ Bekämpfung der Klimaerwärmung
- ☐ Förderung der friedlichen Vereinigung Europas
- ☐ Sicherung der Altersvorsorge
- ☐ Verbesserung der Bildungschancen für alle
- ☐ Förderung der Bürgerbeteiligung in der Demokratie
- ☐ Verstärkung des Kampfes gegen die Kriminalität
- ☐ Förderung echter Gleichberechtigung
- ☐ Bekämpfung von Rechtsradikalismus und Fremdenfeindlichkeit
- ☐ Staatliche Finanzierung von Wohnungen, Kindergärten, Kitas
- ☐ Schutz der Bevölkerung vor internationalem Terrorismus

Euer Auftrag:
Ihr überlegt in Gruppen, welchen Problemen sich die Parteien vorrangig zuwenden sollen, und erstellt dazu eine Rangliste.

1. Beratet in der Gruppe, welches Ziel ihr für das wichtigste, das zweitwichtigste usw. haltet.
2. Erstellt dann gemeinsam eine Rangliste mit den fünf bis acht wichtigsten Themen.
3. Sucht euch ein Ziel heraus, zu dem ihr in der Gruppe nach Vorschlägen sucht, wie es verwirklicht werden kann.
4. Stellt die Ranglisten und die Vorschläge in der Klasse vor.

Unser Parteiprogramm
-
-
-
-
-
-
-

Fallen euch weitere Themen ein, um die sich die Parteien kümmern sollen?

E Internetrecherche: Was sagen die Parteien zu ...?

WebQuest – Thema: Wahlprogramme der Parteien

Ziel: Parteiziele ermitteln, Positionen vergleichen

3 ausgewählte Adressen:

1. **www.bpb.de**
   Die Bundeszentrale stellt eine Fülle von Informationen zu den unterschiedlichen Parteiprogrammen zur Verfügung. Hier könnt ihr auch den wahl-o-mat benutzen und herausfinden, welches Parteiprogramm euren eigenen Ansichten am ehesten entspricht.

2. **www.mitmischen.de/verstehen/wissen**
   Auf der vom Bundestag betriebenen Homepage könnt ihr euch über grundlegende Ziele der im Bundestag vertretenen Parteien informieren. Auch berichten junge Leute, warum sie bei der letzten Bundestagswahl welche Partei gewählt haben.

3. **www.wahlprogramme-vergleichen.unklarheiten.de**
   Zu eingegebenen Suchbegriffen liefert diese Suchmaschine die dazu passenden Aussagen der Parteien aus den veröffentlichten Programmen.

Beispiel Bildungs- und Schulpolitik

CDU / CSU	SPD	BÜNDNIS 90 DIE GRÜNEN	FDP Die Liberalen	DIE LINKE.	PIRATEN PARTEI
Die Union spricht sich für den Erhalt des gegliederten Schulsystems aus. Abschlüsse und Bildung sollen keine Frage der finanziellen Lage sein.	Das Erststudium an der Hochschule soll gebührenfrei sein, genauso wie die Unterbringung von Kindern ab einem Jahr in Kindertagesstätten.	Die Grünen sind gegen Studiengebühren und wollen den Uni-Zugang für Menschen ohne Abitur und für Berufstätige erleichtern.	Die Entscheidung über Studiengebühren und deren Höhe soll jede Hochschule selbst treffen können. Bildungsstandards sollen bundesweit gleiche Bildung ermöglichen.	Die Linkspartei will das Recht auf Bildung im Grundgesetz verankern. Eine Gemeinschaftsschule bis zur zehnten Klasse soll bundesweit eingeführt werden.	Bildung muss überall kostenfrei sein. Unterrichtsmittel müssen kostenlos über das Internet zur Verfügung stehen.

Parteien legen ihre Ziele in ihren Parteiprogrammen fest. Grundsatzprogramme beschreiben die allgemeinen Ziele. Wahlprogramme werden jeweils vor Bundestags- oder Landtagswahlen verabschiedet. Darin steht, was eine Partei nach der nächsten Wahl vorhat für den Fall, dass die Wähler sie in die Lage versetzen, Regierungsverantwortung zu übernehmen.
Mit einer gezielten Internetrecherche könnt ihr euch über die Standpunkte der Parteien zu verschiedenen Themen informieren. Von besonderem Interesse können dabei die Programme der Parteien zu den Bundestagswahlen sein. Ihr könnt euch dazu direkt über die Internetauftritte der Parteien informieren. Ihr könnt aber auch auf Anbieter zugreifen, die kurze Zusammenfassungen der jeweils aktuellen und oft recht umfangreichen Wahlprogramme anbieten. Als ein Beispiel dazu seht ihr oben auf der Seite einen kurzen Ausschnitt aus einer der Übersichten, die die Homepage der Tagesschau zur Bundestagswahl 2013 zum Thema Bildung anbot.

Euer Auftrag:

1. Bildet zu zweit oder dritt Rechercheteams.
2. Verständigt euch im Team auf ein politisches Thema – zum Beispiel Asylpolitik, Arbeit, Armutsbekämpfung, Bildung, Bürgerbeteiligung, Klimaschutz, Technologie, Wirtschaft, etc.
3. Sucht mit den vorgegebenen Internetadressen gezielt nach Informationen dazu. Notiert eure Ergebnisse und eure Quellen.
4. Stellt die unterschiedlichen Standpunkte übersichtlich zusammen, damit ihr sie präsentieren, gemeinsam besprechen und darüber diskutieren könnt.

3 Das Wahlrecht zum Deutschen Bundestag: klug oder zu kompliziert?

Unterschiedliche Wahlsysteme erläutern

Demokratische Republik Fantasia

Wahlen sind die wichtigste Form politischer Beteiligung und zugleich das wirksamste Mittel zur Kontrolle der Regierenden. Mithilfe des Beispiels auf dieser Doppelseite könnt ihr herausfinden, wie sich Wahlen auf unterschiedliche Art und Weise auszählen und organisieren lassen. Vor diesem Hintergrund könnt ihr dann beurteilen, ob das Wahlrecht zum Deutschen Bundestag klug gestaltet wurde oder ob es zu kompliziert ist.

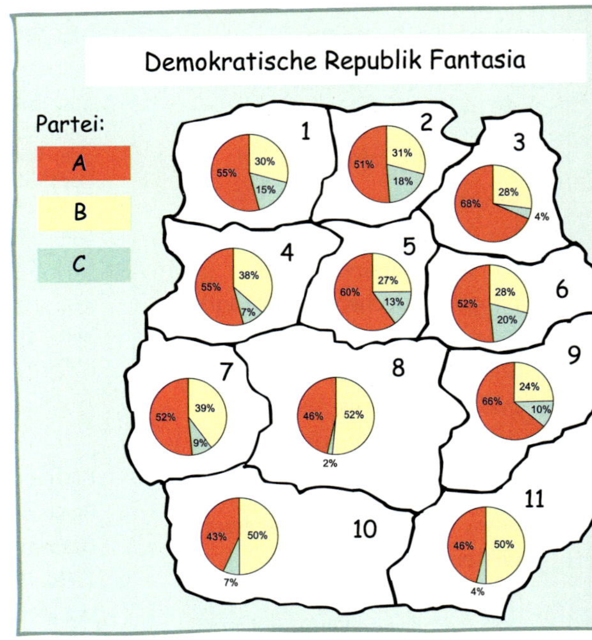

A Parlamentswahlen in „Fantasia“: Gleiches Wahlergebnis führt zu unterschiedlicher Sitzverteilung im Parlament

In der neu gegründeten demokratischen Republik „Fantasia“ finden zum ersten Mal Parlamentswahlen statt. Zu diesem Zweck hat man das Land in elf Wahlkreise eingeteilt. Pro Wahlkreis wird es einen Sitz im Parlament geben. Zur Wahl stellen sich drei Parteien mit ihren jeweiligen Kandidatinnen und Kandidaten (Partei A, B und C). Unter diesen Parteien werden die elf Parlamentssitze aufgeteilt werden. Man hat beschlossen, zwei unabhängige Kommissionen mit der Auszählung der Stimmen und der Verteilung der Sitze im Parlament zu beauftragen. Dies soll garantieren, dass keine Fehler vorkommen. Am Abend nach der Wahl verkünden die Vorsitzenden der Auszählkommissionen der gespannt wartenden Öffentlichkeit das Ergebnis.

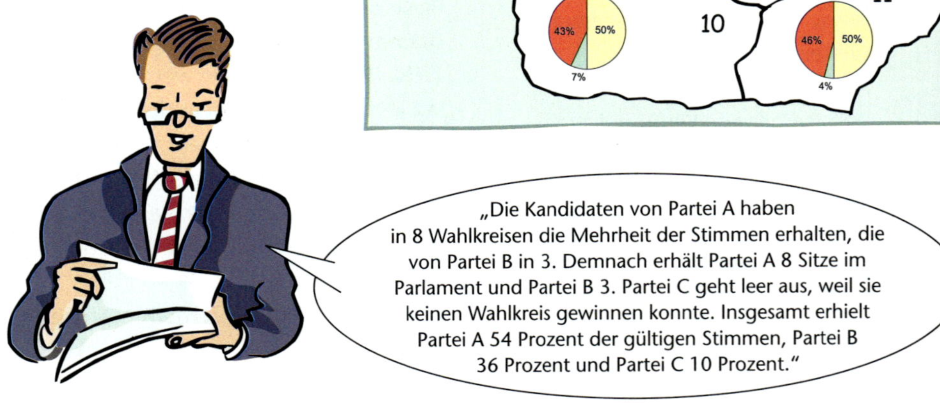

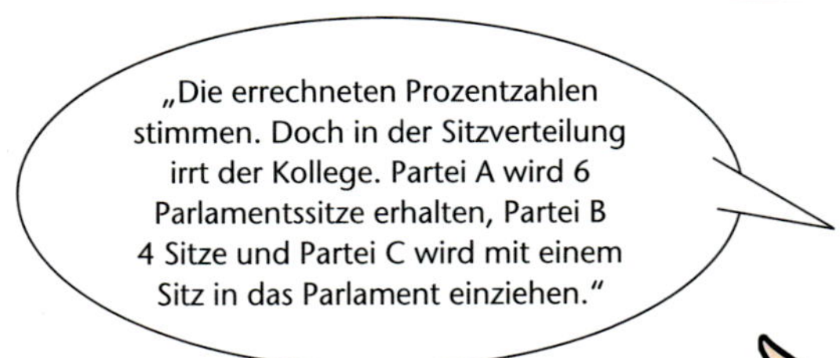

1 Politiker, Presse und Bevölkerung sind verwirrt. Welcher der beiden Sprecher hat recht? Wie kann es zu solch unterschiedlichen Auswirkungen kommen?

Die beiden Kommissionssprecher treffen sich zu einem Gespräch

Frau Verhält: Welches Wahlsystem haben Sie bei der Auszählung der Stimmen verwendet?

Herr Mehrheit: Wir haben das Mehrheitswahlsystem angewendet.

Frau Verhält: Was bedeutet das?

Herr Mehrheit: Beim Mehrheitswahlsystem wird das Land in so viele Wahlkreise eingeteilt, wie das Parlament Sitze hat. Da Fantasia ein Parlament mit 11 Sitzen hat, haben wir 11 Wahlkreise eingeteilt. Sie können das auf der Karte sehen. In jedem Wahlkreis wählen die Bürgerinnen und Bürger einen der Kandidaten, die sich zur Wahl stellen. Es zieht jeweils der Kandidat ins Parlament ein, der die meisten Stimmen in seinem Wahlkreis erhält. Partei A hat in 8 von 11 Wahlkreisen die Mehrheit der Stimmen erhalten, Partei B in 3 der 11 Wahlkreise. Also erhalten Partei A 8 und Partei B 3 Sitze. Da Partei C in keinem Wahlkreis die Mehrheit der Stimmen erzielen konnte, erhält sie auch keinen Parlamentssitz.
Wie kommt Ihre Sitzverteilung zustande, liebe Kollegin?

Frau Verhält: Wir haben das Verhältniswahlsystem angewendet.

Herr Mehrheit: Was bedeutet das?

Frau Verhält: Beim Verhältniswahlsystem braucht man eigentlich keine Wahlkreiseinteilung. Man zählt alle abgegebenen Stimmen landesweit aus. Die Sitze im Parlament werden dann nach dem Anteil der Wählerstimmen verteilt. Bekommt eine Partei 54 Prozent der Stimmen, so stehen ihr auch 54 Prozent der Sitze im Parlament zu. Dadurch ist auch Partei C – ihrem Anteil von 10 Prozent der Stimmen entsprechend – in unserem Parlament vertreten.

Herr Mehrheit: Ehrlich gesagt, finde ich es besser, wenn wir das Mehrheitswahlsystem zur Sitzverteilung verwenden. Es sorgt für klare Mehrheiten im Parlament. Kleine radikale Parteien haben keine Chance, ins Parlament einzuziehen, weil diese Kandidaten niemals die Mehrheit in einem Wahlkreis erreichen können. So fällt das Regieren leichter. Außerdem wählt man hier eine Person. Man kennt Kandidatinnen und Kandidaten. Das verschafft den Wählerinnen und Wählern ein persönlicheres Verhältnis zur Politik.
Beim Verhältniswahlrecht gibt es oft keine eindeutigen Mehrheitsverhältnisse, sodass das Land schwer zu regieren ist.

Frau Verhält: Dafür ist das Verhältniswahlsystem viel gerechter. Man wählt eine Partei und keine bestimmte Person. Da die Parteien so viele Sitze bekommen, wie ihnen nach der prozentualen Stimmenverteilung zustehen, finden alle Stimmen Berücksichtigung. Beim Mehrheitswahlrecht bleiben viele Stimmen völlig unberücksichtigt. Kleine Parteien haben beim Verhältniswahlsystem viel eher eine Chance, den Sprung in das Parlament zu schaffen.

Herr Mehrheit: Das Mehrheitswahlsystem haben wir uns bei Großbritannien, dem Mutterland der parlamentarischen Demokratie, abgeguckt.

Frau Verhält: Das von mir vertretene Verhältniswahlrecht wird bei Parlamentswahlen in Frankreich und in vielen anderen parlamentarischen Demokratien angewendet.

Beide: Wir müssen für unser Land eine Entscheidung treffen.

2 Wie sind in Fantasia die Unterschiede in der Sitzverteilung im Parlament zustande gekommen?

3 Ihr könnt nun erläutern, wie die beiden unterschiedlichen Wahlsysteme – Mehrheitswahl und Verhältniswahl – funktionieren und welche Vor- und Nachteile sie haben. Fertigt auf einem Blatt eine Übersicht an.

	Mehrheitswahl	Verhältniswahl
Funktionsweise Vorteile Nachteile		

4 Wie würdest du entscheiden? (Für welches System man sich bei den Bundestagswahlen in Deutschland entschieden hat, erfährst du auf der folgenden Seite.)

B Die Bundestagswahl: Wie funktioniert sie?

Das Wahlsystem der personalisierten Verhältniswahl

Nach der Katastrophe des „Dritten Reiches" haben die Verfassungsväter Deutschland ein Wahlrecht gegeben, das die Fehler der Weimarer Republik – die Zersplitterung der Parteienlandschaft – vermeiden und für stabile Mehrheitsverhältnisse im Bundestag sorgen sollte. Der Parlamentarische Rat, der das Grundgesetz erarbeitete, einigte sich auf ein Mischmodell aus Verhältniswahl und relativer Mehrheitswahl in Einerwahlkreisen. Dieses Wahlsystem der kombinierten Personenwahl in Wahlkreisen und der Parteienwahl nach Landeslisten wird personalisierte Verhältniswahl genannt. Diese Wahl sucht die Vorteile von Mehrheits- und Verhältniswahlrecht zu verbinden und ihre Nachteile auszugleichen. Maßgeblich für die Sitzanteile im Bundestag ist dabei das Zweitstimmenergebnis. […]

Die Erststimme

Mit der Erststimme wählt man einen Abgeordneten seines Wahlkreises. Damit ist sichergestellt, dass jede Region im Bundestag vertreten ist, jeder Wahlkreis Gesicht und Gewicht hat. […] Der Kandidat, der im Wahlkreis die meisten Stimmen bekommt, hat damit das Direktmandat gewonnen und ist zum Bundestagsabgeordneten gewählt – unabhängig davon, wie seine Partei ansonsten bei den Wahlen abschneidet. Sein Mandat kann ihm niemand mehr nehmen. […]

Die Zweitstimme

Mit der Zweitstimme bestimmt der Wähler grundsätzlich, in welchem Kräfteverhältnis die Parteien im Bundestag vertreten sind. Sie ist die Entscheidungsstimme auch darüber, welche Parteien nach der Wahl im Parlament die Regierung bilden und den Bundeskanzler oder die Bundeskanzlerin stellen können und welche Parteien den Oppositionspart übernehmen. […]
Der Stimmzettel, den die Wähler im Wahllokal ausgehändigt bekommen, ist nach dem Prinzip der personalisierten Verhältniswahl konzipiert und weist deshalb deutlich zwei Stimmen aus. […] Da in der personalisierten Verhältniswahl jeder Wähler zwei Stimmen hat, ermöglicht ihm dieses System das sogenannte Stimmensplitting – das Aufteilen seiner beiden Stimmen auf unterschiedliche Parteien. […]

Die Fünfprozentsperrklausel

Zu den konstituierenden Grundlagen des Wahlsystems in Deutschland

1 Experteninterview

Stell dir vor, du sollst nach der Bearbeitung dieser Doppelseite als Interviewpartnerin bzw. -partner über das Wahlsystem für die Bundestagswahlen zur Verfügung stehen. Als Expertin bzw. Experte erwartet man von dir zutreffende Antworten auf folgende Fragen:

- Können Sie uns erklären, was man unter dem personalisierten Verhältniswahlrecht versteht?
- Wozu ist die Erststimme und wozu die Zweitstimme da?
- Was bedeuten „Fünfprozentsperrklausel" und „Stimmensplitting"?
- Wie kann es zu den sogenannten „Überhangmandaten" kommen?
- Würden Sie uns bitte zusammenfassend sagen, was alle Wahlberechtigten mindestens über die Wahlen zum Bundestag wissen sollten?

Tipp: Bereitet euch zu zweit auf das Interview vor.

gehört, dass es eine Hürde gibt, die die Parteien überspringen müssen, um in den Bundestag einziehen zu können. Nach dem Bundeswahlgesetz muss eine Partei im gesamten Bundesgebiet fünf Prozent der Stimmen erreichen, um an einer Mandatsverteilung beteiligt zu werden. Wählerstimmen für eine „Unterfünfpartei“ fallen unter den Tisch und werden bei der späteren Sitzverteilung für den Bundestag nicht berücksichtigt. Ausgenommen von dieser Fünfprozentsperrklausel sind jene Parteien, die mindestens drei Direktmandate, auch Grundmandate genannt, erreichen. In diesem Fall dürfen sie bei den entscheidenden Zweitstimmen unter fünf Prozent liegen. [...]

Überhang- und Ausgleichsmandate

Als Besonderheit der personalisierten Verhältniswahl gilt das mögliche Entstehen von sogenannten Überhangmandaten. Der Name kommt daher, dass durch diese Mandate die gesetzlich festgelegte Zahl der Bundestagssitze überschritten wird und es so zu einem Überhang – also einer Vergrößerung des Parlaments – kommt. Überhangmandate entstehen dann, wenn eine Partei in einem Bundesland mehr Direktmandate mittels der Erststimme erzielen konnte, als ihr nach dem proportionalen Verhältnis der in diesem Land abgegebenen Zweitstimmen an Sitzen zusteht. Was kompliziert klingt, wird durch ein Beispiel deutlich: Entfallen auf eine Partei in einem Bundesland nach den Zweitstimmen 15 Sitze, hat sie zugleich aber in 17 Wahlkreisen mit ihren Kandidaten das Direktmandat erobert, bekommt sie nicht 15, sondern 17 Abgeordnetenmandate. Schließlich sind alle 17 direkt gewählt und haben das Vertrauen der Mehrheit der Wähler im Wahlkreis. Die Zahl der Sitze im Bundestag würde sich in diesem Fall um zwei (und um zusätzliche Ausgleichsmandate) erhöhen. [...]

(Zusammengestellt aus: Sönke Petersen: Stichwort Wahlen – Grundpfeiler der Demokratie, Hrsg.: Deutscher Bundestag, Juli 2013, S. 9ff.)

Ausgleichsmandate für Überhangmandate gibt es erst seit der Änderung des Bundeswahlgesetzes vor der Bundestagswahl 2013. Wenn eine Partei Überhangmandate erhält, ist für die anderen Parteien ein Ausgleich an Sitzen zu schaffen, der dem tatsächlichen prozentualen Anteil der Stimmen entspricht. Die Neuregelung kann zur Folge haben, dass der Bundestag in Zukunft viel mehr Sitze als die vorgesehenen 598 hat.

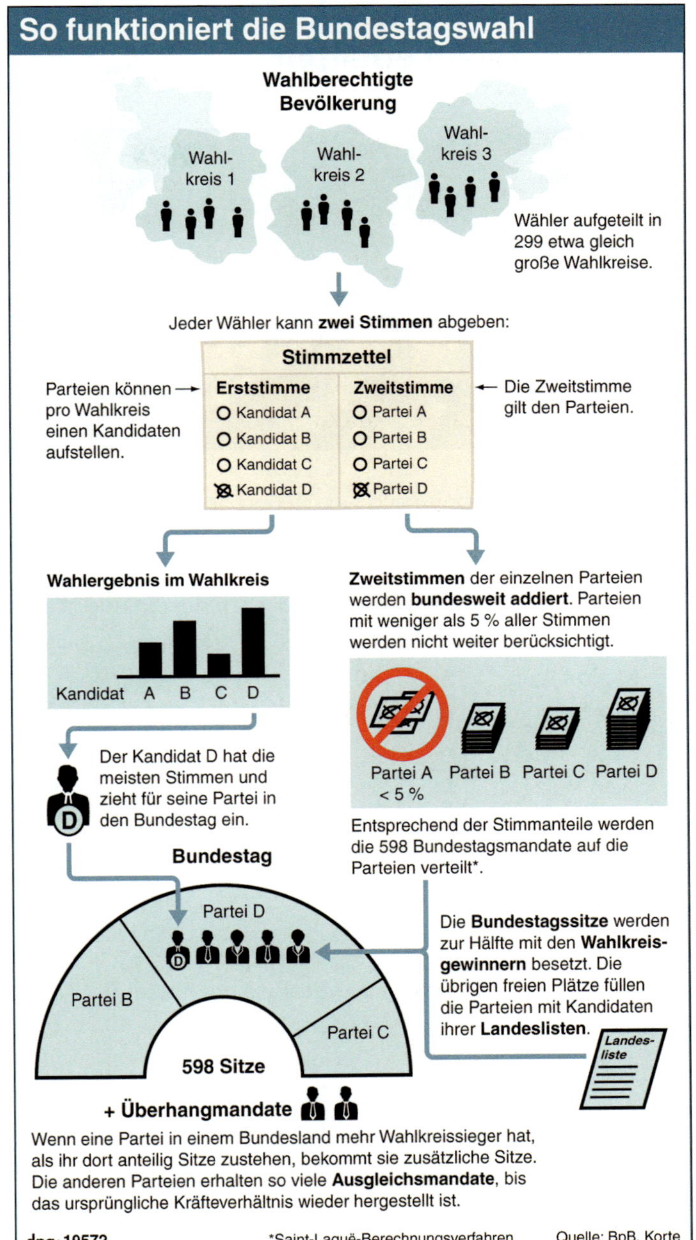

2 Erläutere die Funktionsweise einer Bundestagswahl auch mithilfe der Grafik und des Fotos auf dieser Doppelseite.

C Wir ermitteln, welche Abgeordneten einen Platz im Parlament erhalten

Welche Kandidatinnen und Kandidaten ziehen nach einer Wahl in das Parlament ein, wenn das Wahlsystem ein personalisiertes Verhältniswahlrecht ist, bei dem die Wählerinnen und Wähler eine Erst- und eine Zweitstimme haben? Mit den Vorgaben auf dieser Seite könnt ihr das entscheiden. Der Einfachheit halber wählen wir ein Parlament, das insgesamt aus 12 Sitzen besteht. Die Parlamentswahl hat folgendes Ergebnis gebracht:

Partei A erhielt 51, Partei B 34 und Partei C 15 Prozent.

Nach dem Umrechnungsschlüssel ergibt sich daraus folgende Sitzverteilung:

Partei A = 6 Sitze, Partei B = 4 Sitze, Partei C = 2 Sitze.

- Wer nimmt für die Parteien A, B und C Platz im Parlament?
- Zeichnet die Umrisse dieses zwölfköpfigen Parlaments in euer Heft.

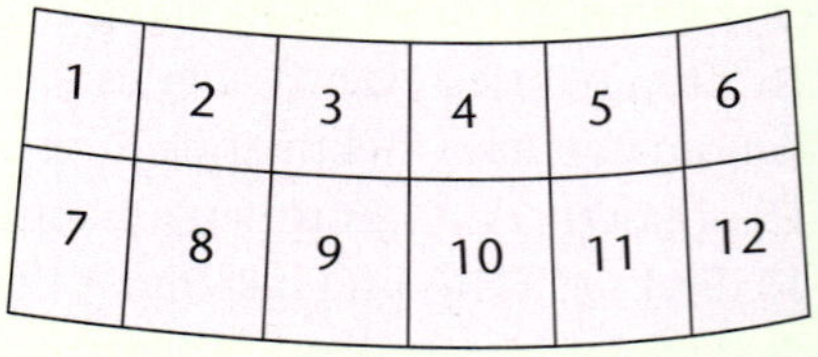

- Schraffiert dann in verschiedenen Farben die Zahl der Sitze, die jeder Partei zustehen.
- Verteilt dann die Sitze an die Personen. Zuerst kommen diejenigen ins Parlament, die aus den sechs Wahlkreisen als Sieger hervorgegangen sind.
- Die sechs weiteren freien Plätze füllt ihr dann aus den Landeslisten auf.
- Stellt das Parlament namentlich in der Klasse vor.

Amtliches Endergebnis nach Auszählung der Zweitstimmen:
Partei A = 51 % = 6 Sitze   Partei B = 34 % = 4 Sitze
Partei C = 15 % = 2 Sitze
Einzelergebnisse aus den Wahlkreisen nach Auszählung aller Erststimmen:

1	Ceylin Hiob	A	51 %	2	Herrmann Pit	A	45 %
	Marion Jung	B	30 %		Nesrin Kua	B	40 %
	Paul Klein	C	19 %		Dirk Fuchs	C	15 %
3	Brigitte Mohn	A	40 %	4	Volker Maus	A	60 %
	Sven Holz	B	51 %		Sandra Blume	B	30 %
	Harald Fips	C	9 %		Hassan Stark	C	10 %
5	Friedel Wald	A	40 %	6	Anna Sachs	A	48 %
	Hanna Rosch	B	45 %		Kurt Hamm	B	37 %
	Simone Daum	C	15 %		Gerd Stein	C	15 %

Landesliste der Partei A
Listenplatz:
1. Ceylin Hiob
2. Raul Engan
3. Petra Kuhn
4. Volker Maus
5. Theo Scholtes
6. Gudrun Land
7. Yasin Schrader
8. Anna Sachs

…

Landesliste der Partei B
Listenplatz:
1. Holger Boor
2. Margot Taucher
3. Hermann Herz
4. Nicole Schön
5. Sven Holz
6. Hanna Rosch

…

Landesliste der Partei C
Listenplatz:
1. Simone Daum
2. Gerd Stein
3. Hassan Stark
4. Petra Butter
5. Dirk Fuchs
6. Paul Klein

…

Zu Beginn dieser Einheit über das Wahlrecht zum Deutschen Bundestag stand die Frage, ob es zu kompliziert sei. Was meint ihr: Ist es das oder ist es ein klug gewähltes Wahlrecht?

D Von der Wahl zur Regierungsbildung

1 Erkläre, was man unter einer Koalition und einem Koalitionsvertrag versteht.

2 Was bedeutet es, den Staat zu regieren? Erläutere Aufgaben, Verpflichtungen und die Zusammensetzung der Bundesregierung.

3 Was antwortest du jemandem, der glaubt, dass die Bundesregierung die Gesetze verabschiedet?

Die Bildung einer Bundesregierung

Der Prozess der Regierungsbildung nach einer Bundestagswahl wäre ganz einfach, wenn eine Partei mit über 50 Prozent der Wählerstimmen die absolute Mehrheit erhalten hätte. Normal ist aber in unserem Mehrparteiensystem, dass keine Partei mit einer absoluten Mehrheit aus den Wahlen hervorgeht. Die Bildung einer neuen Regierung beginnt daher mit Koalitionsverhandlungen.

Eine Koalition ist ein Bündnis von zwei oder mehreren Parteien, um gemeinsam die Mehrheit im Parlament zu erhalten und eine Regierung bilden zu können. Wenn sich die Koalitionspartner gefunden haben, setzen sie sich zu Verhandlungen zusammen und arbeiten gemeinsam ein Regierungsprogramm aus. Dabei müssen sie Kompromisse eingehen, schließlich handelt es sich um unterschiedliche Parteien. In einem Koalitionsvertrag wird festgehalten, welche Ziele sie gemeinsam in der Zeit ihrer Regierungsverantwortung erreichen wollen.

Die Verteilung der Ministerposten gehört ebenfalls zu den Verhandlungen. Der zukünftigen Bundeskanzlerin bzw. dem Bundeskanzler steht das Recht zu, die Minister auszuwählen. Sie oder er bespricht die Auswahl aber mit den Verhandlungspartnern und überlässt der kleineren Koalitionspartei die Entscheidung, welche Personen sie für die ihr zugesprochenen Ministerämter benennt. Mit der Wahl des Bundeskanzlers durch den Bundestag, der Vereidigung aller Regierungsmitglieder und der offiziellen Ernennung durch den Bundespräsidenten beginnt die Arbeit der neuen Regierung.

Regieren – Was heißt das eigentlich?

Das Wort *regieren* kommt aus dem Lateinischen und bedeutet *leiten* oder *lenken*. Eine Regierung lenkt den Staat und bestimmt die Richtung, in die sich die Politik bewegen soll. Zu den wichtigsten Aktivitäten einer Regierung gehören die Ausarbeitung und das Einbringen neuer Gesetzesvorschläge. Damit verwirklicht sie ihre politischen Ziele und wirkt gestaltend auf die Lebensverhältnisse der Menschen ein. Bundesrat und Bundestag haben zwar auch das Recht, Gesetze vorzuschlagen, die weitaus größte Zahl der Initiativen kommt aber in der Regel aus dem Kreis der Regierung.

Eine Regierung gestaltet die Politik nach innen und nach außen. Innenpolitisch ist sie verantwortlich für alle politischen Entscheidungen, welche die Bundesrepublik als Ganzes betreffen. Dabei muss sie die Rechte der Bundesländer und der selbstständigen Gemeinden beachten und zunehmend auch die Zuständigkeiten der Europäischen Union. Nach außen gestaltet sie die Beziehungen zu allen anderen Ländern. Als ausführende Gewalt wird die Regierung auch als Exekutive bezeichnet. Das Parlament ist demgegenüber die gesetzgeberische Gewalt, die Legislative.

Oft wird die Bundesregierung nach dem Beratungsraum, in dem sie regelmäßig tagt, auch als das Kabinett bezeichnet.

E TEAM kontrovers Wählen ab 16 auch bei den Bundestagswahlen?

Eine Einstiegsübung für alle:
Wie fällt eure spontane Antwort auf diese Frage aus?
Führt eine Probeabstimmung in der Klasse durch (ohne Diskussion). Notiert das Ergebnis.

Projektbanner www.machs-ab-16.de

Debatte im Bundestag

Auf kommunaler Ebene haben bereits acht Bundesländer und Stadtstaaten das Mindestwahlalter auf 16 Jahre gesenkt: Baden-Württemberg, Berlin, Brandenburg, Bremen, Mecklenburg-Vorpommern, Niedersachsen, Nordrhein-Westfalen, Sachsen-Anhalt und Schleswig-Holstein. Darüber hinaus haben Jugendliche ab 16 in Brandenburg, Bremen und Hamburg auch das Wahlrecht bei den Landtagswahlen. Bei den Wahlen zum Bundestag liegt das Mindestalter nach wie vor bei 18 Jahren. So bestimmt es das Grundgesetz.

> Artikel 38, Abs. 2 GG
> Wahlberechtigt ist, wer das achtzehnte Lebensjahr vollendet hat ...

Über eine Herabsetzung der Wahlberechtigung auf 16 Jahre wurde bereits mehrfach im Bundestag diskutiert. Es gibt viele Stimmen dafür und viele dagegen. Das Grundgesetz kann nur geändert werden, wenn mindestens zwei Drittel der Abgeordneten sich für eine Änderung entscheiden.
Im Juni 2013 stimmte der Bundestag über einen Gesetzesentwurf der Fraktion der Grünen ab, das Wahlalter bei Bundestagswahlen auf 16 Jahre zu senken. [...]
Für den Gesetzesentwurf stimmten die Abgeordneten der SPD, der Grünen und DIE LINKE, dagegen die Parlamentsmehrheit aus CDU, CSU und FDP. Die erforderliche Zwei-Drittel-Mehrheit wurde so verfehlt. Die Frage ist weiter umstritten und führt immer wieder zu Debatten im Parlament.
Stellvertretend für die Pro- und Kontra-Stimmen befragte die Süddeutsche Zeitung die Bundestagsabgeordnete Ingrid Hönlinger, Bündnis 90/Die Grünen, und die CDU-Landtagsabgeordnete in Hessen, Astrid Wallmann. Hier Ausschnitte aus den Stellungnahmen:
Ingrid Hönlinger: Junge Leute sind heute früher bereit, politische Verantwortung zu übernehmen und zu wählen. Sie machen mit 17 ihr Abitur oder starten nach der zehnten Klasse ins Berufsleben, da sollen sie auch wählen dürfen. Zum anderen geht es uns um die Inhalte. Wer wählt, entscheidet, welche Politik gemacht wird. [...] Themen wie „Was können wir gegen Jugendarbeitslosigkeit machen?“ entscheiden über die Zukunft der Jugendlichen. Es ist nur richtig, wenn sie auch mitbestimmen können.
Astrid Wallmann (CDU): Eine Wahl setzt einen bestimmten Reifegrad voraus, den ein 16-Jähriger nicht unbedingt erfüllt. Mit 16 darf man in Deutschland noch nicht eigenständig Autofahren, man darf ohne Begleitung nur bis Mitternacht ausgehen, das Strafrecht behandelt 16-Jährige anders, bestimmte Verträge darf man erst abschließen, wenn man 18 Jahre alt ist. Die Altersgrenze von 18 Jahren hat sich in vielen Bereichen bewährt. Wenn das Wahlalter auf 16 Jahre gesenkt wird, müssen die Schulen und die Bildungspolitik gewährleisten, dass die Schüler genug Informationen haben, um wählen zu gehen.

(Aus: Kathrin Hollmer: Wählen mit 16 – ja oder nein? in: jetzt.de; Jugendmagazin der Süddeutschen Zeitung, Juni 2013; im Internet unter http://jetzt.sueddeutsche.de; Zugriff: 05.01.2016)

1 Wie war die Situation zum Wahlrecht ab 16 im Deutschen Bundestag im Sommer 2013? Beschreibe sie mit eigenen Worten.

2 Fasse die Begründungen der Abgeordneten Wallmann und Hönlinger in jeweils einer kurzen These zusammen und notiere sie.

S M U H

Stimmen Jugendlicher pro und kontra

Tipps zur Vorgehensweise:
- Lege eine Tabelle an mit pro und kontra.
- Fasse die Stimmen der Jugendlichen auf dieser Seite stichwortartig zusammen und trage sie ein.
- Formuliere dein Urteil mit deiner eigenen Begründung.
- Diskutiert miteinander.

„Die 16-Jährigen haben meiner Meinung nach kaum Ahnung von Politik. Sie kennen die Unterschiede zwischen den Parteien nicht und wählen daher entweder wie ihre Eltern oder nur radikale linke oder rechte Protestparteien. Sie lassen sich zu sehr beeinflussen."
Mezud H. (18 Jahre)

„Bei den Kommunalwahlen darf ich ab 16 wählen, bei den Bundestagswahlen erst mit 18. Das ist unlogisch. Wer reif genug ist, in der Gemeindepolitik mitzubestimmen, kann das auch bei den anderen Wahlen. Ich jedenfalls traue mir das zu."
Fee M. (17 Jahre)

„Ehrlich gesagt, ist mir die Verantwortung zu groß, im Alter von 16 schon an einer politischen Wahl teilzunehmen. Man entscheidet ja nicht über irgendwas, sondern über die Zukunft der Gesellschaft. Mit 18 wird man volljährig und das ist dann auch genau der richtige Zeitpunkt, diese Verantwortung zu übernehmen."
Matheo C. (15 Jahre)

„Ich glaube nicht, dass ich wählen gehen würde. Was die Politik betrifft, da habe ich noch keinen Durchblick und ich interessiere mich auch nicht dafür. Vielleicht später einmal, aber jetzt habe ich ganz andere Sachen im Kopf."
Pia S. (15 Jahre)

„Ja, auf jeden Fall würde ich wählen gehen, weil ich es toll finde, wenn ich mitbestimmen kann. Außerdem brauche ich mich dann nicht mehr über die Politik aufzuregen, weil ich mein Bestes getan habe, um sie zu verändern."
Julia S. (15 Jahre)

„Ich habe manchmal das Gefühl, besser über die Politik Bescheid zu wissen als manche Erwachsene, die ich kenne. Die dürfen aber wählen und ich nicht. Das ist nicht ok. Die meisten Jugendlichen sind reif genug, sich zu informieren und sich ihre eigene Meinung zu bilden."
Samira A. (16 Jahre)

Debattieren wie im Bundestag

„Und so komme ich nach Abwägung aller Argumente zu dem Ergebnis, dass man uns Jugendlichen mit dem Wahlrecht ab 16 bei den Bundestagswahlen keinen Gefallen tut."

„Weil die Argumente für eine Herabsetzung des Wahlalters bei den Bundestagswahlen viel überzeugender sind als die dagegen, fordere ich euch dazu auf: Stimmt für das Wählen ab 16!"

4 Welche Aufgaben haben die politischen Einrichtungen?

Kurzvorträge in Gruppen vorbereiten

Eine Einstiegsübung für alle:
Die fünf wichtigsten Einrichtungen in der Bundesrepublik Deutschland werden in den Fotos gezeigt. Sammelt gemeinsam, was ihr bereits darüber wisst.
Tipp: Brainstorming

Bundesregierung

Bundespräsident

Bundesverfassungsgericht

Bundestag

Bundesrat

A Was sind Verfassungsorgane?

In jeder Demokratie ist die staatliche Macht auf verschiedene Einrichtungen verteilt (= Institutionen). Mit diesen verhält es sich so ähnlich wie mit den Organen in einem Körper: Herz, Gehirn, Leber, Lunge, Nieren. Alle sind unverzichtbar, haben aber unterschiedliche Aufgaben. Alle haben ihre eigenständige Bedeutung, aber alle arbeiten auch zusammen und kontrollieren sich gegenseitig. Bei den politischen Einrichtungen in einem Staat spricht man daher auch von Organen. Sie werden als **Verfassungsorgane** bezeichnet, weil ihre Rechte und Pflichten in der Verfassung, also im Grundgesetz für die Bundesrepublik Deutschland, aufgeschrieben sind.

Die wichtigsten Verfassungsorgane in der Bundesrepublik Deutschland sind:

- **der Bundestag,**
- **die Bundesregierung,**
- **der Bundesrat,**
- **der Bundespräsident,**
- **das Bundesverfassungsgericht.**

In dieser Einheit kann jede und jeder von euch zur Expertin oder zum Experten für eines der Verfassungsorgane werden. Ihr informiert die anderen über die Ergebnisse eurer Arbeit und werdet von anderen informiert.

Wir machen uns zu Expertinnen und Experten für eines von fünf Verfassungsorganen

Auf den folgenden Seiten werden fünf Verfassungsorgane in Text und Bild vorgestellt. Ihr könnt die Bearbeitung aufteilen. Eine Möglichkeit dazu ist, dass ihr Gruppen zu fünft bildet und in einem ersten Schritt die Erarbeitung der Materialien auf die fünf Mitglieder aufteilt. Anschließend ziehen sich alle zurück und bearbeiten ihren Teil in Einzelarbeit. In der zweiten Gruppenarbeitsphase stellt ihr euch gegenseitig die Ergebnisse eurer Bearbeitungen vor. Gemeinsam bearbeitet die Gruppe dann das Schaubild über den staatlichen Aufbau der Bundesrepublik Deutschland (Material C) und bereitet damit eine Präsentation in Form von Kurzvorträgen eures Teams vor. Mit dem Quiz im Element *Aktiv lernen* (Material D) könnt ihr testen, ob die grundlegenden Informationen über die fünf Verfassungsorgane bei allen angekommen und richtig verstanden worden sind.
Die folgenden Fragen sollte am Ende der Einzelarbeit jede und jeder von euch für eines der Verfassungsorgane beantworten können:

- Was ist dieses Organ?
- Wie wird es gebildet?
- Wie setzt es sich zusammen?
- Was sind seine wichtigsten Aufgaben?
- Was sollte man noch darüber wissen?

B Kurzdarstellungen der Verfassungsorgane

Tipp: die angegebenen Artikel im Grundgesetz nachschlagen

1. Bundestag

Grundgesetz Artikel 38 bis 48, www.bundestag.de

Der BUNDESTAG ist das Parlament, das heißt die Volksvertretung der Bundesrepublik Deutschland. Er setzt sich zusammen aus den Vertretern des Volkes der Bundesrepublik. Sie heißen Bundestagsabgeordnete und werden alle vier Jahre von den Bürgern der Bundesrepublik in den Bundestagswahlen gewählt.

Tritt nach einer Wahl ein Bundestag zusammen, wählt er seinen Präsidenten, das heißt seinen Vorsitzenden, und mehrere Stellvertreter. Sie bilden das Präsidium, den Vorstand des Bundestages.

Der Bundestagspräsident leitet die Sitzungen des Bundestages. Er kann den Bundestag jederzeit zu einer Sitzung einberufen. Er muss ihn einberufen, wenn ein Drittel der Abgeordneten oder der Bundespräsident oder der Bundeskanzler es verlangen.

Der Bundestag verhandelt grundsätzlich öffentlich, das bedeutet, jeder Bürger kann den Beratungen zuhören. Die Hauptaufgaben des Bundestages sind:

- Gesetze zu beschließen, die vorher in den Ausschüssen eingehend beraten worden sind;
- den Bundeskanzler zu wählen;
- die Arbeit der Bundesregierung zu kontrollieren, das heißt zu beaufsichtigen und zu überwachen. […]

Der Bundestag bewilligt den Haushaltsplan, den ihm die Bundesregierung vorlegt. In einem Haushaltsplan sind alle Einnahmen und Ausgaben eines Staates aufgestellt, soweit man sie für ein Jahr voraussehen kann. […]

Zu den Abgeordneten des Bundestages kann jeder Bürger gewählt werden, der selbst wählen kann. […]

2. Bundesregierung

Grundgesetz Artikel 62 bis 69, www.bundesregierung.de

BUNDESREGIERUNG heißt die Regierung eines Bundesstaates. Die Bundesrepublik Deutschland ist ein Bundesstaat. Ihre Bundesregierung besteht aus dem Bundeskanzler und den Bundesministern. Der Bundeskanzler ist der Chef der Bundesregierung. Die Bundesregierung regiert die Bundesrepublik. Sie ist die oberste ausführende, man sagt auch vollziehende Gewalt: Sie hat die Verantwortung, dass die vom Bundestag beschlossenen Gesetze ausgeführt werden. […] Die Bundesregierung bringt Gesetze ein, das bedeutet, sie schlägt Gesetze vor, wie auch Bundesrat und Bundestag. Sie regelt außerdem die Beziehungen der Bundesrepublik zu anderen Staaten. Die Bundesregierung wird entweder von einer Partei gebildet oder es schließen sich mehrere Parteien zu einer Koalition, das heißt zu einem Bündnis, zusammen. Man spricht in diesem Fall von einer Koalitionsregierung. […]

In der Bundesrepublik bestimmen drei Prinzipien, das heißt drei Grundsätze, die Zusammenarbeit zwischen dem Bundeskanzler und den Bundesministern:

Das Kanzlerprinzip: Der Bundeskanzler bestimmt die Richtlinien der Politik und ist dadurch den Ministern übergeordnet.

Das Ressortprinzip: Jeder Bundesminister leitet seinen Aufgabenbereich – das ist ein Ressort – in eigener Verantwortung. […]

Das Kollegialprinzip: Meinungsverschiedenheiten zwischen den Bundesministern werden von der Bundesregierung per Mehrheitsbeschluss entschieden. […]

Die Tätigkeit der Bundesregierung wird vom Bundestag beaufsichtigt und überwacht.

3. Bundesrat

Grundgesetz Artikel 50 bis 53, www.bundesrat.de

Die Bundesrepublik Deutschland ist ein Bundesstaat; sie besteht aus 16 Bundesländern. Die Interessen der Bundesländer vertritt der BUNDESRAT. Durch ihn wirken die Bundesländer bei der Gesetzgebung und bei der Verwaltung des Bundes mit.
Der Zustimmung des Bundesrates bedürfen alle Gesetze, die die Verwaltung der Bundesländer betreffen, außerdem Gesetze, die das Grundgesetz ändern, und Gesetze, die Verträge mit anderen Staaten enthalten. Diese Gesetze werden als Zustimmungsgesetze bezeichnet. Gegen alle anderen Gesetze kann der Bundesrat Einspruch erheben, der aber vom Bundestag zurückgewiesen werden kann. Die vom Bundesrat abgelehnten Gesetze müssen im Bundestag erneut beraten werden. Eine Aufgabe hat der Bundesrat also bei der Gesetzgebung, die zweite Aufgabe ist seine Mitwirkung bei der Verwaltung. […]
Jedes Bundesland schickt mindestens drei Vertreter in den Bundesrat. Länder mit über zwei Millionen Einwohnern schicken vier, mit über sechs Millionen schicken fünf, mit über sieben Millionen sechs Vertreter. Die Vertreter der Bundesländer sind Mitglieder der jeweiligen Landesregierungen. Sie werden nicht gewählt, sondern von ihren Regierungen in den Bundesrat entsandt. Sie müssen die Anweisungen ihrer Regierungen befolgen. […] Mitglieder des Bundesrates haben Zutritt zu den Sitzungen des Bundestages und können dort sprechen. […] Die Bundesregierung muss den Bundesrat über ihre Pläne unterrichten.
Der Präsident, der Vorsitzende des Bundesrates, wird auf ein Jahr gewählt.

4. Bundespräsident

Grundgesetz Artikel 54 bis 51, www.bundespraesident.de

An der Spitze der Bundesrepublik Deutschland steht als Staatsoberhaupt der BUNDESPRÄSIDENT. […] Der Bundespräsident wird für die Dauer von fünf Jahren von der Bundesversammlung gewählt. Er kann für fünf Jahre wiedergewählt werden, das jedoch nur einmal. Die Bundesversammlung setzt sich zur Hälfte aus allen Mitgliedern des Bundestages zusammen, zur anderen Hälfte aus Mitgliedern, die die Landtage der Bundesländer gewählt haben. Zum Bundespräsidenten kann jeder Deutsche gewählt werden, der über 40 Jahre alt ist und das Recht hat, zu wählen und gewählt zu werden.
Der Bundespräsident ist nicht für die Politik der Bundesregierung verantwortlich. […] Die Aufgaben des Bundespräsidenten ergeben sich aus seiner Aufgabe als Staatsoberhaupt: Er repräsentiert, das heißt, er vertritt die Bundesrepublik nach außen und nach innen. Es stehen ihm dafür unter anderem die folgenden Rechte zu:

- Er empfängt und beglaubigt Botschafter fremder Staaten,
- er unterzeichnet Verträge mit anderen Staaten, die durch seine Unterschrift in Kraft treten,
- er unterzeichnet nach eigener Entscheidung die vom Bundestag beschlossenen Gesetze und verkündet sie im Bundesgesetzblatt,
- er ernennt den vom Bundestag gewählten Bundeskanzler,
- er kann begnadigen, das bedeutet, er kann die Strafe eines Verurteilten mildern oder aufheben,
- er verleiht das Bundesverdienstkreuz.

(Alle Textauszüge auf den Seiten 58–59 aus: Hilde Kammer und Elisabet Bartsch: Jugendlexikon Politik, Rowohlt Taschenbuch Verlag, überarbeitete Ausgabe Juni 2011)

5. Bundesverfassungsgericht

Grundgesetz Artikel 92 bis 94, www.bundesverfassungsgericht.de

Das BUNDESVERFASSUNGSGERICHT mit Sitz in Karlsruhe wird als „Hüter der Verfassung" bezeichnet. Es hat darüber zu wachen, ob die vom Bundestag und Bundesrat verabschiedeten Gesetze mit dem Grundgesetz vereinbar sind. Es achtet darauf, dass die Regierung sich bei der Ausübung der Macht an die geltenden Gesetze hält. Das Bundesverfassungsgericht wird nicht von sich aus, sondern nur auf Antrag tätig. Auch einzelne Bürger können in Karlsruhe Verfassungsbeschwerde einlegen, wenn sie sich in ihren Grundrechten verletzt fühlen. Dies geht allerdings erst, wenn der vorherige Rechtsweg ausgeschöpft ist. In der Organisation der staatlichen Ordnung in der Bundesrepublik nimmt das Bundesverfassungsgericht eine herausragende Stellung ein, weil es Regierung und Parlament kontrolliert und die Unabhängigkeit der Gerichte garantiert. Das Bundesverfassungsgericht besteht aus zwei Senaten mit je acht Bundesrichtern. Je zur Hälfte werden die Richter vom Bundestag und vom Bundesrat gewählt. Immer wieder beschäftigt sich das Bundesverfassungsgericht mit Fällen, die in der Öffentlichkeit mit großer Aufmerksamkeit verfolgt werden. Dazu gehört zum Beispiel die Frage, ob der Einsatz deutscher Soldaten bei UN-Einsätzen im Ausland mit dem Grundgesetz vereinbar ist oder nicht, ob eine rechtsradikale Partei wie die NPD verboten werden soll und vieles andere mehr. Manchmal werden seine Entscheidungen auch kritisiert, weil die Kritiker der Ansicht sind, dass es sich zu sehr in die Politik einmischt und Entscheidungen trifft, die eigentlich im Bundestag, Bundesrat und in der Bundesregierung getroffen werden sollen.

C **Staatlicher Aufbau in der Bundesrepublik Deutschland**

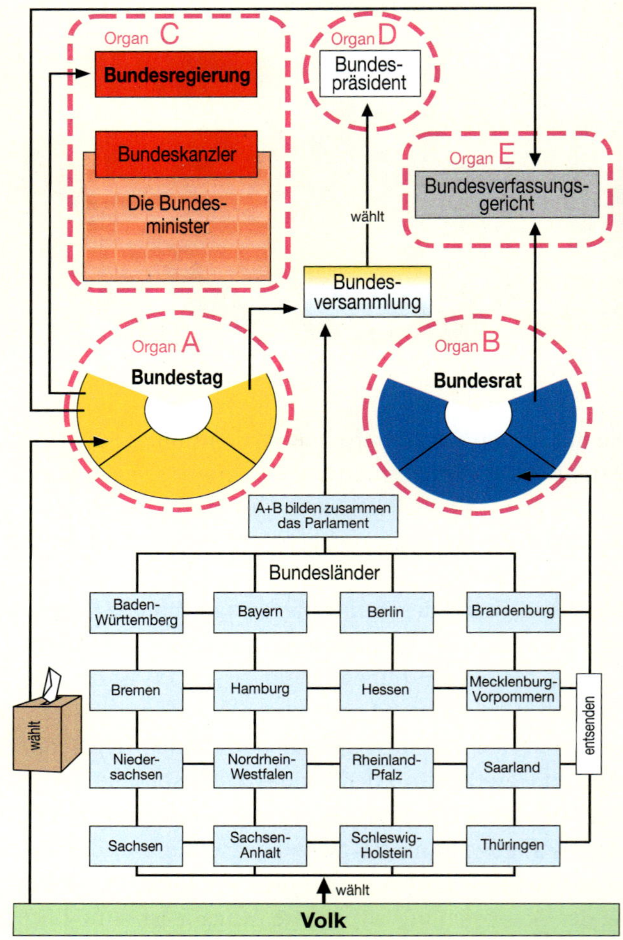

1 In diesem Schaubild sind die wichtigsten Verfassungsorgane von A bis D durchnummeriert. Wähle das von dir bearbeitete Organ daraus aus und informiere die Klasse bzw. die Mitglieder deiner Arbeitsgruppe darüber, (a) was das von dir bearbeitete Verfassungsorgan ist, (b) wie es gebildet wird, (c) wie es sich zusammensetzt und (d) was seine Aufgaben sind.

2 Gemeinsam in Teams, zu zweit und auch alleine könnt ihr mithilfe dieses Schaubildes Kurzvorträge vorbereiten. Thema: Die Rolle der Verfassungsorgane im Staatsaufbau der Bundesrepublik Deutschland.

D Quiz – 5 in 15
Welches Verfassungsorgan hat welche Aufgabe?

Der Bundestag | Der Bundespräsident | Der Bundesrat

Das Bundesverfassungsgericht | Die Bundesregierung

1. beschließt nach eingehender Beratung nach dem Mehrheitsprinzip die Bundesgesetze.
2. führt für die Zeit zwischen zwei Bundestagswahlen die Regierungsgeschäfte.
3. Durch ihn wirken die Bundesländer bei der Gesetzgebung und Verwaltung des Bundes mit.
4. vertritt als Staatsoberhaupt die Bundesrepublik Deutschland im In- und Ausland.
5. wird als „Hüter der Verfassung" bezeichnet.
6. unterzeichnet die Verträge mit anderen Staaten und die vom Parlament beschlossenen Gesetze.
7. Jedes der 16 Bundesländer entsendet in ihn mindestens drei, höchstens sechs Vertreter.
8. besteht aus dem Bundeskanzler/der Bundeskanzlerin und den Bundesministern/Bundesministerinnen.
9. wählt den Bundeskanzler/die Bundeskanzlerin.
10. wacht darüber, ob die Gesetze mit der Verfassung übereinstimmen.
11. kann vom Bundestag beschlossene Gesetze ablehnen und dafür sorgen, dass sie erneut beraten werden.
12. wird vom Bundeskanzler geleitet, der die Richtlinien der Politik bestimmt.
13. kontrolliert (beaufsichtigt und überwacht) die Arbeit der Bundesregierung.
14. wird im Abstand von 5 Jahren von der Bundesversammlung gewählt.
15. kontrolliert, ob Entscheidungen anderer Gerichte mit den Grundsätzen der Rechtsprechung übereinstimmen.

Alles verstanden? Mit diesem Quiz könnt ihr testen, ob ihr die wichtigsten Aufgaben und Merkmale der fünf Verfassungsorgane kennt.

Euer Auftrag:

1. Alle Gruppenmitglieder legen eine Mindmap mit fünf Hauptsträngen zu den fünf Verfassungsorganen an.
2. Zu jedem Organ fügt ihr dann jeweils drei zutreffende Informationen aus der Auflistung auf dieser Seite hinzu.
3. Im Team eurer Stammgruppe solltet ihr jetzt in der Lage sein, die Verfassungsorgane und deren Verhältnis zueinander kurz und verständlich vorzustellen.

Was auch noch interessant sein kann:

- ein eigenes Quiz über die Verfassungsorgane erstellen

5 Beispiel Tierschutz: neues Problem – neues Gesetz

Den Prozess der Gesetzgebung erläutern

Eine Einstiegsübung für alle:
Hältst du den Tierschutz für ein wichtiges Thema der Politik oder für eher weniger bedeutsam? Notiere deine Ansicht dazu.

Vor dem Kanzleramt in Berlin: Protest für besseren Tierschutz

A Der Weg zum neuen Tierschutzgesetz*

Ein Problem entsteht

Alle gesetzlichen Tierschutzmaßnahmen haben zum Ziel, Tiere vor menschlichen Handlungen zu schützen, wenn diese ihnen auf vermeidbare Art Leid, Schmerzen und Schädigungen zufügen. Tierschutz umfasst den Umgang, die Haltung und den Transport von Tieren. Streit gibt es immer wieder über die Frage, welche Eingriffe in das Leben von Tieren als vermeidbar angesehen werden müssen und welche nicht.
Ein Tierschutzgesetz gab es in Deutschland schon vor der Gründung der Bundesrepublik 1949. Im Laufe der Jahre ist diese Gesetzgebung mehrfach neu gefasst und erweitert worden. 2002 wurde der Tierschutz als Staatsziel in das Grundgesetz aufgenommen.

Grundgesetz, Artikel 20a
Der Staat schützt auch in Verantwortung für die künftigen Generationen die natürlichen Lebensgrundlagen und die Tiere im Rahmen der verfassungsmäßigen Ordnung […]

Das Tierschutzgesetz in der Fassung von 2006 enthielt eine Fülle von Regelungen. Unter anderem stellte es Tierquälerei unter Strafe, enthielt Vorschriften für den Umgang mit Tieren bei Transporten und neue Vorschriften zur Verwendung von Tieren bei Tierversuchen.
Immer wieder wurden in der Öffentlichkeit neue Probleme im Tierschutz diskutiert, für die das bestehende Gesetz keine Lösung vorsah. So wurde schon bald der Ruf nach einem neuen Tierschutzgesetz laut, welches die bereits bestehenden Vorschriften erweitern sollte.

* Weitere Informationen zum Stichwort Gesetze findest du im Glossar.

Der Gesetzgeber wird aktiv

Die Initiative zum neuesten Tierschutzgesetz ging von der **Europäischen Union** aus. Diese verabschiedete im November 2010 eine Richtlinie, die vorsah, dass in der Landwirtschaft, in der Pferdezucht und in Zirkusdarbietungen die Tiere artgerechter zu halten seien und besser vor Schmerzen geschützt werden müssten. Wenn die Europäische Union eine Richtlinie verabschiedet, müssen die nationalen Parlamente in den Mitgliedstaaten ein Gesetz schaffen, das zu den Zielen der Richtlinie passt.
In Deutschland wurde der Vorschlag für eine Neufassung von der **Bundesregierung** eingebracht. Das Ministerium für Ernährung, Landwirtschaft und Verbraucherschutz arbeitete einen 70 Seiten umfassenden Entwurf aus und informierte den **Bundesrat** über die Pläne der Regierung. Die Gesetzesvorlage wurde am 29. August 2012 dem Präsidium des Deutschen Bundestages zugeleitet.

Der Bundestag behandelt die Vorlage in drei Lesungen

Vorschläge für neue Bundesgesetze können von der Bundesregierung, dem Bundesrat und aus der Mitte des Bundestages eingebracht werden. So schreibt es das Grundgesetz im Artikel 76 vor. Gesetzesvorschläge aus der Mitte des Bundestages müssen von mindestens fünf Prozent der Abgeordneten unterzeichnet sein. So haben auch die Parteien, die im Parlament in der Minderheit sind (= Opposition), die Möglichkeit, Gesetze vorzuschlagen. Das Recht, Gesetze einzubringen, wird als *Initiativrecht* bezeichnet. Jede neue Gesetzesvorlage muss im Bundestag mindestens dreimal beraten werden. Die Beratungen werden als erste, zweite und dritte Lesung bezeichnet.

Die Gesetzesinitiative zum neuen Tierschutzgesetz sah unter anderem ein Verbot der Markierung von Pferden mit Brandzeichen vor und ein Verbot des Kastrierens von Zuchtschweinen ohne Betäubung. Bis dahin wurden allein in Deutschland jährlich 20 Millionen Ferkel dieser schmerzhaften Prozedur unterworfen, um die Fleischqualität zu steigern. Um den Landwirtschaftsbetrieben und den Pferdezuchten Zeit zur Umstellung zu geben und die neu entstehenden Kosten zu verkraften, hatte sich die Regierungskoalition aus CDU/CSU und FDP dazu entschieden, die strengeren Regeln erst ab 2019 einzuführen. Diese Verschiebung wurde von den Oppositionsparteien im Bundestag, bestehend aus SPD, Linkspartei und Grünen, in den Debatten heftig kritisiert. Man warf der Regierung vor, sie habe sich zu sehr von den Interessen großer Landwirtschaftsbetriebe beeinflussen lassen.

In der Zeit zwischen den Beratungen im Parlament werden die Gesetzesvorlagen an die zuständigen Fachausschüsse überwiesen. Das sind kleine Runden von Abgeordneten im Bundestag, die sich auf bestimmte Themen spezialisiert haben. Das Tierschutzgesetz wurde im Ausschuss für Ernährung, Landwirtschaft und Verbraucherschutz beraten. Die Ausschüsse können zum Zweck ihrer Information und Meinungsbildung Expertinnen und Experten einladen. Solche Treffen werden auch als Hearing (= Anhörung) bezeichnet. Zur Neufassung des Tierschutzgesetzes wurde im Oktober 2012 ein Hearing veranstaltet, in dem zahlreiche Wissenschaftler, Landwirtschaftsvertreter, Pferdezüchter und Tierschutzorganisationen ihre Ansicht zum geplanten Gesetz vortragen konnten.

Bundestag und Bundesrat verabschieden das Gesetz

Im Dezember 2012 wurde das neue Tierschutzgesetz gegen die Stimmen der Opposition vom Bundestag verabschiedet. Das Kastrieren neugeborener Schweine und die Brandzeichnung von Pferden darf demnach ab 2019 nur noch mit Betäubung erfolgen. Zirkusse müssen strengere Auflagen beim Zurschaustellen von Wildtieren erfüllen. Nach reiflicher Überlegung stimmte der Bundesrat als Vertretung der Länder dem Gesetz im Februar 2013 zu.

Nachdem es vom Bundespräsidenten unterzeichnet und im Bundesgesetzblatt veröffentlicht wurde, trat es im Frühjahr 2013 in Kraft.

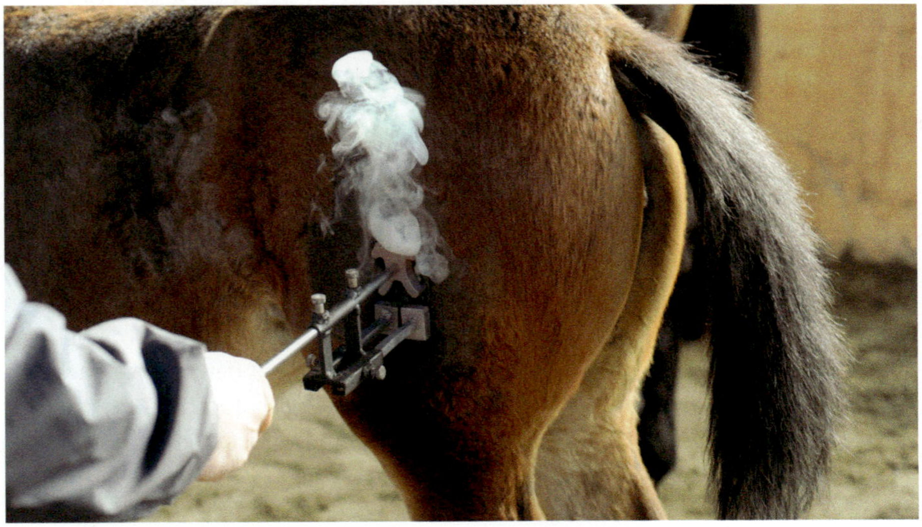

Umstritten und noch erlaubt: Brandzeichnung von Zuchtpferden

1 Was ist das Ziel aller gesetzlichen Tierschutzmaßnahmen? Beschreibe es.

2 Was geschah in der Zeit zwischen dem Ruf nach einem verbesserten Tierschutz und dem Inkrafttreten des neuen Gesetzes? Notiere die einzelnen Schritte. (Das geht auch zu zweit.)

3 Hältst du das neue Tierschutzgesetz für eine vernünftige und vertretbare Lösung der Probleme oder eher nicht? Bewerte das Ergebnis.

B Warum kommt es immer wieder zu Auseinandersetzungen über das Tierschutzgesetz?

Da die Zeiten sich ändern, ändern sich auch die Probleme der Menschen. Und weil die Politik die Aufgabe hat, Probleme im Zusammenleben der Menschen zu lösen, kommen immer wieder neue Aufgaben auf die Politik zu.
Dieser Prozess kann modellhaft als Kreislauf dargestellt werden. Ein sich ständig wiederholender Kreislauf wird als *Zyklus* bezeichnet. Man spricht daher vom **Politikzyklus**.
Beim Tierschutz handelt es sich um einen Themenkreis, in dem es Problemlösungen gibt und immer wieder Anlässe für neue Probleme.

1 Warum sind nicht alle Gruppen in der Gesellschaft mit dem Paragrafen 7 des Tierschutzgesetzes einverstanden? Erkläre es.

2 Am Beispiel des Themas Tierversuche könnt ihr erklären, was man unter dem Politikzyklus versteht. Fertigt dazu einen Stichwortzettel an. Schließt dann das Buch und versucht es mit euren eigenen Worten.

3 Angenommen, es behauptet jemand: „Von der Politik und den Politikern erwarte ich perfekte Lösungen für die großen Probleme in dieser Zeit." Wie überzeugst du diese Person davon, dass das schwierig ist?

Der Politikzyklus am Beispiel Tierversuche

A Deutschland um das Jahr 2010 Das Problem entsteht
Zu medizinischen Zwecken werden immer häufiger Versuche an lebenden Tieren durchgeführt. Auch die Kosmetikindustrie testet ihre neuen Produkte zunächst an lebenden Tieren. Für die Versuchstiere bedeuten diese Versuche Schmerzen und Tod. Immer mehr Menschen empfinden die Qualen der Tiere als unerträglich. Das Problem entsteht, weil viele Menschen den aktuellen Zustand als Problem erkennen.

B Die Politik gerät unter Druck
Es kommt zu Auseinandersetzungen zwischen Tierschützern, Grundlagenforschern und Vertretern der Kosmetikindustrie. Auch die Kirchen und andere Verbände melden sich zu Wort. Die Politik wird aufgefordert, ein strengeres Gesetz zur Verhinderung qualvoller Tierversuche zu verabschieden. Die politischen Parteien nehmen sich des Themas an. Im Deutschen Bundestag und auch im Europaparlament werden Vorschläge zur Neufassung des bereits bestehenden Tierschutzgesetzes eingebracht.

C 2013 Die Politik entscheidet
Nach heftigen Debatten in den Parlamenten und in der Öffentlichkeit kommt es zu einer politischen Entscheidung. Der Deutsche Bundestag beschließt ein neues Tierschutzgesetz. Tierversuche zu kosmetischen Zwecken werden verboten und sind zu medizinischen Zwecken nur unter strengsten Auflagen erlaubt (siehe § 7).

D Die Entscheidung wird bewertet
Einige Medien loben das überarbeitete Tierschutzgesetz als klug und zukunftsweisend. Andere kritisieren, dass Tierversuche nach wie vor erlaubt sind. Die Beschränkung auf das im Gesetz formulierte „unerlässliche Maß" lasse zu viele Möglichkeiten offen.

E Eine neue Problemlage entsteht
Tierschützer und Vegetarier fordern ein weitergehendes Verbot von Tierversuchen. Nachdem die niederländische Regierung Anfang 2015 ein Gesetz zum Verbot von Zirkustieren auf den Weg gebracht hat, setzen sich auch in Deutschland Gruppen und Verbände für ein solches Gesetz ein.

§7 Tierschutzgesetz 2013
Tierversuche im Hinblick auf
- die den Tieren zuzufügenden Schmerzen, Leiden und Schäden,
- die Zahl der verwendeten Tiere,
- die artspezifische Fähigkeit der verwendeten Tiere, unter den Versuchseinwirkungen zu leiden,

sind auf das unerlässliche Maß zu beschränken …

C Die Entstehung eines Bundesgesetzes nach den Bestimmungen des Grundgesetzes

Der Weg bis zur Entscheidung ist bei allen Bundesgesetzen ähnlich. Das Grundgesetz schreibt die doppelte Abstimmung vor – zuerst im Bundestag, dann im Bundesrat. Durch die Abstimmung im Bundesrat wirken die Bundesländer an der Gesetzgebung des Bundes mit. Dabei ist zu unterscheiden zwischen zustimmungspflichtigen und nicht zustimmungspflichtigen Bundesgesetzen. Zustimmungspflichtig sind alle Gesetze, welche die Länderinteressen betreffen. Können sich Bundestag und Bundesrat bei einem solchen Gesetz nicht einigen, wird ein Vermittlungsausschuss einberufen. Dieser besteht in gleicher Anzahl aus Mitgliedern des Bundestages und des Bundesrates. Seine Aufgabe ist es, einen Kompromissvorschlag zu finden, dem beide Gremien zustimmen können.
Nicht zustimmungspflichtig sind zum Beispiel Gesetze, welche die Außenpolitik betreffen, die Bundeswehr oder das Währungswesen. Gegen diese Gesetze kann der Bundesrat einen Einspruch einlegen, damit sie im Bundestag noch einmal beraten und erneut zur Abstimmung gestellt werden.
Die Bestimmungen dazu befinden sich in den Artikeln 76 bis 79 des Grundgesetzes.

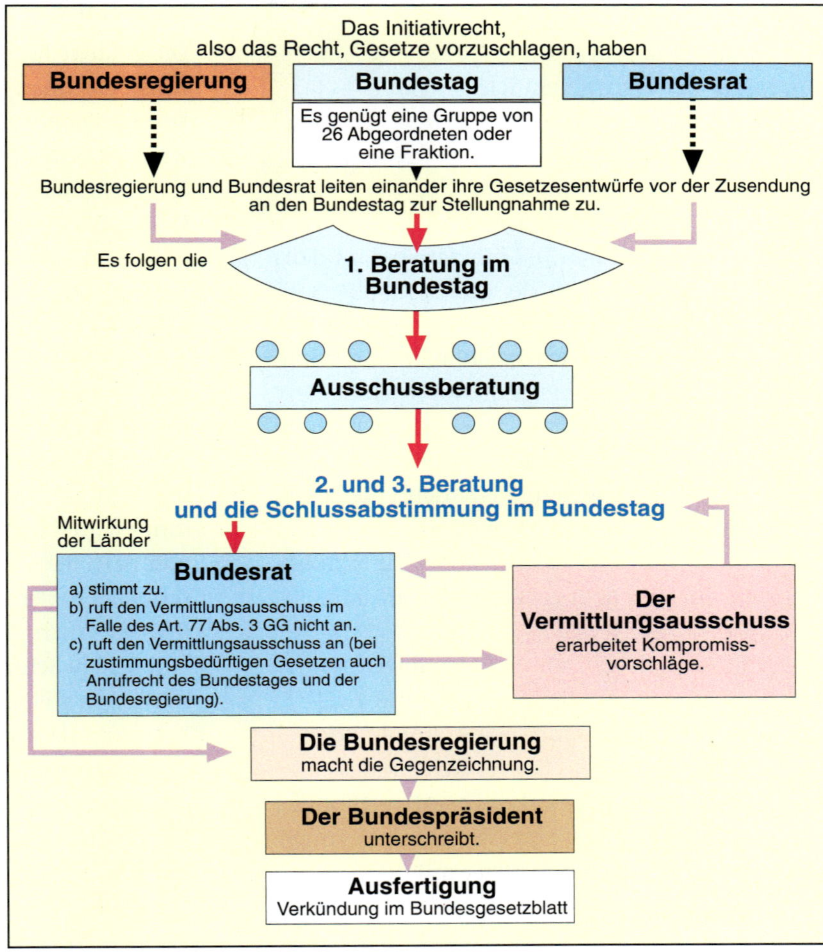

4 Mithilfe dieses Schaubildes könnt ihr in einem Vortrag vor der Klasse das Gesetzgebungsverfahren in der Bundesrepublik erläutern. Zur Veranschaulichung der einzelnen Schritte solltet ihr dabei die Informationen über das 2013 in Kraft getretene neue Tierschutzgesetz benutzen, das ihr auf den vergangenen beiden Seiten kennenlernen konntet. Ordnet dabei die im Text genannten Schritte den Stationen im Schaubild zu.

Tipp: Besprechen könnt ihr eure Vorträge mithilfe folgender Kriterien: War er sachlich richtig? Enthielt er die wichtigsten Informationen? War er gut gegliedert? Was ist gut gelungen, was kann man verbessern?

S M U H

D TEAM kontrovers: pro und kontra Tierversuche

Pro: Ulrike

Betrachten wir die Situation mal realistisch: Mit hoher Wahrscheinlichkeit hat jeder von uns schon mal in seinem Leben von einem Medikament oder einer medizinischen Therapie profitiert, die im Vorfeld an Tieren getestet wurde. Ich für meinen Teil bin dankbar für den gesundheitlich hohen Standard, der nur durch ebensolche Antibiotika oder Impfstoffe ermöglicht werden kann. Bedauerlicherweise – und das wird wohl niemand bestreiten wollen – ziehen die Tiere hierbei, salopp gesagt, den Kürzeren. Aber betrachten wir mal die derzeitigen Alternativen: Können Tests an im Reagenzglas gezüchteten Gewebekulturen Tierversuche ersetzen? Nein, denn die Zellen solcher Kulturen verhalten sich wie wild wuchernde Tumorzellen und können daher nichts über die Wirkungen an Organen oder gar dem gesamten Organismus aussagen. […]
Von „sinnloser Tierquälerei", wie es Tierschützer nennen, kann nicht die Rede sein. Schließlich gibt es für zwei Drittel der heute bekannten Krankheiten immer noch keine befriedigende Therapie – Tierversuche in der Forschung zu unterlassen wäre daher verantwortungslos und würde den medizinischen Fortschritt verlangsamen. Es ist ja auch nicht so, dass die Forscher mit den Tieren machen können, was sie wollen: Versuche an Wirbeltieren sind anzeigepflichtig und müssen genehmigt werden. Die Haltung unterliegt strengen gesetzlichen Regeln.

(Beide Stellungnahmen aus: schekker – das Jugendmagazin; pro und kontra Tierversuche, August 2012, hg. von der Bundesregierung Deutschland, im Netz unter www.schekker.de, letzter Zugriff: 01.02.2015)

Kontra: Ines

Die goldene Regel besagt: „Was du nicht willst, dass man dir tu', das füg auch keinem andern zu." Jährlich sterben weltweit etwa 200 Millionen Tiere bei Tierversuchen, allein in Deutschland sind es 2,8 Millionen*. Viele Versuchstiere sterben während der Experimente oder werden anschließend getötet. Läuten da nicht die Alarmglocken? […]
Muss Tiermisshandlung zu Versuchszwecken wirklich sein? Und wenn die Versuche nicht grausam sind, warum werden sie dann nicht einfach an Menschen durchgeführt? Der Hauptgrund ist ganz klar, dass kein Mensch unter den Versuchen leiden oder Verantwortung dafür übernehmen will, dass andere Menschen leiden. Allerdings wird da ausgerechnet mit jener Eigenschaft argumentiert, die wir mit anderen Tieren nachweisbar gemeinsam haben: der Leidensfähigkeit bzw. Schmerzempfindlichkeit. Auch Tiere leiden unter den Versuchen, empfinden Schmerzen, die sie sonst nicht hätten, und sterben in vielen Fällen auch. Darum steht die ethische Verwertbarkeit von Tierversuchen definitiv infrage. Die gegenwärtige Forschung nach tierversuchsfreien Methoden unterstreicht dies.
Wenn die Vernunft uns von anderen Tieren abhebt, dann sollte von ihr auch tunlichst Gebrauch gemacht werden: Wir sollten Rücksicht auf anderes Leben und dessen Würde nehmen, indem wir Tierversuche abschaffen. Immerhin: Versuche für die Kosmetikbranche sind in Deutschland und der EU schon verboten.

*2014 waren es 3 Millionen, Anmerkung des Autors.

Hier habt ihr die Gelegenheit, euch selbst ein Urteil zum Thema Tierversuche zu bilden und miteinander zu diskutieren.

- Lege eine Tabelle an und ordne darin die genannten Argumente pro und kontra.
- Beratet zu zweit oder in Gruppen und fügt weitere Argumente hinzu.
- Formuliert einzeln euer eigenes Urteil und tauscht euch zu zweit oder in Gruppen darüber aus.
- Stellt eure Stellungnahmen in der Klasse vor und diskutiert miteinander.

Methodenkarte 5

S M U H

Urteilskompetenz trainieren

Thema: Pro und kontra Tierversuche

Worum geht es?

Das Recht, sich ein eigenes Urteil bilden zu können, ist von grundlegender Bedeutung in der Demokratie. Dieser Wert leitet sich aus der im Grundrecht garantierten Meinungsfreiheit ab. Darin heißt es:

> Jeder hat das Recht, seine Meinung in Wort, Schrift und Bild frei zu äußern und zu verbreiten, und sich aus allgemein zugänglichen Quellen ungehindert zu unterrichten.
> **Artikel 5, Absatz 1 GG**

Manch einer denkt, eine eigene Meinung zu haben, sei gar nicht schwierig. Man kann zum Beispiel alles für unsinnig halten, was eine Regierung plant. Wer so denkt, macht es sich allerdings sehr einfach. Klüger ist es, wenn man sich die Mühe macht, sich zu informieren und verschiedene Ansichten zur Kenntnis zu nehmen, bevor man über etwas urteilt. Auch sollte man daran arbeiten, das eigene Urteil in Worte fassen zu können, um so seinen Standpunkt möglichst überzeugend begründen zu können. Die Summe der genannten Fähigkeiten bezeichnet man als **Urteilskompetenz**.

Vier Schritte auf dem Weg zur eigenen Urteilsbildung

1. Du musst wissen, worum es geht.

Ein Urteil kann man sich nur bilden, wenn man das Problem kennt, um das es geht, und weiß, dass es dazu verschiedene Ansichten gibt. Ein gewisses Maß an Basisinformationen sollte man sich erarbeiten, bevor man sich eine Meinung bildet.

2. Du urteilst spontan und denkst darüber nach.

Wenn wir gefragt werden, ob wir für ein gesetzliches Verbot von Tierversuchen sind, antworten wir meist spontan mit Ja oder Nein. Spontanurteile werden oft aus dem Bauch heraus gefällt. Wichtig ist, dass man es nicht dabei belässt, sondern prüft, ob diese erste Reaktion wirklich klug ist.

3. Du ermittelst unterschiedliche Ansichten und Interessen.

Unterschiedliche Ansichten entstehen aus unterschiedlichen Interessen, Werten und Erfahrungen. Ein Forscher auf der Suche nach einem neuen Medikament für eine menschliche Erkrankung wird die Frage der Tierversuche zu medizinischen Zwecken wahrscheinlich anders bewerten als jemand, der sich in besonderer Weise für den Schutz aller Tiere engagiert. Finde heraus, welche Gruppen welche Interessen vertreten.

4. Du entscheidest dich und beziehst Position.

Zu deinem abschließenden Urteil gelangst du, wenn du verschiedene Ansichten zur Kenntnis genommen hast, die Gründe pro und kontra gegeneinander abgewogen und dein erstes Spontanurteil überprüft hast. Position beziehen heißt, dass man einen klaren Standpunkt einnimmt und bereit ist, ihn zu vertreten. Es muss nicht bedeuten, dass man für alle Zeit auf dieser Position beharrt.

Wann ist ein politisches Urteil klug?

Klug sind Urteile zur Lösung von Problemen, wenn sie auf Werten basieren. Wichtige demokratische Werte sind zum Beispiel die Freiheit, die Gleichberechtigung, die Gerechtigkeit, der Schutz allen Lebens, die Sicherheit und die Toleranz*.
Wenn du über einen Gesetzesvorschlag nachdenkst, solltest du dich zum Beispiel fragen:

- Ist mein Vorschlag gerecht?
- Trägt er zu mehr Sicherheit bei?
- Verbessert er die Lebensbedingungen?
- Schränkt er die Freiheit unnötig ein oder verstärkt er sie?
- Führt er zu weniger oder mehr Gleichberechtigung?

* Zu Toleranz findest du eine Erklärung im Glossar.

6 Sollen Abgeordnete sich nur nach ihrem Gewissen richten?

In einer schwierigen Situation entscheiden

Stelle dir folgende Situation vor:
Du bist Abgeordnete oder Abgeordneter des Deutschen Bundestages. Zur Abstimmung liegt ein neuer Gesetzesentwurf im Steuerrecht vor. Demnach soll die Einkommensteuer – also die Steuer, die von allen Einnahmen einer Person an das Finanzamt abgeführt werden muss – für die Wohlhabenden drastisch erhöht werden.
- Wie reagierst du im Verlauf der Beratungen auf die Stellungnahmen der folgenden Gruppen?

A Stimmen und Forderungen

* Informationen zu Steuern findest du auch im Glossar.

1 Welchen der folgenden Ratschläge würdest du in der Situation einer oder eines Abgeordneten als den hilfreichsten empfinden?
- „Entscheide bei diesem Gesetzesvorschlag so, wie du es ganz persönlich für richtig hältst."
- „Entscheide so, wie du glaubst, dass die Mehrheit deiner Wählerinnen und Wähler es von dir erwartet."
- „Entscheide so, wie es deine Parteizugehörigkeit von dir verlangt."

B Nur ihrem Gewissen unterworfen

Unter Fraktionszwang versteht man die Verpflichtung der Abgeordneten, einem zuvor gefassten Fraktionsbeschluss entsprechend abzustimmen. In der Theorie gibt es in der Bundesrepublik Deutschland keinen Fraktionszwang – und es darf ihn auch nicht geben: Artikel 38 Absatz 1 des Grundgesetzes ist da unmissverständlich:

> Die Abgeordneten des Deutschen Bundestages sind an Aufträge und Weisungen nicht gebunden und nur ihrem Gewissen unterworfen.

Praktisch sieht das aber oft anders aus: Über Entscheidungen wird meist bereits vor der Abstimmung im Bundestag intern in den Fraktionen abgestimmt. Fast alle Mitglieder halten sich an das Ergebnis. Der Fraktionszwang, auch Fraktionsdisziplin genannt, ist in keinem Gesetz und auch nicht in der Bundestagsgeschäftsordnung festgeschrieben. Allerdings schreiben ihn Koalitionsregierungen regelmäßig in den Koalitionsverträgen fest. Ein Argument der Befürworter einer Fraktionsdisziplin ist die Arbeitsfähigkeit der Regierung. Ohne Fraktionsdisziplin könnten Abweichler der Koalitionsfraktionen gemeinsam mit der Opposition Gesetzesvorhaben blockieren. […] Ein Abgeordneter, der sich nicht an den Fraktionszwang hält, kann dafür nicht geahndet werden. Auch das regelt das Grundgesetz, in Artikel 46 Absatz 1:

> Ein Abgeordneter darf zu keiner Zeit wegen seiner Abstimmung […] gerichtlich oder dienstlich verfolgt oder sonst außerhalb des Bundestages zur Verantwortung gezogen werden.

(Aus: www.tagesschau.de vom 22.09.2012; letzter Zugriff: 10.07.2014)

Zu den Stichworten Gewissen und Fraktion findet ihr weitere Erklärungen im Glossar.

2 Erkläre, was man unter Fraktionszwang und unter dem freien und imperativen Mandat versteht.

3 Ist es wichtig, dass die Abgeordneten sich an die Vorgaben ihrer Partei halten, oder ist es besser, wenn sie individuell entscheiden? Beurteile die Frage aus der Sicht eines Wählers.

4 Formuliere deine Stellungnahme zum Diskussionsthema und tausche dich mit anderen darüber aus.

S M U H

C TEAM kontrovers: Darf man Abgeordnete zu bestimmten Entscheidungen verpflichten?

Ja! Rechtlich gibt es keinen Fraktionszwang, aber praktisch muss es eine gemeinsame Vorgehensweise geben. Würden alle Abgeordneten entscheiden, wie es ihnen gerade in den Sinn kommt, wäre kein nachvollziehbarer Regierungskurs möglich. Die Wählerinnen und Wähler wüssten dann nicht, wofür oder wogegen die von ihnen gewählte Partei eigentlich steht. Die Abgeordneten einer Fraktion müssen sich verpflichtet fühlen, gemeinsam zu entscheiden. Bei knappen Mehrheitsverhältnissen im Parlament ist das besonders wichtig. Die Grenze muss da liegen, wo eine Entscheidung dem Gewissen eines Abgeordneten nicht zuzumuten ist.

Nein! Bei der Gründung der Bundesrepublik hat man sich für ein freies Mandat der Abgeordneten entschieden und das bedeutet, dass diese das Recht haben, nach ihrem persönlichem Gewissen entscheiden zu können. Hätte man es anders gewollt, hätte man ein imperatives Mandat beschließen müssen. Das würde dann bedeuten, dass die Volksvertreter an die Weisungen und Aufträge ihrer Wählerschaft gebunden sind. Die Wählerinnen und Wähler können das Verhalten ihrer Abgeordneten beobachten und dann in einer kommenden Wahl darüber entscheiden, ob sie mit deren Entscheidungen einverstanden sind oder nicht. Frei entscheiden zu können ist nun mal das Wesensmerkmal demokratischer Politik.

7 Warum ist Gewaltenteilung unverzichtbar?

Die Bedeutung mit geschichtlichen Erfahrungen begründen

Eine Einstiegsübung für alle:

- Was hat diese Nachricht mit Gewaltenteilung zu tun?

Ein Ladendieb wird erwischt und von zwei Polizisten festgenommen. Die Beamten handeln als Gesetzeshüter im Auftrag des Staates. Bei der Festnahme und dem Umgang mit dem Dieb wenden sie Gesetze an, die von der gesetzgebenden Versammlung, dem Parlament, verabschiedet wurden. Das Gericht, das den Dieb verurteilen wird, entscheidet unabhängig im Rahmen der Gesetze und lässt sich in seiner Urteilsfindung weder von der Regierung noch vom Parlament bevormunden.

A Wer sind die drei Wächter?

Die Teilung der Staatsgewalt* – sie ist ein wesentliches Prinzip unserer Demokratie. Der Staat hat die Macht, dafür zu sorgen, dass die Ordnung eingehalten und seine Bürger geschützt werden. Diese Ordnung ist in Gesetzen festgeschrieben.
Die **Legislative**, die gesetzgebende Gewalt, ist in Deutschland der Deutsche Bundestag in Verbindung mit dem Bundesrat und den Landesparlamenten – und damit im Grunde wir alle, denn die Abgeordneten wählt das Volk.
Wer sich nicht an die Gesetze hält, bekommt es mit der **Exekutive** zu tun, der ausführenden Gewalt. Auf der obersten Ebene hat diese Exekutive die Bundesregierung. Sie darf bestimmte Mittel, z. B. Militär, Bundespolizei, Geheimdienste, einsetzen, um Ruhe und Ordnung zu schaffen und um den Staat gegen Bedrohungen von innen und außen zu schützen. Auch die Länderregierungen und die Verwaltungen in den Städten haben dafür zu sorgen, dass alles gesetzmäßig abläuft, denn: Der erste Wächter (die Gesetze) kontrolliert den zweiten Wächter (die Ausführenden). Das gilt auch umgekehrt, denn die Exekutive, also zum Beispiel die Bundesregierung, schlägt der Legislative Gesetze vor.
Die dritte Staatsgewalt, die Recht sprechende Gewalt (**Judikative**), sorgt mit Richtern und Staatsanwälten dafür, dass Gesetzesverstöße nach festen Regeln verhandelt und die Täter bestraft werden. Dabei dürfen die Strafen nicht willkürlich sein, auch sie müssen den Gesetzen entsprechen (die Legislative hat wiederum hier eine Kontrollfunktion!). Die Gerichte sind unabhängig und keine Macht des Staates darf sie zwingen, ein bestimmtes Urteil zu fällen, mit dem sie nicht einverstanden sind. Die Judikative ist sozusagen als dritte Staatsgewalt der dritte Wächter.
Alle drei Wächter kontrollieren sich gegenseitig.

(Aus: Gerd Schneider: Politik, Arena Verlag, Würzburg 2008, S. 36 ff.)

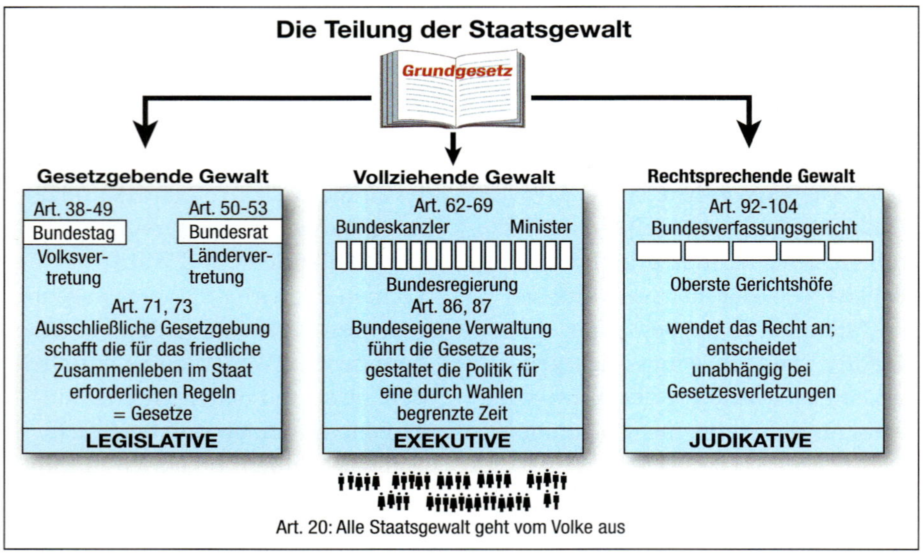

* Zum Begriff Gewaltenteilung findest du weitere Informationen im Glossar.

B Hintergrund: Nie mehr Diktatur in Deutschland

Den schlimmsten Missbrauch staatlicher Macht erlebte Deutschland in der Zeit von 1933 bis 1945. Vom Tag ihrer Machtergreifung im Jahr 1933 an verwandelten Hitler und die Nationalsozialisten Deutschland in eine verbrecherische Diktatur:

- Sie schalteten das Parlament aus.
- Sie verboten Parteien und Gewerkschaften.
- Sie duldeten keine freie Presse.
- Sie ließen das Volk durch ihre geheime Staatspolizei bespitzeln und Andersdenkende in Folterkellern und Konzentrationslagern verschwinden.
- Sie beugten das Recht im Namen des Führers.
- Sie führten Deutschland in einen rassistisch begründeten Vernichtungskrieg.
- Sie ermordeten im Wahn rassischer Überlegenheit nahezu das gesamte Volk der in ihrem Herrschaftsgebiet lebenden Juden.

Vor dem Hintergrund dieser leidvollen Erfahrung muss man die verfassungsmäßige Ordnung in der Bundesrepublik Deutschland sehen. Es gehört zu den wichtigsten Zielen der freiheitlich demokratischen Grundordnung, die im Grundgesetz festgelegt ist, jegliche Gewalt- und Willkürherrschaft für alle Zeiten auszuschließen.

Hitler hatte die Macht in seiner Person konzentriert und missbraucht. Eine staatliche Ordnung, die Konzentration und Missbrauch von Macht verhindern will, muss die Macht auf verschiedene Personen und Institutionen verteilen und ihre demokratische Kontrolle garantieren. Die Kontrolle staatlicher Macht gilt als eines der wesentlichen Elemente, ohne die eine Demokratie keinen dauerhaften Bestand haben kann.

1 Wer sind die Wächter, die im Text A genannt sind? Nenne sie.

2 Erläutere mithilfe von Text A und dem Schaubild, wie die Teilung der Staatsgewalt in der Bundesrepublik Deutschland funktioniert.

3 Wie lässt sich die Bedeutung der Gewaltenteilung mithilfe der historischen Erfahrungen aus der Zeit des Nationalsozialismus begründen? Verdeutliche den Zusammenhang.

C Wer kontrolliert Regierung und Parlament?

Für die Bearbeitung dieser Doppelseite wird die Methode *Partnerbriefing* empfohlen. Bildet dazu Partnerschaften und bearbeitet je eines der Beispiele in Einzelarbeit. Brieft (= informiert) euch dann gegenseitig mithilfe eines vorbereiteten Stichwortzettels.

Interessiert verfolgen junge Leute eine Debatte im Bundestag, bei der die Opposition die Regierung kritisiert.

Beispiel 1: Machtkontrolle durch Opposition

Opposition heißt Gegensatz, Widerspruch, Widerstand. [...] Alle Parteien (im Parlament), die nicht an der Regierung beteiligt sind, bilden „die Opposition". Sie sind Oppositionsparteien. In einer Demokratie hat die Opposition zwei entscheidende Aufgaben: Sie soll die Regierung ständig überwachen und sie kritisieren, wenn sie ihre Pläne für falsch hält; sie soll eigene Pläne entwickeln und vortragen. Erfüllt eine Opposition diese Aufgaben, kann sie die Politik der Regierung beeinflussen. Gleichzeitig nimmt sie Einfluss auf die Bürger: Sie unterstützt sie, sich eine Meinung zu bilden und ihren Willen zu äußern. Überzeugen die Vorschläge der Opposition die Mehrheit der Wähler, kann sie bei einer nächsten Wahl die meisten Stimmen gewinnen: Sie bildet dann die Regierung und versucht, die Interessen und den Willen ihrer Wähler durchzusetzen. Die bisherige Regierungspartei geht dann in die Opposition.

Eine Opposition, die ihre Aufgaben wahrnimmt, schützt die Demokratie. Sie kann verhindern, dass die Gruppen in der Bevölkerung, die mit der Regierung unzufrieden sind, den Staat mit Gewalt verändern. Sie kann verhindern, dass die Regierung diktatorische, das heißt uneingeschränkte, Macht ausübt. Gruppen, die im Gegensatz zu einer Regierung stehen und nicht im Parlament vertreten sind, bezeichnet man als außerparlamentarische Opposition.

(Aus: Hilde Kammer und Elisabet Bartsch: Jugendlexikon Politik, Rowohlt Taschenbuch Verlag, überarbeitete Ausgabe Juni 2011)

Um die Regierungsarbeit zu kontrollieren, kann die Opposition schriftliche Anfragen zu bestimmten Themen stellen, die dann von der Regierung öffentlich beantwortet werden müssen. Wenn Missstände in der parlamentarischen Arbeit bekannt werden, kann sie die Einsetzung eines Untersuchungsausschusses verlangen, der die Vorgänge aufklärt.

Neben der Kritik sucht die Opposition bei wichtigen Fragen auch die Zusammenarbeit mit den Regierungsparteien, um so zumindest einen Teil ihrer Vorstellungen in die aktuelle Politik einzubringen.

Stichwortzettel Opposition

- Definition
- Aufgaben
- Handlungsmöglichkeiten
- Bedeutung

„Die Politik ist wie ein Fußballspiel. Es ist ein Wettbewerb. Die Opposition muss die Macht der Regierung begrenzen, sie muss die Regierung nicht loben, sondern kritisieren. Wir beschweren uns natürlich auch, dass die Opposition nur kritisiert – aber nur solange wir an der Regierung sind. Wenn eine Mannschaft gegen Bayern München spielt und versucht, die Bayern möglichst früh beim Spielaufbau zu stören, dann kann man natürlich meckern: Herrschaftszeiten, lasst den Arjen Robben doch mal laufen, der spielt so schön. Aber Aufgabe des Gegners ist es nun mal, die Bayern zu stören. Und das macht die Opposition auch mit der Regierung."

(Der Politiker Wolfgang Schäuble (CDU) in einer Sonderausgabe der Wochenzeitung Welt am Sonntag vom Februar 2012, S. 8; zur Zeit des Interviews in der Funktion des Bundesfinanzministers; Interviewmoderation: Jan Dams und andere)

Beispiel 2:
Machtkontrolle durch das Bundesverfassungsgericht

Eine eigene Institution, das Bundesverfassungsgericht, wacht darüber, dass Parlament, Regierung und Rechtsprechung die Verfassung einhalten. Als Hüter der Verfassung kann es jeden Akt der gesetzgebenden Gewalt, der Regierung und Verwaltung und jede Entscheidung der Gerichte auf ihre Verfassungsmäßigkeit prüfen. Dabei schützt es besonders die Grundrechte der Bürger. [...]
Es ist das höchste Gericht des Bundes, die letzte Instanz für die Kontrolle der Verfassungsmäßigkeit des politischen Lebens. Es kann die Entscheidungen aller anderen Gerichte aufheben, wenn sie der Prüfung der Verfassungsmäßigkeit nicht standhalten. [...]

(Aus: Horst Pötzsch: Die deutsche Demokratie, hrsg. von der Bundeszentrale für politische Bildung, Bonn 2009, 5. Auflage, S. 144)

© Bergmoser + Höller Verlag AG

Mischt sich das Bundesverfassungsgericht zu sehr in die Politik ein?

Zwei Urteile:

- Im Februar 2006 setzte das Bundesverfassungsgericht das kurz zuvor vom Bundestag beschlossene Luftsicherheitsgesetz außer Kraft. Die Richter erklärten, dass die darin beschlossene Befugnis der Bundeswehr, entführte Passagierflugzeuge im äußersten Notfall abzuschießen, mit der im Grundgesetz garantierten Würde des Menschen nicht vereinbar sei.
- 2010 erklärte das Bundesverfassungsgericht die in einem Bundesgesetz festgelegte Höhe des Sozialgeldes für Erwachsene und Kinder (= Regelsätze für Hartz IV-Empfänger) für verfassungswidrig. Nach Ansicht des Gerichtes waren die finanziellen Zuwendungen bis dahin zu niedrig, um den Betroffenen ein menschenwürdiges Existenzminimum zu sichern, wie es Artikel 1 des Grundgesetzes vorschreibt. Das Gericht legte eine Frist fest, innerhalb der das betreffende Gesetz geändert werden musste.

Kritiker behaupten, die Richter am Bundesverfassungsgericht mischten sich mit diesen und mit anderen Urteilen zu sehr in die Politik ein. Sie bestimmten mehr und mehr, was in der Politik gemacht werden dürfe und was nicht. Dies sei besonders gravierend, weil jedes Urteil des Gerichtes unanfechtbar sei. Die Richter weisen darauf hin, dass sie niemals von sich aus in die Politik eingreifen, sondern immer nur dann, wenn auf Antrag eine Entscheidung von ihnen verlangt wird. Sie beanspruchen für sich das „Prinzip der richterlichen Selbstbeschränkung". Demnach sehen sie ihre Aufgabe nicht darin, zu überprüfen, ob ein Gesetz gut oder schlecht, klug oder unvernünftig ist, sondern einzig und allein, ob es mit den Grundsätzen der Verfassung vereinbar ist oder nicht.

Stichwortzettel Bundesverfassungsgericht

- Aufgaben
- Beispiele
- Bedeutung
- Kritik

1. Bereite in Einzelarbeit einen Stichwortzettel zu dem von dir gelesenen Text (inklusive Schaubild) vor.
2. Fasse nun für deine Partnerin/deinen Partner den von dir bearbeiteten Text mit deinen eigenen Worten zusammen. Anschließend wiederholt diese(r) den Inhalt. Prüft gemeinsam, ob alle Unklarheiten beseitigt sind.
3. Verfahrt nun genauso mit dem zweiten Text.
4. Fasst gemeinsam zusammen, wie die Kontrolle staatlicher Macht funktionieren kann.
5. Stellt euer Ergebnis gemeinsam vor.

8 Wie sehr schaden Extremismus und Rassismus der Demokratie?

Die Problematik extremistischer Aktivitäten bewerten

A Drei Alltagsbeispiele

Rechtsextremisten setzen Flüchtlingsunterkunft in Brand

Tröglitz im April 2015: Der kleine Ort im Süden Sachsen-Anhalts ist bundesweit in den Schlagzeilen, seit der ehrenamtliche Bürgermeister Markus Nierth Anfang März wegen rechtsextremer Anfeindungen seinen Rücktritt erklärte. Er hatte keinen anderen Ausweg mehr gesehen, als eine asylfeindliche Demonstration direkt vor seinem Haus genehmigt wurde. Der Protest gegen die geplante Unterbringung von 40 Flüchtlingen wird von der rechtsextremen Partei NPD angeführt.
Nierth zeigte sich am Samstagmorgen entsetzt über das Feuer. Davon wird Tröglitz sich wohl nie erholen, sagte er dem „Tagesspiegel". „Ich bin fassungslos, traurig und wütend zugleich."

(Aus: Brandanschlag auf geplante Flüchtlingsunterkunft, Meldung dpa und AFP, in: Rheinische Post vom 04.04.2015, im Internet unter www.rp-online.de; Zugriff: 03.09.2015)

1 Welche Gefühle und Gedanken lösen die drei Beispiele in euch aus: Haltet ihr sie für erschreckend, harmlos, gefährlich? Tauscht euch darüber aus.

2 Bei einem Fußballspiel Bochum gegen Leipzig im April 2015 demonstrieren Mitglieder eines Leipziger Fanclubs gegen Rassismus und Extremismus. Was haltet ihr von einer solchen Aktion? Nehmt Stellung dazu.

Journalist in Dortmund angegriffen

10. März 2015: Der Journalist Marcus A. wurde am späten Montagabend in der Dortmunder Innenstadt von zwei Unbekannten mit dunklen Kapuzenpullovern und Sturmmasken mit Steinen beworfen. Die Angreifer bedrohten den Mann dabei nach Polizeiangaben mit dem Tode. Als Arndt eine Schreckschusswaffe zog, flohen die Täter. [...] Die Polizei gehe davon aus, dass der Vorfall im Zusammenhang der fortgesetzten Einschüchterungen und Bedrohungen von Journalisten, politisch Aktiven und anderen Dortmundern durch Rechtsextremisten in den letzten Monaten zu sehen sei.

(Nachricht in der Frankfurter Allgemeinen Zeitung, www.faz.net vom 10.03.2015, Zugriff: 10.09.2015, © Evangelischer Pressedienst)

Dunkelhäutiger Mann bei antirassistischer Demo bedroht

Ein 24-jähriger Mann ist am Donnerstagabend in Weißensee (Berlin) von zwei Männern wegen seiner Hautfarbe rassistisch beleidigt und mit einem Baseballschläger bedroht worden. Der dunkelhäutige Mann hatte nach Angaben der Polizei an einer Demonstration mit dem Titel „Das Problem heißt Rassismus" teilgenommen, als sich der Übergriff ereignete. Gegen 20.10 Uhr zogen die Teilnehmer der Demonstration durch die Buschallee. Die Tatverdächtigen beobachteten den Protestzug von einem Balkon aus. Als der 24-Jährige an ihrem Balkon vorbeikam, wurde er von den beiden Männern rassistisch beleidigt und aufgefordert, Deutschland zu verlassen. Der 24-Jährige ignorierte die Beleidigungen und lief zunächst weiter. Daraufhin verließen die Männer den Balkon – und kamen kurz darauf mit einem Baseballschläger bewaffnet auf die Straße.

(Aus: Timo Kather: Dunkelhäutiger bei antirassistischer Demo bedroht, Nachricht vom 24.07.2015 in www.tagesspiegel.de; Zugriff: 03.09.2015)

B TEAM kontrovers: Sind Rechtsextremismus und Rassismus eine Bedrohung für die Demokratie?

Die Frage, inwieweit Rechtsradikalismus eine Bedrohung für die Demokratie ist, wird in der Gesellschaft immer wieder kontrovers diskutiert. Viele beunruhigt zutiefst, dass Auftritte rechtsradikaler und anderer extremistischer Gruppen zunehmend zum Alltag gehören.

- Welcher Meinung seid ihr?
- Welche Erfahrungen habt ihr bisher mit diesem Thema gemacht?

Um diese Fragen soll es in der folgenden Diskussionsübung gehen. Ihr könnt die Diskussion mit einer Punktabfrage beginnen. Schreibt dazu die folgenden Ansichten an die Tafel oder auf ein Plakat. Jede Schülerin und jeder Schüler macht ein Kreuz mit Kreide oder klebt einen farbigen Punkt auf das Plakat an der Stelle, die seine Meinung verdeutlicht.
Am Ende einer solchen Punktabfrage sieht man sofort, wo es Meinungsunterschiede in der Klasse gibt.

Lest die beiden Stellungnahmen und eröffnet die Diskussion mit vielen persönlichen Beiträgen zum Diskussionsthema.

Dieser Meinung stimme ich	voll	teilweise	gar nicht zu.
1. Die Demokratie ist stark genug, um sich vor Extremisten und Rassisten zu schützen.			
2. Die große Mehrheit der Jugendlichen bekennt sich zur Demokratie.			

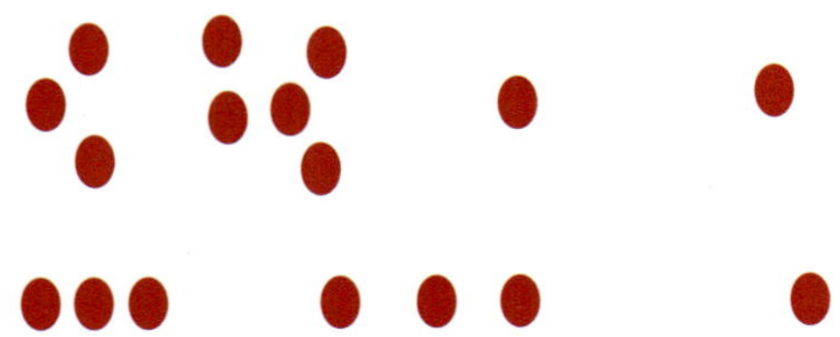

Ja, die Demokratie ist bedroht.

Zweifellos stellen Neonazis und ihre Sympathisanten eine Bedrohung für die Demokratie dar, denn sie zerstören all das, was in einer demokratischen Gesellschaft von Wert ist: die Freiheit, die Achtung vor dem Glauben und der Überzeugung anderer Menschen und das Gefühl, in Sicherheit leben zu können. Beinahe täglich kann man in den Zeitungen von rassistischen Gewaltverbrechen lesen. Jüdische Friedhöfe werden geschändet. Menschen werden verfolgt, verletzt und sogar getötet, bloß weil sie Ausländer sind. Leider finden auch Jugendliche Gefallen am rassistischen Weltbild der Neonazis und beteiligen sich an Verbrechen, die ausländerfeindlich motiviert sind.
Nicht nur Ausländer, auch Inländer können sich in einem Land nicht wohlfühlen, in dem Hass und Gewalt um sich greifen. Rassismus und Rechtsradikalismus sind sowohl eine Bedrohung für die Demokratie als auch eine Bedrohung für jeden Einzelnen.

Nein, von einer Bedrohung kann keine Rede sein.

Ganz klar. Es gibt unverbesserliche Nazis, es gibt auch Rassismus und Fremdenfeindlichkeit. Aber das sind eher Randerscheinungen. Bei Jugendlichen sind diese extremistischen Einstellungen insgesamt wenig verbreitet. Die große Mehrheit der Schülerinnen und Schüler bekennt sich zur Demokratie. In den Schulen wird täglich Toleranz praktiziert. Kinder und Jugendliche mit unterschiedlicher Religionszugehörigkeit und verschiedenartigster Herkunft leben und arbeiten hier friedlich miteinander. Wenn man sich mal ein wenig neckt, weil der eine Türke ist, der andere Pole und wieder ein anderer Deutscher, ist das eher harmlos. Außerdem machen junge Leute manchmal so eine radikale Phase durch. Das legt sich dann wieder, wenn sie älter werden. Einige Nazis und Rassisten hat es in den Demokratien immer gegeben und so wird es auch bleiben. Insgesamt ist die Demokratie aber stark genug, solche Minderheiten zu ertragen.

C Hintergrund: 3-mal Extremismus

Die folgenden Erklärungen sind einer Publikation des Amts für Verfassungsschutz entnommen.

Stichwort Extremismus

Zum demokratiefeindlichen Extremisten wird ein Mensch, wenn er keine andere Ansicht als seine eigene gelten lässt, wenn er die Regeln und Gesetze ablehnt, nach denen die freiheitliche Demokratie funktioniert, und auch, wenn er seine Religion als die einzige ansieht, die eine Existenzberechtigung hat. Extremisten kennen keine Toleranz und Offenheit gegenüber Andersdenkenden, im Gegenteil: Sie sind bereit, jeden, der nicht ihren Vorstellungen entspricht, zu unterdrücken – auch mit Gewalt.
Die folgenden Kurzbeschreibungen der drei bekanntesten Ausprägungen von Extremismus stammen aus den Charakterisierungen des Bundesamtes für Verfassungsschutz.

Was ist Rechtsextremismus?

Der Rechtsextremismus stellt in Deutschland kein ideologisch einheitliches Gefüge dar, sondern tritt in verschiedenen Ausprägungen nationalistischer, rassistischer und antisemitischer Ideologieelemente und mit unterschiedlichen, sich daraus herleitenden Zielsetzungen auf. Dabei herrscht die Auffassung vor, die Zugehörigkeit zu einer Ethnie, Nation oder Rasse entscheide über den Wert eines Menschen. Dieses rechtsextremistische Werteverständnis steht in einem fundamentalen Widerspruch zum Grundgesetz, welches die Würde des Menschen in den Mittelpunkt stellt. In einem rechtsextremistisch geprägten Staat würden somit wesentliche Kontrollelemente der freiheitlichen demokratischen Grundordnung, wie das Recht des Volkes, die Staatsgewalt in Wahlen auszuüben, oder das Recht auf Bildung und Ausübung einer parlamentarischen Opposition, fehlen.

Was ist Linksextremismus?

Linksextremisten richten ihr politisches Handeln an revolutionär-marxistischen oder anarchistischen Vorstellungen aus und streben anstelle der bestehenden Staats- und Gesellschaftsordnung ein sozialistisches bzw. kommunistisches System oder eine „herrschaftsfreie" anarchistische Gesellschaft an. Hierzu bringen sie sich in gesellschaftliche Proteste ein und versuchen, diese in ihrem Sinne zu instrumentalisieren.
Die Aktionsformen reichen von offener Agitation bis hin zu verdeckt begangenen, teilweise auch schweren Gewalttaten, wobei einzelne autonome Zusammenhänge auch die Verletzung von Personen in Kauf nehmen.

Was ist Islamismus*?

Der Islamismus in Deutschland ist kein einheitliches Phänomen. Allen Ausprägungen gemeinsam ist der Missbrauch der Religion des Islam für die politischen Ziele und Zwecke der Islamisten. Islamistische Ideologie geht von einer göttlichen Ordnung aus, der sich Gesellschaft und Staat unterzuordnen haben. Dieses „Islam"-Verständnis steht im Widerspruch zur freiheitlichen demokratischen Grundordnung. Verletzt werden dabei vor allem die demokratischen Grundsätze der Trennung von Staat und Religion, der Volkssouveränität, der Gleichstellung der Geschlechter sowie der religiösen und der sexuellen Selbstbestimmung.

(Aus: www.verfassungsschutz.de, Zugriff: 01.06.2013; unter dieser Adresse findet ihr weitere Charakterisierungen dieser extremistischen Positionen)

*Mehr zum Thema Islamismus erfährst du im Kapitel Friedenssicherung auf Seite 276ff.

WebQuest kontra Rechtsradikalismus

Benutzt die folgenden Adressen zur weiteren Information über die Gefahren des politischen Extremismus und die Möglichkeiten, sich dagegen zu wehren.

- www.mut-gegen-rechte-gewalt.de
- www.jugendschutz.net
- www.netz-gegen-nazis.de
- www.buendnis-toleranz.de
- www.amadeu-antonio-stiftung.de

1 Was charakterisiert einen Menschen, der eine demokratiefeindliche, extremistische Position vertritt? Notiert Eigenschaften.

2 Warum verstoßen die drei skizzierten Formen von Extremismus gegen die freiheitliche demokratische Grundordnung, die das Grundgesetz beschreibt? Erklärt die Widersprüche.

D Wie kann der Staat die Freiheit in der Demokratie schützen?

Streitbare Demokratie

Unsere Demokratie garantiert jedem Menschen die Grundrechte, dazu gehören u. a. die Menschenwürde, die Freiheit der Person, die Gleichheit vor dem Gesetz, die Glaubens- und Gewissensfreiheit sowie das Recht auf freie Meinungsäußerung. Außerdem haben alle deutschen Staatsangehörigen das Recht auf Versammlungsfreiheit. Unsere Demokratie versteht sich aber als streitbare Demokratie, d. h. sie setzt sich gegen Feinde der Demokratie zur Wehr. Wer also durch demokratiefeindliche Propaganda die Freiheit der Lehre, die Pressefreiheit oder die Versammlungsfreiheit missbraucht, um die freiheitliche demokratische Grundordnung zu bekämpfen, dessen Grundrechte können eingeschränkt werden. [...]
Die Bundesrepublik Deutschland ist eine streitbare Demokratie, d. h. das Staatswesen ist bereit, sich gegen etwaige Feinde der Demokratie aktiv zur Wehr zu setzen, aber nur so weit, wie sie durch ein Gesetz dazu ermächtigt ist. Denn in einem Rechtsstaat ist staatliches Handeln immer an Gesetze gebunden.

Aufgaben des Amtes für Verfassungsschutz

Eine wichtige Rolle beim Schutz der freiheitlichen demokratischen Grundordnung spielen die Ämter für Verfassungsschutz. Auch der Verfassungsschutz muss sich in einem Rechtsstaat an geltendes Recht halten. [...] Seine Aufgabe besteht darin, Gegner der Demokratie zu beobachten und die Öffentlichkeit und eventuell die Polizei darüber zu informieren. [...]
Der Verfassungsschutz beobachtet und prüft sehr genau, ob eine extremistische Bestrebung tatsächlich gegen die freiheitliche demokratische Grundordnung verstößt. Dabei kommt es weniger auf das Verhalten einzelner Personen an, sondern vielmehr darauf, was die extremistische Partei, der extremistische Verein oder die sonstige extremistische Gruppierung plant.

(Aus: Dr. Thomas Grumke und andere: Demokratie – Rechtsextremismus – Handreichungen für den Politikunterricht, hrsg. vom Ministerium für Schule und Weiterbildung des Landes Nordrhein-Westfalen, Düsseldorf 2011, S. 38 ff.; Schaubild ebenda S. 41)

Kritik an der Arbeit

Die Arbeit des Verfassungsschutzes gerät immer wieder in die Kritik. Als bekannt wurde, dass der amerikanische Geheimdienst die Telefone deutscher Politikerinnen und Politiker abhörte, warf man ihm vor, er tue zu wenig, um die Demokratie zu schützen. Als die Behörde Journalisten unter Verdacht stellte, sie hätten Staatsgeheimnisse verraten, lautete der Vorwurf, er gefährde die Demokratie, die er zu schützen habe. Beides geschah im Jahr 2015. Der Kern des Problems liegt darin, dass es immer einer Gratwanderung ähnelt, einerseits Freiheit zu garantieren und andererseits Gefahren für die Freiheit abzuwenden.

1 Warum ist die Bundesrepublik Deutschland eine streitbare Demokratie? Erkläre es.

2 Beschreibe die Aufgaben des Verfassungsschutzes und erläutere, warum die Arbeit der Behörde häufig Gegenstand öffentlicher Kritik ist.

3 Zu den im Schaubild dargestellten Wertprinzipien der Demokratie solltest du in eigenen Worten erklären können, was man darunter versteht.

Was auch noch interessant sein kann:

- eine Zukunftsvision entwickeln: Wie sollte deiner Ansicht nach ein ideales demokratisches Deutschland aussehen? Entwirf dazu gemeinsam mit anderen deine Zukunftsvision (Texte, Zeichnungen, Fotos).

E Der Fall NPD: Soll man eine verfassungsfeindliche Partei verbieten?

Hohe Hürden für ein Verbot

Die Hürden für ein Parteienverbot sind bewusst hoch: Einen Verbotsantrag beim Bundesverfassungsgericht dürfen Bundestag, Bundesrat oder Bundesregierung stellen (bei Parteien, die nur in einem Bundesland aktiv sind, auch die dortige Landesregierung). Auf der Grundlage von Satzung und Programmen, von Parteizeitungen und sonstigem Werbematerial, von Äußerungen der Parteifunktionäre oder Taten von Parteianhängern beurteilt das Gericht, ob eine Partei verfassungswidrig ist. Die umstrittene Partei hat natürlich das Recht, sich in Karlsruhe zu verteidigen. Ein Verbot kann nur mit Zweidrittel-Mehrheit ausgesprochen werden, das heißt, mindestens sechs der acht Richter im zuständigen Senat des Verfassungsgerichtes müssen zustimmen.
Ist eine Partei verboten, werden die Geschäftsstellen der Parteien geschlossen, das Vermögen wird beschlagnahmt, eventuelle Abgeordnete der Partei verlieren ihre Parlamentsmandate und damit auch ihre Diäten. Das Gründen von Ersatzorganisationen ist ebenfalls verboten.

(Aus: Toralf Staud: Parteien und Verbote, hg. von der Bundeszentrale für politische Bildung, Bonn 2013, in: www.bpb.de, Zugriff: 04.08.2015)

Wie gefährlich ist die NPD?

2003 scheiterte ein erster Antrag für ein Verbot der NPD. Der Grund: Nach Auffassung des Bundesverfassungsgerichtes waren bis dahin zu viele verdeckte Ermittler in der Partei tätig gewesen. Ende 2012 entschieden sich die Ministerpräsidenten von 15 der 16 Bundesländer (Ausnahme Hessen) für einen neuen Antrag. Hier Auszüge aus dem Verbotsantrag:
Auf der Grundlage der im Auftrag der Innenminister und -senatoren von Bund und Ländern erstellten über 1000 Seiten umfassenden „Materialsammlung für ein mögliches Verbotsverfahren" […] hat der Bundesrat die Überzeugung gewonnen, dass es sich bei der NPD um eine verfassungswidrige Partei handelt. […] Die NPD geht gemäß Artikel 21 Absatz 2 Satz 1 des Grundgesetzes nach ihren Zielen und dem Verhalten ihrer Anhänger darauf aus, die freiheitliche demokratische Grundordnung zu beeinträchtigen und sogar zu beseitigen. Der politische Kurs der NPD ist bestimmt durch ihre aktiv-kämpferische, aggressive Grundhaltung, die grundsätzlich und dauernd tendenziell auf die Bekämpfung der freiheitlichen demokratischen Grundordnung gerichtet ist. Sie ist eine Partei, die eine antisemitische, rassistische und ausländerfeindliche Einstellung hat und mit dem Nationalsozialismus wesensverwandt ist. Ihre dauerhaften Freiheits- und Gleichheitsrechte und zielgerichtete Absicht, die obersten Werte unserer Verfassungsordnung insgesamt – namentlich die Menschenwürde, die Freiheits- und Gleichheitsrechte sowie das Demokratie- und Rechtsstaatsprinzip – zu beeinträchtigen, lässt sich anhand der Materialsammlung belegen. […] Ein Verbot der NPD, das auch ein Verbot von Nachfolgeorganisationen beinhaltet, stellt einen wichtigen Beitrag gegen den parteigebundenen Rechtsextremismus dar.

(Aus dem Antrag der 15 Bundesländer zur Entscheidung des Bundesrates vom 12.12.2012, im Internet unter www.bundesrat.de, Drucksache 770/12)

„WILL DENN HIER NIEMAND DIE NOTBREMSE ZIEHEN ?"

1 Wie begründen die Ministerpräsidenten der Bundesländer ihren Verbotsantrag der NPD? Notiere die Gründe.

2 Welche Aussagen entdeckst du in den beiden Karikaturen auf dieser Doppelseite zum NPD-Verbot: eher pro oder eher kontra?

TEAM kontrovers: NPD-Verbot – richtig oder falsch?

Die Frage des Verbots der NPD ist in Deutschland immer wieder kontrovers diskutiert worden. Unter den Parteien im Bundestag besteht weitgehende Einigkeit darin, dass sie eine extremistische Partei mit einer kämpferisch-aggressiven Haltung gegenüber der freiheitlichen Demokratie ist. Unterschiedliche Einschätzungen gibt es in der Frage, ob es im Sinne des Schutzes der Demokratie notwendig sei, sie zu verbieten. Die unterschiedlichen Positionen findet ihr hier kurz zusammengefasst.

Ja, ein Verbot der NPD ist berechtigt!

Deutschland hat sich in seinem Grundgesetz entschieden vom Nationalsozialismus und dem ihm zugrunde liegenden Gedankengut losgesagt. Aus diesem Selbstverständnis muss sich Deutschland der gegebenen Mittel bedienen, braune Hetze zu unterbinden.
Die NPD wendet sich mit ihrer nationalistischen, demokratie- und ausländerfeindlichen Propaganda gegen die freiheitlich-demokratische Grundordnung. Dafür ist das Instrument des Parteiverbots ausdrücklich vorgesehen. Diesen Weg muss die Politik konsequent ausschöpfen.

Nein, ein Verbot der NPD bringt nichts!

Deutschland ist heute eine gefestigte Demokratie. Dieser Staat hat es nicht nötig, mit administrativen Mitteln gegen braunes Gedankengut einzuschreiten. Für einen freiheitlichen Rechtsstaat sollten juristische und polizeiliche Schritte nur das letzte Mittel sein – ein Akt der Notwehr, wenn anderes nicht hilft. Die demokratische Öffentlichkeit ist stark genug, die NPD auch ohne staatliche Verbotsmaßnahmen in die Schranken zu weisen: Die Anhängerschaft der Partei bröckelt, ihre Funktionäre sind zerstritten.

Sind Sie für ein Verbot der NPD?

Quelle: N24-Emnid-Umfrage vom 6.12.2012

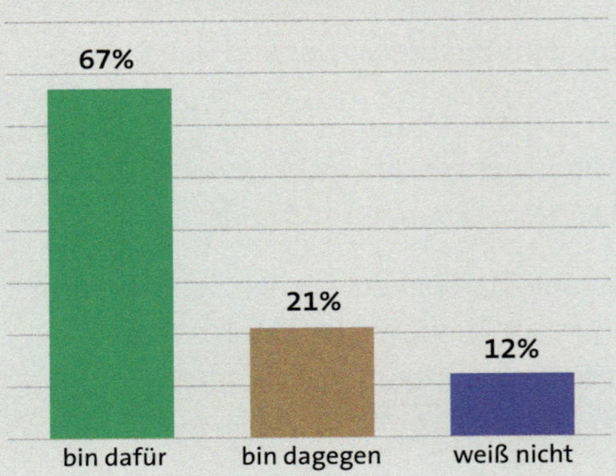

1 Wäge die Pro- und Kontra-Argumente gegeneinander ab und bilde dir ein erstes Urteil.

2 Suche nach weiteren Begründungen. Das kannst du gemeinsam mit anderen tun, die zum gleichen Urteil gelangt sind wie du.

3 Diskutiert mithilfe einer Rednerliste.

Was auch noch interessant sein kann:

- Menschenverachtung visualisieren: Nur wer deutscher Abstammung ist, hat nach Auffassung der NPD das Recht, in Deutschland zu leben. Wie viele Mädchen und Jungen in eurer Klasse müssten das Land verlassen, wenn dies Wirklichkeit wäre? (Vergleicht dazu auch Artikel 3 des Grundgesetzes.)

Demokratie in der Bundesrepublik Deutschland

Station 1 Bürgerbeteiligung in der Demokratie

S M U H

Mitbestimmung erklären

In der Stadt Schönstadt legt die größte Partei im Stadtrat den Plan zum Neubau eines Parkhauses in der Innenstadt vor. Eine Gruppe von Bürgerinnen und Bürgern ist mit diesem Vorhaben nicht einverstanden.

1. Sie gründen eine **Bürgerinitiative**. Was ist das?

2. Sie streben ein **Bürgerbegehren** an. Wie geht das?

3. Es kommt zu einem **Bürgerentscheid.** Wie kommt er zustande?

Station 2 Rolle der Parteien

S M U H

Eine Definition – drei Aufgaben

Mithilfe des Schaubildes könnt ihr die Rolle der Parteien in der Demokratie erklären. Dabei solltet ihr auch grundlegende Aufgaben der Parteien benennen.

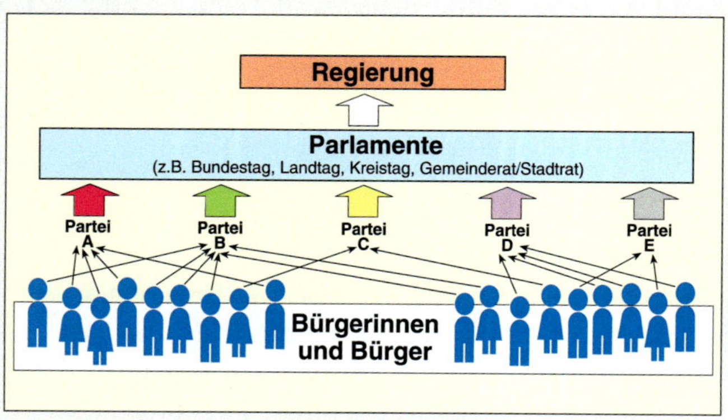

Station 3 Wahlen zum Deutschen Bundestag

S M U H

Stelle dir folgende Situation vor: Eine Wählerin oder ein Wähler nimmt zum ersten Mal an einer Bundestagswahl teil. Sie oder er betritt die Wahlkabine. Beim Auseinanderfalten des Wahlzettels entsteht Ratlosigkeit. Du bist die helfende Stimme, welche die richtigen Antworten einflüstert.

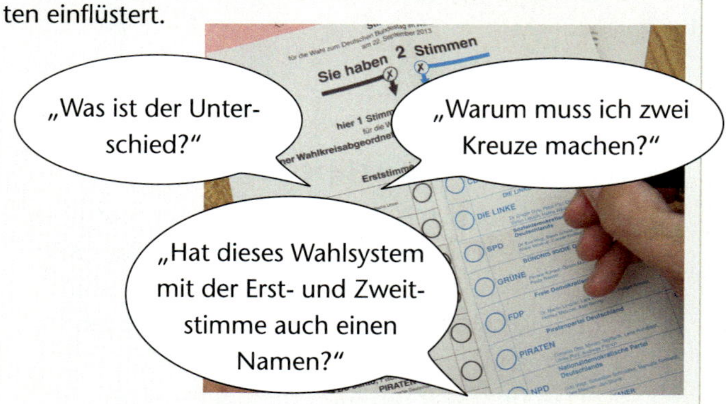

Station 4 Aufgaben der Verfassungsorgane

S M U H

Bei diesem Test sind alle Antworten richtig, aber die Fragen fehlen. Kannst du die passenden Fragen in dein Heft notieren?

1. Sie oder er wird nicht vom Volk, sondern vom Bundestag gewählt. Sie oder er ist Chef der Regierung.
2. Sie besteht aus dem Bundeskanzler und den Bundesministern.
3. Nein, seine Mitglieder werden nicht gewählt, sondern von den 16 Landesregierungen entsendet.
4. Es hat die Aufgabe, darüber zu wachen, dass die vom Bundestag und vom Bundesrat verabschiedeten Gesetze mit der Verfassung übereinstimmen.

Station 5 Problemlösung durch Bundesgesetze

Wie überzeugst du diesen Herrn davon, dass er nicht recht hat?
Verwende in deiner Antwort die Begriffe *„Staatsziel Tierschutz“* – *„Grundgesetz“* – *„Debatte und Abstimmung im Bundestag“*.

Station 6 Sollen Abgeordnete sich nur nach ihrem Gewissen richten?

Angenommen, dass …
Im Bundestag steht ein neues Gesetz zur Abstimmung an, welches vorsieht, dass privat genutzte Motorroller und PKWs höher als bisher besteuert werden, wenn sie nicht dem neuesten Stand der Schadstoffreduzierung genügen. Wenige Tage vor der Abstimmung erhält der Bundestagsabgeordnete Meier einen Brief, der von Wählerinnen und Wählern in seinem Wahlkreis unterzeichnet ist. Darin steht:

Wir verlangen von dir, dass du dieses Gesetz ablehnst! Schließlich haben wir dich gewählt, damit du unsere Interessen im Parlament vertrittst. Wir sind allesamt Leute, die sich keine schadstoffarmen neuen Fahrzeuge leisten können. Entscheide so, wie deine Wähler es wollen!

Wie ist die Rechtslage in diesem Fall?
Formuliere deine Stellungnahme so, dass darin die Begriffe *freies* und *imperatives Mandat* vorkommen.

Station 7 Warum ist Gewaltenteilung wichtig?

So steht es in einem Text über die Gewaltenteilung:

„Die Kontrolle staatlicher Macht gilt als eines der wesentlichen Elemente, ohne die eine Demokratie keinen dauerhaften Bestand haben kann.“

Kannst du begründen, warum das so ist (und dabei mithilfe der Zeichnung erklären, wie die Staatsgewalt in Deutschland aufgeteilt ist)?

Station 8 Extremismus und Rassismus als Gefahr

Grundlegende und durch das Grundgesetz garantierte Wertprinzipien in der Demokratie sind:

- das Recht auf freie Entfaltung der Persönlichkeit,
- die Gleichheit aller Menschen vor dem Gesetz,
- das Recht, seine Meinung frei zu äußern,
- die Freiheit des Glaubens und des Gewissens.

Begründe, warum Rechtsextremismus und Rassismus mit diesen Grundwerten unvereinbar sind.

Auf dem Weg zur Berufswahl

3

Wie sehen wir unsere eigene berufliche Zukunft?

1. Allein nachdenken

Das Foto entstand auf einer Informationsmesse für Schulabgänger. Welche Fragen würden dich als Besucher einer solchen Veranstaltung interessieren?

2. Zu zweit beraten

Versetzt euch in die Rolle der Chefin/des Chefs einer großen Firma.
Welche Erwartungen hättet ihr in dieser Position an das Verhalten zukünftiger Auszubildender?

3. In der Klasse sammeln

Welche Ausbildungsberufe fallen euch spontan ein?

Sammelt im Brainstorming.

Im Verlauf dieses Kapitels könnt ihr ...

- über eure Interessen und Fähigkeiten nachdenken,
- unterschiedliche Ausbildungswege in das Berufsleben beschreiben,
- Verhaltensregeln und Erwartungen erarbeiten, auf die es in einem Schülerbetriebspraktikum ankommt,
- eine Strategie zum planvollen Vorgehen bei der Berufswahl entwickeln,
- Anforderungen ermitteln, die in der modernen Arbeitswelt von grundlegender Bedeutung sind,
- darüber diskutieren, ob die gestellten Anforderungen vernünftig oder übertrieben sind.

Eigene Schwerpunkte könnt ihr setzen, indem ihr ...

- eure persönliche Berufswahlmappe anlegt, die euch von jetzt an bei der Berufswegplanung begleiten wird,
- anhand ausgewählter Internetadressen weiter zum Thema Berufswahl recherchiert,
- in einem Rollenspiel gemeinsam beratet, welchen Azubi ihr in einer Firma einstellen würdet.

1 Schule ... und was dann?

Berufswahlmappe anlegen

Eine Einstiegsübung für alle:
Eine Zeichnerin hat sich vom Stichwort Berufswegplanung zu dem Bild auf dieser Seite anregen lassen. Ihr könnt das Bild dazu nutzen, über eure eigene Berufswahl nachzudenken.
- Welche Gedanken zu deiner eigenen Berufswahl löst das Bild in dir aus?

Mechtild Oechsle, Soziologieprofessorin an der Universität Bielefeld, hat für eine Studie 60 Abiturienten fünf Jahre lang im Prozess der Berufsfindung begleitet. Ihrer Erfahrung nach schieben zu viele Jugendliche die Gedanken an die Berufswahl zu lange vor sich her. In dem folgenden Text schildert sie weitere Erfahrungen und gibt Tipps.

A So früh wie möglich planen

Verdrängung und Angst, das muss nicht sein. Oechsle rät Schülern dazu, sich so früh wie möglich mit dem Thema Zukunftsplanung auseinanderzusetzen. „Bereits zwei Jahre vor dem Schulabschluss sollte man sich die entscheidenden Fragen stellen: Wer bin ich? Was kann ich? Was will ich werden?“ Am Anfang sollte eine Selbsterforschung stehen. Die eigenen Stärken, Schwächen und Interessen könne man beim Ausfüllen eines Tests beantworten. […] Gespräche mit Eltern, Lehrern und Freunden helfen bei der Selbsteinschätzung. Ältere Bekannte zu befragen, lohne sich besonders, so Oechsle. Ob einem das Studium liege, erfahre man im persönlichen Gespräch oft besser als durch Unibroschüren.
Lieber vorher informieren als nachher hinwerfen, rät auch Ilona Mirtschin, Sprecherin der Bundesagentur für Arbeit in Nürnberg.
Die Arbeitsmarktexpertin empfiehlt Absolventen, sich bei der Berufswahl an den eigenen Interessen und Fähigkeiten zu orientieren. „Die Erfahrung zeigt, dass Jugendliche, die sich den Eltern oder dem Arbeitsmarkt anpassen, später häufiger ihre Ausbildung abbrechen.“ Ein Beruf, den man lange Zeit ausübt, müsse schließlich Spaß machen. […]
Mirtschin empfiehlt einen Besuch in der Berufsberatung. Dort können sich Jugendliche über Berufsbilder und freie Ausbildungsplätze informieren. Für Abiturienten komme nicht nur ein Studium infrage, sie hätten auch in Lehrberufen gute Karrierechancen, sagt die Arbeitsmarktexpertin. […]
Das Thema Berufswahl sollte man angehen wie ein Projekt, „etappenweise und mit Geduld“, sagt Jan Bohlken. Der Gründer des privaten Profiling Instituts in Düsseldorf berät Jugendliche bei der Suche nach ihrem Traumberuf – und setzt dabei auf das Lustprinzip: „Nur wenn man etwas gerne tut, ist man gut. Und wer gut ist, kommt auch voran.“ Durch Praktika während der Schulzeit oder einen Schnuppertag im Büro der Eltern können Schüler erste Praxisluft schnuppern. Die Frage, die sie sich dann stellen müssen, laute: „Womit kann ich mir vorstellen, eine längere Zeit zu verbringen?“ […]

(Aus: Berufswahl so früh wie möglich planen, Autorenkürzel dpa/tmn, Bielefeld, 24.11.2010, in: www.news.de; letzter Zugriff: 01.02.2015)

1 Was sind die grundlegenden Fragen, die du dir frühzeitig stellen solltest? Notiere sie, damit du sie im Prozess der Berufswegplanung im Auge behalten kannst.

Methodenkarte 6

Eine Berufswahlmappe führen

Thema: Den Berufsweg planen

Berufswahlmappe: wozu?

Manche Idee oder Information zur Berufswahl, die dir aktuell wichtig erscheint, wirst du vielleicht wieder vergessen haben, wenn die Entscheidung in der Zukunft tatsächlich ansteht. Damit das nicht passiert, solltest du für deine Berufswegplanung von nun an eine spezielle Mappe anlegen, in der du alles festhältst, was du im Rahmen deines Weges in deine berufliche Zukunft erfährst und unternimmst. Wenn du diese Mappe bis zum Ende deiner Schulzeit kontinuierlich führst und immer wieder vervollständigst, verfügst du über eine hervorragende Entscheidungshilfe auf dem Weg zu einer Ausbildung und einem Beruf, der zu dir passt. Die Mappe kannst du mitnehmen, wenn du einen Gesprächstermin mit der Berufsberatung hast.

Wie erstellt man eine Berufswahlmappe?

Grundlage deiner Mappe kann ein Ordner sein, den du im PC anlegst. Dieser wird dir helfen, bei deinen Überlegungen und Aktivitäten planvoll und gut strukturiert vorzugehen. Die einzelnen Seiten kannst du in einem Computer anschaulich und übersichtlich gestalten, bevor du sie ausdruckst und in deine Mappe einordnest.
In deiner Mappe kannst du auch alles dokumentieren, was mit der Vorbereitung, Durchführung und Nachbereitung deiner Praktika zu tun hat. Sollte dir ein Praktikumsheft zur Verfügung gestellt werden, kannst du dieses in deine Berufswahlmappe einordnen. Bei der Vorstellung des Betriebes, in dem du ein Praktikum absolviert hast, musst du darauf achten, nur solche Informationen zu verwenden, die nicht der Schweigepflicht unterliegen.

Führe deine Mappe so, dass du stolz auf das Ergebnis sein kannst: sorgfältig, übersichtlich, informativ.

PC-Dateien als Basis für meine Berufswahlmappe

Die folgenden Gliederungspunkte kannst du als Dateien unter dem Oberbegriff Berufswahlmappe im PC anlegen. Fertig bearbeitete Seiten druckst du dann für deine Mappe aus.

- Interessen, Fähigkeiten, Talente
  Was ich gut kann, gerne mache und was mich nicht interessiert
- Zielvorstellungen und Wünsche
  Wie ich mir mein berufliches Leben in der Zukunft vorstelle
- Liste von Berufen, die für mich infrage kommen
  Berufe, über die ich mich informiert habe, Hitliste meiner Favoriten
- Bisherige Aktivitäten
  Was ich bis jetzt unternommen habe
- To-Do-Liste
  Was ich in nächster Zukunft unternehmen werde
- Praktika
  Alle meine Praktikumsberichte und Erfahrungen
- Materialpool
  Interessantes, Hilfreiches, Downloads, die ich weiter benutzen werde

B Was sind die Besonderheiten unterschiedlicher Ausbildungswege?

Praktische Berufsausbildung im „Dualen System"

Eine betriebliche Ausbildung im Dualen System ist in Deutschland die häufigste Form der Berufsausbildung. Sie wird von mehr als der Hälfte aller Jugendlichen gewählt, und die meisten der insgesamt über 350 anerkannten Ausbildungsberufe sind nach diesem System aufgebaut.*
Der Begriff „Duales System" bedeutet, dass die Auszubildenden ihre Kompetenzen einerseits in einem Ausbildungsbetrieb und andererseits in der Berufsschule erwerben. Eine Ausbildung im Dualen System steht allen Jugendlichen offen, die ihre Schulpflicht erfüllt haben.
Berufsbegleitend gibt es Möglichkeiten, das Abitur nachzuholen und ein Studium an die praktische Berufsausbildung anzubinden. Für manche Ausbildungsberufe ist das Abitur Pflicht – zum Beispiel für den Beruf der Fluglotsin oder des Fluglotsen.

Ausbildung in Berufsfachschulen

Bestimmte Berufe kann man auch durch eine schulische Ausbildung in einer der zahlreichen Berufsfachschulen in staatlicher oder privater Trägerschaft erlernen. Es gibt sie für pflegerische, soziale, kaufmännische und technische Berufe. Die Ausbildung dauert in der Regel zwei bis drei Jahre und schließt mit einer Prüfung unter staatlicher Aufsicht ab. Bei den privaten Trägern ist die Ausbildung kostenpflichtig.

Akademische Ausbildung

Eine akademische Ausbildung führt über ein Studium an einer Universität oder einer Fachhochschule. Man benötigt dazu eine Hochschulzugangsberechtigung. Im Normalfall besteht diese aus dem Abitur (= allgemeine Hochschulreife) oder der Fachhochschulreife. Der kürzeste Studiengang ist das sogenannte Bachelor-Studium. Es dauert in der Regel drei Jahre und endet mit einem berufsqualifizierenden Abschluss. Im Anschluss daran kann man weiterstudieren und mit dem Master abschließen. Der Master-Abschluss entspricht dem ersten Staatsexamen für das Lehramt und dem früheren Diplom. Ein Master-Abschluss ist die Voraussetzung für eine Promotion.
Universitäten stehen mittlerweile zunehmend Leuten offen, die über qualifizierte Berufsabschlüsse ohne Abitur verfügen. Für mehrere Fächer gibt es Zulassungsbeschränkungen (Numerus Clausus). Für die frei zugänglichen Fächer muss man lediglich die für die Einschreibung vorgesehenen Fristen einhalten.

Duales Studium

Die Besonderheit dualer Studiengänge ist die enge Verzahnung zwischen theoretischer und praktischer Ausbildung. Man lernt die praktische Ausbildung in einem Betrieb oder einer Behörde und studiert zugleich an einer Fachhochschule oder Universität. Am Ende verfügt man über eine doppelte Qualifikation, nämlich einen qualifizierten Berufs- und Studienabschluss. Vorteilhaft ist, dass man bereits während der Ausbildung etwas verdient und in der Regel gute Chancen hat, später von der ausbildenden Firma oder Behörde übernommen zu werden. Andererseits werden bei dieser Ausbildungsform vergleichsweise hohe Anforderungen bezüglich Fleiß und Ausdauer gestellt.

* Du findest sie alle beschrieben in „Beruf aktuell", hg. von der Bundesagentur für Arbeit.

2 Was sind die charakteristischen Merkmale der unterschiedlichen Ausbildungswege? Nenne sie.

3 Wie schätzt du die Vorteile des Abiturs für dich persönlich ein? Formuliere deine Gedanken dazu und tausche dich mit anderen darüber aus.

Detaillierte Angaben über die unterschiedlichen Ausbildungsmöglichkeiten findest du unter:
www.planet-beruf.de,
www.berufswahl pass.de,
www.ausbildung.de,
www.bildungsexperten.net und
www.wissenschaft.nrw.de

C Was spricht für eine Ausbildung nach dem mittleren Schulabschluss, was für das Abitur?

1 Gute Verbindung von Theorie und Praxis: Du lernst Dinge, die du sofort umsetzen kannst, und trägst unmittelbar zum Erfolg deines Unternehmens bei. Was du lernst, kannst du konkret für deinen Beruf gebrauchen.

2 Günstigere Beschäftigungsaussichten: Akademiker sind insgesamt weniger von Arbeitslosigkeit betroffen als Menschen mit geringerer Qualifikation. Für die Zukunft wird sogar ein zunehmender Bedarf an Akademikern vorausgesagt.

3 Chance für forschende Lerner: Wer bereits in der Schule festgestellt hat, dass es ihm große Freude bereitet, ein bestimmtes Themengebiet zu durchleuchten, und wem es nichts ausmacht, sich dabei stundenlang in Büchern zu „vergraben", ist für ein Studium geradezu prädestiniert.

4 Höherer Verdienst: Zwar ist auch das Einkommen vieler Akademiker in den vergangenen Jahren gesunken, dennoch verdienen sie im Durchschnitt noch immer mehr als Beschäftigte, die kein Studium absolviert haben.

5 Absehbarer Zeitaufwand: Bei den meisten Ausbildungen hast du nach drei Jahren den Abschluss in der Tasche. Als Abiturient kannst du häufig deine Ausbildung um ein Jahr verkürzen und hast dann bereits nach zwei Jahren deinen Abschluss.

6 Eintrittskarte für besondere Berufe: Für viele Berufe ist das Abitur eine unabdingbare Voraussetzung, zum Beispiel für Ärzte, Juristen, Lehrer, Sozialpädagogen. Aber auch, wenn man nicht studieren will, verbessert das Abitur die Berufschancen.

7 Aufstiegschancen: Wenn du gute Leistungen bringst, bietet dir der Betrieb mit etwas Glück einen festen Arbeitsplatz an, da du ja bereits gut eingearbeitet bist. Für ehemalige Azubis gibt es zahlreiche Weiterbildungsmöglichkeiten, zum Beispiel zum Betriebswirt, Meister, Techniker oder Fachwirt.

8 Sofortiger Verdienst: Wenn du eine betriebliche Ausbildung machst, bekommst du eine Ausbildungsvergütung. Je nach Ausbildungsberuf schwankt diese zwischen etwa 250 und 750 Euro im ersten Lehrjahr.

9 Erwerb praktischer Kompetenzen: Diese lassen sich in einer Ausbildung optimal trainieren. Du arbeitest mit anderen in Teams zusammen, lernst, Fragen zu stellen, Probleme zu lösen, je nach Beruf auch Kunden zu beraten oder Leistungen zu verkaufen. Das alles sind praxisorientierte Schlüsselqualifikationen, die du für ein erfolgreiches Berufsleben benötigst.

10 Persönliche Entfaltung: Bildung bildet. Auch wenn ein Studium nicht immer stressfrei ist, bietet die Hochschule nach wie vor viel Raum für persönliche Entfaltung, Wissenserweiterung und neue Denkanstöße.

Die Seite wurde zusammengestellt nach Informationen der Bundesagentur für Arbeit.

Euer Auftrag:

- Erstellt mithilfe der Texte in den Kästen eine Tabelle:

Was spricht für eine Ausbildung nach dem mittleren Schulabschluss?	Was spricht für das Abitur?

- Sucht nach weiteren Gründen, die entweder für eine Ausbildung oder für das Abitur sprechen.
- Formuliert eure eigene individuelle Stellungnahme: Was wird für mich der bessere Weg sein?

2 Worauf kommt es in einem Betriebspraktikum an?

Erwartungen und Verhaltensregeln ermitteln

Praktikum heißt Praxis testen. Du wirst – vielleicht zum ersten Mal – für längere Zeit die Arbeitswelt erleben. Viel Neues kommt da auf dich zu: Achtstundentag, ungewohnte Pausenzeiten, viele neue Gesichter und Tätigkeiten, die du bisher noch nie beobachten konntest und selbst noch nie gemacht hast.
Im Praktikum sollst du Erfahrungen sammeln, die dir deine spätere Berufswahl erleichtern. Vielleicht findest du heraus, dass du genau in dem Berufsfeld gelandet bist, in dem du deine Zukunft siehst. Vielleicht entdeckst du aber auch, dass ein Beruf, der dir zuvor als Wunschberuf erschien, nun doch nicht zu dir passt. In beiden Fällen können die Erfahrungen wichtig sein.

1 Welches Verhalten von Lena, Paul, Emilian und Büsra würdest du in einem Feedback a) lobend verstärken und b) als unangemessen kritisieren? Wie lassen sich deine Bewertungen begründen?

2 Welche Erfahrungen über das Verhalten im Praktikum kannst du für dich aus den vier Fällen ableiten? Beschreibe sie.

Was auch noch interessant sein kann:

- Rollenspiel: Feedbackgespräche zu den Fällen könnt ihr als gespielte Dialoge zu zweit vorbereiten.

A Richtig oder falsch?

Das könnt ihr für die Fälle auf dieser Seite gut zu zweit überlegen.

1. Lena ist seit einer Woche Praktikantin in der Spedition Interfracht und hat bereits einen guten Kontakt zu einigen Kolleginnen. Bei einem Mittagessen in der Betriebskantine erfährt sie, dass diese Kolleginnen sich Sorgen um ihre Arbeitsplätze machen. Abends ruft Lena mehrere ihrer Freundinnen an. Allen sagt sie: „Weißt du schon das Neueste? Die Firma Interfracht steht kurz vor der Pleite."

2. Paul macht sein Praktikum in einem Autohaus. Weil er die Arbeit als anstrengend empfindet, verlängert er seine Frühstückspause um zehn Minuten. Als ein Azubi im dritten Lehrjahr ihn ermahnt, in Zukunft die Zeiten einzuhalten, sagt Paul zu ihm: „Diese Arbeit ist überhaupt nichts für mich und du als Azubi hast mir gar nichts vorzuschreiben."

3. Emilian macht ein Praktikum im Bürgeramt der Stadtverwaltung. Beim Einstellungsgespräch hat er gesagt, dass er sich gut mit Computern auskennt. Als ein Mitarbeiter ihn bittet, ein elektronisches Formular am PC auszufüllen, versteht Emilian auf Anhieb nicht, was er machen soll. Obwohl es ihm peinlich ist, fragt er nach: „Könnten Sie mir bitte noch einmal zeigen, wie das gemacht werden muss?"

B Am ersten Tag in der Großgärtnerei ist Büsra froh, dass eine nette Kollegin sie eine Stunde lang durch den Betrieb führt. Büsra sieht, dass alle Mitarbeiter damit beschäftigt sind, kleine Setzlinge einzutopfen. „Entschuldige, Büsra", sagt die Mitarbeiterin, „ich muss jetzt an die Arbeit. Eine Lieferung steht an und wir haben heute alle hier eine Menge zu tun." Büsra steht nicht lange rum. Freundlich fragt sie: „Sagen Sie mir bitte, was ich tun kann. Ich möchte gerne helfen."

B Verhaltensregeln und Erwartungen

Benehmen

Betriebe bieten freiwillig Praktikumsplätze an. Verhalte dich so, dass der Betrieb immer wieder erneut bereit sein wird, Praktikanten anzunehmen.

Regeln

In jedem Betrieb gibt es eine Betriebsordnung mit verbindlichen Regeln für Arbeitsbeginn und Ende, für die Pausenzeiten und anderes mehr. Über den Sinn dieser Regeln kann nicht diskutiert werden. Du musst sie kennen und einhalten.

Engagement

Betriebe beschweren sich, wenn Praktikanten keinerlei Initiative ergreifen, und schätzen es sehr, wenn diese von sich aus erkennen, wo sie mithelfen oder mit anpacken können.

Kritik

Wer Neues anfängt, muss damit rechnen, Fehler zu machen. Reagiere nicht unwirsch auf Kritik, sondern zeige, dass du bereit bist, aus deinen Fehlern zu lernen. (Sprich mit deinem Lehrer oder einem betreuenden Mitarbeiter, wenn du dich wiederholt unfair behandelt fühlst.)

Nachfragen

Wenn man einen Arbeitsauftrag nicht verstanden hat, sollte man nachfragen. Das ist in jedem Fall besser, als mit negativen Folgen fehlerhaft zu arbeiten.

Diskretion

Betriebsinterne Vorgänge dürfen nicht nach außen getragen werden. Auch als Praktikant gilt für dich der Grundsatz absoluter Verschwiegenheit.

Handeln auf eigene Faust

Benutze keine Maschine oder kein Werkzeug, bevor man dich dazu aufgefordert und sie dir erklärt hat.

In der Arbeitswelt gibt es eine Reihe von Erwartungen, die in allen Betrieben, egal ob groß oder klein, für eine positive Bewertung der Mitarbeiterinnen und Mitarbeiter herangezogen werden. Sie gelten auch für Praktikanten. Überlege:

A Diese Erwartung werde ich sicher erfüllen können.

B Daran muss ich noch arbeiten.

C Hier bin ich mir nicht sicher und muss Eltern oder gute Freunde fragen.

	A	B	C
1. Pünktlichkeit			
2. Zuverlässigkeit			
3. Belastbarkeit			
4. Lernbereitschaft			
5. Ausdauer			
6. Kontaktfähigkeit			
7. Kritikfähigkeit			
8. Sorgfalt			
9. Sauberkeit			
10. Höflichkeit			
11. Selbstständigkeit			
12. Teamfähigkeit			
13. Fleiß			

1 Notiere die Erwartungen, die du gut erfüllst, und die, an denen du noch arbeiten solltest. Setze dich mit einer Freundin, einem Freund zusammen und höre dir an, wie eine andere Person dich einschätzt.

www.take!care.nrw.de: Auf dieser Internetseite des nordrhein-westfälischen Ministeriums für Arbeit und Soziales erfahrt ihr unter anderem, welche Arbeiten im Praktikum erlaubt sind und welche nicht.

C Checkliste Praktikum – Welche Schritte führen zum Erfolg?

Die Suche nach einem Praktikumsplatz solltest du nicht dem Zufall überlassen. Auch solltest du nicht einfach das erstbeste Angebot wahrnehmen, nur damit du für die Praktikumsdauer versorgt bist. Besser ist es, die Suche gezielt anzugehen, auch dann, wenn du noch nicht genau weißt, welche berufliche Richtung du nach dem Schulabschluss einmal einschlagen möchtest. In einem ersten Schritt kannst du darüber nachdenken, was auf gar keinen Fall für dich infrage kommt. Wer sich die Hände nicht gerne schmutzig macht, sollte nicht in eine Gärtnerei oder eine Kfz-Werkstatt gehen, und wer Küchendämpfe nicht vertragen kann, sollte sich nicht als Koch oder Köchin versuchen. Bei der Suche kommt es auf Zielgenauigkeit und eine gute Strategie an. Die folgende Checkliste soll dir dabei eine Hilfe sein.

1. Schritt: Welche Art von Betrieb kommt infrage?

Betriebe kann man nach der Größe unterscheiden in Klein-, Mittel- und Großbetriebe und nach der Betriebsart. Versuche herauszufinden, welche Art von Betrieb deinen Interessen am ehesten entspricht.

Betriebsart	**Beispiele**
Handwerksbetrieb	Tischler, Heizungsbauer, Kfz-Werkstatt, Uhrmacher
Handelsbetrieb	Kaufhäuser, Fachgeschäfte für Elektroartikel, Computertechnologie, Autobranche, Speditionsunternehmen
Dienstleister	Arzt- oder Rechtsanwaltspraxis, Bank, Versicherung, Hotel, Fitness, Energielieferanten, IT-Unternehmen, Post, Bahn, kommunale Verkehrsunternehmen
Produktionsbetrieb	Landwirtschaft, Hersteller diverser Güter (Fenster, Türen, Möbel, Elektroartikel, Fahrzeuge)

2. Schritt: Betriebe in der eigenen Umgebung finden

Nachdem du herausgefunden hast, welche Betriebsart oder welche Betriebsarten für dich infrage kommen, solltest du mit der Recherche beginnen. Denke daran, dass der Betrieb nicht zu weit von deiner Schule und deinem Wohnort entfernt sein sollte. So kannst du vorgehen:

- Du fragst Eltern, Verwandte und Bekannte, wenn du weißt, welche Betriebsart dich interessiert.
- Du suchst in den gelben Seiten des Telefonbuches nach geeigneten Adressen.
- Du recherchierst im Internet, indem du die Betriebsart als Suchbegriff eingibst und den gewünschten Betriebsort.
- Unter www.praktikum.info.de findest du Praktikumsangebote für deine Region. Weitere Angebote kannst du mithilfe der Industrie- und Handelskammern und der Handwerkskammern finden (www.ihk.de; www.handwerk.de).

Erstelle alleine oder erstellt gemeinsam eine Liste von Betrieben, die infrage kommen. Stellt weitere Informationen darüber zusammen. Dabei helfen euch die Internetauftritte. Vielleicht könnt ihr euch auch vor Ort über den Betrieb informieren.

3. Schritt: Kontakt aufnehmen

Nach den Vorbereitungsarbeiten beginnt nun die konkrete Suche nach einem Praktikumsbetrieb. Der erste Kontakt geschieht meist telefonisch. Auf das Telefongespräch sollte man sich vorbereiten, weil es schon bei diesem ersten Kontakt darauf ankommt, einen möglichst guten Eindruck zu hinterlassen.
Ihr könnt auch zu den ausgewählten Betrieben hingehen, aber auch dann solltet ihr euch zuvor telefonisch anmelden, euer Anliegen vortragen und um einen Termin bitten. Auf jeden Fall solltet ihr bereits über den Betrieb informiert sein, bevor ihr Kontakt aufnehmt. Um welche Art von Betrieb handelt es sich? Was geschieht dort? Wie lange gibt es ihn schon? Wie viele Menschen sind dort beschäftigt?

4. Schritt: Bewerbungsunterlagen zusammenstellen

Größere Betriebe erwarten häufig schriftliche Bewerbungen. Das ist besonders der Fall, wenn sich viele Praktikantinnen und Praktikanten bewerben und der Betrieb eine Auswahl treffen möchte. Zu eurem Bewerbungsschreiben gehören:

- ein Anschreiben; darin teilt ihr mit, warum gerade dieser Betrieb ganz oben auf eurer Wunschliste für euer Praktikum steht,
- ein tabellarischer Lebenslauf,
- ein freundliches und aktuelles Foto im Format eines Passfotos,
- eine Kopie des letzten Zeugnisses

Hilfen für deine schriftliche Bewerbung findest du unter www.planet-beruf.de; www.arbeitsagentur.de

5. Schritt: Der erste Tag im Praktikum

Nun stelle dir vor, die Suche war erfolgreich und der erste Tag im Praktikum steht an. Du wirst wahrscheinlich ein wenig aufgeregt sein. Das ist gar nicht schlimm, denn du zeigst damit, dass du die Sache ernst nimmst, die jetzt auf dich zukommt. Bereite dich gedanklich vor. So vermeidest du unnötige Fehler und machst schon von Beginn an einen guten Eindruck.

Die Kleidung	Als Schüler, der nur für kurze Zeit zum Betrieb gehört, gibt es für dich keine besondere Kleiderordnung. Achte darauf, dass du gepflegt aussiehst. Versuche nicht, übertrieben cool, lässig oder schrill auszusehen.
Die Begrüßung	Sprich deinen Vor- und Nachnamen deutlich aus, schaue deine Gesprächspartner an, gib einen festen Händedruck, versuche deutlich zu machen, dass du dich auf das Praktikum freust.
Die Einweisung in die Arbeit	Gehe höflich auf die Kolleginnen und Kollegen zu, höre gut zu, wenn man dir etwas erklärt, stelle Fragen, damit man sieht, dass du interessiert bist.

1 Schreibe dir aus dieser Checkliste alle Informationen heraus, die dir für dich ganz persönlich als wichtig erscheinen.

2 Setzt euch zu zweit oder zu dritt zusammen und recherchiert mithilfe des Internets über Betriebe vor Ort.

Was auch noch interessant sein kann:

- ausgewählte Firmen mithilfe von Plakaten vorstellen; diese sollten Angaben über die in Schritt 3 formulierten Fragen enthalten.

3 Wie können wir planvoll vorgehen?

Eine Strategie zur beruflichen Orientierung entwickeln

A Hilfen der Berufsberatung

TEAM führte ein Interview mit einer Berufsberaterin.

Für die meisten Schülerinnen und Schüler ist die Entscheidung über die Berufswahl sehr schwierig. Wie sollen sie das Problem angehen?
Wichtig ist, dass man sich einen persönlichen Plan erarbeitet, nach dem man vorgehen will. Planvolles Vorgehen gibt ein Gefühl der Sicherheit. Falsch ist, wenn man die Sache einfach vor sich herschiebt und dann erst am Ende der Schulzeit überlegt, was man machen kann. Ausbildungs- oder Studienabbrüche sind so oft vorprogrammiert.

Es heißt immer, dass man sich am Anfang über seine Interessen und beruflichen Ziele Klarheit verschaffen soll. Die Frage ist nur: Wie macht man das?
Zur Ermittlung der eigenen Interessen, Stärken und Schwächen steht allen Jugendlichen ein großes Angebot an seriösen Tests kostenlos zur Verfügung. Die sollte man auf jeden Fall nutzen. Der Internetauftritt der Bundesagentur für Arbeit bietet für eine erste Orientierung alles, was man zur Ermittlung seines persönlichen Profils braucht. Lohnend ist es auch, sich mit den Anforderungen im Arbeitsleben vertraut zu machen. In fast allen Berufen spielen heute allgemeine Kompetenzen eine Rolle wie zum Beispiel Selbstständigkeit, Verantwortungsbewusstsein, Teamfähigkeit und so weiter. Man kann sich fragen, was man tun kann, um verantwortliches Handeln zu trainieren.

Wie hilft die Berufsberatung der Arbeitsagentur den Jugendlichen?
Alle Schüler erhalten kostenlos die neueste Ausgabe von „Beruf aktuell“. Das Buch enthält Kurzbeschreibungen aller anerkannten Ausbildungsberufe. Diese sind in verschiedene Tätigkeitsbereiche unterteilt. Man kann eine Vorauswahl treffen und sich dann genauer über einzelne Berufe informieren. Zu unseren wichtigsten Serviceeinrichtungen gehören die Berufsinformationszentren, die jeder unter dem Namen BIZ kennt. Hier finden die Jugendlichen zu Berufen und Ausbildungswegen Bücher, Kataloge, Filme und vieles mehr. Mit dem BIZ-Computer hat man die Möglichkeit, sich selbst zu erkunden. Man bekommt eine Auswahl von Berufen, für die man geeignet sein könnte. Oft gehen ja die Schulklassen geschlossen ins BIZ. Darüber hinaus rate ich jedem Jugendlichen, das kostenlose Angebot im BIZ so oft zu nutzen, wie er kann.

Was können Schüler sonst noch tun?
Neben den Pflichtpraktika unter schulischer Leitung können freiwillige Praktika in den Ferien eine wertvolle Hilfe sein. Hier kann man sich am besten darüber Klarheit verschaffen, welche beruflichen Tätigkeiten einem Freude machen und welche nicht.

1 Welche Antworten der Berufsberaterin empfindest du als hilfreich? Nenne sie.

Was auch noch interessant sein kann:
- Tipps sammeln: Alle Tipps, die du bei deiner weiteren Berufswegplanung als wertvoll empfindest, solltest du in deiner Berufswahlmappe festhalten.
- Ziele reflektieren: Notiere eine Kompetenz, die dir wichtig erscheint, auf ein Blatt, zum Beispiel Selbstständigkeit oder Teamfähigkeit. Schreibe dann dazu auf: a) Was mir auf dem Weg dazu hilft, b) Was mich daran hindert.

B Wie kann ich feststellen, was meine Interessen sind?

Am Anfang der Berufswahlplanung sollte das Nachdenken über die grundlegenden Fragen stehen, die der Text auf der Seite zuvor nennt (Material A). Manchen fällt es gar nicht so leicht, die eigenen Interessen und Stärken zu benennen und diese für die Berufswahl zielgerichtet zu nutzen. Zur Selbsterforschung stehen euch im Internet eine Vielzahl von Fragebögen und Tests zur Verfügung. Hilfreich sind auch Gespräche mit Freunden und weiteren Personen eures Vertrauens über die Frage, wie andere eure Talente einschätzen. Als Einstieg könnt ihr hier anhand eines Testauszuges über eure Interessen nachdenken und euch zu zweit darüber austauschen.

1 Gehe den Fragebogen alleine durch und notiere, was dich interessiert.

2 Suche dir eine/n Gesprächspartnerin oder -partner, mit dem du dich über deine Interessen austauschst.

3 Erbitte ein Feedback zur Frage, wie dein Lernpartner deine Interessen einschätzt.

Tests zur Selbsterforschung findet ihr unter www.bwp-nrw.de/potenzial und www.planet-beruf.de.

Auszug aus einem Interessenstest

1 Interesse am Umgang mit Dingen • Werkzeuge gebrauchen • handwerklich tätig sein • am Computer Pläne zeichnen • chemische Substanzen analysieren • mit unterschiedlichen Materialien wie Holz, Metall, Leder und anderen Stoffen umgehen	**5 Interesse an kreativen Tätigkeiten** • Formen aus Gips, Ton oder anderen Materialien modellieren • Mode entwerfen • bei der Entwicklung künftiger Wohnformen mitwirken • neue und originelle Produkte entwickeln • Kunstwerke interpretieren
2 Interesse am Umgang mit Menschen • ein Referat halten • Personen interviewen • mit Fremden ins Gespräch kommen • über gesellschaftliche Fragen diskutieren • anderen eigene Ideen vorstellen	**6 Interesse an sozialen Aufgaben** • Probleme anderer Menschen erkennen und lösen wollen • sich für die Interessen benachteiligter Personen einsetzen • sozial benachteiligten Kindern bei Schulproblemen helfen • Kinder und Jugendliche unterrichten
3 Interesse an Wissenschaft und Forschung • Sachverhalte exakt beobachten • über lange Zeit an einem Forschungsproblem arbeiten • in einem Labor experimentieren • wissenschaftliche Auswertungen vornehmen • in einem Forschungsteam tätig sein.	**7 Interesse am Umgang mit Technik** • die Funktionsweise einer Solaranlage durchschauen • Schaltpläne entwerfen • einen Computer professionell einsetzen • die Technik einer HiFi-Anlage begreifen • Maschinen kontrollieren
4 Interesse am Ordnen und Verwalten • Aufgaben nach einem Ablaufplan erledigen • in einem Büro arbeiten • Akten führen, dokumentieren • vorwiegend am Schreibtisch arbeiten • kaufmännische Korrespondenz erledigen, z. B. Schriftverkehr	**8 Interesse an Literatur, Kultur und Medien** • bei einer Schülerzeitung mitarbeiten • kurze und prägnante Nachrichtentexte verfassen • ein literarisches Thema erörtern • in einer Bibliothek arbeiten • eine Fernsehsendung moderieren

Dieser Auszug basiert auf einem Test, der in Baden-Württemberg entwickelt wurde. Die vollständige Version findest du im Internet unter www.schule-bw.de

C Fünf erste Schritte zur Berufswegplanung

1 Verschaffe dir Klarheit über deine Interessen

Beschäftige dich ab jetzt mit den Fragen: Wo liegen meine Interessen? Was kann ich gut? Was will ich noch besser können? Dazu helfen dir die vielen Tests und Selbsterkundungsbögen, die du im Internet und in zahlreichen kostenlosen Broschüren findest. Sogenannte Potenzialanalysen unterstützen dich dabei, deine Stärken und Schwächen kennenzulernen und die Erkenntnisse darüber bei deiner weiteren Berufswegplanung zu berücksichtigen. Fange umgehend mit deinen Recherchen an, auch wenn ab jetzt noch viel Zeit bis zur Entscheidung vergehen wird. Im Buchhandel werden zahlreiche Ratgeber zur Berufswahl angeboten. Es lohnt sich, eines dieser Bücher systematisch durchzuarbeiten. Frage andere, wie sie deine Fähigkeiten und Talente einschätzen. Lass dich beraten, achte aber auch darauf, dass du deine Entscheidungen eigenverantwortlich triffst. Für deine ersten Recherchen reicht die Internetadresse der Bundesagentur für Arbeit aus: www.planet-beruf.de (siehe WebQuest).

Im Buchhandel werden zahlreiche Ratgeber für die Berufswahl angeboten.

2 Lerne mindestens 20 Berufe kennen

Bleibe am Ball, wann immer du jemandem begegnest, der deiner Meinung nach einen interessanten Beruf ausübt. Erkundige dich, welche Tätigkeiten dazugehören, welche Fähigkeiten man dazu braucht und wie die Ausbildung funktioniert. Recherchiere weiter im Internet und mit der neuesten Ausgabe von „Beruf aktuell". Besuche Jobmessen und informiere dich über die Vielzahl der Studiengänge an Universitäten und Fachhochschulen. Expertinnen und Experten sind der Ansicht, dass es für jeden Schulabgänger mehr als 20 geeignete Berufe gibt. Nimm dir eine feste Anzahl von Berufen vor, die du innerhalb des kommenden Schuljahres näher kennenlernen möchtest. Dokumentiere deine Auswahl in deiner Berufswahlmappe.

Gute Planungshilfen bietet der Ordner zum Berufswahlpass, der euch über den gesamten Prozess der Berufsplanung begleiten kann.

Notiere aus „Beruf aktuell" deine persönlichen Charts der Berufe. Überprüfe und überarbeite deine Liste von Zeit zu Zeit.

3 Wähle dein Praktikum mit Sorgfalt aus

In deiner Schulzeit wirst du wahrscheinlich ein oder zwei Pflichtpraktika durchführen. Überlass die Suche nach einem Praktikumsplatz nicht dem Zufall. Besser ist es, die Suche gezielt anzugehen, auch wenn du noch nicht genau weißt, welche berufliche Richtung du einmal einschlagen wirst. Zunächst lohnt es sich darüber nachzudenken, was auf gar keinen Fall für dich infrage kommt. Eine gute Hilfe können die gelben Seiten des Telefonbuches sein. Hier findest du geeignete Adressen, mit denen du Kontakt aufnehmen kannst. Sehr sinnvoll kann es sein, wenn du zusätzlich zu den Pflichtpraktika weitere freiwillige Praktika in der Ferienzeit absolvierst. Auch Universitäten bieten Schnupperkurse für Gymnasiasten an. Praktikumsplätze lassen sich auch im Internet finden.

4 Prüfe, welcher Ausbildungsgang für dich der richtige sein wird.

Sowohl mit dem Mittleren Schulabschluss als auch mit Abitur steht dir eine Fülle von Ausbildungswegen offen. Natürlich kannst du schon nach dem Mittleren Schulabschluss eine praktische Berufsausbildung beginnen. Auch nach dem Abitur gibt es Alternativen zum Hochschulstudium. Ein Studium ist im eigentlichen Sinn noch keine Berufsausbildung, vielmehr bereitet es diese vor. Entscheidet man sich zum Beispiel für ein Jura- oder Betriebswirtschaftsstudium, stehen nach erfolgreichem Abschluss mehrere berufliche Möglichkeiten offen. Interessante Möglichkeiten bietet auch das duale Studium, das aus einer Kombination aus einer Berufsausbildung in einem Unternehmen und dem Studium an einer Universität oder Fachhochschule besteht. Recherchiere deine Möglichkeiten im Internet.

5 Besuche vorbereitet ein Berufsinformationszentrum

An kaum einem anderen Ort kannst du dich so umfassend über Wege in die berufliche Zukunft informieren wie in einem BIZ der Bundesagentur für Arbeit. Einfach nur so dorthin zu gehen, bringt jedoch in der Regel wenig. Besser ist eine gezielte und vorbereitete Recherche. Nutze dazu die Überlegungen und Erfahrungen, die du in den Schritten 1 bis 3 gesammelt hast. Nimm deine Berufswahlmappe mit. Suche dir im Vorfeld eine begrenzte Zahl von Berufen aus, über die du dich gezielt informieren willst. Bleibe auch offen für neue Anregungen.

WebQuest Berufsorientierung

Der Sinn der WebQuest-Methode besteht darin, dass man das Internet mithilfe ausgewählter Internetadressen gezielt befragt. Das Besondere daran ist, dass alle Lernenden sich dazu verpflichten, nur Internetadressen zu benutzen, die ihnen für Recherche empfohlen werden. Für das WebQuest zur Berufsorientierung könnt ihr Teams bilden, die sich nach der Recherche gegenseitig über die Ergebnisse informieren.

Team 1: Welche Möglichkeiten zur persönlichen Potenzialanalyse sind hilfreich und interessant?

www.planet-beruf.de www.bwp-nrw.de
www.schule-beruf.de

Team 2: Wie können wir die Informationen über Praktika sinnvoll nutzen?

www.praktikum.info www.ihk.de
www.handwerk.de

Team 3: Was sollte jede und jeder von uns über die Ausbildungswege nach dem Mittleren Schulabschluss und nach dem Abitur wissen?

www.ausbildung.de www.abi.de
www.berufskunde.com

Team 4: Wie werden verschiedene Ausbildungsberufe im Netz vorgestellt?

www.berufe.tv www.beroobi.de
www.blicksta.de

So könnt ihr die Ergebnisse eurer Recherchen präsentieren:
- Wie ist die Homepage aufgebaut?
- Wer ist der Betreiber?
- Wie kann man sie sinnvoll nutzen?

1 Erstelle mithilfe der Informationen in den fünf Schritten eine Liste mit konkreten Ratschlägen für den Prozess der ersten Orientierung über die berufliche Zukunft.

2 Des Öfteren hört man von Schülerinnen und Schülern die folgende Ansicht: „Erst mal mache ich mein Abitur und dann sehe ich weiter!" Nimm Stellung dazu, indem du die Vor- und Nachteile dieser Einstellung benennst.

4 Was wird von Schulabgängern erwartet?

Anforderungen sammeln und visualisieren

Hier könnt ihr prüfen, welche Erwartungen in der Arbeitswelt an Auszubildende gestellt werden.
Stellenanzeigen geben dazu oft auf interessante Weise Auskunft. Ihr findet hier eine kleine Auswahl. Von den Originalanzeigen haben wir nur die Namen der Firmen verändert.

A Angebote für Ausbildungsplätze

ZBA Zentrale Berufsakademie

Du interessierst dich für Medizin? Du gehst gerne mit Menschen um? Du übernimmst gerne Verantwortung? Dann ist ein Pflegeberuf genau das Richtige für dich.

Lerne Pflege bei uns!

- Wenn du einen mittleren Schulabschluss hast: Ausbildung zum Gesundheits- und Krankenpfleger
- Wenn du das Abitur hast: Duales Studium Gesundheits- und Krankenpflege

Wir sind eine gemeinnützige Bildungseinrichtung …

Kiefer Kältetechnik

Als europäischer Marktführer liefert die Kiefer Kältetechnik GmbH Kühl- und Tiefkühlmöbel für alle Bereiche des Lebensmittelhandels – weltweit. Wir bieten Schulabgängern an verschiedenen Standorten in Deutschland wieder eine fundierte

Ausbildung zum Kälteanlagenbauer (m/w) an.

Die Ausbildung dauert 3,5 Jahre.

Ihr Profil: Idealerweise verfügen Sie über einen Mittleren Schulabschluss (oder Abitur). Gute Kenntnisse in Mathematik, Physik und Elektrotechnik sind von Vorteil. Handwerkliches Talent, räumliches Vorstellungsvermögen, Selbstständigkeit und Teamfähigkeit sowie freundliche Umgangsformen und Freude an der Arbeit machen Sie für uns wertvoll.

Concept GmbH Der Mediengestalter

Ausbildungsplätze zur Industriekauffrau/zum Industriekaufmann
Fachrichtung Druck und Papier

Wenn Sie engagiert, motiviert und teamfähig sind sowie Spaß am Umgang mit Menschen haben, Rechtschreibung für Sie kein Fremdwort ist, Sie auch noch über mathematisches Verständnis verfügen, Interesse an wirtschaftlichen Zusammenhängen haben und die Höhere Handelsschule abschließen oder die Allgemeine Hochschulreife erwerben, sind Sie bei uns richtig. Sie sind interessiert? Wenn ja, freuen wir uns auf Ihre Bewerbung.

Dein Berufsstart bei der AK – eine echte Chance

Du bist kreativ engagiert und zielstrebig? Du arbeitest gerne im Team und hast Spaß im Umgang mit Menschen? Service heißt für dich, deine Kunden auch zu Hause oder im Betrieb zu betreuen?

Wie bieten ab 1. September interessante Ausbildungsplätze zur/zum

Sozialversicherungsfachangestellten.

Bei der AK – eine der größten Krankenversicherungen – bekommst du eine fundierte Fachausbildung und erhältst eine überdurchschnittliche Vergütung. Interesse? Dann bewirb dich mit den üblichen Unterlagen. Voraussetzung ist ein Mittlerer Schulabschluss.

1 Sammele die Erwartungen, die in den Anzeigen zum Ausdruck kommen.

Was auch noch interessant sein kann:

- Anzeigen ausschneiden: Arbeitet die Stellenangebote in der Wochenendausgabe eurer örtlichen Tageszeitung durch. Schneidet Ausbildungsplatzangebote aus und dokumentiert sie in eurer Berufswahlmappe.
- Stellenanzeigen entwerfen: Es kann Spaß machen, eine eigene Anzeige zu entwerfen, für die man sich einen Beruf aus *Beruf aktuell* aussucht und dafür einen Text gestaltet mit den dazu passenden Fähigkeiten und Persönlichkeitsmerkmalen.

B Christofs Erfahrungen im Assessment-Center

Christof hatte sich dafür entschieden, nach dem Sekundarabschluss I eine Ausbildung zu beginnen. Er bewarb sich um einen Ausbildungsplatz bei einer Versicherungsgesellschaft und wurde eingeladen, an einem eintägigen Auswahlverfahren in einem Assessment-Center (Assessment = Bewertung, Einschätzung) teilzunehmen. Für TEAM hat er seine Erfahrungen im Auswahlverfahren aufgeschrieben.

Mithilfe eines Assessment-Centers ermitteln Unternehmen die individuellen Fähigkeiten von Bewerberinnen und Bewerbern. Sie nennen das Potenzialermittlung.
Die Barmer Ersatzkasse, bei der ich mich um einen Ausbildungsplatz beworben hatte, setzte zur Zeit meiner Bewerbung Assessment-Center (AC) bei der Einstellung von Auszubildenden, aber auch bei der Auswahl von Führungskräften ein. Im Einladungsschreiben wurde ich darüber informiert, dass es vor allem auf meine Sprachkompetenz, mein Einfühlungsvermögen und mein Auftreten ankommen würde. Das AC dauerte einen Tag.

So verlief der Tag

In der ersten Übung ging es um eine Partnervorstellung. Jeder der acht Teilnehmer bekam die Aufgabe, einen Teilnehmer 15 Minuten lang zu interviewen, um ihn dann in einem etwa fünfminütigen Vortrag der übrigen Gruppe vorzustellen.
Als Nächstes war ein Kurzvortrag gefordert. Im Einladungsschreiben hatte man mich aufgefordert, ein Thema vorzubereiten. Ich entschied mich für das Thema: Vorteile des Nichtrauchens. Der Vortrag wurde vor der Gruppe gehalten und durfte die Zeit von fünf Minuten nicht überschreiten.
Im Verlauf der nächsten Übung musste ich ein Gespräch mit einem Mitschüler führen, bei dem es Ziel war, ihn zur Unterstützung beim nächsten Schulfest zu gewinnen. Die Vorbereitungszeit betrug zehn Minuten.
Es folgte ein Rollenspiel. Die Aufgabe der Teilnehmer bestand darin, eine Haushaltsverhandlung zu führen. Ein Betrag von 1050 Euro aus dem Schuletat sollte auf verschiedene AGs aufgeteilt werden. Ich hatte die Computer-AG zu vertreten und musste mir überzeugende Argumente dafür ausdenken, warum ich Geld für einen zweiten Farbdrucker haben wollte. Für die Vorbereitung standen uns 10 Minuten zur Verfügung, für das Spiel der Haushaltsverhandlung 35 Minuten.

Meine Meinung

Es war ein anstrengender, aber sehr interessanter Tag. Die Partnervorstellung zu Beginn fand ich sehr gut. Man lernte sich gegenseitig kennen und baute Nervosität ab. In meinem Vortrag konnte ich zeigen, dass ich vor Publikum frei sprechen kann.
Beim Rollenspiel habe ich mich nicht wohlgefühlt.
Die schwierigste Übung war die Gruppendiskussion während der Haushaltsverhandlung. Trotzdem fand ich diese Übung positiv für uns, weil in diesem Berufsfeld öfter mal solche Situationen auftreten können.

1 Welche der Übungen hättest du am leichtesten und welche am schwierigsten gefunden? Überlege alleine und tausche dich mit einer Partnerin, einem Partner darüber aus.

2 Stellt euch vor, ihr hättet Christofs Auftreten und das der anderen Teilnehmer im Assesment-Center zu bewerten. Worauf würdet ihr beim Partnerinterview achten,
- beim Vortrag,
- beim Gespräch über das Schulfest mit einem Mitschüler,
- während des Rollenspiels?

3 Benutzt die Qualitätskriterien, die ihr in Aufgabe 2 gefunden habt, zum Nachdenken über euch selbst und notiert: „Ich glaube, dass ich die folgenden der genannten Anforderungen schon gut erfüllen kann …"

C Erwartungen der Wirtschaft: Was Schulabgänger mitbringen sollten

Der folgende Text wurde von den Industrie- und Handelskammern in Nordrhein-Westfalen veröffentlicht. Ihr könnt ihm wichtige Aussagen zu den drei darin angesprochenen Kompetenzbereichen entnehmen und übersichtlich darstellen.
Tipp: Lest alleine, bearbeitet den Auftrag 1 zu zweit, diskutiert die Aufträge 2 und 3 in Gruppen und/oder gemeinsam in der Klasse.

> **Was tun mit Texten, die voller Informationen stecken?**
>
> **Die Euro-Methode**
> Wenn ein längerer Text sehr viele Informationen enthält, weiß man oft nicht, welche man in einer Zusammenfassung verwenden soll. Stellt euch die Informationen wie Geldscheine in einer Geldbörse vor, in der sich 5-, 10- und 20-Euroscheine befinden. Alle Scheine sind wertvoll, aber der 20-Euroschein ist natürlich viermal wertvoller als der 5er. Teilt die Informationen in besonders informationsreichen Texten in 5er-, 10er- und 20er-Werte ein. Verwendet in eurer Zusammenfassung vor allem die aus eurer Sicht besonders wertvollen Informationen.
>
> S M U H

Die Erwartungen der Wirtschaft umfassen im Kern drei Dinge:

- die Beherrschung des in der Schule vermittelten Wissens in Fächern wie Deutsch, Mathematik und Englisch (**fachliche Kompetenzen**)
- persönliche Haltungen und Eigenschaften, die für Arbeit und Beruf wichtig sind (**persönliche Kompetenzen**)
- ein positives Sozialverhalten, z. B. die Fähigkeit zur Zusammenarbeit mit anderen Menschen (**soziale Kompetenzen**)

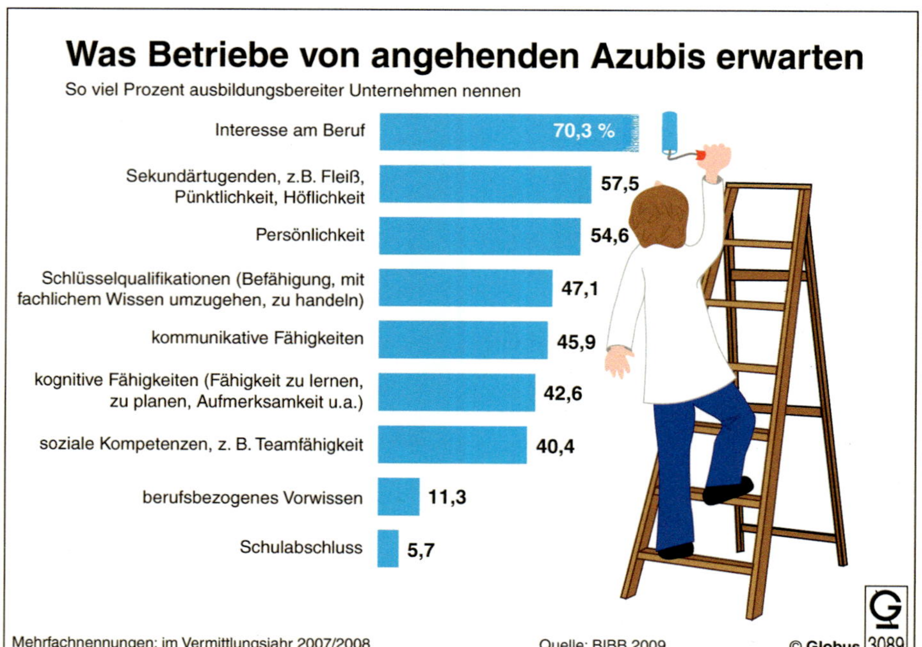

I. Fachliche Kompetenzen

Wirtschaftliche Zusammenhänge
Wer in das Berufsleben einsteigt, braucht ein Grundverständnis der freien (und sozialen) Marktwirtschaft. Hierzu gehört auch, die Rolle der wesentlichen Akteure im Rahmen unserer Wirtschaftsordnung (Unternehmen, Staat, Tarifparteien und private Haushalte) und das Prinzip der wirtschaftlichen, ökologischen und sozialen Nachhaltigkeit zu kennen. Erste Einblicke in die Realität eines Unternehmens vermitteln Schülerpraktika.

Die englische Sprache
Englisch ist Weltsprache. Grundkenntnisse helfen in vielen Situationen weiter – im Berufs- wie im Privatleben. Einfache Sachverhalte sollten daher auf Englisch verstanden und ausgedrückt werden können. […]

Digitale Kompetenz
Informations- und Kommunikationstechnologien sind allgegenwärtig in der Lebens- und Arbeitswelt. Grundkenntnisse in der Nutzung von rechner- und internetgestützten Anwendungen sind unverzichtbar. Ebenso wichtig ist ein reflektierter und kritischer Umgang mit moderner Technik und Neuen Medien.

Politik und Kultur
Man sollte in Grundzügen vertraut sein mit den wichtigen Etappen der Geschichte Europas und der Welt, relevanten sozialen und politischen Konzepten wie Demokratie, Gerechtigkeit, Gleichberechtigung, Staatsbürgerschaft und Bürgerrechten, aber auch den großen Religionen und Weltanschauungen.

II. Persönliche Kompetenzen

Lern- und Leistungsbereitschaft
Die Arbeitswelt befindet sich im ständigen Wandel. Lern- und Leistungsbereitschaft sind Grundbedingungen für Erfolg in Ausbildung und Berufsleben, ebenso wie Interesse und Lust am Neuen. Dabei ist Lernen ein lebenslanger Prozess und erfordert von jedem auch die Fähigkeit, das Lernen selbst nach eigenen Ansprüchen zu organisieren.

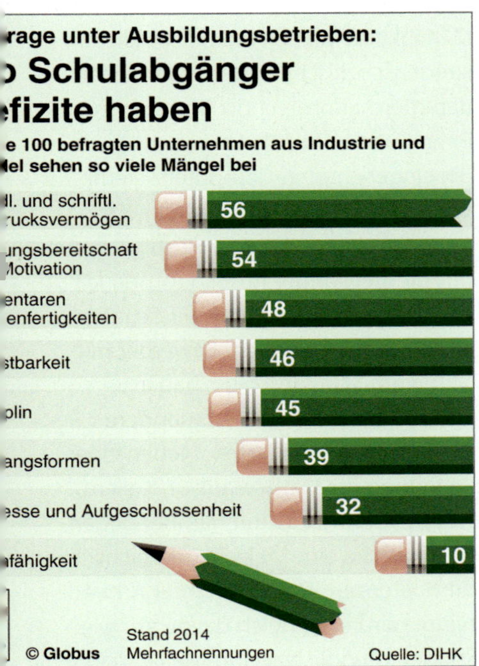

Frustrationstoleranz und Belastbarkeit
Misserfolge gehören auch zu einem erfolgreichen Berufsleben. Mit Belastungen und Enttäuschungen umzugehen und diese auszuhalten, will gelernt sein. Wichtig ist, gerade bei Misserfolgen, dass man trotzdem dranbleibt und lernt. […]

Qualitätsbewusstsein
Ein Bewusstsein für die Qualität der eigenen Arbeit ist Bedingung für Erfolg in Ausbildung und Beruf. Sorgfalt, Gewissenhaftigkeit und Konzentration sorgen für hochwertige Arbeitsergebnisse. […]

III. Soziale Kompetenzen

Teamfähigkeit und Zuverlässigkeit
Der Erfolg eines Unternehmens hängt immer auch von der Zusammenarbeit der Mitarbeiterinnen und Mitarbeiter ab. Die Unternehmensziele können erreicht werden, wenn jeder Einzelne dazu beiträgt, Informationen auszutauschen, Erfahrungen weiterzugeben und Verbesserungsvorschläge zu machen. […]

Konflikt- und Kritikfähigkeit
Unterschiedliche Meinungen, Haltungen und Ansichten können zu Differenzen führen. Sie sollten jedoch sachlich und konstruktiv bewältigt werden. Das setzt Kommunikations- und Argumentationsvermögen ebenso voraus wie die Fähigkeit, mit Veränderungen und neuen Herausforderungen angemessen umgehen zu können. […]

Höflichkeit und Freundlichkeit
Umgangsformen, das heißt wertschätzender und aufmerksamer Umgang mit der Kundschaft, den Kolleginnen und Kollegen sowie den Geschäftspartnern, sind die persönliche Visitenkarte im Berufsleben. Wer freundlich ist, hat schneller und leichter Erfolg. […]

Toleranz
Für ein offenes und angenehmes Miteinander von Menschen ist es wichtig, auch Meinungen und Ansichten gelten zu lassen, die von der eigenen Anschauung abweichen. Andere Haltungen respektieren zu können, die dem demokratischen Wertesystem entstammen, ist für das Berufsleben in einer globalen Wirtschaft notwendig.

(Aus: IHK NRW: Was erwartet die Wirtschaft von Schulabgängern? [gekürzt], verfasst am 15.08.2011. Den vollständigen Text findet ihr im Internet unter www.startindenberuf.de; letzter Zugriff: 01.08.2015)

1. Welche Kompetenzen werden erwartet? Sammelt und visualisiert sie in Form einer Mindmap oder einer Tabelle, sodass ihr diese beim Ergebnisvortrag benutzen könnt.
2. Welche der Anforderungen erscheinen euch als besonders wichtig und wertvoll, welche weniger?
3. Notiere die Gedanken, die das Schaubild über die beklagten Defizite in dir auslöst.
4. Sind die Anforderungen der Wirtschaft an Auszubildende vernünftig oder sind sie übertrieben? Verfasst zu dieser Frage eine Stellungnahme.

D Rollenspiel: Welche Azubis würdet ihr einstellen?

Cajan Haloumi, 18 Jahre

Schulabschluss	Abitur (Durchschnitt 1,7)
Zeugnisnoten (Punkte); Bemerkungen	Mathematik 14; Deutsch 12; Englisch 7; *„hat mit gutem Erfolg im Schulorchester mitgespielt und war im Bereich des Schulsanitätsdienstes tätig"*
Praktika	zweiwöchiges Praktikum in einer Spedition plus zwei freiwillige Praktika in einer Kita in den Schulferien
Bewerbungs-unterlagen	sehr ordentlich und übersichtlich; überzeugende Begründung der Bewerbung
Vorstellungs-gespräch	gut über die Firma informiert, freundlich, sehr zurückhaltend; gutes Englisch, Türkisch und Kenntnisse in Spanisch
Testergebnis PC	behob Programmierungsfehler selbstständig, arbeitete konzentriert, erbat zweimal zusätzliche Informationen
Testergebnis Rollenspiel	gutes Benehmen, spricht zu wenig, reagiert eher hilflos auf schwieriges Kundenverhalten

Janosch Kaminsky, 21 Jahre

Schulabschluss	Abitur (Durchschnitt 3,0) plus 2 Semester Jura
Zeugnisnoten (Punkte); Bemerkungen	Mathematik 8; Deutsch 10; Englisch 9; keine
Praktika	1 Monat Praktikum in einem Software-unternehmen, 1 Monat in einem Anwalts-büro in Frankreich
Bewerbungs-unterlagen	optisch sehr anschauliche Unterlagenmappe, zweiseitige Begründung der Bewerbung (zu ausführlich)
Vorstellungs-gespräch	freundliches Auftreten, erklärt den Studienabbruch ehrlich, ist gut über die Firma informiert; spricht Englisch und Französisch
Testergebnis PC	durchschnittliche Computerhandhabung; betont, in Sachen IT-Kompetenz noch vieles lernen zu müssen,
Testergebnis Rollenspiel	geht auf die Menschen zu, kann Kunden überzeugen und für sich einnehmen

Ihr spielt ein Auswahlverfahren in einem Unternehmen der IT-Branche durch. Die Firma IT-Power-GmbH hat sich erstmalig dazu entschlossen, zwei Ausbildungsplätze als IT-System-Kauffrau/-Kaufmann zu besetzen. IT-Power hat sich in den zehn Jahren ihres Bestehens von einem Ein-Personen-Betrieb zu einem Unternehmen mit 28 Mitarbeiterinnen und Mitarbeitern entwickelt. Die Firma verkauft Systemlösungen in der Computertechnik und richtet sie ein, berät und betreut Kunden, führt Schulungen und Reparaturen durch. Vier Bewerbungen für die beiden Ausbildungsplätze gingen ein. Vorstellungsgespräche und ein Test wurden bereits durchgeführt. Der Test bestand aus zwei Teilen: Aufgabenlösungen am PC, Durchführung eines Kundenberatungsgesprächs in einem Rollenspiel.

Was wird von einer Kauffrau/einem Kaufmann für IT-Technik erwartet?

IT- Kaufleute planen und verwirklichen kundenspezifische Systemlösungen in der Informationstechnik und stehen ihren Kunden für alle Fragen rund um die eingerichteten Computersysteme zur Verfügung. IT-System-Kauffrau/-Kaufmann ist ein anerkannter Ausbildungsberuf mit dreijähriger Ausbildungsdauer. Rechtlich ist kein bestimmter Schulabschluss vorgeschrieben. Bewerber mit Mittlerem Schulabschluss haben Chancen, wenn sie eine besondere Eignung erkennen lassen. Neben einer Begabung für Mathematik und allem, was mit Technik zu tun hat, benötigen IT- Kaufleute eine Vielzahl überfachlicher Kompetenzen. Der Erfolg ihrer Arbeit hängt ganz wesentlich davon ab, wie kundenfreundlich sie ihre vielfältigen

Dienstleistungen gestalten können. Gute Englischkenntnisse sind unverzichtbar.

So könnt ihr vorgehen:

Die Methode für dieses Lernspiel ist ein Gruppenmixverfahren. Dabei werden innerhalb der Unterrichtsstunde die Arbeitsgruppen zweimal neu gebildet.

1. Jeder trifft seine Vorentscheidung
Vergleicht die Anforderungen an IT-System-Kaufleute mit dem, was die Bewerberinnen und Bewerber anzubieten haben. Trefft eure persönliche Vorentscheidung und fertigt Stichworte für die Begründung an.

2. Beratung in der ersten Arbeitsgruppe
Bildet Gruppen, wobei jede Gruppe aus Mitarbeiterinnen und Mitarbeitern der Firma IT-Power-GmbH besteht. Stellt der Reihe nach eure Vorentscheidungen vor. Diskutiert eure Auswahl und trefft nach einer zuvor vereinbarten Zeit eine Entscheidung nach dem Mehrheitsprinzip. Jedes Gruppenmitglied erhält nun einen farbigen Punkt oder eine Zahl.

3. Beratung in der zweiten Arbeitsgruppe
Gruppenmitglieder mit dem gleichen farbigen Punkt (oder mit gleicher Zahl) setzen sich nun in neuen Gruppen zusammen. Zunächst stellen alle Teilnehmer vor, wofür sich die erste Gruppe entschieden hat. Anschließend wird erneut diskutiert und abgestimmt.

4. Entscheidung
Sprecherinnen und Sprecher aus den zweiten Arbeitsgruppen stellen die letzte Mehrheitsentscheidung vor. Eingestellt werden die Bewerberinnen und Bewerber, die die meisten Gruppenentscheidungen in den Zweitgruppen erhalten haben.

5. Auswertung
Sprecht nach dem Spiel gemeinsam darüber, welche Erkenntnisse ihr daraus für eure eigene Berufswegplanung ableiten könnt.

Cedric Flesch, 17 Jahre

Schulabschluss	Abitur (Durchschnitt 2,6)
Zeugnisnoten (Punkte); Bemerkungen	Mathematik 14; Deutsch 11; Englisch 7; *„hat mitunter Leitungsaufgaben in einer Informatik-AG übernommen"*
Praktika	keine Praktikumsnachweise
Bewerbungsunterlagen	wirken nachlässig zusammengestellt, Begründung der Bewerbung fällt sehr kurz aus
Vorstellungsgespräch	ist wenig über die Firma informiert, zeigt hohes Spezialwissen in Informationstechnologie, nachlässige Kleidung (Shorts), Defizite in Englisch
Testergebnis PC	meistert alle Übungen; findet Fehler, kennt zahlreiche Programme
Testergebnis Rollenspiel	selbstbewusstes Auftreten, drückt sich fachlich richtig, aber kompliziert aus, wirkt sehr selbstbewusst

Sarah Markwort, 18 Jahre

Schulabschluss	Gymnasium, bis zur Versetzung in Jahrgangsstufe 11
Zeugnisnoten (Punkte); Bemerkungen	Mathematik 13; Deutsch 6; Englisch 7; *„hat sich als Klassensprecherin engagiert für die Mitgestaltung des Schullebens eingesetzt"*
Praktika	freiwilliges soziales Jahr beim Roten Kreuz
Bewerbungsunterlagen	ordentlich, aber mehrere Rechtschreibfehler, Passfoto musste nachgereicht werden
Vorstellungsgespräch	zeigt sich ausführlich über die Firma informiert, drückt sich mündlich sehr gut aus, Kleidung im Freizeitlook
Testergebnis PC	geschickt und schnell am PC, zeigt, dass sie in ihrem sozialen Jahr viel über IT-Technik gelernt hat
Testergebnis Rollenspiel	sehr natürliches, teilweise forsches Auftreten, freundlich lächelnd, übernimmt schnell die Führung in einem Gespräch

S M U H

E Welche interessanten Berufe gibt es außer denen, die wir alle kennen?

Anwalt, Arzt, Lehrer, Industriekauffrau/-kaufmann – diese Berufe kennen alle. Es gibt aber viele andere, die oft deshalb selten in die engere Wahl kommen, weil sie kaum bekannt sind. Sich weniger bekannte Berufe anzuschauen, kann doppelt lohnend sein. Vielleicht findet ihr so ein berufliches Ziel, an das ihr bisher noch gar nicht gedacht habt. Vielleicht entdeckt ihr an den Nischenberufen etwas, was besonders gut zu euren individuellen Wünschen und Talenten passt.

Euer Auftrag:

1. Geht die Liste durch. Notiert die Nummern all derer, die euch bereits jetzt bekannt sind.
2. Vergleicht eure Listen zu zweit.
3. Sucht einen, zwei oder mehrere der noch unbekannten Berufe aus, über die ihr gerne mehr erfahren würdet.
4. Recherchiert im Internet. Bildet Gruppen, in denen ihr euch gegenseitig die Ergebnisse eurer Recherchen über ausgewählte Berufe vorstellt.

A

1. Agraringenieurin/Agraringenieur
2. Anlagemechanikerin/-mechaniker für Sanitär-, Heizungs- und Klimatechnik
3. Aufbereitungsmechanikerin/-mechaniker
4. Auslandskorrespondentin/-korrespondent
5. Automatenfachfrau/-mann

B

6. Baustoffprüferin/-prüfer
7. Behindertenpädagogin/-pädagoge
8. Biologielaborantin/-laborant
9. Biophysikerin/Biophysiker
10. Brauerin und Mälzerin/Brauer und Mälzer

C

11. Chemikantin/Chemikant
12. Chirurgiemechanikerin/-mechaniker
13. Computeranimationsdesignerin/-designer

D

14. Datenbankentwicklerin/-entwickler
15. Dekorvorlagenherstellerin/-hersteller
16. Drechslerin/Drechsler
17. Drogistin/Drogist

E

18. Edelsteinfasserin/Edelsteinfasser
19. Elektroanlagenmonteurin/-monteur
20. Elektronikerin/Elektroniker für luftfahrttechnische Systeme
21. Ergotherapeutin/-therapeut

F

22. Fachangestellte/-angestellter für Medien und Informationsdienste
23. Fachkraft für Abwassertechnik
24. Fachfrau/Fachmann für Systemgastronomie
25. Fahrzeuginnenausstatterin/-innenausstatter
26. Finanzdienstleistungskauffrau/-kaufmann

G

27. Gebärdensprachdolmetscherin/-dolmetscher
28. Gestalterin/Gestalter für visuelles Marketing
29. Glasapparatebauerin/-bauer
30. Goldschmiedin/Goldschmied

H

31. Hauswirtschafterin/Hauswirtschafter
32. Hörgeräteakustikerin/-akustiker

I

33. IT-System-Kauffrau/-Kaufmann
34. Informations- und Telekommunikationselektronikerin/-elektroniker

J

35. Journalistin/Journalist
36. Justizfachangestellte/-angestellter

K

37. Klavierbauerin/Klavierbauer
38. Kauffrau/Kaufmann für Dialogmarketing
39. Kommunikationstechnikerin/-techniker

L

40. Landschaftsgärtnerin/-gärtner
41. Lebensmitteltechnikerin/-techniker
42. Logopädin/Logopäde
43. Luftverkehrskauffrau/-kaufmann

M

44. Maskenbildnerin/Maskenbildner
45. Mediengestalterin Digital und Print
46. Medizinproduktekauffrau/-kaufmann

N

47. Nahrungsmittelanalytikerin/-analytiker
48. Naturwerksteinmechanikerin/-mechaniker
49. Notarin/Notar

O

50. Orthopädiemechanikerin/-mechaniker
51. Orthopädieschuhmacherin/-schuhmacher
52. Osteopathin/Osteopath

P

53. Pferdewirtin/Pferdewirt
54. Papiertechnologin/-technologe
55. Physiklaborantin/Physiklaborant

Q

56. Qualitätssicherungstechnikerin/-techniker

R

57. Raumausstatterin/Raumausstatter
58. Rechtspflegerin/Rechtspfleger
59. Reiseverkehrskauffrau/-kaufmann

S

60. Sattlerin/Sattler
61. Sport- und Fitnesskauffrau/-kaufmann
62. Systeminformatikerin/-informatiker

T

63. Technische Produktionsdesignerin/-designer
64. Trockenbaumonteurin/-monteur
65. Tontechnikerin/Tontechniker

V

66. Veranstaltungskauffrau/-kaufmann
67. Vermessungstechnikerin/-techniker
68. Verwaltungsfachangestellte/-angestellter

W

69. Wasserbauerin/Wasserbauer
70. Werbegestalterin/Werbegestalter
71. Werkstoffprüferin/Werkstoffprüfer
72. Wirtschaftsinformatikerin/-informatiker

Z

73. Zahntechnikerin/Zahntechniker
74. Zoologin/Zoologe
75. Zweiradmechanikerin/-mechaniker

Erklärungen und weitere Berufe findet ihr zum Beispiel unter www.alleberufe.de und www.ausbildung.de.

Auf dem Weg zur Berufswahl

Station 1 Schule und was dann?

Schule und was dann?

3 + 3 + 3

Übernimm die folgende Übersicht in deine Arbeitsmappe und vervollständige sie.

Was tun nach dem Mittleren Schulabschluss?

→ **3** Gründe für eine anschließende Berufsausbildung

→ **3** Gründe für das Abitur

→ **3** mögliche Ausbildungswege

Station 3 Wie können wir planvoll vorgehen?

Interview verkehrt!

Stelle dir vor, du arbeitest als Berufsberaterin oder als Berufsberater bei der Arbeitsagentur und wirst von Schülern besucht und interviewt. Wie fallen deine Antworten aus?

- Können Sie uns zwei Möglichkeiten nennen, wie die Arbeitsagentur bei der Suche nach einem Ausbildungsplatz helfen kann?
- Was sollen Schülerinnen und Schüler als Erstes tun, wenn sie anfangen, über ihren Berufswunsch nachzudenken?
- Halten Sie freiwillige Ferienpraktika für sinnvoll oder nicht?

Station 2 Worauf kommt es in einem Betriebspraktikum an?

Suche 5 Begriffe aus der Liste aus und verwende sie als Schlüsselwörter für deinen Text über die Bedeutung des Betriebspraktikums.

P Praxis erfahren, Persönlichkeitsentwicklung
R reinschnuppern, raus aus der Schule
A Arbeitswelt, Ausdauer
K Kompetenzentwicklung
T Teamfähigkeit, Telefonkontakt
I Interesse, Innenansicht von Betrieben
K Kritikfähigkeit
U Umdenken, untersuchen
M Mitmachen, Mut machen

Station 4 Was wird von Schulabgängern erwartet?

Jens möchte sich demnächst um einen Ausbildungsplatz bewerben. Was die Erwartungen von Ausbildungsbetrieben an die Qualifikationen von Azubis angeht, da hat Jens so seine ganz eigenen Vorstellungen. Überlege dir, wie du ihn überzeugen kannst, dass seine Denkweise falsch ist.

1. *„Englisch muss man können, wenn man in England arbeiten will, Ich will hier bleiben und hier arbeiten. Da braucht man keine Fremdsprachenkenntnisse im Berufsleben."*

Wie überzeugst du Jens vom Gegenteil ?

2. *„Locker bleiben bei der Arbeit, das ist heutzutage besonders wichtig. Die Betriebe wollen mittlerweile coole junge Leute haben. Da kann man auch mal einen Tag fehlen oder zu spät kommen."*

?

Medien und Politik

4

Fotografen, Journalisten und Politiker
auf der Bundespressekonferenz in Berlin

Wie wichtig sind die Medien für uns und die Demokratie?

1. Allein nachdenken

Was sagt das Foto deiner Ansicht nach aus über die Beziehung zwischen Medien und Politik?

2. Zu zweit beraten

An welche Neuigkeiten, die ihr in den vergangenen Wochen aus den Medien erfahren habt, könnt ihr euch noch gut erinnern?

3. In der Klasse sammeln

Was sind Themen, bei denen in der Bevölkerung ein großes Interesse an Berichterstattung durch die Medien besteht?

Im Verlauf dieses Kapitels könnt ihr …

- euch gegenseitig über euren Umgang mit Medien interviewen,
- die Aufgaben der Medien in der Demokratie beschreiben,
- Chancen, Grenzen und Gefahren für die Pressefreiheit ermitteln,
- über den Einfluss der Medien auf die Meinungsbildung diskutieren.

Eigene Schwerpunkte könnt ihr setzen, indem ihr …

- Videofilme aus YouTube zielgerichtet analysiert,
- an einem konkreten Fall darüber entscheidet, ob die Medien darüber berichten sollen oder nicht,
- Regeln für einen verantwortungsvollen Umgang mit Meinungsäußerungen im Internet formuliert.

1 Welchen Einfluss haben die Medien auf unsere Meinungsbildung?

Wir befragen uns gegenseitig

Ist die aktuelle Politik der Bundesregierung sozial gerecht? Sorgt der Staat hinreichend für die Sicherheit seiner Bürger? Sind die geplanten Maßnahmen für den Umweltschutz sinnvoll?
Über solche und über viele andere Fragen aus dem Bereich der Politik möchten sich die meisten Menschen ihre eigene Meinung bilden.
Welche Rolle spielen die Medien dabei? Wie sehr sind unsere Meinungen und Einstellungen über Probleme in der Politik durch die Medien gelenkt? Um diesen und weiteren Fragen auf die Spur zu kommen, schlagen wir vor, dass ihr euch gegenseitig interviewt und dann gemeinsam über die Bedeutung der Medien für die Information und Meinungsbildung sprecht.

A Partnerinterview

Ein Interview ist ein Gespräch, das zur Veröffentlichung gedacht ist. Als Interviewer muss man darauf achten, nur Fragen zu stellen, die die Privatsphäre des Interviewten nicht verletzen. Als Befragte(r) sollte man die Antworten so formulieren, dass man mit deren Vorstellung in der Klasse einverstanden sein kann.

1. Internet, Fernsehen, Radio, Zeitungen und Zeitschriften – welche dieser Medien sind für dich die wichtigsten?
2. Wie oft am Tag oder in der Woche nutzt du die Medien, um dich über das aktuelle Tagesgeschehen zu informieren?
3. Welche Arten von Neuigkeiten, die man aus den Medien erfährt, interessieren dich besonders?
4. Wie sehr sind deiner Ansicht nach Jugendliche an politischer Information interessiert?
5. Glaubst du, dass Smartphones oder Tablets genügend Angebote enthalten, um sich über das Weltgeschehen auf dem Laufenden zu halten, oder braucht man dazu weitere Medien?
6. Nutzt du Videos bei YouTube, um dich über aktuelle Themen aus Politik und Wirtschaft zu informieren? Wenn ja, wie oft?
7. Wer hat den höchsten Einfluss auf deine Meinungsbildung über die aktuellen Probleme in der Welt: deine Eltern, Freunde und Bekannte, die Schule, die Medien?

So könnt ihr beim Partnerinterview vorgehen:

- Wählt aus den Fragen bis zu 5 aus, die ihr eurem Interviewpartner stellen werdet.
- Überlegt euch die eine oder andere Frage, die euch zusätzlich interessiert.
- Teilt die Klasse auf in Interviewer und Interviewte.
- Stellt die Fragen und macht euch Notizen über die Antworten.
- Tauscht dann die Rollen.
- Besprecht eure Antworten in den Partnerschaften, bevor ihr in einem Klassengespräch darüber berichtet.

B Medien und Meinungsbildung: Einfluss umstritten

Hoffnungen

Nach der Schule sind Medien die wichtigste Quelle für lebenslanges Lernen und für politische Bildung. […] Welche Befugnisse der Bundespräsident laut Grundgesetz hat, lernt man in der Schule. Welche Rolle er tatsächlich spielt, versteht man erst durch die Beobachtung des täglichen Geschehens, also durch Mediennutzung. Besonders das Internet gilt als großer Hoffnungsträger. Man müsse nur dafür sorgen, so die Annahme, dass alle Menschen Anschluss ans Internet haben. Dann führt die allgegenwärtige Verfügbarkeit von Informationen zu einem Wissens- und Bildungsschub, der die Leistungsfähigkeit unserer Volkswirtschaft erhöht und die Demokratie fördert. […]

Bedingungen

Diese Hoffnungen erfüllen sich unter zwei Bedingungen: Die Bürger brauchen die nötige Medienkompetenz, sie müssen also wissen, in welchen Medien sie welche Informationen finden, und sie müssen sich zumindest ansatzweise für politische und gesellschaftliche Themen interessieren. Ansonsten entsteht eine Negativ-Spirale: Je weniger die Menschen politische Abläufe verstehen, desto politikverdrossener sind sie.
Durch ihre Berichterstattung vermitteln die Medien einen Eindruck davon, welche politischen und gesellschaftlichen Themen aktuell von Bedeutung sind. Damit beeinflussen sie, welche Themen die Menschen wichtig finden […]. Das Wissen der Bevölkerung um relevante Themen ist für die Demokratie unverzichtbar. Denn nur wenn die Bürger die aktuellen Problemlagen kennen, können sie auch diejenigen Parteien wählen, denen sie die Lösung dieser Probleme am ehesten zutrauen.

(Aus: Eva Baumann, Katrin Keller, Marcus Maurer, Thorsten Quandt, Wolfgang Schweiger: Wie Medien genutzt werden und was sie bewirken; Artikel vom 08.06.2011, hg. von der Bundeszentrale für politische Bildung, www.bpb.de; Zugriff: 10.01.2016)

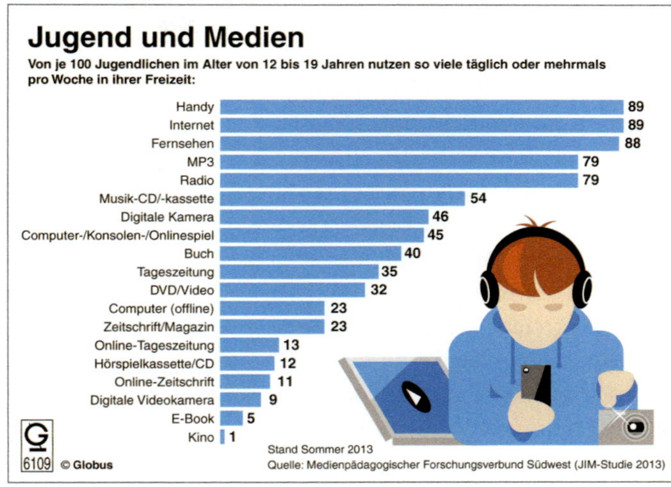

Sind wir kritisch genug?

Kritiker sprechen von der „Allmacht der Medien“ über unsere Meinungsbildung. Politiker können die Bereitschaft der Menschen, alles für wahr zu halten, was sie sehen, hören, lesen, ausnutzen, um Wählerstimmen zu bekommen. Dazu gehört natürlich, dass versucht wird, die Journalisten zu positiven Berichten zu bewegen.
Unsinn, widersprechen andere. Die Leute sind kritisch genug. Sie wissen genau, was wahr und was unwahr ist. Sie erkennen Lügen, falsche Aussagen und leere Versprechen der Politik. Gerade die Vielfalt der Medien, die zahlreichen unterschiedlichen Beiträge in Fernsehen, Rundfunk, Presse und Internet helfen ihnen, sich ein eigenes Urteil zu bilden, sich ein Bild darüber zu machen, was die Regierung vorhat, was die Opposition will, welche Politiker Ahnung haben und welche nicht. Die Diskussion oder das Für und Wider über Segen und Fluch der Massenmedien hält an.

(Aus: Gerd Schneider: Politik, Arena Verlag, Würzburg 2008, S. 73 f.)

1 Im ersten Text ist von Hoffnungen und von Medienkompetenz die Rede. Erkläre, was damit gemeint ist.

2 Beide Texte enthalten mehrere Meinungsäußerungen zur Bedeutung der Medien. Finde und nenne mindestens drei.

3 Worin siehst du die Bedeutung der Medien für dein Wissen über Politik und für deine persönliche Meinungsbildung? Verfasse dazu eine Stellungnahme.

C Wie wichtig ist YouTube als Informationsquelle über Politik?

Alleine zwei Millionen Abonnenten kann der bekannteste deutsche Newsmoderator im Netz, LeFloid, vorweisen und erreicht mit seinem Newsformat LeNews nicht selten mehr als eine Million Zuschauer. Damit gehört der Berliner und Preisträger des Grimme Online Awards zu den erfolgeichsten YouTubern in Deutschland und erreicht mit seinen LeNews die Jugendlichen wie keine zweite Nachrichtensendung. Mit jeder Menge Action, Humor und Schnelligkeit springt Florian Mundt, wie LeFloid bürgerlich heißt, in seiner Newssendung von einem Thema zum nächsten. […]
Thematisch spricht Mundt weitgehend wichtige Nachrichten an, die auch in der Tagesschau behandelt werden. […]
Seine eigene Meinung ist dabei elementarer Bestandteil seiner Sendung und so macht er offen deutlich, was er über den Klimawandel oder bestimmte Politiker denkt. […]
Auch wenn Mundt mit seinem Format LeNews eine Reichweite hat wie kein zweiter Nachrichtenmacher im Internet, ist er nicht der Einzige, der Nachrichten über das Internet publiziert. Mittlerweile gibt es in Deutschland sogar einen professionell produzierten Nachrichtenkanal, bei dem, vergleichbar mit der Tagesschau, täglich die wichtigsten News und Informationen aus der ganzen Welt präsentiert werden. Was geht ab!? nennt sich dieser, hinter dem das größte deutsche Multi-Channel-Netzwerk Mediakraft steckt. […]

(Aus: Lukas Menzel: YouTube – Die „Tagesthemen" für Jugendliche, Artikel vom 09.10.2014, in: www.netzpiloten.de; Zugriff: 10.11.2015)

YouTube im Urteil von Jugendlichen

Die Autorinnen und Autoren von TEAM legten die Frage auf dieser Seite Schülerinnen und Schülern aus mehreren Klassen vor. Hier einige Ausschnitte und eine kurze Zusammenfassung der Antworten:

„YouTube ist meine bevorzugte Plattform und ich informiere mich sehr oft damit über das Geschehen in der Welt. Ich mag es, wenn in den Videos mal auf lustige und mal auf ernste Art über die Probleme in der Welt geredet wird."
Janis J., 16 Jahre

„Ich informiere mich gerne mit YouTube über Aktuelles in der Welt. Man erfährt dort fast alles. Ich gucke aber auch die Tagesschau und lese gerne Zeitung." Anna R., 14 Jahre

„Manche YouTuber, wie zum Beispiel LeFloid, machen auch Nachrichten. Mir gefällt, dass sie in jugendlichem Deutsch gesprochen werden." Jason J., 15 Jahre

„Ich bevorzuge das Fernsehen, weil es dort jede Stunde die neuesten Nachrichten gibt. Bei YouTube oder auch bei Facebook bin ich mir nicht sicher, ob die Informationen immer stimmen." Theresa S., 16 Jahre

Häufig genannte Pro- und Kontra-Gründe über Internetportale als Informationsquelle

Kontra:
- Es genügt nicht, sich über YouTube zu informieren.
- Man guckt diese Videos nur so nebenbei.
- Man wird in seiner Meinung einseitig beeinflusst.
- Man kann nicht sicher sein, ob die Informationen stimmen.

Pro:
- Nachrichten werden unterhaltsam angeboten.
- Man kann sie mehrfach anschauen.
- Man kann selbst aktiv werden, z. B. Kommentare abgeben, eigene Beiträge machen.
- Die Sprecherinnen und Sprecher wenden sich gezielt an uns Jugendliche.

1 Worauf führt der Autor Lukas Menzel den Erfolg von LeFloid zurück? Fasse die Aussagen dazu zusammen.

2 Wie fällt deine Antwort auf die Themenfrage über dieser Seite aus? Formuliere sie und vergleiche mit anderen.

Methodenkarte 7

S
M
U
H

Videoanalyse

Thema: Videos in YouTube als Informationsquelle

Worum geht es?

Videoformate im Internet werden immer häufiger zur Informationsquelle für jugendliche Internetnutzer. Sie heißen zum Beispiel „LeNews", „Flash", „poliWhat?", „MrWissen2go", „Was geht ab?" usw. Gemeinsam ist allen, dass darin Sprecherinnen oder Sprecher auftreten, die etwas zum Thema sagen, Interviews führen, Zusammenhänge erläutern und oft auch Meinungen äußern.

- Wie hilfreich sind die Informationen, die darin verbreitet werden?
- Wie stark wird die Urteilsbildung durch diese Medienformate gelenkt?

Um diesen Fragen forschend auf die Spur zu kommen, solltet ihr die Methode einer gezielten Videoanalyse anwenden.

Verwenden könnt ihr dazu einen YouTube-Beitrag eurer Wahl zu einem Thema aus Politik und Wirtschaft aus einem der Videoformate, die sich an euch Jugendliche richten. Die Auswahl solltet ihr vor dem Analysebeginn in der Klasse absprechen.

Wie macht man das?

Eine Analyse ist eine genaue Untersuchung, bei der man nach einem vorgegebenen Plan und nach genau definierten Kriterien vorgeht. Ihr müsst dazu den Beitrag, den ihr ausgewählt habt, zweimal anschauen. Die Videoanalyse kann in Teams durchgeführt werden. Der Vorteil von Internetpräsentationen besteht darin, dass man sie mehrfach anschauen und immer wieder unterbrechen kann. Mehrere Teams in der Klasse können sich mit unterschiedlichen Beiträgen auseinandersetzen.

Ablaufplan

Auf dem Protokollbogen zu vermerken: Thema des ausgewählten Beitrags, Quelle bzw. Hersteller, Beitragslänge, Datum der Veröffentlichung.

1. **Erste Sichtung – vollständiger Durchlauf des Videos**
2. **Sammlung spontaner Bewertungen im Team**
3. **Zweite Sichtung – mit Unterbrechungen und Protokollierung der Beobachtungen:**
   - Welche Informationen zum Thema werden vermittelt?
   - Welche Meinungsäußerungen werden gemacht?
   - An welchen Stellen fordert der Beitrag die Zuschauer zu Reaktionen oder zum Mitmachen auf?
4. **Kriterienorientierte Bewertung des Beitrags**
   - **Informationsgehalt:** Enthält der Beitrag Informationen, aus denen man etwas lernen kann? Werden Sachaussagen und Werturteile vermischt oder klar voneinander getrennt?
   - **Information/Manipulation:** Regt der Beitrag zur eigenen Urteilsbildung an oder wird versucht, unsere Meinungen in eine bestimmte Richtung zu lenken?
   - **Wertorientierung:** Ist der Beitrag geeignet, demokratisches Verhalten zu stärken?
   - **Unterhaltungswert/Originalität:** Kann der Beitrag anderen Jugendlichen zum Anschauen empfohlen werden?
5. **Ergebnispräsentation**
   - Vorstellung des Beitrags vor Publikum
   - Präsentation der Analyseergebnisse
   - Einladung des Publikums zur Diskussion

D Haben die Medien zu viel Macht?

Schon mehrfach mussten Politiker ihren Rücktritt erklären, nachdem die Medien über sie berichtet hatten, so auch der ehemalige Verteidigungsminister zu Guttenberg. Die Medien hatten Verfehlungen in seiner Doktorarbeit aufgedeckt.

Die Medien und ihre große Verantwortung

Die Medien selbst sehen sich gerne als die Garanten der Demokratie, da sie gegenüber Staat und Gesellschaft eine wichtige Kritik- und Kontrollfunktion ausüben. Sie sind in der Lage, Hintergründe aufzuklären und Skandale aufzudecken, sie kritisieren die Machenschaften von Politikern und Wirtschaftsbossen, aber auch von Institutionen wie Schule und Kirche und sogar die des „kleinen Mannes“, wenn es etwa um Schwarzarbeit oder Sozialbetrug geht. Man spricht den Medien daher zu, die vierte Gewalt im Staate zu verkörpern, neben der gesetzgebenden, vollziehenden und rechtsprechenden Gewalt. […] Der Begriff „Mediendemokratie“ spiegelt die Tatsache wider, dass es allgemein immer mehr Medien gibt, aus denen die Bürger und Bürgerinnen praktisch alle Informationen zum politischen Geschehen beziehen. […] Jeder wichtige Politiker, jede Partei sowieso, hat einen PR-Profi an seiner Seite für eine öffentlichkeitswirksame Medieninszenierung.

[…]

Der Fall Wulff
Hat die Macht der Medien zu seinem Rücktritt geführt?

Bundespräsident Christian Wulff musste im Februar 2012 zurücktreten, nachdem in der Presse von immer wieder neuen Affären berichtet wurde. Unter anderem habe er sich besondere Vorteile bei der Finanzierung seines privaten Wohnhauses verschafft und sich von Wirtschaftsvertretern Hotelrechnungen bezahlen lassen. Wochenlang beherrschten immer wieder neue Vorwürfe die Berichterstattung in den Medien. Wulff trat zurück, obwohl ihm zur Zeit des Rücktritts kein strafwürdiges Vergehen nachgewiesen worden war. Im Februar 2014 sprach ein Gericht ihn von allen Vorwürfen frei.

Aus einem Interview mit dem Medienforscher Lutz Hachmeister:

Frage: Haben die Medien in Deutschland überhaupt die Macht, einen Politiker zu Fall zu bringen?

Hachmeister: Ja, sicher. […] Wenn man einen Politiker zu Fall bringen will, muss er allerdings bestimmte strategische Schwächen zeigen und sich zu Fall bringen lassen. Außerdem muss der Affärencharakter für die Bevölkerung so eindeutig sein, also Normen und Regeln müssen so stark verletzt werden, dass ein Meinungsklima entsteht, in dem sich am Schluss alle einig sind: Dieser Mann oder diese Frau muss gehen. Im Fall von Christian Wulff war das so. Interessant war, dass die meisten Deutschen die Vorwürfe gegen ihn anfangs läppisch fanden und dafür waren, dass er im Amt bleibt. […] Das hat sich komplett gedreht. *Bild* hat dabei eine große Rolle gespielt, aber auch andere Medien wie die *Frankfurter Allgemeine Zeitung* und *Spiegel Online*. Das ist übrigens ein dritter Faktor: Allein schafft es ein Blatt nicht. Auch nicht *Bild*. Um eine hochrangige Person der Öffentlichkeit zu stürzen, müssen sich führende Medien einig sein.

(Aus: Katja Hanke: Die Macht der Medien, Interview im Auftrag des Goethe-Instituts im Mai 2012, im Internet unter www.goethe.de; Zugriff: 01.09.2015)

Bestimmte Medien – überregionale Zeitungen, Fernsehen, Internet – erreichen ein großes Publikum.
Je mehr wir uns über sie informieren und uns von ihnen unterhalten lassen, desto mehr lassen wir uns von ihnen leiten. Eine medienunabhängige Meinungsbildung erscheint heute unrealistisch. Damit haben die Massenmedien eine große Verantwortung – und eine große Macht. Sie können eine Person oder einen Sachverhalt besonders positiv oder eben negativ erscheinen lassen, sie können aus dem Nichts heraus plötzlich eine große Aufmerksamkeit erzielen. Tun sie das einseitig, sind Massenmedien äußerst manipulativ. Geschickte „Meinungsmacher", sogenannte Lobbyisten, die bestimmte Interessen- oder Wirtschaftsverbände vertreten, setzen alles daran, den Medien „ihre" Themen einzuflüstern. Sie verbreiten für ihr Anliegen vorteilhafte Umfrage- oder Untersuchungsergebnisse und versuchen im Gegenzug, unliebsame Gegenpositionen aus der Diskussion fernzuhalten.

(Aus: Kerstin Stoll: Medien und Politik, in: www.planet-schule.de; Zugriff: 10.01.2016, © SWF)

E TEAM kontrovers: Beherrschen die Medien die Meinungsbildung der Menschen?

Über diese Frage wird immer wieder in der Öffentlichkeit diskutiert. Dabei stehen sich oft gegensätzliche Positionen gegenüber.

S M U H

Nein, der Einfluss der Medien ist gering!

Ob man einen Star oder eine Band gut findet, ob einem eine Politikerin oder ein Politiker sympathisch sind oder nicht, ob man für oder gegen Atomkraft, für oder gegen die Aufnahme von Flüchtlingen ist, über alle diese Fragen bilden sich die meisten Menschen ihr eigenes Urteil, und das geschieht unabhängig von den Medien. Wenn ein Politiker oder ein Wirtschaftsboss von seinem Amt zurücktreten muss, so tut er das nicht wegen der Berichterstattung in den Medien, sondern wegen seiner Handlungen. Würden die Medien über unsere Meinungen bestimmen, würden wir alle mit der gleichen Meinung herumlaufen. Das ist aber nicht der Fall. Medien liefern uns wichtige Informationen. Auf unsere Ansichten und unsere Urteilsbildung haben sie nur geringen Einfluss.

Ja, sie lenken unser Denken total!

Landen Sängerinnen, Sänger oder Bands ihren ersten großen Hit, werden sie von den Medien bejubelt, sind sie bekannt, werden sie zunehmend kritisiert. Das Schlimme daran: Das Publikum macht mit. Die Medien brauchen nur lange genug schlecht über eine Person des öffentlichen Lebens zu berichten, dann glaubt die Mehrheit der Berichterstattung und die Karriere der Person ist beendet. In den Zeitungs- und Fernsehredaktionen bestimmen die Redakteure darüber, welche Nachrichten wir zu lesen, zu hören und zu sehen bekommen und wie wir darüber zu denken haben. Medien können Politiker sympathisch präsentieren oder unsympathisch. Die Öffentlichkeit merkt oft gar nicht, wie sehr dadurch ihre Meinungsbildung gelenkt wird und wie sehr der Einfluss der Medien das Denken beherrscht.

1 In einem der Texte auf dieser Doppelseite ist von den Medien als „Garanten der Demokratie" die Rede. Fasse zusammen, wie das begründet wird.

2 Alleine nachdenken: Wie stark ist deine persönliche Meinungsbildung über das Ansehen von Politikern oder anderen prominenten Personen von dem bestimmt, was die Medien berichten: ziemlich stark, ein wenig, eher gar nicht?

3 Welche der beiden Positionen zum Thema Meinungsbildung durch Medien überzeugt dich mehr? Formuliere dazu deine Stellungnahme und bringe sie in eine Diskussion ein.

Was auch noch interessant sein kann:

- Regeln für einen verantwortlichen Umgang der Medien mit Informationen und Meinungen formulieren; das kann alleine und in Teams geschehen.

2 Wie frei sollen Medien berichten?

Die Bedeutung der Pressefreiheit begründen

Eine Einstiegsübung für alle:
Lies die folgende Geschichte und erkläre, warum dieser Traum ein Schreckenstraum ist.

A Eine Geschichte zum Nachdenken: Pressefreiheit verboten

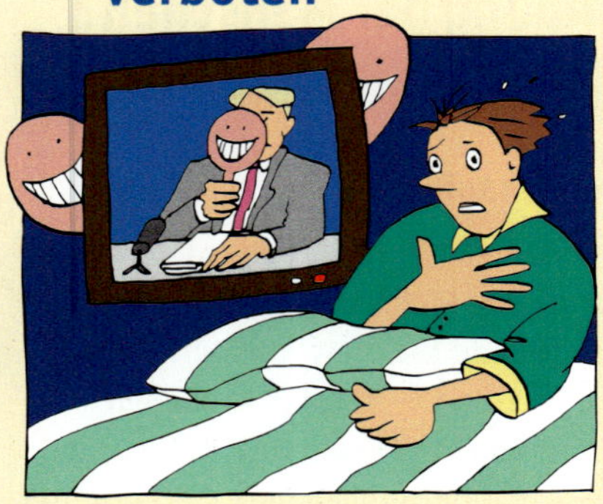

Ich hatte einen Traum. Er begann damit, dass ich in meiner Klasse saß und unser Direktor in Begleitung zweier Männer in Uniform hereinkam. Er verkündete, dass es uns Schülern ab sofort verboten sei, eine Schülerzeitung zu veröffentlichen. Jeder seiner Sätze wurde von den Uniformierten mit strenger Miene überwacht. Dann teilte einer der Männer mit, dass die Regierung es ab sofort als ihre Pflicht ansähe, alle Massenmedien strengstens zu kontrollieren, damit das Volk nicht in unverantwortlicher Weise staatsgefährdenden Äußerungen ausgesetzt sei. Schüler sollten wieder lernen, statt mit frechen und unreifen Texten die staatliche Bildungspolitik zu kritisieren. Dies gelte im Übrigen für alle Medien, Fernsehen, Radio, Zeitungen, Internet. Ihre vornehmste Aufgabe bestünde nun darin, die erfolgreiche Politik der Regierung positiv zu würdigen.
Auf dem Nachhauseweg sah ich an einem Kiosk, dass die Tageszeitungen erschienen waren. Allerdings: Von allen Aufmacherseiten schlug mir die gleiche Schlagzeile entgegen:
Redaktion verstaatlicht. Regierung übernimmt die Pflicht zur Unterrichtung der Bevölkerung.
Einigermaßen beruhigt war ich für kurze Zeit, als ich ins Internet ging. Allerdings nur so lange, bis ein Warnhinweis eingeblendet wurde, in dem zu lesen stand, dass sich die Regierung gezwungen sehe, den Zugang zu allen missliebigen Internetseiten unter Androhung von Strafe zu verbieten. Man werde eine Kommission zur Löschung von Internetseiten einrichten. Als in den Fernsehnachrichten und im Radio verkündet wurde, dass es der Regierung gelungen sei, eine Gruppe von Journalisten wegen ihrer staatsgefährdenden Artikel zu inhaftieren, wurde ich schweißgebadet wach.

B Wie steht es in der Wirklichkeit um Pressefreiheit?

Die Nichtregierungsorganisation Freedom House mit Sitz in Washington untersucht in regelmäßigen Abständen die Lage der Pressefreiheit in cirka 180 Ländern. Beurteilungskriterien sind dabei die Unabhängigkeit der Medien von staatlicher Zensur, die Medienvielfalt und die Anzahl gewalttätiger Übergriffe auf Journalisten. 2013 kam Freedom House zu folgendem Ergebnis:
Nur etwa ein Drittel aller Staaten der Erde (32 Prozent) verfügt über eine freie Medienberichterstattung. Der Großteil aller Staaten wird von der Organisation Freedom House als nur teilweise frei (35 Prozent) oder unfrei (33 Prozent) eingestuft. Beim Blick auf die Weltbevölkerung sieht die Lage noch bedrückender aus: Nur 14 Prozent (rund eine Milliarde Menschen) leben in Ländern mit als frei einzustufender Presse, 42 Prozent (rund drei Milliarden Menschen) in Staaten mit teilweise freier Medienberichterstattung und der größte Teil mit 44 Prozent (rund 3,1 Milliarden Menschen) in Ländern mit unfreier Presse.

(Aus: Globus, dpa-Infografik Hamburg, Text zum Schaubild 6452; Stand 2013)

1 Ist der Traum völlig unrealistisch oder hat er etwas mit der Wirklichkeit zu tun? Vergleiche dazu die beiden Texte.

C „Vierte Gewalt“ und „Wachhunde“ der Demokratie

Das Funktionieren einer Demokratie, in der alle Staatsgewalt vom Volke ausgeht (Art. 20 Abs. 2 GG), setzt voraus, dass dessen Mitglieder über die Informationen verfügen, die sie benötigen, um sich auf rationale Weise eine eigene Meinung zu allen politischen Fragen bilden zu können. Diese Informationen können sie zum größten Teil nur aus den Medien beziehen. Deren Aufgabe besteht deshalb vor allem darin, die erforderlichen Informationen zu beschaffen, auszuwählen und so zusammenzustellen und ggf. kritisch zu kommentieren, dass ihr Publikum sie versteht und sich seine eigene Meinung bilden kann. Damit stellen die Medien zugleich eine Verbindung zwischen dem Volk und seinen gewählten Vertretern her: Parlamentarier und Regierung erfahren nicht zuletzt aus den Medien, was im Volk gedacht und gewollt wird, und das Volk erfährt, was Parlament und Regierung vorhaben und tun. Schließlich üben die Medien gegenüber den Machthabern eine Kontrollfunktion aus, indem sie auch solche Informationen verarbeiten, die jene gern geheim gehalten hätten, und zu diesen Informationen kritisch Stellung nehmen. Aufgrund dieser Kontrollfunktion werden die Medien auch als Wachhunde der Demokratie (watchdogs) oder als „vierte Gewalt“ bezeichnet.

(Aus: Udo Branahl: Wozu benötigen wir die Medien? In: Massenmedien. Informationen zur politischen Bildung, hg. von der Bundeszentrale für politische Bildung, Heft Nr. 309, Bonn 2010, S. 6)

Kein Mitmachen ohne Medien

Politische Beteiligung in einer Massendemokratie wird durch Presse, Funk und Fernsehen, aber auch das Internet erst möglich. Der Einzelne kann politische Entscheidungen nur treffen, wenn er umfassend informiert ist, unterschiedliche Meinungen kennenlernen und gegeneinander abwägen kann. Die Massenmedien stellen Öffentlichkeit her, in der ein Austausch der verschiedenen politischen Meinungen von gesellschaftlichen Gruppen und Organisationen, Parteien und politischen Institutionen stattfindet. Nur solche Meinungen, die in den Massenmedien zu Diskussionsthemen werden, haben die Chance, öffentlich wirksam zu werden.

(Aus: Horst Pötzsch: Massenmedien, in: Deutsche Demokratie, Text vom 15.12.2009, hg. von der Bundeszentrale für politische Bildung, www.bpb.de; Zugriff: 01.11.2015)

Politische Funktionen

Im Allgemeinen ordnet man den Massenmedien in der Demokratie drei einander zum Teil stark überschneidende politische Funktionen zu:

- Information,
- Mitwirkung an der Meinungsbildung,
- Kontrolle und Kritik.

Zu den weiteren Aufgaben zählen Unterhaltung und Bildung. Die Massenmedien sollen so vollständig, sachlich und verständlich wie möglich informieren, damit die Staatsbürger in der Lage sind, mit kritischem Bewusstsein das öffentliche Geschehen zu verfolgen. [...]

(Aus: Hermann Meyn: Massenmedien in der Bundesrepublik Deutschland, Hüthig Verlag, Heidelberg 2012, S. 13f., © UVK)

1 Medien als „Wachhund der Demokratie“? Erkläre, was das bedeutet.

2 Welche Erklärungen zur Rolle der Medien vermitteln die Textauszüge zu den folgenden Stichworten: Meinungsbildung, Information, Verbindung, Kontrolle, politische Funktion? Visualisiere sie (in Form einer Mindmap) und erläutere sie.

3 Welche Gedanken über die Rolle der Medien löst das Plakat zum internationalen Tag der Pressefreiheit in dir aus? Notiere sie und stelle sie vor.

S M U H

D Pressefreiheit

1 Warum ist die Pressefreiheit ein grundlegendes Merkmal der Demokratie? Erläutere die Zusammenhänge.

2 Wie bei allen Freiheiten sind auch der Pressefreiheit Grenzen gesetzt. Worin bestehen diese?

3 Angenommen, du hast vor, einen Artikel über ein Ereignis aus deinem Heimatort für die Schülerzeitung zu schreiben: Welche Freiheiten darfst du dir herausnehmen und an welche Pflichten musst du dich halten? Stelle beides zusammen.

Bedeutung

Pressefreiheit bedeutet, dass die Presse über alle Ereignisse, die von öffentlichem Interesse sind, uneingeschränkt und unbeaufsichtigt berichten kann. Pressefreiheit und Meinungsfreiheit gehören zusammen. Jeder, der etwas veröffentlicht, hat auch das Recht, seine persönliche Meinung zu einer Sache und auch einer Person zu äußern. Meinungsäußerungen genießen in einer Demokratie besonderen Schutz, auch wenn die geäußerten Meinungen manchmal unangenehm sind oder nur die Meinung einer Minderheit oder eines Einzelnen darstellen. Die große Bedeutung der Presse- und Meinungsfreiheit hat das Bundesverfassungsgericht in einem seiner Urteile so beschrieben: *Das Grundrecht der freien Meinungsäußerung ist als unmittelbarster Ausdruck der menschlichen Persönlichkeit eines der vornehmsten Menschenrechte überhaupt* (Urteil zur Pressefreiheit von 1958). Nach der Auffassung des höchsten deutschen Gerichtes kann es in einem Staat ohne Meinungs- und Pressefreiheit überhaupt keine Freiheit geben.

Grenzen

Die Pressefreiheit darf nicht missbraucht werden, um Leser, Hörer und Zuschauer bewusst falsch zu informieren und um Menschen zu beleidigen, zu verleumden oder gar zu bedrohen.
An diese Grenzen muss jeder sich halten, der seine Meinung veröffentlicht.
Dazu zählen auch alle diejenigen, die als Privatpersonen im Internet von ihrem Recht auf Meinungsfreiheit Gebrauch machen. Veröffentlichte Meinungen dürfen nicht ehrverletzend sein und müssen die gesetzlichen Bestimmungen zum Schutz der Jugend berücksichtigen. So bestimmt es das Grundgesetz im Artikel 5. Oft sind die Grenzen der Meinungsfreiheit schwer zu bestimmen. Das betrifft zum Beispiel die Berichterstattung über die Prominenz aus der Showbranche, Sport und Politik.
Einerseits haben diese Menschen – wie alle anderen auch – ein Recht auf Schutz ihrer Privatsphäre, andererseits gesteht das Bundesverfassungsgericht in einem Urteil der Öffentlichkeit ein Informationsinteresse bei Personen des öffentlichen Lebens zu. Nach den Pressegesetzen der einzelnen Bundesländer können sich Betroffene gegen falsche Berichterstattungen mit Schadensersatzklagen und Gegendarstellungen wehren.

Wahrheit und Lüge

Journalisten haben die Pflicht, alle angebotenen Informationen vor der Veröffentlichung auf ihren Wahrheitsgehalt zu überprüfen.
Die Verpflichtung zur sorgfältigen Recherche ist besonders wichtig, weil die Leser, Hörer oder Zuschauer in der Regel diese Überprüfung nicht selbst vornehmen können. Nach Ansicht von Journalisten kommt die dreiste Lüge in den Massenmedien eher selten vor. Es gibt sie, aber sie wird auch oft – und dann zum Schaden des Senders oder der Zeitung – als Falschmeldung entlarvt.
Viel häufiger ist die Übertreibung, das Aufbauschen eines eher alltäglichen Ereignisses zu einer Sensation. Ein normales Unwetter kann dann schon mal zum zerstörerischen Orkan werden.
Unter Erfolgszwang neigen die Medien dazu, sensationeller und publikumswirksamer zu berichten als die Konkurrenz.

Grundsätze für die Berichterstattung des deutschen Presserates

Mit dem Presserat haben sich die Massenmedien selbst eine Einrichtung geschaffen, die eine verantwortliche Berichterstattung garantieren soll. In den Grundsätzen des Presserates heißt es:

1. Die Achtung vor der Wahrheit, die Wahrung der Menschenwürde und die wahrhaftige Unterrichtung der Öffentlichkeit sind oberste Gebote der Presse.
2. Zur Veröffentlichung bestimmte Nachrichten und Informationen in Wort und Bild sind mit der nach den Umständen gebotenen Sorgfalt auf ihren Wahrheitsgehalt zu prüfen.

E Worüber sollen die Medien berichten, worüber nicht?

Zwischen den Chancen und den Grenzen der Pressefreiheit kann es zu Konflikten kommen. Es geht dabei darum, ob das Recht der Öffentlichkeit auf Information Vorrang haben soll oder ob der Schutz der Persönlichkeitsrechte wichtiger ist als die Pressefreiheit. Oft muss über solche Konflikte im Einzelfall entschieden werden.
Solche Entscheidungen könnt ihr hier treffen.

Euer Auftrag:

Bildet Gruppen und sucht darin gemeinsam nach Antworten auf die folgenden Fragen:
- Muss in diesem Fall das Grundrecht auf Meinungs- und Pressefreiheit ungehindert gewährleistet werden?
- Werden hier die Grenzen der Meinungs- und Pressefreiheit unzulässig überschritten?

Stellt eure Antworten dazu in der Klasse vor.

Artikel 5 des Grundgesetzes:

(1) Jeder hat das Recht, seine Meinung in Wort, Schrift und Bild frei zu äußern und zu verbreiten und sich aus allgemein zugänglichen Quellen ungehindert zu unterrichten. Die Pressefreiheit und die Freiheit der Berichterstattung durch Rundfunk und Film werden gewährleistet. Eine Zensur findet nicht statt.
(2) Diese Rechte finden ihre Schranken in den Vorschriften der allgemeinen Gesetze, den gesetzlichen Bestimmungen zum Schutze der Jugend und in dem Recht der persönlichen Ehre.

Angenommen, dass ...

Fall 1 Redakteure einer Tageszeitung befragen Passanten in einer Fußgängerzone über das „Ansehen des Lehrers" in der Öffentlichkeit. Der Schüler Pascal äußert, dass einige viel zu streng und ungerecht seien. Am nächsten Tag erscheint Pascals Stellungnahme mit einem Foto von ihm in der örtlichen Tageszeitung. Mehrere Leute in der Schule machen Pascal den Vorwurf, er habe die Lehrerschaft beleidigt. Einige meinen, die Zeitung hätte diese Äußerung nicht drucken dürfen. Haben die Kritiker recht?

Fall 2 In einer von der Polizei durchgeführten Verkehrskontrolle wurde zwei Personen die Fahrerlaubnis entzogen, da sie zu viel Alkohol getrunken hatten. Die Lokalzeitung berichtet am folgenden Tag: „Eine Fahrzeugkontrolle am gestrigen Nachmittag hat gezeigt, dass es immer noch unverbesserliche Verkehrssünder gibt, die eine Gefahr für die Bevölkerung darstellen. So konnte die Polizei gestern Anton Müller und Manfred Klein den Führerschein vorläufig wegen Trunkenheit am Steuer entziehen." Wurden die Grenzen der Pressefreiheit überschritten?

Fall 3 In einer populären Boulevardzeitung erschien vor Jahren ein Bericht über den Star einer zu dieser Zeit sehr populären deutschen Mädchenband. Darin hieß es, die Sängerin sei seit ihrer frühen Jugend mit der Immunschwäche AIDS infiziert. Der Bericht wurde mit einem großen Foto von einem Auftritt der Band versehen und enthielt neben dem Künstlernamen der Sängerin auch deren Geburtsnamen. Die Zeitung gab an, sie habe diese Information aus dem näheren Bekanntenkreis des Stars erhalten. War dieser Medienbericht rechtlich und moralisch vertretbar?

Fall 4 Redakteure einer Tageszeitung erhalten Unterlagen von einem Mitarbeiter eines ortsansässigen Unternehmens, aus denen eindeutig hervorgeht, dass die Unternehmensleitung die Umweltgesetze massiv missachtet und Schadstoffe immer wieder heimlich in den Bach leitet, der durch die kleine Stadt fließt. Der Mitarbeiter möchte nicht genannt werden. Die Redakteure überlegen, ob sie den Skandal öffentlich machen sollen. Sollen sie?

3 Führt die neue Medienwelt zu mehr Demokratie?

Über Internetaktivitäten diskutieren

Das Internet hat nicht nur den Alltag vieler Menschen verändert, es verändert auch die Formen der politischen Beteiligung. Auf den folgenden Seiten könnt ihr an ausgewählten Themen darüber diskutieren, ob diese Veränderungen gut oder schlecht für die Demokratie sind.

A Der Fall: Werbespot führt zu „Shitstorm" im Netz

Das Geschäftsjahr 2012 hat bei der Bank ING-DiBa turbulent wie nie zuvor begonnen. Der Grund dafür war allerdings nicht eines der Finanzprodukte, sondern eine Fernsehwerbung mit Basketball-Star Dirk Nowitzki. Der war für den Werbespot der Bank in die Metzgerei seiner Kindheit zurückgekehrt und hatte wie einst genussvoll eine Scheibe Wurst verzehrt. Die gab es kostenlos dazu, „damit du groß und stark wirst".

So nett wie die ergraute Metzgersfrau wollte auch die ING-DiBa mit ihrem „Extra-Konto" rüberkommen, das in dem Spot bewerben wird. Tatsächlich brach bei Facebook allerdings ein Shitstorm über Europas größte Direktbank herein, denn Veganer entrüsteten sich über die liebevolle Darstellung einer Metzgerei. Motto: Wie könnt ihr nur? Blogger sprechen von einem „Shitstorm", wenn sich Menschen massenhaft im Internet und sozialen Medien wie Facebook und Twitter entrüsten und dabei immer mal wieder auch die Grenzen des guten Geschmacks ignorieren und unsachlich werden.

(Aus: Bernd Salzmann: ING-DiBa für Metzgerei-Werbung heftig kritisiert, in: Frankfurter Rundschau vom 14.02.2012, im Internet unter www.fr-online.de; Zugriff: 01.09.2015)

1 Veganer lehnen die Nutzung tierischer Produkte aus ethischen Motiven heraus ab. Findest du es richtig und wichtig, dass sie gegen einen Werbespot im Fernsehen protestieren, in dem Fleisch gegessen wird?

Machtausübung ohne nachzudenken?

Der Medienexperte Thomas Zorbach beschäftigt sich mit der Wirkung von Shitstorms. Der Zeitschrift *Focus* gab er dazu ein Interview.

Focus Online: Sogar die Kanzlerin hat schon einmal Angst vor Shitstorms geäußert. Treten diese Empörungswellen seit dem Anstieg der Facebook- und Twitter-Nutzer häufiger auf?

Zorbach: Ja. Es vergeht kaum ein Tag, an dem nicht ein neuer Fall geschildert wird. Die kritische Masse an Nutzern der sozialen Medien ist erreicht. Die Menschen haben entdeckt, welche Macht sie gemeinsam ausüben können und dass diese Macht auch wahrgenommen wird.

Focus Online: Findet dabei noch eine inhaltliche Auseinandersetzung statt oder springt die Masse blind auf einen fahrenden Zug auf?

Zorbach: Die Menschen neigen dazu, die Meinungen ihres sozialen Netzwerks in vielen Situationen fast unreflektiert zu übernehmen, auch weil schnelles Handeln erwartet wird. Und wenn mehrere Mitglieder eines Netzwerks einer Meinung sind, dann übernehmen Menschen diese Meinung nicht nur, sondern leiten sie auch oft an ihr eigenes Netzwerk weiter. [...]

Focus Online: Gibt es geplante, von Gruppen losgetretene Shitstorms?

Zorbach: Der angezettelte Wurstkrieg gegen die ING-DiBa war bestimmt kein Einzelfall. Ich bin mir sicher, das wird künftig häufiger geschehen.

(Interview: FOCUS-Korrespondent Dr. Holger Schmidt, in: Focus Online vom 07.08.2012, www.focus.de; Zugriff: 01.09.2015)

B Weitere Mitmachmöglichkeiten via Internet

Ein demokratisches Grundrecht lautet, dass jedermann das Recht hat, sich einzeln oder in Gemeinschaft mit anderen schriftlich mit Bitten und Beschwerden an die zuständigen Stellen zu wenden. So bestimmt es das Grundgesetz im Artikel 17. Dieses auch als Petitionsrecht bezeichnete Grundrecht kann wesentlich leichter in Anspruch genommen werden, seitdem Petitionen online eingereicht werden können, und es machen auch immer mehr Menschen von diesem Recht Gebrauch.

Alle Berufspolitikerinnen und -politiker verfügen über eine eigene Homepage. Man kann mit ihnen Kontakt aufnehmen und sie so zum Beispiel an die Erfüllung ihrer Wahlversprechen erinnern. Stadträte laden die Einwohnerinnen und Einwohner online dazu ein, über Pläne und Aufgaben der Gemeinde mitzuberaten und ihre Vorschläge einzubringen. Politische Beteiligung mithilfe des Internets findet aber auch in kleinerem Maßstab statt. Man kann seine Meinung über Politiker in Foren einstellen und sich so mit anderen Nutzern darüber austauschen. Mit einem *Thread* (= Faden) lässt sich ein Thema via Twitter oder Facebook zur Diskussion anbieten und andere Nutzer dazu einladen, Stellung zu beziehen. Jugendliche machen zunehmend davon Gebrauch, eigene Beiträge mit politischen Inhalten über YouTube im Netz zu platzieren. Demonstrationen und andere politische Veranstaltungen werden über das Internet organisiert.

Ob alle diese Beteiligungsmöglichkeiten so genutzt werden, dass sie die Demokratie verbessern, ist nach wie vor umstritten. Unstrittig ist allerdings, dass die Möglichkeiten des Internets die Demokratie verändern.

C TEAM kontrovers: Sind Shitstorms ein zerstörerisches oder ein belebendes Element der Demokratie?

S M U H

Nein, sie zerstören die demokratische Kultur!

Schon die Bezeichnung aus der Fäkalsprache drückt es aus: Shitstorms sind eine primitive Form übelster Beschimpfung im Netz. Kaum sagen Politikerinnen oder Politiker etwas, woran man Anstoß nehmen kann, schon fällt man im Internet über sie her. Dabei geht es nicht um den Austausch von Argumenten, sondern um das Entladen von Wut und Aggression in primitivster Form. Meist lösen einzelne Meinungsführer solche Wutstürme aus und die Netz-Gemeinschaft folgt wie die Schafe dem Leithammel. Solche Auswüchse schwächen die Demokratie!

Ja, sie erhöhen die Lust am Mitmachen in der Politik!

In Shitstorms können Menschen spontan auf Ereignisse von öffentlichem Interesse reagieren. Solche Aktionen haben zur Folge, dass Politikerinnen und Politiker nicht mehr über die Köpfe der Menschen hinweg handeln können und dass die Politik sich wieder mehr nach den Bedürfnissen der Menschen richtet. Der etwas unschöne Ausdruck mag den Gegnern in die Hände spielen. In Wahrheit sind solche Aktionen eine Form direkter Demokratie, die das Mitmachen fördert und der Politikverdrossenheit entgegenwirkt.

1 Welche politischen Mitmachmöglichkeiten werden im Text genannt? Nenne sie. (Das geht alleine.)

2 Was kann positiv, was negativ in den sogenannten Shitstorms bewertet werden? Sammle die unterschiedlichen Argumente in Stichworten. (Das geht auch zu zweit.)

3 Formuliere deine Position zum Diskussionsthema. Suche nach weiteren Argumenten, mit denen du dein Urteil stützen kannst. Diskutiert dann gemeinsam.

4 Welche politischen Mitmachmöglichkeiten werden eurer Ansicht nach von Jugendlichen am bereitwilligsten genutzt? Tauscht darüber eure Ansichten aus.

D Online wählen – Ist das die Zukunft?

Bevor du mit anderen über diese Frage diskutierst, solltest du zwischen Gründen pro und kontra Onlinewahlen unterscheiden und die Argumente ordnen. Das geht am schnellsten zu zweit.

Parlamentswahlen in Estland: Ein Siebtel aller Wahlberechtigten wählte per Mausklick.

Von Estland lernen

Wenn am Sonntag (6. März 2011) die Esten in die Wahlbüros gehen, um ihr Parlament zu wählen, werden Zehntausende von ihnen ihr Kreuzchen bereits von zu Hause aus gesetzt haben – bequem über das Internet. Seit 2005 können die Bürger des kleinen Baltikumstaats ihre Stimme auch online abgeben. Rund 141 000 Esten haben bei den ein paar Tage früher stattfindenden Online-Abstimmungen für die diesjährige Parlamentswahl mitgemacht – ein Rekordwert. [...] Auch in Deutschland, wo vom Bevölkerungsanteil her rund 6,6 Prozent weniger das Internet nutzen, sind die Menschen einer Onlinewahl nicht abgeneigt. Laut einer Studie des Hightech-Verbands Bitkom von 2009 würden mit 47 Prozent fast die Hälfte der Deutschen ihre Stimme auch online abgeben. Unter den 18- bis 29-Jährigen sind es sogar 57 Prozent. Doch hierzulande ist eine Wahl per Internet noch nicht in Sicht. [...]
Ein Hauptgrund dafür, warum wir in Deutschland noch nicht online abstimmen, sind verfassungsrechtliche Bedenken. 2009 hat das Bundesverfassungsgericht den Einsatz von Wahlcomputern für verfassungswidrig erklärt, weil nicht sicherzustellen sei, dass die Geräte dem Wahlgrundsatz der Öffentlichkeit genügen. Das Gericht schloss Internetwahlen zwar nicht grundsätzlich aus. Doch seit dem Richterspruch hängt die Latte für den Einsatz von Technik bei Wahlen hoch. Für den Bürger muss jeder Schritt der Wahl nachvollziehbar und überprüfbar sein.

(Aus: Anika Kreller: Von den Esten lernen, Artikel vom 05.03.2011, in: www.news.de; Zugriff: 01.09.2015)

Diskussion
Argumente pro und kontra Onlinewahlen

1. Wer keinen PC hat, ist von vornherein von dieser Möglichkeit ausgeschlossen.
2. Durch den Gang zur Wahl wird deutlich, dass die Macht im Staat vom Volk ausgeht.
3. Das Wahlergebnis steht früher fest, weil die Stimmen schneller ausgezählt werden.
4. Seit Einführung der Onlinewahl ist in Estland die Wahlbeteiligung höher als zuvor.
5. Zur Wahl in ein Wahllokal zu gehen, muss ein besonderes Erlebnis bleiben.
6. Menschen können von da aus wählen, wo sie sich gerade befinden.
7. Menschen, die nicht gut zu Fuß sind oder gar blind, haben es so viel leichter.
8. Wahlbetrug nimmt zu, weil niemand mehr weiß, wer wirklich vom PC aus wählt.
9. Ein moderner Staat muss zeigen, dass er offen für zukunftsweisende Technik ist.
10. Keine Technik ist sicher, jeder Computer kann manipuliert werden.

E Elektronische Demokratie

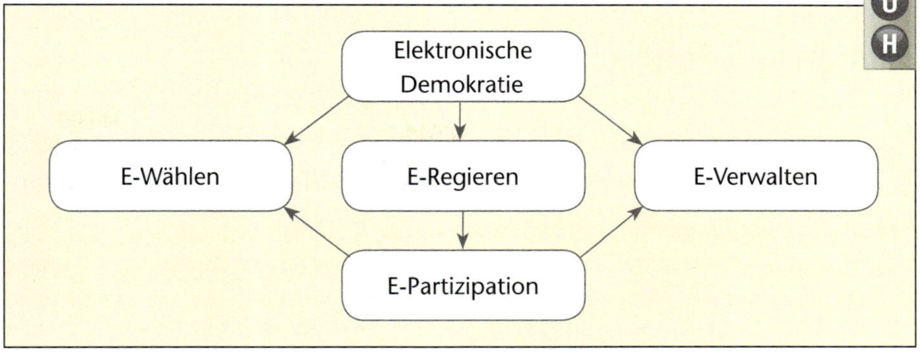

E-Demokratie wird als Sammelbegriff für alle Formen der Gestaltung und der Mitwirkung in der Politik verwendet, die über das Internet möglich sind. Wichtigstes Ziel elektronischer Demokratie ist die Verbesserung der Mitwirkungsmöglichkeiten der Bürgerinnen und Bürger (= E-Partizipation).

Parlamente und Regierungen können sich vielfältiger technischer Möglichkeiten bedienen, um ihr Handeln transparent zu machen und die Menschen an ihren Plänen und Überlegungen zu beteiligen. Bürgerinnen und Bürger können ihre gewählten Abgeordneten von zu Hause aus kontaktieren, kritisieren, unterstützen. Das im Artikel 17 des Grundgesetzes garantierte Petitionsrecht, wonach jedermann das Recht hat, sich mit Bitten und Beschwerden an das Parlament zu wenden, wird mittlerweile leichter als zuvor per Internet wahrgenommen. Elektronisches Wählen ist in einigen Ländern bereits ein Teilbereich elektronischer Demokratie. Die elektronische Verwaltung (E-Administration) befindet sich vielerorts im Aufbau und soll den Bürgerinnen und Bürgern die Erledigung ihrer Verwaltungspflichten erleichtern.

Chancen: Demokratiemaschine Internet

Oft wird das Internet als Maschine zur Weiterentwicklung der Demokratie bezeichnet. Die wichtigste Begründung dafür liefert das allumfassende Informationsangebot, das jedem Menschen auf der Welt zur Verfügung steht, der Zugang zum Netz hat. Sich frei und ungehindert informieren zu können, gilt als einer der besonderen Grundwerte in der Demokratie. Die Freiheiten, die das Internet eröffnet, sind der wichtigste Grund dafür, dass in Diktaturen versucht wird, den freien Zugang zum Netz zu verbieten oder zumindest einzuschränken.

Beispiele aus unfreien Ländern zeigen allerdings, dass sich das auf Dauer nicht aufhalten lässt. Junge Leute in China, im Iran, in Kuba und anderswo verstehen es immer wieder, die staatlichen Kontrollen zu überwinden und sich Zugang zu Informationen zu beschaffen.

Gefahren

Weil das Internet unkontrollierbar ist und weil jeder es für seine Zwecke nutzen kann, lauern eine Menge Gefahren darin – auch für die Demokratie. Politisch radikale Gruppen nutzen es, um ihre menschenverachtenden Ideen zu verbreiten. Kinder und Jugendliche können bei unbedachtem Umgang in die Fänge gefährlicher Organisationen geraten.

Mitwirkung am politischen Geschehen mithilfe eines Computers kann auch zur Einsamkeit führen. Die Menschen treffen sich nicht mehr, um ihre Gedanken auszutauschen, sondern bleiben allein vor ihrem PC. Kritiker bemängeln darüber hinaus eine Verrohung der Sitten. Weil man nur über den Bildschirm kommuniziert, fällt es vielen leichter, andere zu beschimpfen, zu beleidigen und ihrer Wut auch in respektlosester und menschenverachtender Form freien Lauf zu lassen.

Das World Wide Web wird immer mehr zum Tummelplatz für Gewaltprediger und Ausländerhass. Zu diesem Ergebnis kommt 2015 der Jahresbericht des Europarates, zu dessen Aufgaben die Sicherung der Menschenrechte gehört.

1 Erläutere das Schaubild mithilfe der Informationen aus dem Text.

2 Stelle die Chancen und die Gefahren der elektronischen Demokratie einander gegenüber.

3 Überwiegen die Chancen oder die Gefahren? Verfasse dazu deine persönliche Stellungnahme.

Medien und Politik

Station 1 Rolle der Medien bei der Suche nach politischer Information

Meinungsaussagen erläutern und bewerten

Die folgenden Zitate stammen aus den Textquellen des ersten Unterkapitels. Es handelt sich dabei um Meinungsaussagen, also um Äußerungen, die eine persönliche Bewertung wiedergeben. Bearbeite sie anhand zweier Fragen:

- Wie lässt sich diese Meinung begründen?
- Wie stehst du zu dieser Meinungsäußerung?

Tipp: Ihr könnt hier eine Auswahl treffen, indem ihr zum Beispiel eines oder zwei der Zitate zur Bearbeitung auswählt.

„Nach der Schule sind Medien die wichtigste Quelle für lebenslanges Lernen und für politische Bildung."

„Die Bürger brauchen die nötige Medienkompetenz …"

„Das Wissen der Bevölkerung um relevante Themen ist für die Demokratie unverzichtbar."

Station 2 Die Bedeutung der Medien für Politik und Demokratie

Übertrage die Mindmap in dein Heft und vervollständige sie.

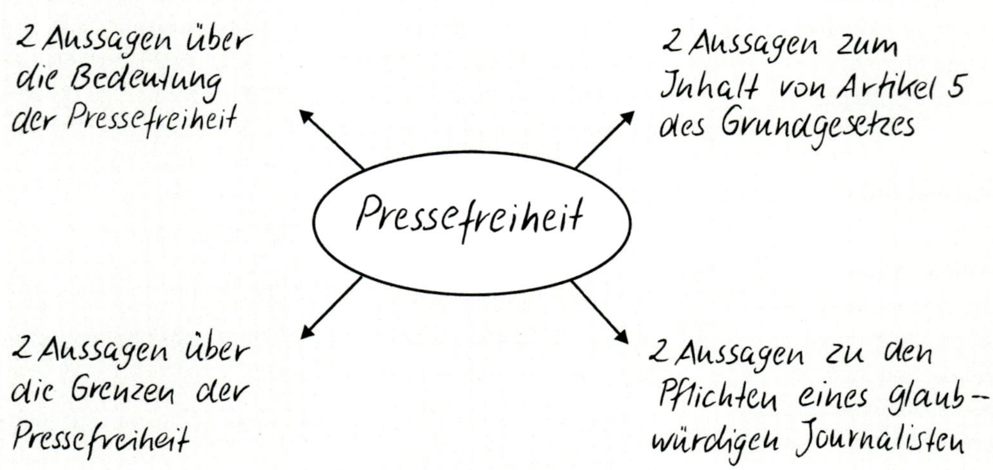

Station 3 **Führt die neue Medienwelt zu mehr Demokratie?**

S M U H

1 aus 2
Stellung nehmen:
Wähle dein Thema

Thema 1:
These: „Shitstorms sind ein modernes und belebendes Element der Demokratie."

Was spricht für diese These?	Was spricht gegen diese These?	Mein persönliches Urteil:
• • ? •	• • ? •	• • ! •

Thema 2:
These: „Online wählen – Das soll die Zukunft bei den politischen Wahlen in Deutschland sein."

Was spricht für diese These?	Was spricht gegen diese These?	Mein persönliches Urteil:
• • ? •	• • ? •	• • ! •

5 Die Bedeutung der sozialen Marktwirtschaft

Blick in eine sogenannte Tafel. Gratis oder für ein geringes Entgelt können hier Menschen Lebensmittel erwerben, die sich die normalen Preise nicht leisten können.

Leistungen und Herausforderungen

1. Allein nachdenken

Welche Gedanken zum Wort *sozial* löst das Foto in dir aus?

2. Zu zweit beraten

Betrachtet das Foto gemeinsam und überlegt, was es mit dem Thema *Wirtschaft* zu tun hat.

3. In der Klasse sammeln

Was muss eine Wirtschaftsordnung leisten, damit möglichst viele Menschen mit ihr zufrieden sein können?

Im Verlauf dieses Kapitels könnt ihr …

- herausfinden, warum der Staat in die Wirtschaft eingreift,
- an Beispielen erläutern, wie Preise gemacht werden,
- begründen, warum es in Deutschland keine freie, sondern eine soziale Marktwirtschaft gibt,
- diskutieren, welche Art von Politik sozial gerecht ist,
- die Rolle des Staates, der Banken, der Unternehmen und des Auslands im Wirtschaftsgeschehen am Modell erklären.

Eigene Schwerpunkte könnt ihr setzen, indem ihr …

- Preise für Konzerttickets, Biogurken und Hotelzimmer kalkuliert,
- andere über ihre Vorstellung von sozial gerechter Politik befragt,
- ein Referat über ein Themengebiet der sozialen Marktwirtschaft vorbereitet und vortragt.

1 Marktwirtschaft – Wie funktioniert das?

Grundprinzipien der Marktwirtschaft beschreiben

Eine Einstiegsübung für alle:
Allein in Deutschland wollen über 80 Millionen Menschen essen, trinken, wohnen, einkaufen, ins Kino gehen, verreisen und mit allem versorgt sein, was der Mensch zum Leben braucht.
- Wer sorgt dafür, dass das funktioniert?

A Der Fall: Hunger, Durst und kranke Füße auf einer Klassenwanderung

Stellt euch folgende Situation vor: Ihr befindet euch auf einer Klassenwanderung im Bergischen Land. Auf und ab schlängelt sich der Weg. Einige genießen begeistert die Natur und die Aussichten, die sich bieten, andere meckern, weil sie die Wanderung als anstrengend empfinden. Ihr alle schwitzt und habt Lust auf kalte Getränke, Süßigkeiten und vieles mehr. Endlich: Nach einem Abstieg erreicht ihr ein Dorf und seht auch schon das Leuchtzeichen eines Supermarktes in der Hauptstraße. „Ich hol mir ne Limo!“, ruft Marek. „Ich brauch jetzt 'nen Schokoriegel!“, seufzt Cosima. Am Supermarkt angekommen, stürmen fast alle von euch hinein. Und tatsächlich: Unter zehn anderen Schokoriegeln findet Cosima genau den mit Haselnüssen, auf den sie Lust hat. Marek greift sich seine Limo aus dem Kühlregal und Jil entdeckt das Biogetränk ihrer Lieblingsmarke.

Ben hat sich in seinen neuen Schuhen Blasen an den Fersen gelaufen. Er sieht sich nach einer Apotheke in der Hauptstraße um und findet sie unweit des Supermarktes. Dort kann er unter 15 verschiedenen Pflastersorten wählen.

Jeder von euch findet exakt zum Zeitpunkt, an dem er ein Produkt seiner Wahl kaufen möchte, genau das, was gesucht wird. Alles ist käuflich zu erwerben, vorausgesetzt, man hat das nötige Kleingeld dazu in der Tasche. Was für ein Zufall!

„Aber das ist doch selbstverständlich“, denkt womöglich manch einer. Ist es das wirklich? Über achtzig Millionen Menschen leben in Deutschland. Sie alle wollen mit dem versorgt sein, was sie zum Leben brauchen. Natürlich hängt das von ihrem Geldbeutel ab. Wer aber sorgt dafür, dass die Regale im Supermarkt immer gut gefüllt sind? Wer weiß, wie groß die Menge an Schokoriegeln sein muss, die täglich verzehrt werden? Wer bietet 15 verschiedene Sorten Pflaster für geschundene Füße an?

Welcher Plan steckt dahinter?

Die Antwort auf alle diese Fragen: Es gibt gar keinen Plan. Es gibt auch kein geniales Gehirn, das dies alles organisiert. Es ist der Markt, der die Wirtschaft steuert.

1 Welche Antwort auf die Frage im Titel dieser Seite entdeckst du in dieser Geschichte? Notiere sie und vergleiche mit anderen.

2 Sind die vollen Regale im Supermarkt eine Selbstverständlichkeit? Wie fällt deine Antwort auf diese Frage aus, wenn du an andere Länder in anderen Teilen der Erde denkst?

S M U H

B Marktwirtschaft

1 Was versteht man unter *Markt* und unter *Marktwirtschaft*? Formuliere zwei kurze Definitionen.

2 Wie kommt es, dass in einem Supermarkt die Regale in der Regel mit allem gefüllt sind, was die Käufer sich wünschen? Erläutere die Zusammenhänge.

3 Grundprinzipien der Marktwirtschaft möchten viele bewahren, eine reine Marktwirtschaft wünscht sich kaum jemand. Warum? Nimm Stellung dazu.

Märkte

Unter einem Markt stellen wir uns gerne einen konkreten Ort vor. Man denkt dabei an den Wochenmarkt einer Stadt oder an einen Flohmarkt oder vielleicht sogar an einen orientalischen Basar. Im ursprünglichen Sinn war der Markt immer ein konkreter Ort, auf dem sich Händler einfanden, um ihre mitgebrachten Waren anzubieten, und Kunden, die diese kaufen wollten. Im Mittelalter war mit einer Stadtgründung in der Regel das Marktrecht verbunden. Zugleich musste sich die Stadt verpflichten, einen Marktplatz einzurichten. Und so finden wir noch heute den Marktplatz im Zentrum fast jeder Stadt.
Heute muss ein Markt kein konkreter Ort mehr sein. Online-Märkte für alles und jedes sind mit der Entwicklung des Internets entstanden. Sie können sogar die Orte verdrängen, auf denen sich Käufer und Verkäufer direkt begegnen. Lehrstellenmärkte, Aktienmärkte, Geld- und Kapitalmärkte kann man nicht sehen und trotzdem gibt es sie, weil es ein Angebot und eine Nachfrage gibt. Das Grundprinzip des Marktes ist immer noch das gleiche wie vor hunderten von Jahren: Käufer und Verkäufer treffen aufeinander, um wirtschaftliche Güter gegen Geld zu tauschen. Jedes Zusammentreffen von Angebot und Nachfrage wird in der Sprache der Wirtschaft als Markt bezeichnet.
Wenn heute das Wort vom globalen Marktgeschehen fällt, so ist damit gemeint, dass Angebote weltweit zur Verfügung stehen, für die es eine weltweite Nachfrage gibt.

Marktwirtschaft

Unsere Wirtschaftsordnung wird als Marktwirtschaft bezeichnet, weil am Markt über den Verkauf von Waren und Dienstleistungen entschieden wird. Es gibt keine lenkende Hand, die sich zentral um die Versorgung der Bevölkerung kümmert. Der Markt ist das ausgleichende Instrument. Wird in einem Supermarkt ein bestimmtes Produkt häufig nachgefragt, ordert die Geschäftsleitung Nachschub, worauf das produzierende Unternehmen mehr produziert. Wer eine hohe Nachfrage erzeugt, hat wirtschaftlichen Erfolg. Wer mit seinem Angebot am Markt vorbei produziert, bleibt auf seiner Ware sitzen und muss im schlimmsten Fall seine Firma schließen.
Zur Marktwirtschaft gehört die unternehmerische Freiheit. Keine staatliche Behörde kann einem Unternehmen vorschreiben, welches Produkt es herzustellen hat. Der Wettbewerb zwischen den frei agierenden Unternehmen gilt als Motor des wirtschaftlichen Fortschritts, weil er dazu führt, dass innovative und qualitativ hochwertige Produkte erzeugt werden. Eine wichtige Voraussetzung für die unternehmerische Freiheit ist das Grundrecht auf Privateigentum. Die größte Zahl der Unternehmen befindet sich in privatem Besitz.
Die Idee der Marktwirtschaft geht auf den schottischen Ökonomen Adam Smith zurück (1723–1790). Er verwendet den Begriff der unsichtbaren Hand, die das Wirtschaftsgeschehen steuern soll. Nach seiner Lehre funktioniert die Wirtschaft am besten, wenn die Freiheit des wirtschaftlichen Handelns gilt und wenn alle Beteiligten ihren persönlichen Interessen folgen.
Das Ordnungsprinzip der Steuerung der wirtschaftlichen Versorgung über das Marktgeschehen bildet nach wie vor die Grundlage der Wirtschaftsordnung in der Bundesrepublik Deutschland und vieler anderer freiheitlicher Demokratien. Der Staat greift aber mit einer Vielzahl von Regelungen und Einschränkungen in das Marktgeschehen ein, um die sozialen Härten auszugleichen, die mit einer ungebremsten Marktwirtschaft verbunden sind.
Wenn von der Wirtschaftsordnung in Deutschland die Rede ist, wird der Bezeichnung Marktwirtschaft stets das Adjektiv „sozial" hinzugefügt.

2 Markt und Preise: Was hat das eine mit dem anderen zu tun?

Funktion des Marktpreises erläutern und Preise kalkulieren

Eine Einstiegsübung für alle:
Auf dem im Foto zu sehenden Wochenmarkt kommt es zu einem kurzen Gespräch zwischen der Marktfrau und einer Kundin über das Warenangebot, die Wünsche der Kundin und die Preise. Überlege – zusammen mit deinem Tischnachbarn –, wie das Gespräch verlaufen kann.

A Auf dem Wochenmarkt

Heute werden auf einem Wochenmarkt frische Himbeeren angeboten, abgefüllt in Schalen mit jeweils 250 Gramm. Himbeeren gibt es nicht an allen Tagen. Es ist ein saisonabhängiges und schnell verderbliches Produkt. Vier Euro verlangt ein Händler für die Schale und er ist der Einzige, der sie heute im Angebot hat. In der Sprache der Wirtschaft ist er damit ein *Monopolist*.
Kein Kunde kauft. Der Händler läuft Gefahr, auf seinem Produkt sitzen zu bleiben. Für sein teures Angebot fehlt die Nachfrage. Die Folge: ein *Angebotsüberhang*. Nach und nach senkt der Händler seinen Preis. 3,80 Euro, 3,70. Bei 3,50 greifen die Kunden zu – erst zögerlich, dann immer stärker, weil sie sehen, dass das Angebot schrumpft. Jetzt geht die Ware weg. Der neue Preis hat dafür gesorgt, dass Angebot und Nachfrage sich in einem ausgeglichenen Verhältnis zueinander einpendeln. Man spricht hier von einem *Gleichgewichtspreis*. Als die Menge der gefüllten Plastikschalen immer kleiner wird, bildet sich eine Kundenschlange vor dem Stand des Händlers. Der Grund dafür ist ein Nachfrageüberhang. Die Kunden fürchten, keine Himbeeren mehr zu bekommen. Ein knappes Angebot trifft jetzt auf hohe Nachfrage. Der Händler nimmt das alte Preisschild wieder hervor. Trotzdem kaufen die Kunden. Vier Euro sind jetzt der neue Gleichgewichtspreis. Um 10.45 Uhr ändert sich die Situation: Eine neue Händlerin baut in wenigen Metern Entfernung einen kleinen Stand auf, an dem sie frische Himbeeren anbietet – die 250-Gramm-Schale zu 2,90 Euro. Die Schlange vor dem Stand des Händlers löst sich auf. Er besitzt nun ein Überangebot wegen fehlender Nachfrage. Und so sieht er sich gezwungen, seinen Preis erneut zu ändern. Er bietet nun seine letzten 250-Gramm-Schalen zu 2,00 Euro an. Er will nach Hause und vorher sein ganzes Angebot loswerden. Die Nachfrage schnellt in die Höhe. Die Kunden können jetzt zu einem „Schnäppchenpreis" kaufen. Der Preis stieg und fiel an diesem Markttag im Wechselspiel zwischen Angebot und Nachfrage. Der Auftritt der zweiten Händlerin hat die Marktsituation verändert und die Geldbörsen der Himbeerliebhaber geschont.

1 Der Himbeerpreis des Händlers schwankt im Verlauf eines Markttages zwischen 4,00 Euro und 2,00 Euro. Beschreibe, wodurch die Schwankungen ausgelöst werden.

2 Angebotsüberhänge, Gleichgewichtspreise und Nachfrageüberhänge: Erläutere deren Entstehung.

3 Angenommen, ihr wolltet auf einem Schulbasar eine große Menge selbst hergestellter Windlichter verkaufen und den Erlös für einen guten Zweck spenden. Wie könnt ihr herausfinden, was der Gleichgewichtspreis für euer Angebot ist? Plant eine gemeinsame Vorgehensweise.

B Märkte und Preise

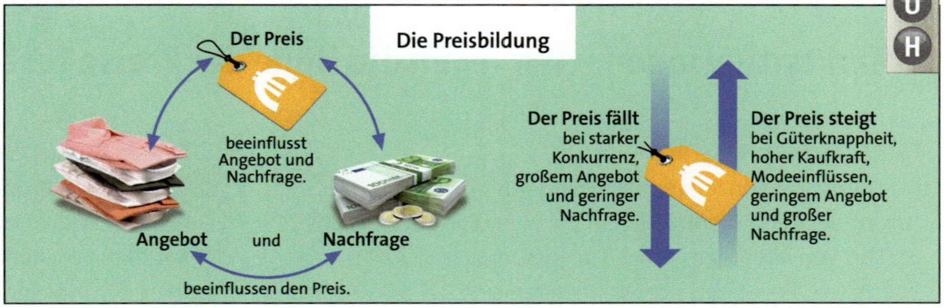

Preisbildung am Markt

Preise bilden sich auf den Märkten durch das Zusammenspiel von Angebot und Nachfrage. Der Preis steigt, wenn ein mengenmäßig geringes Warenangebot auf eine hohe Nachfrage trifft. Umgekehrt sinkt er, wenn ein großes Warenangebot auf eine geringe Nachfrage stößt. So hat der Preis die Funktion, das Verhältnis zwischen Angebot und Nachfrage auszugleichen. Ein Gleichgewichtspreis ist erreicht, wenn die zum Verkauf geplante Warenmenge vollständig abgesetzt werden kann, weil sie genau der Menge der Nachfrage entspricht.

Weitere Funktionen

In der Praxis können Preise auch eine *Ausschlussfunktion* haben. Teure Parfums, teure Autos oder teure Schmuckgegenstände verringern die Nachfragemenge, obwohl viele Menschen gerne zum Kundenkreis gehören möchten. Die wenigen Käufer fragen häufig nicht, ob der Preis dem tatsächlichen Wert entspricht. Wichtiger als diese Interessenabwägung kann es sein, ein Produkt zu erwerben, das nur wenige besitzen.
Auch eine *erzieherische Funktion* können Preise haben. Diese kann zum Beispiel der Staat übernehmen, indem er Zigaretten oder alkoholische Getränke durch besondere Steuern künstlich verteuert und die Nachfrage drosselt. Konsumenten und ganz besonders Kinder und Jugendliche sollen so vom Kauf gesundheitsschädigender Güter abgehalten werden.
Insgesamt dienen die Funktionen der Preisgestaltung dem Ziel, die Menge, die Qualität und die Verteilung aller hergestellten Güter zu steuern.

Preiskalkulation

Zur Preisgestaltung in einem Unternehmen gehört die Preiskalkulation. Dazu sind die Kosten zu errechnen, die bei der Produktion und dem Vertrieb der Produkte anfallen. Material- und Lohnkosten gehören dazu und auch die Kosten für die Maschinen und andere Produktionsmittel, die das Unternehmen zur Erzeugung der Waren einsetzen muss. Bei der Einführung neuer Produkte spielen die Kosten für Werbemaßnahmen oft eine bedeutende Rolle. Aus der Summe dieser Kosten ergibt sich – umgerechnet auf das einzelne Produkt – der Erzeugerpreis für eine Ware. Die Gewinnspanne des Unternehmens besteht in der Differenz zwischen dem erzielten Marktpreis und dem kalkulierten Erzeugerpreis.

Wettbewerb

Die Preisregulierung über Angebot und Nachfrage funktioniert nur, wenn es mehrere Anbieter für gleiche und ähnliche Produkte gibt, die miteinander über die Preise um die Kunden konkurrieren. Sie befinden sich dann in einem Wettbewerb und dieser ist für das Funktionieren des Marktgeschehens elementar wichtig. Wettbewerb ist ein weiterer Faktor, der die Preisbildung beeinflusst. Er sorgt für Konkurrenz und in der Folge für sinkende Preise. Er treibt die Unternehmen dazu an, neue Produkte von besserer Qualität und innovativer Technik anzubieten.
Gäbe es keine Konkurrenz und nur einen Anbieter, so hätte dieser ein Monopol (das heißt Alleinverkauf) und er könnte die Preise für eine Ware nach Belieben nach oben treiben.

1 Nenne und beschreibe die unterschiedlichen Funktionen der Preisbildung.

2 Erläutere die Zusammenhänge zwischen Markt, Angebot, Nachfrage und Preisbildung. (Verwende dazu auch die Zeichnung.)

3 Welche Rolle spielt der Wettbewerb für das Funktionieren der Marktwirtschaft? Verwende in deiner Erklärung die Begriffe Preisregulierung, Konkurrenz, Qualitätsverbesserung.

C Marktsituationen – Wir legen die Höhe der Preise fest

Fall A: Ticketpreise ★

Ihr plant eine Konzertveranstaltung mit einer Band, die zurzeit bei den Jugendlichen in eurer Region sehr beliebt ist. Der von euch gemietete Saal fasst maximal 320 Zuschauer. Eure fixen Kosten belaufen sich auf 4 000 Euro. Darin sind enthalten: die Gage für die Band, GEMA-Gebühren*, die Saalmiete, Versicherung, Druck der Eintrittskarten, Plakate, eine Anzeige in der Lokalzeitung, Saalreinigung, Getränke für die Band und die Helfer. Ihr wollt natürlich nicht auf diesen Kosten sitzen bleiben, sondern möglichst auch einen schönen Gewinn erzielen.

- Zu welchem Preis werdet ihr die 320 Tickets anbieten?

Fall B: Preise für Biogurken ★ ★

Ihr seid eine Produktionsgemeinschaft biologisch produzierender Landwirte. Ihr habt 200 Salatgurken geerntet, die ihr auf dem Wochenmarkt anbieten möchtet. Eure Gurken habt ihr ohne jeden Zusatz von Chemie gezüchtet. Als ihr über den Markt schlendert, stellt ihr fest, dass mehrere Anbieter Salatgurken aus fremden Herkunftsländern für weniger als 50 Cent anbieten. 50 Cent kostet euch aber die Erzeugung einer einzigen Gurke. Mit diesem Preis könnt ihr nicht konkurrieren. Von einem anderen Biobauern erfahrt ihr, dass dieser seine Biogurken für 1,69 Euro angeboten hat und daraufhin auf seiner Ware sitzen geblieben ist. Natürlich soll euch das nicht passieren. Ihr wollt einen Gewinn erzielen und hofft, dass die Kunden vom industriellen Produkt auf eure Biogurken umsteigen.

- Mit welchem Preis werdet ihr eure Biogurken auszeichnen?
- Wie hoch soll der Gesamtgewinn sein für den Fall, dass ihr alle 200 Gurken verkaufen könnt?

Fall C: Preisgestaltung für Hotelzimmer ★★★

Ihr führt gemeinsam ein Hotel mit 20 Zimmern in einer schönen Urlaubsgegend. Der Preis für ein Doppelzimmer beträgt bisher 80 Euro pro Nacht. Wenn über alle 365 Tage im Jahr verteilt 80 Prozent der Zimmer belegt sind, könnt ihr mit diesem Preis eure Kosten decken (= 360 000 Euro pro Jahr) und einen Gewinn erzielen. In den Sommermonaten Juni, Juli, August und September ist bisher die Nachfrage nach euren Zimmern zu diesem Preis immer so groß, dass euer Hotel schon Wochen vor Beginn der Hochsaison ausgebucht ist, sodass ihr viele Gäste abweisen müsst. In den Monaten April, Mai und Oktober ist euer Hotel zu etwa 80 Prozent ausgebucht. In den Monaten November, Dezember, Januar, Februar und März ist die Nachfrage allerdings so gering, dass oft nur 4 der 20 Zimmer belegt sind. In eurer Umgebung gibt es Hotels, die teurer sind, und solche, die billiger sind.

- Sucht nach einer Preisgestaltung, die es euch ermöglicht, das Hotel besser auszulasten und die Gewinnerwartung zu steigern.
- Errechnet mithilfe des erwarteten Jahresumsatzes abzüglich der festen Kosten den zu erwartenden Jahresgewinn.

Für diese Übung solltet ihr Teams bilden und einen, zwei oder alle drei Fälle zur Bearbeitung auswählen. Beachtet dabei, dass sich die Fälle im Schwierigkeitsgrad unterscheiden. Empfohlen werden Dreiergruppen.

Euer Auftrag:

1. Überlegt euch einen Preis für euer Produkt bzw. eure Dienstleistung, mit dem ihr eure Kosten decken könnt und einen Gewinn erzielt.
2. Überlegt auch, was ihr über den Preis hinaus unternehmen könnt, um die Nachfrage nach eurem Produkt zu steigern.
3. Ihr befindet euch mit den anderen Teams in der Klasse in einer Wettbewerbssituation. Überarbeitet euer Ergebnis eventuell noch einmal, nachdem ihr die Preise eurer Konkurrenten erfahren habt.

*GEMA-Gebühren müssen zum Schutz von Urheberrechten an die Gesellschaft für musikalische Aufführungsrechte überwiesen werden.

Thema: Soziale Marktwirtschaft

Einen Kurzvortrag überzeugend halten

Die Themen in diesem Kapitel eignen sich für die Ausarbeitung und den Vortrag von Referaten. Zusätzlich zum Materialangebot in diesem Buch sollte man zur Vorbereitung weitere vertiefende Quellen benutzen. Der Vortrag wird besonders anschaulich, wenn ihr ihn mit einer Computerpräsentation unterstützt. Themenvorschläge:

- Warum greift der Staat in die Wirtschaft ein?
- Warum haben wir statt der freien eine soziale Marktwirtschaft?
- Wie sozial soll die soziale Marktwirtschaft sein?
- Welche Rolle spielen Banken, Unternehmen, Staat und Ausland?

Die Interessantmacher

- Verständlichkeit
- Anschaulichkeit
- Lebendigkeit
- Kompetenz

Was ist ein Referat?

Das Wort Referat stammt aus dem Lateinischen „referre" und heißt wörtlich übersetzt „überbringen". Referate sind schriftliche Ausarbeitungen, die (im Unterschied zu einer Facharbeit) vor einem Publikum mündlich vorgetragen werden. Ein Referent überbringt einem Publikum einen Fachgegenstand, mit dem er sich intensiv auseinandergesetzt hat. Ob ein Referat gut beim Publikum ankommt, hängt nicht nur davon ab, was vorgetragen wird, sondern vor allem auch davon, wie etwas vorgetragen wird.

Worauf kommt es beim Vortrag an?

Fünf Regeln

1. Bereite dich gut vor.

Das Publikum merkt sehr schnell, ob eine Referentin oder ein Referent gut vorbereitet ist und ob sie oder er von der Sache etwas versteht, über die gesprochen wird. Dem Vortragenden selbst gibt die gute Vorbereitung die notwendige Sicherheit für ein überzeugendes Auftreten.

2. Sprich möglichst frei.

Auch ein schriftlich vorbereitetes Referat sollte nicht vom Blatt abgelesen werden. Niemand hört einer solchen Art des Vortragens gerne zu. Als Referent weißt du, was du geschrieben hast, und kannst vor Publikum frei über deine Arbeitsergebnisse berichten.

In der Vortragsabfolge hältst du dich an die Gliederung deines Referates. Es stört nicht, wenn du hin und wieder kleinere Teile aus deinen schriftlichen Ausführungen vorliest.

3. Halte Kontakt zum Publikum.

Man kann Referenten nur schlecht zuhören, wenn diese nicht zum Publikum hingewendet sprechen. Durch Blickkontakt zeigst du, dass das Publikum dir wichtig ist.

4. Präsentiere dich angemessen.

Wer vor Publikum spricht, wird immer auch in seiner Person wahrgenommen. Deshalb ist die Art und Weise, wie man sich präsentiert, für die Wirkung des Vortrages von großer Bedeutung. Wer gelangweilt und undeutlich spricht, die Hände in die Hosentaschen steckt, wird auch in der Sache nicht überzeugen können. Auch sollte man – so gut es einem möglich ist – auf ein gepflegtes Erscheinungsbild achten.

5. Lasse Rückfragen zu.

Ein guter Referent ermuntert seine Zuhörerinnen und Zuhörer dazu, Fragen zu stellen. Da niemand allwissend sein kann, kann man durchaus auch einmal zugeben, die Antwort auf eine Frage nicht zu wissen.

3 Warum greift der Staat in die Wirtschaft ein?

Die Notwendigkeit staatlicher Eingriffe begründen

A Schokokartell muss zahlen

Schokoladenhersteller haben von Kunden jahrelang überhöhte Preise verlangt. Für illegale Preisabsprachen müssen 11 Hersteller nun Millionenbußen zahlen. Das Bundeskartellamt hat Bußgelder von rund 60 Millionen Euro gegen die Mitglieder eines Schokoladenkartells* verhängt. Die Wettbewerbshüter beschuldigen elf Unternehmen und ihre verantwortlichen Vertriebsleiter, dass sie Verkaufspreise für Tafelschokolade und Schokoriegel untereinander abgesprochen oder sich zumindest gegenseitig über den Stand der Preisverhandlungen mit dem Einzelhandel informiert hätten. Auslöser des Kartells sei 2007 der Preisanstieg für Rohstoffe wie Milch und Kakao gewesen.

(Aus: Helmut Bünder: Schokokartell muss zahlen, Artikel vom 31.01.2013, in: Frankfurter Allgemeine Zeitung, Online-Ausgabe, www.faz.net; letzter Zugriff: 10.09.2015)

Hintergrund

Der Schutz des Wettbewerbs ist in der Bundesrepublik eine staatliche Aufgabe. Grundlage hierfür ist das am 1.1.1958 in Kraft getretene Gesetz gegen Wettbewerbsbeschränkungen (GWB). Es soll die Funktion des Wettbewerbs sichern und zu große Marktmacht verhindern. In § 1 steht, dass Vereinbarungen oder Verhaltensweisen, die den Wettbewerb einschränken oder verhindern, verboten sind, z. B. Preisabsprachen (Preiskartelle). Deshalb wird das Gesetz oft auch „Kartellgesetz" genannt. Es wird durch das Bundeskartellamt, eine selbstständige Behörde mit Sitz in Bonn, durchgesetzt. Es kann bestimmte Verhaltensweisen von Anbietern verbieten (z. B. Preisabsprachen, Fusionen) und auch Bußgelder verhängen.

(Aus: Ursula Buch: Wettbewerb, Wochenschau für politische Erziehung, Sozial- und Gemeinschaftskunde, Heft 1, Sek. I 2009, S. 23)

Zwei Meinungen:

„Man muss Verständnis für die Preisabsprachen haben. Schließlich wollen die Leute ihre Firmen retten und Arbeitsplätze sichern."

„Ich finde es wichtig, dass der Staat in solchen Fällen eingreift und Preisabsprachen bestraft."

1 Wie lautet deine Meinung zum Fall? Notiere, berate dich mit einem Nachbarn und stelle deine Überlegung vor.

B Staat und Wirtschaft

Das Verbot von Preisabsprachen ist nur eine von zahlreichen Maßnahmen, mit denen der Staat in die Wirtschaft eingreift. Zum Beispiel gibt es – mit wenigen Ausnahmen – ein Verbot der Kinderarbeit. Für Auszubildende gelten besondere Schutzbestimmungen. Betriebe müssen die Mitbestimmungsrechte der Beschäftigten einhalten. Für die Herstellung und den Vertrieb von Wirtschaftsgütern gelten strenge Umweltrichtlinien. Für das Eingreifen gibt es mehrere Gründe:

Ordnung schaffen

Der Staat muss garantieren, dass sich das Wirtschaftsgeschehen in einem geordneten Rahmen abspielen kann. Er legt Regeln fest, an die alle Beteiligten sich zu halten haben – also die Unternehmer und die Arbeitnehmer, die Betriebe und die Konsumenten

*Zum Begriff Kartell findet ihr weitere Informationen im Glossar dieses Buches.

und auch der Staat selbst mit seinen Ämtern und Behörden. Die Gesamtheit all dieser Regeln in Form von Gesetzen bezeichnet man als die *Wirtschaftsordnung*. Sie ist vergleichbar mit dem Regelwerk, das in einer Schule gilt. Sie bildet einen Rahmen aus Spielregeln und Zuständigkeiten, innerhalb dessen sich die Hersteller und Konsumenten von Wirtschaftsgütern weitgehend frei bewegen können.

Soziale Schutzfunktion

Der wichtigste Auftrag allen staatlichen Handelns besteht darin, den Menschen ein Leben in Würde zu garantieren. Weil er so wichtig ist, steht er im Artikel 1 des Grundgesetzes. Zur Würde des Menschen gehören der Schutz vor sozialer Not und wirtschaftlicher Ausbeutung. Der Staat greift mit Gesetzen in das Wirtschaftsleben ein, um die Macht der Mächtigen zu begrenzen, die Schwachen zu schützen und ein sozial verträgliches Maß an sozialer Gerechtigkeit herzustellen. Schwierig ist diese Aufgabe, weil die Vorstellungen von Machteinschränkungen, von sozialem Schutz und von sozialer Gerechtigkeit oft weit auseinanderliegen.

Aktive Mitgestaltung

Der Staat begnügt sich nicht nur mit ordnenden Maßnahmen. Er möchte das Wirtschaftsgeschehen mitgestalten und für eine gute Entwicklung der Wirtschaft sorgen. Dazu vergibt er zum Beispiel Aufträge für den Bau von Straßen, fördert Unternehmensgründungen und anderes mehr. Er betreibt eine aktive Wirtschaftspolitik, die mehrere Ziele verfolgt. Die Sicherung von Arbeitsplätzen gehört dazu wie auch Maßnahmen zur Ankurbelung des Wirtschaftsgeschehens in Krisenzeiten. Bei allen Aktivitäten muss der Staat darauf achten, dass sich die Wirtschaft nicht weiter zulasten der Umwelt entwickelt. Die Verbesserung des Umweltschutzes gilt als eine der größten Herausforderungen, wobei der Schutz des Klimas die höchste Dringlichkeit besitzt.

Sicherung des Wettbewerbs

Ein weiterer Grund für das Eingreifen des Staates in die Wirtschaft ist die Sicherung des Wettbewerbs. Mit dem Verbot von Preisabsprachen und manchmal auch von Unternehmenszusammenschlüssen will er verhindern, dass einzelne Unternehmen zu große wirtschaftliche Macht erhalten. Dahinter steht die Auffassung, dass Konkurrenz der Motor einer gut funktionierenden Wirtschaft ist, weil sie dazu führt, dass bessere Produkte zu günstigen Preisen entwickelt werden.

Geht Urlaub den Staat etwas an?

Herrn Maier, Chef eines Schreinereibetriebes, sind die langen Urlaubszeiten seiner Angestellten seit Langem ein Dorn im Auge. Er hält sie für zu lang. Also verkündet er seinen acht Mitarbeiterinnen und Mitarbeitern, dass er vorhat, den Jahresurlaub von bisher 24 Arbeitstagen auf 20 Werktage und für Auszubildende auf 22 zu verkürzen. Er hält das im Rahmen seiner unternehmerischen Freiheit für möglich und findet nicht, dass das den Staat etwas angeht. Hat er recht?

Artikel 1 Grundgesetz
(1) Die Würde des Menschen ist unantastbar. Sie zu achten und zu schützen ist Verpflichtung aller staatlichen Gewalt.

2 Aus welchen Gründen greift der Staat in die Wirtschaft ein? Erkläre sie in jeweils einem klaren Satz.

3 Zwischen Parteien und Politikern kommt es immer wieder zu Auseinandersetzungen, wenn es um die Herstellung sozialer Gerechtigkeit und der staatlichen Mitgestaltung des Wirtschaftslebens geht. Überlege, warum das so ist.

4 Zur Frage, ob Urlaub den Staat etwas angeht, kannst du die passende Antwort finden, indem du im Internet recherchierst. Gib dazu den Suchbegriff „gesetzlicher Mindesturlaub" ein, informiere dich und finde eine Erklärung, die Herrn Maier überzeugt.

4 Warum haben wir statt der freien eine soziale Marktwirtschaft?

Besonderheiten der sozialen Marktwirtschaft visualisieren

„Freie Marktwirtschaft": Das hört sich sehr positiv an. Wie es in Wirklichkeit mit dieser Freiheit aussah, wird deutlich, wenn wir einen Blick in die Vergangenheit werfen. Stellt euch einen Tag in Deutschland um 1880 vor. Wir befinden uns in der Zeit der Industrialisierung. Große Fabriken entstehen. Von England ausgehend hat die Wirtschaftsordnung der *freien Marktwirtschaft* auch Deutschland erfasst.
Was bedeutete Freiheit in der Zeit dieser Wirtschaftsordnung?

A Ein Tag in Deutschland um 1880

Zur Situation der Kinder

Eltern berichten: „Kaum sind die Kinder so weit herangewachsen, dass ihre Kräfte zur Verrichtung einer Arbeit auszureichen scheinen, so werden sie von den Eltern in die Fabriken gesandt oder sie sitzen neben dem Webstuhl, den ganzen Tag mit Spulen beschäftigt. Die Stunden, welche die Kinder nicht dem Schulunterricht zu widmen haben, sind sie genötigt, in den Wohnungen ihrer Eltern zu verbringen; diese zwingen sie, die Zeit mit Arbeiten jeder Art, die einen Gewinn abwerfen, auszufüllen, und sind leider auch durch den Drang der Umstände darauf angewiesen, streng darauf zu halten, weil es dem Haupt der Familie höchst selten möglich ist, allein den Lebensunterhalt für die ganze Familie zu erwerben …"

(Aus: Ruth Hoppe: Dokumente zur Geschichte der Lage des arbeitenden Kindes in Deutschland von 1700 bis zur Gegenwart, Berlin 1969, S. 57ff.)

Zur Situation der Frauen

Die Fabrikarbeiterin Ottilie Baader berichtet:
Die wirtschaftliche Entwicklung brachte es mit sich, dass immer mehr Frauen aus der Familie gerissen und in die Fabriken, Werkstätten, auf die Bauten, in die Landarbeit, die Kohlengruben gedrängt wurden. […] Sie arbeiteten für viel geringeren Lohn als die Männer und beeinflussten so die Lebenshaltung der Arbeiterklasse auf das Allerschlimmste. Das Unternehmertum aber begriff sehr schnell, dass trotz der niedrigen Löhne die weibliche Arbeitskraft meist nicht geringer als die der männlichen Arbeiter war, der Profit dadurch also deutlich erhöht wurde."

(Aus: Ottilie Baader: Ein steiniger Weg (1921), zitiert nach: Wolfgang Emmerich (Hg.): Proletarische Lebensläufe, Bd. 1, Reinbek 1974, S. 268f.)

Zur Situation der Fabrikarbeiter

Der Arbeiterführer Julius Wahlsieg berichtet über die Zeit in seinen Lebenserinnerungen:
„Es war nur ein sehr kleiner Teil der Arbeiter, welcher die allernotwendigsten Lebensbedürfnisse einigermaßen befriedigen konnte, die ungeheure Mehrzahl war tatsächlich auf das Niveau der Arbeitstiere herabgedrückt. In den Fabriken wurde in der Regel von früh sechs bis abends acht Uhr gearbeitet. Es gab eine Mittagspause von einer halben Stunde und halbstündige Pausen für Frühstück und Vesper. Der Lohn reichte für den geschicktesten, bestbezahlten Arbeiter nicht aus, um, sofern er unverheiratet war, ein eigenes Zimmer zu mieten. […] Die Pflege des Körpers wurde genauso vernachlässigt wie die des Geistes. Die Nahrung war schlecht. Der Genuss von vielem trockenem Brot verursachte außer den anderen Übelständen besonders Sodbrennen, das man durch Kreideessen bekämpfte. Zur Reinlichkeit fehlte jede Gelegenheit; es waren keine 25 Pfennig wöchentlich übrig, um regelmäßig ein Bad zu nehmen."

(Nach: Franz Josef Furtwängler: Die Gewerkschaften, Rowohlt Verlag, Reinbek 1956)

1 Beschreibe die Situation, in der die große Mehrheit der arbeitenden Menschen sich befand.

B Freie und soziale Marktwirtschaft

Die Situation in der Zeit der freien Marktwirtschaft

In der Zeit des Wandels von der bäuerlichen Gesellschaft zur Industriegesellschaft im 19. Jahrhundert bildete sich in Deutschland und in anderen europäischen Staaten die Wirtschaftsordnung der freien Marktwirtschaft heraus. Die theoretische Begründung dazu lieferte der schottische Ökonom Adam Smith (1723–1790). Er ging davon aus, dass die Wirtschaft am besten funktioniert, wenn man das Marktgeschehen sich selbst überlässt. Charakteristisches Merkmal der freien Marktwirtschaft ist der freie und nach größtmöglichem Gewinn strebende Unternehmer. Der Staat schafft günstige Bedingungen für einen uneingeschränkten Wettbewerb und garantiert mit seinen Gesetzen die unternehmerische Freiheit. Ansonsten hält er sich weitgehend aus dem Wirtschaftsgeschehen heraus.
Die Folge waren große soziale Ungerechtigkeiten. Der Staat sah es nicht als seine Aufgabe an, besondere Schutz- oder gar Mitwirkungsrechte für die lohnabhängig Beschäftigten zu schaffen. Ein Fabrikbesitzer konnte in seinem Unternehmen frei schalten und walten. Er bestimmte allein über die Arbeitszeiten, Arbeitsbedingungen und die Höhe der Löhne. Sein Einfluss ging so weit, dass Arbeiterinnen und Arbeiter seine Erlaubnis einholen mussten, wenn sie heiraten wollten.

Entstehung und Merkmale der sozialen Marktwirtschaft

In der Zeit nach dem Zweiten Weltkrieg wurde in der Bundesrepublik Deutschland das System der sozialen Marktwirtschaft eingeführt. Das theoretische Konzept dazu lieferte der deutsche Wirtschaftswissenschaftler Alfred Müller-Armack. Seine Grundthese lautete: „Sinn der sozialen Marktwirtschaft ist es, das Prinzip der Freiheit des Marktes mit dem des sozialen Ausgleichs zu verbinden.“ Freiheit muss mit sozialer Gerechtigkeit verbunden werden. Ludwig Erhard, der erste Wirtschaftsminister der neu gegründeten Bundesrepublik, setzte das Konzept in die Praxis um.
In der sozialen Marktwirtschaft bleibt der freie Wettbewerb und das Recht auf Privateigentum an Produktionsmitteln (= Fabriken, Maschinen etc.) erhalten. Der Staat greift aber viel weiter in das Wirtschaftsgeschehen ein, als es in der freien Marktwirtschaft der Fall war. Insbesondere übernimmt er eine Schutzfunktion gegenüber den Bürgern und besonders gegenüber den sozial schwach gestellten Menschen. Die Verwirklichung einer umfangreichen Sozialgesetzgebung gehört untrennbar zur sozialen Marktwirtschaft.
Für die Gestaltung der Arbeitswelt wurde eine Fülle gesetzlicher Regelungen geschaffen mit der Funktion, die Arbeitnehmerinnen und Arbeitnehmer zu schützen und den sozialen Frieden zu bewahren. Wichtige Regelungen sind zum Beispiel die gesetzlichen Sozialversicherungen, der Kündigungsschutz, die Mitbestimmung der Arbeitnehmer, Mutterschutz, Jugendarbeitsschutz, das Verbot von Kinderarbeit und die gleichberechtigte Integration von Menschen mit einer Behinderung in das Arbeitsleben.

Die „Rauchplage“ wurde zum allgemeinen Übel der Industrielandschaft. Aus London erfahren wir, dass dort in einer Woche im Februar 1880 allein 1557 Menschen an einer Erkrankung der Atemwege starben.

2 Was sind wichtige Merkmale der sozialen Marktwirtschaft von heute? Notiere sie.

3 Worin bestehen die Unterschiede zwischen der sozialen Marktwirtschaft heute und der freien Marktwirtschaft im 19. Jahrhundert? Erläutere sie.

4 Sucht gemeinsam nach Gründen, warum die Wirtschaftsordnung des 19. Jahrhunderts kein Modell für die Gegenwart sein kann.

C Was sind die besonderen Merkmale der sozialen Marktwirtschaft?

Auf dieser Doppelseite sind grundlegende Merkmale der sozialen Marktwirtschaft mithilfe von Fotos visualisiert. Ihr könnt sie und die erläuternden Texte für eine Sammlung der Merkmale benutzen. Empfohlen wird, sie in Form eines Clusters zu notieren. Dazu gruppiert ihr Stichworte oder kurze Erklärungen um das zentrale Thema herum. Den Cluster und die Fotos könnt ihr als Grundlage für eine mündliche Erklärung benutzen.

1

Niemand schreibt einem Unternehmen vor, welche Produkte es auf dem Markt anbietet – also welche Blumen, welche Jeans, welche Autos. Einschränkend gilt, dass Produkte in Fragen der Sicherheit, des Gesundheitsschutzes und der Umweltverträglichkeit zahlreiche gesetzliche Auflagen erfüllen müssen. Der Unternehmer hat die Chance des Gewinns, trägt aber auch das Risiko des Verlusts, wenn sein Angebot am Markt bzw. vom Verbraucher nicht angenommen wird. Unternehmerfreiheit, Unternehmensrisiko, Angebots- und Konsumfreiheit sind Grundpfeiler der sozialen Marktwirtschaft.

2

Das Foto zeigt die Arbeitnehmerschaft in einem Großbetrieb bei der Wahl ihres Betriebsrates. Betriebliche Mitbestimmung ist ein weiteres Merkmal der sozialen Marktwirtschaft. Gewerkschaften und die Arbeitgeberorganisationen können selbstständig Vereinbarungen zum Ausgleich ihrer unterschiedlichen Interessen treffen. Soziale Marktwirtschaft will mithilfe von gesetzlichen Regelungen die Beschäftigten in den Unternehmen vor Ausbeutung schützen. In diesem Merkmal unterscheidet sie sich grundlegend von der freien Marktwirtschaft in der Zeit der Industrialisierung.

3

Gewerbefreiheit gehört zu den Grundmerkmalen der sozialen Marktwirtschaft ebenso wie die Tatsache, dass die meisten Unternehmen in privater Hand sind. Das gilt auch für den „rollenden Fastfoodladen" auf dem Foto. Der Betreiber des Ladens kann sich – wie alle anderen privaten Unternehmer auch – auf das im Grundgesetz garantierte Recht auf Privateigentum berufen. Allerdings schreibt Artikel 14 des Grundgesetzes auch vor, dass Privateigentum dem Wohl der Allgemeinheit zu dienen habe. Einschränkend gilt weiterhin, dass die Gründung zahlreicher gewerblicher Betriebe an bestimmte Voraussetzungen geknüpft ist.

4

Zu den Wesensmerkmalen der sozialen Marktwirtschaft gehören alle Maßnahmen, die einen Ausgleich schaffen zwischen der wirtschaftlichen Freiheit auf der einen Seite und dem Schutz der Menschen auf der anderen Seite. Gesetze gewähren Mutterschutz, Kinder- und Jugendschutz, Elternzeit und Elterngeld, Kindergeld u. a. Sozialpolitik soll sich in besonderer Weise auf Fördermaßnahmen für die sozial Schwachen konzentrieren. Dazu gehören oft Alleinerziehende, Frauen und Kinder. Über das System der gesetzlichen Sozialversicherung sind Arbeitnehmerinnen und Arbeitnehmer, aber auch alte Menschen, Kranke, Pflegebedürftige und Arbeitslose vor allzu großer materieller Not geschützt. Ausgaben für soziale Leistungen sind der größte Posten bei der Verwendung der eingenommenen Steuern in Deutschland (und in anderen Ländern mit sozialer Marktwirtschaft). In der sozialen Marktwirtschaft stehen die Wirtschaftsordnung und der Sozialstaat in einer untrennbaren Verbindung zueinander.

5

Wettbewerbssicherung gehört zu den grundlegendsten Aufgaben des Staates in der sozialen Marktwirtschaft. Warum das so wichtig ist, erklärt der folgende Textauszug: […] „Um dem lästigen Wettbewerb zu entgehen, lassen sich die Unternehmen einiges einfallen. Sie kaufen Konkurrenten auf. Sie verschenken ihre Produkte, um die Konkurrenz in die Pleite zu treiben. Und wenn das nicht hilft, sprechen sie die Preise mit anderen Anbietern ab. Solche Aktionen zu verhindern, ist Aufgabe des Staates. Er ist damit gut beschäftigt. In Deutschland gibt es gleich drei Einrichtungen, die den Wettbewerb schützen sollen: das Kartellamt, die Monopolkommission und die Bundesnetzagentur. Ihre Aufgabe ist wichtig. Keinesfalls dürfte der Staat den Wettbewerb von den Unternehmen aushebeln lassen. Denn Konkurrenz bringt Fortschritt und Wohlstand in die Wirtschaft. Wenn der Wettbewerb gut funktioniert, bewirkt dies, dass Autos, Ananas und anderes so billig angeboten werden, wie es nur geht – das hat der österreichische Ökonom Friedrich August von Hayek betont. Er sagt: Wie billig ein Gut sein kann, das lässt sich überhaupt erst durch Wettbewerb ermitteln. […]

So merken auch die Verbraucher erst, wie billig sich eine Ananas produzieren und nach Deutschland schaffen lässt, wenn sich mehrere Hersteller gegenseitig um das Geschäft reißen. […]

Wer etwas Neues erfindet, hat im Wettbewerb einen Vorteil und wird belohnt. Deshalb strengen sich die Unternehmen beim Entwickeln und beim Bauen an."

(Aus: Rainer Hank: Was Sie schon immer über Wirtschaft wissen wollten, Frankfurter Allgemeine Buch, Frankfurt a. M. 2008, S. 155 f.)

1 Fünf, sechs oder gar sieben besondere Merkmale der sozialen Marktwirtschaft solltest du nach dem Lesen der Texte nennen können.

2 Warum gehört Wettbewerbssicherung zu den grundlegenden Aufgaben des Staates? Erkläre es.

3 Worin besteht der Zusammenhang zwischen sozialer Marktwirtschaft und Sozialstaat? Erläutere ihn mithilfe eines Beispiels.

4 Denkt einmal an die Produktion von Kleidung oder von Lebensmitteln. Warum und für wen kann hier der Wettbewerb auch zu Nachteilen führen?

5 Wie sozial soll die soziale Marktwirtschaft sein?

Diskutieren über Steuern und soziale Gerechtigkeit

Eine Einstiegsübung für alle:
Nach Abitur und Studium und ersten Berufsjahren beziehst du in deinem Beruf ein monatliches Gehalt in Höhe des Durchschnittsgehaltes in Deutschland – nämlich 3 500 Euro brutto (Stand 2015). Welchen Anteil davon würdest du freiwillig an den Staat abgeben, wenn du über die Höhe deiner Lohnsteuer selbst entscheiden könntest? Notiere die Summe und vergleiche mit deinen Tischnachbarn.

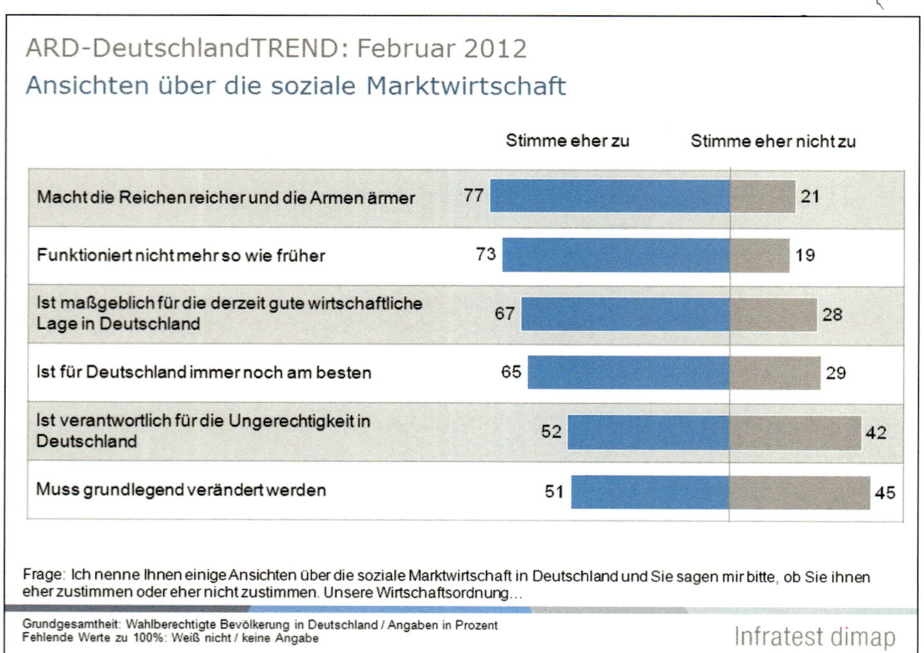

A Wachsende Kluft zwischen Arm und Reich

Die Kluft zwischen Arm und Reich in Deutschland ist der Industriestaaten-Organisation OECD zufolge heute größer als vor 30 Jahren. Verdienten die reichsten zehn Prozent der Bevölkerung Mitte der 1980er-Jahre fünf Mal so viel wie die ärmsten zehn Prozent, liege das Verhältnis heute bei 7:1, hieß es in einem am Dienstag veröffentlichten Arbeitspapier. Die OECD fordert die Politik in diesem zum Gegensteuern auf. […]
„Wachsen und gedeihen werden vor allem jene Länder, die alles daransetzen, dass ihre Bürger von klein auf gleiche Chancen haben." Eine Umverteilung von oben nach unten mittels Steuern und Transfers sei nicht zwangsläufig wachstumsschädlich, solange entsprechende Maßnahmen zielgenau angewandt werden. Eine solche Verteilungspolitik müsse sich vor allem auf Familien mit Kindern sowie auf junge Menschen konzentrieren und deren Lernchancen verbessern.

(Aus: Kluft zwischen Arm und Reich wächst, Artikel vom 09.12.2014, in: Wirtschaftswoche, Autorenkürzel dpa/rtr, im Internet unter: www.wiwo.de; Zugriff: 10.02.2015)

1 Wie fallen deine Antworten auf die Fragen in der Umfrage aus? Antworte allein, vergleiche deine Antworten, diskutiert miteinander.

S M U H

B Team kontrovers: Welche Politik ist sozial gerecht?

Die Gestaltung der sozialen Marktwirtschaft verpflichtet die Regierungen dazu, für soziale Gerechtigkeit zu sorgen. Gerechtigkeit* ist ein hoher Wert, aber ein schwierig zu definierender Begriff. Seine Ausgestaltung hängt davon ab, was man nach seinen persönlichen Wertvorstellungen für richtig empfindet. Zur Frage, welche Politik sozial gerecht ist, gibt es unterschiedliche Auffassungen. Welcher der folgenden Positionen kannst du dich anschließen?

Position 1:
Grundprinzip Solidarität
Für ein Höchstmaß an sozialer Gerechtigkeit sorgt der Staat, wenn er keine große Kluft zwischen armen und reichen Menschen im Land duldet. Ziel sozial gerechter Politik ist eine relativ gleiche Verteilung des Wohlstands. Sind die sozialen Unterschiede zu groß, muss der Staat für eine Umverteilung sorgen. Solidarität lautet das Grundprinzip der Politik. Das bedeutet, dass alle füreinander einstehen. Wohlhabende geben einen großen Teil ihres Reichtums in Form von Steuern und Sozialbeiträgen ab. Mit diesem Geld wird ein umfangreiches System sozialer Hilfen finanziert, das den Geringverdienern zur Verfügung steht. Diese Auffassung wird auch als *Wohlfahrtsstaat* und als *skandinavisches Modell* bezeichnet.

* Weitere Erklärungen zum Begriff Gerechtigkeit findet ihr im Glossar.

Position 2:
Grundprinzip Eigenverantwortung
Sozial gerecht ist eine Politik, die den Bürgerinnen und Bürgern ein Höchstmaß an Freiheit lässt und ihnen möglichst wenig Steuern und Sozialabgaben abverlangt. Dazu gehört auch die Freiheit, selbst zu entscheiden, ob, wie viel und für wen man von seinem Reichtum an andere abgibt. Eigenverantwortliches Handeln ist hier das Grundprinzip von sozialer Gerechtigkeit. Wer mehr leistet als andere, soll mehr besitzen. Wer arm ist, muss alles tun, um sich selbst aus der Armut zu befreien. Der Staat sichert mit geringen Sozialleistungen nur das blanke Überleben. Den Reichen Geld abzunehmen, um es an die Armen zu verteilen, wird als eher ungerecht empfunden. Diese Auffassung wird auch als *amerikanisches Modell* bezeichnet.

Position 3:
Grundprinzipien Eigenverantwortung plus Solidarität
Sozial gerecht geht es zu, wenn Chancengleichheit besteht und wenn der Staat dafür sorgt, dass alle Menschen unabhängig von ihrer Herkunft gleiche Bildungs- und Aufstiegsmöglichkeiten haben. Staatliche Hilfen sollen vor allzu großer materieller Not schützen und den Betroffenen ein menschenwürdiges Leben ermöglichen. Sie dürfen aber nicht so hoch ausfallen, dass den Betroffenen der Anreiz genommen wird, von sich aus aktiv zu werden. Wohlhabende werden stärker als Geringverdiener vom Staat zur Kasse gebeten. Sie dürfen aber nicht zu sehr mit Steuern und Abgaben belastet werden. Soziale Gerechtigkeit entsteht aus einer Kombination von Solidarität und Eigenverantwortung.

2 Ordne die folgenden drei Begriffe den Positionen 1, 2 und 3 zu: Leistungsgerechtigkeit, Chancengerechtigkeit, Verteilungsgerechtigkeit.

3 Notiere und begründe, welcher Position du dich anschließen kannst.

4 Vergleicht eure Ergebnisse. (Das kann in Kleingruppen geschehen.)

5 Stellt eure Positionen vor und diskutiert in der Klasse.

Was auch noch interessant sein kann:
- andere zu ihrer Vorstellung von sozialer Gerechtigkeit befragen und davon berichten

C Wie kann der Staat die Einkommensunterschiede beeinflussen?

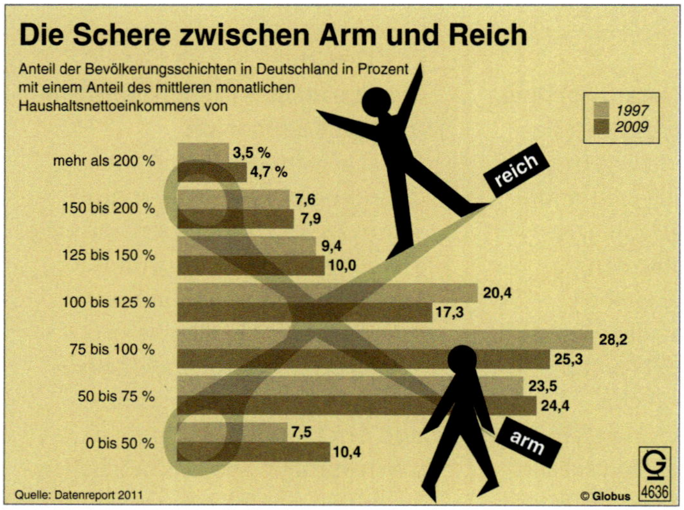

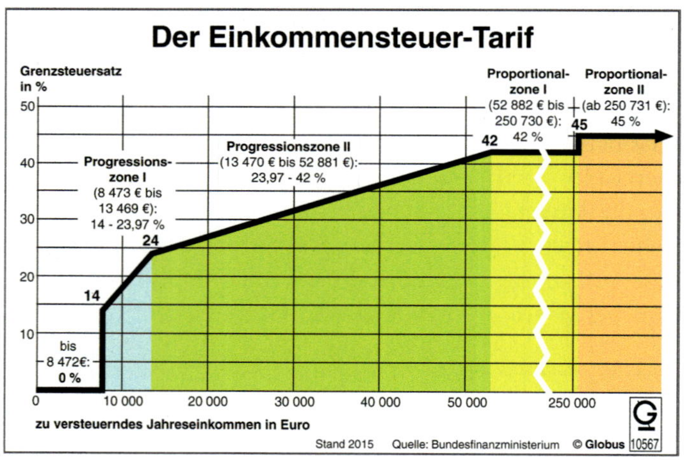

1 Steuern, Steuerpolitik, Grundsätze der Steuergerechtigkeit: Beschreibe, was man darunter versteht.

2 Warum sind die Lohn- und Einkommensteuer besonders wichtig und besonders umstritten? Erkläre es.

3 Was sagen die beiden Schaubilder über die Einkommensverteilung in Deutschland aus? Fasst wichtige Informationen daraus mit wenigen Sätzen zusammen.

Beispiel: Steuerpolitik

Steuern sind Zwangsabgaben der Bürger an den Staat. Wer sie nicht bezahlt, macht sich strafbar. Es gibt viele unterschiedliche Steuern, die alle der Erzielung von Einnahmen zur Finanzierung der vielfältigen öffentlichen Aufgaben dienen. Von besonderer Wichtigkeit sind die Lohn- und Einkommensteuer. Zusammen bilden sie eine der größten Einnahmequellen des Staates. Darüber hinaus hat der Staat als Gesetzgeber mit der Festlegung der Höhe dieser Steuerarten die Möglichkeit, die Verteilung zwischen Reichtum und Armut in der Gesellschaft direkt zu beeinflussen.
Die Lohnsteuer ist der Anteil, den der Arbeitgeber direkt vom Brutto-Lohn an das Finanzamt abführt. Einkommensteuer zahlen Selbstständige. Sie müssen dazu von sich aus dem Finanzamt ihre Einnahmen mitteilen.
Der Staat kann die Steuersätze für Wohlhabende erhöhen oder senken, er kann die Geringverdiener von der Lohnsteuer befreien oder auch von ihnen einen Anteil an der Finanzierung des Gemeinwesens erwarten. Wie er mit dieser Möglichkeit umgeht, hängt stets davon ab, welche Vorstellung von Steuergerechtigkeit dahintersteht. Steuerpolitik kann Wahlen entscheiden. Sie gehört daher unter Politikern, Parteien und den Bürgern im Land zu den besonders kontrovers diskutierten politischen Themen.

Grundsätze der Steuergerechtigkeit

Zum Problem der Steuergerechtigkeit hat das Bundesverfassungsgericht zwei Grundsätze verbindlich formuliert:
Erstens: Gleiches muss gleich besteuert werden. Wer eine DVD oder einen Computer kauft, muss Mehrwertsteuer bezahlen – egal, ob er Schüler, Priester, Sängerin oder Lehrer ist.
Zweitens: Die Höhe der Lohn- und Einkommensteuer muss die Verhältnisse berücksichtigen, in denen jemand lebt. Diejenigen, die es sich leisten können, müssen bei diesen Steuern mehr bezahlen als diejenigen, die sich finanziell ohnehin schon stark einschränken müssen.
Wie groß die Unterschiede sein dürfen, darüber gibt es keine Festlegung, aber sehr unterschiedliche Ansichten.

D Team kontrovers: Wer soll wie viel Einkommensteuer bezahlen?

Wie lässt sich die Steuerlast von berufstätigen Menschen mit unterschiedlichem Einkommen sozial gerecht verteilen? Das ist die schwierige Frage, um die es hier geht. Stellt euch folgende Situation vor: In der Rolle des Staates habt ihr zu entscheiden, wie die benötigte Steuer möglichst gerecht auf das Einkommen der sechs ausgewählten Personen verteilt werden soll. Ihr habt die Möglichkeiten A, B oder C.
Tipp: Setzt euch in Gruppen zusammen und bearbeitet die Aufträge 1 bis 3 gemeinsam.

A Freibeträge für Geringverdiener

Wer unter der Freigrenze von gut 8000 Euro Verdienst jährlich bleibt, zahlt überhaupt keine Steuer vom Lohn. Ab dieser Summe steigt die Steuerlast progressiv an von 15 bis 45 Prozent. Niemand zahlt mehr als die Hälfte. Das entspricht in etwa der Regel in Deutschland.

B Fester Prozentsatz für alle

Sozial gerecht ist es, wenn alle einen Prozentsatz ihres Jahreseinkommens an den Staat abführen. Alle zahlen zum Beispiel 25 Prozent. So zahlt die Studentin real wenig und das Topmodel real viel.

C Alle ein wenig, Topverdiener viel

Sozial gerecht ist es, wenn jeder den Beitrag zum Steueraufkommen leistet, den er verkraften kann. So können die Studentin und die Verkäuferin zum Beispiel 5 Prozent bezahlen, die Fabrikantin etwa 50 und das Topmodel bis zu zwei Dritteln.

Hinweis zur Einstiegsübung für alle: Berufstätigen Singles in Deutschland mit einem Bruttomonatsverdienst von 3500 Euro verbleiben im Durchschnitt etwa 2000 Euro netto (ca. 500 Euro Lohnsteuer, 700 Euro Sozialabgaben).

Hugo Ferring,
36 Jahre, verheiratet,
kein Kind
Rechtsanwalt
Jahreseinkommen etwa 50000 €

Nadja Sündchen,
25 Jahre, ledig
Topmodel
Jahreseinkommen etwa 12 Millionen €

Sigrid Jahn,
32 Jahre, ledig
Textilfabrikantin
Jahreseinkommen etwa 250000 €

Mirco Smiatek,
24 Jahre, ledig
Profi-Fußballer
1. Bundesliga
Jahreseinkommen (geschätzt) 2 Millionen € plus Prämien

Viktor Orlow,
46 Jahre, verheiratet,
2 Kinder
Tischlermeister
Jahreseinkommen etwa 30000 €

Franziska Salz,
27 Jahre, ledig
Verkäuferin in einem Schuhgeschäft
Jahreseinkommen etwa 20000 €

Sandrine Mathieu,
23 Jahre, ledig
Studentin, jobbt zur Finanzierung ihres Studiums als Kellnerin und Telefonistin
Jahreseinkommen etwa 6500 €

So könnt ihr vorgehen:

1. Berechnet für A, B und C, was das für die einzelnen Personen bedeuten würde.
2. Diskutiert in der Gruppe und entscheidet euch für eine der Möglichkeiten.
3. Stellt eure Gruppenentscheidung samt Begründung in der Klasse vor.

Was noch interessant sein kann:

- Planung einer Diskussionsrunde in Form eines Rollenspiels mit den sieben Personen, Thema: *Welche Möglichkeit der Besteuerung halte ich für sozial gerecht?*

6 Welche Rollen spielen Banken, Unternehmen, Staat und Ausland?

Die Rolle der Akteure mithilfe eines Modells erklären

Eine Einstiegsübung für alle:

SINKENDES WIRTSCHAFTSWACHSTUM IN CHINA GEFÄHRDET ARBEITSPLÄTZE IN KÖLN

So und ähnlich finden wir häufig Schlagzeilen in der Tagespresse. Wie kann das eine mit dem anderen zusammenhängen? Suche nach einer möglichen Erklärung.

A Familie Modus im Wirtschaftskreislauf

Hier sehen wir Familie Modus.
Herr Modus arbeitet bei einem großen Automobilhersteller in Köln. Von diesem **Unternehmen** bezieht die Familie ein monatliches Gehalt. Mit diesem Geld bestreitet die Familie ihren **Haushalt** und kauft bei anderen Unternehmen die Dinge des täglichen Bedarfs ein. Einen Teil ihres Einkommens zahlen die Modus' in Form von Steuern an den **Staat**. Im Gegenzug erhalten sie vom Staat auch etwas zurück, zum Beispiel das Kindergeld für die Tochter Mia. Die Familie spart für ein neues Auto und zahlt dafür monatlich eine feste Sparsumme auf ein Konto einer örtlichen **Bank** ein. Der Automobilkonzern, bei dem Herr Modus arbeitet, exportiert Autos ins **Ausland**. Die dafür gezahlten Preise tragen zum Umsatz und zum Gewinn des Unternehmens bei. Dass die Wirtschaft in China schwächelt, bereitet Familie Modus Sorgen. Es kann dazu führen, dass weniger Autos nach China exportiert werden und dass der Arbeitsplatz von Herrn Modus dadurch gefährdet ist.

Das Modell des Wirtschaftskreislaufs

Im Wort Modell steckt der lateinische Begriff *Modulus*. Er bedeutet so viel wie Muster oder Abbild. Modelldarstellungen haben die Funktion, etwas abzubilden, was in der Wirklichkeit existiert. An den Lebensumständen der Familie Modus kann man erkennen, dass sich die Familie in einem Kreislaufsystem befindet. Weil dieses System in seiner grundlegenden Struktur auch auf viele Millionen andere Familien zutrifft, ist es sinnvoll, die Zusammenhänge und Abhängigkeiten in Form eines Modells darzustellen, dem Modell des Wirtschaftskreislaufs.

Zum Modell des Wirtschaftskreislaufs gehören fünf Sektoren (= Bestandteile):
- die Unternehmen,
- die privaten Haushalte,
- der Staat,
- die Banken,
- das Ausland.

1 Familie Modus befindet sich in einem globalen Netzwerk. Erkläre, warum das so ist.

B Die Sektoren im Wirtschaftskreislauf

Sektor 1: Die Unternehmen

Sie versorgen über die Märkte die privaten Haushalte mit Waren und Dienstleistungen und bieten Arbeitsplätze an. Sie erhalten Geld für ihre Leistungen und zahlen Geld in Form von Löhnen. An den Staat zahlen sie Geld in Form von Unternehmenssteuern und Sozialabgaben. Unternehmen finanzieren ihre Investitionen oft über Bankkredite. In guten Zeiten legen sie Gewinne als Bankrücklagen an.

Sektor 2: Die Haushalte

Sie erwerben von den Unternehmen Waren und Dienstleistungen und bezahlen diese mit dem Geld, das sie in Form von Löhnen für ihre Arbeitsleistung erhalten. Sie zahlen Steuern an den Staat und erhalten im Bedarfsfall staatliche Sozialleistungen. Bei den Banken können sie ihre Ersparnisse anlegen und Kredite beantragen.

Sektor 3: Der Staat

Er beeinflusst den Wirtschaftskreislauf in mehrfacher Hinsicht. Von den Unternehmen und den privaten Haushalten kassiert er Steuern und Sozialabgaben. Diese fließen in Form von Staatsausgaben wieder in den Kreislauf zurück. Der Staat erteilt Aufträge an Unternehmen zu Forschungszwecken und zum Bau von Straßen, Schulen etc. Er unterstützt Unternehmen mit Subventionszahlungen. Den größten Anteil der Staatsausgaben machen die Kosten für Sozialausgaben aus, die an die privaten Haushalte fließen. Diese Übertragungen der staatlichen Einnahmen in Ausgaben werden als Transferleistungen bezeichnet (transferieren = übertragen). Einen großen Teil der Einnahmen muss der Staat zur Tilgung seiner Schulden verwenden.

Sektor 4: Die Banken

Eine Bank ist ein Unternehmen, das mit Geld handelt. Sie kauft Geld in Form von Spareinlagen ein. Als Gegenleistung zahlt sie den Anlegern Zinsen aus. Sie verwendet die Einlagen, indem sie Kredite verkauft. Der Gewinn entsteht dabei aus der Differenz zwischen dem höheren Kredit-Zins und dem niedrigeren Spareinlagenzins. Banken treten selbst als Kunden anderer Unternehmen auf, indem sie Wertpapiere erwerben, von denen sie sich eine Wertsteigerung erwarten. Bankenkrisen entstehen, wenn eine Bank sich mit diesen Geldgeschäften verspekuliert, weil sich die gekauften Papiere als wertlos erweisen. Käme es zum schlimmsten Fall, könnte dann die Bank die Spareinlagen nicht mehr zurückzahlen.

Sektor 5: Das Ausland

Äpfel aus Neuseeland, Sportartikel aus Vietnam, Computer aus Taiwan, Spielzeug aus China, Unterhaltungselektronik aus Japan – einen Großteil der Waren des täglichen Ge- und Verbrauchs beziehen wir aus dem Ausland. In umgekehrter Richtung wird der größte Teil der in Deutschland produzierten Waren als Exportware verkauft. Die internationalen Handelsbeziehungen bilden im Wirtschaftskreislauf einen wichtigen eigenen Sektor und dieser hat für Deutschland eine größere Bedeutung als für jedes andere Land in der Welt. Geldströme in kaum vorstellbarer Höhe fließen für den Import von Waren aus dem nationalen Wirtschaftskreislauf ab und im Gegenzug für Exporte wieder in den Wirtschaftskreislauf hinein.

2 Wähle eine der folgenden Aufgaben aus. Formuliere die Antworten und tausche dich darüber mit anderen Schülern aus.

Tipp: Ihr könnt auch Dreiergruppen bilden und euch so die Arbeit teilen.

- „Ich erkläre die Rolle der Unternehmen und der privaten Haushalte im Wirtschaftskreislauf und erläutere, wie diese beiden Sektoren miteinander zusammenhängen."
- „Ich erkläre die Rolle des Staates im Wirtschaftskreislauf und stelle vor, wie der Staat mit den übrigen Sektoren in Verbindung steht."
- „Ich stelle vor, wie Banken Gewinn erwirtschaften und warum sie so wichtig für die anderen Sektoren sind. Außerdem erläutere ich, warum der Sektor Ausland für die deutsche Wirtschaft besonders bedeutsam ist."

Ein Modell als Erklärungshilfe benutzen

Thema: Wirtschaftskreislauf

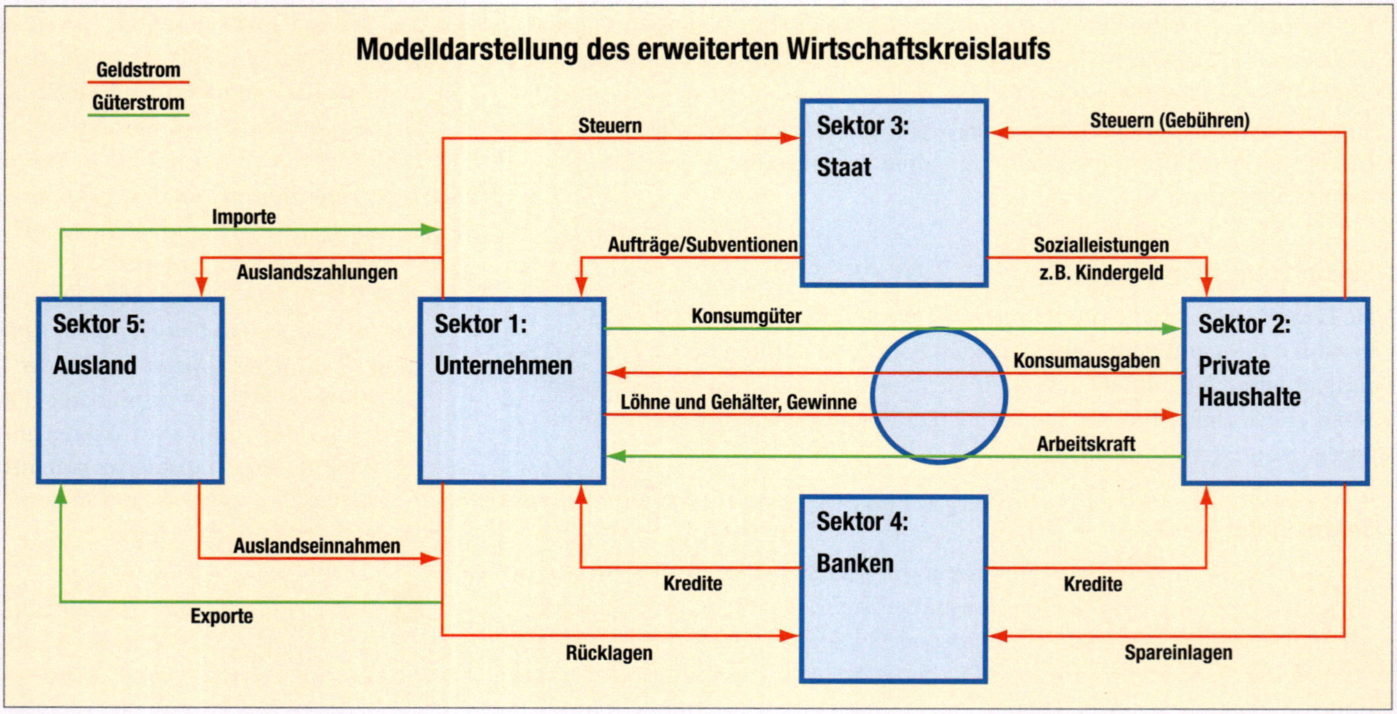

Worum geht es?

Modelle müssen erklärt werden, damit man sie versteht. Sie lassen ja ganz bewusst einen Teil der notwendigen Informationen weg, die der Erklärende dann wieder hinzufügen muss. Wer z. B. in der Zeitung liest, dass die Europäische Zentralbank eine Zinssenkung beschlossen hat, um die Wirtschaft in Europa anzukurbeln, kann diese Information in sein Modell vom Wirtschaftskreislauf einordnen. So kann er viel leichter die Folgen für die Unternehmen, die Haushalte, den Staat, den Handel mit dem Ausland ableiten als jemand, der das Modell des Wirtschaftskreislaufes nicht kennt.

Wie kannst du bei der Erklärung vorgehen?

- Wähle einen Ausgangspunkt im Modell, von dem aus du mit deiner Erklärung beginnst. Willst du zum Beispiel erklären, welche Auswirkung eine Erhöhung des Kindergeldes hat, solltest du vom Sektor *Staat* ausgehen. Geht es um eine Preiserhöhung für Wirtschaftsgüter, nimmst du den Sektor *Unternehmen* als Ausgangspunkt.
- Veranschauliche deinen Zuhörern immer, an welcher Stelle des Modells du dich gerade befindest.
- Denke daran, dass die Folgen eines Ereignisses in der Wirtschaft nicht mit hundertprozentiger Sicherheit vorausgesagt werden können. Betone bei deiner Erklärung, dass es sich bei der Darstellung der Folgen eines Ereignisses um eine Erwartung und nicht um eine sichere Feststellung handelt.

- Vergleicht mehrere Erklärungen und überlegt dann gemeinsam, welche die wahrscheinlichste ist.

C Wir erklären die Folgen wirtschaftlich bedeutsamer Ereignisse

Ereignis	1 Unternehmen	2 Haushalte	3 Staat	4 Banken	5 Ausland
Beispiel 1: Der Staat beschließt eine Steuersenkung für Löhne und Gehälter.	☺ *profitieren, weil die privaten Haushalte mehr Geld zur Verfügung haben und daher mehr einkaufen können.*	☺ *profitieren, weil sie weniger Steuern zahlen müssen und daher mehr Geld zur Verfügung haben.*	☹ *verzichtet auf einen Teil seiner Staatseinnahmen und muss eventuell Leistungen kürzen oder noch mehr Schulden aufnehmen.*	☺ *profitieren, wenn die Haushalte mehr Geld haben. Es wird mehr gespart und es werden größere Anschaffungen ins Auge gefasst.*	☺ *profitiert, weil auch Importgüter stärker nachgefragt werden.*

Angenommen, dass …

Beispiel 1: Der Deutsche Bundestag plant eine Erhöhung der Mehrwertsteuer. Das ist die Steuer, die bei jedem Kauf von Waren und Dienstleistungen fällig wird und daher einen Teil des Preises ausmacht (19 Prozent des Kaufpreises in Deutschland 2015).

Beispiel 2: Die deutschen Autohersteller starten eine Preisoffensive. Im Durchschnitt sinken die Preise für Neuwagen je nach Hersteller um 10 bis 25 Prozent.

Beispiel 3: Deutsche Windkraftanlagen werden zu einem Verkaufsschlager. Auch im Ausland ist man sehr am Kauf deutscher Produkte interessiert.

Beispiel 4: Die Europäische Zentralbank senkt den Leitzins. Das ist der Zins, den Banken bezahlen müssen, wenn sie sich zusätzliches Geld besorgen. Die Banken geben die niedrigeren Zinsen an ihre Kunden weiter. Sie senken sowohl die Zinsen für Kredite als auch die Zinsen für Spareinlagen.

Euer Auftrag:
Hier erhaltet ihr vier Beispiele für wirtschaftlich bedeutsame Ereignisse. Überlegt, welche Folgen diese für die fünf Sektoren im Wirtschaftskreislauf haben können. Beschreibt dazu die von euch erwarteten Folgen für jeden der Sektoren in kurzen Sätzen. Entscheidet, ob die Folge eher positiv ☺ oder eher negativ ☹ zu bewerten ist. Benutzt das ausgearbeitete Beispiel zum Ereignis Steuersenkungen als Orientierung.

So könnt ihr vorgehen:

- Einzelarbeit:
  Skizziert die fünf Sektoren auf einem Blatt. Wählt zwei der vier Beispiele aus. Beschreibt die möglichen Folgen.
- Gruppenarbeit:
  Stellt eure Überlegungen in Kleingruppen vor. Einigt euch auf gemeinsame Lösungen.
- Präsentation:
  Stellt eure Annahmen in der Klasse vor. Vergleicht mehrere Vorschläge.

Kompetenzstationen

Die Bedeutung der sozialen Marktwirtschaft

Station 1 Marktwirtschaft – Wie funktioniert das?

Zusammenhänge erklären

„Wie ist es möglich, dass bei meinen Einkäufen nahezu immer alle Waren vorhanden sind, und zwar genau dann, wenn ich sie brauche?“

- Erkläre dieser jungen Frau die Zusammenhänge so, dass sie auch versteht, was *Marktwirtschaft* bedeutet.

Station 2 Wie werden Preise gemacht?

Herr Kleinschmidt beklagt sich: „Ich will im Sommer eine Urlaubsreise machen und habe im Katalog eine schöne 14-tägige Pauschalreise nach Mallorca entdeckt. Im März kostet sie 590 Euro und im August, in dem Monat, in dem ich reisen will, 1180 Euro. Gleiches Hotel, gleiche Leistung. Diese Preisunterschiede verstehe ich nicht.“

- Erkläre Herrn Kleinschmidt die Preisunterschiede. Verwende dabei die Begriffe Markt, Angebot, Nachfrage, Preisbildung so, dass Herr Kleinschmidt die Zusammenhänge versteht.

Station 3 Warum greift der Staat in die Wirtschaft ein?

2 aus 4

- Wähle zwei der folgenden Stichworte aus.
- Begründe anhand deiner Auswahl, warum der Staat in die Wirtschaft eingreift.

Ordnung schaffen

Aktive Mitgestaltung

Sozialer Schutz

Sicherung des Wettbewerbs

Station 4 Warum haben wir statt der freien eine soziale Marktwirtschaft?

S M U H

- Erkläre diesem Herrn, dass es vielen Menschen in der Zeit der freien Marktwirtschaft keineswegs besser ging als heute. (Du kannst dazu von der Situation der Fabrikarbeiterinnen und Fabrikarbeiter um 1880 berichten.)

Station 5 Wie sozial soll die soziale Marktwirtschaft sein?

S M U H

Drei Ansichten zum Thema sozial gerechte Politik

1. Sozial gerecht ist die Politik, wenn der Staat dafür sorgt, dass es keine große Kluft zwischen Arm und Reich gibt.
2. Sozial gerecht ist die Politik, wenn der Staat möglichst wenig in die sozialen Verhältnisse eingreift.
3. Sozial gerecht ist die Politik, wenn Reiche mehr Steuern zahlen als andere und wenn es staatliche Hilfen für Eltern, Kinder und Menschen in Not gibt.

- Entscheide, welcher dieser Ansichten du zustimmst.
- Begründe deine Wahl möglichst überzeugend.

Station 6 Welche Rolle spielen Banken, Unternehmen, Staat und Ausland?

S M U H

Das Modell des Wirtschaftskreislaufs

1. Wähle eines der folgenden Ereignisse zur Bearbeitung aus.
2. Beschreibe dann die Auswirkungen, die dieses Ereignis aller Wahrscheinlichkeit nach auf die fünf Sektoren im Wirtschaftskreislauf haben wird.

Möglichkeit 1: Der Staat erhöht die Einkommensteuer.
Möglichkeit 2: Die Autohersteller in Japan senken die Preise aller Marken.
Möglichkeit 3: Die Banken in Deutschland senken die Kreditzinsen für ihre Kunden.

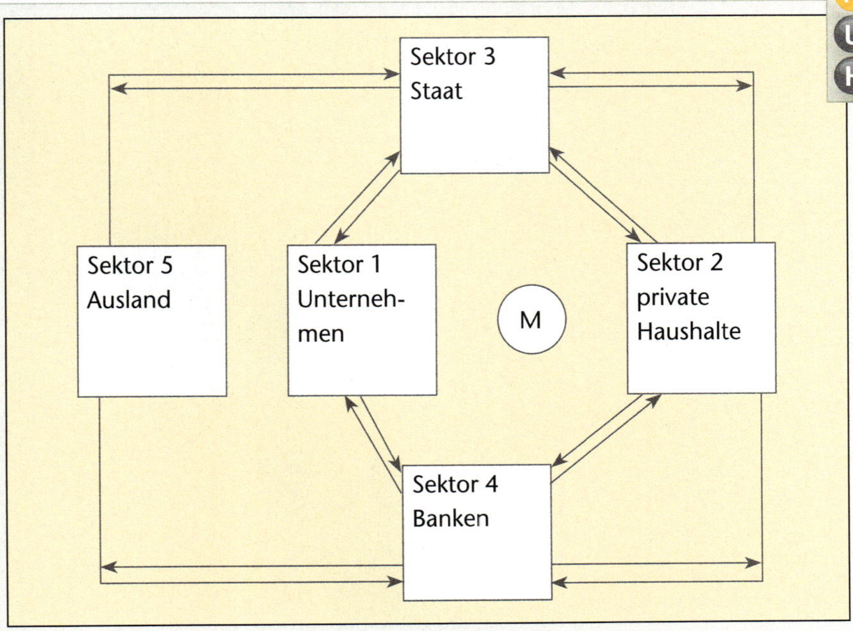

Soziale Sicherung heute und morgen

6

Wie viel Schutz kann der Staat den Menschen bieten?

1. Allein nachdenken

Was braucht ein Mensch, um sozial sicher leben zu können?

2. Zu zweit beraten

Was für einen Staat stellt ihr euch vor, wenn ihr das Wort „Sozialstaat" hört?

3. In der Klasse sammeln

Sozialstaat Deutschland:
Was soll er bieten?
Was soll er fordern?

Im Verlauf dieses Kapitels könnt ihr …

- erklären, was junge Leute mit dem Sozialstaat zu tun haben,
- darstellen, wie das System der sozialen Sicherung funktioniert,
- Texte mit Informationen über den Sozialstaat in Schaubilder umwandeln,
- darüber diskutieren, ob der Sozialstaat in Deutschland für soziale Gerechtigkeit sorgt.

Eigene Schwerpunkte könnt ihr setzen, indem ihr …

- eigene Vorstellungen von der Zukunft des Sozialstaates entwickelt und euch darüber austauscht,
- überlegt, welche staatlichen Möglichkeiten der Armutsbekämpfung sinnvoll sind.

1 Sozialstaat in Deutschland: Geht das Jugendliche etwas an?

Merkmale der sozialen Sicherung erklären

Eine Einstiegsübung für alle:
„Soziale Sicherung, Sozialstaat – das sind Themen für Rentner, Kranke, Notleidende, Arbeitslose, aber doch nicht für Jugendliche." So oder ähnlich äußern sich manchmal junge Leute.
- Wie denkst du darüber? Tauscht dazu eure Gedanken aus.

A Beispiele

Katja hatte Pech

Sie wollte doch nur diesen kleinen Felsen hinaufklettern. Ganz vorsichtig trat sie von einem Vorsprung zum anderen. Doch dann rutschte sie mit dem rechten Fuß ab. Ihre Hände verloren den Halt und Katja stürzte zwar nur zwei Meter tief, aber das reichte für eine Gehirnerschütterung und den komplizierten Bruch eines Handgelenks. Eine Woche lang musste Katja im Krankenhaus bleiben. Drei Wochen fehlte sie an ihrem Ausbildungsplatz zur Hotelkauffrau. Die ärztlichen Behandlungskosten übernahm Katjas Krankenversicherung fast vollständig, obwohl die Behandlung mehrere Tausend Euro kostete.

Karina ist happy

Sie hat es geschafft, den Ausbildungsplatz zur IT-Systemkauffrau zu bekommen, den sie sich so sehr gewünscht hat. Wenn man sie fragt, ob sie in einer guten sozialen Gemeinschaft lebt, sagt sie „Ja" und denkt dabei an ihre Familie, ihre Freunde und auch schon an ihre neuen Arbeitskolleginnen und -kollegen. Karina ist aber auch Teil eines „sozialen Netzes". Der Staat kümmert sich um sie, obwohl Karina das kaum bemerkt. Wie alle anderen Azubis auch ist sie in der Sozialversicherung pflichtversichert. Alles, was mit der Anmeldung dazu zusammenhängt, hat ihr Arbeitgeber für sie erledigt. Vor Beginn der Ausbildung musste Karina eine ärztliche Bescheinigung vorlegen, dass sie für den Beruf geeignet ist. Die ärztliche Untersuchung dazu war kostenlos.

Joca ist stolz

Als Auszubildender zum Mechatroniker wurde er bei den Betriebsratswahlen in die Jugend- und Ausbildungsvertretung seines Betriebes gewählt. Nun hat er die Aufgabe, die Interessen aller Azubis zu vertreten. Unter anderem kümmert sich Joca darum, dass die Bestimmungen des Jugendarbeitsschutzgesetzes von den Ausbildern und der Geschäftsleitung eingehalten werden. Wenn Joca seinen Großeltern erzählt, wie weit die gesetzlichen Schutzbestimmungen für die Azubis in seinem Betrieb reichen, können die nur anerkennend staunen.

1 Erläutere, was Katja, Karina und Joca mit dem Sozialstaat zu tun haben.

B Gesetzliche Regelungen zum Schutz Jugendlicher in Schule und Ausbildung

Pflichtversicherungen für Auszubildende

Als Auszubildender ist man automatisch Mitglied der Sozialversicherung und erlebt zum ersten Mal, was das konkret bedeutet. Vom ersten Tag der Ausbildung an besteht Versicherungsschutz. Der ist zwar nicht kostenlos, aber die Arbeitnehmer müssen ihre Beiträge für die Renten-, Arbeitslosen-, Kranken- und Pflegeversicherungen nicht allein finanzieren. Arbeitgeber und Arbeitnehmer teilen sich die Beiträge jeweils zur Hälfte. Eventuelle Zusatzbeiträge der Krankenkasse muss der versicherte Arbeitnehmer selbst tragen. Die Beiträge für die Unfallversicherung übernimmt allein der Arbeitgeber. Die Arbeitnehmeranteile werden direkt vom Lohn abgezogen. Der Arbeitgeber überweist das Geld zusammen mit seinem Anteil an die Sozialversicherungsträger.

Jugend- und Auszubildendenvertretung (JAV)

Auszubildende sind keine billigen Hilfskräfte, sondern haben das Recht auf eine Ausbildung unter genau festgelegten Bedingungen. Bei Schwierigkeiten sollten sie zunächst mit dem Ausbilder oder der Jugend- und Auszubildendenvertretung sprechen. Die JAV achtet darauf, dass die für Jugendliche und Auszubildende relevanten Gesetze, Tarifverträge und Betriebsvereinbarungen im Unternehmen eingehalten werden.

Jugendarbeitsschutzgesetz

Das Jugendarbeitsschutzgesetz bewahrt 15- bis 18-Jährige vor Arbeit, die für sie gefährlich oder ungeeignet ist. Es bestimmt zum Bespiel die maximale Dauer der täglichen Arbeitszeit, die Anzahl der Wochenstunden und den Anspruch auf Urlaub. Jeder Jugendliche unterliegt der Schulpflicht. Die Schule hat immer Vorrang. Auszubildende müssen deshalb für ihren Berufsschulunterricht freigestellt werden.

Schutz in Kita, Schule und Universität

Kinder in Tageseinrichtungen, Schüler sowie Studierende fallen unter die Schülerunfallversicherung. [...] Neben dem Schulunterricht stehen zum Beispiel Schulausflüge, Schulreisen, Sport und andere Veranstaltungen ebenfalls unter dem Versicherungsschutz. Die Leistungen reichen, wie bei der Unfallversicherung für Arbeitnehmer, von Heilbehandlungen über Rehabilitation bis zur lebenslangen Rente.

Kündigungsschutz

Der Kündigungsschutz bewahrt Arbeitnehmer vor willkürlichen und sozial ungerechten Entlassungen. Arbeitgebern bietet er ebenfalls Sicherheit, denn auch die Mitarbeiter müssen sich an die gesetzlich geregelten Fristen und Formalitäten halten. [...] Für Auszubildende besteht ein besonderer Kündigungsschutz.

(Alle Texte aus: Sozialpolitik – ein Heft für die Schule, hrsg. von der Arbeitsgemeinschaft Jugend und Bildung e.V. in Zusammenarbeit mit dem Bundesministerium für Arbeit und Soziales, Ausgabe 2015/2016)

Ausbildungsförderung (BAföG)

Das Bundesausbildungsförderungsgesetz ist die finanzielle Hilfe, die sich hinter der Abkürzung „BAföG" verbirgt, eine Ausbildungsförderung, die jährlich von über 600 000 Studierenden und 300 000 Schülern in Anspruch genommen wird. [...] Das Ziel dieser Sozialleistung ist ein zügiger Abschluss des Studiums bzw. der schulischen Ausbildung, um schnell und effektiv ins Berufsleben einzusteigen. Der BAföG-Anspruch besteht grundsätzlich für ein Studium oder eine schulische Ausbildung. [...] Der aktuelle Höchstsatz beim BAföG beläuft sich auf 670 Euro und gilt für einen auswärtig untergebrachten Studenten.

(Aus: www.bafoeg-aktuell.de; Zugriff: 10.01.2016, © Pikay Media GmbH & Co. KG)

2 Stelle zusammen, welche Hilfen der Staat speziell für junge Leute anbietet. (Das geht auch zu zweit.)

3 Was entgegnet ihr Leuten, die davon überzeugt sind, sie hätten mit dem Thema „soziale Sicherung" nichts zu tun? Übt die Beantwortung in Partnerarbeit ein.

Was auch noch interessant sein kann:

- Jugendarbeitsschutzgesetz visualisieren: Die aktuelle Fassung des Gesetzes kannst du im Internet einsehen und daraus wichtige Bestimmungen in einer Übersicht zusammenstellen.

C Hilfen für Jugendliche mit Behinderung

Der Fall: Stefan passt ins Team

Stefan Eichenberg hat große Lernschwierigkeiten und leidet zudem seit einigen Jahren stark an Diabetes. Die Schule hat er ohne Abschluss verlassen. Da war die Ausbildung zum Gartenbauhelfer beim niedersächsischen Pflanzenschutzamt in Hannover eine große Chance für ihn. Die Ausbildung hat er erfolgreich abgeschlossen und wurde sogar vom Pflanzenschutzamt übernommen. Mittlerweile hat er seinen Arbeitsplatz gewechselt und arbeitet unbefristet für einen Gärtnerbetrieb in Niedersachsen. Hier ist er schnell von seinen neuen Kollegen akzeptiert worden. Stefan selbst mag die abwechslungsreiche Arbeit und fühlt sich rundum wohl. Sein Chef schätzt Stefans Arbeitswillen und seine Hilfsbereitschaft. Er und seine Kollegen nehmen auf Stefans Beeinträchtigung Rücksicht. So dürfen die Aufgaben nicht zu komplex sein und aufgrund seiner Zuckerkrankheit braucht Stefan extra Pausen zum Insulinspritzen. Letztlich aber, so der Chef, muss es „wie bei jedem Arbeitnehmer einfach passen“.

Berufsausbildung mit Behinderung

Nach dem Berufsbildungsgesetz haben Jugendliche mit Behinderung grundsätzlich Anspruch auf eine reguläre Berufsausbildung. Wenn sie zusammen mit Jugendlichen ohne Behinderung ausgebildet werden, haben sie bessere Chancen, vom Betrieb übernommen und auf dem allgemeinen Arbeitsmarkt beschäftigt zu werden. Nach Angaben des Bundesinstituts für Berufsbildung bewertet etwa die Hälfte der Betriebe, die Jugendliche mit Behinderung ausbilden, ihre Erfahrungen als positiv.
Bei der Ausbildung für einen anerkannten Ausbildungsberuf werden die besonderen Verhältnisse von Menschen mit Behinderung berücksichtigt. Dies gilt vor allem für Zeit und Aufbau der Ausbildung, Dauer der Prüfungszeiten, Zulassung von Hilfsmitteln und für Hilfeleistungen wie Gebärdensprachdolmetscher. Wenn eine Regelausbildung wegen einer Behinderung nicht möglich ist, kann ein sogenannter Fachpraktikerberuf erlernt werden. Dafür gibt es besondere Ausbildungsregelungen. Für Jugendliche mit Lernschwierigkeiten werden zum Beispiel praktische Ausbildungs- und Prüfungsinhalte stärker betont als theoretische. Umgekehrt können bei körperlichen Behinderungen bestimmte praktische Anteile weggelassen werden.

Gleiche Chancen

In Artikel 3 des Grundgesetzes heißt es: „Niemand darf wegen seiner Behinderung benachteiligt werden.“ Außerdem gibt es ein spezielles Gesetz zur Gleichstellung von Menschen mit Behinderung. Damit sollen Diskriminierungen beseitigt und ein selbstbestimmtes Leben ermöglicht werden. So müssen zum Beispiel neue öffentliche Gebäude behindertengerecht geplant werden. Arbeitgeber mit mindestens 20 Arbeitsplätzen sind gesetzlich verpflichtet, wenigstens fünf Prozent der Arbeitsplätze mit schwerbehinderten Menschen zu besetzen. Wer diese Quote nicht erfüllt, muss eine Abgabe zahlen.

(Aus: Sozialpolitik – ein Heft für die Schule, hrsg. von der Stiftung Jugend und Bildung in Zusammenarbeit mit dem Bundesministerium für Arbeit und Soziales, Ausgabe 2015/2016, S. 22 f.)

1 Stefan fühlt sich „rundum wohl“ an seinem Arbeitsplatz. Erläutere, welche Umstände dazu beitragen.

2 Welche gesetzlichen Regelungen zum Schutz der Menschen mit Behinderung werden in den Texten genannt? Notiere sie.

3 Ein Grundrecht lautet, dass niemand wegen einer Behinderung benachteiligt werden darf. Ist dieses Recht deiner Ansicht nach erreicht? Formuliere deine Stellungnahme und stelle sie vor.

D Soziale Sicherung

1 Erkläre, was man unter Sozialpolitik, den gesetzlichen Sozialversicherungen und der Sozialhilfe versteht.

2 Begründe, warum sowohl Solidarität als auch Eigenverantwortlichkeit von grundlegender Bedeutung für den Sozialstaat sind.

3 Suche Leistungen aus dem Schaubild heraus, die für Familien mit Kindern von Bedeutung sind.

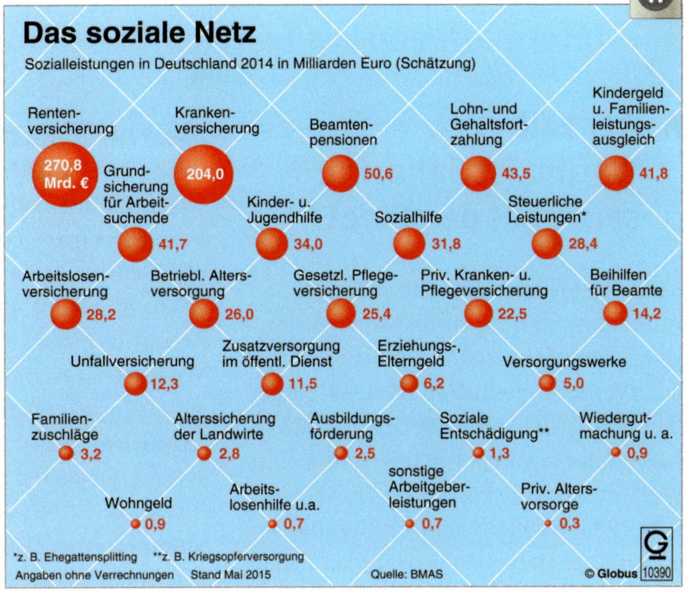

Die Bundesrepublik Deutschland ist ein demokratischer und sozialer Bundesstaat. (Artikel 20, Satz 1 des Grundgesetzes)

Deutschland ist ein Sozialstaat. Dieses grundlegende Merkmal des Staates ist im Grundgesetz festgelegt. Die Grundidee des Sozialstaates ist, dass die Menschen füreinander einstehen. Sie bilden eine Solidargemeinschaft, in der die Gesunden Verantwortung für die Kranken übernehmen und die Starken für die Schwachen. Im Sozialstaat übernimmt der Staat die Pflicht, für den sozialen Schutz seiner Bürgerinnen und Bürger zu sorgen und ihnen ein menschenwürdiges Leben zu ermöglichen. Er strebt eine Politik an, die die Herstellung sozialer Gerechtigkeit zum Ziel hat.

Bausteine der Sozialpolitik

Unter Sozialpolitik versteht man alle Maßnahmen, die die Menschen in Risikosituationen schützen. Die Grundbausteine der Sozialpolitik bilden die gesetzlichen Sozialversicherungen. Fünf Versicherungsarten gehören dazu: die Arbeitslosenversicherung, die Krankenversicherung, die Rentenversicherung, die Pflegeversicherung und die Unfallversicherung.
Vom ersten Tag des Berufslebens an sind alle Auszubildenden in einer betrieblichen Ausbildung in diesem System pflichtversichert. Mit regelmäßigen Beiträgen finanzieren die Arbeitnehmerinnen und Arbeitnehmer die Versicherungsleistungen etwa zur Hälfte selbst und erwerben so einen persönlichen Anspruch für den Schadensfall.
Sozialpolitik umfasst mehr als den gesetzlichen Versicherungsschutz. Elterngeld, Wohngeld und anderes mehr sind weitere staatlich finanzierte Bausteine, die der sozialen Sicherung dienen. Ein wichtiger Baustein ist auch die Sozialhilfe. Sie steht nur Menschen zu, die dem Arbeitsmarkt nicht zur Verfügung stehen und sich in einer Notlage befinden, die sie aus eigener Kraft nicht bewältigen können. Die Sozialhilfe ist das letzte Auffangnetz im System der sozialen Sicherung.
Gesetze zum Schutz der Menschen am Arbeitsplatz und zur betrieblichen Mitbestimmung sind ebenfalls ein Bestandteil von Sozialpolitik. Sie sind Bestandteil des Systems der sozialen Marktwirtschaft.

Solidarität und Eigenverantwortlichkeit

Das sind die beiden grundlegenden Prinzipien, auf denen das System der sozialen Sicherung beruht.
Solidarität bedeutet, dass Menschen zusammenhalten und sich gegenseitig beschützen und dass der Staat ihnen eine Verantwortung für alle Mitglieder der staatlichen Gemeinschaft abverlangt.
Eigenverantwortlichkeit heißt, dass man nicht untätig bleiben darf und den Staat für sich sorgen lässt. Jeder Mensch ist verpflichtet, alles zu unternehmen, um sich aus eigener Kraft aus einer sozialen Notlage zu befreien. In diesem Bemühen wird er von der Gemeinschaft unterstützt.

2 Was leistet die Sozialversicherung?

Informationen aus Texten in Schaubilder umwandeln

A Der Fall: Warum ist Sandrine sauer auf den Staat?

Sandrine M. ist enttäuscht. In ihrem Ausbildungsvertrag zur Industriekauffrau steht, dass sie im ersten Lehrjahr 721,00 Euro Vergütung erhalten wird. Als dann das erste selbst verdiente Geld auf das neu eröffnete Girokonto überwiesen wird, ist die Ernüchterung groß. Gerade 570,49 Euro stehen auf dem Kontoauszug auf der Haben-Seite. Hat man sich in der Personalabteilung geirrt? Die Gehaltsabrechnung bringt Klarheit.

Zu Hause spricht Sandrine mit ihrem Vater

Sandrine: Warum muss ich 150,51 Euro für Versicherungen bezahlen? Ich habe doch gar nichts unterschrieben. Ich sehe auch nicht ein, dass ich mit siebzehn Jahren schon Rentenversicherung bezahlen soll. Dafür ist doch später noch Zeit genug; ich denke, ich werde das kündigen.

Vater: Du kannst keine von diesen vier Versicherungen kündigen. Du unterliegst nämlich der gesetzlichen Versicherungspflicht. Per Gesetz sind alle Arbeitnehmer dazu verpflichtet, Vorsorge zu treffen für Krankheit, Alter, Arbeitslosigkeit und für den Pflegefall.
Sandrine: Das ist ein schöner sozialer Schutz, wenn ich alles selbst bezahlen muss.
Vater: Stimmt nicht. Die Beiträge zu den Pflichtversicherungen zahlst du nur zur Hälfte. Die andere Hälfte legt dein Arbeitgeber drauf. Die Unfallversicherung, die dich auf dem Weg zum und am Arbeitsplatz schützt, zahlt der Arbeitgeber sogar allein. Und das alles reicht noch immer nicht aus, um die Riesensummen aufzubringen, die insgesamt in unserer Gesellschaft für die Altersversorgung, Gesundheitspflege und Arbeitslosenunterstützung aufgebracht werden müssen. Viele Milliarden müssen aus dem allgemeinen Steueraufkommen hinzugezahlt werden.
Sandrine: Ich sehe überhaupt nicht ein, dass ich mit 17 schon auf Geld wegen einer Rente verzichten muss, die vielleicht einmal in 50 Jahren fällig wird. Heute könnte ich das Geld viel besser gebrauchen. Später, wenn ich alt sein werde, habe ich wahrscheinlich nicht mehr so viele Wünsche.
Vater: Das sagt sich jetzt so leicht. Denk mal daran, dass die Rentner von heute auch einmal 17 Jahre alt waren. Irgendwann wirst du einsehen, dass es gut war, zur Vorsorge verpflichtet zu sein.
Sandrine: 71 Euro und 74 Cent Rentenversicherung und den gleichen Anteil nochmal vom Arbeitgeber dazu. Das kommt mir verdammt viel vor. Da muss doch später einmal genug Geld angespart sein, um meine Rente zu finanzieren. Und trotzdem höre ich überall, dass die Jungen sich Sorgen um ihre soziale Absicherung machen.
Vater: Die soziale Rentenabsicherung wird wohl bleiben, aber nicht in der Höhe, wie sie bisher staatlich garantiert werden konnte. Das Problem ist einerseits, dass weniger Kinder geboren werden, die später Rentenbeiträge einzahlen, andererseits hat das Problem eigentlich auch eine schöne Seite. Du und deine Generation, ihr habt eine viel höhere Lebenserwartung als die Menschen früher und heute in meinem Alter. Die Leute beziehen schon heute viele Jahre länger Rente als früher. Das verteuert natürlich die Kosten.
Sandrine: Na, dann will ich hoffen, dass ich später noch lange etwas von dem vielen Geld habe, das ich heute abgeben muss.

	Vergütung brutto:	**721,00 €**
–	Lohnsteuer:	0,00 €
–	Kirchensteuer:	0,00 €
–	Krankenversicherung:	59,12 €
–	Rentenversicherung:	71,74 €
–	Arbeitslosenversicherung:	10,82 €
–	Pflegeversicherung:	8,83 €
=	**auszuzahlender Nettobetrag:**	**570,49 €**

B Die fünf Säulen der gesetzlichen Sozialversicherung

1883 verabschiedete der damalige Reichstag auf Druck der Arbeiterbewegung das erste Krankenversicherungsgesetz. Das war der Einstieg in das System der gesetzlichen Sozialversicherung, dem nach und nach viele Schritte folgten. Heute besteht die gesetzliche Sozialversicherung aus fünf Säulen.

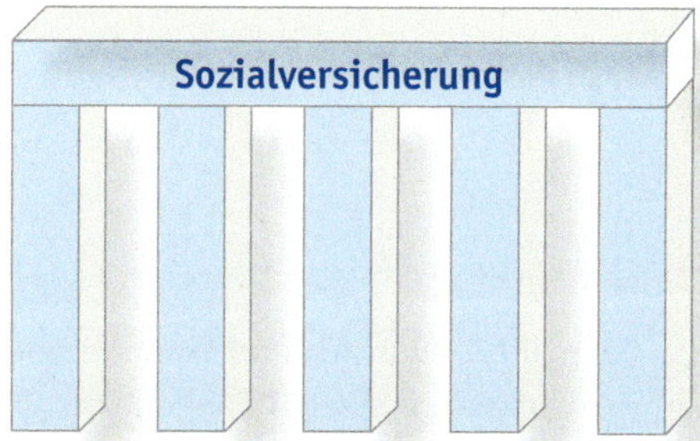

Säule 1: Rentenversicherung

Der größte Posten der Renten sind die Altersrenten. Die Höhe der Renten richtet sich unter anderem danach, wie lange der Beschäftigte gearbeitet und wie viel er verdient hat. Daneben zahlt die gesetzliche Rentenversicherung auch Renten an Hinterbliebene und an kranke Menschen, die schon vor Erreichen des Rentenalters nicht mehr arbeiten können. Vorher unterstützt und zahlt die Rentenversicherung jedoch Reha-Maßnahmen, damit Kranke wieder dauerhaft in die Arbeitswelt eingegliedert werden können.

Säule 2: Krankenversicherung

Jeder muss eine Krankenversicherung abschließen […]. Die Leistungen der Krankenkassen sind gesetzlich festgeschrieben und für alle gleich. Neben den Kosten für Heilbehandlungen trägt die gesetzliche Krankenversicherung auch die Kosten der Vorsorgeuntersuchungen. Krankengeld wird gezahlt, wenn die Lohnfortzahlung des Arbeitgebers wegfällt – längstens für 78 Wochentage derselben Erkrankung in einem Zeitraum von drei Jahren. […]

Säule 3: Arbeitslosenversicherung

Wer seinen Job verliert, bekommt Arbeitslosengeld – und zwar dann, wenn er in den beiden Jahren zuvor mindestens zwölf Monate lang versicherungspflichtig beschäftigt war. Wie lange das Arbeitslosengeld gezahlt wird, hängt vom Alter und von der Beschäftigungsdauer ab. In der Regel wird höchstens ein Jahr lang gezahlt. Wer über 50 Jahre alt ist, erhält bis zu zwei Jahren Arbeitslosengeld. Wer nach dieser Zeit keine neue Arbeit gefunden hat, bekommt Arbeitslosengeld II, auch „Hartz IV“ genannt. […]

Säule 4: Unfallversicherung

Für die gesetzliche Unfallversicherung ihrer Arbeitnehmer müssen Arbeitgeber Beiträge an die Berufsgenossenschaften entrichten. Bei Arbeitsunfällen oder Unfällen auf dem Weg zu oder von der Arbeit zahlt die Unfallversicherung die Heilkosten und die Kosten für die Wiedereingliederung in den Beruf. […] Bei bleibenden Schäden und auch bei Berufskrankheiten zahlt sie eine Rente an den Geschädigten oder bei dessen Tod an die Hinterbliebenen.

Säule 5: Pflegeversicherung

Die gesetzliche Pflegeversicherung wurde am 1. Januar 1995 eingeführt. Sie unterstützt Menschen, die auf Pflege angewiesen sind, und ihre pflegenden Angehörigen. Wie viel der Einzelne bekommt, ist abhängig vom Grad der Pflegebedürftigkeit und davon, ob er zu Hause, ambulant oder im Heim gepflegt wird.

(Alle Texte auf dieser Seite aus: Projekt: Zukunft; Magazin für Schülerinnen und Schüler, hg. von der Stiftung Jugend und Bildung, Ausgabe 2013/2014, S. 8)

* Zum Stichwort Sozialhilfe findest du weitere Informationen im Glossar.

1 Warum ist Sandrines Bruttolohn nicht die Summe, die ihr tatsächlich ausgezahlt wird? Erkläre den Unterschied.

2 Welche fünf Informationen über die gesetzliche Sozialversicherung möchtest du dir langfristig merken? Notiere sie und vergleiche mit einem Lernpartner.

3 Wie viele andere junge Leute auch hat Sandrine keine Lust dazu, schon in jungen Jahren Rentenversicherungsbeiträge zu bezahlen. Bewertest du das als kluge oder als unkluge Einstellung?

Methodenkarte 10

S M U H

Schaubilder erstellen

Thema: Entwicklungen im Sozialstaat

Worum geht es?

Bei allen Entwicklungen und Veränderungen im Sozialstaat spielen Zahlen eine besondere Rolle. Das gilt zum Beispiel, wenn man erklären will, wie sich die staatlichen Leistungen über die Jahre hinweg entwickelt haben, oder zur Veranschaulichung der Veränderungen beim Wohngeld, beim Kindergeld usw. Mit Zahlen gespickte Texte sind schwierig zu lesen. Deshalb stellt man Zahlen gerne in Form von Schaubildern dar. Sie haben den Vorteil, dass sie eine Fülle von Informationen auf begrenztem Raum vermitteln und die dazu notwendigen Zahlenangaben einprägsam visualisieren.

Wie macht man das?

Einfache Schaubilder könnt ihr ganz leicht selbst herstellen. Diagramme sind grafische Darstellungen von Zahlenwerten. Alle gängigen Computerprogramme bieten zu den verschiedenen Diagrammformen die technischen Hilfen an, die man zur Erstellung benötigt. Auch ohne Computer können einfache Diagramme auf kariertem Papier gezeichnet werden.

Schritte zur Vorgehensweise

1. Thema auswählen
   Worüber wollen wir informieren?
2. Informationen sammeln
   Welche Zahlen sollen verwendet werden?
3. Diagrammform wählen (Kreis-, Säulen-, Kurvendiagramm)
4. Schaubild entwerfen und überarbeiten
5. Schaubild präsentieren

Je nach Thema kommen unterschiedliche Diagrammformen infrage.

Kreisdiagramm

Man verwendet einen Kreis zur Herstellung einer Gesamtmenge = 100 Prozent. Die Teilmengen werden dann in Form von Tortenstücken eingezeichnet. Beachtet werden muss, dass die Größe der Tortenstücke dem prozentualen Anteil entspricht.

Säulen- und Balkendiagramm

Verschiedene Zahlenwerte werden mithilfe unterschiedlich großer Säulen verdeutlicht. So lässt sich die Entwicklung eines Wertes durch die Form der Säulen veranschaulichen. Ordnet man die Säulen horizontal an, spricht man von einem Balkendiagramm.

Kurvendiagramm

Hierbei verzichtet man auf Säulen und Balken und zeigt die Entwicklung mit einer Kurve an. Die Linie kann in einem Koordinatensystem verlaufen.

Worauf muss man besonders achten?

Alle Diagramme müssen mit einem Titel versehen sein und die Quelle angeben, aus der die Zahlen stammen. Bei Kurven- und Säulendiagrammen sollte man unterschiedliche Farben verwenden. Achtet bei der Zeichnung der X- und Y-Achse auf die korrekte Beschriftung und Angabe der Maßeinheiten.

Beispiele für Kurven-, Säulen- und Kreisdiagramme:

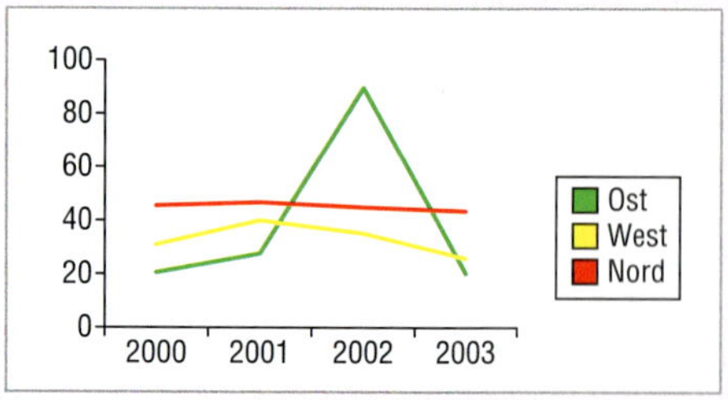

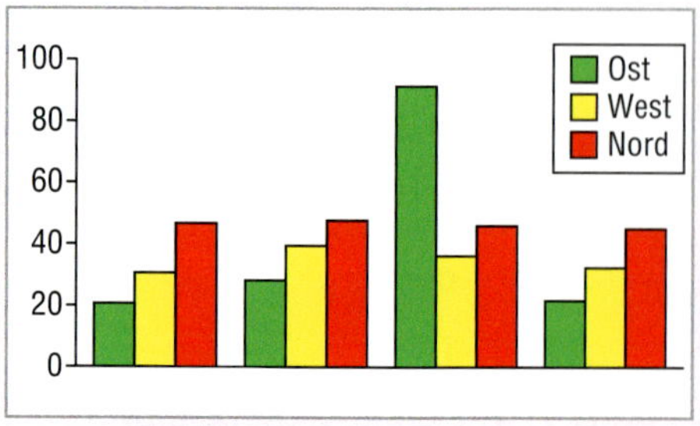

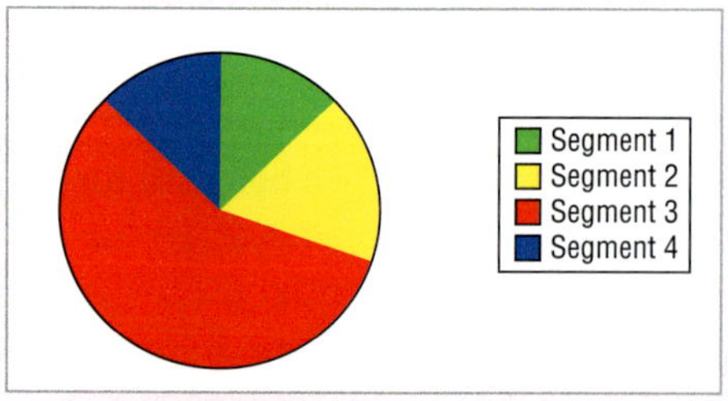

C Wie lassen sich Entwicklungen im Sozialstaat in Schaubildern visualisieren?

Hier erhaltet ihr vier Informationstexte über Entwicklungen und Veränderungen im Sozialstaat Deutschland. Die Informationen daraus sollen in Form von Schaubildem anschaulich visualisiert werden. Ihr könnt zunächst Entwürfe anfertigen, die ihr zu einem späteren Zeitpunkt mithilfe eines Computerprogramms in eine abschließende Form bringen könnt. Für die Entwürfe benötigt ihr Lineal, Zirkel, kariertes Papier und einige Farbstifte.

1 Finanzierung

Die staatlichen Ausgaben zur Finanzierung der Leistungen im Sozialstaat pro Einwohner steigen dramatisch an. 1970 gab der Staat im Durchschnitt 1 380 Euro jährlich pro Einwohner aus, 1980 3 610 Euro, 1991 – ein Jahr nach der Wiedervereinigung – stiegen die Ausgaben auf 5 290 Euro, im Jahr 2000 auf 7 830, 2010 auf 9 680. 2020 können sie nach Expertenschätzungen cirka 11 500 Euro betragen.
Quelle: Bundesministerium für Arbeit und Soziales (BMAS)

2 Kostenverteilung

Die Kosten aller Sozialleistungen werden zu einem großen Teil aus Steuermitteln finanziert. 2013 trug der Bund 27,7 % der Kosten dazu bei, die Gemeinden 9,5 % und die Länder 8,8 %. Aus den Beiträgen zur gesetzlichen Sozialversicherung wurden von der Arbeitnehmerseite 30,4 % finanziert und von der Arbeitgeberseite 26,8 %.
Quelle: Bundesministerium für Arbeit und Soziales (BMAS)

3 Hartz IV

2015 stiegen die Regelsätze für erwachsene Hartz-IV-Empfänger gegenüber 2014 von 391 auf 399 Euro, für 14- bis 18-Jährige in deren Haushalt von 296 auf 302 Euro, für Kinder von 6 bis 13 von 261 auf 267 Euro und für Kinder von 0 bis 5 Jahren von 229 auf 234 Euro.
Quelle: Bundesregierung

4 EU-Vergleich

Im Durchschnitt geben die 28 Mitgliedstaaten der EU 40,2 Prozent ihrer Gesamtausgaben für die soziale Sicherung aus. Überdurchschnittlich hoch sind zum Beispiel die Anteile der Ausgaben in Luxemburg (44,4 %), Dänemark (43,9 %), Finnland (43,1 %), Frankreich (42,9 %), Deutschland (42,6 %) und Schweden (41,9 %). Am niedrigsten in der EU sind die Anteile in Griechenland (32,4 %), Kroatien (30,1 %), der Slowakei (30,1 %) und Zypern (28,6 %).
Quelle: Eurostat 2015; Statistikamt

Euer Auftrag:

- Wählt pro Team einen Text (oder zwei) zur Bearbeitung aus.
- Entscheidet euch für eine Diagrammform.
- Plant den Entwurf.
- Verseht euer Diagramm mit einer Überschrift und der Quellenangabe.
- Überlegt, mit welchen mündlichen Erklärungen ihr das Diagramm vorstellen wollt.
- Präsentiert euer Diagramm inklusive mündlicher Erklärung.

Tipp: Das geht sehr gut in Partnerarbeit.

Notiert am Ende der Übung die 3, 4 oder 5 Zahlen, die ihr euch langfristig merken wollt.

Was auch noch interessant sein kann:

- eine Abstimmung grafisch darstellen – Ermittelt in der Klasse, welche Schülerinnen und Schüler den Sozialstaat in Deutschland für (a) sehr gerecht halten, (b) für einigermaßen gerecht, (c) für eher ungerecht und (d) für völlig ungerecht. Stellt das Befragungsergebnis in einem Schaubild dar.

3 Zukunft des Sozialstaats: Sind wir Jugendlichen die Verlierer des demografischen Wandels?

Über Chancen, Risiken und Vorsorge für das Alter diskutieren

Eine Einstiegsübung für alle:
Es ist zugegeben eine schwierige Übung, sich jetzt schon vorzustellen, wie das sein wird, wenn du alt bist. Versuche es und notiere deine Antwort auf die Frage:

- Was will ich erreicht haben, wenn ich einmal alt bin und in Rente gehe?

A Sorgenkind Generationenvertrag

In Deutschland finanzieren die Arbeitnehmer und Arbeitgeber mit ihren Beiträgen, die sie in die gesetzliche Rentenversicherung einzahlen, die Renten der Rentner von heute. Man spricht daher auch vom Generationenvertrag. Er ist nirgendwo schriftlich festgehalten, sondern vielmehr ein unausgesprochenes gesellschaftliches Abkommen zwischen Jung und Alt. […]

Das Umlageverfahren

Die gesetzliche Rentenversicherung wird seit dem Jahr 1957 über das sogenannte Umlageverfahren finanziert. Das bedeutet, dass das Geld der Beitragszahler direkt für die Zahlung der Renten des nächsten Monats verwendet wird. Ein Rentner erhält sein Altersgeld also aus den Beiträgen, welche die derzeitigen Erwerbstätigen und Arbeitgeber je zur Hälfte im Vormonat gezahlt haben. Wie hoch die Rente ausfällt, hängt davon ab, wie lange der Betreffende vorher berufstätig war und wie viel er verdient und an Beiträgen eingezahlt hat: je länger das Erwerbsleben und je höher der Verdienst, desto höher die Rente. Die Beiträge zur gesetzlichen Rentenversicherung reichen jedoch schon seit längerer Zeit nicht mehr, um alle Renten auszuzahlen. Deshalb muss der Staat zusätzlich Steuergelder als Bundeszuschuss zur Verfügung stellen.

(Aus: Sozialpolitik – ein Heft für die Schule, hrsg. von der Stiftung Jugend und Bildung in Zusammenarbeit mit dem Bundesministerium für Arbeit und Soziales, Ausgabe 2015/2016, S. 30 f.)

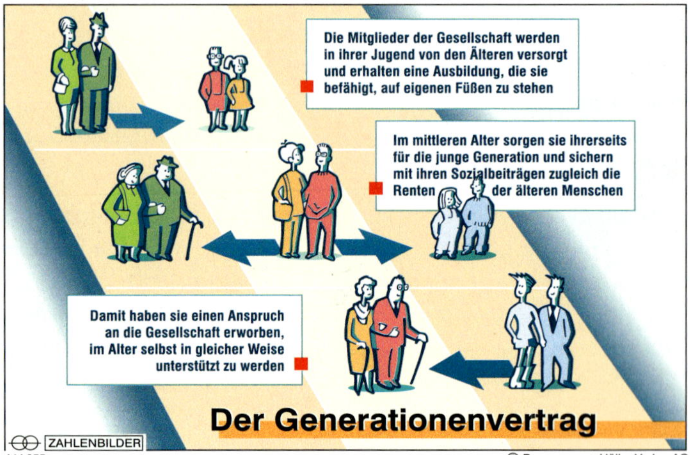

141 055 © Bergmoser + Höller Verlag AG

Demografischer Wandel

Nur 16 von hundert Jugendlichen zwischen 14 und 17 Jahren glauben, dass sie später einmal eine Rente erhalten werden. Das ergab eine Befragung des Emnid-Instituts. Tatsächlich ist die gesetzliche Rentenversicherung seit Langem ein Sorgenkind im System der Sozialversicherungen. Die Ursache für die Krise der Rente hat eigentlich erfreuliche Hintergründe. Die Lebenserwartung steigt und damit auch die Dauer des Rentenalters. Die Zahl der Kinder nimmt ab, weil die Geburtenrate zurückgeht. Insgesamt vollzieht sich ein Prozess der Alterung. Das hat zur Folge, dass die Zahl derjenigen, die Beiträge in die Rentenversicherung einzahlen, zurückgeht, während die Zahl derjenigen steigt, die Anspruch auf eine gesetzliche Rente haben. Diese Veränderung in der Altersstruktur der Bevölkerung wird als *demografischer Wandel* bezeichnet. Unter Demografie versteht man den Altersaufbau einer Bevölkerung. Das bedeutet für die Zukunft: Immer weniger Junge finanzieren die Rente für immer mehr Alte, die noch dazu eine immer längere Lebenserwartung haben.

1 Erkläre mit eigenen Worten, was man unter *Generationenvertrag*, *Umlageverfahren* und *demografischer Wandel* versteht.

B Chancen und Risiken des demografischen Wandels

Die Auswirkung des demografischen Wandels auf die unterschiedlichen Gruppen in der Bevölkerung ist zu einem wichtigen Thema der soziologischen Forschung in Deutschland geworden. Hilmar Schneider, Arbeitsmarktexperte am Institut zur Zukunft der Arbeit in Bonn, sieht vielfältige positive Auswirkungen für die Zukunft junger Leute: „Die Chancen für junge Menschen sind definitiv so gut wie lange nicht mehr.“ Die Alterung der Arbeitskräfte in den Unternehmen und der drastische Anteil junger Menschen an der Gesamtbevölkerung spielen nach seiner Überzeugung der Jugend in die Hände. „Das ist eine riesige Chance für gut qualifizierte junge Arbeitnehmer. Für sie brechen goldene Zeiten an“, so der Experte wörtlich in einem Vortrag vor geladenen Gästen.* Die sinkende Zahl der Bewerberinnen und Bewerber werde bei den Unternehmen zu einem Wettbewerb um gut qualifizierte Arbeitskräfte führen. Junge Leute werden demnach bessere Auswahlmöglichkeiten haben und müssten nicht mehr das erstbeste Angebot annehmen. Als negativ werden die Folgen für unqualifizierte Arbeitskräfte bewertet. Wer in Zukunft keine Qualifikationen vorweisen könne, werde es auch bei einem großen Angebot an Arbeit schwer haben, einen Job zu finden. Weitgehende Einigkeit unter den Expertinnen und Experten besteht darin, dass, bedingt durch den demografischen Wandel, die zukünftigen Arbeitnehmerinnen und Arbeitnehmer eine immer längere Lebensarbeitszeit haben werden. Dies wird als notwendig angesehen, um die Rentenkassen zu entlasten und um den Sozialstaat zukunftsfest zu machen.

JETZT WAR PÄDAGOGISCHES GESCHICK GEFRAGT!..

* Die Zitate von Professor Dr. Hilmar Schneider wurden einem Vortrag in 2011 für das Bundesinstitut für Berufsbildung (bibb) entnommen.

2 Wer profitiert vom demografischen Wandel, wer eher nicht? Beschreibe die Folgen und wäge dabei die Chancen und die Risiken für junge Leute ab.

3 Wie sehen Karikaturisten die Folgen? Wähle eine der beiden Karikaturen aus und deute sie. Verwende in deiner Interpretation die Begriffe Generationenvertrag und Umlageverfahren.

Was auch noch interessant sein kann:

- der demografische Wandel und ich: Verfasse ein Gedicht, eine Erzählung, eine Fotostory oder ein anderes Medium zu diesem Thema.

C TEAM kontrovers: Wie soll die Politik auf den demografischen Wandel reagieren?

S M U H

Was für junge und alte Menschen eine Freude sein sollte, stellt die Politik vor eine große Herausforderung. Wie können zukünftige Renten noch finanziert werden, wenn die Zahl der Beitragszahler sinkt? Mehrere gesetzliche Regelungen sind dazu bereits beschlossen worden. Dazu gehört unter anderem die Kürzung der gesetzlichen Rente. Wer heute in das Berufsleben einsteigt, muss davon ausgehen, dass seine Altersrente nicht mehr ausreichen wird, den bis dahin erreichten Lebensstandard zu sichern. Wer zusätzlich zur gesetzlichen Rentenversicherung eine Privatversicherung abschließt, wird dabei vom Staat unterstützt. Die folgenden Vorschläge sind darüber hinaus Gegenstand heftiger politischer Auseinandersetzungen.

Vorschlag	Bewertung					
• Weitere Verlängerung der Lebensarbeitszeit – Das Renteneintrittsalter wird per Gesetz schrittweise von 67 auf 70 Jahre und vielleicht noch darüber hinaus erhöht.	1	2	3	4	5	6
• Erhöhung der Versicherungsbeiträge – Bisher werden knapp 20 Prozent vom Bruttoarbeitslohn für die gesetzliche Rentenversicherung abgezogen. Davon zahlen Arbeitgeber und Arbeitnehmer je die Hälfte. Da es immer weniger Berufstätige gibt, die in die Rentenkassen einzahlen, muss die Beitragshöhe nach und nach erhöht werden.	1	2 ?	3	4	5	6
• Grundrente – Der Staat garantiert nur noch eine Grundrente, die das absolute Überleben sichert. Für alles, was darüber hinausgeht, muss jeder Einzelne privat Vorsorge treffen.	1	2	3	4	5	6
• Private Vorsorge – Alle Berufseinsteiger schließen zusätzlich zu ihrer Rentenpflichtversicherung eine private Versicherung zur Altersversorgung ab. Sie bezahlen diese aus eigener Tasche und erhalten einen Teil des Geldes als Zuschuss vom Staat.	1	2	3	4 ?	5	6
• Der Staat spart bei der Rentenfinanzierung und verwendet das eingesparte Geld für bessere Schulen und verbesserte Bildungschancen. Eine gute Bildung für alle schützt vor Arbeitslosigkeit und ermöglicht es jedem Einzelnen, eigenverantwortlich Vorsorge für das Leben im Alter zu treffen.	1	2 ?	3	4	5	6
• Staatlich garantierte Mindestrenten – Wer im Berufsleben wenig verdient hat und daher nur einen geringen Rentenanspruch hat, erhält vom Staat eine Zusatzrente, die aus Steuern finanziert wird.	1	2	3	4 ?	5	6
• Altersversorgung als Privatangelegenheit – Der Staat zieht sich völlig aus der Rentensicherung zurück. Wer nicht spart, hat im Alter nichts und muss sehen, wie er zurechtkommt.	1	2	3	4	5	6

3 Allein nachdenken: Sieh dir jeden der Vorschläge an. Überlege, was seine Verwirklichung (a) für dein eigenes Leben und (b) für das aller jungen und alten Menschen bedeutet. Bewerte anhand dieser Kriterien jeden der Vorschläge. Dazu kannst du Noten von 1 bis 6 verteilen.

2 Gemeinsam diskutieren: Formuliere deine eigene Position zur Zukunft der staatlichen Altervorsorge und bringe sie in die Diskussion ein.

Was auch noch interessant sein kann:

- Erwachsene zur Zukunft der Altersrente befragen: Was soll der Staat tun? Was sollte jeder Einzelne für seine Altersversorgung tun?

S
M
U
H

D Sichert Einwanderung nach Deutschland die Zukunft des Sozialstaats?

Als Deutschland 2015 einen dramatischen Anstieg von Flüchtlingen erlebte, kam immer stärker die Frage auf, ob Einwanderung in großem Maße eine Chance für die zukünftige Ausgestaltung des Sozialstaats sei oder eher eine Gefahr.
Ein Kommentar in der Zeitschrift Cicero, Magazin für politische Kultur, bezieht dazu eindeutig Stellung.

Zuwanderung: Ein Geschenk des Himmels?

Egoistisch zu sein, das würde für Deutschland bedeuten, sich über diese Zuwanderung einfach nur zu freuen und sie zu befeuern. Denn würde Deutschland vom Rest der Welt gemieden, würden niedrigere Geburtenraten und steigende Lebenserwartung schnell erhebliche Probleme verursachen: Die Rentenkasse würde sich leeren, die Leistungskraft der Wirtschaft sinken, Städte und Gemeinden schrumpfen und massiv altern. Die hohe Zuwanderung kommt in Demografie-Perspektive wie ein Geschenk des Himmels. Es wandern exakt jene jungen, arbeitswilligen, gut ausgebildeten Menschen zu, die das Land dringend braucht. Darunter sind auch solche, die, um sich eine neue wirtschaftliche Existenz aufzubauen, Jobs annehmen, die andere eher meiden.

(Aus: Christian Schwägerl, Andreas Rinke: Zuwanderung ist ein Geschenk für Deutschland, Artikel vom 23.01.2015; in: Cicero online – Magazin für politische Kultur, www.cicero.de; Zugriff: 01.10.2015)

Kontroverse unter Wissenschaftlern

Eine Studie der Bertelsmann-Stiftung von 2015 kommt zu dem Ergebnis, dass Zuwanderung eine große Chance sei.

Der Sprecher des Wirtschaftsforschungsinstituts Ifo (= Information und Forschung) Hans Werner Sinn kommt zu einer pessimistischeren Einschätzung.

ZEIT ONLINE: Herr Brücker, die Bertelsmann-Stiftung hat in einer Studie errechnet, dass der deutsche Sozialstaat in erheblichem Maße von Zuwanderung profitiert. Überrascht Sie das Ergebnis?
Herbert Brücker: Nein. Es gibt schon sehr lange vergleichbare Rechnungen, die immer zu den Ergebnissen gekommen sind, dass die ausländische Bevölkerung einen positiven Beitrag zur Finanzierung der Sozialsysteme leistet. [...] Zuwanderer kommen meist in einem Alter, in dem sie erwerbstätig sind oder sein können. Damit entfällt ein erheblicher Teil der öffentlichen Kosten, die für Bildung und Ausbildung aufgewendet werden. Gleichzeitig sind die Zuwanderer deutlich jünger als der Durchschnitt der Bevölkerung und leisten dadurch einen wesentlichen Beitrag zu den Rentenversicherungssystemen.

(Das vollständige Interview vom 28.11.2014 findet man in Zeit-online; Interviewerin: Sybille Klormann; Zugriff: 15.09.2015)

In einem Beitrag der Frankfurter Allgemeinen Zeitung widerspricht der Chef des Ifo-Instituts Hans Werner Sinn den Schlussfolgerungen der Bertelsmann-Stiftung. Diese ginge von falschen Voraussetzungen aus. Zuwanderung sei nur dann eine Chance für den Sozialstaat, wenn ausschließlich gut ausgebildete Menschen aus anderen Ländern zu uns kämen, die hier eine gut bezahlte Arbeit finden und Beiträge in die Rentenkassen einzahlen können. Zugewanderte Menschen mit geringer Bildung würden demgegenüber zu einer weiteren Belastung für den Sozialstaat werden. Um die Rentenkassen zu stabilisieren, müsste Deutschland bereit sein, große Zahlen von Flüchtlingen mit guten Berufschancen aufzunehmen. Der Ökonom kommt zu dem Schluss: „Es ist schwer vorstellbar, dass die deutsche Gesellschaft die nötige Kraft und Toleranz für die Zuwanderung junger Migranten in hoher Zahl aufbringen wird."

(Zitiert nach Frankfurter Allgemeine Zeitung vom 29.12.2014)

1 Wodurch unterscheiden sich die Positionen der beiden Experten? Erläutere die Unterschiede.

2 Unter welchen Bedingungen kann Einwanderung den Sozialstaat stärken, unter welchen nicht? Formuliere dazu deine Stellungnahme und bringe sie in eine Diskussion in der Klasse ein.

4 Kinderarmut in Deutschland – eine Herausforderung

Fördermaßnahmen diskutieren und beurteilen

Im Sozialstaat Deutschland soll Menschen in Not geholfen werden. Darüber hinaus ist es eines der reichsten Länder der Erde. Trotzdem wächst die Zahl derer, die in soziale Not geraten und auf die Hilfe des Staates angewiesen sind. Kinder sind besonders häufig die Leidtragenden dieser Entwicklung.

- Wie fühlt sich Kinderarmut an?
- Was sind Ursachen, Folgen und Fakten?
- Tut der Staat genug, um betroffenen Kindern und deren Eltern zu helfen?

Das sind die Themen, um die es in diesem Unterkapitel geht.

Eine Einstiegsübung für alle:
Erzählt euch gegenseitig: Welche Gedanken und Gefühle zum Thema Armut lösen die Fotos auf dieser Seite in euch aus?

Eines der Fotos zeigt zwei Kinder, die nach der Schule in einem Kinderrestaurant in der Stadt Hildesheim ein warmes Essen gereicht bekommen. Auch frühstücken können Kinder in diesem und in anderen Kinderrestaurants in Deutschland. Finanziert werden die Mahlzeiten aus Spendengeldern. Dass Kinder, die in Armut leben, nicht nur unter einem Mangel an regelmäßigen Mahlzeiten leiden, kann das obere Foto deutlich machen. Sie leiden an schlechten Wohnverhältnissen, fehlenden Spielmöglichkeiten, fehlender Zuwendung und sozialer Ausgrenzung.

A Wie fühlt sich Armut an? Zwei Beispiele

Starke Kinder trotz Armut

Die Autorin Maria von Welser über ihre Beobachtungen von Kindern:
Die meisten Kinder, die mir im vergangenen Jahr begegnet sind, möchten sich wehren und ihre Lebensumstände verbessern. Wer wie ich von außen kommt und bei den kostenlosen Mittagstischen in einer deutschen Großstadt am Rande zusieht, wundert sich. Selbstbewusst und fröhlich kommen die meisten der täglich bis zu 100 Kinder an, die fast alle nicht gefrühstückt haben und jetzt heißhungrig zum Mittagessen anstehen. Dabei sind diese zugleich Weltmeister im Verbergen ihrer privaten Lebenssituation: Schützen ihre Väter und Mütter, wo es nur geht. Jugendämter sind erst mal Feinde. Die Mitarbeiter müssen sich ganz schön bemühen, wollen sie das Vertrauen der Kinder gewinnen. Was aber dringend erforderlich ist – sonst können sie nicht wirklich helfen.

(Aus: Maria von Welser: Leben im Teufelskreis – Kinderarmut in Deutschland, Gütersloher Verlagshaus 2009, S. 10)

* Die Arche ist eine Kinderhilfseinrichtung, die zum ersten Mal 1995 in Berlin gegründet wurde. Mittlerweile gibt es sie in mehreren Städten.

1 Wie zeigt sich die Armut im Alltag von Robbie und Nikos und wie gehen die beiden damit um?

2 Viele Kinder aus armen Familien versuchen, ihre Armut zu verbergen. Überlegt gemeinsam, warum sie das tun.

3 Warum ist Vertrauen so wichtig im Umgang mit Menschen, die weniger haben als andere? Tauscht darüber eure Gedanken aus.

Nikos, 12 Jahre

Ich habe fünf Geschwister, drei Brüder und zwei Schwestern. Die älteste ist schon 17, die jüngste erst vier Jahre alt. Wir wohnen alle in einer Wohnung in Neuperlach. Weil wir nicht so viel Geld haben, gibt es in unserer Wohnung fast keine Möbel. Eigentlich nur Tisch, Stühle und Betten. Ich teile mir mein Zimmer mit meinem Zwillingsbruder. Wir schlafen gemeinsam in einem Bett. Manchmal streiten wir dann. Deswegen haben wir zwischen uns in der Mitte vom Bett eine Art Wand gebaut.
Ich würde wahnsinnig gerne ein Einzelzimmer haben. Und am besten einen Fernseher und DVD-Player nur für mich. Wenn ich ganz viel Geld hätte, würde ich meiner Familie ein Haus mit Keller und Garten kaufen, in dem jeder ein Zimmer für sich allein hat. In meinem Zimmer würde ich dann ganz viele Poster aufhängen. Von Bushido und 50 Cent.
Dass wir nicht so viel Geld haben, ist schon oft schlimm. Mein Vater arbeitet in einer Fabrik. Von dort aus kann man die Allianz Arena sehen, das ist schön. Aber das Geld, das er verdient, reicht nicht für uns alle. Beim Wandertag in der Schule hätte ich beinahe nicht mitmachen können. [...] Manchmal haben wir am Ende vom Monat auch nicht mehr viel zu essen übrig, dann hab ich oft Hunger. Das ist schlimm. Vor allem, wenn ich Breakdance übe. Da muss man konzentriert sein und gut aufpassen, dass einem nichts passiert. Hunger lenkt da ganz schön ab.

Robbie, 8 Jahre

Ich wohne mit meiner Mama und meinen Geschwistern in dem Hochhaus gleich neben der Arche* in Moosach. Vor Kurzem hab ich das Schlafzimmer von meiner Mama bekommen, die schläft jetzt im Wohnzimmer. Das ist gut, weil davor hab ich mit meiner Schwester in einem Bett geschlafen. Das war ganz schön eng und ich konnte oft nicht gut schlafen. Meine Schwester hat mich manchmal in der Nacht aus dem Bett geworfen, ich sie aber auch mal. [...] Wenn ich einen Wunsch frei hätte, würde ich mir eine Achterbahn wünschen, die bis in den Himmel geht. Dann würde ich ganz weit hinauffahren. Ich würde nur die Wolken ansehen und sie berühren. Auf dem Rückweg würde ich eine Wolke mit zu mir nach Hause nehmen. Und dann würde ich versuchen, mich auf die Wolke zu setzen und hinauf in den Himmel zu fliegen. Obwohl ich befürchte, dass ich runterfallen werde.

(Aus: Lisa Sonnabend: „Ich will eine Achterbahn, die bis zum Himmel geht", in: Süddeutsche Zeitung, Artikel vom 17.05.2010, im Internet unter www.sueddeutsche.de; letzter Zugriff: 10.10.2015)

B Wie stellt sich Kinderarmut in Deutschland dar?

Auf dieser Doppelseite haben wir Informationen aus mehreren Quellen für euch zusammengestellt. Auf sechs Fragen solltet ihr darin nach Antworten suchen.
Tipp: Bildet Dreiergruppen und teilt die Arbeit auf. Jedes Gruppenmitglied bearbeitet zwei Fragen in Einzelarbeit und berichtet anschließend seine Ergebnisse in der Gruppe. Gemeinsam bereitet ihr dann eine Ergebnispräsentation vor.

Fröhliche Kinder – trotz Armut; Essensausgabe in der Kidsküche der Arche in Berlin

1 Kinder- und Familienarmut hat in Deutschland größere Ausmaße angenommen, wie eine Studie des Instituts für Arbeitsmarkt- und Berufsforschung (IAB) im Auftrag der Bertelsmann-Stiftung zeigt. Jedes fünfte Kind unter 15 Jahren ist demnach armutsgefährdet, wächst also unterhalb der Armutsgrenze auf. Das sind 2,1 Millionen Jungen und Mädchen, die in Familien leben, die weniger als 60 Prozent des durchschnittlichen Netto-Einkommens zur Verfügung haben. Bei einer vierköpfigen Familie liegt die Schwelle bei 1 848 Euro im Monat.
Ein Großteil dieser 2,1 Millionen Kinder lebt in Haushalten, die Hartz IV beziehen. Der Rest – das sind 1,15 Millionen arme Kinder – lebt ohne die Unterstützung, obwohl teilweise Anspruch darauf bestünde. Zudem wachsen weitere rund 480 000 Kinder nur knapp über der Armutsgrenze in Deutschland auf.

(Quelle: Zeit online, dpa, Artikel vom 10.05.2015, im Internet unter www.zeit.de; Zugriff: 09.10.2015, bearb. von Angelika Finkenwirth)

2 „Es ist enttäuschend, dass Deutschland es nicht schafft, die materiellen Lebensbedingungen für Kinder entscheidend zu verbessern", sagte Christian Schneider, Geschäftsführer von UNICEF Deutschland.

- Das Wohlergehen der Kinder muss politische Priorität bekommen. Die Kluft zwischen Kindern, die gesund, abgesichert und gefördert aufwachsen, und solchen, deren Alltag durch Hoffnungslosigkeit, Mangel und Ausgrenzung geprägt ist, darf nicht weiter wachsen.
- Bei der frühkindlichen Förderung hinkt Deutschland trotz der Investitionen der vergangenen Jahre im internationalen Vergleich noch hinterher. Immer noch besuchen Kinder aus benachteiligten Familien seltener eine gute Kita. Dabei brauchen gerade sie frühzeitige gezielte Förderung.
- Um Kinderarmut zu verringern, ist es auch wichtig, dass alleinerziehende Eltern besser unterstützt werden und auch am Arbeitsleben teilhaben können. Hierzu sind zwingend ausreichende Betreuungsplätze notwendig.

(Quelle: Unicef-Studie Reiche Länder – arme Kinder vom 29.05.2012, im Internet unter www.unicef.de; Zugriff: 09.10.2015, verf. von Christian Schneider)

Neben diesen Forderungen und der Kritik gibt es Lob vom internationalen Kinderhilfswerk der Vereinten Nationen Unicef für die deutsche Familienpolitik und für die Vielzahl der finanziellen Hilfen.

3 In ihrem Armutsbericht weist die Bundesregierung darauf hin, dass die Armut einer Familie nicht in jedem Fall zum Unglück der Kinder oder zu eingeschränkten Entwicklungsmöglichkeiten führen muss. Vergleichsweise gut geht es Kindern aus armen Familien, wenn sie in einer guten Eltern-Kind-Beziehung aufwachsen, wenn die Familienverhältnisse stabil sind, wenn sie Freunde haben und wenn sie in Schule und Freizeit nicht unter Ausgrenzung leiden müssen. Für Kinder mit Migrationshintergrund sind gute Kenntnisse der deutschen Sprache ein Faktor, der zu einer gesunden Entwicklung beiträgt.

(Autorentext)

1. Wie viele Kinder sind von Armut betroffen?
2. Was versteht man unter Armut?
3. Was sind die Ursachen?
4. Kann es Kindern aus armen Familien auch gut gehen?
5. Was wird gegen Kinderarmut unternommen?
6. Was kann noch getan werden?

4 Manchmal sagt man: „Ach, du armes Kind!" Manchmal fühlen sich Leute als arm, obwohl sie es eigentlich gar nicht sind. Ein armes Kind in Deutschland wird vielen Kindern aus Asien oder Afrika noch als wohlhabend erscheinen. Der Begriff Armut wird im Deutschen häufig mit unterschiedlichen Bedeutungen benutzt. Wichtig ist es, zwischen absoluter und relativer Armut zu unterscheiden. Absolut arm sind Menschen, die Hunger leiden und tagtäglich um ihr Überleben kämpfen müssen. Diese Art absoluter Armut muss in Deutschland niemand ertragen. Armut ist hier relative Armut. Arme Familien und deren Kinder haben – im Vergleich zu anderen Familien – relativ wenig Geld und wenige Möglichkeiten, am gesellschaftlichen Leben teilzunehmen. Nach einer Definition der Europäischen Union gilt als arm, wer über weniger als 50 Prozent des durchschnittlichen mittleren Einkommens verfügt. Bei weniger als 60 Prozent gilt man als armutsgefährdet. Als arm gilt in Deutschland eine allein lebende Person, die weniger als 635 Euro im Monat zur Verfügung hat, als armutsgefährdet mit weniger als 952 Euro (Stand 2016).

5 Arbeitslosigkeit oder ein niedriges Einkommen sind die Hauptgründe für fehlendes Geld in den Familien und damit auch die wichtigsten Auslöser für Kinderarmut in Deutschland. Durch die Abhängigkeit von ihren Eltern steht und fällt das Wohlbefinden der Kinder immer mit dem finanziellen und gesellschaftlichen Zustand der Erziehungsberechtigten.
Die Studie „Kinderarmut in Deutschland" belegt, dass Familien mit Migrationshintergrund, Alleinerziehende und Familien mit drei oder mehr Kindern besonders armutsgefährdet sind. [...] Oft ist die Armut von den Eltern nicht selbst verschuldet worden und die meisten tun alles, damit ihr Nachwuchs so wenig wie möglich von den finanziellen Sorgen spürt.

(Quelle: Daniel Schneider: Kinderarmut in Deutschland, Artikel vom 21.11.2014, in: www.planet-wissen.de/politik; Zugriff: 10.10.2015)

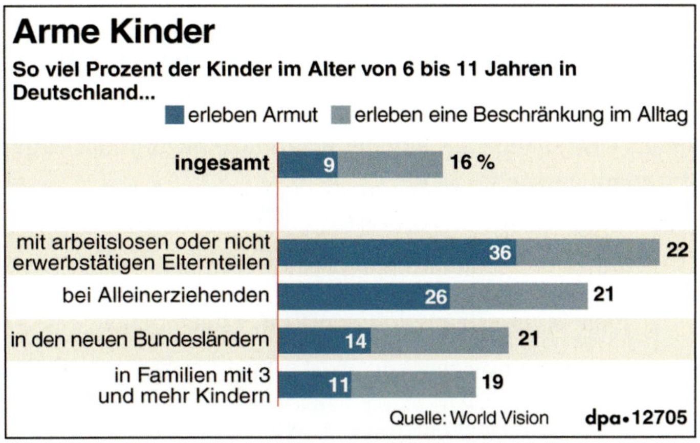

6 Mit Förderungen wie Kindergeld, Wohngeld, Unterhaltsvorschuss oder dem Sozialgeld für Kinder werden Familien vom Staat unterstützt. [...] Die Kinderarmut zu bekämpfen und ihr vorzubeugen ist vor allem Aufgabe der Familienpolitik. Viele Konzepte und Ideen stehen zur Diskussion: der Mindestlohn, Wohnungsbauprojekte zur Verhinderung sozialer Brennpunkte oder die Abschaffung kostenpflichtiger Mahlzeiten in Schulen und Kindergärten. Diese Maßnahmen können dazu beitragen, dass aus armen Kindern keine armen Erwachsenen werden. [...] Auch Kirchen, gemeinnützige Organisationen, Schulen und Privatpersonen helfen, die Armut zu lindern. In vielen deutschen Großstädten schießen Kinderhilfswerke und soziale Einrichtungen aus dem Boden. Das christliche Kinderhilfswerk „Die Arche" ist mittlerweile an 15 Standorten in Deutschland vertreten und erreicht 2 500 Kinder. Ein günstiger Einkauf in der Kleiderkammer, Hausaufgabenhilfe und eine Möglichkeit zum Reden vermitteln „Wohlbefinden auf Zeit". Elterninitiativen sorgen dafür, dass auch bedürftige Kinder Schulmittagessen bekommen.

(Aus: Daniel Schneider, www.planet-wissen.de, ebenda)

Weitere Informationen zur Kinderarmut in Deutschland findet ihr im Internet unter folgenden Adressen: www.kinder-armut.de; www.mitmischen.de; www.bpb.de; www.planet-wissen.de

C Was braucht ein Kind unbedingt zum Leben?

Falls eine Familie aus eigener Kraft dazu nicht in der Lage ist, muss der Staat dafür sorgen, dass jedes Kind …	Ja, das muss der Staat garantieren.	Nein, das wäre zu viel verlangt.
1. ausreichend mit gesunden Nahrungsmitteln versorgt ist.		
2. mehr als zwei Jeans und zwei Paar Schuhe besitzt.		
3. auch Geld für Süßigkeiten zur Verfügung hat.		?
4. im Vorschulalter einen garantierten Kita- oder Kindergartenplatz hat.		
5. mindestens zwei Mal im Jahr ein Kino oder einen Freizeitpark besuchen kann.	?	
6. ein eigenes Handy besitzt.		
7. über einen eigenen Computer mit Internetanschluss verfügt.		
8. in einer Wohnung mit eigenem Zimmer lebt.		
9. mindestens einmal im Jahr mit seinen Eltern in Urlaub fahren kann.		?
10. beitragsfrei Mitglied in einem Sportverein sein kann.		
11. mit auf alle Klassenfahrten gehen kann.	?	
12. umsonst zu seiner Schule befördert wird.		
13. in der Schule – zusammen mit anderen – täglich ein warmes Mittagessen erhält.		
14. mit allen Schulbüchern und allen anderen Artikeln für die Schule kostenlos versorgt wird.		
15. ausreichend Taschengeld zur Verfügung hat.		

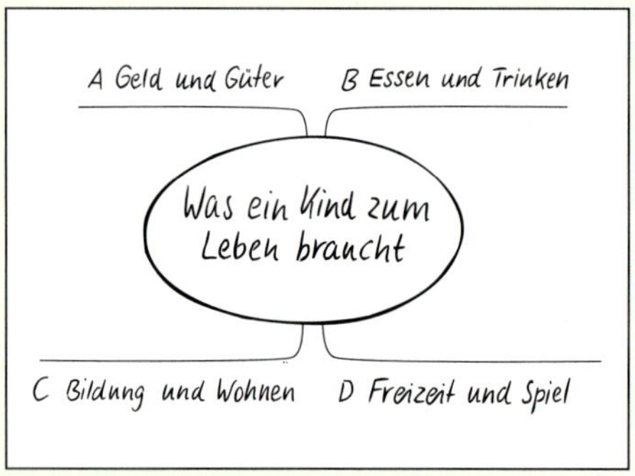

Die Arbeitsergebnisse können alle in einer Mindmap darstellen.

Euer Auftrag:
Stellt eine Übersicht von Leistungen zusammen, die ihr für unverzichtbar haltet.

So könnt ihr vorgehen:
1. Bearbeitet die Vorschlagsliste zunächst allein. Notiert in Stichworten, was der Staat armen Kindern (per Gesetz) als Mindestleistung garantieren muss.
2. Geht dann die Liste zu zweit oder in einer Gruppe durch. Einigt euch auf die Leistungen, die unbedingt notwendig sind. Überlegt für jede Maßnahme, ob sie den Staat und den Steuerzahler viel oder wenig kostet. Hier müsst ihr schätzen.
3. Stellt sie in der Klasse vor und begründet eure Entscheidung.

S M U H

D TEAM kontrovers
Ist der Sozialstaat auch sozial gerecht?

Eine Studie der Bertelsmann-Stiftung aus dem Jahr 2011 kam zu dem Ergebnis, dass der deutsche Sozialstaat in der Verwirklichung sozialer Gerechtigkeit nur einen Mittelplatz einnehme. Die Süddeutsche Zeitung kommentierte die Forschungsergebnisse unter der Überschrift:

Schlechte Noten für den Sozialstaat

Deutschland ist eine vergleichsweise ungerechte Gesellschaft. Zu diesem Ergebnis kommt eine Studie der Bertelsmann-Stiftung, die 31 Industriestaaten untersucht hat. Deutschland habe bei der sozialen Gerechtigkeit „einigen Nachholbedarf", schreiben die Autoren. Mit Rang 15 landet Deutschland in der Gesamtwertung nur im Mittelfeld. Besorgniserregend sei die hohe Kinderarmut. Außerdem hänge der Schulerfolg von Jugendlichen zu stark von der sozialen Herkunft ab.

(Autor des Artikels vom 03.01.2011: Tanjev Schultz, in: www.sueddeutsche.de; Zugriff 10.10.2015)

Nein, es geht nicht gerecht zu im Sozialstaat Deutschland!

Wenn im reichen Land Deutschland jedes fünfte Kind unter 15 Jahren armutsgefährdet ist, kann man nicht von sozialer Gerechtigkeit sprechen. Der Staat müsste mehr tun, um die Leistungen für Kinder und deren Eltern zu verbessern. Es ist zum Beispiel überhaupt nicht einzusehen, dass in Familien, die von „Hartz IV" leben müssen, die Regelsätze für Kinder niedriger sind als für Erwachsene. Größere Kinder brauchen häufiger neue Kleider, Schuhe, Hefte. Der Staat müsste auch alleinerziehende Eltern finanziell besser unterstützen und mehr in gute Kitas und gutes Personal investieren. Sozial gerecht wird es erst zugehen, wenn kein Kind mehr in Armut aufwachsen muss.

Ja, der Sozialstaat Deutschland sorgt für soziale Gerechtigkeit!

Jedes Kind in Deutschland kann kostenlos eine Schule besuchen und kostenlos ärztlich behandelt werden. Alle Familien und alle Menschen in einer materiellen Notlage werden vom Staat finanziell unterstützt. Mehr als 40 Prozent seiner Einnahmen gibt der Staat für Sozialleistungen aus. Ständig wird überlegt, welche Verbesserungen noch möglich sind.
Soziale Gerechtigkeit kann nicht allein Aufgabe des Staates sein. Arbeitgeber sollten sozial gerechte Löhne zahlen. Alle sollten damit aufhören, ärmere Kinder auszugrenzen. Soziale Gerechtigkeit entsteht, wenn sich alle tagtäglich darum bemühen. Der Sozialstaat Deutschland leistet bereits seinen Anteil und verdient insgesamt eine gute Note. Noch höhere Ausgaben für Soziales würden ihn überfordern.

Zum Begriff *Gerechtigkeit* findest du weitere Informationen im Glossar.

So könnt ihr vorgehen:
- Lass dir nochmal alles durch den Kopf gehen, was du in diesem Kapitel über den Sozialstaat Deutschland erfahren hast.
- Lies die beiden Stellungnahmen und entscheide, welche dich mehr überzeugt.
- Wie bewertest du nach deinen Kenntnissen das, was der Sozialstaat für die Menschen tut? Formuliere deine Stellungnahme und bringe sie in eine Klassendiskussion zum Thema dieser Seite ein.

Soziale Sicherung heute und morgen

Station 1 Jugend und soziale Sicherung

S M U H

Übertragt die Übersicht und führt die Aussagen zu Ende.

Unter **Sozialpolitik** versteht man …

Unter einem **Sozialstaat** versteht man …

Zwei Situationen, in denen Jugendliche mit dem Sozialstaat in Berührung kommen, können sein:
1.
2.

Das Prinzip **Solidarität** bedeutet, dass …

Das Prinzip **Eigenverantwortung** bedeutet, dass …

Station 2 Das System der sozialen Sicherung

S M U H

Fertigt mithilfe der Elemente selbst ein Schaubild an. Es soll auch Antworten auf die zwei Fragen geben. Das geht auf einem Blatt Papier, aber auch mithilfe eines Computerprogramms, z. B. PowerPoint.

Sozialversicherungen in Deutschland

? ? ? ? ?

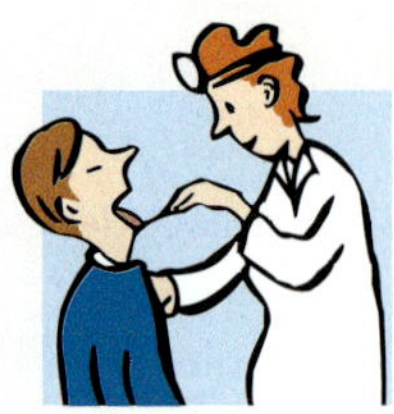

1. Was ist wichtigstes Ziel dieser Versicherung?
2. Wer bezahlt sie?

Station 3 Zukunft des Sozialstaates

S M U H

Eine Schaubildanalyse mit ansteigendem Schwierigkeitsgrad: Teste selbst, wie viele Stufen du schaffst.

★ Fasse die wichtigste Aussage dieses Schaubildes über den demografischen Wandel in Deutschland in maximal zwei Sätzen zusammen.

★★ Unter welchen Annahmen wird der Altersaufbau der Bevölkerung im Jahr 2060 wie aussehen?

★★★ Welches Problem für die Finanzierung der Altersrenten wird im Schaubild deutlich?

★★★★ Worin siehst du eine mögliche Lösung des Problems?

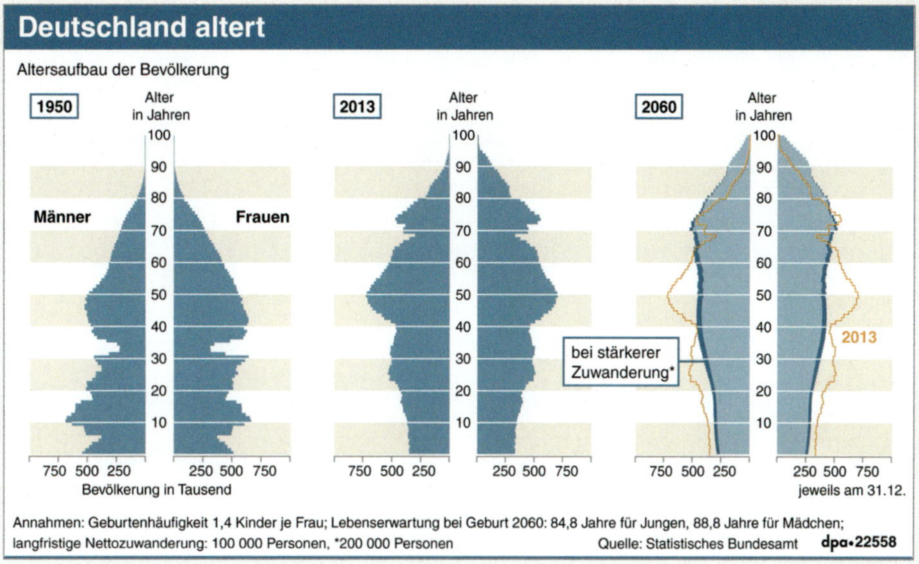

Station 4 Kinderarmut in Deutschland: eine Herausforderung

S M U H

Hat die Politik ihre Hausaufgaben gemacht?

„Deutschland für Kinder", so hieß eine gemeinsame Veranstaltung von UNICEF, dem deutschen Kinderschutzbund und dem Bündnis für Kinder. Dabei ging es unter anderem um die Benachteiligung armer Kinder. Kinderkanal-Moderatorin Nadine überreichte dabei der Bundeskanzlerin Angela Merkel ein Hausaufgabenheft.

Was hättest du an Nadines Stelle hineingeschrieben? Verfasse einen Text über Kinderarmut in Deutschland und erkläre, was der Staat tun sollte, um zu helfen.

(Diese Aufgabe kann man auch in Teams lösen.)

Wirtschaft und Umwelt

7

Gibt es Wege zur Vereinbarkeit von Ökonomie und Ökologie?

1. Allein nachdenken

Welche Gedanken zum Thema „ökologische Herausforderungen" löst das Foto in dir aus?

2. Zu zweit beraten

Warum ist es in einem industrialisierten Land schwierig, Wirtschaft und Umweltschutz miteinander zu verbinden?

3. In der Klasse sammeln

Welche wirtschaftlichen Probleme und welche Umweltprobleme würdet ihr möglichst schnell anpacken, wenn ihr die Regierung von Deutschland wäret?

Im Verlauf dieses Kapitels könnt ihr ...

- den Unterschied zwischen quantitativem und qualitativem Wirtschaftswachstum erklären,
- erläutern, was man unter dem Konzept einer nachhaltigen Entwicklung versteht,
- Ideen zur Lösung eines schwerwiegenden Umweltproblems entwickeln,
- über unterschiedliche Vorstellungen von Wohlstand miteinander diskutieren,
- an Beispielen die Bedeutung wirtschafts- und umweltpolitischer Entscheidungen ermitteln und euch ein eigenes Urteil dazu bilden.

Eigene Schwerpunkte könnt ihr setzen, indem ihr ...

- in der Rolle einer Jury Unternehmen auswählt, die einen Umweltpreis verdient haben,
- durch das Spiel einer Regierungskommission einem Staat dabei helft, seine ökonomischen und ökologischen Probleme zu lösen,
- eine Liste von Berufen im Umweltschutz erstellt.

1 Wirtschaft und Umweltschutz – unvereinbare Gegensätze?

Möglichkeiten nachhaltiger Politik herausfinden und bewerten

A Der Fall: Sheriff und die Müllkippe

Agbogbloshie ist ein Slum am Rande der Hauptstadt Accra in Ghana. Noch vor 15 Jahren war dort eine grüne Lagune. Heute zählt dieser Ort zu den am meisten verseuchten Gebieten der Erde. Was hat das mit Wirtschaft zu tun? Der folgende Bericht gibt Antworten.

Wer in die Hölle will, muss an Marktständen vorbei. Einfache Holzkonstruktionen, auf denen Fernbedienungen ausliegen, Computermäuse, Festplatten, ordentlich sortiert in Wäschekörben. Dann kommen Hügel aus Fernsehern, Mikrowellen, Computerbildschirmen, immer noch sortiert, grob zumindest. Und dann ist da das Feuer. Angeheizt durch Isolierschaum und gefüttert mit Kabeln, hinterlässt es einen dichten, schwarzen Rauch. Agbogbloshie, Ghana, Endstation des weltweiten Elektroschrotts. Die Hölle, sagen diejenigen, die nicht hier leben. Der beste Ort der Welt, sagt Sheriff, 18 Jahre alt, auf einem umgedrehten Computerbildschirm sitzend. […]
Die Wege in Agbogbloshie sind gepflastert mit Blei, Cadmium, polychloriertem Biphenyl, Antimon, Dioxinen, Furanen und vielem mehr. Bezeichnungen, die so giftig klingen, wie sie auch sind. Stoffe, die das Gehirn schädigen und das Nervensystem, die das Wachstum beeinflussen und das Verhalten.

Es ist ein Morgen Anfang Dezember, schon jetzt ist es heiß, der Wind weht nur leicht, in Agbogbloshie sind sie schon lange wach, früh kamen die Elektroschrottladungen aus Tema, Ghanas größtem Hafen. Lkw-Ladeflächen und Fahrradanhänger voller Altgeräte, in deren Innern Rohstoffe lagern: Aluminium und Kupfer, Silber, Gold und Palladium, Seltene Erden. Der Jugendliche, der sich Sheriff nennt, will Kupfer. Für ein Pfund wird er von einem Zwischenhändler am Ort fünf Cedis bekommen, umgerechnet rund 1,50 Euro, an einem Tag ist das zu schaffen. Sheriff kommt aus dem armen Norden Ghanas, wie so viele hier, wie lange er schon da ist, weiß er nicht. Sheriff beugt sich nach unten und hämmert weiter, stoisch, immer und immer wieder, so als wolle er das Geld aus dem Metall prügeln. Jeder hier hämmert, das Klopfen ist der Sound von Agbogbloshie.
Die Reggae-Musik, die aus manchen Hütten dringt, kommt dagegen nicht an. […] Agbogbloshie ist ein Friedhof für das, was die Industrieländer nicht mehr wollen. Weil es aus der Mode ist. Weil es Besseres gibt. Weil jedes Jahr Weihnachten ist. Während Sheriff hämmert, öffnen in Deutschland gerade die Geschäfte, Saturn, Media-Markt, Euronics, sie verkaufen die neuesten Flachbildschirme, Tablet-Computer und die neuen Spielkonsolen von Sony und Microsoft, zu null Prozent finanziert, da kann jeder zuschlagen. Könnten sich Sheriff und die anderen all die aktuellen Werbeprospekte durchsehen, sie wüssten, was in ein paar Jahren bei ihnen ankommen wird.

Agbogbloshie: Ein Junge verwertet alte Elektronik: „Bester Ort der Welt"?

(Aus: Jana Gioia Baurmann: Was am Ende übrig bleibt, in: Wochenzeitung DIE ZEIT vom 19.12.2013, S. 21)

1 Warum ist die Müllhalde für Außenstehende die Hölle, aber für den Jungen, der sich Sheriff nennt, das Paradies? Erkläre die unterschiedlichen Sichtweisen.

2 Wie verhalten sich Wirtschaft und Umweltschutz zueinander? Welche Antworten findest du dazu in diesem Beispiel?

B Ideenbörse: Was trägt zur Besserung der Umwelt, der Wirtschaft und der Zustände in Ghana bei?

Der Bericht über Agbogbloshie in Afrika wurde geschrieben, um die Menschen hierzulande zum Nachdenken anzuregen. Das könnt ihr hier gemeinsam tun – am besten, indem ihr euch in Gruppen zusammensetzt und gemeinsam beratet. Welche der folgenden Maßnahmen bringt den größten Nutzen für Mensch, Umwelt und Wirtschaft?

Euer Auftrag:

1. Geht alle Vorschläge durch und bewertet sie spontan nach: a) sehr guter Vorschlag, b) teils teils, c) wenig sinnvoll.
2. Betrachtet sie ein zweites Mal unter folgenden Kriterien: Was bringt diese Maßnahme für die Umwelt, für die Wirtschaft, für uns selbst und für den Jungen Sheriff?
3. Sucht gemeinsam nach eigenen Lösungsvorschlägen. Überlegt dabei auch, wie all denen, die auf der Müllhalde arbeiten, auf andere Art geholfen werden könnte.

1 Fachgerechte Entsorgung

Bundestag und Bundesrat verabschiedeten im August 2015 ein überarbeitetes Elektro-Elektronikgerätegesetz. Elektrohändler mit über 400 Quadratmetern Verkaufsfläche sind seitdem verpflichtet, Elektro-Altgeräte wie Fernseher und Computer beim Neukauf eines gleichwertigen Gerätes zurückzunehmen, Kleingeräte wie Mobiltelefone und Spielekonsolen auch ohne Neukauf. Die abgegebenen Geräte sollen dann in Deutschland fachmännisch entsorgt werden.

2 Urban Mining

Darunter versteht man eine neue Art von Rohstoffgewinnung. Computer, Handys und andere Elektrogeräte werden nicht mehr als Müll, sondern als wertvolle Rohstofflager gesehen. Durch Urban Mining wird die Abfallwirtschaft in eine Ressourcenwirtschaft umgewandelt. Alle wertvollen Rohstoffe, die zum Beispiel in alten Handys und Computern „schlummern", sollen zur Wiederverwendung in den Wirtschaftskreislauf zurückgeführt werden. Das, was zurzeit auf der Müllhalde in Afrika geschieht, wird dann hierzulande mit sauberen und umweltschonenden Verfahren geleistet.

3 Repair Cafés

Solche Cafés gibt es bereits in mehreren Städten. Hier treffen sich Leute mit ihren defekten Handys, Tablet-PCs, Druckern etc., um sie gemeinsam unter Anleitung von ehrenamtlich helfenden Fachleuten in angenehmer Atmosphäre zu reparieren. Ziel ist, die Nutzungsdauer der Geräte zu erhöhen, die Schrottmenge zu reduzieren und eine Abkehr von der Wegwerfgesellschaft zu demonstrieren.

4 Bessere Kontrollen, härtere Strafen

Der Export von Elektroschrott in ein Entwicklungsland ist schon seit vielen Jahren verboten. Dennoch geschieht er immer wieder in großem Ausmaß, weil es Exporteure gibt, die den Müll zum Beispiel als wertvolle Hilfsgüter deklarieren. Auf Initiative der Europäischen Union soll es zukünftig bessere Kontrollen und härtere Strafen geben. Zukünftig muss der Exporteur beweisen, dass es sich um Gebrauchtgeräte und nicht um Abfall handelt.

5 Weiter so!

Es gibt auch Menschen, die so denken: „Das Beispiel des Jungen, der sich Sheriff nennt, zeigt, dass die internationale Arbeitsteilung funktioniert. Wir benutzen Elektrogeräte nur so lange, bis etwas Besseres auf den Markt kommt, und brauchen uns dann nicht mehr darum zu kümmern, was mit der ständig zunehmenden Schrottmenge geschieht. Das übernehmen die Menschen in den Entwicklungsländern. Junge Leute wie Sheriff sind zufrieden damit und verdienen so ihren Lebensunterhalt.

C Was gehört zu einer umweltschonenden Wirtschaftsweise?

1972 warnten Forscherinnen und Forscher, die unter dem Namen „Club of Rome“ weltweit bekannt wurden, zum ersten Mal vor den Folgen des ständigen Strebens nach wirtschaftlichem Wachstum. Die Menschheit steuere durch die damit verbundene Ausbeutung aller vorhandenen Rohstoffe unweigerlich auf eine globale Umweltkatastrophe zu. Vierzig Jahre später warnten die Forscher erneut. Neben deutlichen Fortschritten gäbe es noch viel zu viel umweltzerstörendes Wachstumsstreben. Viele Menschen wollen mehr verdienen, um sich mehr leisten zu können. Alle Unternehmen wollen wirtschaftlich erfolgreich sein und mehr verkaufen. Die Politiker streben nach einer stetig ansteigenden wirtschaftlichen Entwicklung, weil das Arbeitsplätze schafft, den Wohlstand mehrt und die Wählerinnen und Wähler zufriedenstellt. Wirtschaftswachstum gilt als Schlüssel zur Lösung vieler Probleme. Was aber bedeutet das für die Umwelt? Wenn die Wirtschaft eines Landes wächst, werden mehr Güter hergestellt und verkauft. Dazu braucht man auch mehr Rohstoffe und Energie. Nahezu jeder wirtschaftliche Vorgang hat Auswirkungen auf die Umwelt. Oft sind es keine guten Auswirkungen. Als Gradmesser für das Wirtschaftswachstum gilt das *Bruttoinlandsprodukt**. Darunter versteht man den in Euro ausgedrückten Wert aller Waren und Dienstleistungen, die innerhalb eines Jahres im Land produziert wurden. In Deutschland lag das BIP im Jahr 2014 bei etwa 2,8 Billionen Euro – berechnet vom Statistischen Bundesamt. Die jährliche Wachstumsrate wird in einer Prozentzahl ausgedrückt.

*Zum Bruttoinlandsprodukt findest du weitere Informationen im Glossar.

Nachhaltigkeit als Grundprinzip wirtschaftlichen Handelns

Der Gedanke der Nachhaltigkeit hat eine lange Tradition. Schon im 18. Jahrhundert wurde der Gedanke der Nachhaltigkeit zu einer Leitlinie in der Forstwirtschaft. Nachhaltigkeit bedeutete damals, nur so viel Holz zu fällen, wie auch nachwachsen würde. Heute versteht man unter nachhaltiger Entwicklung Folgendes: Umweltschutz, wirtschaftliche Leistungsfähigkeit und soziale Verantwortung sind so zusammenzuführen, dass Entscheidungen unter allen drei Gesichtspunkten dauerhaft tragfähig sind. Die Erhaltung der Tragfähigkeit der Erde bildet die absolute Grenze. In diesem Sinne ist eine Wirtschaftsweise nachhaltig, die den Bedürfnissen heutiger Generationen entspricht und zugleich auch die Handlungsspielräume und Lebensgrundlagen künftiger Generationen erhält. […]

Für die Wirtschaftsakteure bedeutet dies: „Nachhaltiges Wirtschaften in einem marktwirtschaftlichen System verfolgt gleichzeitig wirtschaftlichen Erfolg, sozialen Zusammenhalt, den Schutz der natürlichen Lebensgrundlagen und die Wahrnehmung internationaler Verantwortung. Es zielt darauf ab, diese Ziele in ein langfristiges tragfähiges Gleichgewicht zu bringen und dadurch die gesamtgesellschaftliche Wohlfahrt zu steigern.

(Aus: Umweltwirtschaftsbericht 2011 – Daten und Fakten für Deutschland, hg. vom Bundesministerium für Umwelt, Naturschutz und Reaktorsicherheit, Berlin, September 2011, S. 67 f.)

Darf die Wirtschaft weiter wachsen?

Das „Gesetz zur Förderung der Stabilität und des Wachstums in der Wirtschaft" verpflichtet die Bundesregierung zu einer Politik, die ein *angemessenes Wirtschaftswachstum** zum Ziel hat. Dieses Gesetz stammt aus dem Jahr 1967. Damals galt vielfach die Vorstellung, die Wirtschaft müsse quantitativ wachsen. Heute besteht weitgehend Konsens darin, dass nur ein qualitatives Wirtschaftswachstum als angemessen gelten dürfe. Doch was ist der Unterschied?

Quantitatives und qualitatives Wachstum

Wirtschaftswachstum kann unter mengenmäßigen, materiellen Gesichtspunkten betrachtet werden (quantitatives Wachstum) oder unter qualitativen Aspekten (qualitatives Wachstum). *Quantitatives Wachstum* zielt auf die rein mengenmäßige Zunahme der gesamtwirtschaftlichen Produktion im Sinne der Zunahme einer Sozialproduktgröße (z. B. BIP) ab.

Qualitatives Wachstum beinhaltet neben der reinen Steigerung der gesamtwirtschaftlichen Produktionsmenge die Verbesserung der Lebensqualität der Menschen, die Schonung der Umwelt oder die gerechte Einkommensverteilung. Die Messung des qualitativen Wachstums und die Steigerung des Wohlstands in einer Gesellschaft ist jedoch mit erheblichen Schwierigkeiten verbunden.

(Aus: Duden Wirtschaft von A bis Z: Grundlagenwissen für Schule und Studium, Beruf und Alltag. 5. Aufl. Mannheim: Bibliographisches Institut 2013. Lizenzausgabe Bonn: Bundeszentrale für politische Bildung 2013)

Eine Produktionsfirma als Beispiel

Wenn es einer Produktionsfirma gelingt, vom gleichen Produkt in einem Jahr zehn Prozent mehr zu verkaufen als im Vorjahr, so hat sie ein quantitatives Wirtschaftswachstum von 10 Prozent erzielt. Bei diesem Wachstum geht es nur um die Zunahme der verkauften Menge und um die Steigerung des Gewinns. Keine Rolle spielt, ob die Firma zur Produktions- und Gewinnsteigerung mehr Schadstoffe in die Luft geblasen, mehr Abwässer in den Fluss geleitet und insgesamt zu mehr Umweltzerstörung beigetragen hat.
Um ein qualitatives Wirtschaftswachstum zu erreichen, müssen zwei weitere Voraussetzungen erfüllt sein: (1) Die Firma bringt ein neu entwickeltes Produkt heraus, das ein anderes, umweltschädlicheres Produkt vom Markt verdrängt. (2) Das neue Produkt wird aufgrund einer Modernisierung der Produktion umweltentlastender erzeugt, als es jemals zuvor der Fall war. Beim qualitativen Wachstum verbessern sich nicht nur die Qualität des Produkts, sondern auch die der Umwelt und der Arbeitsbedingungen.

* Weitere Informationen zu den Begriffen Bruttoinlandsprodukt, Wirtschaftswachstum und Nachhaltigkeit findest du im Glossar dieses Buches.

1 Welche Merkmale gehören zu einer nachhaltigen Entwicklung und Wirtschaftsweise? Nenne sie.

2 Worin besteht der Unterschied zwischen quantitativem und qualitativem Wirtschaftswachstum? Erläutere ihn, benutze dazu auch das Beispiel einer Firma.

3 Welche Zusammenhänge entdeckst du zwischen den Aussagen der beiden Karikaturen und den Aussagen in den Texten auf dieser Seite? Stelle deine Interpretation vor.

Was auch noch interessant sein kann:

- Öko-Tipps für die Klasse zusammenstellen – Jeder von uns kann auch seinen persönlichen Beitrag zum Umweltschutz und zum nachhaltigen Wirtschaften leisten. Im Internet findet man dazu viele Vorschläge. Eine Gruppe von euch kann solche Vorschläge sichten, eine Auswahl treffen und in der Klasse zur Diskussion stellen. Geeignete Adressen sind: www.umweltbundesamt.de; www.das-macht-schule.net; www.wwf.de; www.umweltschutz-tipps.de

SMUH

D Ökologie und Ökonomie

1 Womit beschäftigen sich die Wissenschaften von der Ökologie und der Ökonomie? Erkläre es.

2 Warum galten Ökonomie und Ökologie lange Zeit als Gegensätze und warum muss die Zukunft in der Versöhnung beider Bereiche bestehen? Erläutere die Zusammenhänge.

3 Hast du eigene Vorschläge, wie eine Aussöhnung von Ökonomie und Ökologie in der Praxis aussehen könnte? Überlege und berate mit anderen.

Ökologie als Wissenschaft

Die Ökologie betrachtet die Erde als ein System, das einem Haushalt ähnelt. In diesem Haushalt gibt es die Umwelt, deren Bestandteile Boden, Luft und Wasser sind, und es gibt die Lebewesen: Pflanzen, Tiere und Menschen. Alle Bestandteile des Systems stehen in einer wechselseitigen Beziehung zueinander. Jede Veränderung in einem Bereich hat Auswirkungen auf alle anderen. Geht es den Pflanzen gut, profitieren davon die Menschen und die Tiere. Erkrankt ein Baustein im System, sind immer auch alle anderen betroffen.
Diese vielfältigen Wechselwirkungen zwischen den Lebewesen und der Umwelt im Haushalt der Natur sind der Gegenstand der Wissenschaft Ökologie. Die wörtliche Übersetzung des aus dem Griechischen stammenden Begriffs lautet Haus bzw. Haushalt.
Das ökologische System ist gesund, solange seine verschiedenen Bestandteile sich in einem relativ stabilen Gleichgewicht zueinander befinden. Das System ist krank, wenn dieses Gleichgewicht massiv gestört wird und wenn die Selbstheilungskräfte in der Natur wegen Überforderung nicht mehr ausreichen, das Gleichgewicht wieder herzustellen.

Ökonomie

Ökonomisch handelt, wer sparsam wirtschaftet. Der Begriff wird auch gleichbedeutend für Wirtschaft und Wirtschaftswissenschaft verwendet. Als Wissenschaft beschäftigt sich die Ökonomie mit der Frage, wie die Produktion und Verteilung aller Wirtschaftsgüter unter dem Aspekt der Knappheit möglichst erfolgreich gestaltet werden kann.

Das Spannungsverhältnis

Ökonomisches Handeln hat immer Auswirkungen auf das Ökosystem. Das gilt für das Kochen einer Mahlzeit ebenso wie für den Anbau von Getreide und die Ausschöpfung von Rohstoffen. Ein gewisses Maß an Eingriffen verkraftet das ökologische System. Summieren sich diese oder werden sie immer massiver, sind die Selbstheilungskräfte der Erde überfordert. Es drohen irreparable Schädigungen bis zum Kollaps. Diesen kritischen Zustand hat die Erde nach Ansicht fast aller Wissenschaftler erreicht. Dafür verantwortlich gemacht wird der Lebensstil der Menschen in den Industrieländern mit dem Streben nach immer größerem materiellem Wohlstand. Im Bestreben nach ökonomischem Fortschritt beuten die Menschen endliche Rohstoffe wie Kohle, Gas und Erdöl unwiederbringlich aus, zerstören natürliche Lebensräume und verursachen Belastungen, die Böden, Gewässer und Klima schädigen. Wirtschaftliches Handeln stand lange Zeit im Gegensatz zum Umweltschutz. Ökonomie galt als Feind der Ökologie.

Versöhnung statt Gegensätzlichkeit?

Die Versöhnung

Die Menschen stehen vor den Herausforderungen, den Kollaps des Systems zu vermeiden und die Umwelt so zu schützen, dass ein Leben unter natürlichen Gegebenheiten über Generationen hinweg möglich bleibt. Der Weg dazu muss in einer Versöhnung von Ökologie und Ökonomie bestehen. „Wirtschaftswachstum durch Umweltschutz" heißt das Motto, das von den meisten Parteien und Wirtschaftsverbänden vertreten wird. Dazu heißt es in einer Meldung des Bundesumweltministeriums:

> Wirtschaft und Umwelt sind zwei Seiten einer Medaille. In der Vergangenheit sind sie lange zu Unrecht als Gegensätze gedacht worden. Ökologie und Ökonomie gehören jedoch zusammen. Eine gesunde Umwelt und der schonende Umgang mit den natürlichen Ressourcen sind Voraussetzung für eine langfristig stabile wirtschaftliche und soziale Entwicklung.
>
> (Nachzulesen auf der Homepage des Bundesministeriums für Umwelt und Naturschutz, www.bmsub.bund.de; Zugriff: 10.01.2016)

E TEAM kontrovers
Mehr Geld, mehr Wohlstand?

Wirtschaftswachstum soll der Steigerung des Wohlstandes dienen. So lautet vielfach die gängige Vorstellung. Doch was ist Wohlstand? Viele Menschen verbinden damit eine Verbesserung ihrer materiellen Lebensbedingungen. Und so stehen die Vorstellungen von Wohlstand, die mit Geld zu tun haben, ganz oben auf der Wunschliste (siehe Schaubild). Andere kritisieren dieses materielle Wohlstandsdenken als zu einseitig und gefährlich, weil das Streben nach immer größerem Reichtum unweigerlich in eine Umweltkatastrophe führt. Für diese Menschen bedeutet Wohlstand Zufriedenheit, Bescheidenheit und das Streben nach einem veränderten Leben in einer wieder gesundeten Umwelt. Welche der Ansichten zum Thema Wohlstand überzeugen euch mehr? Darüber könnt ihr hier diskutieren.

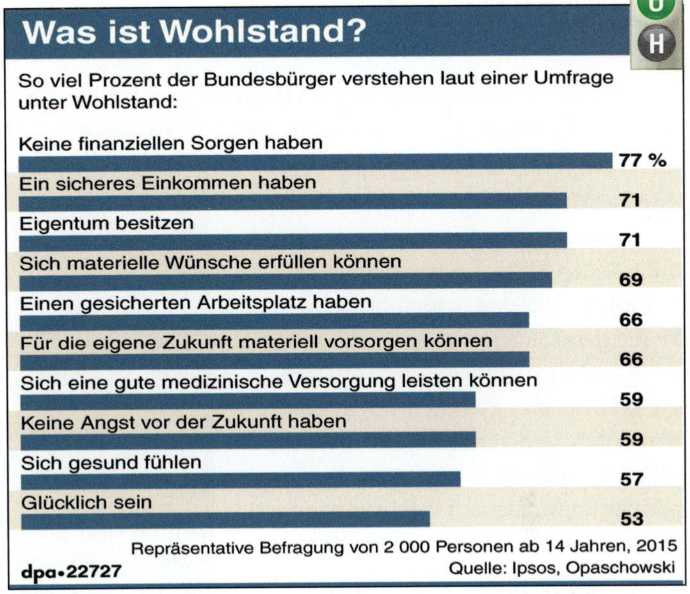

Wohlstandsstreben ist ganz natürlich!

Wir leben in einem Wirtschaftssystem, in dem man sich nur etwas leisten kann, wenn man genügend Geld besitzt. Nur so kann man shoppen, ausgehen und am gesellschaftlichen Leben teilnehmen. Wer kein Geld hat oder darauf verzichtet, bleibt außen vor. Klar, dass die Menschen nach höherem materiellen Wohlstand streben. Das ist doch für viele der Anreiz, sich anzustrengen. Wenn man nur ein Fahrrad hat, wünscht man sich als Nächstes ein Motorrad und dann ein eigenes Auto, ein eigenes Haus und immer so weiter. Materielles Wohlstandsstreben steckt irgendwie in der Natur des Menschen, weil damit das gesellschaftliche Ansehen steigt und man sich materielle Ziele setzen muss, um ein glückliches Leben führen zu können.

Wohlstand muss neu definiert werden!

Das einseitige Streben nach Reichtum führt in der Regel nicht zu mehr Glück, sondern zu mehr Unzufriedenheit, weil man sich ja nie mit dem begnügt, was man gerade hat. Zudem ist das Streben der Menschen nach immer größerem Reichtum die Hauptursache für die Schädigung der Umwelt. Immer schneller wechselnde Moden, immer dickere Autos – all das wird mit einer Ausbeutung von Rohstoffen und weiteren Schädigungen der Umwelt erkauft. Man sollte sich ernsthaft überlegen, ob es nicht besser ist, sich materiell mit weniger zufriedenzugeben. Der Wohlstandsbegriff muss neu definiert werden: Glück, Gesundheit, gute Bildung und gute Arbeit, das sind viel wichtigere Gradmesser dafür als Reichtum, der auf Kosten der Umwelt und damit der Zukunft geht.

1 Lies alleine die beiden Stellungnahmen und entscheide spontan, welche dich mehr überzeugt.

2 Was bedeutet Wohlstand für dich? Formuliere dazu deine eigenen Gedanken. Sie müssen nicht zwingend mit einer der vorgestellten Positionen übereinstimmen. Beachte dabei auch, was das Schaubild darüber aussagt.

3 Vergleicht eure Stellungnahmen zu zweit oder zu dritt und diskutiert dann in der Klasse.

2 Können Unternehmen ökologisch verantwortungsbewusst arbeiten?

Simulation einer Preisverleihung für vorbildliche Unternehmensführung

Eine Einstiegsübung für alle:
Angenommen, du stündest vor der Wahl: Sollen für diejenigen Unternehmen härtere Strafen eingeführt werden, die die gesetzlich festgelegten Höchstwerte an Schadstoffausstößen missachten, oder sollen diejenigen Unternehmen durch Steuerentlastungen belohnt werden, die deutlich unter den gesetzlich festgelegten Höchstmengen bleiben? Welche der beiden Möglichkeiten hilft der Umwelt mehr?

Windkraft: sichtbares Zeichen für die Verbindung von Ökonomie und Ökologie

Wenn man sich Fabriken oder Industrieanlagen vorstellt, denkt man vielleicht an ständig zunehmende Umweltbelastungen. Dass die Produktion von Gütern auch ganz anders aussehen kann, beweisen immer mehr Unternehmen. Einige dieser Unternehmen werden hier vorgestellt und ihr könnt selbst entscheiden, welche davon einen Preis für den besten Beitrag zum Umweltschutz erhalten sollen.

A Der Preis der Bundesstiftung Umwelt

Die Deutsche Bundesstiftung Umwelt vergibt jährlich Ende Oktober die höchstdotierte Umweltauszeichnung Europas. Seit 1993 ehrt die DBU mit dem Deutschen Umweltpreis ihre herausragenden Leistungen und den Einsatz im Umweltschutz, so den deutschen Mittelstand für seine innovative und kreative Umwelttechnik oder Wissenschaftler für das Weitertragen ihrer nachhaltigen Ideen und Ergebnisse in Politik und Gesellschaft. Die DBU will mit dem Deutschen Umweltpreis nicht nur ehren, sondern vor allem motivieren: Einzelpersonen genauso wie Kooperationen. Denn vielfach bieten heute nur noch branchenübergreifende Lösungsansätze Antworten für die großen Herausforderungen: Klima- und Umweltschutz, Ressourcenschonung, Effizienzsteigerung, nachhaltige Entwicklung.

(Aus: www.dbu.de; letzter Zugriff: 20.08.2015)

Folgende Kriterien sind maßgeblich für die Preisvergabe

1. Wie hoch ist der Beitrag des Unternehmens für einen aktiven Umweltschutz einzuschätzen?
2. Wie sehr trägt die Leistung dazu bei, Umweltprobleme zu verhindern, bevor sie entstehen?
3. Besitzt die Leistung eine Vorbildfunktion für andere Unternehmen?
4. Wie klug werden hier erfolgreiches wirtschaftliches Handeln und aktiver Umweltschutz miteinander verbunden?
5. Ist die Idee als besonders originell, kreativ und innovativ einzuschätzen?

B Welches Wirtschaftsunternehmen bekommt von uns den Umweltpreis?

Hier werden vier Unternehmen vorgestellt, die als Preisträger für den Umweltpreis infrage kommen. Ihr könnt einen ersten, zweiten und dritten Preis vergeben. So könnt ihr bei der Preisvergabe vorgehen:

Euer Auftrag:

- Bildet Dreier- oder Vierergruppen. Ihr seid nun Mitglieder der Jury für die Preisvergabe.
- Jedes Jurymitglied sucht zunächst seinen Favoriten aus und stellt ihn in der Gruppe vor.
- Gemeinsam entscheidet ihr euch für die Preisträger. Dabei orientiert ihr euch an 5 Zielkriterien.
- Präsentiert euer Ergebnis.

Kandidat 1 memo.de

Die memo Aktiengesellschaft ist ein Versandkaufhaus, das ausschließlich umweltverträgliche Produkte zum Kauf anbietet. Wer hier einkauft, kann unter 10 000 Produkten wählen. Es gibt umweltfreundlich hergestellte Schulartikel, Kleidung, Möbel und viele andere Dinge des täglichen Bedarfs. Alle im Sortiment aufgeführten Waren erfüllen dabei die folgenden Eigenschaften: ökologischer Herstellungsprozess, Langlebigkeit des Produkts, geringer Energieverbrauch, ökologisch sinnvolle Materialverwendung, Recyclingfähigkeit. Des Weiteren legt die memo AG größten Wert auf eine umweltgerechte Unternehmensführung.

Kandidat 2 cupcycle.de

Früher tranken die Leute Kaffee aus einer Tasse. Heute ist es schick, einen Kaffee im Wegwerfbecher mitzunehmen. „Coffee to go“ – das ist praktisch, aber nach Angaben den Bundes für Umwelt und Naturschutz eine Umweltkatastrophe.
6 Milliarden Einwegbecher landen allein in Deutschland jährlich im Müll. Dafür mussten eine halbe Million Bäume gefällt werden. Eine Gruppe von Studenten der Technischen Universität Berlin hat nun den wesentlich umweltfreundlicheren Mehrwegbecher Cupcycle entwickelt und damit ein junges Start-up-Unternehmen gegründet. Der Becher ist superleicht, mehrfach nutzbar und aus vergleichweise umweltfreundlichem Polyprophem gefertigt. Er eignet sich für Heiß- und Kaltgetränke. Man muss ihn nach Gebrauch in einer Sammelbox entsorgen, von wo aus er gereinigt und wiederverwendet wird. Vertrieben wurde das Produkt zunächst nur innerhalb der Universität.

Kandidat 3 kohler-naturmoebel.de

Die Firma Kohler hat sich mit ihren 11 Mitarbeitern dem Vertrieb nachhaltig produzierter Möbel verpflichtet. Nicht nur die Verkaufsprodukte entsprechen höchsten Umweltstandards, auch das bereits 2008 errichtete Firmengebäude ist ein Beispiel für eine extrem emissionsarme und energieeinsparende Bauweise. Das Haus produziert mit seiner Fotovoltaikanlage mehr Energie, als es verbraucht. Die CO_2-Emissionen wurden im Lauf der Jahre immer weiter abgesenkt. Der Warentransport geschieht mit Elektroautos, für die ein Solar Carport angelegt wurde. Den Kunden will man die größtmögliche Sicherheit beim Kauf umweltschonend hergestellter Möbel geben.

Kandidat 4 asgoodasnew.com

Gebrauchte Elektrogeräte in einen so gut wie neuen Zustand zu versetzen, das ist die Geschäftsidee dieses Unternehmens. Es verfügt über zwei Standorte in Deutschland und beschäftigt mittlerweile über hundert Mitarbeiterinnen und Mitarbeiter. Europaweit werden gebrauchte Handys, iPhones, Drucker, Tablets etc. aufgekauft, von Spezialisten überprüft und wieder instand gesetzt. Verkauft werden sie zu einem Preis, der deutlich unter dem Neupreis liegt. Man richtet sich an Kunden, die ein gutes, aber nicht immer das neueste Gerät haben wollen und die mit ihrem Kauf einen Beitrag zum nachhaltigen Wirtschaften leisten wollen. Dafür nehmen diese kleinere Gebrauchsspuren auf den Geräten in Kauf.

C Jobmotor Umweltschutz?

Achte beim Lesen des folgenden Textes besonders auf die Zahlen und deren Bedeutung.

Abfallbeseitigung, Gewässerschutz, Lärmbekämpfung und Luftreinhaltung sind klassische Bereiche, in denen Arbeitsplätze entstehen, wenn Unternehmen, Bund, Länder oder Kommunen in Umweltschutz investieren. Die Produktion der Güter, die für den Betrieb und die Wartung der Umweltschutzanlagen erforderlich sind, schafft ebenfalls Arbeitsplätze. [...]
Den weitaus größten Anteil an der Umweltschutzbeschäftigung haben allerdings die Personalaufwendungen und umweltorientierten Dienstleistungen mit etwa 1,2 Millionen Arbeitsplätzen. [...]
Neue Jobs entstehen vor allem im Bereich der erneuerbaren Energien, durch den boomenden Export von Umweltschutzgütern und bei umweltorientierten Dienstleistungen. Dagegen nimmt die Beschäftigung durch Umweltschutzinvestitionen und Sachausgaben in den klassischen Bereichen Abfall, Gewässer, Lärm und Luft tendenziell ab. Auch die Exporte von Waren und Dienstleistungen für den Umweltschutz schaffen im Inland zunehmend Arbeitsplätze.
Mit seiner Spitzenposition auf dem internationalen Markt profitiert Deutschland seit Jahren von der wachsenden Nachfrage im Ausland. Nachdem die erneuerbaren Energien in den vergangen Jahren ein rasantes Wachstum verzeichneten, das sich auch in der Beschäftigung wiederspiegelte, musste die Branche von 2011 auf 2012 erstmalig einen Beschäftigungsrückgang von einem Prozent hinnehmen. [...] Der Rückgang der Beschäftigung zwischen 2012 und 2013 ist auf den deutlichen Rückgang der Modul- und Zellproduktion in der Fotovoltaik-Industrie zurückzuführen. In der Windbranche hingegen gab es ebenso wie in der Wärmeerzeugung einen Anstieg an Umsatz und Beschäftigung. Dieser konnte die Rückgänge in der Fotovoltaik-Industrie weitestgehend kompensieren.
Wissenschaftliche Studien zeigen, dass Umweltschutzmaßnahmen häufig positive Nettobeschäftigungswirkungen* haben. Dies liegt unter anderem daran, dass arbeitsintensive Sektoren überdurchschnittlich vom Umweltschutz profitieren. [...]
Detaillierte Analysen zeigen außerdem, dass Klimaschutz durch eine verbesserte Energieeffizienz im Verkehr, in Unternehmen sowie bei der Gebäudesanierung zu positiven Nettobeschäftigungseffekten führt. So sind beispielsweise durch eine konsequente CO_2-Minderungsstrategie im Verkehr 215 000 zusätzliche Stellen bis 2020 möglich.

(Aus: Beschäftigungswirkungen des Umweltschutzes in Deutschland, vom Autor bearbeitet, Artikel des Umweltbundesamtes vom 20.08.2013, in: www.bundesamt.de; Zugriff: 10.01.2016)

* Neue Arbeitsplätze im Umweltschutz können zu einem Wegfall traditioneller Arbeitsplätze führen. Eine Nettobeschäftigungswirkung entsteht, wenn man die Zahl der wegfallenden Plätze von den neu entstandenen abzieht.

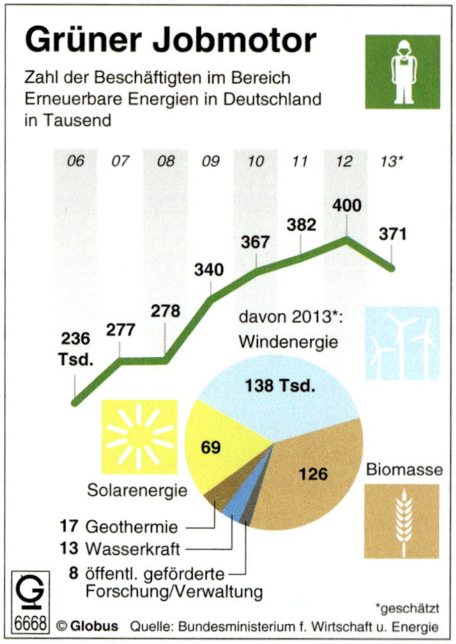

1 Wo überall gibt es Arbeitsplätze im Bereich des Umweltschutzes? Nenne die Bereiche.

2 Beschreibe die Entwicklung der Beschäftigung von 2006 an anhand der Aussagen im Text und im Schaubild.

3 Jobmotor Umweltschutz? Erläutere, warum sich diese Frage nicht hundertprozentig mit Ja oder Nein beantworten lässt.

4 Kannst du dir vorstellen, einen Arbeitsplatz anzustreben, der auf irgendeine Art mit Umweltschutz zu tun hat? Formuliere deine Gedanken dazu.

Was auch noch interessant sein kann:

- mithilfe des Internets eine Liste von Berufen im Umweltschutz zusammenstellen, z. B. unter www.studieren.de/umweltschutz

D Ökologische Unternehmensführung

1 Welche Leistungen muss ein Unternehmen erbringen, das im Sinne von EMAS ökologisch verantwortlich arbeitet? Nenne sie.

2 Was hat sich aufseiten der Unternehmen und aufseiten der Kunden bezüglich umweltverträgtichen Wirtschaftens in jüngster Vergangenheit verändert? Beschreibe den Prozess.

3 Mit welchen Worten würdest du die Leitung eines Unternehmens davon überzeugen, sich dem Verfahren der EMAS-Prüfung zu unterziehen? Formuliere deine Stellungnahme. (In Partnerarbeit lässt sich dazu ein Dialog vorbereiten.)

Einstellungsänderungen

In früheren Zeiten galt die Vorstellung, dass für den Umweltschutz vor allem der Staat verantwortlich ist. Unternehmen wurden meist nur dann im Umweltschutz aktiv, wenn der Staat die gesetzlichen Vorschriften verschärfte. Dies hatte zur Folge, dass Unternehmen immer stärker in die Kritik gerieten. Besonders laut wurden die kritischen Stimmen, wenn durch ungefilterte Industrieabwässer wieder einmal ein Fischsterben in einem Fluss verursacht wurde oder wenn giftige Abgaswolken aus Fabrikschornsteinen die Gesundheit von Menschen gefährdete.
Um das Jahr 2000 setzte in den Unternehmensführungen ein Umdenkprozess ein. Man sah, dass ein vorbeugender Umweltschutz in vieler Hinsicht besser ist, als bereits vorhandene ökologische Schädigungen und Zerstörungen zu reparieren. Darüber hinaus setzte sich die Erkenntnis durch, dass ein betrieblicher Umweltschutz nicht als Kostenfaktor, sondern als Chance verstanden werden muss. Eine immer umweltbewusstere Kundschaft greift zunehmend bevorzugt zu Produkten, die nachweislich unter umweltverträglichen Bedingungen erzeugt werden.
Die Wahrnehmung ökologischer Verantwortung gehört mittlerweile zum Zielkatalog vieler Unternehmen, auch weil sie davon ausgehen können, dass mit einer verantwortlichen Produktion höhere Gewinne zu erzielen sind. Umgekehrt kann mangelndes Verantwortungsbewusstsein in Sachen Umweltschutz zu Umsatz- und Gewinneinbrüchen führen. Besonders folgenreich erfuhr dies der Autokonzern VW, als sich im Herbst 2015 herausstellte, dass die den Kunden garantierten niedrigen Schadstoffemissionen bei Diesel-Fahrzeugen aufgrund gezielter Manipulationen bei Weitem nicht dem tatsächlichen Schadstoffausstoß entsprachen.

Kriterien

Unternehmen, die freiwillig ihre Umweltleistung verbessern wollen, können sich zum Beispiel für den Erwerb des EMAS-Logos bewerben. EMAS steht für ökologisches Management. Es handelt sich dabei um eine Einrichtung der Europäischen Union, die Unternehmen aller Branchen und Größen dabei unterstützt, ihre Umweltleistung zu verbessern. Wer die strengen Prüfungsauflagen erfüllt, erhält das EMAS-Logo und kann damit in der Öffentlichkeit

EMAS
GEPRÜFTES
UMWELTMANAGEMENT

werben. Eine EU-Verordnung schreibt die Prüfkriterien vor und regelt den Ablauf des Verfahrens. Unternehmen, die das Zertifikat erhalten möchten, müssen u. a.

- alle geltenden Rechtsvorschriften und Genehmigungen in Sachen Umweltschutz einhalten,
- nachweisen, dass sie kontinuierlich daran arbeiten, ihre Umweltleistung zu verbessern.

Vorteile

Weniger Emissionen, geringerer Energieeinsatz, weniger Abfall und Abwasser, eine verbesserte Recyclingquote – egal, in welcher Wirtschaftsbranche das Unternehmen arbeitet, die Umwelt profitiert. Die Unternehmen profitieren von besseren Absatzchancen dank gutem Image. Durch Werbung mit dem EMAS-Logo verbessern sie die Absatzchancen für ihre Produkte. In einigen Bundesländern genießen zertifizierte Unternehmen Privilegien – zum Beispiel durch geringere Gebühren.
Einschränkend muss bedacht werden, dass auch eine ökologisch orientierte Produktionsweise nicht ohne Eingriffe in die Natur möglich ist. Zudem verfehlt sie ihre Ziele, wenn sie auf der Seite der Kunden zu einer Verminderung des eigenverantwortlichen Umweltdenkens führt.

3 Was kann die Regierung in Sachen Wirtschafts- und Umweltpolitik leisten?

Ziele darstellen, Entscheidungen treffen

A Zwei Beispiele

In den folgenden beiden Beispielen könnt ihr sehen, was die Bundesregierung umweltpolitisch und wirtschaftspolitisch auf den Weg bringen kann. Dabei werdet ihr feststellen, dass Wirtschafts- und Umweltpolitik in der Demokratie so gut wie nie auf ungeteilte Zustimmung stoßen.
Tipp: Arbeitsteilige Vorgehensweise

Beispiel 1: Die Luftverkehrsabgabe

Trotz heftiger Kritik aus der Wirtschaft hat der Bundestag die Flugsteuer verabschiedet. Das Parlament billigte das umstrittene Vorhaben als Teil des Sparpakets der schwarz-gelben Koalition am Donnerstagabend in Berlin. Damit werden Tickets für Flüge von deutschen Airports ab dem 1. Januar 2011 nach Entfernung gestaffelt um bis zu 45 Euro teurer.
Für Inlandsflüge und Kurzstreckenrouten werden acht Euro fällig, für Mittelstrecken 25 Euro und für Langstrecken 45 Euro. Dies gilt schon seit 1. September bei Buchungen für Abflüge ab 1. Januar 2011. Wie sehr die Aufschläge das Fliegen tatsächlich verteuern werden, ist angesichts des scharfen Preiskampfes in der Branche aber ungewiss. Bei Inlandsflügen werden zu den acht Euro noch 19 Prozent Mehrwertsteuer addiert.

(Aus: Bundestag verabschiedet Luftverkehrssteuer, in: Spiegel-online, Artikel vom 28.10.2010, Autorenkürzel sto/AFP/dpa, im Internet unter www.spiegel.de; Zugriff: 10.01.2016)

Zustimmung und Kritik

Unmittelbar nach der Verabschiedung der Luftverkehrsabgabe gab es daran heftige Kritik. Die deutsche Luftfahrtbranche sah sich dadurch extrem stark belastet. Flughäfen machen die Steuer für sinkende Passagierzahlen verantwortlich. Das Land Rheinland- Pfalz reichte 2011 Klage beim Bundesverfassungsgericht ein und beantragte, die Maßnahme als grundgesetzwidrig zu verbieten. Dass nur die Luftfahrt, aber nicht die Bahn eine solche Verkehrsabgabe leisten müssten, sei ein Verstoß gegen den Gleichheitsgrundsatz des Grundgesetzes.

Im November 2014 entschied das Bundesverfassungsgericht, dass die Luftverkehrssteuer nicht die Grundrechte der Luftverkehrsunternehmen und der Passagiere verletze und damit rechtens sei. Die wichtigste Begründung des obersten deutschen Gerichtes lautete:
„Das Ziel, die Zahl der Flugbuchungen über die Preisgestaltung zu reduzieren, um damit den Klimaschutz zu verbessern, ist wichtiger zu nehmen als die wirtschaftlichen Interessen der Flugunternehmen."
Im Grundgesetz sei der Umweltschutz als Staatsziel ausdrücklich vorgeschrieben (Artikel 20a). Das sei eine sachliche Begründung für die Erhebung der Luftverkehrssteuer.

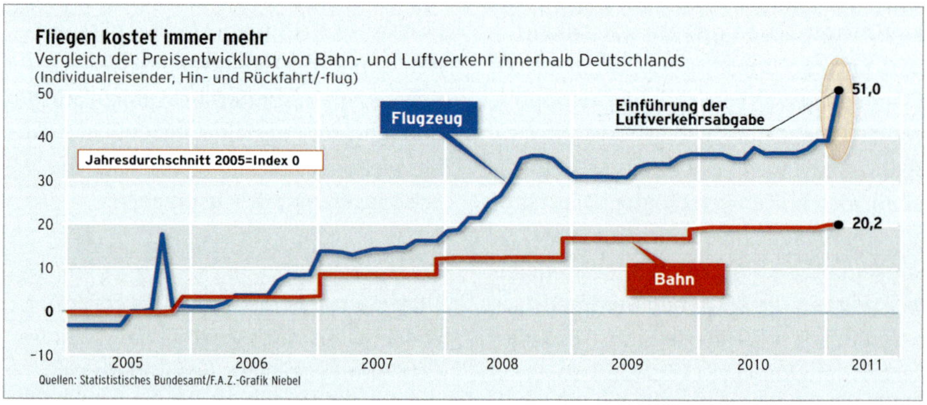

4 Was sind der Inhalt und das Ziel dieser umweltpolitischen Maßnahme? Beschreibe sie.

5 Worin besteht der Zusammenhang zwischen einer Luftverkehrssteuer und dem Staatsziel Umweltschutz? Erläutere ihn.

6 Wie bewertest du diese politische Entscheidung unter Abwägung der Pro- und Kontra-Argumente? Formuliere dein begründetes Urteil.

Beispiel 2: Einführung von Mindestlöhnen

Seit dem 1. Januar 2015 gilt in Deutschland ein flächendeckender gesetzlicher Mindestlohn von 8,50 Euro. Rund 3,7 Millionen Beschäftigte im Niedriglohnsektor werden maßgeblich von dieser Neuregelung profitieren. Ihre Löhne werden durch die Einführung eines Mindestlohns ab dem 1. Januar 2015 steigen.
Der gesetzliche Mindestlohn setzt eine feste Grenze, die in Zukunft nicht mehr unterschritten werden darf. Somit schützt der Mindestlohn Beschäftigte im Niedriglohnsektor vor Dumpinglöhnen und verringert so die Zahl der Arbeitnehmerinnen und Arbeitnehmer, die trotz Vollzeitbeschäftigung auf Sozialleistungen angewiesen sind. Eine Übergangsregelung vereinfacht den Einstieg in den Mindestlohn für alle Branchen, deren Löhne zurzeit deutlich unter dem Niveau von 8,50 Euro liegen.

(Bundesministerium für Arbeit und Soziales: Der Mindestlohn gilt, Pressemeldung im Januar 2015, im Internet unter www.der-mindestlohn-gilt.de; Zugriff: 03.09.2015)

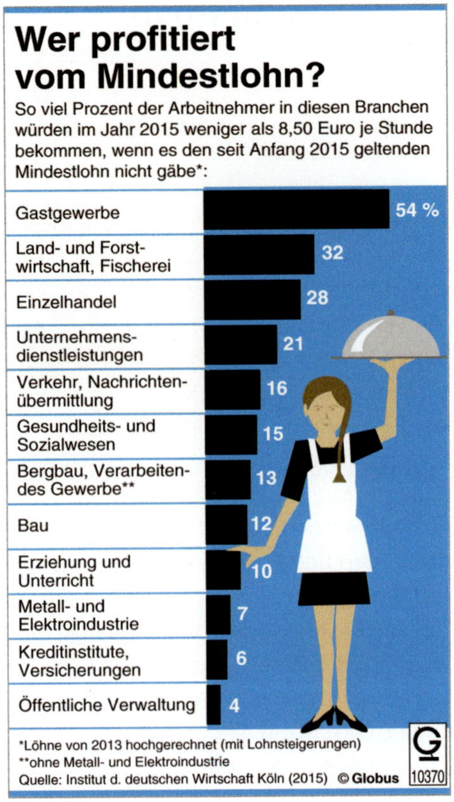

Zustimmung und Kritik

Die große Mehrheit der Bevölkerung befürwortet einer Umfrage zufolge weiterhin den Mindestlohn – trotz der Debatte um die als bürokratisch kritisierten Dokumentationspflichten. Demnach halten 86 Prozent die Einführung der gesetzlichen Lohnuntergrenze in Höhe von 8,50 Euro nach wie vor für richtig. Nur etwa jeder Zehnte lehne das Gesetz ab, berichtet die Süddeutsche Zeitung unter Berufung auf eine repräsentative Umfrage von Infratest Dimap im Auftrag des DGB. Gefragt wurden gut 1 000 repräsentativ ausgewählte Bürger.

(Meldung der Deutschen Presseagentur vom 10. März 2015)

Das Gesetz legt eine Untergrenze fest, Arbeitgeber können natürlich davon abweichend höhere Löhne zahlen. Bei einem Mindestlohn von 8,50 Euro pro Stunde verdienen Arbeitnehmer bei einer 38-Stunden-Woche etwa 1400 Euro brutto. Eine Mindestlohnkommission wird in Zukunft in etwa jährlichen Abständen über die Erhöhung des Mindestlohns entscheiden. Diese Kommission besteht aus je drei Vertretern der Arbeitgeber- und Arbeitnehmerschaft plus einem nicht stimmberechtigten Vorsitzenden. Trotz der breiten Zustimmung zum Mindestlohngesetz wird in Deutschland immer wieder über das Mindestlohngesetz diskutiert.
Als Pro-Argumente werden z. B. genannt:

- Mindestlöhne sorgen für mehr soziale Gerechtigkeit.
- Wer Vollzeit arbeitet, soll auch davon leben können.

Kritikpunkte lauten:

- Der Mindestlohn ist zu gering, um vor Armut zu schützen.
- Einige Dienstleistungen (zum Beispiel Frisörbesuche) werden für die Verbraucher teurer.

1 Was ist das Ziel dieser wirtschaftspolitischen Maßnahme? Beschreibe es.

2 Wer profitiert vom gesetzlichen Mindestlohn, für wen ergeben sich eher Nachteile? Erläutere die Folgen bezogen auf Arbeitnehmer, Arbeitgeber, private Haushalte, Staat und Banken.

3 Wie bewertest du dieses Mindestlohngesetz unter Abwägung der Pro- und Kontra-Argumente? Formuliere dein begründetes Urteil.

Was auch noch interessant sein kann:

- Auswirkungen auf den Wirtschaftskreislauf untersuchen: Mithilfe der Methodenkarte zum Wirtschaftskreislauf auf der Seite 142 dieses Buches lassen sich mögliche Auswirkungen beider Maßnahmen modellhaft erklären.

B Ziele staatlicher Wirtschafts- und Umweltpolitik

Die Doppelseite lässt sich zu zweit mit der Methode des Partnerbriefings bearbeiten. Stellt euch den Inhalt der Texte und die Lösungen zu den Arbeitsanweisungen gegenseitig vor. Bearbeitet die Aufgabe 3 zu zweit. Analysiert auch die beiden Schaubilder.

1. Wirtschaftspolitik

Ziele

Der Staat ist zu einer Wirtschaftspolitik verpflichtet, deren Ziele ihm durch das „Gesetz zur Förderung der Stabilität des Wachstums in der Wirtschaft" vorgeschrieben sind. Demnach hat er für ein angemessenes und stetiges Wirtschaftswachstum zu sorgen. Mehr und mehr geht es dabei um die Umsetzung eines qualitativen Wirtschaftswachstums, bei dem der Schutz der natürlichen Umwelt eine ebenso große Bedeutung hat wie die Sicherung der materiellen Lebensgrundlagen. Weitere Ziele sind Vollbeschäftigung und stabile Preise. Außenwirtschaftlich besteht das Ziel darin, ein ausgewogenes Verhältnis zwischen den Ausgaben für Warenimporte und den Einnahmen für Exporte zu sichern. Wirtschaftspolitik steht in einem unmittelbaren Verhältnis zur Umwelt- und Sozialpolitik, denn der Schutz der Umwelt und die Herstellung sozial gerechter Lebensverhältnisse gehören ebenfalls zu den gesetzlich vorgeschriebenen Zielen.

Akteure

Wirtschaftspolitik findet auf mehreren Ebenen statt. Das beginnt bei der Politik in der Gemeinde – zum Beispiel, wenn ein Stadtrat beschließt, die Gewerbesteuer zu senken, damit sich mehr Unternehmen im Gemeindegebiet ansiedeln, oder wenn sie eben diese Steuer erhöht, damit ihre Einnahmen sich verbessern. Jede Landesregierung macht eine eigene Wirtschaftspolitik, wobei sie die besonderen Gegebenheiten im Bundesland im Auge hat. Für ganz Deutschland ist natürlich die Bundesregierung zuständig. Von zunehmender Wichtigkeit sind die Maßnahmen der Europäischen Union. Dabei geht es vor allem um die Stabilisierung des Euro und um die Gestaltung der Regeln und Freiheiten im europäischen Binnenmarkt.

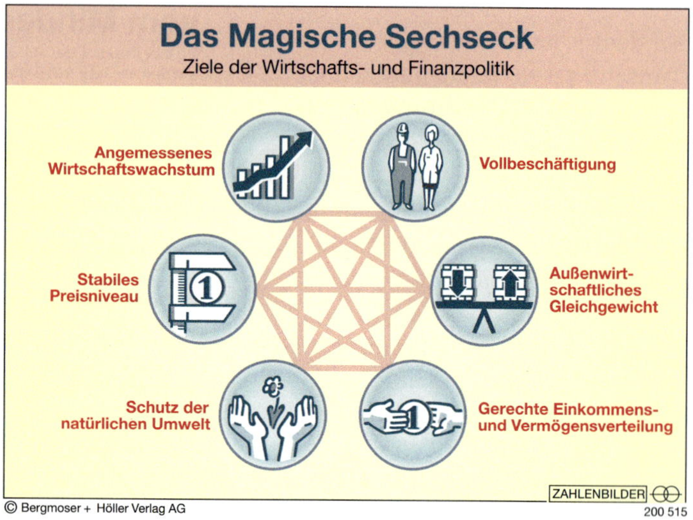

© Bergmoser + Höller Verlag AG

Handlungsmöglichkeiten

Ein wichtiges wirtschaftpolitisches Instrument ist die **Konjunkturpolitik**. Unter Konjunktur versteht man den Verlauf des Wirtschaftsgeschehens, das einem ständigen Auf und Ab gleicht. Phasen des wirtschaftlichen Aufschwungs gehen immer wieder in Abschwungphasen über und umgekehrt. In Krisenzeiten kann die Politik versuchen, die Konjunktur mit geeigneten Maßnahmen anzukurbeln – zum Beispiel, indem sie die Schaffung von Ausbildungs- und Arbeitsplätzen finanziell unterstützt. Der Staat kann als Investor auftreten und Aufträge zum Bau von Schulen, Straßen, Flughäfen und zur Einrichtung von Naturschutzgebieten vergeben. Er kann Steuern senken und erhöhen, gesetzliche Mindestlöhne vereinbaren und Zuschüsse an Unternehmen bezahlen, die aus eigener Kraft nicht überlebensfähig sind (= Subventionen).

Probleme

Wirtschaftspolitische Entscheidungen sind in der Regel mit heftigen politischen Auseinandersetzungen verbunden, weil sie die Menschen mal mehr, mal weniger betreffen und weil es sehr unterschiedliche Interessen gibt. Zum anderen kann nicht mit Sicherheit garantiert werden, dass eine Maßnahme des Staates zur Ankurbelung des Wirtschaftsgeschehens auch wirklich das Ziel erreicht.

2. Umweltpolitik

Ziele

Artikel 20 des Grundgesetzes erklärt die Zielsetzung staatlicher Umweltpolitik: *„Der Staat schützt auch in Verantwortung für die künftigen Generationen die natürlichen Lebensgrundlagen […]“*

Die wichtigste Aufgabe der Umweltpolitik besteht darin, negative Folgen wirtschaftlichen Handelns zu vermeiden und Schäden möglichst gar nicht erst entstehen zu lassen. Sie muss dafür Sorge tragen, dass auch zukünftige Generationen in einer intakten Umwelt leben können. Ökologie und Ökonomie, wirtschaftliches Handeln und Umweltschutz, sind bei allen Entscheidungen als eine Einheit zu betrachten, die in Übereinstimmung zu bringen sind.

Handlungsfelder

Die wichtigsten Handlungsfelder sind der Schutz des Bodens, des Wassers und der Luft. Vor dem Hintergrund der Klimaerwärmung kommt dem Ausbau der regenerativen Energien Sonne, Wasser, Wind besondere Bedeutung zu. Alle Maßnahmen zur Reduzierung der Treibhausgasemissionen haben höchste Priorität.

Das betrifft die Industrie und die Landwirtschaft sowie die privaten Haushalte und das gesamte Verkehrswesen. Umweltpolitik muss die Entwicklung von Technologien fördern, die den Verbrauch endlicher Rohstoffe auf ein Minimum reduzieren und zu einem möglichst geringen Bedarf an Energie führen.

Prinzipien

Im Laufe der Jahre wurde eine Strategie des präventiven Handelns entwickelt. Folgende Prinzipien gehören dazu:

- *das Verursacherprinzip*, nach dem jene, die die Umwelt belasten, auch für die Schäden aufkommen,
- *das Kooperationsprinzip*, das die Beteiligung aller wichtigen Gruppen am Umweltschutz fordert,
- *das Prinzip der Nachhaltigkeit*, wonach Umweltpolitik dafür Sorge tragen muss, dass auch die nachfolgenden Generationen in einer gesunden Umwelt aufwachsen

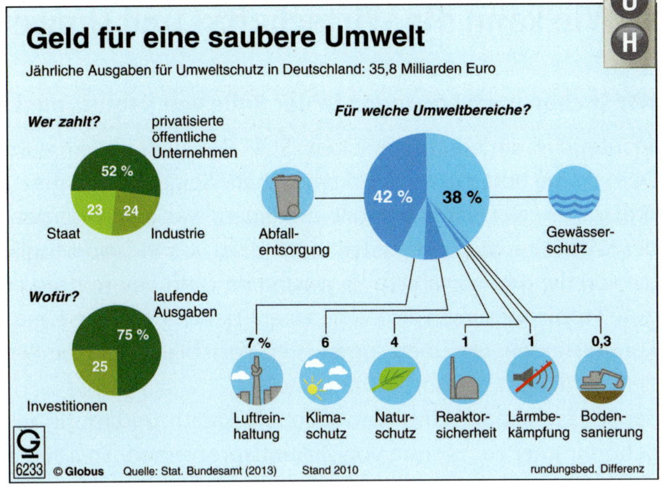

Akteure

In Deutschland arbeiten Bund, Länder und Gemeinden auf der Basis gesetzlicher Grundlagen im Umweltschutz zusammen. Ein wichtiger Akteur in der Umweltpolitik ist auch die Europäische Union. Die Mehrzahl aller Umweltschutzgesetze wird auf europäischer Ebene verabschiedet. Weil Umweltbelastungen keine Grenzen kennen, gilt Umweltpolitik heute als globale Herausforderung, die nur in internationaler Zusammenarbeit wirksam betrieben werden kann. Letztendlich hängt der Erfolg aller umweltpolitischen Maßnahmen von der Mitarbeit und Unterstützung jedes Einzelnen ab. Wer im täglichen Leben umweltbewusst handelt, kann am ehesten einfordern, dass die Politik ihrer Verantwortung gerecht wird.

Wirtschaftspolitik:

1 Fasse mit deinen eigenen Worten Ziele, Akteure, Handlungsmöglichkeiten und Probleme staatlicher Wirtschaftspolitik zusammen. Erkläre dabei deinem Partner die Begriffe außenwirtschaftliches Gleichgewicht und Konjunktur.

Umweltpolitik:

2 Stelle Ziele, Handlungsfelder, Prinzipien und die wichtigen Akteure staatlicher Umweltpolitik in eigenen Worten vor. Erkläre dabei deinem Partner, was man unter der Strategie des präventiven Handelns versteht.

3 Warum lassen sich eine zukunftsweisende Wirtschaftspolitik und Umweltpolitik nicht voneinander trennen? Formuliert dazu zu zweit eure Überlegungen und stellt sie in der Klasse vor.

C Wie kann die Wirtschafts- und Umweltkrise in Montego gelöst werden?

S M U H

Wir suchen nach Lösungen in der Rolle von Regierungskommissionen

Montego ist ein erfundener Staat. Stellt ihn euch wie ein europäisches Land vor mit Demokratie und sozialer Marktwirtschaft. Seine Wirtschafts- und Umweltprobleme sind ganz realer Natur. Ihr sollt überlegen, was getan werden muss, um Montego aus der Krise herauszuführen. Stellt euch dazu vor, ihr seid Mitglieder von Kommissionen, die von der neu gewählten Regierung im Land den Auftrag erhalten haben, möglichst gute Problemlösungsvorschläge zu erarbeiten. Die Klasse besteht aus mehreren Kommissionen. Die überzeugendsten Vorschläge wird die Regierung von Montego dem Parlament zur Abstimmung stellen.
Bei der Suche nach Lösungen solltet ihr kreativ und mutig sein. Risikobereitschaft gehört immer zur Lösung von Zukunftsproblemen. So ist es im Spiel, aber auch in der Wirklichkeit.

Die aktuelle Lage

Montego ist ein Inselstaat mit circa 10 Millionen Einwohnern. Das Land verfügt über Bodenschätze, fruchtbare Böden und milde klimatische Bedingungen. Die Hauptstadt Moncavri besitzt einen Seehafen, der früher einmal sehr bedeutend für den Im- und Export von Gütern war. Mittlerweile werden kaum noch Güter exportiert.

Die Wirtschaft Montegos befindet sich seit Jahren im Niedergang. Montego war einmal weltweit führend in der Herstellung landwirtschaftlicher Maschinen. Mittlerweile sind die Industrieanlagen veraltet und die hergestellten Maschinen auf dem Weltmarkt nicht mehr konkurrenzfähig. Man hat sich offensichtlich zu lange auf den Erfolg verlassen und der Staat hat nur wenig in Forschung und Innovation investiert. So schließen viele traditionsreiche Unternehmen ihre Pforten und die stetig ansteigende Arbeitslosenquote hat ein erschreckendes Ausmaß erreicht.
Es gibt immer weniger Unternehmensgründungen. Junge Unternehmerinnen und Unternehmer mit innovativen Firmenkonzepten schrecken vor einer unüberschaubar großen Zahl unnötiger Vorschriften zurück. Eine riesige Zahl von Staatsbeamten, die in guten Zeiten eingestellt wurden, macht Firmengründern das Leben schwer und muss aus den ohnehin geringen Steuereinnahmen finanziert werden. Ausländische Unternehmen würden zwar gerne in Montego investieren, Firmen gründen und Arbeitsplätze schaffen. Es dauert ihnen aber zu lange, bis alle staatlichen Stellen die erforderlichen Genehmigungen erteilen.
Auch die Steuereinnahmen gehen Jahr für Jahr zurück. Montego kann seine Staatsausgaben zu einem großen Teil nur noch über Kredite finanzieren und so hat sich eine gewaltige Last von Staatsschulden aufgetürmt, die die Höhe der jährlichen Steuereinnahmen übertrifft. In Montego werden die Steuern der Gehaltsempfänger monatlich vom Lohn abgezogen. Das betrifft viele Menschen mit kleinen Gehältern. Sehr wohlhabenden Bürgern gelingt es demgegenüber häufig, sich völlig von ihren Steuerpflichten zu befreien, zum Beispiel indem sie ihre Einkünfte gegenüber den Finanzbehörden verschweigen.
In Montego findet bisher keine zukunftsweisende Umweltpolitik statt. Wegen der landschaftlichen Schönheiten zählte der Tourismus bis vor einiger Zeit zu den bedeutenden Wirtschaftssektoren. Seit mehreren Jahren geht die Zahl der Hotelbuchungen jedoch immer weiter zurück. Zunehmend gab es Klagen über verschmutzte Strände, schmutziges Wasser und wilde Müllhalden, die an vielen Stränden auf der Insel die Landschaft verschandeln und das Grundwasser bedrohen. Die Abwässer der Ufergemeinden fließen meist ungeklärt ins Meer, weil es an Kläranlagen fehlt.
Auch fehlt es an staatlichen Investitio-

nen in ein zukunftsweisendes Verkehrssystem. Touristen, die per Schiff oder per Flugzeug ins Land kommen, können die Orte an den Küsten nur per Bus oder Taxi erreichen.
Zur Stromversorgung wird vornehmlich die heimische Kohle in der Gegend um Metallstadt abgebaut und in Kohlekraftwerken verbrannt. Auf der sonnenverwöhnten und windreichen Insel ist bisher kaum etwas von einer notwendigen Energiewende zu hören. Schließlich die Bildung: Ein Teil der Arbeitslosen ist nicht hinreichend qualifiziert, um den Anforderungen einer modernen Arbeitswelt gerecht zu werden. Das Bildungssystem in Montego gilt als veraltet. Wohlhabende Bürger schicken ihre Kinder häufig in Schulen auf dem Festland.

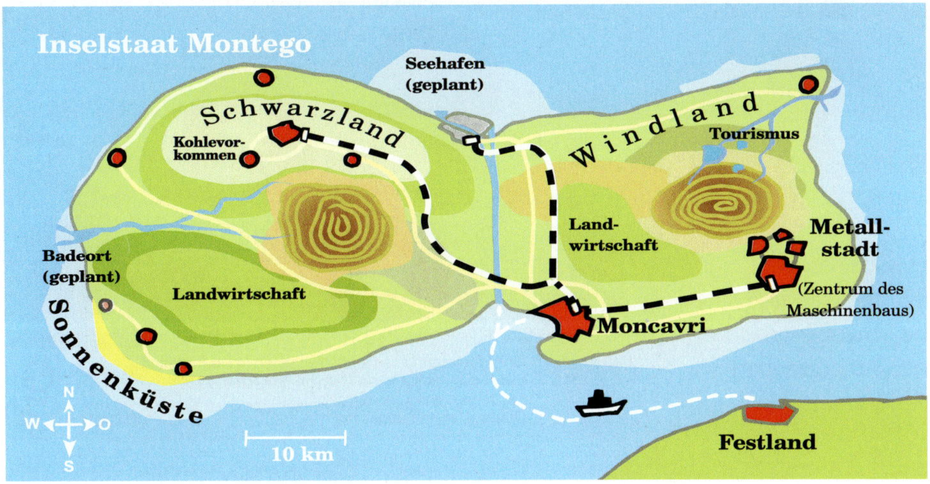

Wirtschaftsdaten in Montego

Berechnungsjahr	vor 20 Jahren	aktuelles Jahr
Arbeitslosigkeit	2 %	16 %
Anteil der Staatsverschuldung am Bruttoinlandsprodukt	20 %	120 %
Anteil der Staatsausgaben für soziale Sicherung	22 %	48 %
Zahl der Firmenschließungen	1 338	15 218
Zahl der Neugründungen	14 260	1 900
Steuerquote		
a) Anteil der Steuern am durchschnittlichen Haushaltseinkommen	20 %	20 %
b) Anteil der Steuern an den Unternehmensgewinnen	25 %	15 %

So könnt ihr in den Gruppen vorgehen:

1 Sammelt möglichst vollständig alle Probleme, die in der Lagebeschreibung deutlich werden.

2 Führt innerhalb eurer Gruppe ein Brainstorming durch.
Darin äußern alle Gruppenmitglieder spontan alle Ideen und Vorschläge, die euch zur Lösung der Probleme in Montego einfallen. Setzt euch dafür eine bestimmte Zeit (z. B. fünf Minuten). Haltet eure Ideen stichwortartig fest.

3 Versucht nun, Ordnung in eure Vorschlagsliste zu bringen. Welche Vorschläge habt ihr für die Verbesserung der wirtschaftlichen Situation, für den Umweltschutz, für eine bessere Bildungspolitik? Legt eine Tabelle oder eine Mindmap an und ordnet die Vorschläge zu.

4 Bereitet abschließend eine Ergebnispräsentation vor. Dabei wird es darauf ankommen, Regierung und Parlament von Montego möglichst von der Qualität eurer Problemlösungsvorschläge zu überzeugen.

Schaubildrallye

Thema: Umweltschutz

Schaubildrallye Umwelt

Unser Merksatz zu

1)

2)

3)

4)

5)

6)

Was ist das?

Das ist eine Methode, die alle Mitglieder in der Klasse an der Arbeit mit Schaubildern beteiligt. Nach einem festen Plan und in einzelnen Stationen werden unterschiedliche Schaubilder zu einem übergreifenden Rahmenthema analysiert und präsentiert (hier zum Gesamtthema Umweltschutz).

Wie macht man das?

Für diese Methode sollten Vierergruppen gebildet werden. (Nach Bedarf können auch Gruppen doppelt besetzt werden.) Jede der Gruppen erhält eines der hier abgebildeten Schaubilder zu Bearbeitung. Die Gruppen wenden die Vier-Fragen-Deutung zur Schaubildanalyse an:

1. **Wovon handelt das Schaubild?**
2. **Welche Bedeutung haben die Zahlen?**
3. **Welche Informationen daraus sollten wir uns langfristig merken?**
4. **Warum ist das Schaubild gemacht worden?**

Fortlaufend von 1 bis 6 werden die Arbeitsergebnisse vorgestellt, wobei jedes Gruppenmitglied die Antwort seiner Gruppe auf eine der vier Fragen vorstellt.
Das, was alle in der Klasse sich merken sollten, wird am Ende jeder Vorstellung in einem Satz formuliert, der von allen als Merksatz notiert werden kann.

Gruppe 1

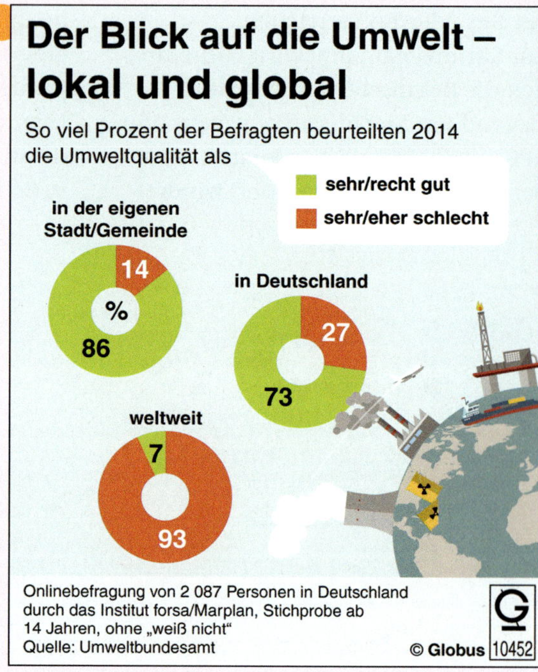

Gruppe 6

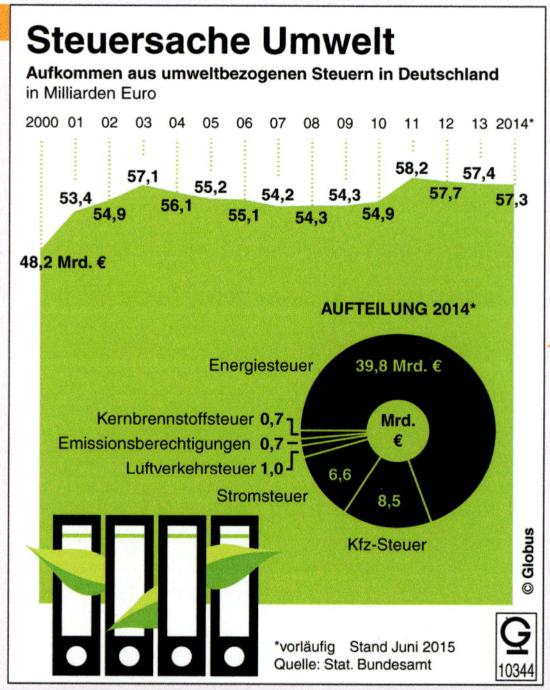

Gruppe 2

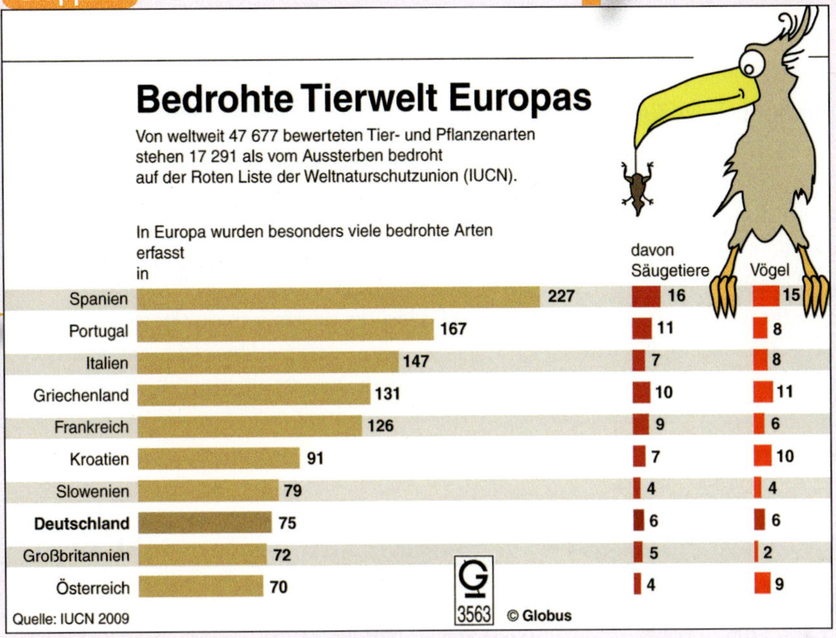

Gruppe 3

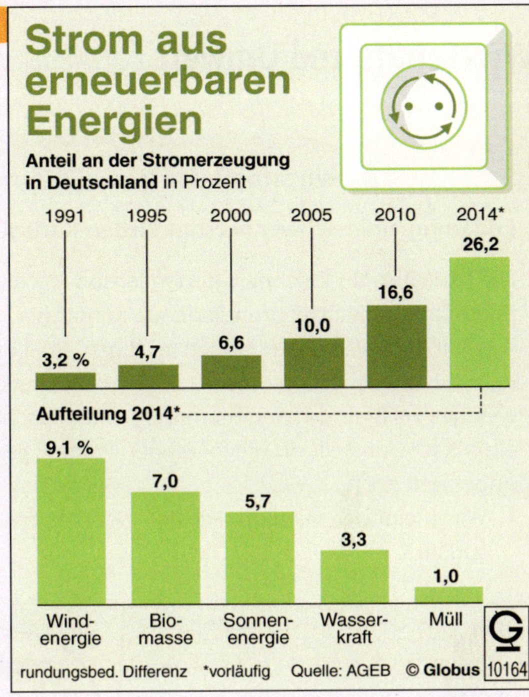

Gruppe 5

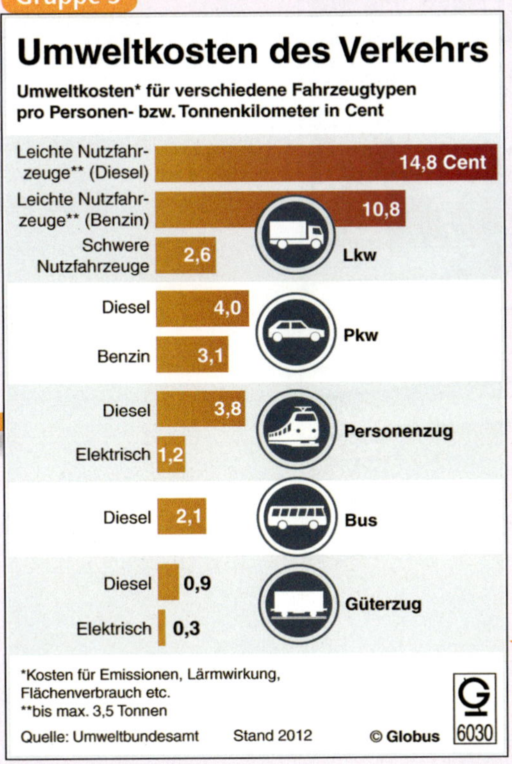

Gruppe 4

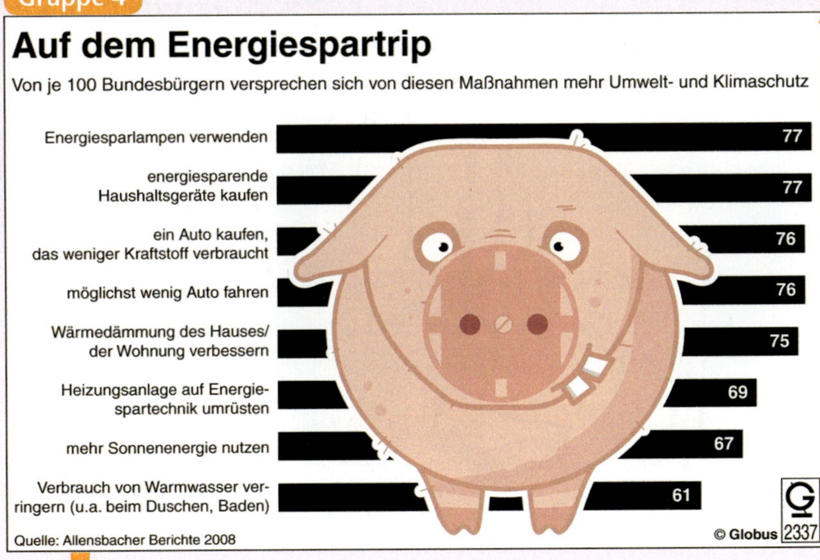

Wirtschaft und Umwelt

Station 1 Wirtschaft und Umweltschutz – unvereinbare Gegensätze?

S M U H

Erklärung einer schwer verständlichen Karikatur

Die Karikatur des Zeichners Jürgen Janson erschließt sich nur Betrachtern, die über grundlegende Kenntnisse von wirtschaftlichen Zusammenhängen verfügen. Weil du über diese Kenntnisse verfügst, kannst du sie jemandem erklären, der weniger weiß als du. Angenommen, eine Mitschülerin oder ein Mitschüler stellt dir die folgenden Fragen: Wie fallen deine Antworten aus?

1. Was meint der Mann im Fenster, wenn er von Wachstum spricht?
2. Warum löst die Nachricht von einem verlangsamten Wirtschaftswachstum „Panikattacken in der Wirtschaftsetage“ aus?
3. Woran erkennt man ein verlangsamtes Wachstum?

Tipp: Wenn du deine Erklärung besonders gut gestalten willst, kannst du noch erklären, warum hier eher von quantitativem und nicht von qualitativem Wachstum die Rede ist.

ERSTE PANIKATTACKEN IN DER WIRTSCHAFTSETAGE

Station 2 Wie können Unternehmen ökologisch verantwortungsbewusst arbeiten?

S M U H

Firmenberatung für das EMAS-Logo

Die Firma Top-Sportive ist ein Unternehmen, das Kleidung für sportlich aktive Leute entwirft und herstellt. Es ist ein vergleichsweise kleines Unternehmen, das seine Produkte ausschließlich in Deutschland produziert. Die Produkte sind teurer als die der Konkurrenz, stehen aber wegen ihres topmodischen Designs hoch im Kurs.
Seit einigen Monaten gehen die Verkaufszahlen zurück. Die Firmenleitung fand heraus, dass ihre umweltbewusste Kundschaft immer größeren Wert auf eine umweltschonende Herstellungsweise legt, und damit kann Top-Sportive bisher nicht dienen. Man hält sich zwar mehr oder weniger genau an die gesetzlichen Vorschriften, legt aber weder besonderen Wert auf Energieeinsparungen noch auf eine vorbildliche Abwasserentsorgung. Es gab bereits mehrere Vorschläge aus der Belegschaft, den innerbetrieblichen Umweltschutz zu verbessern. Die Ideen wurden bislang aber stets von der Firmenleitung als zu teuer abgelehnt. Jetzt hat Top-Sportive sich das Ziel gesetzt, das EMAS-Zertifikat als umweltfreundliches Unternehmen zu beantragen und in fernerer Zukunft sogar möglichst den Umweltpreis der Bundesstiftung Umwelt zu gewinnen. Was ist dazu zu tun?
Du sollst Top-Sportive in Sachen Umweltschutz beraten.

1. Liefere der Firma drei Vorschläge für die Verbesserung ihres betriebsinternen Umweltschutzes.
2. Nenne der Firmenleitung mindestens drei Kriterien, die maßgeblich für die Preisvergabe durch die Bundesstiftung Umwelt an ein ökologisch verantwortungsbewusstes Unternehmen sind.

Station 3 Wirtschafts- und Umweltpolitik

S M U H

2 aus 4

Schlagzeilen aus dem Wirtschaftsteil einer Tageszeitung:

Wähle mindestens zwei der vier Topmeldungen aus und erkläre jemandem, der sie nicht versteht, was damit gemeint ist.

1 Für einige Staaten Südeuropas liegt außenwirtschaftliches Gleichgewicht in weiter Ferne

2 Konjunktur in Deutschland kommt langsam aus der Talsohle

3 Bund für Umwelt und Naturschutz fordert Verbesserung des Kooperationsprinzips

4 Bundesregierung setzt auf präventiv-nachhaltigen Umweltschutz

Grund- und Menschenrechte

8

Mitglieder der Menschenrechtsorganisation Amnesty International demonstrieren für eine menschenwürdige Behandlung von Flüchtlingen

Welche Bedeutung haben sie für uns?

1. Allein nachdenken

Ergänze folgenden Satz: Mir bekannte Menschenrechte sind …

2. Zu zweit beraten

Welche Menschenrechte haltet ihr für besonders bedeutsam?

3. In der Klasse sammeln

Welche Menschenrechtsverletzungen kennt ihr?

Im Verlauf dieses Kapitels könnt ihr …

- die Bedeutung der Grundrechte im Grundgesetz darstellen,
- Lösungsvorschläge für Grundrechtsfälle in der Schule entwickeln,
- den Ablauf eines Asylverfahrens grafisch darstellen,
- über Chancen und Grenzen des Grundrechts auf Asyl eine Fishbowl-Diskussion führen,
- Grund- und Menschenrechtsverletzungen anhand von Fallbeispielen analysieren,
- Aufgaben und Arbeit von internationalen Menschenrechtsorganisationen beschreiben und beurteilen.

Eigene Schwerpunkte könnt ihr setzen, indem ihr …

- die Situation der Menschenrechte in einem Land untersucht,
- eine Internetrecherche zu Nichtregierungsorganisationen durchführt,
- Ideen für eine Menschenrechtsaktion in eurer Klasse sammelt.

1 Werden in Deutschland die Grundrechte ausreichend geschützt?

Wir bearbeiten Konfliktfälle

Der folgende Fall hat in der deutschen Öffentlichkeit zu großem Aufsehen geführt, einerseits, weil es um ein besonders grausames und menschenverachtendes Verbrechen ging, andererseits, weil deutlich wurde, dass Grundrechtsgarantien auch einem Verbrecher zustehen.

A Der Fall Gäfgen: Darf ein Polizist im Notfall Folter androhen?

Magnus Gäfgen hat am 27. September 2002 ein besonders abscheuliches Verbrechen begangen. Er hat den 11-jährigen Jakob von Metzler entführt, hat ihm Mund und Nase mit Klebeband verschlossen und ihm die Hand aufs Gesicht gedrückt, bis er tot war. Dann erpresste er von den Eltern des Kindes eine Million Euro. Als die Polizei ihn festnahm, weigerte er sich, über den Verbleib des Kindes Auskunft zu geben. Der damalige Vizepräsident Wolfgang Daschner ordnete in verzweifelter Sorge um Jakobs Leben an, Gäfgen, dessen Tatbeteiligung schon feststand, Schmerzen anzudrohen, wenn er den Aufenthaltsort nicht preisgebe. Gäfgen verriet dann, dass Jakob tot sei und wo er die Leiche versteckt hatte. [...] Daschner und ein weiterer Polizeibeamter wurden wegen Nötigung angeklagt und auch schuldig gesprochen. Das Gericht sprach jedoch lediglich eine Verwarnung aus unter dem Vorbehalt [= unter der Bedingung] der Verurteilung zu einer Geldstrafe. Gäfgen wurde zu lebenslanger Haft verurteilt. Das erzwungene Geständnis wurde nicht verwertet; Gäfgen legte im Prozess erneut ein Geständnis ab. Seitdem hat Magnus Gäfgen durch sämtliche Instanzen bis hinauf zum Europäischen Gerichtshof für Menschenrechte prozessiert, um feststellen zu lassen, dass ihm schreckliches Unrecht widerfahren sei, und womöglich eine Wiederaufnahme seines Prozesses zu erreichen. [...] Nun hat sein Anwalt eine Entschädigungszahlung von 3 000 Euro vor dem Landgericht Frankfurt erstritten. [...] Die Entschädigung steht Gäfgen nach Auffassung des Gerichts zu, weil die Androhung von Gewalt seine Menschenwürde verletzt habe.

(Nach: Hans Holzader: Kalt, in: Süddeutsche Zeitung, 05.08.2011)

Im Urteil gegen den Polizeipräsidenten vom 20. Dezember 2004 wurde ausgeführt, dass dieser sich strafbar gemacht habe, weil kein Gesetz einem Polizisten erlaubt, einem Verdächtigen Gewalt oder Folter anzudrohen. Auch dann nicht, wenn sich ein anderer Mensch in Lebensgefahr befindet. Berücksichtigt wurde bei der Strafe, dass der Polizeipräsident das entführte Kind habe retten wollen. Deshalb fiel sie gering aus.

(Anmerkung des Autors)

Magnus Gäfgen (links) wurde zu einer lebenslangen Freiheitsstrafe verurteilt.

1 Fasse den Fall Gäfgen zusammen: Um welches Verbrechen ging es? Was hat der Polizei-Vizepräsident unternommen? Warum wurde er angeklagt und verurteilt?

2 Was sagt der Fall Gäfgen über die Bedeutung der Grundrechte aus? Erkläre den Zusammenhang.

B Grundrechte im Grundgesetz

1 Erkläre den Unterschied zwischen Menschen- und Grundrechten.

2 Die Verfassungsgeber haben die Einhaltung der Grundrechte durch Garantien abgesichert. Erläutere, welche das sind.

3 Die Polizei darf ein Geständnis nicht mit Folter erzwingen – auch wenn sie damit Menschenleben retten könnte. Begründe das Verbot mithilfe des Grundgesetzes. Wie bewertest du es? Beziehe dich bei deiner Antwort auch auf den Fall Gäfgen.

Was sind Grundrechte?

Zwischen Menschen- und Grundrechten gibt es einen wesentlichen Unterschied: Menschenrechte gelten immer und überall, auch wenn sie nicht aufgeschrieben sind. Grundrechte sind schriftlich formuliert. Sie stehen im deutschen Grundgesetz in Artikel 1 bis 19. Dazu gehören die Unantastbarkeit der Menschenwürde, das Recht auf Freiheit und Gleichheit vor dem Gesetz. Einige Grundrechte stehen nur deutschen Bürgern zu. Das ist zum Beispiel das Recht, sich überall und ohne Anmeldung zu versammeln und zu demonstrieren, oder das Recht auf freie Berufswahl. Das Asylrecht ist das einzige Grundrecht, das nur Ausländern zusteht. Die Grundrechte schützen jeden einzelnen Menschen gegen Übergriffe der Staatsgewalt.

Schutz der Menschenwürde als oberstes Verfassungsprinzip

„Die Würde des Menschen ist unantastbar", heißt es in Artikel 1 des Grundgesetzes. Das bedeutet, dass der Staat immer und in all seinem Handeln die Menschenwürde der Bürgerinnen und Bürger achten und sie vor Eingriffen durch andere schützen muss. Die folgenden Grundrechte erklären genauer, was Menschenwürde beinhaltet. So ist es zum Beispiel der Polizei nicht erlaubt, Folter anzuwenden – auch nicht, wenn damit eine schlimme Straftat wie ein Mord verhindert werden kann. Damit würde die Polizei gegen Artikel 1 und Artikel 2 des Grundgesetzes verstoßen. Auch ein Mörder hat Anspruch darauf, dass seine Menschenwürde geschützt wird.

Garantien der Grundrechte im Rechtsstaat

Die Verfassungsgeber haben eine Reihe von Garantien in die Verfassung eingebaut, die die Durchsetzung der Grundrechte sicherstellen sollen:
Bindung der Staatsorgane: Grundrechte sind unmittelbar geltendes Recht. Alle Staatsorgane und staatlichen Einrichtungen müssen diese in ihrem Handeln beachten. Auch alle Gesetze, die das Parlament verabschiedet, müssen die Grundrechte respektieren.
Unantastbarkeit: Die Grundrechte dürfen nach Artikel 79 Absatz 3 des Grundgesetzes in ihrem Kerngehalt weder verändert noch abgeschafft werden – auch nicht mit einer Zweidrittelmehrheit des Bundestags.
Rechtswegegarantie: Wer sich in seinen Grundrechten verletzt fühlt, kann vor Gericht klagen.

Das Bundesverfassungsgericht als Hüter der Verfassung

Das Bundesverfassungsgericht wacht darüber, ob sich die Regierung und der Gesetzgeber bei der Ausübung ihrer Macht an das Grundgesetz halten. Auch einzelne Bürger können in Karlsruhe, dem Sitz des Bundesverfassungsgerichts, Verfassungsbeschwerde einlegen, wenn sie sich in ihren Grundrechten verletzt fühlen. Urteile des Bundesverfassungsgerichts sind für Regierung und Gesetzgeber bindend.

C Briefgeheimnis kontra Elternpflicht – ein Grundrechtskonflikt

Der Fall: Durfte Irinas Mutter die SMS lesen?

Noch ein letzter prüfender Blick in den Spiegel, dann ist Irina startklar. Gleich holt sie ihr neuer, wesentlich älterer Freund Marc ab. Sie wollen sich mit einigen Jugendlichen in einer alten Lagerhalle treffen. Endlich gehört sie dazu! Es war gar nicht einfach, von den coolen Jungs akzeptiert zu werden. Irinas Mutter ist von den neuen Freunden überhaupt nicht begeistert und sorgt sich schon seit Wochen. Bei den gemeinsamen Mahlzeiten sitzt ihre Tochter teilnahmslos am Tisch und wirkt völlig abwesend. Was ist nur mit ihr los? Doch auf ihre Fragen bekommt sie nur patzige Antworten und die Aufforderung, sich nicht in ihre persönlichen Angelegenheiten einzumischen. Auch ihre Freundinnen hat sie in letzter Zeit vernachlässigt. Stattdessen trifft sie in ihrer Freizeit wesentlich ältere Jugendliche. Nachdenklich betritt ihre Mutter Irinas Zimmer, um ihr Bett frisch zu beziehen. Da summt plötzlich Irinas Handy und zeigt an, dass eine SMS eingetroffen ist. Nach kurzem Zögern öffnet die Mutter die SMS und liest sie: „Hi Irina, heute Nachmittag treffen wir uns wieder bei Carlo. Für ordentlich Dröhnung ist gesorgt. Wir haben eine neue Lieferung bekommen." Alles deutet darauf hin, dass Irina Drogen nimmt.
Kurz entschlossen stellt die Mutter Irina zur Rede. Irina reagiert empört: „Du hast also tatsächlich in meinen Sachen geschnüffelt. Dazu hast du kein Recht – ohne meine Erlaubnis darfst du gar nichts lesen!" Irinas Mutter sieht das anders: „Als Mutter bin ich verantwortlich für dein Wohlergehen und habe die Pflicht, dich vor Schaden zu bewahren. Das war ein Notfall. In diesem Fall gilt das Briefgeheimnis nicht."

Grundrechte im Konflikt

Post darf wegen des Briefgeheimnisses nur der Empfänger öffnen und lesen. Ohne dass es im Grundgesetz ausdrücklich erwähnt wird, erstreckt sich das Briefgeheimnis auch auf Postkarten, Päckchen und Pakete, E-Mails und SMS. Das gilt nicht nur zwischen Freunden und Familienmitgliedern, sondern auch für den Staat.
Andererseits ist Irinas Mutter nach Artikel 6 des Grundgesetzes verpflichtet, sich um das Wohlergehen ihres Kindes zu kümmern. Vernachlässigt sie ihre Pflicht, müssen staatliche Stellen eingreifen. Wenn eine Mutter den Verdacht hat, dass ihr Kind seine Gesundheit durch die Einnahme von Drogen aufs Spiel setzt, muss sie aktiv werden.
In unserem Beispiel stehen zwei Grundrechte miteinander in Konflikt. In solchen Situationen gilt es, sorgfältig abzuwägen, welches Grundrecht Vorrang hat.

Artikel 6 Grundgesetz
Pflege und Erziehung der Kinder sind das natürliche Recht der Eltern und die zuvörderst ihnen obliegende Pflicht. Über ihre Betätigung wacht die staatliche Gemeinschaft.

↕

Artikel 10 Grundgesetz
(1) Das Briefgeheimnis sowie das Post- und Fernmeldegeheimnis sind unverletzlich.
(2) Beschränkungen dürfen nur aufgrund eines Gesetzes angeordnet werden.

1 Fasse den Fall mit eigenen Worten zusammen und erkläre den Grundrechtskonflikt.

2 Entscheide, welches Grundrecht in diesem Fall Vorrang haben sollte. Begründe deine Entscheidung.

S M U H

D Wir erarbeiten Lösungen für Grundrechtsfälle in der Schule

Nach dem Grundgesetz hat der Staat die Pflicht, für einen geordneten Ablauf des Unterrichts zu sorgen. Das ist in der Praxis Aufgabe der Schulleitung. Sie achtet darauf, dass die Schulpflicht eingehalten wird. Auf der anderen Seite sind auch in der Schule die Grundrechte des Einzelnen zu beachten. Da kann es leicht zu Streitfällen kommen. In solchen Situationen gilt es sorgfältig abzuwägen, was im vorliegenden Fall Vorrang haben sollte.

Euer Auftrag:

1. Ordne die drei Fälle den jeweiligen Grundrechten zu.
2. Entwickelt in Gruppen Lösungsvorschläge und begründet diese.
3. Präsentiert in der Klasse eure Vorschläge für die Grundrechtsfälle.

Artikel 2 Absatz 1

Jeder hat das Recht auf freie Entfaltung seiner Persönlichkeit, soweit er nicht die Rechte anderer verletzt.

Artikel 5 Absatz 1

Jeder hat das Recht, seine Meinung in Wort, Schrift und Bild frei zu äußern und zu verbreiten […]

Absatz 2

Diese Rechte finden ihre Schranken […] in dem Recht der persönlichen Ehre.

Artikel 6 Absatz 2

Pflege und Erziehung der Kinder sind das natürliche Recht der Eltern und die zuvörderst ihnen obliegende Pflicht. Über ihre Betätigung wacht die staatliche Gemeinschaft.

Artikel 7 Absatz 1
Das gesamte Schulwesen steht unter der Aufsicht des Staates.

1 Die Eltern von Sara halten die Unterrichtsmethoden des Mathematiklehrers für völlig veraltet. Sie wollen ihrer Tochter das nicht länger zumuten. Sie akzeptieren nicht die Schulaufsicht des Staates und engagieren einen Privatlehrer. Dürfen sie das?

2 Loredana hört während des Unterrichts sehr laute Musik über ihren Kopfhörer. Sie verweist darauf, dass sie das brauche, um sich besser zu konzentrieren, und pocht auf ihr Recht auf freie Entfaltung ihrer Persönlichkeit. Geht das Grundrecht so weit?

3 Jens hat für die Schülerzeitung einen Artikel verfasst, in dem er einige lustige Geschichten aus dem Deutschunterricht erzählt, in denen der Lehrer schlecht wegkommt. Der Deutschlehrer fühlt sich persönlich verletzt und verlangt, den Artikel nicht zu veröffentlichen. Wer ist im Recht?

2 Das Grundrecht auf Asyl: Wie viel Schutz brauchen Flüchtlinge?

Über Chancen und Grenzen des Asylrechts diskutieren

Das Asylrecht ist das einzige Grundrecht, das nur Ausländern zusteht. 2015 kamen rund eine Million Flüchtlinge nach Deutschland, die hier Schutz vor Krieg, politischer Verfolgung und Armut suchten. Sie können beim „Bundesamt für Migration und Flüchtlinge" einen Asylantrag stellen. Es entscheidet nach einer Anhörung, ob ein Flüchtling in Deutschland bleiben darf oder gehen muss.

Artikel 16 a Grundgesetz
(1) Politisch Verfolgte genießen Asylrecht.

Ähnlich wie Mahmoud ergeht es Hunderttausenden Menschen aus dem Irak, Syrien und anderen Bürgerkriegsländern. Das Foto zeigt Flüchtlinge bei ihrer Ankunft in Deutschland.

A Der Fall Mahmoud

Mahmoud [Name geändert] aus dem Irak betritt das kleine Büro, ein junger Mann mit Steppjacke, einer roten Wollmütze und einem fein geschnittenen Gesicht. „Ist gesundheitlich alles okay bei Ihnen?", fragt Katrin Dölz. „Sie sagen bitte Bescheid, wenn Sie eine Pause brauchen." […] „Mein Name ist Katrin Dölz. Ich entscheide über Ihren Asylantrag." Ihre Erscheinung verleiht Dölz' Worten den entsprechenden Nachdruck, sie ist groß und hat einen forschenden Blick. Mahmoud, 20 Jahre, ist kurdischer Jeside und erst seit einigen Wochen in Deutschland. Sein Vater hatte ihm, dem ältesten Sohn, einen Schlepper organisiert. Nun hofft Mahmoud, dass er in Deutschland Asyl bekommt und bald seine Familie nachholen kann, die in einem Dorf nahe Mossul von IS-Truppen bedroht wird. Drei Schwestern, zwei Brüder, die Mutter Hausfrau, der Vater Arbeiter für eine Firma, die Öl fördert. Zwei Cousinen wurden entführt und sind seit Monaten verschwunden.
Das Schicksal dieser Familie liegt jetzt in Katrin Dölz' Hand. […]
Dölz ist eine von Hunderten Asylentscheidern. Manche Anhörungen dauern mehrere Tage, manchmal brechen die Antragsteller während des Gesprächs in Tränen aus. „Ich habe auch schon den Notarzt gerufen", sagt Dölz. Einen Panzer habe sie sich zugelegt, schließlich könne sie nicht über jeden Fall noch abends nachdenken, so tragisch er auch sein mag. […]
Mahmoud wirkt relativ gelassen. Offenbar weiß er, dass er als Jeside gute

Die Jesiden
sind eine kurdisch sprechende religiöse Minderheit im Nordirak, in Nordsyrien und der Südosttürkei. Seit 2014 sind rund 400 000 Jesiden vor dem Islamischen Staat geflohen, der sie als Ungläubige verfolgt und ermordet. Die Frauen werden häufig als Sklavinnen verkauft.

Chancen hat, in Deutschland anerkannt zu werden. Neben ihm sitzt ein Dolmetscher, der Mahmoud freundlich zuzwinkert und ihm ein Glas Wasser hinschiebt. Dölz fühlt Mahmoud auf den Zahn.
„Fühlen Sie sich eher als Kurde oder als Jeside?“
„Als Jeside.“
„Was war das für ein Schleuser, der Sie nach Deutschland gebracht hat?“
„Auch ein Kurde aus der Türkei. Er sprach mehrere Sprachen.“
„Von wo nach wo hat er Sie begleitet?“
„Ich habe ihn in Adana in der südlichen Türkei getroffen. Von dort aus ging es sechs Tage lang im Laderaum eines großen LKWs in den Süden Deutschlands.“
„Haben Sie irgendwo angehalten?“
„Nein […] Als die Tür das nächste Mal wieder aufging, waren wir in der Nähe von Nürnberg.“
„Hat der Schleuser Ihnen den Pass abgenommen?“
„Ja. Er hat gesagt, er schickt ihn zu mir nach Hause. Aber er ist bis heute nicht angekommen.“
[…] Zwei Wochen später ist Mahmoud in Berlin gelandet, auch weil die Außenstelle hier bevorzugt Anträge aus dem Irak bearbeitet. Das Erstaufnahmelager in Spandau war voll, also bekam Mahmoud einen Gutschein für ein Hostel. Er ist viele Kilometer gelaufen, von Hostel zu Hostel. Alle waren bis auf den letzten Platz belegt. Schließlich hat er doch ein Bett im Erstaufnahmelager bekommen.
Nun ist Mahmoud voller Optimismus, in einem Land zu sein, in dem es Gesetze gibt. „Im Irak gibt es keine Gesetze. Wer Geld hat, kann essen, wer keins hat, hat nichts.“ Im Irak ist er nur bis zur achten Klasse in die Schule gegangen, danach half er seinem Vater, den Unterhalt für die Familie zu verdienen, wie es üblich ist, auch wenn er gerne Abitur gemacht hätte. Mahmoud hatte Glück. Er bekam einen Job als Koch für 500 Euro im Monat. Die meisten kurdischen Jesiden hüten Schafe. „Wir sind Jesiden“, sagt Mahmoud, „wir sind ganz unten. Die vom IS schlachten uns.“
Nach zwei Stunden ist die Anhörung beendet. Dölz’ Aufnahmen werden später abgetippt, in ein paar Tagen bekommt er das Protokoll zugeschickt. Er verzichtet darauf, das Ganze schriftlich ins Arabische übersetzen zu lassen, daher wird es schnell gehen. Katrin Dölz wird Mahmoud Asyl bewilligen, die Jesiden sind als politisch verfolgte Gruppe in Deutschland anerkannt.

(Nach: Freia Peters: Sie sagt, wer bleiben darf, in: Welt am Sonntag, 24.05.2015)

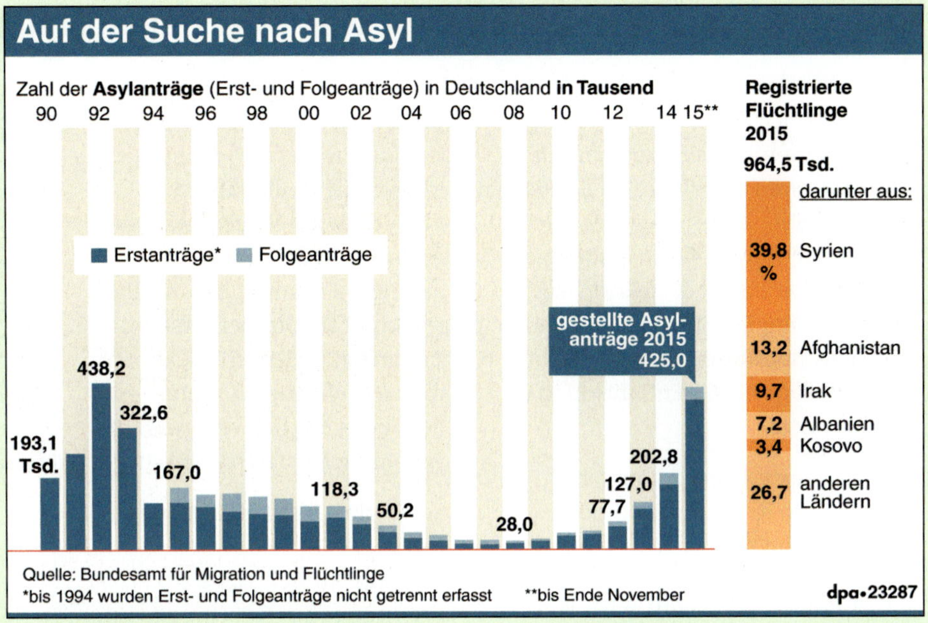

1 Beschreibe: Wie hat Mahmoud im Irak gelebt? Warum ist er geflohen? Was hat er auf der Flucht erlebt?

2 Für sehr viele Flüchtlinge ist die Anhörung aufwühlend und belastend. Versuche, dich in ihre Situation einzufühlen. Was fühlen und denken sie wohl vor und während dieser Situation?

3 Welche Gründe können Frau Dölz bewogen haben, den Antrag zu genehmigen? Wie hättest du entschieden? Begründe deine Antwort.

B Hintergrund: Wer darf bleiben, wer muss Deutschland verlassen?

Wenn ein Flüchtling einen Asylantrag gestellt hat, prüft das Bundesamt für Migration und Flüchtlinge, ob die Person asylberechtigt ist oder ob sie als Flüchtling anerkannt wird. Wenn beides nicht zutrifft, besteht auch die Möglichkeit, dem Flüchtling für einige Zeit Schutz zu gewähren (subsidiärer Schutz). Rechtliche Grundlage für die Entscheidung ist das Asylgesetz.

Tipp: Die Texte 1 und 2 könnt ihr arbeitsteilig mithilfe der Methode Partnerbriefing erarbeiten.

1. Wer hat Anspruch auf Asyl, wer wird als Flüchtling anerkannt?

Asylberechtigte

Asyl steht allen Menschen zu, die politisch verfolgt werden. Das bedeutet, dass sie von ihrem Staat wegen ihrer politischen Überzeugung so stark ausgegrenzt werden, dass ihre Menschenwürde verletzt ist. Allgemeine Notsituationen wie Armut oder Bürgerkrieg berechtigen hingegen nicht zu Asyl. Wenn der Asylantrag genehmigt ist, können Asylberechtigte aus den Heimen ausziehen und auch arbeiten.

Anerkennung als Flüchtling

Als Flüchtlinge werden nicht nur politisch Verfolgte anerkannt, sondern auch Menschen, denen wegen ihrer Rasse, Religion oder Zugehörigkeit zu einer bestimmten sozialen Gruppe in ihrem Heimatland Gefahr droht. Anders als bei Asylberechtigten muss diese Gefahr nicht vom Staat ausgehen, sondern kann auch von Parteien oder Organisationen stammen. Auch die Einreise über ein Drittland ist kein Problem. Wird ein Mensch in Deutschland als Flüchtling aufgenommen, hat er sofort die Erlaubnis zu arbeiten. Früher haben Asylberechtigte eine unbefristete Aufenthaltserlaubnis bekommen, Flüchtlinge nur eine befristete. Mittlerweile sind die Regelungen quasi identisch.

Sonderfall Kontingentflüchtlinge

Kontingentflüchtlinge sind Flüchtlinge aus Krisenregionen, die im Rahmen von humanitären Hilfsaktionen in Deutschland aufgenommen werden. Das Innenministerium darf anordnen, dass bestimmten Ausländergruppen in Notsituationen ohne weitere individuelle Prüfung eine Aufenthaltserlaubnis erteilt wird.
Wie viele Flüchtlinge das sind und wie sie ausgesucht werden, das entscheidet das Ministerium nach humanitären Gründen. Bei den Flüchtlingen aus Syrien spielt auch der Bezug zu Deutschland eine Rolle.

Subsidiärer Schutz

Für diejenigen, die weder als Flüchtling anerkannt werden noch Asyl erhalten, gibt es noch die Möglichkeit des *subsidiären* (vorübergehenden) Schutzes. Dieser Aufenthaltsstatus wird Menschen gewährt, wenn ihnen im Heimatland Folter, Todesstrafe oder große Gefahr durch einen bewaffneten Konflikt drohen. Dann gilt ein Abschiebungsverbot und der Betroffene darf trotzdem eine Zeit lang in Deutschland bleiben […]. Um arbeiten zu dürfen, braucht der Flüchtling eine Genehmigung der Arbeitsagentur, genau wie bei einer Duldung.

(Aus: Anita Edenhofner: Flüchtlinge, Asylbewerber, Migranten. Was unterscheidet sie? In: www.br.de, 08.10.2014; Zugriff: 04.01.2016)

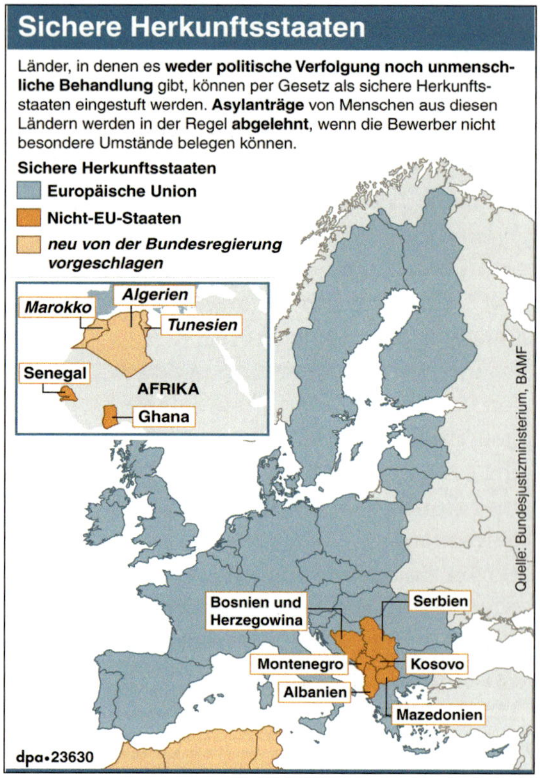

Stichwortzettel

Asylberechtigte: …
Flüchtlinge: …
Kontingentflüchtlinge: …
Subsidiärer Schutz: …

2. Wie läuft ein Asylverfahren ab?

Menschen, die in Deutschland Asyl suchen, stellen einen Antrag in einer Außenstelle des Bundesamts für Migration und Flüchtlinge. Dabei werden die Personalien aufgenommen. Alle Antragsteller ab 14 Jahren werden fotografiert, ihre Fingerabdrücke werden genommen. Die Maßnahmen geben Aufschluss darüber, ob sich der Asylbewerber schon früher in Deutschland aufgehalten hat. Dann erhält der Flüchtling eine Aufenthaltsgestattung. Die Entscheidung über eine Anerkennung des Asylantrags fällt in einer Anhörung, in der der Asylsuchende, ein Verfahrensbevollmächtigter (Anwalt oder Vormund), ein Dolmetscher und ein Vertreter des Amtes anwesend sind. Dabei muss der Flüchtling darlegen, weshalb er verfolgt wird und warum eine Rückkehr nicht möglich ist. Dann gibt es mehrere Möglichkeiten:

Positive Entscheidung: Ein Asylantrag wird positiv entschieden, weil der Antragsteller nach Artikel 16a des Grundgesetzes asylberechtigt ist oder weil er Flüchtling nach der Genfer Konvention ist. Der Antragsteller erhält zunächst für drei Jahre ein Aufenthaltsrecht. Nach dieser Zeit wird noch einmal überprüft, ob die Gründe für das gewährte Asyl weiter bestehen. Wenn dies der Fall ist, kann die Person ein dauerhaftes Bleiberecht erhalten. […]

Negative Entscheidung: Wird ein Antrag abgelehnt, muss die Person Deutschland verlassen. Gründe dafür können sein, dass kein plausibler Grund für Asyl vorliegt oder der Antragsteller aus einem „sicheren Herkunftsstaat" kommt. Die Folge: Er ist „ausreisepflichtig" und kann abgeschoben werden. Gegen die Abschiebung kann der Asylbewerber innerhalb einer Frist klagen. […]

Wer keine Aufenthaltserlaubnis bekommt und wem kein Asyl gewährt wird, der muss das Land wieder verlassen. Ausreise oder Abschiebung sind aber nicht immer möglich. Gründe dafür können Reiseunfähigkeit, ein fehlender Pass oder eine fehlende Verkehrsverbindung in ein vom Krieg zerstörtes Land sein. So lange, wie die betroffenen Menschen nicht abgeschoben werden können, erhalten sie in Deutschland eine Duldung.

(Aus: Barbara Schmickler: Asylbewerber, Flüchtlinge, Migranten – was sind die Unterschiede?, in: www.tagesschau.de, 07.08.2015; Zugriff: 04.01.2016, © NDR)

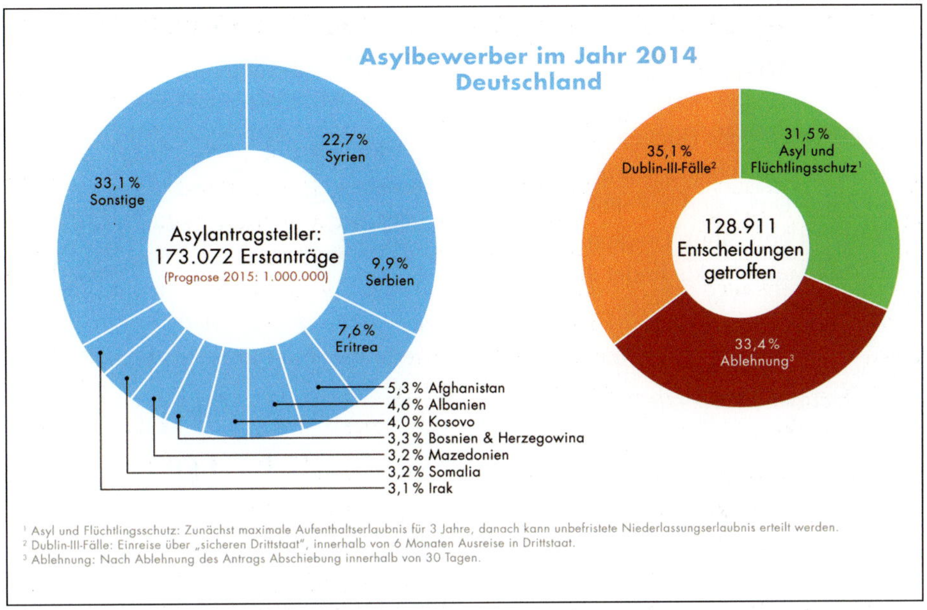

(Aus: mach's klar 1/2015: Auf der Flucht – ist das unser Problem? Hrsg. von der Landeszentrale für politische Bildung Baden-Württemberg)

Stichwortzettel

Antragstellung: …
Anhörung: …
Positive/negative Entscheidung: …
Duldung: …

1. Bearbeite den von dir gewählten Text, indem du einen Stichwortzettel für die Zusammenfassung anlegst (siehe Kasten).
2. Wähle aus dem Schaubild auf deiner Seite eine oder zwei Informationen aus, die du deiner Partnerin/deinem Partner mitteilen wirst.
3. Bereitet gemeinsam eine Visualisierung zum Ablauf des Asylverfahrens vor.

C Zur Diskussion: Kann Deutschland alle Flüchtlinge aufnehmen, die kommen wollen?

2015 kamen so viele Flüchtlinge wie nie zuvor nach Deutschland. Darüber ist eine heftige Diskussion in Politik und Gesellschaft entbrannt. Einige häufig geäußerte Standpunkte findet ihr in den Sprechblasen.

1 Lies die Äußerungen in den Sprechblasen. Welche Positionen werden jeweils vertreten?

2 Arbeite heraus, wie diese begründet werden.

3 Entscheide: Welche Position möchtest du in der Diskussion vertreten?

4 Führt in der Klasse eine Fishbowl-Diskussion zu der Frage in der Überschrift.

1. Das Asylrecht kennt keine Obergrenzen. Jeder, der politisch verfolgt wird oder vor einem Bürgerkrieg flieht, hat das Recht auf Schutz in Deutschland.

2. Deutschland ist ein reiches Land. In ärmeren Ländern wie der Türkei oder dem Libanon leben deutlich mehr Flüchtlinge. Wir könnten ohne Schwierigkeiten weiterhin so viele Flüchtlinge aufnehmen.

3. Es ist ungerecht, nur politisch Verfolgte und Bürgerkriegsflüchtlinge aufzunehmen, während man Armutsflüchtlinge zum Beispiel aus den Balkanländern wieder zurückschickt.

4. Die Gemeinden fühlen sich überfordert, wenn die Flüchtlingszahlen zu hoch werden. Solange wir Flüchtlingen keine menschenwürdigen Lebensverhältnisse bieten und sie integrieren können, sollten wir weniger aufnehmen.

5. Politik darf sich nicht nur am humanitär Wünschenswerten orientieren, sondern auch am Machbaren. Es muss deshalb eine Obergrenze für das geben, was wir finanziell und organisatorisch leisten können.

6. Bürgerkriegsflüchtlinge sollten eher in den Nachbarländern Schutz finden, denn sie werden nach dem Krieg in ihrer Heimat für den Wiederaufbau gebraucht. Deshalb sollten wir die Flüchtlingscamps dort finanziell besser unterstützen. Dann müssen die Flüchtlinge nicht mehr nach Deutschland kommen.

Methodenkarte 12

S M U H

Fishbowl-Diskussion

Thema: Kann Deutschland alle Flüchtlinge aufnehmen?

Worum geht es?

In einer Fishbowl-Diskussion nimmt eine Gruppe von Schülerinnen und Schülern an einem gut einsehbaren Tisch im Klassenraum Platz und führt eine Diskussion zu einem zuvor festgelegten Thema. Eine Schülerin oder ein Schüler übernimmt dabei die Gesprächsleitung. Die übrigen Schüler beobachten, wie die Teilnehmer der Diskussion sich im Verlauf des Gesprächs verhalten, und machen sich dazu Notizen mithilfe des Beobachtungsbogens. Nach einer ersten Diskussionsrunde können die Diskussionsteilnehmer wechseln. Dieser Wechsel kann mehrfach stattfinden. Fishbowl heißt diese Methode, weil die Diskutierenden vergleichbar den Fischen in einem Aquarium beobachtet werden.

Warum ist das wichtig?

Mit dieser Methode kann man lernen, überzeugend und in angemessener Form miteinander zu diskutieren. Ein Vorteil ist, dass man in einer kleinen Gruppe von Diskutierenden viel eher die Möglichkeit zum Training hat als in der gesamten Klasse. Im Anschluss daran bekommt man Rückmeldungen und Verbesserungsvorschläge von den Beobachtenden. Man lernt auch das genaue Beobachten und weiß hinterher, welche Verhaltensregeln man in einer Diskussion zu beachten hat.
Bei der Diskussion zum Thema Flüchtlinge achtet die Gruppe der Beobachter auch auf die Qualität der Argumente. In der Nachbesprechung stellt sie besonders überzeugende Positionen vor. So trainieren die Mitglieder dieser Gruppe auch ihre eigene Urteilsbildung.

Beobachtungsbogen für Diskussion

	Gruppe 1	Gruppe 2	Gruppe 3
A Das Verhalten			
1. Beteiligen sich alle Teilnehmer aktiv am Gespräch?	++ | + | 0	++ | + | 0	++ | + | 0
2. Sprechen sie klar und deutlich, sodass man sie gut verstehen kann?	++ | + | 0	++ | + | 0	++ | + | 0
3. Lassen sie den anderen ausreden?	++ | + | 0	++ | + | 0	++ | + | 0
4. Bleibt die Diskussion fair?	++ | + | 0	++ | + | 0	++ | + | 0
B Die Sache			
5. Haben sich die Teilnehmer vorbereitet?	++ | + | 0	++ | + | 0	++ | + | 0
6. Werden die einzelnen Meinungen begründet?	++ | + | 0	++ | + | 0	++ | + | 0
7. Gehen sie auf die Argumente des Vorredners ein?	++ | + | 0	++ | + | 0	++ | + | 0
8. Kommen Redebeiträge vor, die besonders überzeugend sind?	++ | + | 0	++ | + | 0	++ | + | 0

3 Menschenrechte weltweit – ein ungelöstes Versprechen

Thesen zur Bedeutung der Menschenrechte bewerten

Stellvertretend für die unzähligen Menschenrechtsverletzungen, die täglich auf der Welt geschehen, werden in diesem Unterkapitel drei Beispiele vorgestellt. Ihr könnt sie arbeitsteilig untersuchen. Dazu empfehlen wir euch folgende Vorgehensweise:

1. Einzelarbeit: Welche Menschenrechte werden verletzt? Lies den Fall und formuliere deine Antwort auf die Frage. Versuche dich in die Rolle der Betroffenen zu versetzen und überlege, welche Folgen die Menschenrechtsverletzungen für ihr weiteres Leben haben.
2. Triangel: Bildet Dreiergruppen, in denen ihr der Reihe nach euren Fall und eure Antworten vorstellt.
3. Sucht in der Gruppe nach Gründen für Menschenrechtsverletzungen.
4. Präsentiert die Fälle und eure Erklärungen dazu vor der Klasse.

Tipp: Im Anschluss daran könnt ihr in euren Gruppen „Aktiv lernen" bearbeiten.

A Menschenrechtsverletzungen – drei Beispiele

1. Indien – ein Frauenleben ist nichts wert

Die erneute Gruppenvergewaltigung einer jungen Inderin zeigt, welch frauenfeindliches Klima in Indien herrscht: Denn Gewalt, Unterdrückung und die Ermordung von Frauen und weiblichen Föten gehören zum traurigen Alltag in diesem Land.

Eine Szene aus einem indischen Kino sagt mehr als 1 000 Worte: Als es in einem Bollywood-Film zu einer Vergewaltigung kommt, springen männliche Kinobesucher auf und klatschen. […]
In der indischen Verfassung ist die Gleichberechtigung von Frauen zwar festgeschrieben, doch die Realität sieht anders aus. Inderinnen werden unterdrückt, schon vom Moment der Zeugung an. […] Unter den 20 großen Nationen der Welt schneidet Indien in puncto Stellung der Frau am schlechtesten ab. Nicht einmal in Afghanistan, Somalia und Saudi-Arabien ist laut einer Studie ein derartiges Ausmaß an Gewalt gegen Frauen zu finden.

In Zahlen ausgedrückt: Jedes Jahr werden Zehntausende weibliche Föten abgetrieben, jede Stunde wird eine Frau wegen ihrer Mitgift ermordet, allein in der Hauptstadt Delhi wird alle 18 Stunden eine Frau vergewaltigt. […] Die Verweigerung der Selbstbestimmung als auch die Unterdrückung der Frau hängt nach Erfahrungen von Dagmar Hellmann-Rajanayagam, Professorin für Südostasienkunde an der Universität Passau, heute noch in vielen Köpfen fest. „Frauen haben die Pflicht, sich zu opfern – so werden sie erzogen." Sie sind erst etwas wert, wenn sie einen Sohn geboren haben. „Das ist für die meisten Frauen, die nicht aus der reichen Oberschicht kommen, die einzige Art, wie sie Wertschätzung erlangen können", erläutert die Passauer Professorin. Die Folge: Die Mutterliebe konzentriert sich auf den Sohn. Er wird vergöttert von klein auf, weil er es ist, der der Familie durch Heirat Wohlstand bringt

Frauen auf einem ländlichen Markt in Südindien

– unter anderem in Form der Mitgift der Braut. Mädchen hingegen werden [...] als Bürde gesehen. Sie kosten Geld, weshalb ihnen oft der Zugang zu Bildung verwehrt wird. Sie müssen zu Hause schuften, bis endlich ein Ehemann für sie gefunden ist. [...] Die Probleme durch die Mitgift sind bekannt: Gierige Ehemänner fordern mehr Geld nach der Vermählung und falls ihre Eltern nicht zahlen, entledigen sie sich ihrer Ehefrau einfach. Oft mittels vorgetäuschter Haushaltsunfälle mit dem Gaskocher in der Küche.

(Nach: Michaela Strassmair: Indien – wo ein Frauenleben nichts wert ist, in: www.focus.de, 18.03.2013; Zugriff: 11.01.2016)

2. Südsudan – Kinder und Jugendliche werden zum Kriegsdienst gezwungen

Tausende Kinder und Jugendliche werden als Kindersoldaten missbraucht. Sie sind Opfer und Täter zugleich, Kinder ohne Kindheit, und der Weg zurück in ein normales Leben ist schwer. Viele von ihnen haben jahrelang das Töten gelernt, sind aber nie zur Schule gegangen. Einige der Kindersoldaten in Südsudan haben UNICEF-Mitarbeitern ihre Geschichte erzählt, darunter auch David:
Der Tag, an dem David (Name geändert) ein Kindersoldat wurde, hatte begonnen wie jeder andere Tag. Der 16-Jährige verabschiedete sich morgens von seinen Eltern in einem Dorf in der Provinz Unity State in Südsudan und ging zur Schule. Er kam nicht mehr zurück. Bewaffnete Männer überfielen die Schule und entführten David zusammen mit rund 100 Mitschülern. Die Männer sagten den völlig verängstigten Jungen, es sei ihre Pflicht, zu kämpfen und ihren Stamm zu verteidigen.
[...] Tausende Menschen wurden im Bürgerkrieg getötet, Hunderttausende vertrieben und schätzungsweise 12000 Minderjährige wurden als Kindersoldaten rekrutiert. Unter ihnen David. Er wurde von seinen Mitschülern getrennt und musste mit anderen Jugendlichen zusammen drei Monate lang in einem Trainingscamp das Kämpfen lernen. „Am schlimmsten war, morgens um drei Uhr geweckt zu werden und bis mittags trainieren zu müssen. Wir haben nur drei Mal pro Woche etwas zu essen bekommen. Wenn du die Waffe nicht richtig bedienen konntest, wurdest du geschlagen. Ich hatte keine Wahl."
David und die anderen Kindersoldaten wurden an die Front gebracht und gezwungen, zu kämpfen. Sie konnten es nicht ertragen. Gemeinsam planten sie, bei der ersten Gelegenheit zu fliehen – auch wenn das lebensgefährlich war. „Wir waren so verzweifelt", sagt David.
Unter dem Vorwand, wie üblich Feuerholz zu suchen, flüchteten sich rund 100 Jungen in den Wald. „Wir haben unsere Waffen und Uniformen zurückgelassen", erzählt David. Die meisten Jungen schlugen den Weg in Richtung Sudan ein. David und vier andere konnten sich nach Bentiu zu einem Stützpunkt der Vereinten Nationen durchschlagen, in dem Zehntausende Menschen Zuflucht vor der Gewalt suchen. David hatte Glück: Eine Familie im Camp hat ihn und zwei andere Teenager aufgenommen.

(Nach: Ninja Charbonneau: Kindersoldaten: Opfer und Täter zugleich, Kinder ohne Kindheit, in: www.unicef.de, 05.05.2015; Zugriff: 02.01.2016)

Rund 300000 Kinder und Jugendliche werden weltweit als Kindersoldaten eingesetzt. Am Red Hand Day protestieren Kinder in vielen Ländern mit einem roten Handabdruck gegen diese Menschenrechtsverletzung.

1 In Indien sind Frauen und Männer nach dem Gesetz gleichberechtigt – wie sieht die Realität aus? Beschreibe die Gesetzesverstöße.

2 Wie sah Davids Leben aus, bevor er flüchten konnte?

3. Saudi-Arabien: ein Blogger wird zu 1000 Peitschenhieben verurteilt

Das Schicksal des zu 1 000 Stockhieben verurteilten saudischen Bloggers Raif Badawi empört die Welt. [...] Er blieb völlig still, als der Stock seinen Rücken traf. Immer und immer wieder. 50 Mal an diesem Tag. Aber die Zuschauer johlten, als Raif Badawi den ersten Teil seiner Strafe erdulden musste. [...} Die Hiebe und damit die auch beabsichtigte öffentliche Schmach haben dem bekannten Blogger große Schmerzen zugefügt. Doch ihn endgültig zum Schweigen zu bringen, gelang den Sittenwächtern nicht. Aus dem Gefängnis heraus hat der 31-Jährige später per Telefon seiner Frau Ensaf Haidar einen offenen Brief diktiert: *„Ich habe versucht, die Mauern der Unwissenheit niederzureißen, ein wenig Pluralismus zu verbreiten und Respekt vor Ausdrucksfreiheit, Frauenrechten und den Rechten von Minderheiten und Mittellosen in Saudi-Arabien. Das war mein Leben, bevor ich im Jahr 2012 verhaftet wurde."*
Der Grund: Raif Badawi war auf seiner Website für die Idee einer säkularen, liberalen Gesellschaft in Saudi-Arabien eingetreten. Er übt dabei klare Kritik an der Macht der Islamgelehrten und der saudischen Regierung. Das wurde ihm zum Verhängnis.
„All das grausame Leid ist mir und meiner Familie nur deswegen widerfahren, weil ich meine Meinung ausgedrückt habe."
Badawis Internetseite ist seit seiner Verhaftung gesperrt. [...]
Badawi fordert die Menschenrechte ein und warnt davor, dass das Verbot des freien Denkens Saudi-Arabien und die gesamte Region beim globalen Wissenserwerb zurückwerfen werde. *„Kaum kommt mal ein freier Geist, sieht er sich auch schon mit einer Woge hunderter Fatwas konfrontiert, die die Kleriker im Wettstreit miteinander verfassen, um ihn zum Ungläubigen zu erklären. Meine größte Befürchtung ist, dass die klugen Köpfe der arabischen Welt eines Tages alle auswandern werden, auf der Suche nach frischerer Luft, irgendwohin, weit ab von den Schwertern des religiösen Autoritarismus."* Die saudischen Ermittlungsbehörden halten diese Äußerung für eine „Beleidigung des Islam, den Abfall vom Glauben". Nach den ersten 50 Schlägen wurde die Bestrafungsaktion aus medizinischen Gründen bisher immer wieder verschoben. Badawi ist körperlich und psychisch angeschlagen. Er leidet unter hohem Blutdruck, sitzt in einer Zelle ohne Tageslicht.
Die kanadische Regierung hat Badawi mittlerweile Asyl angeboten. Seine Ehefrau Ensaf Haidar ist mit den drei Kindern schon im Jahr 2012 dorthin geflohen. Ihre Lage sei schwierig, sagt Ensaf Haidar. „Es ist schrecklich für die Kinder, jeden Tag auf ihren Vater zu warten. Sie fragen immer:
Wann kommt Papa wieder? Ich hoffe, dass die internationalen Regierungen weiter in Kontakt mit der saudischen Regierung bleiben, indem sie weiter um seine Freilassung bitten."

(Nach: Cornelia Wegerhoff: Blogger Raif Badawi: „Ich bin ein dünner, aber zäher Mann", in: www.deutschlandradiokultur.de, 26.06.2015; Zugriff: 08.01.2016)

Gemeinsam mit Menschenrechts-Aktivisten demonstriert Ensaf Haidar vor der saudischen Botschaft für die Freilassung ihres Mannes.

3 Regierungen und Menschenrechtsgruppen protestieren gegen die Verhaftung und grausame Strafe von Raif Badawi. Erkläre, warum.

Was auch noch interessant sein kann:
- weitere Fälle von Menschenrechtsverletzungen sammeln und untersuchen: Wo finden diese statt? Wer sind die Opfer, wer die Täter?
- die Menschenrechtssituation in einem Land recherchieren. Länderberichte findet ihr zum Beispiel unter www.amnesty.de

B Wir diskutieren Ansichten über die Bedeutung von Menschenrechten

- Den folgenden Fragebogen sollte zunächst jede Schülerin und jeder Schüler für sich beantworten. Wenn ihr einer These voll zustimmt, könnt ihr sie mit +2 Punkten bewerten, bei voller Ablehnung mit –2 Punkten.
- Danach solltet ihr euch in Gruppen zusammensetzen und euch die Bewertungen gegenseitig vortragen und begründen.
- Diskutiert dann in den Gruppen über die Thesen, bei denen eure Meinungen am stärksten auseinandergehen.
- Einigt euch am Ende der vereinbarten Gruppenarbeitszeit auf eine These, die euch besonders interessant erscheint.
- Stellt eure Gruppenergebnisse in der Klasse zur Diskussion.

Zum Abschluss dieser Phase könnt ihr ein vorbereitetes Plakat mit farbigen Klebepunkten bewerten lassen.

	+2	+1	–1	–2
1. Die Durchsetzung der Menschenrechte ist ein Thema, das Jugendliche kaum interessiert. In Wirklichkeit haben junge Leute ganz andere Sorgen.				
2. Weil Menschenrechte für alle gelten, dürfen sie auch den Menschen nicht vorenthalten werden, die mit dem Gesetz in Konflikt geraten oder die kriminell geworden sind.				
3. Wenn wir uns in unserer persönlichen Umgebung umschauen, können wir tagtäglich erleben, wie Menschenrechte verletzt werden.				
4. Für mich ist es eine Selbstverständlichkeit, dass Inländer und Ausländer in gleicher Weise Anspruch auf den Schutz der Menschenrechte haben.				
5. Die Massenmedien – insbesondere das Fernsehen – bringen Menschenrechtsverletzungen an die Öffentlichkeit. Das hat zur Folge, dass die Menschen besser informiert sind und sich stärker empören und engagieren.				
6. Jeder Staat muss selbst dafür sorgen, dass die Menschenrechte eingehalten werden. Von außen soll sich da niemand einmischen.				
7. Ich kann mir gut vorstellen, dass ich einmal Mitglied in einer Organisation werde, die für die Durchsetzung der Menschenrechte kämpft.				
8. Wer keinen Arbeitsplatz findet, dem nützen die Menschenrechte gar nichts.				
9. Ich glaube, dass sich die Situation der Menschenrechte auf der Erde in Zukunft eher verbessern als verschlechtern wird.				
10. Wer die Menschenrechte schützen will, muss bereit sein, Pflichten gegenüber anderen Menschen zu übernehmen.				

C Menschenrechte

1 Menschenrechte unterscheiden sich von anderen Rechten. Beschreibe mindestens zwei besondere Merkmale.

2 Mit ihrer Unterschrift auf den Menschenrechtsdeklarationen gehen die Beitrittsstaaten Verpflichtungen ein. Erläutere, welche das sind.

3 Fast alle Staaten der Erde haben die Allgemeine Erklärung der Menschenrechte unterzeichnet und doch werden Tag für Tag Menschenrechte verletzt. Wie ist das zu erklären?

4 Welchen Zusammenhang siehst du zwischen folgenden Begriffen: Menschenrechte – Diktatur – Demokratie – Armut – Wohlstand? Formuliere einen Text und beachte dabei die Karte.

Definition

Menschenrechte sind Rechte, die jedem Menschen von Geburt an zustehen – in allen Lebenssituationen. Niemand darf ihm diese Rechte nehmen. Dazu gehören zum Beispiel:

- das Recht auf Leben und körperliche Unversehrtheit. Das bedeutet, dass die Todesstrafe, Folter oder auch Formen von Misshandlung verboten sind;
- das Recht auf freie Entfaltung der Persönlichkeit. Jeder Mensch hat die Freiheit, so zu leben, wie er möchte, solange er anderen nicht schadet;
- das Recht auf freie Meinungsäußerung;
- das Recht auf Gleichheit. Alle Menschen müssen vor dem Gesetz gleich behandelt werden, ungeachtet ihrer Hautfarbe, ihrer Religion und ihres Geschlechts.

All diese Rechte und Freiheiten sollen jedem Menschen ein menschenwürdiges Leben ermöglichen und die Würde des Menschen schützen. Sie gelten auf der ganzen Welt. Kein Staat darf sich auf kulturelle Besonderheiten berufen, wenn er Menschenrechte verletzt – etwa indem er zum Beispiel die Rechte von Frauen missachtet.

Gründe für Menschenrechtsverletzungen

„Schlagen Sie Ihre Zeitung an irgendeinem beliebigen Tag auf", schrieb 1961 Peter Benenson, der Gründer der Menschenrechtsorganisation Amnesty International, „und Sie werden eine Meldung aus irgendeinem Teil der Welt lesen." Daran hat sich bis heute nichts geändert. Einige der Gründe für die zahlreichen Menschenrechtsverletzungen sind:

- Diktatorische Regime fürchten um ihre Macht und unterdrücken jede Art von abweichender Meinung.
- Radikale Überzeugungstäter halten alle Mittel für gerechtfertigt, um ihre politischen Ziele zu erreichen.
- Immer ist ein Grund der fehlende Respekt vor dem Leben und der Freiheit anderer.

Opfer

Die Opfer sind entweder die Schwachen der Gesellschaft, besonders Frauen und Kinder, oder Minderheiten, die den Regierungen nicht ins Konzept passen. Millionen Kinder werden unter sklavischen Bedingungen zur Arbeit oder als Kindersoldaten zum Kriegsdienst gezwungen. Frauen werden unterdrückt, misshandelt, verschleppt oder vergewaltigt. Politisch Andersdenkende werden verfolgt, gefoltert und mit oder ohne Gerichtsurteil hingerichtet. Ethnische, religiöse oder andere Minderheiten werden systematisch unterdrückt und verfolgt. Ganze Völker werden als Opfer sogenannter „ethnischer Säuberungen" vertrieben oder getötet.

Menschenrechtsorganisationen

Nach dem Ende des Zweiten Weltkriegs kam der Gedanke auf, dass die Durchsetzung der Menschenrechte zur zentralen Aufgabe internationaler Zusammenarbeit werden müsse. Das sollte eine der wichtigsten Aufgaben der neu gegründeten UNO (= United Nations Organiza-

tion, Vereinte Nationen) sein. Die Weltorganisation verabschiedete eine Reihe von Deklarationen (= Erklärungen), mit deren Hilfe die Mitgliedstaaten zu einer aktiven Menschenrechtspolitik verpflichtet werden sollten.
Dazu gehören zum Beispiel die Allgemeine Erklärung der Menschenrechte von 1948, das Übereinkommen gegen die Folter von 1984, das Übereinkommen zum Schutz der Rechte des Kindes von 1989 und die Erklärung zur Beseitigung der Gewalt gegen Frauen.
Zahlreiche Nichtregierungsorganisationen beobachten weltweit die Situation der Menschenrechte, decken Menschenrechtsverletzungen auf und setzen sich für den Schutz der Menschenrechte ein. Diese Organisationen versuchen, in der Weltöffentlichkeit Druck auf die betreffenden Regierungen auszuüben. So veröffentlicht Amnesty International jedes Jahr einen vielbeachteten Bericht zur Situation der Menschenrechte.

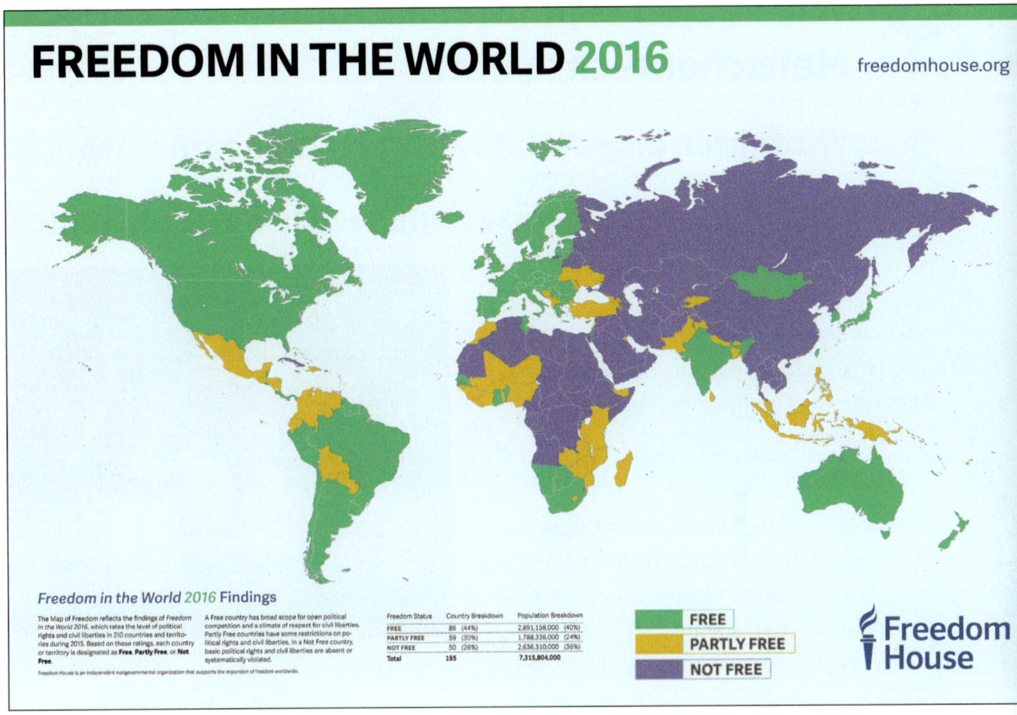

Menschenrechtspolitik

Die Deklarationen verpflichten alle unterzeichnenden Staaten, die Menschenrechte in ihrem Land durchzusetzen. Das bedeutet im Einzelnen:

- *Achtung der Menschenrechte:* Die Staaten müssen in ihrem Handeln die Menschenrechte achten. Sie dürfen sie nicht durch Gesetze einschränken.
- *Schutz vor dem Eingriff in Menschenrechte:* Staaten müssen dafür sorgen, dass jeder im Land seine Menschenrechte ausüben darf und darin von niemandem behindert wird. So müssen sie zum Beispiel aktiv werden, wenn eine Minderheit etwa wegen ihres Glaubens von anderen Bevölkerungsgruppen unterdrückt wird.
- *Erfüllung der Menschenrechte durch staatliche Leistungen:* Staaten sollen Maßnahmen ergreifen, die die Verwirklichung der Menschenrechte zum Ziel haben. So müssen sie zum Beispiel auch armen Menschen ein Leben in Würde ermöglichen.

Mehrfach haben sich fast alle Länder der Welt feierlich dazu verpflichtet, die Menschenrechtserklärung zu achten, aber eine Unterschrift auf einem Blatt Papier und das, was in einem Land tatsächlich passiert, sind oft zweierlei Dinge. Das Problem dabei ist, dass gerade die Regierungen in den zahlreichen unfreien Staaten der Erde zu den Hauptverursachern von Menschenrechtsverletzungen zählen. Es gibt zudem keine Weltpolizei, die überall gegen Menschenrechtsverletzungen eintreten könnte.

Verfolgung von Menschenrechtsverletzungen

1998 wurde in der niederländischen Stadt Den Haag der Internationale Strafgerichtshof (ICC), ein Gericht der Vereinten Nationen, eingerichtet. Es kann Kriegsverbrecher, die schwere Verbrechen gegen die Menschlichkeit begangen haben, anklagen und zu Freiheitsstrafen von bis zu 30 Jahren verurteilen. Die Richter sind allerdings machtlos, wenn ein Staat nicht bereit ist, Beschuldigte auszuliefern oder das Gericht anzuerkennen. Dazu zählen unter anderem die USA, Russland und China.

4 Wie setzen sich internationale Organisationen für Menschenrechte ein?

Wir führen eine WebQuest zu Menschenrechtsorganisationen durch

A Nichtregierungsorganisationen – das Beispiel Amnesty International

Eine Einstiegsübung für alle:
Viele Prominente setzen sich für Menschenrechte ein. Hast du eine Idee, was man tun könnte? Notiere sie und stelle sie vor.

Die UNO schätzt, dass weltweit über 25 000 Menschenrechtsgruppen aktiv sind. Weil sie unabhängig von der Politik handeln, werden solche Vereinigungen auch als Nichtregierungsorganisationen (NGOs) bezeichnet. Wie solche Gruppen vorgehen, könnt ihr am Beispiel von Amnesty International, der weltweit größten Menschenrechtsorganisation, erfahren.

Moses Akatugba verdankt Amnesty International sein Leben

29. Mai 2015. Das jahrelange Martyrium von Moses Akatugba ist endlich vorbei: Der Gouverneur des nigerianischen Bundesstaates Delta hat ihn begnadigt. Er war gefoltert und zum Tod durch Erhängen verurteilt worden. Seit Juni 2004 hat Amnesty International weltweit Zigtausende Unterschriften für Moses Akatugba gesammelt. Darüber hinaus hatten Amnesty-Unterstützerinnen und -Unterstützer den Gouverneur Uduaghan in Facebook- und Twitternachrichten aufgefordert, vor dem Ende seiner Amtszeit mit der Begnadigung von Moses Akatugba noch ein positives Signal zu setzen. Allein in Deutschland sammelte Amnesty insgesamt über 141 000 Unterschriften und Appelle für Moses Akatugba. Darunter waren über 37 100 Briefe, wovon Tausende von Schülerinnen und Schülern im Rahmen des Amnesty-Briefmarathons 2014 geschrieben worden waren.
Das Martyrium von Moses Akatugba begann im November 2005. Der damals 16-Jährige erwartete gerade die Ergebnisse seiner schulischen Abschlussprüfungen, als sich sein Leben für immer veränderte: Er wurde im November 2005 von Angehörigen der nigerianischen Armee festgenommen und seinen Angaben zufolge in die Hand geschossen und brutal auf Kopf und Rücken geschlagen, bevor man ihn anklagte, weil er angeblich Handys gestohlen hatte. […] Nachdem er auf die Polizeiwache von Ekpan im Bundesstaat Delta verbracht worden war, wurde Moses Akatugba erneut gefoltert. „Die Schmerzen während der Folter sind unerträglich. Ich glaubte nicht daran, dass ich überleben würde", berichtete Moses Akatugba später. „Noch nie zuvor habe ich so eine unmenschliche Behandlung erfahren. […] Ich danke Amnesty International und seinen Aktivistinnen und Aktivisten für die große Unterstützung und […] verspreche, dass ich mich für die Menschenrechte einsetzen und anderen helfen werde."

(Nach: Begnadigung in Nigeria, Moses Akatugba wird nicht hingerichtet, in: www.amnesty.de, 29.05.2015; Zugriff: 10.12.2015)

Die Arbeitsweise von Amnesty International

Millionen von Menschen rund um den Erdball unterstützen die erfolgreichste Menschenrechtsgruppe der Welt. Ob ein Lehrer in Äthiopien verschwindet, nur weil er einer Gewerkschaft angehört, ob eine Anwältin in Thailand in einem psychiatrischen Krankenhaus festgehalten wird, weil sie kostenlos armen Leuten half, ob ein Student im Iran verhaftet wird, weil er sich öffentlich für die Gleichberechtigung der Frauen in seinem Land eingesetzt hat: All das sind Fälle für Amnesty. [...] Besonders erfolgreich sind die „urgent actions". Zu diesen Eil-Aktionen ruft Amnesty auf, wenn einem Menschen unmittelbar Folter, Mord oder gar die Hinrichtung droht, oder wenn die Gefahr besteht, dass er „verschwindet". Vor Ort und in der Londoner Zentrale werden diese Fälle überprüft und weltweit ai-Mitglieder mobilisiert. Binnen weniger Stunden ergießt sich dann oft eine Flut von Protestschreiben als Faxe, E-Mails oder Eilbriefe auf die Schreibtische der Staats- und Regierungschefs der Länder, in denen solches Unrecht geschieht. Über 125 000 Menschen in 85 Staaten bilden dieses „urgent action"-Netzwerk. Allein in Deutschland stehen 10 000 Protestbriefschreiber parat. [...] Jedes Jahr wird Amnesty International drei- bis vierhundert Mal mit „urgent actions" aktiv. Zahlreiche Menschen wurden danach schon freigelassen. Jeder dritte Gefangene, für den Amnesty eine „urgent action" in Gang gesetzt hatte, berichtete später, er habe daraufhin wenigstens menschlichere Haftbedingungen erfahren. Doch das ist nicht alles: Auch Staaten, die sich eigentlich mit Recht demokratisch nennen, haben großen Respekt vor Amnesty. Denn die Gefangenenhilfsorganisation legt jedes Jahr einen Bericht vor, in dem sie Bilanz darüber zieht, wie einzelne Länder mit Häftlingen und Menschenrechtsverteidigern umgehen.

(Nach: Christine Schulz-Reiss: Nachgefragt: Menschenrechte und Demokratie, Loewe Verlag, Bindlach 2008, S. 82)

WebQuest: Menschenrechtsorganisationen in Deutschland

Wie in vielen Ländern der Welt setzen sich in Deutschland Nichtregierungsorganisationen für Menschenrechte ein. In einer arbeitsteiligen WebQuest könnt ihr beispielhaft einige Organisationen untersuchen.

Thema	Menschenrechtsorganisationen in Deutschland
Organisationen	• www.igfm.de – Internationale Gesellschaft für Menschenrechte • www.hrw.org.de – Human Rights Watch • www.tdh.de – terre des hommes • www.frauenrechte.de – Website der Frauenrechtsorganisation terre des femmes • www.reporter-ohne-grenzen.de • www.gfbv.de – Gesellschaft für bedrohte Völker
	Arbeitsergebnis
Ziele der NGO	
Aktionen und Projekte	
Erfolge/Rückschläge	
Zeit für Recherche	
Teilnehmer/innen	

1 Lies den Fall und die Information über Amnesty International und notiere: Warum brauchte Moses Akatugba Hilfe von Amnesty International? Wie hilft Amnesty International Gefangenen?

2 Diskutiert in der Klasse über die Aussage des Menschenrechtsaktivisten Tobias Simon: „Wer auch nur ein einziges Leben rettet, rettet die ganze Welt."

Was auch noch interessant sein kann:

- sich an einer Eilaktion von Amnesty International beteiligen (www.amnesty.de),
- Mitglieder einer örtlichen Menschenrechtsgruppe in den Unterricht einladen und befragen,
- sich dem internationalen Jugendnetzwerk von terre des hommes anschließen, bei dem jeder mitmachen kann (www.tdh.de),
- eine Menschenrechtsaktion in der Klasse starten, zum Beispiel eine Ausstellung organisieren, Spenden für eine Organisation sammeln usw.

B Welchen Beitrag leistet die UNO für die Durchsetzung der Menschenrechte?

193 Staaten gehören der UNO inzwischen an. Sie ist damit die weltweit größte internationale Organisation zum Schutz der Menschenrechte. Am Beispiel der Arbeit des Menschenrechtsrats könnt ihr auf dieser Doppelseite erarbeiten, wie die UNO ihre Aufgaben wahrnimmt.

Wasser – lebenswichtig und doch so kostbar

Ist das ein Fall für den Menschenrechtsrat?

Einmal angenommen, ihr seid Mitglieder des Menschenrechtsrats und befasst euch mit einer Meldung aus einem südamerikanischen Land. Dort hat ein internationaler Konzern die Wasserrechte für eine Region gekauft. Obwohl in der Region kein Mangel an Wasser herrscht, hat sich der Preis in kurzer Zeit verdreifacht. Der Konzern begründet die Preiserhöhung damit, dass viele Trinkwasserleitungen neu verlegt wurden und dass die Wasserqualität wesentlich verbessert wurde. In der Bevölkerung kommt es zu Unruhen, weil ärmere Familien sich sauberes Trinkwasser nicht mehr in ausreichender Menge leisten können.

Die Positionen

Das Menschenrecht auf Wasser ist in diesem Fall eindeutig verletzt worden, weil Wasser so teuer wurde, dass nicht mehr jeder Zugang zu sauberem Trinkwasser hat. Der Konzern hat hier seine Machtstellung schamlos ausgenutzt, um höhere Gewinne zu erzielen – auf Kosten der Armen.

Der Konzern hat viel in die Verbesserung der Wasserqualität investiert, deshalb ist die Preiserhöhung gerechtfertigt. Auch bei uns kostet Wasser Geld, das ist überall auf der Welt so. Schließlich sind Nahrungsmittel auch nicht umsonst zu haben. Das Menschenrecht auf Wasser wird in diesem Fall nicht berührt.

Hintergrundinfo 1: Das Recht auf Wasser – ein neues Menschenrecht

Der Zugang zu sauberem Wasser ist ein Menschenrecht. Am 28. Juli 2010 hat die Generalversammlung der Vereinten Nationen mit der Resolution 64/292 das Recht auf Wasser als Menschenrecht anerkannt. Die Resolution ist mit 122 Mitgliederstimmen angenommen worden. 41 Staaten haben sich ihrer Stimme enthalten.

Gründe

Zum angemessenen Lebensstandard zählt das Recht auf sanitäre Einrichtungen und sauberes Wasser. Außerdem sind andere Menschenrechte ohne das Recht auf Wasser gar nicht vorstellbar:

- z. B. das Recht auf Leben ist ohne Wasser nicht möglich oder
- das Recht auf Nahrung und der Schutz vor Hunger schließt Wasser natürlicherweise mit ein und nicht zuletzt
- ist das Recht auf Gesundheit und körperliche Unversehrtheit und eine angemessene medizinische Versorgung (fast) nicht ohne sauberes Wasser und Sanitäreinrichtungen zu erreichen. Um dieses Menschenrecht allen Menschen zugänglich zu machen, bedarf es nicht nur finanzieller Mittel, sondern auch technischen Wissens und die gegenseitige Hilfe und Unterstützung aller Staaten. Das Menschenrecht auf Wasser wird dann verletzt, wenn zur Gewährleistung einer Grundversorgung mit Wasser die vorhandenen Ressourcen nicht genutzt werden und die Unterstützung von außen verboten wird.

(Aus: www.menschenrechtsabkommen.de/recht-auf-sauberes-wasser-1122/; Zugriff: 15.12.2015)

2015 zog die UN-Kinderhilfsorganisation eine erste Bilanz:
„Sein Wasser aus einem Tümpel zu trinken oder für die Notdurft auf ein Feld gehen zu müssen – das sind stille Menschenrechtsverletzungen, die keine Schlagzeilen machen. Aber sie haben täglich für fast 1 000 Kinder weltweit tödliche Folgen“, sagt Christian Schneider, Geschäftsführer von UNICEF Deutschland. Durchfallerkrankungen, die durch verschmutztes Trinkwasser, fehlende Latrinen und mangelnde Hygiene verursacht werden, gehören zu den häufigsten Todesursachen bei Kindern unter fünf Jahren [...]
UNICEF fordert, dass bis 2030 das Menschenrecht auf Wasser und Sanitärversorgung für alle realisiert wird. Das soll auch verbindlich in den neuen nachhaltigen Entwicklungszielen stehen.

(Aus: Deutsches Komitee für Unicef e. V., http://www.unicef.de/presse/2015/menschenrecht-wasser/81908; Zugriff: 15.12.2015)

Hintergrundinfo 2: Die Arbeit des Menschenrechtsrats

Vor ihn wird kein Land gern zitiert: den Menschenrechtsrat der Vereinten Nationen. Er versucht, die Finger in die Wunden der Welt zu legen. [...] Seine 47 Mitglieder werden alle drei Jahre von der Generalversammlung gewählt, bereiten für sie Berichte vor, versuchen zu vermitteln und empfehlen, was die UNO in einzelnen Ländern in Sachen Menschenrechte unternehmen kann und soll. [...] Er erstellt für die UNO Länder- oder Themenberichte. Dazu entsendet der Rat Berichterstatter in die einzelnen Staaten rund um die Welt. [...] Wenn's irgendwo brennt, eine Regierung, Armee oder andere staatliche Stellen Leib und Leben der Menschen ihres Landes bedrohen oder vernichten, schickt der Rat einen Sonderberichterstatter los. So etwa im Herbst 2007, als das Militärregime in Birma oppositionelle Demonstranten verprügelte, tötete oder verschwinden ließ. Der Rats-Entsandte versucht dann, der jeweiligen Regierung ins Gewissen zu reden, zu vermitteln und den Opfern des staatlichen Terrors beizustehen. [...] Der Gesandte schlägt dem Rat und der Generalversammlung vor, was die UNO zur Wiederherstellung der Menschenrechte unternehmen kann. Das führt meist zu hitzigen Diskussionen, die quälend lange dauern können und der UNO oft den Vorwurf eintragen, sie sei zu schwach, hätte nichts oder zu wenig getan.

(Aus: Christine Schulz-Reiss: Nachgefragt: Menschenrechte und Demokratie, Loewe Verlag, Bindlach 2008, S. 58f.)

Sitzung des Menschenrechtsrats in Genf

1 Informiert euch zunächst aus den Texten über das Menschenrecht auf Wasser und die Arbeitsweise des Menschenrechtsrats.
Tipp: Das kann arbeitsteilig geschehen.

2 Bildet Gruppen und trefft eine Entscheidung, ob der Menschenrechtsrat in diesem Fall tätig werden soll. Zwei Stellungnahmen liegen dem Menschenrechtsrat als Grundlage für die Entscheidung vor.

3 Präsentiert eure Entscheidung und die Begründung in der Klasse.

C Wie werden Menschenrechte in Europa durchgesetzt?

In Straßburg gibt es den Europarat. Zu seinen vordringlichsten Aufgaben gehört es, die Einhaltung der Menschenrechte in den Mitgliedstaaten zu sichern. Der Europarat gehört nicht zur Europäischen Union. Er ist eine eigenständige internationale Organisation, die bereits 1949 gegründet wurde und der mittlerweile 47 Staaten angehören. Eine seiner besonders wichtigen Einrichtungen ist der Europäische Gerichtshof für Menschenrechte. An ihn kann sich wenden, wer sich in seinen Menschenrechten verletzt fühlt. Er sorgt dafür, dass die „Europäische Konvention zum Schutz der Menschenrechte und Grundfreiheiten" von 1950 durchgesetzt wird. Dieser Konvention sind 47 Staaten beigetreten und haben sich damit verpflichtet, die Urteile des Gerichtshofs anzuerkennen. Das folgende Beispiel schildert den berühmt gewordenen Fall einer deutschen Altenpflegerin, die das Gericht angerufen hatte.

Der Europäische Gerichtshof für Menschenrechte in Straßburg

Der Fall: Wie weit reicht das Recht auf Meinungsfreiheit?

Die Berliner Altenpflegerin Brigitte H. hatte Strafanzeige gegen ihren Arbeitgeber erstattet, den Klinikbetreiber Vivantes, der dem Land Berlin gehört. Das Unternehmen habe zu wenig Personal und sei deshalb nicht in der Lage, die Bewohner eines Pflegeheims ausreichend zu versorgen. Zudem habe Vivantes systematisch versucht, die Probleme zu verschleiern, indem Pflegekräfte angehalten worden seien, so nicht erbrachte Leistungen zu dokumentieren. Daraufhin wurde der Altenpflegerin fristlos gekündigt. Die deutschen Gerichte bestätigten die Kündigung – zuletzt war die Klägerin vor dem Bundesarbeitsgericht und dem Bundesverfassungsgericht gescheitert.
Bevor die Klägerin Anzeige erstattete, hatten sie und ihre Kollegen die Geschäftsleitung mehrfach darauf hingewiesen, dass das Personal überlastet sei. Auch der Medizinische Dienst der Krankenkassen hatte bei einem Kontrollbesuch wesentliche Mängel in der Pflege festgestellt, unter anderem gebe es zu wenig Personal. Es gebe keine Anhaltspunkte, dass die Pflegerin „wissentlich und leichtfertig" falsche Angaben gemacht habe, so der Europäische Gerichtshof für Menschenrechte.

Das Urteil

Der Europäische Gerichtshof für Menschenrechte sieht in der Entlassung eine Verletzung der Meinungsfreiheit und sprach der Pflegerin eine Entschädigung von insgesamt 15 000 Euro zu. Zwar hätten die Vorwürfe gegen Vivantes rufschädigende Wirkung, so der Straßburger Gerichtshof. Jedoch sei „in einer demokratischen Gesellschaft das öffentliche Interesse an Informationen über Mängel in der […] Altenpflege in einem staatlichen Unternehmen so wichtig", dass es gegenüber dem Unternehmensinteresse überwiege.

(Nach: fdi/dpa/dapd: Arbeitnehmer dürfen Missstände öffentlich machen, in: www.spiegel.de, 21.07.2011; Zugriff: 20.12.2015)

1 Lies zunächst den Fall und entscheide: Hältst du die fristlose Kündigung der Altenpflegerin für gerechtfertigt?

2 Tauscht euch zu zweit über eure Ergebnisse aus und formuliert gemeinsam einen Kommentar zum Urteil des Europäischen Gerichtshofs für Menschenrechte. Beachtet dabei folgende Kriterien: Folgen für die Klägerin, Folgen für das Unternehmen, Angemessenheit des Urteils. Präsentiert eure Ergebnisse vor der Klasse.

Was auch noch interessant sein kann:

- die Europäische Konvention für Menschenrechte und Grundfreiheiten mit der Allgemeinen Erklärung der Menschenrechte vergleichen.

Grund- und Menschenrechte

Station 1 – Durchsetzung der Menschenrechte in Deutschland

Silbenrätsel

1. So bezeichnen wir die Menschenrechte, die schriftlich im deutschen Grundgesetz niedergelegt sind.
2. Dieses Gericht wird oft als Hüter der Verfassung bezeichnet.
3. Jeder Mensch, gleichgültig welcher Staatsangehörigkeit und Rasse, besitzt sie von Geburt an.
4. Sie ist in allen Handlungen an die Grundrechte gebunden.
5. Das ist eine Bezeichnung für die Verfassung der Bundesrepublik Deutschland.
6. Damit Christen, Juden, Moslems und andere Religionen friedlich zusammenleben können, ist sie unerlässlich.
7. Dieses Menschenrecht bedeutet, dass niemand gefoltert, geschlagen oder misshandelt werden darf.
8. Dieses Menschenrecht gilt für das Verhältnis von Männern und Frauen.

auf – be – bun – che – de – des – fas– frei – ge – ge – ge – gions – gleich – grund – grund – gung – heit – heit – kör – li – li – men – per – re – rech – rech – recht – richt – schen – sehrt – setz – staats – sungs – te– ti – un – ver – ver – walt – wür

Station 2 – Wie viel Schutz brauchen Flüchtlinge?

1. Interpretiere die Karikatur: Welches Denken kommt darin zum Ausdruck? Welche Wirkungsabsicht verfolgt der Zeichner? Welche Gedanken und Gefühle löst die Karikatur in dir aus? Formuliere sie.
2. Soll Deutschland allen Menschen Asyl bieten, die hier Schutz suchen?
   Ja, weil…
   Nein, weil …

Station 3 – Menschenrechte weltweit

3 plus 3 plus 3 plus 3 plus 3

- *Drei* Menschenrechte werden durch die Piktogramme veranschaulicht. Gemeint sind: …
- *Drei* besonders oft von Menschenrechtsverletzungen betroffene Gruppen sind: …
- *Drei* Hauptgründe für die weltweite Missachtung von Menschenrechten sind: …
- *Drei* Arten von Diskriminierung, unter denen Frauen weltweit leiden müssen, sind: …

Station 4 – Wie setzen sich internationale Organisationen für Menschenrechte ein?

Wähle eine internationale Menschenrechtsorganisation aus und vervollständige folgenden Steckbrief:

Name der Organisation	???
Mitglieder	???
Wichtige Ziele	???
Arbeitsweise	???
Beispiele für ihre Arbeit	???
Erfolge	???

Globalisierung

9

Wie wirkt sie sich auf Kultur, Wirtschaft und Politik aus?

1. Allein nachdenken

Welche Gedanken löst das Foto in dir aus?

2. Zu zweit beraten

Wie denkt ihr über Globalisierung: eher positiv oder eher negativ?

3. In der Klasse sammeln

Globalisierung gehört längst zu unserem Alltag. Wie beeinflusst sie euer Leben?

Im Verlauf dieses Kapitels könnt ihr …

- anhand von Beispielen wirtschaftliche, politische und kulturelle Merkmale der Globalisierung beschreiben und die Folgen des Prozesses erklären,
- die Rolle der Global Player in der globalisierten Wirtschaft erläutern und dazu Stellung nehmen,
- in der Rolle der Geschäftsleitung entscheiden, in welchem Land ein neues Produktionswerk gebaut werden soll,
- den Klimawandel als globale Herausforderung für alle Staaten der Welt beschreiben,
- in einer Talkshow den aktuellen Stand der Klimapolitik aus der Perspektive verschiedener Staaten bewerten.

Eigene Schwerpunkte könnt ihr setzen, indem ihr …

- die Arbeitsbedingungen in asiatischen Textilfabriken untersucht und Lösungsmöglichkeiten aufzeigt,
- in einem Szenario Zukunftsperspektiven für die Entwicklung des Weltklimas entwickelt.

1 Wie erleben wir Globalisierung im Alltag?

Merkmale in einer Mindmap zusammenfassen

Auf dieser und der nächsten Doppelseite findet ihr Beispiele aus vier Bereichen. Ihr könnt die Materialien arbeitsteilig in Gruppen bearbeiten: Lest zunächst in Einzelarbeit ein Material und formuliert Antworten auf die Arbeitshinweise.

- Bildet Gruppen, die sich aus je einem Bearbeiter der Beispiele 1 bis 4 zusammensetzen.
- Stellt euch der Reihe nach den Inhalt eures Materials und die Antworten auf die Arbeitsaufträge vor.
- Visualisiert eure Arbeitsergebnisse, zum Beispiel in einer Mindmap, und präsentiert sie vor der Klasse.

Allein zu Hause und doch unter Freunden – dank sozialer Netzwerke im Internet

A Vernetzte Welt

Geschwindigkeit ist das markanteste Zeichen der Globalisierung* – Zeit ist Geld. Dabei hilft die moderne Technik. Schüler und Studenten treffen sich, wenn sie miteinander reden wollen, oft nicht mehr persönlich, sondern über PC und Breitbandanschluss. Sie brauchen ihr Zimmer nicht mehr zu verlassen, um Mitglied eines sogenannten sozialen Netzwerkes zu sein. […] Bei *Facebook* treffen sich Freunde und Bekannte, reden miteinander, pflegen ihre neuen Kontakte, bilden neue Freundeskreise.
Wer heute über einen Anschluss verfügt, ist an keinen Standort mehr gebunden, kann mit Leuten in der ganzen Welt reden und, wie die Befürworter dieser Entwicklung begeistert feststellen, zur Völkerverständigung beitragen. Kritiker nennen diese Art des Kommunizierens allerdings eher oberflächlich und sehen darin keinen Ersatz für die persönliche Begegnung.

(Aus: Gerd Schneider: Globalisierung, Arena Verlag, Würzburg 2008, S. 38f.)

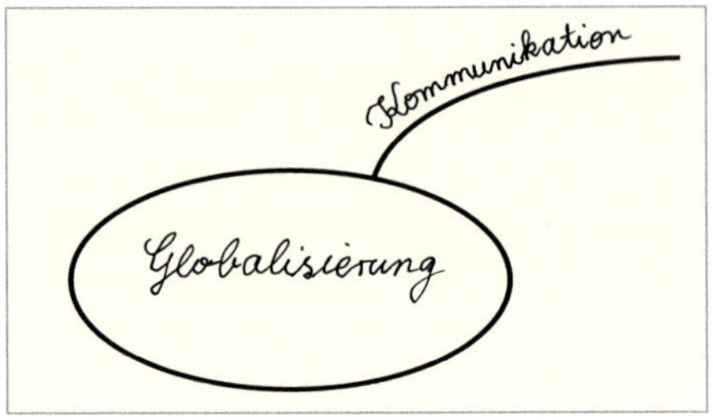

Nachhilfe aus dem Netz

Menschen sind heute auf eine Weise verbunden, die noch vor zehn Jahren niemand für möglich gehalten hätte. Zum Beispiel: Yasmeen aus Richmond im amerikanischen Bundesstaat Virginia braucht wie viele Kinder Hilfe bei den Hausaufgaben, besonders in Mathe. Die bekommt sie von Dixie. „Sie ist meine Lieblingsnachhilfelehrerin", sagt Yasmeen. Das Besondere: Die beiden haben sich noch nie gesehen. Dixie sitzt nicht mit Yasmeen am Schreibtisch, sondern am anderen Ende einer Internetverbindung, die durch Ozeane zur indischen Stadt Bangalore führt. […]
Früher hatte die Schülerin einen Nachhilfelehrer, der tatsächlich mit ihr am Tisch saß. Doch der Unterricht bei Dixie ist genauso gut, nur eben viel günstiger, weil in Indien Miete, Essen und alles andere weniger kosten als in Amerika.

(Aus: Anette Dowideit u.a.: Generation global, in: Welt der Wirtschaft kinderleicht, Globalisierung, Carl Hanser Verlag, München 2011, S. 9f.)

* Eine Begriffserklärung zu Globalisierung findet ihr im Glossar.

1 Erläutere, wie sich die Kommunikation und der Umgang der Menschen miteinander durch die Globalisierung verändert haben.

2 Die meisten jüngeren Menschen empfinden diese Veränderungen als überwiegend positiv. Fallen dir auch negative Aspekte auf?

B Wirtschaft – Weltbinnenmarkt

Woher kommt meine Tiefkühlpizza? Diese Frage ist gar nicht so banal, wie sie klingt. Sicher ist nur eins: An dem Ort, der auf der Verpackung steht, wurde sie nur produziert. Die Einzelteile – Teig, Tomatensoße, Belag und die Gewürze – haben oft eine halbe Weltreise hinter sich, bevor sie im Supermarkt landen. […]
„Die Produktion unseres Essens ist eine globale Industrie", sagt Paul Trummer. Der österreichische Journalist und Autor hat für sein Buch „Pizza Globale" den Entstehungsprozess einer Salami-Tiefkühlpizza quer durch die Welt begleitet. Der beginnt mit dem Weizen, der längst überall auf der Welt – etwa in Uganda oder Indien – angebaut und in Deutschland gemahlen wird. Dazu kommen Tomaten und Oliven aus Italien, Oregano aus Mexiko und Knoblauch aus China. Die Milch für den Käse und das Fleisch kommen meist aus Deutschland oder zumindest aus den Nachbarländern. Möglich wird der globale Handel durch politische Abkommen und vor allem die Containerschifffahrt, die weltweiten Warenverkehr günstig, schnell und planbar macht: So lohnt sich für Produzenten auch der Import von Knoblauch aus China. Und niedrige Preise spielen im Lebensmittelhandel eine große Rolle, sagt Trummer: „Konsumenten geben heute sehr viel weniger Geld für Lebensmittel aus als vor 20 Jahren." […]
Das führe gerade in Deutschland mit seinen vielen Discountern zu einem gnadenlosen Preiskampf.

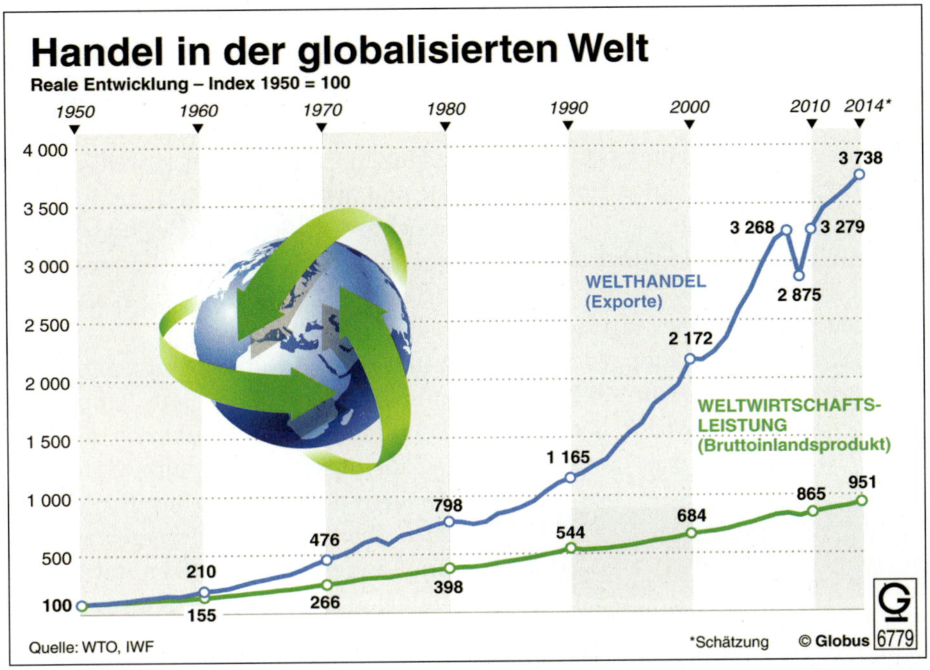

Das Problem ist für Trummer, dass er auf dem Rücken anderer Menschen ausgetragen wird. Erntehelfer müssten oft unter menschenunwürdigen Bedingungen arbeiten. […]
Auch Verbraucherschützer sehen das „globale Essen" kritisch – besonders Klima und Umwelt leiden nach ihren Angaben unter dem weltweiten Nahrungsmitteltransport.

(Nach: Tobias Hanraths: Warum in einer deutschen Pizza Knoblauch aus China steckt, in: www.spiegel.de, 21.10.2010; Zugriff: 01.09.2015)

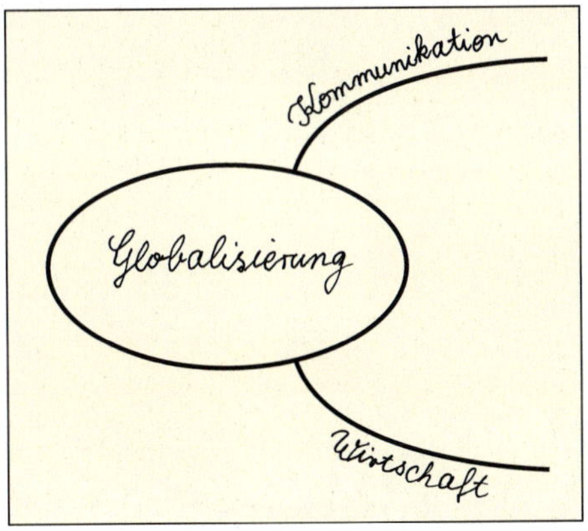

1 Erkläre am Beispiel der Tiefkühlpizza, warum die Lebensmittelproduktion heute eine globale Industrie ist.

2 Erläutere die Folgen der wirtschaftlichen Globalisierung für Verbraucher, Handel, Beschäftigte in der Landwirtschaft, Klima und Umwelt. Beachte dabei auch das Schaubild.

C Kultur – die Welt als globales Dorf

Traditionen verblassen

Das rosa gestrichene Zimmer der 13-jährigen Jiang Yufei in Shanghai hängt voller Poster taiwanesischer Popstars und ihrer Lieblingssängerin Avril Lavigne, sie hat einen iPod und mag Pizza und Burger.
Aus dem Fenster im 15. Stock sieht sie auf die Türme der Megametropole. „Ich liebe große Städte“, sagt sie. „Da kann man am besten shoppen.“ Nur 35 Yuan – knapp vier Euro – bekommt sie Taschengeld pro Woche, aber dafür von Verwandten ein paar Tausend an hohen Feiertagen wie dem chinesischen Neujahrsfest. Jiang ist ein aufgewecktes Mädchen mit runder Brille, Pferdeschwanz und Nike-Turnschuhen. „Sie ist schon so weit, dass sie sagt: Adidas mag ich nicht. Ich möchte Nike-Schuhe, die sind bequemer“, sagt ihre Mutter. „Sie kann leicht an einem Tag 100 oder 200 Yuan ausgeben.“ […]
Seit Geld und Güter fast ungehindert und in immer schnellerem Tempo um den Erdball jagen, breitet sich der westliche Lebensstil in immer mehr Ländern und Kulturen aus. Die Menschen vergessen althergebrachte Traditionen, sagen Kritiker. Stattdessen huldigen sie Coca-Cola, Sony oder Nike. […]

Musik verbindet

Für den 31-jährigen Aniruddha Shanbhag lässt sich die Globalisierung in drei Buchstaben zusammenfassen: MTV. Anfang der 90er-Jahre bekam er in seiner Heimat in Indien erstmals den amerikanischen Musiksender zu sehen. Und die Videos amerikanischer und europäischer Bands haben das südasiatische Land ebenso verändert wie viele andere Regionen der Welt: Statt für die traditionelle Musik ihres Landes interessierten sich Jugendliche wie Aniruddha plötzlich für Bands wie Metallica und Nirvana. Und statt eines klassischen indischen Wickelrocks trugen junge Leute lieber absichtlich geschlitzte Jeans. Kurz nach MTV kam auch Coca-Cola nach Indien und in den vergangenen Jahren folgte die Burgerkette.
Unter dem Eindruck von MTV ist Aniruddha Toningenieur geworden, dann hat er für einen Internetshop Musik-CDs aus anderen Ländern eingekauft. Inzwischen verkauft er Versicherungen für eine Tochterfirma des deutschen Allianz-Konzerns. Sieben Sprachen hat sich Aniruddha nebenbei angeeignet. Auf Deutsch bringt er nur ein paar Worte über die Lippen, aber er kennt Bayern München.

(Aus: Anette Dowideit u. a.: Generation global, in: Welt der Wirtschaft kinderleicht, Globalisierung, Carl Hanser Verlag, München 2011, S. 8 und 10)

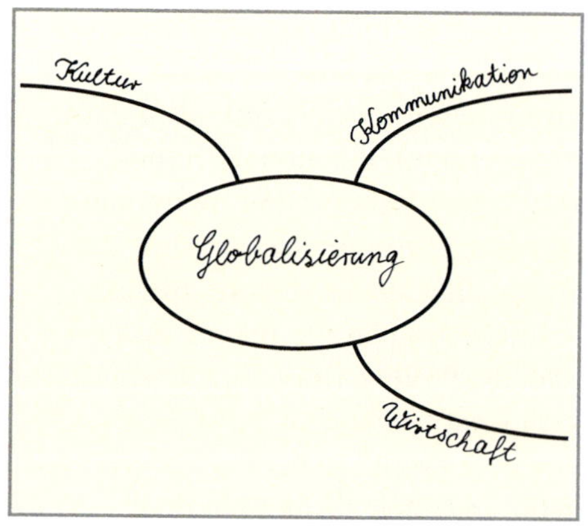

1 Erläutere am Beispiel Jiang Yufeis und Aniruddhas, welchen Einfluss die Globalisierung auf ihren Lebensstil hat.

2 Wie haben sich die Einstellungen zu den Traditionen verändert? Ermittle Hinweise dazu.

D Umwelt – die Welt als Risikogemeinschaft

Die eine Hälfte der Menschheit hat kein oder kaum sauberes Wasser. Die anderen Milliarden Menschen verbrauchen inzwischen offenbar mehr als nachfließt.
Wo viele Menschen wohnen, ist Wasser fast immer knapp. Insgesamt übersteigt die Nachfrage weltweit inzwischen deutlich die Menge, die aus sich natürlich erneuernden Quellen gedeckt werden kann. [...]
Im Norden Chinas verbrauchen die intensivierte Landwirtschaft, die florierende Industrie und eine Bevölkerung, deren wachsender Wohlstand die Ansprüche steigert, mehr Wasser, als die Natur nachliefern kann. In Indien werden gigantische Kanalprojekte diskutiert, um die Knappheit in weiten Teilen des Landes zu bekämpfen. In Spanien stellt man sich auf die Verwüstung weiter Gebiete ein. Ohnehin eher trockene Länder wie Australien oder Äthiopien litten im vergangenen Jahr unter extremer Dürre. Und die Prognosen sehen dort weiter sinkende Niederschläge voraus. Wie genau sich das Klima und damit die Wassersituation auf der Erde entwickelt, weiß niemand, sagt Malin Falkenmark, Hydrologin am Stockholm International Water Institute. [...]
Bereits heute ist Wasser Ursache unzähliger politischer, sozialer und wirtschaftlicher Konflikte. Wie Bodenschätze und fruchtbares Land ist es sehr ungleich verteilt. Die Hälfte des nutzbaren Süßwassers ist im Besitz von einem halben Dutzend Ländern.

Sauberes Wasser – in einigen Regionen der Welt im Überfluss vorhanden, in anderen Gegenden äußerst knapp, wie hier in Indien, wo die Menschen in langen Schlangen um Trinkwasser anstehen.

Ähnlich ungleich verteilt ist auch die Trinkwasserqualität. Eine Milliarde Menschen haben keinen Zugang zu sauberem Wasser, 2,5 Milliarden leiden unter ungenügenden Hygienestandards – zusammen macht das mehr als die Hälfte der Menschen auf dem Planeten Erde. [...]
Es muss darum gehen, Wasser effizienter zu gebrauchen, „anstatt zu versuchen, ein unerschöpfliches Wasserangebot zu garantieren". Dezentral ließen sich zum Beispiel Regenwasserreservoire einrichten, und Effizienz bedeutet, zum Beispiel weniger Trinkwasser als bisher zum Wegspülen von Abfällen zu nutzen. [...]
Für die Zukunft ist die Frage, wie Staaten, internationale Organisationen und Unternehmen die Wasserprobleme bewältigen, zumindest ebenso wichtig wie der Umgang mit schwindenden Ölreserven und dem Klimawandel. „Wasser ist selten per se knapp", sagt Christian Leibundgut, bis vor Kurzem Leiter des Instituts für Hydrologie der Universität Freiburg. „Wasserkrisen sind eigentlich immer eine Folge falschen Managements."

(Nach: Richard Friebe: Der erschöpfte Planet, 17.05.2010, in: www.sueddeutsche.de; Zugriff: 01.09.2015)

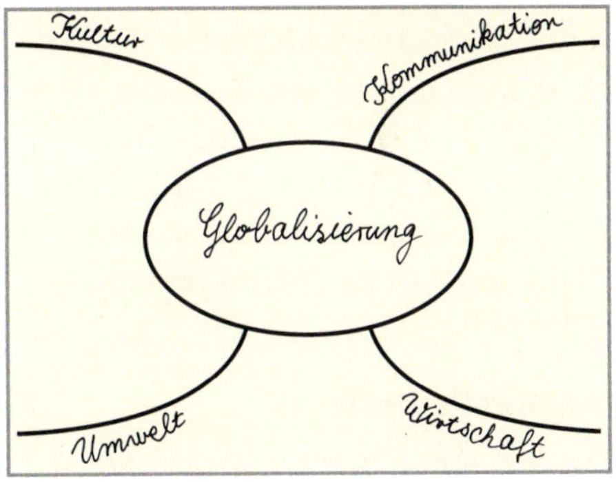

1 Warum ist Wasserknappheit ein Problem, das global gelöst werden muss?

2 Im Text steht, dass Wasser zu unzähligen politischen, sozialen und wirtschaftlichen Konflikten führen kann. Versuche zu erklären, warum das so ist.

2 Die ganze Welt ein einziger Markt: Wie funktioniert die globalisierte Wirtschaft?

Eine Standortentscheidung treffen

A Die Rolle der Global Player – das Beispiel H&M

Als Global Player bezeichnet man Konzerne, die in vielen Ländern der Welt Waren oder Dienstleistungen produzieren und verkaufen. Sie gelten als das Herz der globalisierten Wirtschaft. Die typischen Merkmale eines Global Players könnt ihr euch am Beispiel des schwedischen Modekonzerns Hennes & Mauritz (H&M) erarbeiten.

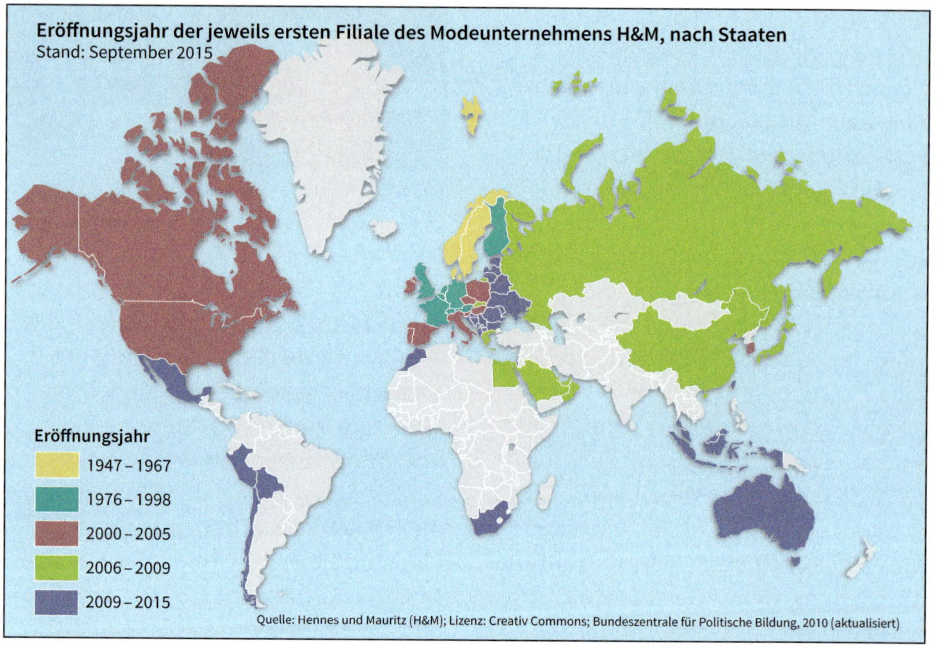

Das Beispiel H&M

Das T-Shirt liegt auf dem Tisch. Am Kragen sind ein H und ein M in den Stoff geprägt. Die beiden Buchstaben sind das Zeichen eines Weltreichs. Es umfasst 61 Länder und 3 900 Geschäfte im Moment. Müsste man die Kleidung von H&M in einem Satz beschreiben, würde man sagen: Sieht gut aus und kostet fast nichts. Am günstigsten ist das T-Shirt. Es kostet 4,95 Euro.

Baumwolle aus Texas

Die Spur des billigen T-Shirts beginnt im Westen, in Texas. Dort wird in riesigen Farmen Baumwolle angebaut. Geerntet wird die Baumwolle von neu entwickelten Erntemaschinen, die die Arbeit von 300 Baumwollpflückern übernehmen können. In Amerika leben 19 000 Baumwollbauern. In den vergangenen zehn Jahren erhielten sie 25 Milliarden Dollar vom Staat. Angelockt von diesem Geld, bauten sie jedes Jahr genug Baumwolle für zehn Milliarden T-Shirts an. Die Baumwolle wurde billiger. Die Bedrohung lebt in Indien, in Westafrika, in armen Ländern wie Mali oder Burkina Faso. Dort gibt es Bauern, die ihre Baumwolle halb so teuer produzieren wie die Amerikaner. Denn billiger als die modernste Maschine ist ein Mensch, der nichts zum Leben braucht als ein paar Schalen Reis am Tag.

Fabriken in Bangladesch

Nach der Ernte wird die Baumwolle auf ein Schiff verfrachtet. In Asien wird sie ausgeladen. H&M besitzt hier keine eigenen Fabriken. H&M bestellt die Ware dort, wo sie am günstigsten ist, in China, Kambodscha oder in Bangladesch. 3 000 Textilfabriken gibt es in Dhaka. Dulal Brothers Limited zum Beispiel verarbeitet am Tag 50 Tonnen amerikanische Baumwolle, das entspricht 125 000 T-Shirts. Fast die Hälfte verkauft man an H&M. Seit Monaten produzieren sie das T-Shirt, seit Monaten arbeiten die Näherinnen zehn, zwölf Stunden am Tag, sechs, sieben Tage die Woche. Das T-Shirt scheint sich gut zu verkaufen in den

H&M-Filialen in New York, Hamburg, Hongkong. 3 500 bangladeschische Taka im Monat bekommt eine Näherin im Monat, umgerechnet 36 Euro, die Überstunden sind schon drin. Macht 1,18 Euro am Tag. Davon kann man auch in Bangladesch nicht leben.

Transport in Container-Schiffen

Jetzt geht es darum, das T-Shirt möglichst günstig nach Europa zu bringen, von Dhaka nach Deutschland. 7 300 Kilometer Luftlinie. Ein T-Shirt übers Meer zu schicken war früher teuer. Heute kostet die Strecke von Bangladesch nach Deutschland rund 2 800 Euro pro Container. Große Kunden bekommen Rabatt. Knapp 34 000 T-Shirts passen hinein. Der Container hält den Preis niedrig. Das ist ein weiteres Geheimnis des billigen T-Shirts. Wenn das T-Shirt nach drei Wochen auf See in Deutschland ankommt, wird H&M für Rohstoff, Herstellung und Transport insgesamt nur etwas mehr als 1,40 Euro bezahlt haben.
Auf dem Etikett des T-Shirts steht „Made in Bangladesch", der Großteil des Geldes aber wird in Deutschland bleiben. Am Ende steht ein Gewinn von etwa 60 Cent pro T-Shirt. Bedenkt man, dass H&M weltweit viele Millionen davon verkauft, bedeutet das: Man kann mit billigen T-Shirts viel Geld verdienen. Man kann das T-Shirt jetzt in Moskau und Istanbul kaufen, in Shanghai und Seoul.

(Zusammengefasst und aktualisiert nach: Wolfgang Uchatius: Das Welthemd, in: Die ZEIT, 16.12.2010, S. 23–25)

B Warum sind Global Player umstritten?

Die globalsten von ihnen sind fast so international wie die Vereinten Nationen. Siemens etwa ist in 190 Ländern vertreten, der UNO gehören nur drei Staaten mehr an. Volkswagen verkauft Autos in mehr als 150 Ländern und hat Fabriken in 18 Ländern. Und die größten von ihnen beschäftigen mehr als 200 000 Menschen und setzen pro Jahr mehr als 100 Milliarden um. So groß sie sind, so umstritten sind die multinationalen Konzerne auch. Politiker werfen ihnen vor, ihre Gewinne mit Finanztricks in Länder zu verlagern, in denen besonders niedrige Steuern fällig werden; Gewerkschafter werfen ihnen vor, höher bezahlte Arbeitsplätze in den Industrieländern zu vernichten und die Produktion in Billiglohnländer zu verlagern. Umweltschützer werfen ihnen vor, ihre Fabriken dort aufzubauen, wo laxe Umweltschutzgesetze gelten. Und Globalisierungsgegner werfen ihnen vor, die armen Länder auszubeuten und die Gewinne an ihre Aktionäre auszuschütten. Hinter all diesen Vorwürfen steht die Tatsache, dass nationale Gesetze und Regelungen von global agierenden Konzernen umgangen werden können.

(Aus: Detlef Gürtler: Die Tagesschau erklärt die Wirtschaft, Rowohlt Verlag, Berlin 2008, S. 256 f.)

Wirtschaftskundeunterricht im Jahr 2030

1 Stelle dar, warum ein T-Shirt so billig verkauft werden kann.

2 Erkläre am Beispiel von H&M die typischen Merkmale eines Global Players. Verwende dazu die Begriffe Arbeitsteilung, Produktionsstätten, Filialen, Transport und Preisgestaltung.

3 Warum sind Konzerne wie H&M umstritten? Wie denkt ihr über die Kritik? Diskutiert darüber in der Klasse.

Was auch noch interessant sein kann:
- die komplette Reportage über das „Welthemd" in der Wochenzeitschrift „Die ZEIT" lesen und dazu einen Kommentar verfassen (www.zeit.de, Suchfunktion nutzen)
- nach einem Global Player in eurer Region recherchieren und das Unternehmen in einem Kurzporträt vorstellen

C Tschechien, China oder Mexiko – Wo soll das neue Werk der Klimex AG gebaut werden?

Neben dem Hauptwerk in Aumühle hat die Klimex AG ein Zweigwerk in den USA.

Auch kleinere Unternehmen stehen in der globalisierten Wirtschaft in hartem Wettbewerb. Viele verkaufen inzwischen weltweit ihre Produkte und haben auch im Ausland Niederlassungen errichtet. Für den unternehmerischen Erfolg ist die kluge Wahl eines neuen Standorts sehr wichtig. Am Beispiel der fiktiven Klimex AG könnt ihr aus der Perspektive der Unternehmensleitung eine Standortentscheidung treffen und begründen.

Die Klimex AG ist ein alteingesessenes Familienunternehmen mit rund 4000 Beschäftigten mit dem Stammsitz in Aumühle, einer kleinen Stadt in Nordrhein-Westfalen. Sie produziert Klimaanlagen, die sie in der ganzen Welt verkauft. Im letzten Jahr ist der Forschungsabteilung eine vielversprechende Neuentwicklung gelungen – eine energiesparende Klimaanlage. Deshalb will sie neben der Produktion in Deutschland ein weiteres neues Werk im Ausland errichten. Die Geschäftsführerin Beatrice Wohlfarth hat die leitenden Angestellten zu einer Sitzung eingeladen. An dem Gespräch nehmen außer ihr der technische Leiter Ole Kamphaus, der kaufmännische Leiter Stanislaus Kupitzki sowie die Vertriebschefin Lea Andresen teil.

Beatrice Wohlfahrt: Wie Sie wissen, habe ich Tschechien, China und Mexiko als mögliche Standorte in die nähere Auswahl genommen. Wie denken Sie über diese Standorte?

Stanislaus Kupitzki: Als Kaufmann sind für mich natürlich Zahlen das wichtigste Kriterium. Wenn ich die Arbeitskosten vergleiche, so schneidet China mit Abstand am günstigsten ab, wenngleich dort in den letzten zwei Jahren die Löhne stark gestiegen sind. Allerdings kämpft das Land auch mit Umweltproblemen: Sowohl Luft als auch Gewässer sind stark verschmutzt. Wir müssen damit rechnen, dass dort womöglich die Umweltauflagen verschärft werden, das könnte uns viel Geld kosten. Unter Kostenaspekten schneidet auch Mexiko sehr gut ab. Doch kommt es dort immer wieder zu Unruhen, weit die Regierung im Kampf gegen die Drogenmafia versagt. Tschechien halte ich für zu teuer.

Ole Kamphaus: Wir bieten High-Tech-Produkte an. Was nützen uns da billig produzierte Geräte in schlechter Qualität! Damit vergraulen wir unsere Kunden nur. Die Produktion unserer neuen Geräte ist besonders anspruchsvoll. Dazu brauchen wir vor allem hoch qualifizierte Facharbeiter. Unter diesem Gesichtspunkt halte ich Tschechien sogar für besonders gut geeignet. Dort finden wir passendes Personal, das wir nicht erst langwierig ausbilden müssen. Die Suche nach Personal und die Ausbildung kosten schließlich auch viel Geld. In Tschechien kann bei Problemen in der Produktion einer unserer Mitarbeiter schnell vor Ort sein und die dortigen Kolleginnen und Kollegen unterstützen. Das ist in China nicht der Fall und in Mexiko finden wir meines Erachtens nicht das geeignete Personal.

Lea Andresen: Das Werk soll für uns doch bessere Absatzchancen eröffnen und neue Märkte erschließen. Unter diesem Aspekt ist China für uns der interessanteste Markt. Dort leben über eine Milliarde Menschen. Das Land hat in den letzten Jahren einen rasanten Aufschwung erlebt. Es gibt eine neue kaufkräftige Mittelschicht, die sicherlich bereit ist, für Klimaanlagen Geld auszugeben, zumal es in einigen Regionen im Sommer sehr heiß ist. Über Mexiko könnten wir den südamerikanischen Markt erschließen, auch eine vielversprechende Aussicht. Tschechien liegt zu nah bei Deutschland. Ob wir neue Märkte in Osteuropa erschließen können, ist fraglich. Russland zum Beispiel hat Rohstoffe im Überfluss, die Sommer sind kurz, die Winter lang.

Beatrice Wohlfahrt: Sie haben mir im Gespräch wichtige Aspekte genannt. Ich werde darüber intensiv nachdenken und eine Entscheidungsempfehlung aussprechen, über die wir dann in zwei Wochen abstimmen können. Ich danke Ihnen für das Gespräch.

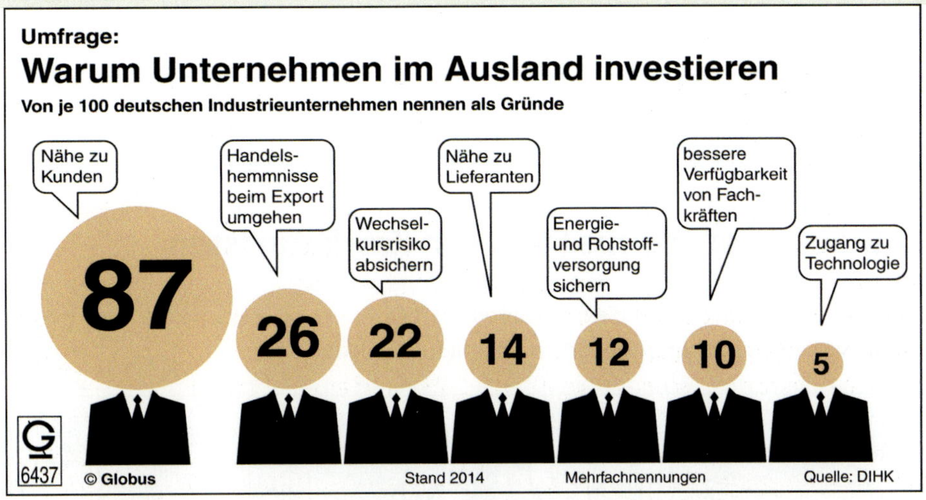

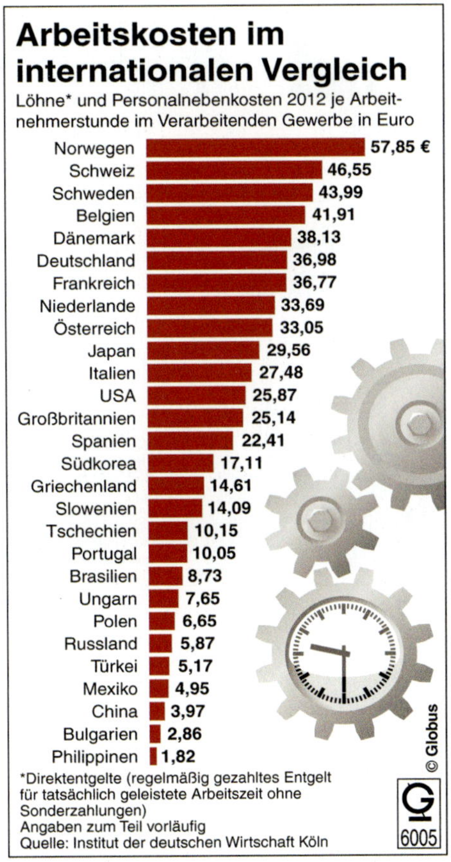

Was ist bei der Standortwahl wichtig?

Im Zeitalter fast unbegrenzter Mobilität muss ein Land viele Kriterien erfüllen, um als Produktionsstandort ausgewählt zu werden.

Nähe zum Kunden: Dieses Kriterium spielt eine zunehmend wichtige Rolle bei der Entscheidung. Indem Unternehmen direkt in den Absatzgebieten produzieren, können sie sich besser auf die jeweilige Nachfrage und die besonderen Wünsche der Kunden einstellen und direkt den Kontakt pflegen. Auch können sie auf Schwankungen schnell reagieren.

Kosten: Dazu zählen vor allem Personalkosten, aber auch Kosten für den Bau, Rohstoffe, Energie und Maschinen.

Infrastruktur: Dabei zählen vor allem die Qualität des Straßennetzes, die Nähe zu Bahnhöfen und Häfen sowie gut erschlossene Gewerbegebiete.

Politische Kriterien: Aus Sicht der Unternehmen zählen vor allem politische Stabilität sowie – bei eventuellen Rechtsstreitigkeiten – eine funktionierende Rechtsordnung. Korruption und übermäßige Bürokratie können sich negativ auf eine Entscheidung auswirken.

1 Welche Positionen vertreten die leitenden Angestellten in dem Gespräch? Erarbeite aus dem Text die Standpunkte und ihre Begründungen.

2 Triff eine Vorentscheidung und berücksichtige dabei auch die Grafiken und den Text im Kasten.

3 Tauscht euch mit einem Partner aus, einigt euch auf einen Standort und stellt eure Ergebnisse in der Klasse vor.

4 Deutsche Beschäftigte reagieren auf den Bau neuer Werke im Ausland häufig skeptisch, weil sie den Abbau von Arbeitsplätzen im Inland befürchten. Haltet ihr solche Bedenken im Fall der Klimex AG für berechtigt? Diskutiert darüber in der Klasse.

3 Was sind die Licht- und Schattenseiten der Globalisierung?

Chancen und Risiken beurteilen

A Globalisierung aus Sicht von Karikaturisten

Wenn eine Entwicklung wie die Globalisierung die gesamte Gesellschaft erfasst, gibt es auch Probleme. Die Schattenseiten der Globalisierung sind immer wieder ein Thema für Karikaturisten.

1 Wähle eine Karikatur aus, die dich besonders anspricht, und interpretiere sie mithilfe der Vier-Fragen-Deutung:
- Auf welches Problem bezieht sich die Karikatur?
- Was ist dargestellt?
- Was will der Zeichner ausdrücken/kritisieren?
- Wie bewerte ich die Aussage der Karikatur?

2 Sucht euch einen Partner, der dieselbe Karikatur interpretiert hat, vergleicht eure Ergebnisse und stellt sie dann der Klasse vor.

B Chancen und Risiken

1. Wirtschaft: Die Globalisierung hat vielen ehemals armen Ländern in Asien, Südamerika und Afrika einen Wirtschaftsaufschwung beschert. Dort ist die Nachfrage nach Hightech-Produkten aus Europa riesig. Das ist eine Chance für deutsche Unternehmen, für ihre Waren neue Absatzmärkte zu gewinnen. Das Know-how liefern die deutschen Mitarbeiter, deren Arbeitsplätze so gesichert werden. Inzwischen verkaufen zum Beispiel deutsche Autokonzerne mehr Autos in China als auf dem deutschen Markt. Doch bauen die Konzerne neue Produktionsstätten häufig im Ausland und nicht mehr in Deutschland – wegen der günstigen Lohnkosten und der Nähe zu den neuen Kunden.

2. Umwelt: Bezogen auf den Schutz der Umwelt hat die Globalisierung sowohl Fortschritte als auch neue Risiken gebracht. Einerseits ist das Bewusstsein gewachsen, dass Umweltprobleme wie zum Beispiel der Klimawandel nur in weltweiter Zusammenarbeit gelöst werden können. Andererseits führt die Globalisierung zu einem dramatischen Anstieg der Umweltbelastungen. So sind zum Beispiel in vielen Städten Chinas infolge des rasanten Wirtschaftswachstums die Luft, Böden und Gewässer so stark verschmutzt, dass die Bewohner davon krank werden und mehr als eine Million Menschen pro Jahr an den Folgen der Umweltschäden vorzeitig sterben.

3. Kultur: Auf der ganzen Welt hören die Menschen dieselbe Musik, sehen die gleichen Filme und Fernsehsendungen. Auch die Essgewohnheiten werden immer ähnlicher. Heute können wir in Deutschland im Restaurant Gerichte aus fast allen Ländern der Welt essen. Der Kontakt mit anderen Kulturen hat unser Leben vielfältiger und bunter gemacht. Doch zunehmend geraten alte Traditionen in Vergessenheit, wird die heimische Kultur von einer globalen Weltkultur verdrängt.

4. Arbeitswelt: Die weltweite Verbreitung des Internets hat bewirkt, dass Arbeiten am PC an keinen Standort mehr gebunden sind. Arbeitsteams arbeiten von zu Hause aus oder über Ländergrenzen hinweg zusammen. Wer gut qualifiziert ist, kann weltweit arbeiten – und muss dafür nicht einmal unbedingt dauerhaft im Ausland leben. Auf der anderen Seite müssen Arbeitskräfte in Deutschland auch mit gut ausgebildeter ausländischer Konkurrenz rechnen. Unternehmen verlagern zunehmend anspruchsvolle Dienstleistungen ins Ausland.

5. Verbraucher: Das Warenangebot in Deutschland ist größer denn je. Wir können heute in jeder Saison Früchte und Gemüse aus der ganzen Welt kaufen. Auch Kleidung und Haushaltsgeräte können wir billig kaufen. Die günstigen Preise verdanken wir den niedrigen Löhnen und schlechten Arbeitsbedingungen in Entwicklungsländern, wo die Waren produziert werden. In einigen Industriezweigen werden noch immer Kinder beschäftigt.

1 Stelle für jeden Punkt positive und negative Folgen einander gegenüber.

2 Sucht euch dann einen Partner, tauscht eure Ergebnisse aus und entscheidet dann gemeinsam Punkt für Punkt, ob für euch das Positive oder Negative überwiegt.

3 Wie beurteilt ihr insgesamt Chancen und Risiken der Globalisierung? Überwiegt das Positive oder eher das Negative? Diskutiert in der Klasse darüber.

C Problemfall Textilindustrie: Werden Arbeiterinnen und Arbeiter in Entwicklungsländern ausgebeutet?

Kleidung und Schuhe werden in der globalisierten Wirtschaft fast ausschließlich in Entwicklungsländern produziert, vor allem in China, Bangladesch und Indien. In letzter Zeit wird in westlichen Industrieländern diskutiert, ob die Arbeitsbedingungen in den Fabriken der Billiglohnländer unmenschlich sind. Neuen Zündstoff erhielt die Diskussion, als 2013 in Bangladesch wegen fehlender Sicherheitsvorkehrungen mehrere Brände in Textilfabriken ausbrachen, bei denen weit über 1 000 Menschen starben. Der folgende Text schildert die Lebens- und Arbeitsbedingungen einer Familie in Bangladesch. Welche Gefühle löst er in euch aus?

Zahllose Frauen und Männer arbeiten in den asiatischen Textilfabriken zu Billiglöhnen unter teils menschenunwürdigen Arbeitsbedingungen, wie hier bei der Schuhproduktion für Nike in Vietnam.

Am Anfang ist da nur Lärm, ohrenbetäubender, nie endender, jedes Gespräch abwürgender Nähmaschinenlärm. Die Frauen schauen kurz auf, kurz nur, dann sind sie wieder bei der Naht, die ihnen zugeteilt wurde, Außennaht, Innennaht, Reißverschlussnaht, Hosentaschennaht, 50, 70, 100 Mal die Stunde. Jede Frau eine Nähmaschine, eine Frau vor der anderen, jede schmeißt ihr Bündel zur nächsten, bis ganz vorne in der ersten Reihe eine fertige Hose liegt, senfgelb, bordeauxrot, lavendelfarben. Je nachdem, was die Mädchen in den fremden Ländern gerade cool finden. Wichtig ist, dass es schnell geht. Und fehlerfrei, vor allem, wenn Fremde in der Fabrik sind […]
Nichts spült so viel Geld nach Bangladesch wie die Textilindustrie […] Und nichts hat so viel Leid gebracht. […]
In den Slums von Mirpur, am Rand von Dhaka, leben Zehntausende, die in den Textilfabriken rundum arbeiten. In ihren Holzhütten, die auf wackeligen Stelzen über brackigem Wasser stehen, leben Familien auf zehn Quadratmetern, durch die Ritzen schwärmen Myriaden von Mücken. Malaria, Denguefieber – sie wissen hier, warum es Knochenbrecherfieber heißt.
Die Kinder hocken auf dem Holzbett, in dem sie alle zusammen schlafen. Der Vater ist vor Jahren verschwunden. Die Mutter ist unterwegs, sie sucht Arbeit, ihre Augen sind zu schlecht für die Näherei. Die drei Kinder arbeiten wie 3,5 Millionen Menschen in diesem Land in der Textilbranche. […] Die Kleine ist zwölf, sie arbeitet seit acht Monaten. Sie erzählt, wie toll der Job ist, ihre Geschwister lachen. „Erzähl, was sie dir bezahlen.“ – „Viel.“ Gelächter. Sie haben alle als helper angefangen, so nennen sie die Anfänger, die den anderen erst mal zuschauen. Kein helper verdient viel. Wenn es gut geht, bekommt man 2 200 Taka im Monat, 21 Euro. Volle Arbeitszeit. Aber die Kinder lernen schnell, nach ein paar Tagen können sie es, dann arbeiten sie wie die anderen. Aber sie bleiben helper, wochenlang, oft monatelang. […] Die Kleine sagt: […] „Es gibt viele bei uns, die kleiner sind als ich. In meiner Fabrik sind nur fünf Erwachsene.“ Sie schaut raus aus dem finsteren Zimmer, auf die wackeligen Plumps-

klos, ein paar Meter entfernt. Alles hier fällt ins Wasser unter ihren Hütten.
[...]
Sie ist zwölf Jahre alt, arbeitet von sechs Uhr morgens oft bis spät in die Nacht. Sie sagt, es ist eine gute Fabrik. Warum? „Weil sie die Mädchen mit der Hand schlagen, nur die Jungs mit dem Stock."

(Nach: Karin Steinberger: Streng und gnadenlos, in: Süddeutsche Zeitung, 11./12.5.2013)

Entwicklungschance oder Ausbeutung?

In Mexiko, Thailand, Korea und vielen anderen Ländern schuften Menschen für winzigste Löhne unter oft unwürdigen Bedingungen; Urlaub, Kranken- und Arbeitslosenversicherung sind Fremdwörter für sie. Die Produkte ihrer Arbeit verkaufen die westlichen Firmen mit großem Gewinn.
Nutzen Konzerne der Textil- und Sportartikelindustrie die Menschen, die für sie in Entwicklungs- und Schwellenländern arbeiten, schamlos aus? Diese Frage kann man ziemlich eindeutig mit Ja beantworten. Andererseits argumentieren Befürworter der Globalisierung immer wieder, dass in einheimischen Betrieben in Asien und Lateinamerika die Arbeitsbedingungen noch entsetzlicher sind als in den Filialen europäischer Firmen. Europäische Großkonzerne bekommen häufig Waren von Zulieferern vor Ort. Über die Arbeitsbedingungen dieser einheimischen Firmen haben sie keine Kontrolle.
Das ist keine Entschuldigung, sagen wiederum viele Globalisierungsgegner. Dass es anderswo gleich schlecht oder noch schlechter ist, ist noch kein Grund, sich bei den Ausbeutern einzureihen. Die Multis seien verpflichtet, die Arbeitsbedingungen in Zulieferbetrieben zu überprüfen und jenen, in denen die Verhältnisse inakzeptabel sind, die Zusammenarbeit aufzukündigen. Doch was passiert dann wiederum mit den Arbeitern dort, die dann vielleicht entlassen werden?
Auf diese Probleme gibt es keine einfachen Antworten. Immerhin sind aber die Bedingungen, unter denen die Arbeiter und Arbeiterinnen in vielen Schwellenländern für ausländische Firmen arbeiten müssen, inzwischen in vielen Publikationen öffentlich gemacht worden. Es gibt Selbstverpflichtungen der Industrie, auf menschenwürdige Arbeitsbedingungen zu achten. Ein Denkprozess hat sich in Gang gesetzt.

(Aus: Gerd Schneider: Globalisierung, Arena Verlag, Würzburg 2008, S. 98f.)

Aktionskarte der Christlichen Initiative Romero (www.ci-romero.de/material). Wer sich engagieren möchte, kann diese Karte zusammen mit dem Kassenbeleg an die Herstellerfirma schicken und diese auffordern, existenzsichernde Löhne in der Textilindustrie durchzusetzen.

1 Beschreibe die Arbeits- und Lebensbedingungen von Textilarbeiterfamilien in Bangladesch.

2 Sind auch Verbraucher in den Industrieländern für die Arbeitsbedingungen in den asiatischen Textilfabriken verantwortlich? Diskutiert darüber in der Klasse.

3 Sammelt Vorschläge, wie man die Arbeitsbedingungen in den Fabriken verbessern könnte, und bewertet diese. Berücksichtigt dabei besonders die möglichen Folgen für die Arbeiterinnen und Arbeiter.

Was auch noch interessant sein könnte:
- über die Arbeit von clean clothes recherchieren und eine Aktion in der Klasse vorstellen (www.saubere-kleidung.de). Die weltweite Kampagne setzt sich für angemessene Löhne und bessere Arbeitsbedingungen in der Textilindustrie ein.

4 Politik global: Wie kann der Klimawandel gebremst werden?

Wir diskutieren in einer Talkshow

Eine Einstiegsübung für alle:
Welche Stichwörter fallen dir zum Thema „Klimawandel" ein? Notiere sie und führt dazu in der Klasse ein Brainstorming durch.

A Herausforderung Klimawandel

Tipp: Achtet beim Lesen besonders auf die Zahlen.

Jahr für Jahr nehmen die Treibhausgas-Emissionen um etwa zwei Prozent zu. 2013 gelangten 36 Milliarden Tonnen CO_2 in die Atmosphäre, weil Menschen Kohle, Öl und Gas verbrennen oder Zement herstellen. Damit liegen die Emissionen gut 60 Prozent höher als vor 25 Jahren.
Klimaforscher können mit immer größerer Sicherheit sagen, dass die Treibhausgase den mit Abstand größten Einfluss auf den Klimawandel haben. Der letzte, 2014 veröffentlichte Sachstandsbericht des Weltklimarats (IPCC) hält es für „extrem wahrscheinlich", dass der Mensch mehr als die Hälfte der globalen Erwärmung seit 1951 verursacht hat. Dass andere Faktoren, zum Beispiel Schwankungen der Sonneneinstrahlung, einen ähnlich großen Einfluss haben, erscheint immer unplausibler. […] Gleichzeitig wird immer sichtbarer, dass sich der Planet rapide verändert. „Die Folgen des menschgemachten Klimawandels sind in den vergangenen Jahren deutlicher geworden", sagt Jochem Marotzke, Direktor am Max-Planck-Institut für Meteorologie. Die Arktis und Grönland verlieren im Sommer immer schneller Eis, weltweit schrumpfen die Gletscher.
Heute liegt der Meeresspiegel im Durchschnitt etwa 20 Zentimeter höher als im Jahr 1990. Auch führt der Klimawandel zu Ernteeinbußen, schätzt der IPCC. Derweil sind Hitzewellen in Europa, Asien und Australien häufiger geworden. Das alles könnten Vorboten von weltweit drastischeren Veränderungen sein. So spricht viel dafür, dass mit steigender Temperatur auch tropische Wirbelstürme häufiger werden. Weil die Meere durch das viele CO_2 immer saurer werden, könnten früher oder später Korallenriffe und andere Meeresbewohner verenden. „Jenseits von zwei Grad Erwärmung steigen die Großrisiken steil an", sagt Hans Joachim Schellnhuber, Direktor des Potsdam-Instituts für Klimafolgenforschung. So könne der Eispanzer Grönlands schmelzen – ein Prozess, der nicht mehr aufzuhalten ist, sobald er begonnen hat. „Dann steigt der Meeresspiegel allein wegen dieses Eisschildes um kaum vorstellbare sieben Meter", sagt Schellnhuber. Wie sehr das Klima aus dem Ruder läuft,

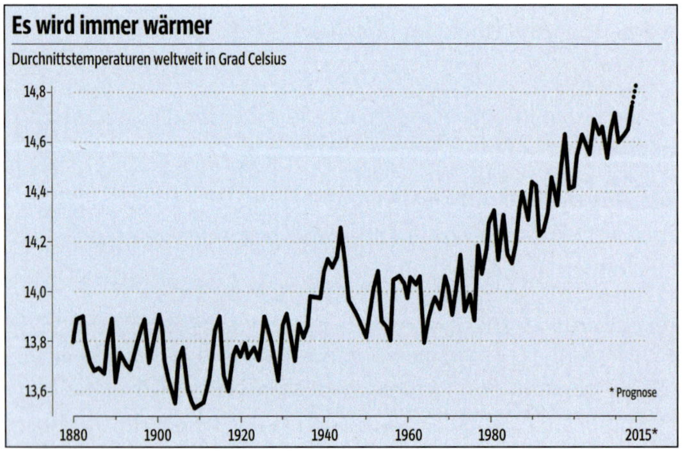

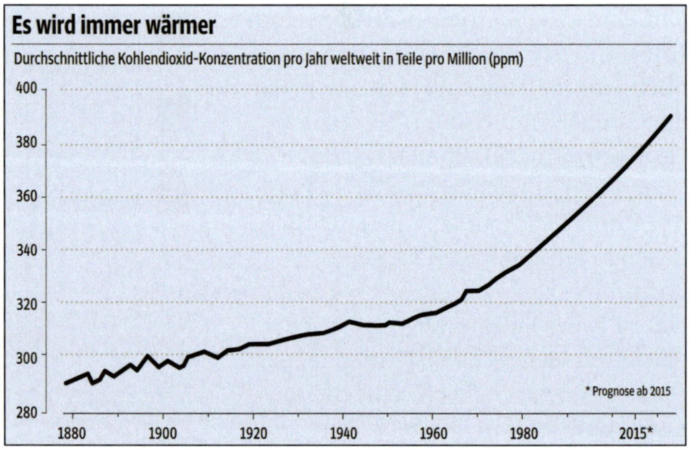

hängt von der Menschheit ab. Als Idealziel gilt hier das optimistischste IPCC-Szenario, demzufolge die globale Erwärmung die Marke 1,5 Grad gegenüber vorindustrieller Zeit nicht überschreitet. In diesem Fall bleiben die Risiken für viele drastischen Folgen des Klimawandels gering. Zu erreichen ist dies […] allerdings nur durch großen Verzicht. Die Staatengemeinschaft dürfte nur noch 1 000 Milliarden CO_2 in die Atmosphäre pusten. Wenn die Menschheit ihren Ausstoß nicht drosselt, könnte diese Marke schon Ende der 2030er-Jahre erreicht werden. Danach müssten sämtliche fossilen Energieträger [Erdöl, Erdgas und Kohle] im Boden bleiben.

(Aus: Robert Gast: Schon wieder richtig Sommer, in: Süddeutsche Zeitung, 28./29.11.2015, auch Grafiken)

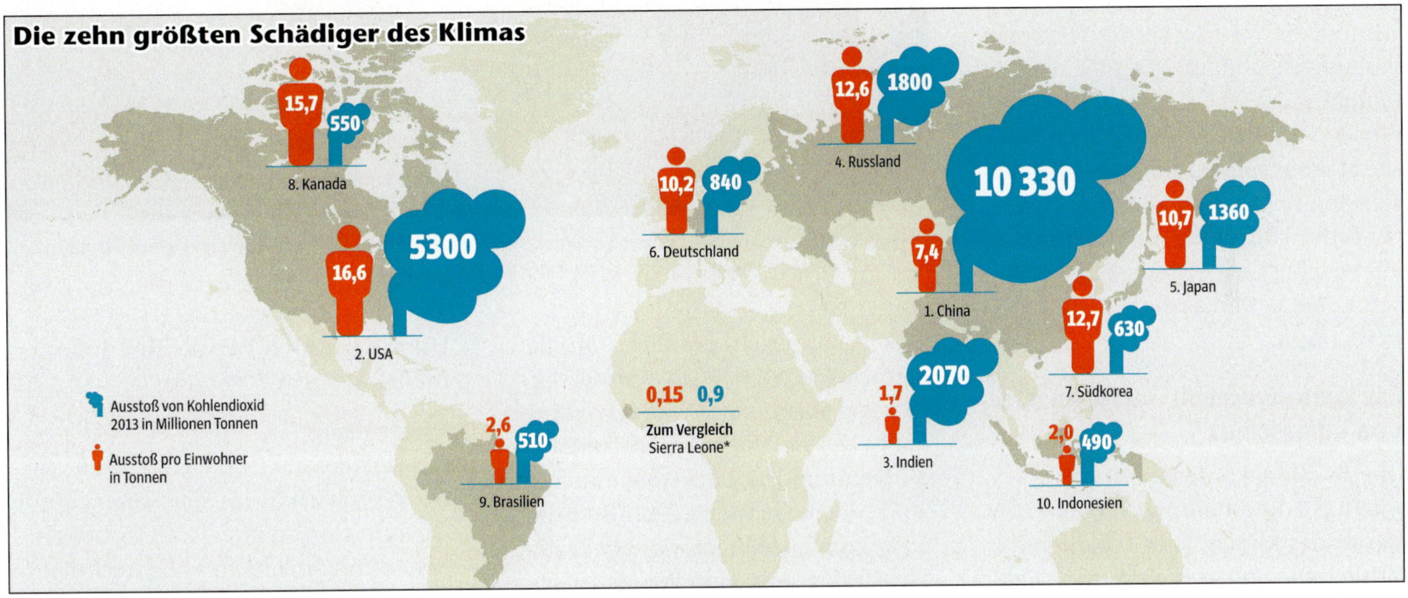

1 Welche Folgen des Klimawandels werden im Text genannt? Erläutere sie.

2 Welche Zahlen aus dem Text und den Schaubildern möchtest du dir langfristig merken? Notiere und begründe, warum du sie für besonders wichtig hältst.

3 Stelle in einer Mindmap Entwicklung, Ursachen, Folgen und Ziele des Klimawandels übersichtlich dar. Berücksichtige dabei auch die Aussage der Karikatur sowie die Stichwörter, die im Brainstorming gesammelt wurden.

B Hintergrund: Der lange Weg vom Kyoto-Protokoll zum Pariser Abkommen

Der Klimawandel ist eine Herausforderung, der sich alle Nationen stellen müssen. Einige Staaten zählen zu den Hauptverursachern, andere wiederum zu den Hauptleidtragenden. Es gibt Staaten, die Verursacher und Betroffene zugleich sind, und Länder, die den Klimawandel als Chance zu einer Wende verstehen. Eines haben jedoch alle Staaten gemeinsam: Sie sitzen im gleichen Boot. Doch gibt es nach wie vor unterschiedliche Auffassungen, mit welcher Geschwindigkeit das Boot beim Thema Klimaschutz gesteuert werden soll.

Umweltschützer auf der ganzen Welt übten vor der Pariser Konferenz Druck auf Politiker aus, sich endlich auf wirksame Klimapolitik zu verständigen.

Das Kyoto-Protokoll – erste Ansätze zum Klimaschutz

Die UN-Klimakonferenz ist das wichtigste internationale Treffen zum Schutz des Klimas. Hier debattieren jährlich die Vertreter einzelner Nationalstaaten darüber, welche internationalen Klimaschutzvereinbarungen getroffen werden und wie verbindlich diese sein sollen.
Erste Ansätze zum Klimaschutz wurden bereits 1992 in Rio de Janeiro mit der Klimarahmenkonvention geschaffen, die die Basis für die Verhandlungen im japanischen Kyoto schuf. Mit dem sogenannten Kyoto-Protokoll wurde erstmals ein internationaler Vertrag von über 158 Staaten verabschiedet, der wichtige Klimaziele beschrieb. Ein Mangel des Kyoto-Protokolls bestand darin, dass wichtige Verursacher des Klimawandels wie die USA, China und Indien dem Abkommen nicht beitraten. Zudem reichten die vereinbarten Ziele nach Ansicht der Klimaforscher nicht aus, um den Klimawandel wirksam abzubremsen. 2011 verlängerten in Durban die Mitgliedstaaten zwar die Geltungsdauer des Abkommens bis 2015, doch nach Kanada und Australien kündigten weitere wichtige Staaten an, aus dem Abkommen auszusteigen. Obwohl die Zeit drängte, schien der Weg zu einem weitreichenden Klimaabkommen weiter denn je.

Das Klima-Abkommen von Paris – ein Meilenstein

Im Dezember 2015 trafen sich in Paris Vertreter von 195 Staaten, um über ein Nachfolgeabkommen des Kyoto-Protokolls zu verhandeln. Heraus kam ein Abkommen, in dem sich praktisch alle Staaten der Welt erstmals auf verbindliche Klimaziele einigten. Bereits vor der Konferenz hatten 185 Staaten nationale Klimapläne entwickelt, die die Grundlage für das Abkommen bildeten. Der Vertrag tritt 2020 in Kraft.

(Autorentext)

Die wichtigsten Punkte des Abkommens

Erwärmung
Zum ersten Mal ist die vor Jahren von der Wissenschaft ins Spiel gebrachte Obergrenze von zwei Grad globaler Erwärmung in einem völkerrechtlichen Abkommen verankert. Mehr noch: In Paris wurde vereinbart, „Anstrengungen zu unternehmen, den Temperaturanstieg auf möglichst 1,5 Grad zu begrenzen". […]

Treibhausgas-Neutralität
Möglichst schnell in der zweiten Hälfte des Jahrhunderts soll die globale Netto-Treibhausgas-Emission auf null reduziert werden. Das bedeutet den absehbaren Ausstieg aus der Verbrennung fossiler Brennstoffe. Der Höhepunkt der Kohlendioxid-Emissionen muss dafür möglichst vor 2030 überschritten werden. Andererseits können, falls dies nicht ausreicht, im Laufe der nächsten Jahrzehnte zum Beispiel

Aufforstungen genutzt werden, um Kohlendioxid langfristig zu binden.

Finanzen
Die Finanzierung von Anpassungs- und Emissionsminderungsmaßnahmen in armen Ländern soll künftig stärker gefördert werden, es gibt technologische Hilfen. Die 100 Milliarden Dollar jährlich für den Global Climate Fund, die ab 2020 fließen, sollen nur ein Anfang sein.

Differenzierung
Es gibt keine vorgeschriebenen nationalen Emissionsziele mehr, jedes Land soll für den Klimaschutz so viel tun, wie es kann.

Überprüfung
Festgeschrieben ist, und das ist ein Durchbruch, dass die inzwischen von 186 Ländern eingereichten nationalen Klimaziele (INDCs) alle fünf Jahre fortgeschrieben werden und immer ehrgeiziger ausfallen müssen.

Transparenz
Alle Länder sollen nach einem einheitlichen System ihre Emissionen überwachen und an das Klimasekretariat melden.

(Nach: Joachim Müller-Jung: Die wichtigsten Punkte des Abkommens, in: Frankfurter Allgemeine Zeitung, 14.12.2015)

Was bringt das Abkommen von Paris?

Unmittelbar nach der Einigung äußerten sich Politiker, Umweltschützer und Klimaforscher:
UN-Generalsekretär Ban Ki Moon: „Was einst undenkbar schien, ist jetzt nicht mehr aufzuhalten. Die Geschichte wird sich dieses Tages erinnern."

Jubel nach der Einigung von Paris

Südafrikas Umweltministerin Edna Molewa: „Der Pakt kann der Wendepunkt zu einer besseren und sichereren Welt sein. Doch die Industrieländer müssten ihre Emissionen weiter reduzieren und ärmeren Staaten helfen, mit den Folgen der Erderwärmung zurechtzukommen."
Barbara Hendricks, deutsche Umweltministerin: „Wir haben ein anspruchsvolles und wirksames Abkommen erreicht, auf das nun alle Länder ihre Klimapolitik aufbauen können.
Paris ist nicht das Ende, sondern der Anfang eines langen Weges, auf den sich die Weltgemeinschaft geeinigt hat."

(Aus: http://www.tagesschau.de/newsticker/klimakonferenz-171.htm; Zugriff: 14.12.2015)

Hans Joachim Schellnhuber, Chef des Potsdam-Instituts für Klimafolgenforschung: „Wenn dieses Abkommen richtig umgesetzt wird, kann es die Dekarbonisierung [Abschied von fossilen Brennstoffen] der Weltwirtschaft bis Mitte des Jahrhunderts anstoßen."

(Nach: Michael Bauchmüller: Die Welt will die Klimawende, in: Süddeutsche Zeitung, 14.12.2015)

Hubert Weiger, Vorsitzender des BUND (Bund für Umwelt- und Naturschutz): „Wir sind enttäuscht, dass die nationalen Klimaschutzpläne [...] in der Summe so schwach sind, dass wir dieses Ziel mit Sicherheit nicht erreichen werden." Von daher ist letztendlich dieser Paris-Vertrag ein Auftrag zum Handeln an die Staaten dieser Welt, wenn sie ein Mindestmaß an Glaubwürdigkeit behalten wollen. Denn der Vertrag als solches wird eben nicht dazu führen, dass in die Atmosphäre weniger Treibhausgase emittiert werden, sondern nur die konkreten Umsetzungsschritte – und die sind alle sehr schwach formuliert.

(Aus: http:www.deutschlandradiokultur.de/klimaabkommen-von-paris-die-staaten-muessen-nachlegen.1.008.de.html?dram:article_id=339749)

1 Fasse die wichtigsten Punkte des Pariser Klimavertrags in eigenen Worten zusammen.

2 Warum wird der Pariser Vertrag von vielen als Durchbruch beim internationalen Klimaschutz gesehen? Erläutere die Gründe.

C Talkshow: „Nach dem Abkommen von Paris: Ist das Klima nun gerettet?“

Im Dezember 2015 einigten sich auf der UNO-Klimakonferenz in Paris erstmals 195 Staaten auf verbindliche Klimaziele zur Begrenzung des Klimawandels. Auf einer Talkshow sollt ihr über den Vertrag und seine Folgen für den Klimaschutz diskutieren. Dazu nehmt ihr die Perspektive jeweils eines Landes ein, das ihr in eurer Rolle vertretet. Alle Gäste der Talkshow haben als Delegierte an der Pariser Konferenz teilgenommen.

Vorbereitung:

- Bildet Gruppen und entscheidet euch für ein Land, das ihr in der Diskussion vertreten wollt. Eine Gruppe bereitet sich auf die Moderation vor.
- Arbeitet die Rollenkarten auf der folgenden Doppelseite sowie die Hintergrundinformationen sorgfältig durch. Recherchiert zusätzlich im Internet, wenn es die Zeit zulässt.
- Eure Aufgabe ist es, die Interessen eures Landes in der Diskussion möglichst überzeugend zu vertreten und seine Klimapolitik zu rechtfertigen. Dieser Perspektivwechsel soll es euch ermöglichen, die Problematik aus unterschiedlichen Interessenlagen heraus zu verstehen und zu beurteilen.
- Überlegt, wie ihr den Klimavertrag aus der Perspektive eures Landes bewerten und eure nationale Klimapolitik rechtfertigen wollt. Bereitet euch auch auf mögliche Kritik der anderen Länder vor und überlegt euch Argumente, um diese zu widerlegen.
- Die Gruppe der Moderatoren arbeitet ebenfalls ihre Rollenkarte und die Hintergrundinformationen durch und bereitet Fragen vor.

Durchführung:

- Jede Gruppe entsendet einen Vertreter in die Diskussionsrunde. Ein oder zwei Moderatoren übernehmen die Gesprächsleitung. Die restliche Klasse bildet das Publikum, das ebenfalls Fragen stellen kann.
- Die Moderatoren leiten die Diskussion mit der ersten Frage ein, die die Teilnehmer der Reihe nach beantworten. Anschließend beginnt die Diskussion.
- Nach einer vorher vereinbarten Zeit fasst der Moderator die Ergebnisse zusammen und stellt die Schlussfrage.

Auswertung:

Schlüpft nun aus eurer Rolle und redet in der Klasse über folgende Fragen:

- Welche Gruppe hat ihr Land besonders überzeugend vertreten?
- Welche Argumente fandet ihr einleuchtend, welche weniger?
- Haben die Teilnehmer die Diskussionsregeln eingehalten und fair diskutiert?
- Wie sind sie auf Fragen aus dem Publikum eingegangen?

Rollenkarten

Moderation

Eure Rolle

Ihr übernehmt die Gesprächsleitung und seid für den geordneten Ablauf der Talkshow verantwortlich.

Vor Beginn

- Da ihr den Verlauf einer Diskussion nie ganz genau planen könnt, solltet ihr euch inhaltlich sehr gut vorbereiten und auch die Haltung der einzelnen Staaten kennen. Tipp: Lest die Rollenkarten der einzelnen Staaten arbeitsteilig und informiert euch gegenseitig.
- Bereitet in der Gruppe drei bis fünf Fragen für die Teilnehmerinnen und Teilnehmer vor, zum Beispiel: „Wie zufrieden sind Sie mit den Ergebnissen von Paris?“ „Was plant Ihre Regierung, für den Klimaschutz zu tun?“ etc.
- Bestimmt ein bis zwei Mitglieder, die moderieren werden. Sprecht ab, wer welche Fragen stellt.

Während der Talkshow

- Zu Beginn begrüßt ihr das Publikum und stellt die Gäste mit Namen und Position vor.
- Stellt anschließend eine Eröffnungsfrage, zu der jeder Gast etwas sagen kann.
- Achtet in der folgenden Diskussion darauf, dass alle Gäste sich an die Diskussionsregeln halten und einander mit Respekt begegnen.
- Ihr erteilt jeweils das Wort, nachdem ihr eine Frage gestellt habt. Berücksichtigt auch Fragen und Wortmeldungen aus dem Publikum. Achtet auch darauf, dass jeder in der Runde ausreichend Gelegenheit bekommt, seinen Standpunkt darzustellen.
- Etwa fünf Minuten vor dem Ende der Talkshow fasst ihr die Diskussionsergebnisse nochmals zusammen und stellt die Schlussfrage.
- Beendet die Talkshow, indem ihr euch bei den Gästen und dem Publikum bedankt.

Kiribati

Eure Rolle

Ihr seid stolz darauf, in Paris das 1,5-Grad-Ziel durchgesetzt zu haben – auch wenn ihr die Realisierungschancen skeptisch seht. Das Ziel kann nur erreicht werden, wenn alle Staaten möglichst rasch aus der Förderung fossiler Brennstoffe aussteigen. Ihr nutzt das Gespräch, um nochmals auf die äußerst kritische Lage eures Staates und die Dringlichkeit von sofortigem Klimaschutz hinzuweisen. Ihr fordert von den Industriestaaten finanzielle Unterstützung für den Bau von Dämmen und für die Bewältigung der Folgen des von Industriestaaten verursachten Klimawandels.

Die Situation in eurem Land

Als kleiner Inselstaat im Südpazifik ist euer Land besonders stark vom Klimawandel betroffen. Es besteht aus 32 niedrig gelegenen Koralleninseln und hat rund 800 000 Einwohner. Seit einigen Jahren wird die Region vermehrt von Stürmen heimgesucht, der gestiegene Meeresspiegel bedroht die Siedlungen. Auch Missernten infolge der neuerdings auftretenden Dürreperioden nehmen zu und rauben der ohnehin schon armen Bevölkerung die Existenzgrundlage. Klimaexperten rechnen damit, dass der Meeresspiegel bis Ende des Jahrhunderts um bis zu 80 Zentimeter steigen wird, wenn nichts geschieht. Bis 2050 wird dann ein Großteil der Inseln nicht mehr bewohnbar sein. Der Staat hat bereits Land auf den benachbarten Fidschi-Inseln gekauft und will in den nächsten Jahren 100 000 Bewohner umsiedeln. Auf der Pariser Konferenz trat Präsident Tong als Wortführer der anderen pazifischen Inselstaaten für einen sofortigen Ausstieg aus der Förderung fossiler Energien und die Begrenzung des Temperaturanstiegs auf 1,5 Grad ein. Nur dann habe sein Land eine Überlebenschance. Seit Jahren fordert er ein Rettungspaket für die vom Untergang bedrohten Inselstaaten.

Deutschland

Eure Rolle

Ihr seid mit den Ergebnissen von Paris sehr zufrieden, verweist jedoch darauf, dass das Pariser Abkommen erst ein Anfang zum wirksamem Klimaschutz sei. In den nächsten Jahrzehnten seien enorme Anstrengungen aller Regierungen erforderlich, um die Ziele des Vertrags zu erreichen. Ihr fordert die Vertreter der anderen Länder auf, so bald wie möglich aus der Nutzung fossiler Energien auszusteigen und sich ehrgeizige nationale Klimapläne zu erstellen. Als finanzstarkes Land ist Deutschland bereit, ärmere Länder bei ihren Klimazielen zu unterstützen, sowohl mit Know-how als auch mit Geld.

Die Situation in eurem Land

Deutschland zählt zu den stärksten Wirtschaftsmächten weltweit. Die deutsche Wirtschaft zeichnet sich durch eine hohe Exportquote aus. In grünen Technologien und der ökologischen Herausforderung sieht sie eine Chance, den Wohlstand des Landes zu vergrößern.

Die deutsche Politik versteht sich als Vorreiter für den Klimaschutz und hat sich im nationalen Klimaplan besonders ehrgeizige Ziele gesetzt: So will das Land bis 2020 den CO_2-Ausstoß um 40 Prozent gegenüber 1990 senken. Dazu will man verstärkt auf erneuerbare Energien wie Wind- und Solarenergie setzen sowie Energie einsparen, zum Beispiel durch Gebäudesanierung oder Elektroautos. Um die Ziele noch zu erreichen, muss Deutschland jedoch das Tempo der Energiewende erheblich beschleunigen und auch seine Anstrengungen bei Energieeinsparungen deutlich erhöhen. In Paris hat sich Deutschland der Gruppe der ehrgeizigen Staaten angeschlossen und wollte im Klimavertrag den Abschied von fossilen Brennstoffen wie Erdöl, Kohle und Gas bis zur Mitte des Jahrhunderts festschreiben – vergeblich.

Indien

Eure Rolle

Ihr habt dem Pariser Vertrag zwar zugestimmt, seid jedoch nicht bereit, eure wirtschaftliche Entwicklung wegen Klimaschutzauflagen zu gefährden. Die Beseitigung der Armut hat für eure Regierung absoluten Vorrang. Die moralische Verpflichtung zum Klimaschutz seht ihr hauptsächlich bei den Industrieländern als Verursacher der Probleme. Vor allem den USA werft ihr vor, bisher zu wenig für den Klimaschutz getan zu haben. Ihr fordert in eurer Rolle als Sprecher der Entwicklungsländer eine massive Aufstockung der Fördergelder für Entwicklungsländer bei der Umstellung auf erneuerbare Energien.

Die Situation in eurem Land

Indien liegt auf einem Subkontinent im Indischen Ozean und wird nach Schätzungen der UNO bis 2045 das bevölkerungsreichste Land der Erde sein. Euer Land erreicht in einigen Wirtschaftszweigen internationales Spitzenniveau, zum Beispiel in der Computerbranche. Trotz einiger boomender Industrien lebt der größte Teil der Bevölkerung in großer Armut, vor allem auf dem Land. Die Regierung sieht den Schwerpunkt ihrer Arbeit deshalb in der wirtschaftlichen Entwicklung und der Verringerung der Armut.

Der CO_2-Ausstoß pro Kopf beträgt gerade mal ein Achtel des Verbrauchs der USA, beim Gesamtausstoß von CO_2 liegt das Land inzwischen jedoch an dritter Stelle. Indien sieht beim Klimawandel vor allem die Industrieländer in der Pflicht und fordert das Recht auf wirtschaftliche Entwicklung ein. Als einer der wenigen Staaten hat Indien vor der Pariser Konferenz keine nationalen Klimaziele eingebracht. Trotzdem fördert das Land massiv den Ausbau erneuerbarer Energien. Obwohl es in früheren Konferenzen eher als Blockierer auftrat, hat es dem Klimavertrag zugestimmt.

China

Eure Rolle

Ihr begrüßt den Vertrag von Paris, obwohl ihr während der Verhandlungen eher als Bremser aufgetreten seid. Ihr verweist darauf, dass ihr Zeit braucht, um die Energiewende in die Wege zu leiten. Ihr seid nicht bereit, wegen des Klimaschutzes Risiken für die weitere wirtschaftliche Entwicklung in Kauf zu nehmen, ihr befürchtet sonst Unruhen in eurer Bevölkerung. Finanzielle Unterstützung für arme Länder sollen hauptsächlich die klassischen Industriestaaten als Verursacher leisten.

Die Situation in eurem Land

China ist aktuell das bevölkerungsreichste Land und die stärkste Wirtschaftsnation der Erde. Das Land hat in den vergangenen Jahren einen ungeheuren wirtschaftlichen Aufschwung erlebt. Doch die boomende Wirtschaft wurde mit dem Preis massiver Umweltschäden erkauft: Die Flüsse sind verseucht, die Luft wegen der großen Kohlekraftwerke und des zunehmenden Autoverkehrs verpestet, nirgendwo wird so viel CO_2 in die Atmosphäre ausgestoßen. In Peking ist die Luft so mit Feinstaub belastet, dass mehrmals im Jahr Smogalarm herrscht. Chinas massiver Ausstoß von Treibhausgasen bestimmt wesentlich mit, wie sehr sich die Erde erwärmen wird. Die Bevölkerung übt zunehmenden Druck auf die Regierung aus, Maßnahmen zum Umwelt- und Klimaschutz zu ergreifen. In der Vergangenheit sah China die Verantwortung für Klimaschutz allein bei den klassischen Industrieländern, doch kurz vor der Pariser Konferenz war es erstmals bereit, selbst einen Beitrag zu leisten. Die nationalen Klimaziele sehen vor, dass China seine schädlichen Emissionen ab 2030 senken wird. Bis dahin wird der Ausstoß allerdings noch steigen. Es verspricht auch den Ausbau erneuerbarer Energien auf 20 Prozent bis 2030.

Die USA

Eure Rolle

Ihr hebt den wesentlichen Beitrag eures Landes zum Zustandekommen des Vertrags von Paris hervor. Ihr seht euch als Vorreiter beim Klimaschutz und betont, dass euer Land auch bereit ist, ärmere Länder finanziell bei Schutzmaßnahmen zu unterstützen. Doch fordert ihr zugleich mehr Ehrgeiz und Einsatz bei Schwellenländern wie China und Indien. Die Klimaziele können nur erreicht werden, wenn sich diese aufstrebenden Industrienationen bei der Reduktion von Treibhausgasen stärker anstrengten.

Die Situation in eurem Land

Ihr vertretet mit den Vereinigten Staaten von Amerika die zweitgrößte Volkswirtschaft der Welt. Der Wohlstand eurer Nation basiert zu einem großen Teil auf energieintensiven Wirtschaftsbereichen. Der typische amerikanische Lebensstil trägt ebenfalls dazu bei, dass die USA beim Pro-Kopf-Ausstoß von Treibhausgasen weltweit an der Spitze liegt. Die USA haben das Kyoto-Protokoll zwar unterzeichnet, sind jedoch aus dem Vertrag wieder ausgestiegen. Inzwischen ist jedoch auch in den USA der Klimawandel spürbar: Die Zahl verheerender Hurrikans nahm stark zu, in Kalifornien herrscht seit Jahren eine Dürre in nie gekanntem Ausmaß. In den vergangenen Jahren hat sich eine starke Umweltschutzbewegung gebildet, auch einige Bundesstaaten, allen voran Kalifornien, investieren massiv in Klima- und Umweltschutzmaßnahmen.
Anders als früher streben die USA eine Führungsrolle im Klimaschutz an. Bis 2025 will das Land den Ausstoß von CO_2 um 26 bis 28 Prozent reduzieren.
Doch bekommen Klimaschützer auch starken Gegenwind von der republikanischen Partei. Republikaner leugnen teilweise sogar den Klimawandel und bekämpfen Klimaschutzmaßnahmen. Sie kündigten an, aus dem Pariser Vertrag auszutreten, falls sie in Zukunft die Präsidentschaftswahlen gewinnen.
(Hinweis: Recherchiert im Internet die aktuellen politischen Machtverhältnisse in den USA und die Haltung der neuen Regierung zum Klimaschutz.)

Methodenkarte 13

S M U H

Szenariomethode

Thema: Klimawandel

Worum geht es?

Die Szenariomethode benutzen Wissenschaftler, Unternehmer und Politiker, um sich ein Bild von der Zukunft zu machen. Dabei geht es nicht um irgendwelche Traumvisionen, sondern um möglichst realistische Vorhersagen. Der besondere Wert der Methode besteht darin, dass man sich nicht nur über Ziele verständigt, sondern auch die konkreten Maßnahmen plant, die dazu geeignet sind, die Ziele zu erreichen.

Die Szenariomethode eignet sich für alle Themen, bei denen es um einen Blick in die Zukunft geht. Beispiele:

- Mobilität in 20 Jahren
- Die Stadt der Zukunft
- Europa in 50 Jahren etc.

Zum Thema Klimawandel könnt ihr selbst in Gruppen ein Zukunftsszenario entwickeln. Dabei helfen euch die Kenntnisse, die ihr bisher erworben habt. Häufig werden mit dieser Methode drei Arten von Zukunftsbildern entworfen:

a) das positive Szenario (Best-Case-Szenario): Wie wird die Zukunft im besten Fall aussehen?
b) das negative Szenario (Worst-Case-Szenario): Wie wird die Zukunft im schlimmsten Fall aussehen?
c) das Trend-Szenario: Wie wird die Zukunft aussehen, wenn das Problem weiter so behandelt wird wie bisher?

Zur Darstellung benutzt man den Szenariotrichter. Er ist am engsten links bei der aktuellen Situation, in der wir uns befinden. Dann öffnet er sich und zeigt in seiner Gesamtlänge eine Zeitschiene. Das weit geöffnete Trichterende zeigt den Zeitpunkt, bis zu dem wir unser Zukunftsbild entwerfen. Die beiden gegenüberliegenden Enden stehen oben für das positive und unten für das negative Szenario. Der Punkt in der Mitte zeigt das Trendszenario.

Szenariotrichter

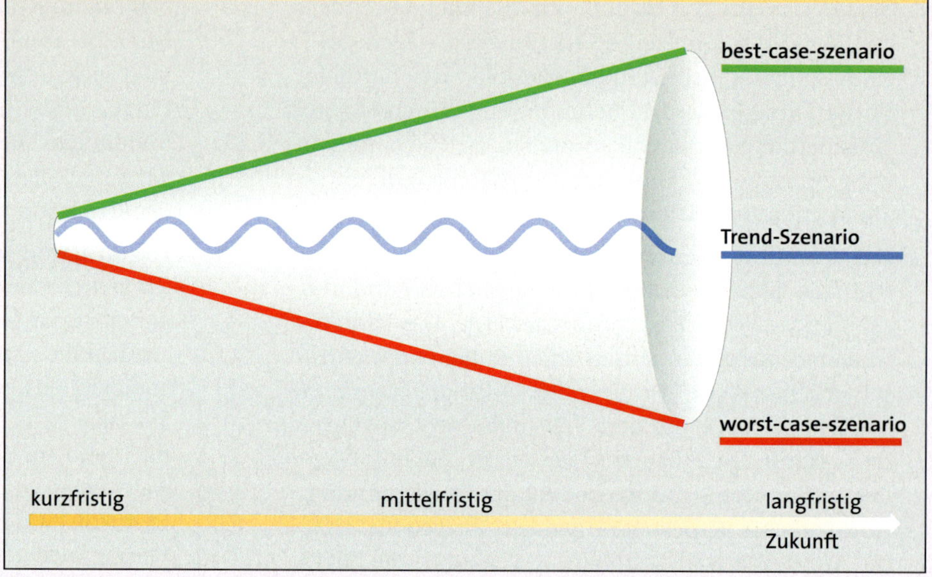

Wie macht man das?

Szenarien werden in der Regel in Gruppenarbeit entwickelt. Die Planung im Team kann in drei Schritten erfolgen:

1. Darstellung der aktuellen Situation,
2. Untersuchung der Faktoren, die die zukünftige Entwicklung beeinflussen können,
3. Beschreibung der Zukunft/Gestaltung des Szenarios

Bei der Erstellung eines Szenarios zum Klimawandel hilft euch die Übersicht auf der folgenden Seite. Am Ende der Phase 2 könnt ihr euch entscheiden, ob ihr ein Best-Case-Szenario entwickeln und vorstellen wollt oder auch die anderen Formen.

Verlaufsplan für ein Szenario zum Klimawandel

Besonders gut gelingt ein Szenario, wenn die Gruppen nicht mehr als fünf Mitglieder umfassen. In den einzelnen Phasen könnt ihr euch die Arbeit aufteilen.

Phase 1: Ausgangspunkt: Wie ist die aktuelle Situation?
Überlegt, was ihr bisher gelernt habt. Bezieht dabei auch eure Kenntnisse aus anderen Fächern (zum Beispiel Geografie) mit ein. Schaut euch nochmals das Unterkapitel an.

Worin besteht das Problem?	• Entwicklung der Erderwärmung • Folgen des Klimawandels für Wasser, Luft und Land • besonders gefährdete Gebiete • die wichtigsten Verursacher	Dafür ist folgendes Gruppenmitglied verantwortlich:

Phase 2: Einflussfaktoren: Was wird bisher von wem unternommen?
Informationen findet ihr in diesem Unterkapitel und im Kapitel „Wirtschaft und Umwelt" ab Seite 170. Weitere Informationen zur Klimapolitik findet ihr im Internet, zum Beispiel unter: www.bpb.de; www.bundesregierung.de; www.spiegel.de.

Der Beitrag der Wirtschaft Nationale und internationale Klimapolitik	• Maßnahmen der Wirtschaft/ökologische Unternehmensführung • nationale Konzepte (Beispiel Deutschland) • UN-Klimakonferenzen	Dafür ist folgendes Gruppenmitglied verantwortlich:

Phase 3: Beschreibung der Zukunft/Gestaltung des Szenarios
Natürlich kann niemand genau vorhersagen, wie die Zukunft aussieht. In dieser Phase ist deshalb eure Kreativität gefragt. Entwerft ein möglichst anschauliches Bild der Zukunft, wie sie im besten bzw. schlechtesten Fall aussehen könnte. Dazu könnt ihr Texte schreiben, (erdachte) Schlagzeilen in der Presse entwerfen, Zeichnungen anfertigen, passende Bilder und Fotos zusammenstellen oder auch eine Theaterszene entwickeln und vieles mehr. Am besten besprecht ihr in der Gruppe, wie und mit welchen Mitteln ihr die Zukunft darstellen wollt, und teilt euch dann die Arbeit auf. Diese Arbeiten können auch außerhalb des Unterrichts stattfinden.

Wie sieht die Zukunft und unser Leben aus, wenn die Akteure • den CO_2-Ausstoß drastisch reduzieren (Best Case)? • einen Mittelweg finden: Einige Staaten machen beim Klimaschutz mit, andere nicht (Trend)? • keine oder nicht ausreichende Klimaschutzmaßnahmen durchführen (Worst Case)?	• wirtschaftliche Auswirkungen beschreiben • positive bzw. negative Auswirkungen auf das Klima und die Umwelt darstellen • gesellschaftliche Folgen skizzieren • politische Verhältnisse beschreiben • Ideen entwickeln, was der Einzelne zum Klimaschutz beitragen kann	Dafür ist folgendes Gruppenmitglied verantwortlich:

Phase 4: Auswertung/Reflexion
Stellt eure Szenarien der Reihe nach vor und redet darüber in der Klasse.

Wie sieht eurer Meinung nach die Zukunft aus?	Welches Szenario findet ihr persönlich am wahrscheinlichsten? Warum?	In der Klasse

Kompetenzstationen

Globalisierung

Station 1 Globalisierung im Alltag

S M U H

Das Schaubild zeigt die vier wichtigen Aspekte der Globalisierung.
1. Nenne zu jedem Aspekt ein Beispiel.
2. Erläutere anhand des Beispiels, was sich durch die Globalisierung verändert hat.
3. Wie denkst du über Globalisierung? Eher positiv oder eher negativ? Begründe dein Urteil.

Station 2 Die ganze Welt ein einziger Markt

S M U H

Auf den ersten Blick haben folgende Schlagzeilen nichts miteinander zu tun. Formuliere einen kurzen Text, in dem du einen möglichen Zusammenhang zwischen den Meldungen herstellst.

Chinesische Kunden lieben deutsche Marken

Auch mittelständische Firmen verkaufen Produkte in alle Welt.

Seit 1997 hat Global Player Siemens mehr Beschäftigte im Ausland als im Inland.

Für Unternehmen ist Kundennähe der wichtigste Standortfaktor.

Deutsche Unternehmen investieren mehr Geld denn je im Ausland.

Station 3 Was sind die Licht- und Schattenseiten der Globalisierung?

S M U H

Ergänze die Satzanfänge.

1. Das Poster kritisiert …
2. Die Organisation „Saubere Kleidung“ fordert …
3. Die Politik kann das Los der Textilarbeiterinnen verbessern, indem sie …
4. Auch die Verbraucher tragen zur Ausbeutung von Arbeitskräften bei, weil …

Station 4 Wie kann der Klimawandel gebremst werden?

S M U H

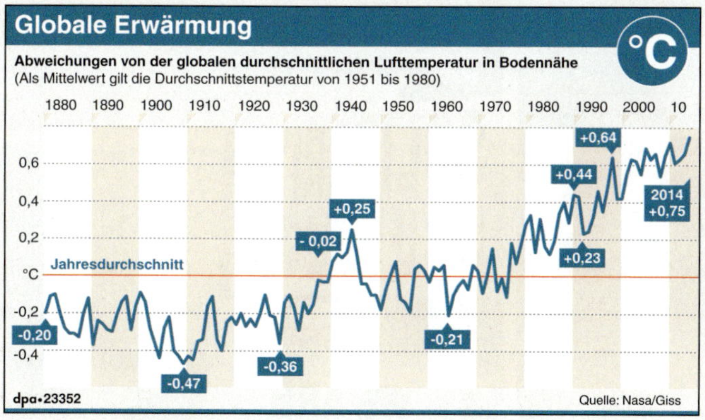

1. Stelle einen Zusammenhang zwischen der Grafik und der Aussage der Karikatur her.
2. Kommentiere die Aussage der Karikatur a) aus Sicht eines Entwicklungslandes, b) aus Sicht eines Industriestaates.
3. Ergänze folgenden Satz: „Das Pariser Abkommen bedeutet für das Weltklima …“

Die Europäische Union – Erfolge, Krisen und Herausforderungen

10

Wie sehr brauchen wir das vereinte Europa?

1. Allein nachdenken

Welche Hinweise auf die Situation in Europa kannst du den Fotos entnehmen?

2. Zu zweit beraten

Was bedeutet es für euch, in einem Europa mit offenen Grenzen, gemeinsamer Währung und demokratischen Werten zu leben?

3. In der Klasse sammeln

Welche Vorteile entstehen, wenn Staaten miteinander statt gegeneinander arbeiten?

Jubel einerseits: In Berlin schwenken Kinder Flaggen der Mitgliedstaaten beim Fest zum fünfzigjährigen Bestehen der Europäischen Union. Probleme andererseits: Menschen auf der Flucht sorgen für die größte Herausforderung, die es je in der EU gab. In Athen fordern Demonstranten mehr Solidarität innerhalb Europas.

Im Verlauf dieses Kapitels könnt ihr …

- beschreiben, wie die Europäische Union (EU) in unseren Alltag hineinwirkt,
- über ein selbst gewähltes Thema zur EU einen Kurzvortrag vorbereiten,
- erklären, welche Aufgaben die europäischen Institutionen haben, und die Bedeutung europäischer Entscheidungen für die Menschen in der EU bewerten,
- euch mit dem Thema Jugendarbeitslosigkeit in Europa auseinandersetzen und überlegen, was die EU dagegen tun kann,
- ein ganz persönliches Portfolio zum Thema Europa erstellen.

Eigene Schwerpunkte könnt ihr setzen, indem ihr …

- am Beispiel Flüchtlingsproblematik dazu Stellung nehmt, wie wichtig das gemeinschaftliche Handeln der EU-Staaten ist, und eine Rede vorbereitet,
- eigene Ideen über Zukunftsaufgaben in der EU entwickelt.

1 Welche Bedeutung hat die Europäische Union für das alltägliche Leben?

Informationen über die EU sammeln und bewerten

Nachrichten über die EU beherrschten in den vergangenen Jahren und Monaten immer wieder die Meldungen in allen Medien.

- Was steckt hinter den Schlagzeilen, die hier aus den Zeitungsausgaben weniger Tage gesammelt wurden?

A Die Politik der Europäischen Union im Spiegel täglicher Medienschlagzeilen

- EU will Schlepperbanden besser bekämpfen
- Italien fordert bessere Hilfe für gerettete Flüchtlinge auf Lampedusa
- EU-Innenminister beraten über Verteilung von Flüchtlingen
- Überfülltes Boot erreicht rettendes Ufer auf der Insel Kos
- Flüchtlinge am Tunnel in Calais: Die Verzweiflung wächst
- Tränengas gegen Flüchtlinge an ungarisch-serbischer Grenze
- Präsident des Europaparlaments beklagt mangelnde Solidarität in der EU
- Präsident des Europaparlaments lobt ehrenamtlichen Einsatz für Flüchtlinge

1 Worum geht es bei diesen Schlagzeilen? Suche diejenigen heraus, zu denen du bereits etwas weißt. Sammelt gemeinsam euer Vorwissen.

Tagesschau vom 1. September 2015

B Licht und Schatten in der Europäischen Union

Auszüge aus Meldungen über die EU:

1 Amnesty International kritisiert Flüchtlingspolitik der EU

Amnesty International hat der Europäischen Union vorgeworfen, sich zu sehr auf die Abwehr von Flüchtlingen zu konzentrieren. Die EU sei dabei gescheitert, humanitäre Maßnahmen zu ergreifen, die den Tod Tausender Menschen auf See hätten verhindern können.

2 EU-Staaten bekämpfen Jugendarbeitslosigkeit

EU-Staaten mit hoher Arbeitslosigkeit sollen insgesamt eine Milliarde Euro als Soforthilfe zur Bekämpfung der hohen Jugendarbeitslosigkeit bekommen. Besonders hoch ist die Jugendarbeitslosigkeitsquote laut der europäischen Statistikbehörde Eurostat in Griechenland, Spanien und Kroatien. Diese Länder sollen möglichst schnell von dieser kurzfristig beschlossenen Unterstützungsmaßnahme durch die EU profitieren.

3 Kommissionspräsident Juncker beklagt fehlende Solidarität

Straßburg: Angesichts der Unfähigkeit der EU-Staaten, sich auf eine gemeinsame Flüchtlingspolitik zu verständigen, betonte der EU-Kommissionspräsident Jean-Claude Juncker in einer Rede vor dem Europäischen Parlament, Europa zeige sich in keinem guten Zustand. Zum wiederholten Male forderte er die Mitgliedstaaten zum gemeinsamen Handeln in der Flüchtlingskrise auf.

4 Europäische Jugendliche diskutieren über Europas Zukunft

Das Europäische Jugendevent (#EYE2016) wird 2016 nicht nur für junge Menschen, sondern auch von jungen Menschen organisiert. Bereits im Mai 2014 kamen tausende junge Europäer zum ersten Europäischen Jugendevent zusammen und diskutierten über die Zukunft Europas.

5 Europa Einfluss schwindet

Die EU unterstützt den Gastgeber Frankreich bei der Durchführung der 21. UN-Klimakonferenz in Paris. Mehrere Expertinnen und Experten äußerten vor Konferenzbeginn die Ansicht, die EU sei nicht länger die treibende Kraft hinter dem weltweiten Kampf gegen den Klimawandel. Der Einfluss ginge auch deshalb zurück, weil die EU es nicht schaffe, als Akteur mit einer gemeinsamen klaren Zielsetzung aufzutreten.

6 Europäisches Parlament bekämpft den illegalen Handel mit Tieren

Alle Mitgliedstaaten sollen dafür Sorge tragen, dass der Handel mit Haustieren registriert und dokumentiert wird. Das Europäische Parlament fasste dazu im Februar 2016 einen Beschluss. Mit dieser Maßnahme will die EU den oft kriminellen Handel mit Tieren in der EU aus der Grauzone herausführen und Tiere besser als bisher vor den oft beklagten Qualen bei illegalen Transporten schützen.

(alle Texte nach Pressemitteilungen zusammengestellt)

1 Welche der Meldungen auf dieser Seite enthalten deiner Ansicht nach eher positive, welche eher negative Informationen über die Situation in der EU? Lege eine Tabelle an und notiere die Inhalte stichwortartig.

2 Wenn du als Politikerin oder Politiker für die Politik in der EU verantwortlich wärest: Um welches Problem würdest du dich als erstes kümmern? Begründe deine Wahl.

Was auch noch interessant sein kann:

- weiter recherchieren: Wähle ein Thema aus und recherchiere den aktuellen Stand im Netz.

C Alltag in der EU im Leben des Herrn Kleinschmidt

Ein ganz normaler Tag

Herr Kleinschmidt ist einer von denen, die denken, dass sie mit Europa und der Europäischen Union nichts zu tun haben. Wenn ihr den Text gelesen habt, könnt ihr erklären, warum das nicht stimmt.

Wenn Herr Kleinschmidt morgens das Licht anknipst, denkt er nicht an Europa, aber Europa kümmert sich um ihn. Eine Energiesparlampe erleuchtet ihm den Weg ins Bad, weil die EU das für alle Mitgliedstaaten ab 2009 so beschlossen hat. Im Bad scheint Europa weit weg zu sein. Aber das Wasser, mit dem er sich die Zähne putzt, muss der von der EU vorgeschriebenen „Qualität von Wasser für den menschlichen Gebrauch“ entsprechen. So legt es die EU-Richtlinie fest, die in Deutschland Gesetz ist.
Daran denkt Herr Kleinschmidt beim Duschen natürlich nicht, auch nicht daran, was mit dem Wasser geschieht, das in den Abfluss läuft. Eine EU-Richtlinie über die Behandlung kommunalen Abwassers schreibt vor, dass die Gemeinde, in der Herr Kleinschmidt lebt, an eine Kläranlage auf dem neuesten Stand der Technik angeschlossen sein muss.
Auch die Kennzeichnungszahl auf Herrn Kleinschmidts Frühstücksei ist das Ergebnis eines europaweiten Beschlusses und verrät den Kennern, ob das Huhn, das es gelegt hat, ein Freilandhuhn war.
Orangensaft aus Portugal, Butter aus Österreich, Tomaten aus Spanien und Salami aus Tschechien gehören für Herrn Kleinschmidt zum selbstverständlichen täglichen Warenangebot. Da es den europäischen Binnenmarkt gibt, gibt es keine Handelshemmnisse und keine zeitlichen Verzögerungen an den Grenzen. So dauert es oft weniger als 24 Stunden, bis Waren aus allen Ländern der Union hier frisch angeboten werden können. Der unkomplizierte Warenverkehr wirkt sich auch auf die Preise aus. Wenn Herr Kleinschmidt Obst und Gemüse im Wert von 6 Euro einkauft, so müsste er – nach Berechnungen der Europäischen Kommission – im Nicht-EU-Land Schweiz für die gleiche Menge bis zu zehn Euro bezahlen, für Fleisch sogar das Doppelte.
Dass Herr Kleinschmidts neuer Kühlschrank eine Garantiezeit von zwei Jahren hat und dass dieser keine giftigen Stoffe an die Umwelt abgeben darf, hat auch die Europäische Union beschlossen. Steigt Herr Kleinschmidt in sein Auto ein, wird's ebenfalls europäisch. Europäisches Recht zwingt alle Automobilhersteller zum Katalysatoreinbau. Sollte Herr Kleinschmidt doch einmal ins europäische Ausland fahren, kann er sein neues Auto überall da kaufen und nach Hause mitnehmen, wo es am billigsten ist. Der Automobilhersteller muss sein Altauto kostenfrei zurücknehmen und recyceln. Aus dem Ausland nach Hause telefonieren kann er auch günstiger als in früheren Zeiten. Seit Juli 2009 ist nämlich eine EU-Verordnung in Kraft, die die Mobiltelefonanbieter zwingt, Handy- und SMS-Gebühren um bis zu 60 Prozent zu reduzieren. Und wenn Herr Kleinschmidt online shoppt, schützt die „Button-Lösung“ ihn jetzt ein wenig besser vor unbedachten Fehlkäufen. Per Mausklick muss er jedem Kauf erst zustimmen, bevor ein Vertrag zustande kommt. So hat es die EU 2011 beschlossen.

1 Fasse zusammen, welche europäischen Regelungen in den Alltag von Herrn Kleinschmidt eingreifen.

2 Bewerte die Äußerungen der Comicfigur, indem du sie mit den Textaussagen vergleichst.

S M U H

D Wie wichtig sind die folgenden Möglichkeiten in der Europäischen Union für dich?

Euer Auftrag:
- Gehe den Fragebogen zunächst allein durch. Notiere mithilfe der Ziffern die Möglichkeiten, die du für wichtig hältst.
- Tauscht euch in Kleingruppen darüber aus. Versucht gemeinsam, euch auf eine Liste besonders wichtiger Möglichkeiten zu einigen. Dabei sollte es keine Begrenzung in der Anzahl geben.
- Entscheidet euch für einige wichtige Möglichkeiten, über die ihr gerne in der gesamten Klasse miteinander reden möchtet.

Nr.	Als EU-Bürger habe ich die Möglichkeit, …	ist für mich wichtig	ist eher unwichtig
1.	durch Europa reisen zu können, ohne an Grenzen anhalten zu müssen und kontrolliert zu werden.		
2.	mit dem Euro als gemeinsame Währung in vielen Ländern bezahlen zu können.		
3.	andere Jugendliche in anderen Ländern Europas zu treffen und kennenzulernen.	?	
4.	in Frieden und freundschaftlichen Beziehungen mit allen anderen Staaten in Europa zu leben.		
5.	in einer Umwelt zu leben, die in länderübergreifender Zusammenarbeit geschützt wird.		
6.	an den Wahlen zum Europäischen Parlament teilnehmen zu können.		?
7.	Gesetze zu haben, die in allen Mitgliedstaaten der EU in gleicher Weise gelten.		
8.	im außereuropäischen Ausland als Europäer angesehen zu werden.		
9.	später einmal meinen Beruf in jedem Land der Europäischen Union ausüben und meinen Wohnsitz frei wählen zu können.		
10.	an einem von der EU geförderten Programm zum Schüleraustausch, zur Berufsausbildung oder zum Studium im Ausland teilzunehmen.	?	
11.	in Deutschland Menschen aus allen Ländern der Europäischen Union zu begegnen, weil diese sich entschieden haben, hier zu leben und zu arbeiten.		
12.	Lebensmittel und andere Waren ohne Preisaufschläge zu kaufen, die aus allen Ländern der EU kommen.		?
13.	zusammen mit vielen anderen europäischen Staaten in einem Bündnis zu leben, in dem Demokratie herrscht und die Menschenrechte geachtet werden.		
14.	persönlich zu erleben, dass der Weg zur Integration der Staaten Europas immer weiter fortschreitet.		

Methodenkarte 14

S M U H

Ein persönliches Portfolio erstellen

Thema: Europa

Worum geht es?

In einem Portfolio erstellst du deine ganz persönliche Mappe zu einem Thema, über das ihr euch im Unterricht verständigt habt – in diesem Fall zum Thema Europa. Du kannst darin deine Arbeiten dokumentieren und beschreiben, was du für besonders wichtig an diesem Thema hältst und was du dir langfristig merken möchtest.

Der Begriff wurde aus den lateinischen Wörtern *folion* (= Blatt) und *portare* (= tragen) zusammengesetzt. Ursprünglich verstand man darunter eine Mappe aus Arbeiten, mit denen sich Künstler und Architekten im Mittelalter um Aufträge bewarben. Diese Grundidee gilt auch heute noch. In einem Portfolio kannst du zeigen, was du kannst und was du gelernt hast. Wenn du die fertige Mappe vorstellst, geht es auch darum, dein Können und deinen Fleiß unter Beweis zu stellen.

Was sind die Vorteile?

Drei besondere Vorteile hat die Portfolioarbeit: Du kannst

- dich mit Themen beschäftigen, die du selbst ausgewählt hast,
- deine Mappe nach deinen individuellen Vorstellungen gestalten,
- über einen längeren Zeitraum selbstständig arbeiten.

Schritte zur Vorgehensweise

1. Verschaffe dir zunächst einen Überblick über das gesamte Kapitel Europäische Union.
2. Triff deine Entscheidung für die Pflicht- und Wahlthemen.
3. Zu Hause (z. B. im Internet) kannst du zu den Themen deiner Arbeit auf die Suche nach weiteren Materialien gehen. Wähle aus den gesammelten Materialien einige wenige aus, die du in deine Mappe aufnimmst und die du deinen Lesern mit eigenen Worten vorstellen wirst.
4. Entscheide dich für eine ansprechende Form bzw. ein ansprechendes Design. Mit einem Portfolio verhält es sich so wie mit einer Bewerbungsmappe. Die Form ist ebenso bedeutsam wie der Inhalt.
5. Fertige am Ende der Arbeit ein Inhaltsverzeichnis an, das du an den Anfang deines Portfolios setzt.

Lege dein fertiges Portfolio zum vereinbarten Termin vor.

A Pflichtthemen (zur Auswahl)

1. Wie erleben wir die EU im Alltag?
2. Was ist die EU?
3. Was waren wichtige Etappen auf dem Weg zur EU?
4. Was ist der europäische Binnenmarkt?
5. Welche Rechte haben die Bürgerinnen und Bürger in der EU?
6. Wie wird in der EU Politik gemacht?
7. Welche Aufgaben haben die europäischen Institutionen?

Einigt euch in der Klasse auf eine bestimmte Anzahl von Pflichtthemen (z. B. 4 aus 7).

B Mögliche Wahlthemen

Wählt eines (oder zwei) aus der Liste zur Bearbeitung aus.

Zukunftsvision: Wie ich mir Europa in zehn, zwanzig oder dreißig Jahren vorstelle

Interview: „Was halten Sie von der EU?“

Argumentation: Was können die Europäer tun, um Flüchtlingen zu helfen? Pro und Kontra und meine Argumentation zu einem umstrittenen Thema

Dokumentation: Ein Mitgliedsland der EU meiner Wahl, dokumentiert in Bildern und Texten

Produktion: „Meine Zukunftswünsche für Europa“ – eine Zeichnung, ein Bild, Fotos, Collagen oder Videos zum Thema

Beispiele aus Portfolios zum Thema Europa

Beispiel 1
zeigt zwei Blätter aus einem Portfolio der Schülerin Julia (16 Jahre). Sie hatte vier Wochen Zeit für die Bearbeitung und hat die meisten Arbeiten außerhalb der Unterrichtszeit erledigt. Zwei der Unterrichtsstunden zum Thema Europa hat sie darin in Protokollform dokumentiert.

Beispiel 2
Hier zeigen die beiden Zehntklässler Markus und Björn ihr in Partnerarbeit erstelltes Portfolio zum Thema Europa. Auch sie haben es adressatenorientiert gestaltet, indem sie es für einen Freund geschrieben haben. Vielleicht habt ihr es schon einmal gemerkt: Man lernt sehr gut, indem man etwas einer anderen Person erklärt. Ihr könnt eure Mappe Personen oder Personengruppen widmen, die ihr kennt, z. B. den Eltern, Verwandten oder Freunden.

Liebe Tamina,

in der Schule sprechen wir im Moment über das Thema Europäische Union (EU).
In meinem Portfolio werde ich mich mit folgenden Themen beschäftigen:
1. Die Sage von Europa.
2. Was ist die EU und welche Funktionen hat sie.
3. Die wichtigsten Etappen auf dem Weg zur Europäischen Union.
4. Wie funktioniert die Europäische Währungsunion.
5. Welche Aufgaben haben die europäischen Institutionen.
6. Alle Mitgliedsstaaten.
7. Mein Land - Großbritannien.
8. Europäische Problemzone: Der Türkei-Beitritt

Ich habe mich für diese Bereiche entschieden, weil ich wissen möchte, woher der Name "Europa" stammt, warum die EU gegründet wurde und welche Aufgaben die Organe/Institutionen der EU haben. Im Alltag werden zwar immer die Institutionen genannt, aber ich kann mit den Begriffen nichts anfangen. Außerdem interessiert mich, warum der Euro eingeführt wurde.
Als Land, was ich vorstellen möchte, habe ich mich für Großbritannien ausgesucht. Da ich die Sprache im Unterricht lerne, habe ich schon einiges über das Land erfahren. Dieses Wissen möchte ich noch erweitern, da ich mir vorgenommen habe, irgendwann mal dort Urlaub zu machen.
Zur Beantwortung meiner Fragen werde ich erst alle Seiten in meinem Sozialkundebuch lesen. Danach werde ich im Lexikon nach entsprechenden Infos suchen und das Internet zur Hilfe nehmen.

Liebe Tamina,
ich wünsche dir viel Spaß beim Lesen und hoffe, dass du am Ende viel über die EU erfahren hast.

Julia ☺

Die Sage Europas

Liebe Tamina,
über die Entstehung "Europas" gibt es eine griechische Sage:

"Vor etwa 3000 Jahren wohnte eine sehr schöne phönizische Prinzessin, namens Europa, mit ihren Eltern in einem großen Palast.
Sie liebte es im Wald spazieren zu gehen, und Tiere zu beobachten."
Als der Göttervater Zeus Europa erblickte, verliebte er sich Hals über Kopf in sie und wollte das Mädchen unbedingt kennen lernen. Da er wusste, dass das die Prinzessin Tiere liebte, verwandelte er sich in einen wunderschönen weißen Stier. Als Europa den schönen und sanften Stier sah, wurde sie natürlich aufmerksam und näherte sich ihm vertrauensvoll. Der Stier legte sich unbeweglich hin, und wartete auf Europa, damit sie näher kam. Als die Prinzessin sich auf seinen Rücken gesetzt hatte, sprang der Stier - der eigentlich Zeus war - auf und lief mit dem überraschten Mädchen auf seinem Rücken davon. Europa schrie, und verstand nicht, warum sie von diesem Stier entführt wurde. Schnell ergriff sie die Hörner des Stiers und bemerkte, dass sie keine Angst mehr hatte.
Am nächsten Tag fanden sie sich an einem Strand wieder, der zur heutigen Insel Kreta gehört. Dort entschied sich Zeus, sich wieder in einen Menschen zu verwandeln. Als Europa den Göttervater erblickte, verliebte sie sich unsterblich in ihn. So bekamen sie drei Söhne: Minos, Rhadamanthys und Sarpedon.
Diesen Erdteil, auf dem sich Zeus und Europa niederließen, nannte man später Europa, nach dem Namen der schönen Prinzessin.

Foto: Europa Spiel, Europäische Kommission - Deutschland
Quelle: http://www.infopoint-europa.de/halloeuropa/Europa%20Sage.htm

Hallo Horst!

Wie dir ganz sicher bewusst ist, liegt unser Land auf dem Kontinent Europa. Sicherlich weißt du auch einiges über Europa, aber weißt du auch, was der europäische Binnenmarkt ist oder die Europäische Währungsunion? Um dir ganz genau zu erklären, was Europa eigentlich ist und welche Aufgaben es hat, haben wir diese und viele andere Punkte in einem wunderschönen und leicht verständlichen Portfolio erläutert. Wir hoffen, dir gefällt unser mit viel Mühe zusammengestelltes Portfolio und noch dazu, dass wir alle Fragen, die dir zum Thema Europa einfallen, beantworten können.
Also Horst, wir wünschen dir viel Spaß bei deiner Wissenserweiterung.

Mit Grüßen

Deine Freunde Björn Müller und Markus Großmann

2 Die Europäische Union: Was ist das eigentlich?

Wahlthemen bearbeiten und referieren

Eine Einstiegsübung für alle:
Mit dem Schaubild könnt ihr zu zweit eine kleine Quizrunde gestalten. Beispiel: Welches Land der EU hat 0,5 Millionen Einwohner?

Thema auswählen

Auf den folgenden Seiten werden in vier Teilthemen grundlegende Informationen zum Gesamtthema Europäische Union vorgestellt.
Sieh dir die Seiten an und entscheide dann individuell, welches Thema du bearbeiten wirst. Jeder von euch sollte zumindest zu einem der Themen A, B, C, D einen Kurzvortrag halten können. Falls ihr euch für die Gestaltung eines persönlichen Portfolios entschieden habt, kann die von euch gewählte Thematik darin einen Schwerpunkt bilden. Mit den folgenden Internetadressen könnt ihr euch zu allen Themenbereichen weitere Informationen beschaffen.

www.europa.eu
www.europarl.de
www.europa-digital.de
www.auswaertiges-amt.de
www.bpb.de

Die Europäische Union

	Beitrittsjahr	Einwohner 2014[1] in Mio.	BIP[2] 2013 pro Kopf in Tausend Euro
Belgien	★1958	11,2 Mio.	30,5 Tsd. €
Deutschland	★1958	80,8	32,0
Frankreich	★1958	65,9	27,8
Italien	★1958	60,8	25,2
Luxemburg	★1958	0,5	67,9
Niederlande	★1958	16,8	32,6
Dänemark	★1973	5,6	32,1
Großbritannien	★1973	64,3	27,2
Irland	★1973	4,6	32,5
Griechenland	★1981	11,0	19,5[3]
Portugal	★1986	10,4	19,4
Spanien	★1986	46,5	24,5
Finnland	★1995	5,5	28,7
Österreich	★1995	8,5	33,2
Schweden	★1995	9,6	32,7
Estland	★2004	1,3	18,8
Lettland	★2004	2,0	17,3
Litauen	★2004	2,9	19,1
Malta	★2004	0,4	22,7
Polen	★2004	38,5	17,5
Slowakei	★2004	5,4	19,6
Slowenien	★2004	2,1	21,3
Tschechien	★2004	10,5	20,6
Ungarn	★2004	9,9	17,2
Zypern	★2004	0,9	22,1
Bulgarien	★2007	7,2	12,0
Rumänien	★2007	19,9	13,9
Kroatien	★2013	4,2	15,6

10127 © Globus [1]zum Teil vorläufig, [2]kaufkraftbereinigt, [3]2012 Quelle: E

A Etappen auf dem Weg zur EU

B Die EU als einmalige Konstruktion

Europäische Union

C Der europäische Binnenmarkt

D Bürgerrechte in der EU

Wahlthema A Was waren wichtige Etappen auf dem Weg zur EU?

Sehnsucht nach Frieden

Nach dem Ende des Zweiten Weltkrieges 1945 gab es überall in Europa eine große Sehnsucht nach Frieden. Es entstand eine „Europabewegung", die den friedlichen Zusammenschluss der Völker Europas forderte.
Kurz nach Kriegsende legte der französische Außenminister Robert Schuman einen Plan vor, der die Europäer in einem Bündnis zusammenschließen sollte. Die Idee war, dass Nationen, die in einem Bündnis zusammenarbeiten, keinen Krieg mehr gegeneinander führen. 1951 gründeten Frankreich, Italien, Belgien, Luxemburg, die Niederlande und die Bundesrepublik Deutschland die *Europäische Gemeinschaft für Kohle und Stahl (EGKS)*. Schon sechs Jahre nach Kriegsende war damit ein erster Schritt zur Einigung Europas vollbracht.

Aus 6 werden 28

Das Gründungsdatum der *Europäischen Gemeinschaft* ist der 25. März 1957. Mit der Unterzeichnung der „Römischen Verträge" schlossen sich sechs Gründernationen in der Hauptstadt Italiens zur Europäischen Wirtschaftsgemeinschaft zusammen (EWG).
Von der Gründung an erlebte das Europa der Sechs einen starken wirtschaftlichen Aufschwung und wurde zunehmend für weitere Staaten attraktiv. Zwischen 1973 und 1995 traten weitere neun Staaten der Gemeinschaft bei.
1991 beschlossen die Staats- und Regierungschefs der EG in Maastricht die Einrichtung eines einheitlichen Wirtschaftsraumes, den europäischen Binnenmarkt. Er begann am 1. November 1993. Im allgemeinen Sprachgebrauch wurde die Abkürzung EG durch EU ersetzt. Die neue Bezeichnung *Europäische Union* drückt aus, dass die ehemalige Gemeinschaft nun zu einer „Vereinigung" mit vertraglich festgelegten politischen Zielen geworden ist.
Am 1. Januar 2002 wurde der Euro als Bargeld eingeführt.
2004 vollzog die EU ihre größte Erweiterung, indem sie zehn neue Mitgliedstaaten aufnahm. Mit Bulgarien und Rumänien im Jahr 2007 und Kroatien 2013 wurde die EU auf 28 Mitgliedstaaten erweitert. Montenegro, Serbien und die Türkei gehören zu den weiteren Aufnahmekandidaten.

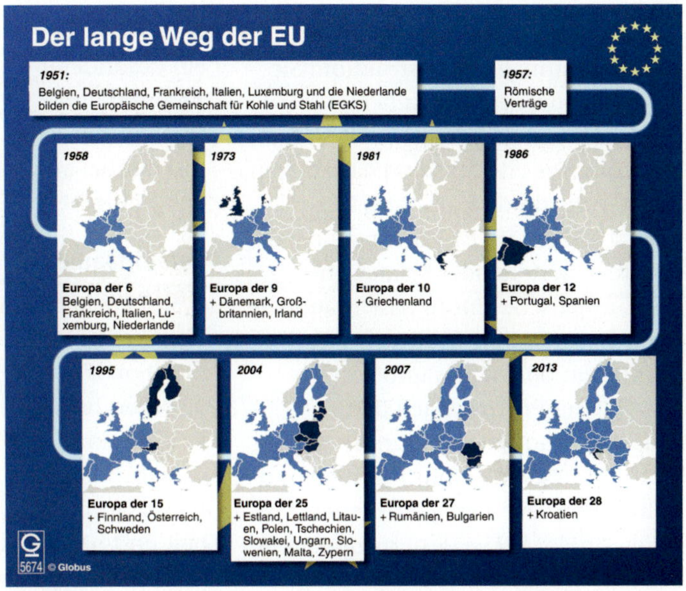

Rückschläge

Im Prozess der Einigung Europas hat es immer wieder Rückschläge gegeben. Hauptgrund dafür ist der ständige Konflikt zwischen Einzelinteressen und Gemeinschaftsinteressen. Immer wieder kommt es vor, dass Mitgliedstaaten ihre eigenen Interessen wichtiger sind als die Interessen der Gemeinschaft.
Eine der größten Herausforderungen für die EU ist nach Ansicht nahezu aller Expertinnen und Experten die Bewältigung der Flüchtlingskrise seit dem Jahr 2015.

So kannst du deine Ergebnisse präsentieren:

1 Gib einen Überblick über die wichtigsten Ereignisse auf dem Weg zur heutigen EU.

2 Wie viele Mitgliedstaaten der EU kannst du aufzählen – 6, 12 oder gar 28?

3 Wähle von den Daten drei aus, die dir als besonders wichtig erscheinen, und begründe, warum.

Wahlthema B Warum ist die EU eine einmalige Konstruktion?

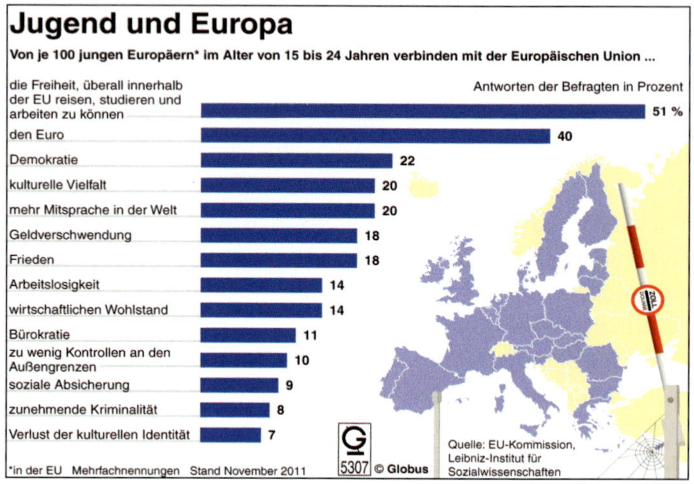

Die Europäische Union (EU) ist eine in der Welt einmalige Konstruktion: Sie ist ein Zusammenschluss demokratischer europäischer Staaten, die sich die Wahrung des Friedens und das Streben nach Wohlstand als oberstes Ziel gesetzt haben. Sie ist kein Staat, der an die Stelle bestehender Staaten tritt. [...] Die Europäische Union basiert auf dem Grundsatz der **Subsidiarität**: Subsidiarität ist ein politisches und gesellschaftliches Prinzip, nach dem Aufgaben und Entscheidungen auf die niedrigstmögliche administrative und politische Ebene verlagert werden sollen. In der EU ist das Prinzip der Subsidiarität von entscheidender Bedeutung, um die Aufgabenverteilung zwischen den Mitgliedstaaten und der Union zu bestimmen und dabei eine möglichst bürgernahe Politikgestaltung zu gewährleisten. Gesetze und Regeln dürfen nur dann auf europäischer Ebene erlassen werden, wenn die damit verbundenen Ziele nicht von den Mitgliedstaaten allein in ausreichendem Maße erreicht werden können und ein gemeinsames Handeln nachweislich bessere Ergebnisse verspricht.

(Aus: Die Europäische Union, Hg.: Europäisches Parlament, Informationsbüro für Deutschland, www.europarl.de; letzter Zugriff: 01.09.2015)

Staatenverbund

Das Bundesverfassungsgericht bezeichnet die EU als einen Staatenverbund. Die Bezeichnung besagt, dass sie weder ein Bundesstaat ist (so wie die Bundesrepublik Deutschland) noch ein Staatenbund (so wie die NATO oder die UNO). Sie ist ein besonderer Verbund von Staaten, den es so nur einmal auf der Welt gibt.

Gemeinsame Werte und Ziele

Der Vertrag von Lissabon trat am 1. Dezember 2009 in Kraft. Er bildet die Grundlage für die Zusammenarbeit und hat die Funktion, die auf 28 und später mehr Mitgliedstaaten erweiterte Union handlungsfähig für die Zukunft zu machen.[...] Neben vielen anderen Vereinbarungen enthält er die Werte und Ziele, welche die Mitgliedstaaten verbinden [...] Zu ihnen zählen vor allem: die Achtung der Menschenwürde, Freiheit, Demokratie, Rechtsstaatlichkeit, Menschenrechte, Vielfalt, Toleranz, Gerechtigkeit, Solidarität und die Gleichheit von Mann und Frau. Der Reformvertrag nennt auch die gemeinsamen Ziele, die die Europäische Union verfolgt. Dazu zählen beispielsweise

- die Förderung von Frieden, Werten und Wohlergehen der Völker der Union;
- eine wettbewerbsfähige soziale Marktwirtschaft, die auf Vollbeschäftigung und sozialen Fortschritt abzielt;
- der Umweltschutz;
- die Bekämpfung von sozialer Ausgrenzung;
- die Förderung sozialer Gerechtigkeit;
- die Solidarität zwischen den Mitgliedstaaten;
- der Schutz und die Entwicklung des kulturellen Erbes Europas.

(Aus: Dr. Gerhard Sabathil (verantwortlich für den Inhalt): Der Vertrag von Lissabon – Die EU-Reform 2008 im Überblick, hg. von der Vertretung der Europäischen Kommission in der Bundesrepublik Deutschland, Berlin 2008)

So kannst du deine Ergebnisse präsentieren:

1. Stelle die Werte und Ziele übersichtlich zusammen.
2. Erkläre, was die EU ist und welche Bedeutung das Subsidiaritätsprinzip hat.
3. Welche Einschätzungen der EU von Jugendlichen hältst du für zutreffend? Nimm Stellung dazu.

Wahlthema C Was ist der europäische Binnenmarkt?

Ein grenzenloser Raum für 503 Millionen Europäer – der Binnenmarkt ist Europas ehrgeizigstes Projekt und gleichzeitig das Kernstück der wirtschaftlichen Integration der 28 Mitgliedstaaten.
Der freie Verkehr von Waren, Personen, Dienstleistungen und Kapital zwischen den Mitgliedstaaten bildet die Basis des Binnenmarktes. Neben der Abschaffung der Zölle innerhalb der Union setzt die EU zwei Instrumente ein, um die materiellen, technischen und steuerlichen Schranken innerhalb der EU abzubauen. Harmonisierung der nationalen Vorschriften ist der eine Weg. Hierbei geht es darum, die Rechtsvorschriften in den Mitgliedstaaten, etwa im Verbraucher- und Umweltschutz, durch EU-Richtlinien einander anzugleichen.
Die gegenseitige Anerkennung von nationalen Standards ist der andere Weg: Waren, die in einem EU-Land nach dort gültigem Recht hergestellt und verkauft werden dürfen, können überall im Binnenmarkt angeboten werden. Berufliche Befähigungsnachweise werden heute überall im Binnenmarkt anerkannt. […]
Der europäische Binnenmarkt ist 1993 in Kraft getreten. Das Warenangebot ist seitdem bunter und vielfältiger geworden, Wettbewerb und das Ende nationaler Monopole haben die Preise vieler Güter und Dienstleistungen gesenkt, beispielsweise bei Telekommunikation, Energie oder Flugreisen. Auch die Möglichkeit für Studierende, innerhalb der EU ohne aufenthaltsrechtliche Probleme den Studienort wechseln zu können, ist dem Binnenmarkt zu verdanken.
Ein wesentliches Prinzip des Binnenmarktes ist, dass alle EU-Bürger innerhalb der gesamten EU wie Inländer behandelt werden müssen; jede Diskriminierung aus Gründen der Staatsangehörigkeit ist also EU-weit verboten. […]
Jeder Unionsbürger muss als Arbeitssuchender, Hauskäufer oder Unternehmer in jedem Staat des Binnenmarktes behandelt werden, als sei er ein Einheimischer.
Dass der europäische Binnenmarkt kein Markt „um jeden Preis“ ist, beweist das hohe Niveau im Verbraucher- und Umweltschutz in der EU, denn grenzenlos bedeutet keineswegs, den Raum dem freien Markt zu überlassen. […] So hat die EU beispielsweise Richtlinien zu folgenden Bereichen erlassen: Etikettierung gentechnisch veränderter Lebensmittel („Novel Food“), Sicherheit von Kosmetika, Schutz der Verbraucher vor irreführender Werbung oder bei Haustürgeschäften, Fahrgastrechte. […]
Mitte 2011 wurde vom Europäischen Parlament eine Verordnung zur Lebensmittelkennzeichnung verabschiedet. Nach der Verordnung müssen ab spätestens 2016 Angaben zum Energiegehalt, der Menge an Fett, gesättigten Fettsäuren, Kohlehydraten, Zucker, Eiweiß und Salz EU-weit auf die Verpackungen gedruckt werden.

(Aus: Europa ohne Grenzen: Binnenmarkt und Verbraucherschutz, Hg.: Europäisches Parlament, Informationsbüro für Deutschland, www.europarl.de; letzter Zugriff: 05.10.2015)

 715 320

So kannst du deine Ergebnisse präsentieren:

1 Erkläre, was ein Binnenmarkt ist, und erläutere die vier Freiheiten mithilfe des Schaubildes.

2 Welche Regelungen zum Verbraucherschutz wurden bisher in Kraft gesetzt? Notiere sie.

3 Bietet der europäische Binnenmarkt mehr Chancen als Risiken? Nimm dazu Stellung und sprich mit deinen Mitschülerinnen und Mitschülern darüber.

Tipp: Recherchieren unter www.euroActiv.de und www.europa.eu (Stichwort: Bürgerrechte in der EU)

Wahlthema D Welche Rechte haben wir als Bürgerinnen und Bürger der EU?

Politische Mitwirkung: Chancen und Grenzen

Der für die Aufgaben der EU maßgebliche Vertrag von Lissabon enthält eine Formulierung, nach der alle Bürgerinnen und Bürger das Recht haben, am demokratischen Leben der Union teilzunehmen. Die wichtigste Form der politischen Mitgestaltung sind die alle fünf Jahre stattfindenden Wahlen zum Europäischen Parlament. Allerdings scheint das Interesse an dieser Form der aktiven Mitwirkung nicht sehr stark ausgeprägt zu sein. Die Wahlbeteiligung zur Volksvertretung der Europäer lag noch nie über der 50-Prozent-Marke. Kritiker der EU verweisen auch darauf, dass die Mitwirkungsmöglichkeiten in der EU noch zu begrenzt seien. Erst 2009 wurden sie durch die Einführung des europaweiten Bürgerbegehrens* erweitert. Im ersten Bürgerbegehren in der Geschichte der EU unterstützten 2013 nahezu 1,7 Millionen EU-Bürger den Aufruf einer europäischen Bürgerinitiative, das Recht auf sauberes Trinkwasser und umweltgerechte Wasserentsorgung in allen EU-Staaten als einklagbares Grundrecht in die EU-Verträge aufzunehmen. Ein solches Begehren ist nur rechtens, wenn es mit mindestens einer Million Unterschriften versehen ist.

Die Unionsbürgerschaft

In den Vertragswerken der Europäischen Union ist festgelegt, dass alle Menschen in der EU die Unionsbürgerschaft besitzen. Diese erweitert die nationale Staatsbürgerschaft, ersetzt sie aber nicht. Verbunden sind damit eine Reihe von Rechten, die man als EU-Bürger auch dann besitzt, wenn man sich außerhalb des eigenen Landes in einem anderen Mitgliedstaat der EU aufhält.

Wichtige Rechte in der EU

Als EU-Bürger/-in haben Sie das Recht, in der EU ungehindert zu reisen und Ihren Wohnort frei zu wählen. […]
Wenn Sie in einem anderen EU-Land als Ihrem Herkunftsland leben, dürfen Sie in diesem Land unter denselben Bedingungen wie Staatsangehörige dieses Landes für die Kommunalwahlen und Wahlen zum Europäischen Parlament kandidieren. Bei Anliegen oder Beschwerden haben Sie das Recht, Petitionen an das Europäische Parlament zu richten. […]
Wenn Sie sich in einem Land außerhalb der EU aufhalten und Hilfe benötigen, genießen Sie als EU-Bürger/-in den konsularischen und diplomatischen Schutz eines jeden EU-Landes, und zwar unter denselben Bedingungen wie die Einwohner/-innen des betreffenden Landes. Das bedeutet, dass Sie in Situationen wie einem Todesfall, Unfall, Krankheit, Festnahme, Inhaftierung, Gewaltverbrechen oder Rückführung in das Heimatland auf Hilfe zählen können. […]
Als EU-Bürger/-in haben Sie das Recht, in jedem EU-Land unter denselben Bedingungen zu studieren wie Staatsangehörige dieses Landes.

(Aus: Ihre Rechte als EU-Bürger/-in, Information der EU vom 13.02.2013, in: www.europa.eu; Zugriff: 15.09.2015)

* Zum Thema Bürgerbegehren findest du weitere Informationen im Glossar.

So kannst du deine Ergebnisse präsentieren:

1. Was versteht man unter der Unionsbürgerschaft? Erkläre es.
2. Welche sich daraus ergebenden Rechte sollte man kennen? Notiere sie.
3. Wie ist es derzeit um die Chancen und Grenzen der politischen Mitwirkung in der EU bestellt? Formuliere dazu deine Stellungnahme.

Empfehlung für eine Zusatzstation: Mein Land der Europäischen Union – Wir stellen ein Mitgliedsland vor

Ich bin Expertin/Experte für das EU-Land: ...

A Allgemeines
1. Hauptstadt des Landes
2. Lage in Europa, Nachbarstaaten
3. Einwohnerzahl
4. Sprache(n), Religion(en)
5. Landesflagge
6. Angaben zur Geschichte des Landes
7. Besondere Sehenswürdigkeiten
8. Tourismus

B Politik
9. Mitglied der EU, der Europäischen Währungsunion seit ...
10. Staatsform
11. Regierungschef(in)
12. Staatsoberhaupt
13. Parlament, Zahl der Parlamentssitze, Wahlen

C Wirtschaft
14. Pro-Kopf-Einkommen
15. Arbeitslosenquote
16. Inflationsrate
17. Wirtschaftswachstum in Prozent
18. Besondere Leistungen und Probleme

D Weitere Besonderheiten des Landes

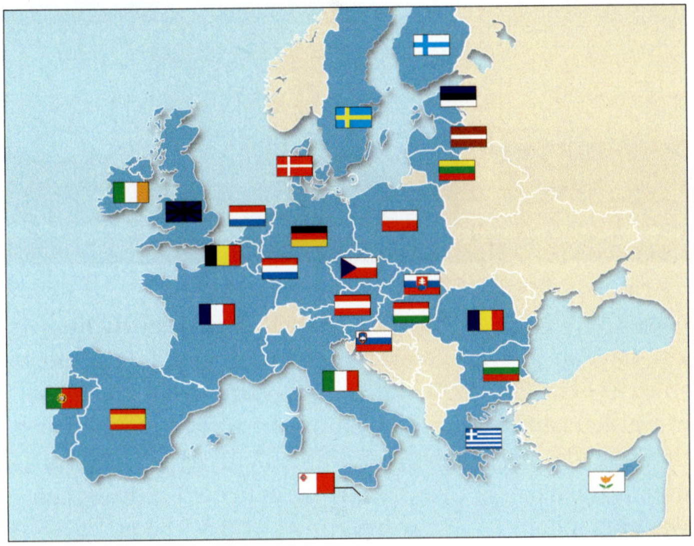

WebQuest
Rechercheauftrag:
Mein Mitgliedsland in der EU
Unter den folgenden Internetadressen findet ihr Länderberichte über alle Mitgliedstaaten der EU:
www.auswaertiges-amt.de
www.weltalmanach.de
www.laenderlexikon.de

28 Mitgliedstaaten hat die Europäische Union (Stand 2016). In Zukunft können es noch mehr sein. Da bietet es sich an, dass ihr euch zu Expertinnen oder zu Experten für einen der Mitgliedstaaten macht. Einzeln oder zu zweit könnt ihr euer Land auf verschiedene Arten präsentieren, z.B. mithilfe einer kleinen Wandzeitung, die in der Klasse aufgehängt wird. In eurem Portfolio über Europa könnt ihr das von euch gewählte Land auf anschauliche Weise präsentieren.
Für die Informationsbeschaffung bietet sich eine Internetrecherche mit der Web-Quest-Methode an. Zusätzlich zu den Internetinformationen könnt ihr auch Lexika und andere aktuelle Veröffentlichungen benutzen. Gliedert eure Länderpräsentation mithilfe der Übersicht.

3 Wie macht man gemeinsam Politik für 28 Mitgliedstaaten?

Komplizierte Zusammenhänge einfach erklären

Von den politischen Entscheidungen in der EU können mehr als 500 Millionen Menschen betroffen sein.
„Das ist doch alles viel zu kompliziert!" So denken viele, wenn die Rede auf die Politik in der EU kommt. Und tatsächlich, es ist nicht einfach, gemeinsame Lösungen für 28 Mitgliedstaaten auszuhandeln. Wenn es gelingt, können viele davon profitieren, so wie Marie und Fabian, von denen in der folgenden Geschichte die Rede sein wird.

A Eine Geschichte, die täglich in der EU passieren kann ...

Marie, Fabian und ein Stapel Papier

Das hätte sich Marie nicht träumen lassen, dass ihr Leben einmal von einem Stapel Papier namens „Richtlinie 2005/36/EG" bestimmt würde. Marie ist 28 Jahre alt und kommt aus Utrecht in den Niederlanden. Bei einem Besuch in Deutschland hat sie sich in Fabian verliebt. Fabian wohnt in Ludwigshafen und arbeitet als Stationsarzt in einem Krankenhaus. Marie wünscht sich so sehr, zu ihm zu ziehen und in Deutschland ebenfalls als Ärztin arbeiten zu können, „Geht das überhaupt?", fragt sie besorgt. Ja, es geht. Denn jetzt kommt die Richtlinie ins Spiel. Sie regelt die gegenseitige Anerkennung von Berufsabschlüssen in der Europäischen Union. Der Stapel Papier macht es möglich, dass Maries Studium von „Geneeskunde" – auf Deutsch Humanmedizin – in den Niederlanden auch von einer deutschen Klinik anerkannt werden kann. Auf den Weg gebracht hat die Idee die Europäische Kommission in Brüssel. Bis zur Entscheidung war ein langer Weg mit vielen Diskussionen notwendig. In Kraft trat sie 2007, nachdem das Europäische Parlament und die zuständigen Minister aus den Mitgliedstaaten im Ministerrat der EU ihre Zustimmung gegeben hatten. Für den komplizierten Weg bis zur Entscheidung interessiert sich Marie nicht besonders, wohl aber für das Ergebnis. Bis auf wenige Ausnahmen erlaubt sie den Angehörigen aller Mitgliedstaaten, ihren erlernten Beruf da auszuüben, wo sie es innerhalb der Europäischen Union gerne möchten. Die Richtlinie ist seit ihrer Verabschiedung mehrfach überarbeitet worden, zuletzt im Juli 2013. Sie hat für viele ein Stück zusätzliche Freiheit geschaffen.
Marie hat die Koffer gepackt und freut sich auf Fabian und auf ihre Arbeitsstelle als Ärztin in Rheinland-Pfalz.

Was auch noch interessant sein kann:
Internetrecherche: Gib „Richtlinie 2005/36/EG" als Suchbegriff im Internet ein und finde heraus, was darin im Einzelnen geregelt ist.

B Beispiele für die Arbeit der Abgeordneten im Europäischen Parlament

Kinderschutz: Höhere Sicherheitsanforderungen für Spielzeug

Das EP hat die neue Richtlinie über die Sicherheit von Spielzeug verabschiedet. Die Richtlinie sieht strengere Sicherheitsauflagen bei der Herstellung von Kinderspielzeug vor. Die Sicherheitsanforderungen betreffen etwa enthaltene chemische Stoffe, physikalische und mechanische Eigenschaften, Entzündbarkeit sowie elektrische Eigenschaften.
Die Richtlinie legt fest, welchen Sicherheitsanforderungen Spielzeug entsprechen muss, wenn es in der EU hergestellt und/oder verkauft werden soll. Sie gilt „für Produkte, die offensichtlich dazu bestimmt oder gestaltet sind, von Kindern unter 14 Jahren zum Spielen verwendet zu werden".

(Aus: www.eu-info.de, Berichterstatterin: Marianne Thyssen; Abstimmung im EP am 18. Dezember 2008, Richtlinie angenommen mit 480 Stimmen, 73 Gegenstimmen, 40 Enthaltungen; letzter Zugriff: 01.09.2015)

Blick auf das Parlamentsgebäude des Europäischen Parlaments in Straßburg. Mit der Architektur des Rundgebäudes wollten die Architekten andeuten, dass die EU noch kein endgültig fertiges Gebilde ist.

Tierschutz: Verbot von Robbenerzeugnissen

Der Handel mit Robbenerzeugnissen in der EU wird verboten. Robben werden innerhalb und auch außerhalb der EU gejagt, um aus ihnen eine große Bandbreite an Erzeugnissen zu gewinnen: Fleisch, Öl, Organe und Felle. Die daraus hergestellten Produkte, wie unter anderem Textilien aus verarbeiteten Robbenhäuten und -fetten sowie Omega-3-Kapseln, wurden auch auf dem Gemeinschaftsmarkt gehandelt, wobei es für Verbraucher schwierig oder gar unmöglich ist, sie von ähnlichen, nicht von Robben stammenden Produkten zu unterscheiden. Sofern gegen Vorschriften dieser Verordnung verstoßen wird, sollen Sanktionen verhängt werden, die wirksam, verhältnismäßig und abschreckend sind.

(Aus: http://www.europarl.europa.eu, Berichterstatterin: Diana Wallis; Abstimmung im EP am 5. Mai 2009, 550 Abgeordnete stimmten für die Verordnung, 49 dagegen, 41 enthielten sich der Stimme; letzter Zugriff: 01.09.2015)

Klimaschutz: Umweltfreundlichere Autoproduktion

Wie viel CO_2 dürfen PKW in Zukunft maximal ausstoßen? [...] Nach harten Verhandlungen mit den Vertretern des Rates einigten sich die EU-Abgeordneten Ende 2013 auf CO_2-Emissionen von durchschnittlich 95 g/km für 95 % aller Neuwagen bis 2020. Am 17. Dezember stimmte auch der Umweltausschuss des Europaparlaments der Vereinbarung zu. Das Plenum des Parlaments sprach sich am Dienstag (25.02.2014) für den Vorschlag aus. Ein System aus verschiedenen Anreizen soll Hersteller davon überzeugen, Autos mit weniger CO_2-Emissionen zu produzieren. Für Neuwagen, die weniger als 50 g/km CO_2 ausstoßen, erhalten sie von 2020 bis 2022 sogenannte „Super-Credits", die die Flottenbilanz des Herstellers verbessern. Wird ein Hersteller den Auflagen nicht gerecht, muss er für jedes Gramm mehr CO_2 pro Kilometer (g/km) Strafe zahlen.

(Aus: Pressemitteilung des Europäischen Parlaments vom 25.02.2014, in: www.europarl.europa.eu/news; letzter Zugriff: 01.09.2015)

1 Wie sinnvoll sind die getroffenen Entscheidungen für die Menschen in Europa? Sehr sinnvoll, teilweise oder gar nicht sinnvoll? Begründe deine Entscheidung.

2 Bei den Entscheidungen für die vielen Mitgliedstaaten muss man Kompromisse finden. Ein einzelnes Mitgliedsland hätte vielleicht noch strengere Regeln erlassen können. Was ist besser: ein weniger strenges Gesetz, das alle Mitgliedstaaten zu gemeinsamem Handeln zwingt, oder ein strenges Gesetz, das aber nur in einem einzelnen Mitgliedstaat gilt? Wäge die Vor- und Nachteile gegeneinander ab. Diskutiert miteinander.

C Wie entstehen Gesetze für 500 Millionen EU-Bürger?

Europäische Kommission

Rat der Europäischen Union

Europäischer Rat

Europäisches Parlament

Gerichtshof der Europäischen Gemeinschaften

Um entscheiden zu können, haben sich die Europäer gemeinsame Institutionen geschaffen. Fünf Institutionen bilden das Grundgerüst der EU.

Die Europäische Kommission

ist das Leitungsgremium der EU. Sie hat das Initiativrecht. Das bedeutet, sie allein darf Vorschläge für europäische Rechtsvorschriften machen.
Sie besteht aus Kommissaren, die von den Regierungen der Mitgliedstaaten für die Dauer von fünf Jahren hierhin entsendet werden. Den Vorsitz führt der Kommissionspräsident.

Das Europäische Parlament

wird alle fünf Jahre gewählt und ist die demokratische Vertretung der Bürgerinnen und Bürger Europas. Gemeinsam mit dem Ministerrat entscheidet es über die europäischen Gesetze (mit einigen Ausnahmen) und handelt dabei vornehmlich im gesamteuropäischen Interesse. Es besteht aus 750 Mitgliedern plus Parlamentspräsident. Die Anzahl der Sitze pro Land hängt von der Einwohnerzahl ab. Deutschland stehen 96 Sitze zu.

Der Rat der EU (auch Ministerrat genannt)

ist zusammen mit dem Europäischen Parlament der Gesetzgeber der EU. Ohne seine Zustimmung kann kein europäisches Gesetz in Kraft treten. Seine Besetzung wechselt. Je nach anstehendem Thema besteht er aus Fachministerinnen und -ministern eines jeden EU-Landes. Im Ministerrat können die Regierungen der Mitgliedstaaten nach ihren spezifischen Länderinteressen beraten und beschließen.

Der Europäische Rat

besteht aus allen Staats- und Regierungschefs der Mitgliedstaaten und dem gewählten Ratspräsidenten. Man trifft sich hier mindestens zweimal im Jahr zu sogenannten Gipfeltreffen. Im Europäischen Rat wird auf höchster Ebene über wichtige Zukunftsfragen der EU verhandelt.

Der Europäische Gerichtshof

ist das oberste Gericht in Europa. Es entscheidet bei europäischen Rechtsstreitigkeiten und überprüft die Rechtmäßigkeit von Beschlüssen. Jedes Mitgliedsland entsendet je eine Richterin bzw. einen Richter in diese Institution.

1 Notiere die Namen der 5 Institutionen und ordne ihnen die folgenden Begriffe zu: Gesetzgeber – Leitungsgremium – Vertretung der Bürgerinnen und Bürger – Entscheidungsgremium bei Rechtsstreitigkeiten – Gipfeltreffen – Initiativrecht – Vertretung der gesamteuropäischen Interessen.

D Das Entscheidungsverfahren in der EU

2 Was versteht man unter einer EU-Verordnung, was unter einer Richtlinie? Erkläre die Bedeutung der Begriffe.

3 Erläutere die einzelnen Schritte im Prozess der Entstehung von EU-Gesetzen.

4 Kannst du Gründe dafür finden, warum eine Erweiterung der Gesetzgebungsbefugnisse des Europäischen Parlaments sowohl Befürworter als auch Gegner hat?

Bedeutung von EU-Gesetzen

In der EU gibt es zwei Arten von gesetzgeberischen Entscheidungen: *Richtlinien* und *Verordnungen*. Verordnungen sind EU-Gesetze, die unmittelbar nach ihrer Verabschiedung in allen Mitgliedstaaten geltendes Recht sind. Das kann zum Beispiel eine Verordnung über die Höchstgrenzen von Schadstoffen im Benzin oder dergleichen sein.
Richtlinien sind Gesetzesentscheidungen, die bestimmte Forderungen an die Mitgliedstaaten stellen. Sie sind nicht unmittelbar geltendes Recht, sondern müssen erst innerhalb einer vorgegebenen Frist von den nationalen Parlamenten der Mitgliedstaaten in ein Gesetz umgewandelt werden. Mehr als 60 Prozent aller Gesetze, die der Deutsche Bundestag verabschiedet, setzen Beschlüsse in nationales Recht um, die vorher von der EU in Form einer Richtlinie gefasst wurden. Unser tägliches Leben wird also in einem hohen Maße von europäischen Entscheidungen beeinflusst.

Grundzüge der Entstehung eines EU-Gesetzes

Am Gesetzgebungsverfahren der EU sind immer drei Institutionen beteiligt:

1. Die Europäische Kommission: Sie allein hat das Recht, Gesetze vorzuschlagen.
2. Das Europäische Parlament: Es berät und entscheidet mit.
3. Der Rat der Minister: Er trifft letztendlich die Entscheidung.

In der Regel erarbeitet die Kommission einen Vorschlag, der dann dem Parlament und dem Rat der Minister zugeleitet wird. Stimmen das Europäische Parlament und der Ministerrat dem Gesetz zu, kann es in Kraft treten. Gibt es keine Einigung zwischen dem Ministerrat und dem Parlament, wird ein Vermittlungsausschuss gebildet, der in gleicher Zahl aus Abgeordneten des Parlaments und des Ministerrats besteht.

Beteiligung des Bundestages und der Bundesländer

Wenn die Europäische Kommission einen Vorschlag für ein neues EU-Gesetz erarbeitet hat, muss sie diesen an die nationalen Parlamente aller Mitgliedstaaten zur Stellungnahme übersenden. Die Bundesregierung muss die Gesetzesinitiative im Bundestag beraten lassen, bevor sie eine Stellungnahme formuliert und an die Europäische Kommission zurücksendet.
Im Bundesrat haben die Vertreter der 16 Länderregierungen die Möglichkeit, die Interessen der Länder einzubringen.

Artikel 23 des Grundgesetzes legt dazu fest:
In Angelegenheiten der Europäischen Union wirken der Bundestag und durch den Bundesrat die Länder mit.

Das Demokratiedefizit

Die Kritik am Entscheidungsverfahren in der EU lautet, es sei nicht demokratisch genug. Der Grund: Jedes EU-Gesetz hängt von der Zustimmung des Rates der Minister aus den einzelnen Ländern ab und diese haben ihr Amt durch Ernennung und nicht durch eine demokratische Wahl bekommen. Das Europäische Parlament kann zwar mitentscheiden, hat aber nicht die maßgebliche Entscheidungskompetenz (obwohl es die gewählte Volksvertretung ist).
Wollte man das Entscheidungsverfahren der EU weiter demokratisieren, müsste man das Gesetzgebungsrecht des EU-Parlaments erweitern. Für diese Forderung gibt es ebenso heftige Befürworter wie Gegner.

E Wir vergleichen die Institutionen der EU mit einem Bus

Durchblick ist gefragt

„Das kann man sich doch nicht merken!" So denken viele Leute, wenn es um die Institutionen und die Entscheidungsverfahren der EU geht. Rat der Regierungschefs, Ministerrat, Parlamentssitzungen, Verträge, Richtlinien – das klingt alles kompliziert: Will man sich nachhaltig einprägen, wie die EU praktisch funktioniert und womit sich die verschiedenen Organe konkret befassen, ist es hilfreich, wenn man ein konkretes Bild vor Augen hat.

Lernhilfe Bilder

Ihr werdet euch in Zukunft zurechtfinden und erklären können, welches die wichtigsten Aufgaben der verschiedenen EU-Organe sind. Dazu solltet ihr euch das folgende Bild einprägen und die abstrakt wirkenden Bezeichnungen für die Institutionen der EU mit konkreten Teilen des Bildes verbinden.

Eine Richtlinie zum Schutz wilder Tiere

Um ein Beispiel zu geben: Auf Wunsch von Tierschutz- und Umweltverbänden erarbeitet die EU-Kommission eine Verordnung oder Richtlinie, die den Schutz wild lebender Tiere europaweit verbessern soll. Dieser Entwurf wird dann dem Ministerrat und dem Parlament vorgelegt. Dort wird er geprüft, man berät sich, diskutiert und verlangt in vielen Fällen Veränderungen. Erst wenn der Ministerrat und das Parlament der Verordnung oder Richtlinie zustimmen, ist sie angenommen. Dann wird sie im „Amtsblatt der Europäischen Gemeinschaften" veröffentlicht und ist von da an gültig. Aber Moment! Wie soll man bei diesen vielen Zuständigkeiten den Überblick behalten? Mit den folgenden Lernhilfen kann das gut gelingen.

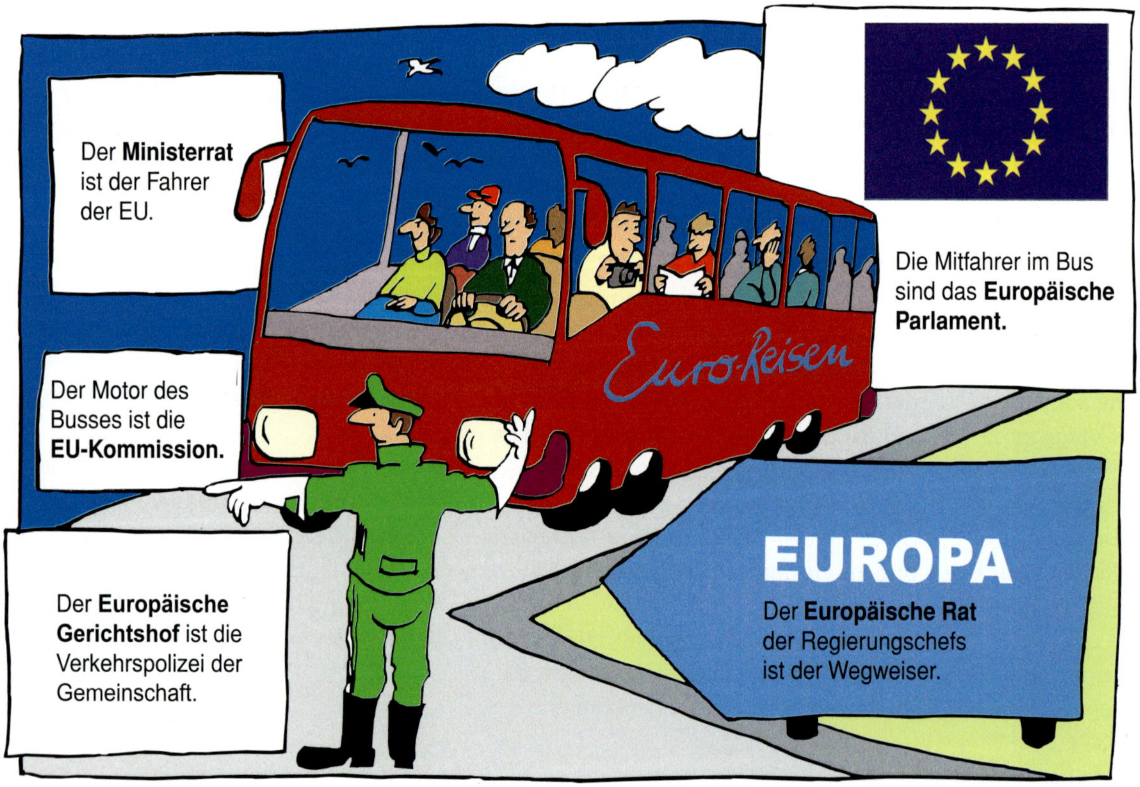

- Busfahrer
- Motor
- Fahrgäste
- Wegweiser
- Schutzmann

In jedem Bus muss es einen Motor geben. Er hat die Aufgabe, das Fahrzeug anzutreiben und zu beschleunigen. Dieser Motor ist die Europäische Kommission. Sie hat das alleinige Recht, Vorschläge für neue Gesetze zu machen. Damit treibt sie den Prozess der europäischen Gesetzgebung voran.

Beispiel Tierschutz: Der Vorschlag für ein neues Tierschutzgesetz kommt von der Europäischen Kommission.

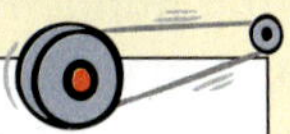

Merke:
Europäische Kommission = Motor der EU

In unserem Bild übernimmt die Rolle der Fahrgäste das Europäische Parlament. Es repräsentiert mit seinen gewählten Abgeordneten die Bevölkerung der gesamten EU. Nach und nach wurden seine Rechte erweitert. Mittlerweile entscheidet es gemeinsam mit dem Ministerrat über die europäischen Gesetze. Man kann sagen, Fahrer und Fahrgäste entscheiden gemeinsam, wohin die Reise geht. Die Fahrgäste haben aber noch weitere Rechte. Sie verwalten zum Beispiel die Reisekasse. Das bedeutet konkret, dass das Europäische Parlament das Haushaltsrecht besitzt.

Beispiel Tierschutz: Das Europäische Parlament muss dem neuen Tierschutzgesetz mehrheitlich zustimmen, bevor es in Kraft treten kann.

Merke:
Europäisches Parlament = alle Fahrgäste im Bus der EU

In jedem Fahrzeug trifft die Fahrerin bzw. der Fahrer letztendlich alle wichtigen Entscheidungen. Diese Aufgabe übernimmt der Rat, der auch Ministerrat genannt wird. Diese Institution ist – in Zusammenarbeit mit dem Europäischen Parlament – das wichtigste gesetzgebende Organ der EU. Zusammen mit dem Parlament beschließt der Rat alle für das gesamte EU-Gebiet geltenden Gesetze.

Beispiel Tierschutz: Das europäische Tierschutzgesetz kann nur in Kraft treten, wenn der Ministerrat es beschließt.

Merke:
Ministerrat = Fahrer im Bus der EU

Mehrmals im Jahr finden gemeinsame Treffen aller Staats- und Regierungschefs der EU statt. Dieses Gremium hat den Namen Europäischer Rat. Seine Zusammenkünfte werden als europäische Gipfeltreffen bezeichnet. Die Staats- und Regierungschefs geben die Richtung vor, in die sich die EU entwickeln soll. Daher kann man sie als Wegweiser bezeichnen.

Beispiel Tierschutz: Der Rat der Staats- und Regierungschefs kann grünes Licht geben. Direkt beteiligt am Gesetzgebungsverfahren ist er nicht.

Merke:
Rat der Staats- und Regierungschefs = Wegweiser für die Richtung der Fahrt

Fehlt noch jemand, der aufpasst, dass auf dem Weg in das vereinte Europa die Regeln nicht verletzt werden. Diese Rolle übernimmt der Europäische Gerichtshof in Luxemburg. Mit seinen Entscheidungen kann er die Mitgliedsländer zur Einhaltung der europäischen Gesetze zwingen.

Beispiel Tierschutz: Bei Verstößen gegen ein neues europäisches Tierschutzgesetz kann der Europäische Gerichtshof angerufen werden.

Merke:
Europäischer Gerichtshof = Schutzmann der EU

1 Mithilfe des Bildvergleichs könnt ihr nun nach und nach die Rolle der fünf wichtigsten EU-Institutionen vorstellen.

4 Die Europäische Währungsunion: mehr Probleme als Vorteile?

Vor- und Nachteile abwägen, eine Krise analysieren

A Kleine Geschichte vom Weg in eine große Krise

Die Gründungsidee zur Währungsunion

Es ist noch gar nicht lange her, da hatte fast jedes Land in der EU seine eigene Währung: die Franzosen den Franc, die Italiener die Lira, die Spanier die Peseta, die Deutschen ihre Mark usw. Fuhr man in Urlaub in eines dieser Länder, musste man erst einmal Geld umtauschen. Das war kompliziert und kostete Gebühren. Aus diesen und vielen anderen Gründen entschlossen sich die Europäer für das Projekt einer gemeinsamen Währung. 1999 war es so weit. Die europäische Wirtschafts- und Währungsunion startete und kurz darauf wurde der Euro gesetzliches Zahlungsmittel. Neben den wirtschaftlichen Vorteilen wollte man auch politisch deutlich machen, dass die EU-Staaten immer fester zusammenwachsen.

Strenge Regeln für die Teilnahme

Die neue Währung sollte stabil sein und so einigte man sich auf strenge Regeln für die Aufnahme in den Euro-Club. Alle Euro-Staaten wurden verpflichtet, ihre Staatsschulden in engen Grenzen zu halten. Die neu gegründete Europäische Zentralbank sollte darüber wachen, dass das neue Geld sicher blieb. Elf Länder wurden von Beginn an aufgenommen. Die anderen sollten warten, bis sie die Aufnahmebedingungen erfüllen konnten. 2001 trat Griechenland als zwölftes Land dem Euro bei.

Krisenursachen: Erste Regelverstöße

Alle Hoffnungen bestätigten sich schon kurz nach Einführung des Euro. Die neue Währung war stabil, die Inflationsrate (also die jährliche Geldentwertung) war gering und der Euro genoss international große Wertschätzung. In Deutschland überwanden viele Menschen allmählich die Trauer über den Verlust der D-Mark und schenkten der neuen Währung ihr Vertrauen.
Kurze Zeit nach dem Start der Währungsunion setzten sich Frankreich und Deutschland dafür ein, die Regeln zur Stabilisierung des Euro vorübergehend außer Kraft zu setzen. Deutschland führte an, dass die enormen Kosten der Wiedervereinigung Deutschlands es erforderlich machten, die Staatsverschuldung für kurze Zeit über die Grenze hinaus zu erhöhen. In der Folge hielten sich auch die übrigen Mitgliedstaaten immer weniger an die vereinbarten Regeln und machten mehr Schulden.

Die Euro-Familie in Gefahr

Dann, ab 2008, gerieten zahlreiche international agierende Bankhäuser unter Druck, zuerst in den USA und dann auch in Europa. Der Grund: Sie hatten ihre Kernaufgabe vernachlässigt, die darin besteht, die Geldeinlagen ihrer Kunden sorgfältig zu verwalten und zu vermehren. Stattdessen hatten sie sich auf unsichere Geschäfte eingelassen, um ihre Gewinne zu steigern, und Kredite an Schuldner vergeben, die nicht in der Lage waren, das geliehene Geld zurückzuzahlen. Die Euro-Staaten sahen sich gezwungen, ihre Banken finanziell zu unterstützen. Sie taten das, weil ohne Banken die Wirtschaft nicht funktioniert.
Zu den teuren Staatsausgaben kamen die Kosten für die Bankenrettung hinzu. Die meisten Euro-Staaten machten nun noch mehr Schulden, einige so viele, dass sie an den Rand eines Staatsbankrotts* gerieten.

Die Euro-Familie geriet in Gefahr. Damit aus der Krise keine Katastrophe würde, musste die Gemeinschaft handeln, und sie tat es mit einem Rettungsschirm, dem sogenannten Europäischen Stabilitätsmechanismus (ESM). Aufgabe dieser Einrichtung ist es, überschuldete Mitgliedstaaten der Eurozone durch Kredite und Bürgschaften zu unterstützen. Die Krisenländer Irland, Portugal, Spanien und Zypern erhielten so dringend notwendige finanzielle Hilfen. Sie senkten die Staatsausgaben und muteten ihrer Bevölkerung harte Sparmaßnahmen zu. Die Dramatik der Krise schien überwunden. Ein ganz großes Sorgenkind blieb: Griechenland.

Athen: Viele Menschen protestieren gegen die Sparmaßnahmen ihrer Regierung und die Politik der EU. Weite Bevölkerungskreise rutschen zunehmend in die Armut ab.

Sorgenkind Griechenland

Von einem Staatsbankrott spricht man, wenn ein Staat seinen Zahlungsverpflichtungen nicht mehr nachkommen kann und keine Kredite mehr bekommt. Eine solche Situation drohte Griechenland ab 2010. Mit gefälschten Bilanzen hatte sich die griechische Regierung 2001 in die Währungsunion geschmuggelt. Das musste eine neue Regierung 2010 eingestehen. Von Beginn seiner Mitgliedschaft an hatte der Staat weitaus mehr Geld ausgegeben, als seine Wirtschaftskraft erlaubte. 2015 erreichte der Schuldenstand eine solche Höhe, dass nahezu alle Expertinnen und Experten zu der Ansicht kamen, das Land könne sich niemals von seiner Schuldenlast aus eigener Kraft befreien.

Wie löst man eine Krise in einer Gemeinschaft von Freunden?

„Einem Mitgliedstaat in Not muss geholfen werden. Hilfe gibt es aber nur, wenn der Staat sich reformwillig zeigt." Unter diesem Leitmotiv erklärten sich die Staats- und Regierungschefs der EU zur Hilfe für Griechenland bereit. Zwischen 2010 und 2015 wurden in kurzen Zeitabständen drei Rettungspakete geschnürt. Darin bewilligten die Staats- und Regierungschefs der Euro-Länder große Summen an finanziellen Hilfen, erließen dem Land teilweise die Schulden und streckten die Zeit für die Rückzahlung der gewährten Kredite. Griechenland musste versprechen, Reformen und Sparmaßnahmen durchzuführen, um auch aus eigener Kraft den drohenden Staatsbankrott zu verhindern. Das griechische Parlament sah sich gezwungen, seine Leistungen für die Bürger drastisch zu kürzen. Unter dem Sparzwang leiden bis heute vor allem die unteren Bevölkerungsschichten. Die Jugendarbeitslosigkeit nahm dramatisch zu.
Grundsätzlich stellt sich am Beispiel Griechenlands die Frage, wie man in einer Gemeinschaft von Freunden mit Notlagen und Fehlern einzelner Mitglieder umgehen soll. Was Griechenland und den Euro betrifft, gibt es eine Fülle sehr unterschiedlicher Ansichten.

*Zum Thema Staatsbankrott findest du weitere Informationen im Glossar.

1 Fasse den Weg in die Krise mithilfe der Begriffsfolge *Gründungsidee* → *Regeln* → *Krisenursachen* → *Lösungsversuche* zusammen.

2 Welche Aussagen zur Krise kannst du der Karikatur entnehmen? Interpretiere sie mithilfe der Textaussagen.

3 Zwei Ansichten zur Krisenlösung zur Diskussion:

„Länder wie Griechenland, die die vereinbarten Regeln nicht einhalten können oder wollen, sollten die Gemeinschaft der Euro-Staaten verlassen und zu ihrer vormals eigenen Währung zurückkehren."

„Der Euro ist das Zeichen einer gut funktionierenden Gemeinschaft. Eine solche Gemeinschaft gibt man nicht auf. Man hilft sich gegenseitig, wenn eines der Mitglieder in Schwierigkeiten steckt. Deswegen musste die EU auch Griechenland helfen."

B Krisenlösungen in der Diskussion – Was hat die EU unternommen?

Wie löst man eine Krise, die es so bisher noch nie gab? Und vor allem: Zu wie viel Solidarität sind die Regierungen und die Menschen in der EU bereit?
Zur Euro-Schuldenkrise wurden viele Vorschläge geprüft und einige verwirklicht.
Keine Entscheidung ist unumstritten. Alle haben Befürworter und Gegner. Hier einige der Maßnahmen, die die Regierungschefs der EU-Staaten nach langen Verhandlungen beschlossen haben. Wie bewertest du sie?
Wie denkt die Klassengemeinschaft darüber?

Rettungsschirm

Im Februar 2012 einigten sich die Mitgliedstaaten der Währungsunion auf die Einrichtung des sogenannten Europäischen Stabilitätsmechanismus (ESM). Er soll den Krisenländern bei der Überwindung ihrer Schwierigkeiten helfen. Es handelt sich dabei um einen Fonds (also eine Art Konto), dem die Mitgliedstaaten der Währungsunion im Bedarfsfall Geld zur Verfügung stellen. Damit können dann den in Not befindlichen Euroländern zinsgünstige Kredite zur Verfügung gestellt werden. Für die Höhe der Einlagen wurden zunächst 700 Milliarden Euro vereinbart. Die Auszahlung wird an Bedingungen geknüpft.
Die Chancen: Die Not leidenden Länder bekommen Kredite zu günstigen Bedingungen und können damit die notwendigen Reformen durchführen. Der Rettungsschirm schafft Sicherheit und stabilisiert die Währungsunion. Darüber hinaus zeigt er, dass die Europäer zu solidarischem Handeln bereit sind. Geliehenes Geld kommt inklusive Zinsen zurück.
Die Risiken: Erklärt ein Land trotz der Hilfen seine Zahlungsunfähigkeit, ist das Geld verloren. Als größtem Einzahler droht Deutschland dann der Verlust vieler Milliarden an Steuergeldern.

Schuldenbremse

2012 beschlossen 25 der damals 27 EU-Staaten (außer Großbritannien und Tschechien) einen Europäischen Fiskalpakt. Darin verpflichteten sie sich, in Zukunft strengste Haushaltsdisziplin zu wahren und die Staatsschulden herunterzufahren. Die Schuldenbremse soll in den Verfassungen der Vertragsstaaten verankert werden.
Die Chancen: Vorsorgend wird eine der wichtigsten Krisenursachen ausgeschaltet.
Die Risiken: Geringere Geldausgaben führen zwangsläufig zu Leistungskürzungen zum Beispiel auch bei den Sozialleistungen. Fraglich ist, ob die Wählerinnen und Wähler bereit sind, diese Einschränkungen zu akzeptieren.

Schuldenerlass

Griechenland wurde 2012 ein Teil seiner Schulden erlassen. Gläubiger verzichteten auf bis zu 75 Prozent ihrer Forderungen.
Die Chancen: Experten sind der Ansicht, dass ein so hoch verschuldetes Land wie Griechenland nur durch einen solchen Erlass überhaupt eine Chance hat, sich zu erholen. Die Gläubiger bekommen wenigstens einen Teil ihres Geldes zurück.
Die Risiken: Eine neu gewählte griechische Regierung forderte nach ihrer Wahl im Januar 2015 einen weiteren Schuldenerlass. Das Land sah sich außerstande, die verbleibenden Staatsschulden von 320 Milliarden Euro zurückzuzahlen. Kritiker befürchten, dass Schuldenerlasse zu einem Fass ohne Boden werden, wenn andere Staaten davon ausgehen, dass ihnen auch im Notfall die Schulden erlassen werden.

1 Versetze dich in die Rolle einer Regierungschefin/eines Regierungschefs. Nimm an, die drei Maßnahmen stünden nacheinander zur Abstimmung im Europäischen Rat. Wie entscheidest du? Wie entscheidet die Klasse?

C Währungsunion

Grundlagen

Eine Währungsunion ist der freiwillige Zusammenschluss mehrerer Staaten mit dem Ziel, ihre unterschiedlichen Währungen abzuschaffen und einen gemeinsamen Währungsraum zu bilden. In der EU sollte die Währungsunion (WWU) den Binnenmarkt vervollständigen. Die Grundidee war, dass es vernünftig ist, den gemeinsamen Markt auch mit einer gemeinsamen Währung auszustatten.
Die Währungsunion begann mit der Umstellung der nationalen Währungen auf den Euro am 1. Januar 1999. Als Bargeld kam der Euro am 1. Januar 2002 in Umlauf. Zu Beginn des Jahres 2016 gehörten 19 Mitgliedstaaten der EU zur Euro-Zone.
Die neu gegründete Europäische Zentralbank mit Sitz in Frankfurt a. M. bekam die Aufgabe, über die Stabilität der Gemeinschaftswährung zu wachen.

Die Konvergenzkriterien

Nicht alle Mitgliedstaaten der EU gehören automatisch der Währungsunion an. Voraussetzung ist die Erfüllung der sogenannten Konvergenzkriterien (Konvergenz = Übereinstimmung). Nach den geltenden Vereinbarungen sind die Mitgliedstaaten (mit Ausnahme von Großbritannien und Dänemark) zum Beitritt verpflichtet, sobald sie die folgenden Kriterien erfüllen:

- Die Geldentwertung darf nur gering und die Zinsen müssen stabil sein.
- Die Staatsverschuldung darf die Grenze von 60 Prozent des Bruttoinlandsproduktes nicht überschreiten. Beispiel: Erwirtschaftet ein Land im Laufe eines Jahres Güter und Dienstleistungen im Wert von 200 Milliarden Euro, so liegt demnach die Obergrenze für die Staatsverschuldung bei 120 Milliarden.
- Das Land darf sich jährlich nur um höchstens drei Prozent seines Bruttoinlandsproduktes neu verschulden. Beispiel: Im oben genannten Fall dürfte die Neuverschuldung also höchstens sechs Milliarden Euro betragen.

Vorteile des Euro

Als Vorteile der gemeinsamen Währung führen die Bundesregierung und die Europäische Kommission unter anderem folgende Gründe an:

- Preisstabilität im gesamten Euroraum,
- Preistransparenz und damit gute Preisvergleichbarkeit,
- Wegfall der Wechselgebühren,
- eine stärkere Stimme für die EU in der Weltwirtschaft,
- Erleichterung für den internationalen Handel,
- ein konkretes Zeichen europäischer Identität.

Kritik an der Währungsunion

Die bisherige Konstruktion der Währungsunion wird häufig kritisiert. Als Hauptfehler gilt, dass man eine gemeinsame Währung eingeführt hat, aber leider darauf verzichtete, die Wirtschaftspolitik in den Mitgliedstaaten gemeinsam zu koordinieren. Vorgeschlagen wird unter anderem die Bildung einer europaweiten Wirtschaftsregierung. Das geht aber nur, wenn die Mitgliedstaaten bereit sind, weitere Befugnisse an die EU abzutreten.
Einige Kritiker wollen den Euro am liebsten wieder ganz abschaffen. In der Mehrheit der im Bundestag vertretenen Parteien und der großen Mehrheit der Bevölkerung in Deutschland gibt es für diese Position keine Zustimmung. Allerdings beklagen auch Befürworter des Euro, er habe eher zu mehr Streit in der EU beigetragen als zu mehr Zusammenhalt.

Die Europäische Zentralbank in Frankfurt am Main

1 Erläutere, was man unter einer Währungsunion versteht und warum man sich in der EU dafür entschieden hat.

2 Welche Bedingungen müssen Länder erfüllen, um Mitglied der Währungsunion zu werden? Stelle sie vor.

3 Wie bewertest du die Entscheidung der Europäer, mit dem Euro eine gemeinsame Währung einzuführen? Formuliere deine Bewertung unter Abwägung der Vorteile und der genannten Kritik.

5 Europas Jugend ohne Job: Kann die EU etwas dagegen tun?

Über den Sinn europäischer Hilfsmaßnahmen diskutieren

60 Jahre nach ihrer Gründung steht die Europäische Union vor großen Herausforderungen. Eine davon ist die Bekämpfung der Jugendarbeitslosigkeit, die in mehreren der EU-Länder dramatische Auswirkungen angenommen hat.
Ein weiteres Problem ist die offene Gegnerschaft, die der EU durch einige Gruppen und Parteien entgegenschlägt – und zwar besonders in den Ländern, die mit großen sozialen Problemen zu kämpfen haben.
Am Beispiel der Jugendarbeitslosigkeit und der Gegnerschaft zur EU könnt ihr euch mit wichtigen Zukunftsfragen der EU auseinandersetzen und ein eigenes Urteil bilden.

Jugendliche während einer Demonstration in Madrid: mehr als die Hälfte ohne Job

A 5 Millionen Jugendliche europaweit ohne Job

Schon seit vielen Jahren haben die Mitgliedstaaten der Europäischen Union (EU) Schwierigkeiten, junge Menschen zwischen 15 und 24 Jahren in den Arbeitsmarkt zu integrieren. Mit der Finanz- und Schuldenkrise, in der sich Europa seit 2008 befindet, nahm die Jugendarbeitslosigkeit in einigen Mitgliedstaaten dramatische Ausmaße an. […] Auch wenn das Ausmaß innerhalb Europas sehr unterschiedlich ausfällt, muss festgehalten werden, dass derzeit knapp 5 Millionen junge Europäer(innen) arbeitslos sind. Selbst wenn junge Menschen Arbeit finden, handelt es sich häufig um Zeit- und Teilzeitarbeit. […]
In Anbetracht dieser Problemlage ist die Bekämpfung von Jugendarbeitslosigkeit neben der Finanz- und Schuldenkrise das dominierende Thema auf der europäischen Politikagenda.

(Aus: Jale Tosun: Jugendarbeitslosigkeit und Beschäftigungspolitik in der EU, Artikel vom 16.01.2015, Bundeszentrale für politische Bildung, in: www.bpb.de; Zugriff: 01.09.2015)

B Was unternimmt die EU?

2013 trafen sich die Staats- und Regierungschefs der EU zu einem sogenannten Krisengipfel, bei dem es ausschließlich um Möglichkeiten zur Bekämpfung der Jugendarbeitslosigkeit in Europa ging. In der Folge wurden sechs Milliarden Euro für Maßnahmen bis zum Jahr 2020 zur Verfügung gestellt. Auf dieses Geld können Staaten zurückgreifen, um Menschen unter 25 Jahren innerhalb von vier Monaten zu einer Arbeit, einer Ausbildungsstelle oder einem Praktikum zu verhelfen. Kritiker halten diese Summe für zu gering angesichts der massiven Probleme. Die Befürworter verweisen darauf, dass die EU nur über so viele Mittel verfügt, wie die Mitgliedstaaten bereit und in der Lage sind zu bezahlen.
Im Februar 2015 verkündete die Europäische Kommission eine Erhöhung der zur Verfügung gestellten Finanzsumme. Bis zu 650 000 arbeitslose junge Europäer sollten damit besser gefördert werden. Zum Programm äußerten sich Sprecherinnen und Sprecher der EU: Valdis Dombrovskis, der Vizepräsident für den Euro und den sozialen Dialog, betonte, dass für die Kommission die Jugendbeschäftigung nach wie vor ganz oben auf der politischen Agenda steht. Sozialkommissarin Marianne Thyssen wies darauf hin, dass die […] vorgelegte Initiative den Startschuss gibt, damit die Projekte vor Ort anlaufen können. „Unsere Jugend braucht Jobs und sie braucht sie jetzt. Es ist inakzeptabel, dass über 20 Prozent der jungen Menschen auf dem Arbeitsmarkt derzeit keine Stelle finden. Dadurch, dass wir mehr Mittel zu einem früheren Zeitpunkt bereitstellen, können wir mehr jungen Menschen zu einem Arbeitsplatz verhelfen. Ich bin entschlossen, dafür zu sorgen, dass das klappt“, sagte Thyssen. Der […] präsentierte Vorschlag sieht für 2015 eine Erhöhung der Vorfinanzierungs-

quote der Beschäftigungsinitiative für junge Menschen (Youth Employment Initiative – YEI) von 1–1,5 Prozent auf bis zu 30 Prozent vor. Mitgliedstaaten, die von dieser Initiative profitieren, könnten demnach ein Drittel der Mittelzuweisung in Höhe von 3,2 Mrd. Euro sofort nach Genehmigung der betreffenden operationellen Programme erhalten. […]
Die Beschäftigungsinitiative für junge Menschen YEI konzentriert sich vor allem darauf, junge Menschen wieder in Arbeit oder Ausbildung zu bringen. Alle Mitgliedstaaten haben sich zur Umsetzung der „Jugendgarantie“ verpflichtet, d. h. jungen Menschen unter 25 Jahren innerhalb von vier Monaten, nachdem sie die Schule verlassen haben oder arbeitslos geworden sind, eine hochwertige Arbeitsstelle, einen Ausbildungs- oder Praktikumsplatz anzubieten. […]
Gefördert werden unter anderem: erste Arbeitserfahrung, Praktika und Lehrstellen, Weiterbildungsmaßnahmen, Unterstützung junger Menschen bei der Unternehmensgründung, Programme der zweiten Chance für frühe Schulabgänger/innen und gezielte Lohn- und Einstellungszuschüsse.

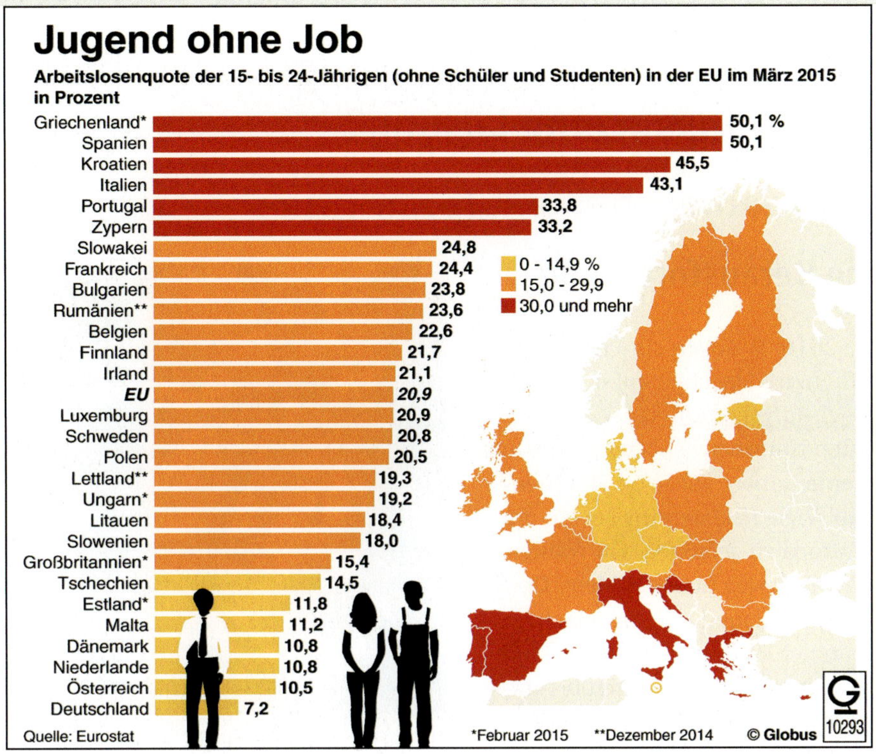

(Aus Gabriele Imhoff: Juncker-Kommission beschleunigt Abruf der EU-Gelder gegen Jugendarbeitslosigkeit, vom 04.02.2015 in: www.es.europa.eu; Zugriff: 19.09.2015, Quelle: © Europäische Union, 1995–2016, für die Wiedergabe und Anpassung ist allein der Schöningh Verlag verantwortlich.)

C TEAM kontrovers
Hilft es, wenn die Europäer Jugendarbeitslosigkeit gemeinsam bekämpfen?

S M U H

Kontra: Europäische Hilfe nützt wenig!

Es ist kaum anzunehmen, dass die Europäer Wege finden können, das Problem der Jugendarbeitslosigkeit gemeinsam zu bekämpfen. Das sollte jedes Land für sich ganz alleine tun. Und dafür sollte die EU kein Geld aufbringen. Es nützt auch nichts, wenn junge Leute aus Krisenländern eine Ausbildung in einem anderen EU-Land machen, in dem reichlich Ausbildungsplätze vorhanden sind. Eine solche Ausbildung kann ja nicht den Arbeitsbedingungen im Heimatland genügen. Auch arbeitslose Jugendliche bleiben am liebsten zu Hause und wollen, dass ihr Problem dort gelöst wird.

Pro: Der gemeinsame Kampf nützt allen

Es ist ein wichtiges Zeichen für die Solidarität unter den Mitgliedstaaten der EU, dass sie den Kampf gegen die Jugendarbeitslosigkeit gemeinsam angehen. Jede sinnvolle Hilfe, egal woher sie kommt, muss willkommen sein. Es ist wichtig, dass die EU Geld zur Verfügung stellt, denn daran fehlt es ja in den Krisenländern. Die Grenzen für Jugendliche aus der EU müssen offen sein, damit sie ihren Ausbildungsplatz frei wählen können. Das hilft den Jugendlichen und ihren Familien, verringert die sozialen Spannungen in den Heimatländern und hilft auch den Unternehmen, die Auszubildende suchen.

6 Herausforderung Flüchtlingskrise: Finden die EU-Staaten gemeinsam eine Lösung?

Wir entwerfen eine Rede zum Thema

A Die Herausforderung

Europa 2016: Weltweit sind mehr als 60 Millionen Menschen auf der Flucht. Das Flüchtlingskommissariat der Vereinten Nationen schätzt, dass es nie zuvor eine höhere Zahl von Flüchtenden gab. Viele riskieren ihr Leben, um nach Europa zu gelangen. Oft wählen sie den Fluchtweg über das Meer. Doch auf dem Meer lauert der Tod. Nach Angaben der Vereinten Nationen sind in den vergangenen 15 Jahren bis zu 30000 Menschen auf der Flucht ums Leben gekommen, unter ihnen zahlreiche Kinder wie zum Beispiel der dreijährige syrische Junge Aylan Kurdi, der tot an einen Strand in der Türkei gespült wurde und dessen Foto die Weltöffentlichkeit erschütterte. Menschen flüchten aus Angst um ihr Leben vor Krieg und Gewalt in ihren Heimatländern, vor politischer, ethnischer und religiöser Verfolgung. Aus Afghanistan flüchten sie aus Angst vor den radikalislamischen Taliban, aus Syrien, dem Irak und der gesamten Region treibt die Terrororganisation „Islamischer Staat" sie in die Flucht. Auch aus Gründen wirtschaftlicher Not verlassen viele Menschen ihre Heimatländer. Sie sehen dort keine Chance für sich und ihre Familien und hoffen in der EU auf eine bessere Zukunft. Die Flucht nach Europa bedeutet für die EU und ihre Mitgliedstaaten eine der größten Herausforderungen seit Bestehen der Gemeinschaft. Immer wieder steht das Thema ganz oben auf der Tagungsordnung bei den Treffen der europäischen Regierungschefs und in den Debatten im Europäischen Parlament. Viele Einzelmaßnahmen wurden dabei vereinbart. Doch während private Initiativen in Deutschland und in anderen Ländern der EU den Flüchtlingen mit Offenheit, Hilfsbereitschaft und solidarischem Verhalten begegnen, finden die Mitgliedstaaten der EU bislang noch nicht zu einem gemeinsamen Weg. Zu unterschiedlich sind die Vorstellungen zur Problemlösung, zu sehr stehen nationale Interessen einer gesamteuropäischen Problemlösung im Wege.

- Was kann die Gemeinschaft der Staaten Europas tun, um die große Herausforderung der Flucht nach Europa zu bewältigen?
- Sollen sich die Mitgliedstaaten zu gemeinschaftlichem Handeln verpflichten, oder müssen wir uns damit abfinden, dass jedes Land seinen eigenen Weg wählt?

Das sind die Fragen, über die ihr in diesem Unterkapitel miteinander sprechen könnt.

Deutschland in Herbst 2015: Mit einem Willkommensgruß und mitgebrachten Lebensmitteln erwarten Menschen am Hauptbahnhof in Frankfurt am Main die Ankunft eines Zuges mit Flüchtlingen.

1 Nenne die Fluchtursachen, die im Text genannt werden.

2 Welche Gedanken zum Thema Flüchtlinge lösen Foto und Text in dir aus? Sammelt eure Gedanken dazu in Form eines Brainstormings.

B Temesgen will nach Deutschland

Der Bahnhof von Verona, neun Uhr morgens. Auf diesem Gleis soll bald der Eurocity nach München abfahren, ein paar Leute warten schon. Auch einige Flüchtlinge sind darunter, sie haben ein Ticket nach Deutschland gekauft, Plätze im Zug reserviert. Sie sind angespannt – mit Recht, wie sich zeigt. Denn die italienische Polizei kommt, kontrolliert sie – ihre Reise ist zu Ende, bevor sie angefangen hat.
Im Zug selbst ist niemand, der auf den ersten Blick wie ein Flüchtling wirkt. Am nächsten Bahnhof steigt ein Team aus deutschen, österreichischen und italienischen Polizisten ein. Bis zum Brenner suchen sie jede Zugtoilette ab, leuchten unter alle Bänke. Jeder, der eine dunklere Hautfarbe hat, muss seinen Ausweis zeigen – sogar zwei Nonnen, die mit im Zug sind. Sie finden niemanden.
„Das ist ungewöhnlich“, sagt Vicenzo aus Treviso. Er fährt regelmäßig mit diesem Zug – oft sitzen hier Dutzende von Flüchtlingen: „Das hier ist der Zug der Flüchtlinge. Die Flüchtlinge fahren nach Österreich. Sie zahlen leider viel Geld dafür und sie haben keine Erlaubnis dafür, sie haben gar nichts. Sie hauen ab, sie laufen hierhin und dorthin, es ist eine unglaubliche Geschichte.“
Der Eurocity fährt an Innsbruck vorbei, kommt in Kufstein an, dem Grenzbahnhof zu Deutschland. Aus dem Zugfenster sehen wir, dass am Bahnsteig nebenan eine große Gruppe von afrikanischen Flüchtlingen sitzt – dort, wo der Regionalzug nach München abfährt. Wir steigen aus, stellen uns zu ihnen.
„This is Germany Train? – Yes. – Ok, where do you get a ticket?“
Temesgen ist einer von ihnen. Der junge Mann ist aus Eritrea geflohen, wo er wegen seiner Religion verfolgt wurde. In Libyen ist er zwischendurch im Gefängnis gelandet, wurde dort gefoltert. Dann ist er wie so viele andere übers Mittelmeer nach Italien gekommen, in einem völlig überfüllten Boot, er wäre fast ertrunken. Über ein Jahr war er unterwegs, jetzt ist er gut gelaunt, sie haben es fast geschafft, meint er.
„Wir haben bisher keine Polizei getroffen, wir haben Glück gehabt. Keiner will die italienische Polizei treffen, die behandeln Migranten nicht gut. Wir sind glücklich, es läuft gut, alles ist ok.“
In Italien haben er und die anderen gehört, dass der Eurocity aus Verona oft kontrolliert wird – deshalb sind sie mit Regionalzügen unterwegs, erzählt er, als der Zug nach München losfährt. Die meisten wollen nach Deutschland, einige aber auch noch weiter nach Norden. Ein Regionalzug voller Flüchtlinge – das fällt allerdings auch der Bundespolizei auf. In Rosenheim ist Endstation:
„Passport – Your luggage – Outside, please.“ Kein normaler Fahrgast darf aussteigen, die Türen bleiben zu. Temesgen und die anderen Flüchtlinge werden einzeln aus dem Zug geholt, bekommen eine Nummer, werden durchsucht – für sie ist das alles ziemlich einschüchternd, ihre Erfahrungen mit der Polizei sind meistens schlecht.
„Something more, into your shoes? Please open it – ok, fine.“ […]
Temesgen ist inzwischen in die Turnhalle der Bundespolizei gebracht worden – eine Notunterkunft. Er muss seine Fingerabdrücke abgeben, am nächsten Tag soll er in eine Erstaufnahmeeinrichtung für Asylbewerber weiterreisen. Aber jetzt fällt er erst mal wortlos auf seine Pritsche und schläft ein – er ist erschöpft.

(Aus: Lisa Weiß: Der Zug der Flüchtlinge, Textversion einer Reportage des Deutschlandfunks vom 15.07.2015, in: www.deutschlandfunk.de; Zugriff: 01.09.2015)

3 Warum ist Temesgen wohl so erschöpft? Versuche mit eigenen Worten nachzuerzählen, was er seit seiner Flucht aus Eritrea erlebt hat.

C Hintergründe zum Verständnis der Flüchtlingspolitik in der EU

Die Informationen auf dieser Doppelseite sollen euch dabei helfen, die aktuelle Berichterstattung zur Flüchtlingsproblematik besser zu verstehen.

1 Stelle nach dem Lesen der Materialien auf anschauliche Weise dar (Plakat, Wandzeitung, Mindmap):

- Woher kommen die Flüchtlinge?
- Wer ist Asylbewerber, wer Flüchtling, wer Migrant?
- Was unterscheidet legale und illegale Einwanderung?

2 Bereite dich anschließend auf eine Diskussion vor, indem du die beiden Positionen in TEAM *kontrovers* überdenkst.

Asylbewerber, Flüchtlinge, Migranten – was sind die Unterschiede?

Das Völkerrecht zieht eine klare Trennlinie. […]
Umgangssprachlich sprechen wir bei den meisten Menschen, die aus Not nach Deutschland kommen, von Flüchtlingen. Juristisch ist der Begriff enger gefasst: Demnach wird nur derjenige als Flüchtling in Deutschland definiert, der unter die Bestimmungen der Genfer Flüchtlingskonvention fällt.

- Flüchtling nach der Genfer Konvention ist, wer eine begründete Furcht vor Verfolgung hat. Gründe können seine Ethnie, Religion, Nationalität, politische Überzeugung oder seine Zugehörigkeit zu einer bestimmten sozialen Gruppe sein.
- Der Flüchtling weiß, dass er deswegen den Schutz seines Landes nicht in Anspruch nehmen oder wegen dieser Furcht vor Verfolgung nicht mehr dorthin zurückkehren kann.
- Ein Flüchtling hat das Recht auf Sicherheit in einem anderen Land.

Ob die Bestimmungen erfüllt sind und ob der Mensch in Deutschland bleiben darf, prüft das Bundesamt für Migration und Flüchtlinge. […] Ein anerkannter Flüchtling hat in Deutschland dieselben Rechte wie ein Asylberechtigter. Er erhält zunächst eine Aufenthaltserlaubnis für drei Jahre und eine Arbeitserlaubnis. Danach wird der Schutzstatus überprüft. […]
Ein Migrant ist, wer innerhalb eines Landes oder über Staatsgrenzen hinweg an einen anderen Ort zieht. Genau genommen sind also auch Flüchtlinge Migranten. Meist ist jedoch von Migration die Rede, wenn jemand sein Heimatland freiwillig verlässt, um seine Lebensbedingungen zu verbessern. […]
Asylsuchende oder Asylbewerber/-innen werden Menschen genannt, die sich im Asylverfahren befinden. Das Bundesamt für Migration und Flüchtlinge (BAMF) bearbeitet ihre Anträge individuell. Die Asylbewerber müssen schildern, wie und warum sie verfolgt werden. Das Amt beurteilt, ob ein Bewerber asylberechtigt ist, ob er den Flüchtlingsstatus erhält oder ob ihm beides verweigert wird.

(Aus: Barbara Schmickler: Asylbewerber, Flüchtlinge, Migranten …, Artikel vom 07.08.2015, in: www.tagesschau.de; Zugriff: 01.03.2016, © NDR)

Legale und illegale Einwanderung

Menschen aus Nicht-Mitgliedstaaten, die in die EU einreisen möchten, benötigen dazu die entsprechenden Einreisepapiere, zu denen auch ein gültiges Einreisevisum gehören muss. Als Tourist haben sie so die Möglichkeit eines dreimonatigen legalen

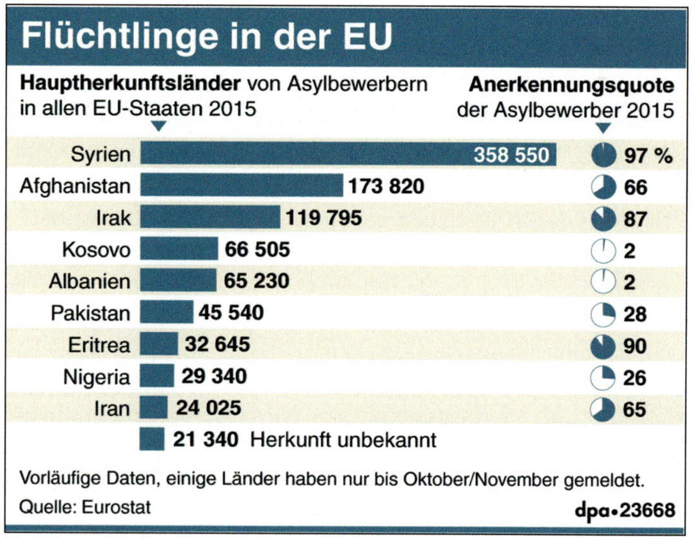

Aufenthalts. Einige wenige beruflich hochqualifizierte und besonders gesuchte Arbeitskräfte haben über die „Blaue Karte EU“ die Chance auf eine dauerhafte legale Aufenthaltserlaubnis. Eine Einreise ohne Erlaubnis und ohne gültiges Ausweispapier stellt einen Verstoß gegen das EU-Recht dar. Menschen, die dies tun, werden daher als „illegale Einwanderer“ bezeichnet. Sie sind so lange illegal, bis sie einen Antrag auf Asyl gestellt haben. Solange sie den Status eines Asylbewerbers haben, gelten für sie die Regelungen zum Umgang mit Flüchtlingen im aufnehmenden Land.

EU-Appell an die europäische Solidarität

„Migration geht alle Mitgliedstaaten an, und alle Mitgliedstaaten sind nun aufgerufen, ihren Beitrag zur Bewältigung dieser historischen Herausforderung zu leisten“, erklärte die EU-Außenbeauftragte Federica Mogherini […] in Brüssel bei der Vorstellung der Flüchtlings- und Migrationsstrategie der EU-Kommission. Hintergrund sind die tragischen Schiffsunglücke im Mittelmeer, bei denen in den vergangenen Monaten hunderte Flüchtlinge ertranken. „Unsere Bürger erwarten von den Mitgliedstaaten und den EU-Institutionen, dass sie dieser Tragödie Einhalt gebieten. Der Europäische Rat hat klar gesagt, dass wir eine europäische Lösung finden müssen, und zwar auf der Grundlage innereuropäischer Solidarität und in dem Bewusstsein, dass eine wirksame Migrationspolitik unser aller Aufgabe ist“, sagt auch der Erste Vizepräsident der EU-Kommission, Frans Timmermans.

(Aus: Das neue EU-Quotensystem für Flüchtlinge: Zweifel von allen Seiten, Artikel vom 15.05.2015, AFP/dsa/EurActiv.de; Zugriff: 10.01.2016)

D TEAM kontrovers: Jedes Land für sich oder alle gemeinsam?

S M U H

Jedes Land soll für sich entscheiden!
Wenn vergleichsweise ärmere Länder wie Ungarn, Polen oder Tschechien behaupten, ihre Aufnahmebereitschaft für Flüchtlinge sei erschöpft und die Mehrheit der Bevölkerung lehne die Eingliederung zu vieler Menschen aus fremden Kulturen ab, dann muss man das respektieren. Manche Länder wollen sich auch von der EU keine allzu großen Vorschriften machen lassen. Wenn alle Mitgliedstaaten so handeln, wie sie es in ihrem nationalen Interesse für richtig halten, ist das ein guter Weg.

EU-Staaten müssen gemeinsam handeln!
Nur in europäischer Zusammenarbeit lässt sich die Flüchtlingskrise lösen, weil man gemeinschaftlich stärker ist und die Belastungen gerecht untereinander verteilen kann. Die wirtschaftlich schwächeren Staaten in der EU nehmen finanzielle Hilfen in Anspruch. Da darf man im Gegenzug erwarten, dass sie auch bereit sind, ein Opfer zu bringen. Vorbildlich handeln die Europäer, wenn sie gemeinsam Verantwortung übernehmen und den Menschen Schutz gewähren, die sich aus Angst um ihr Leben auf der Flucht befinden.

3 Diskutiert die beiden Ansichten zu zweit oder zu dritt und stellt eure Stellungnahmen in der Klasse zur Diskussion.

Was auch noch interessant sein kann:

- Bundesamt für Migration und Flüchtlinge kontaktieren: Auf der Homepage dieses für Flüchtlingsfragen zuständigen Amtes in Deutschland findet ihr zu Fragen des Asyls und der Migration aktuelles Informationsmaterial: www.bamf.de

E Wie denken Jugendliche über die Flüchtlinge nach Europa?

In der zehnten Klasse des Freiherr-vom-Stein-Gymnasiums in Berlin-Spandau beschäftigten sich die Schülerinnen und Schüler mit Fragen zur Flüchtlingskrise in Europa und notierten dazu ihre Stellungnahmen. In der Zeitschrift für politische Kultur Cicero wurden mehrere davon veröffentlicht.

(Cicero: Zeitschrift für politische Kultur, Ausgabe Februar 2015)

Wann ist es zu viel?

Ich glaube, dass Deutschland hilft, wo es kann. Jedoch sollte es seine eigene Bevölkerung nicht vernachlässigen und das Land mitentscheiden lassen, wie es weitergehen soll. Wenn die Bevölkerung anfängt, unter der Flüchtlingspolitik zu leiden, ist es zu viel für Deutschland.

Oliver S.

Was wäre, wenn?

Ich, ein vierzehnjähriger Junge aus Berlin, bin für die Unterstützung von Flüchtlingen, da ich diese als Menschen ansehe! Die gesamte Situation könnte nämlich genauso auch umgekehrt stattfinden. Wieso sollten wir denn nicht eines Tages zu Flüchtlingen werden? Es ist alles möglich, und in solch einem Szenario wären auch wir auf Hilfe angewiesen.

Dustin L.

Egal, wie schwer es ist

Europas Zusammenhalt droht an der Flüchtlingsproblematik zu zerbrechen, da jeder Staat andere Vorstellungen hat und nicht alle an einem Strang ziehen. Wieso gibt es so viele Probleme, wenn die Lösungen zum Greifen nah sind? Statt nur zuzusehen, wie Deutschland versucht, die Flüchtlingsproblematik in den Griff zu bekommen, sollten alle EU-Staaten helfen, die Flüchtlinge gerecht auf die 28 EU-Staaten aufzuteilen. Ich als Schüler bin noch sehr jung und kann nicht viel machen, aber ihr, unsere Vorbilder als erwachsene Menschen, könnt vieles bewirken. Wenn man etwas will, dann schafft man es auch, egal, wie schwer der Weg ist.

Dunja K.

Chance auf Glück

Jeder sollte das tun, was er kann, denn wir sind alle Menschen und jeder verdient es, glücklich zu sein und eine Chance auf eine schöne Zukunft zu haben.

Marusha E.

EU soll sich beteiligen

Ich bin für die Aufnahme von Flüchtlingen. Es sind ja auch nur Menschen, die ein „normales" Leben haben möchten. Die Politiker sollten sich allerdings Gedanken machen, wie sie die Flüchtlinge im Winter versorgen und vor allem, wo sie sie unterbringen wollen. Ich finde aber auch, dass sich alle Länder in der EU/Europa an der Unterbringung der Flüchtlinge beteiligen sollten.

Nina L.

1 Welcher dieser fünf Beiträge deckt sich am meisten mit deinen eigenen Gedanken zum Thema? Wähle aus.

2 Welche inneren Haltungen der Jugendlichen werden in den Beiträgen deutlich? Erläutere sie.

Tipp: Deinen eigenen Beitrag zum Umgang mit Flüchtlingen kannst du (gemeinsam mit anderen) in Form einer Rede gestalten. Wie das geht, erfährst du auf der folgenden Seite.

S M U H

F Unsere Rede vor dem Europäischen Parlament: Sollen die EU-Staaten im Umgang mit Flüchtlingen gemeinsam handeln?

Setzt euch zu zweit oder in Gruppen zusammen und stellt euch vor, ihr hättet die Gelegenheit, zu diesem Thema zu den Abgeordneten des Europäischen Parlaments zu sprechen.

Euer Auftrag:
- Einigt euch zunächst auf eine grundlegende Beantwortung der Frage.
- Sucht nach mehreren möglichst überzeugenden Argumenten zur Begründung eurer Ansicht.
- Erarbeitet eine Gliederung für eure Rede.
- Appelliert an die Gefühle und an den Verstand der Abgeordneten: Was erwartet ihr von deren Verhalten?
- Übt eure Rede in den Partnerschaften oder Gruppen ein.
- Tragt sie in der Klasse vor.
- Gebt den Redenden ein Feedback anhand folgender Kriterien:
  Wie überzeugend sind die Argumente?
  Wie wirkungsvoll wurde vorgetragen?
  Welche Tipps zur Verbesserung kann man geben?

7 Ist die EU für die Zukunft gerüstet?

Über zukünftige Herausforderungen diskutieren

A Stimmen zu Europas Zukunft

Achtet beim Lesen der folgenden Texte besonders auf die Herausforderungen, die darin genannt werden.

1 Vertrauenskrise überwinden

Das europäische Projekt durchlebt eine ernste Vertrauenskrise. Umso wichtiger ist es, dass wir uns den Wert Europas bewusst machen. Europa hat uns Frieden und Wohlstand gebracht. Vor allem ist es mehr denn je Zukunftsprojekt. Die großen Herausforderungen unserer Zeit können wir nur bewältigen, indem wir Europa zu einer globalen Gestaltungskraft entwickeln. So können wir unsere Wertegemeinschaft bewahren, als Wirtschaftsmacht unsere Interessen behaupten und zur künftigen Ordnung der Welt einen europäischen Beitrag leisten. […] Kehren wir Europa den Rücken, verurteilen wir uns selbst zur Bedeutungslosigkeit in der Welt von morgen. Unsere gemeinsamen Werte und Interessen werden wir als Europäer behaupten, oder wir werden sie nicht behaupten. Dieses Europa hat seinen Preis. Vor allem hat es seinen Wert.

(Stellungnahme des Auswärtigen Amtes zur Zukunft Europas vom 21.03.2012, unter www.auswartiges-amt.de; Zugriff: 09.01.2016)

2 Zukunftsprobleme gemeinsam lösen

José Manuel Barroso war bis 2014 Präsident der Europäischen Kommission. Auf einer internationalen Konferenz äußerte er sich zur Zukunft Europas:
Die Welt verändert sich sehr schnell, und die europäischen Mitgliedstaaten können – zusammen – eine entscheidende Rolle spielen. Nur wenn wir zusammenstehen und unsere gemeinsamen Organe stärken, werden wir in der Lage sein, die Herausforderungen zu meistern, die die Wirtschafts- und Finanzkrisen, die Ressourcenknappheit, der Klimawandel und die Armut und Unterentwicklung in der Welt mit sich bringen. Und zusammen werden wir auch bessere Bedingungen für den Schutz unserer gemeinsamen Werte schaffen und – begleitet von Reformen – unser Sozialmodell, unsere soziale Marktwirtschaft und die wichtigsten Charakteristika der europäischen Lebensart erhalten.

(José Manuel Barroso, in: Europa. Das Wissensmagazin für Jugendliche, Amt für Veröffentlichungen der Europäischen Union 2013, S. 48, Quelle: http://bookshop.europa.eu © Europäische Union, 1995–2016, für die Wiedergabe und Anpassung ist allein der Schöningh Verlag verantwortlich.)

3 Es darf zu keiner Spaltung Europas kommen

Helena Schulz gehört einem großen spanischen Gewerkschaftsbund an. Während einer Veranstaltung zum Thema „Europa zusammenhalten" sprach sie über Europas Zukunft.

Was vermissen Sie in der gegenwärtigen Debatte über Europa?
Mir fehlt es an Solidarität. Es darf zu keiner Spaltung Europas kommen – dafür war der Prozess der Integration für viele Länder und Bürger zu wichtig. Ein Auseinanderbrechen der Europäischen Union würde dramatische Konsequenzen mit sich bringen.

Wie kann man Jugendliche denn am besten für Europa „interessieren"?
Eigentlich ganz einfach. Sie müssen so informiert und angesprochen werden, dass sie an der Mitgestaltung des europäischen Projekts auch wirklich teilhaben können. Mechanismen und Strukturen in Europa begreifen, die europäische Gesetzgebung verstehen – darum geht es.

(Das Interview führte Marco Heuer am 30.04.2013; im Netz unter https://www.jugendfuereuropa.de/news/9658/; Zugriff: 10.12.2015)

B Für welche Politikbereiche soll die EU zuständig sein?

Nr.	Politikbereiche	Darum soll die EU sich kümmern	Darum soll die EU sich nicht kümmern
1.	Sicherung der Außengrenzen der EU		
2.	Förderung der wirtschaftlich schwachen Regionen in Europa		
3.	Gestaltung des Schulwesens	?	
4.	Höhe der Steuern in den einzelnen Ländern		
5.	Bekämpfung des internationalen Terrorismus		
6.	Schutz der Verbraucher vor gesundheitsschädlichen Lebensmitteln		
7.	Pflege historischer Bauten und Denkmäler		?
8.	Hilfen für die Entwicklungsländer		
9.	Bekämpfung der Klimaerwärmung		
10.	Festlegung von Mindestlöhnen in der Arbeitswelt	?	
11.	Formulierung der Anforderungen für Berufsabschlüsse		
12.	Bekämpfung der grenzüberschreitenden Kriminaliät		
13.	Umgang mit Armutsflüchtlingen und Asylsuchenden		?
14.	Bekämpfung der Jugendarbeitslosigkeit		
15.	Bau von Straßen, Bahnverbindungen, Häfen, Flugplätzen	?	
16.	Schutz der Bürgerinnen und Bürger vor Datenmissbrauch		
17.	Entscheidungen über die Höhe von Sozialleistungen		
18.	Sicherung der globalen Wettbewerbsfähigkeit europäischer Firmen		
19.	Förderung regionaler Traditionen und landestypischen Brauchtums		?
20.	Entscheidungen über Waffenlieferungen in Krisengebiete der Welt		

In der EU gilt das Grundprinzip der Subsidiarität. Das bedeutet, dass Entscheidungen immer auf der niedrigstmöglichen Ebene der Politik getroffen werden sollen. Die EU soll sich demnach um die Probleme kümmern, die in der gemeinsamen Zusammenarbeit der Staaten Europas besser gelöst werden können als auf nationaler Ebene. Welche Politikbereiche sollen das sein? Welche nicht? Stellt euch vor, die EU habe euch um eine Vorschlagsliste gebeten: Wie sieht sie aus?

Euer Auftrag:

- Beratet in Kleingruppen. Geht dazu die Liste Schritt für Schritt durch. Einigt euch bei jedem Politikbereich auf die eurer Ansicht nach zu empfehlende Zuständigkeit.
- Stellt eure Vorschlagsliste in der Klasse vor und begründet sie. Stellt euch dabei vor, ihr befändet euch vor einer Gruppe von Abgeordneten des Europäischen Parlaments.
- Stellt auch die Bereiche vor, über die es unterschiedliche Ansichten in eurer Gruppe gab.

Die Europäische Union

Station 1 Europa im Alltag

S M U H

Fehlurteile korrigieren

„Ich als Normalbürger habe mit der EU überhaupt nichts zu tun, noch habe ich irgendeinen Vorteil davon!"

- Weise Herrn Kleinschmidt an mindestens fünf Merkmalen nach, dass die Europäische Union doch in sein alltägliches Leben hineinwirkt.

Station 2 Die Europäische Union: Was ist das eigentlich?

S M U H

4 Aussagen – 3 Blöcke

Aus jedem der drei Blöcke musst du hier eine Teilaussage entnehmen und daraus vier Merksätze über die EU formen.

A Die Europäische Union ist …
B Der europäische Binnenmarkt ist …
C Ein wichtiges Jahr zur Erweiterung der EU war …
D EU-Bürgerinnen und Bürger haben das Recht, …

1. … das Jahr 2004, weil in diesem Jahr …
2. … in der EU ungehindert zu reisen und …
3. … ein Gebiet mit freiem Waren-, Dienstleistungs-, Personen- und Kapitalverkehr ohne Grenzen für alles, was …
4. … ein Zusammenschluss demokratischer europäischer Staaten, die sich …

5. … sich im wirtschaftlichen Geschehen von einem Ort zum anderen bewegen will.
6. … ihren Wohnort im Gebiet der EU frei zu wählen.
7. … zehn neue Mitgliedstaaten in die Gemeinschaft aufgenommen wurden.
8. … der Wahrung des Friedens, der Freiheit und dem Streben nach gemeinsamem Wohlergehen verschrieben haben.

Station 3 Wie wird in Europa für Europa Politik gemacht?

S M U H

5-mal richtig – 3-mal falsch

Finde die richtigen Aussagen und notiere sie in dein Heft.

Das Europäische Parlament …

1. ist die demokratische Volksvertretung der Bürgerinnen und Bürger in der EU.
2. hat das alleinige Recht, Gesetze vorzuschlagen.
3. wird alle fünf Jahre gewählt.
4. ist gemeinsam mit dem Ministerrat der Gesetzgeber der EU.
5. ist an Aufträge und Weisungen der nationalen Parlamente in den Mitgliedstaaten gebunden.
6. besteht aus Abgeordneten aus den Mitgliedstaaten, deren Anzahl von der Bevölkerungszahl des Landes abhängt.
7. hat seinen Sitz in Brüssel und Straßburg.
8. wurde 2012 zum ersten Mal gewählt.

Station 4 Die Europäische Währungsunion

S M U H

Argument – Gegenargument

Es gibt Menschen, die die europäische Währungsunion und den Euro am liebsten wieder abschaffen würden. Sie sind der Ansicht, dass es besser wäre, wenn jedes Land seine eigene Währung hätte.

Die Befürworter des Euro betonen, dass der Euro viele Vorteile mit sich bringt:

- Welche Vorteile des Euro kann man nennen? Notiere 3, 4 oder gar 5.
- Wie denkst du über die Vor- und Nachteile des Euro für dich persönlich und für die Mitgliedstaaten der Währungsunion? Formuliere deine Argumente.

Station 5 Europa – Jugend ohne Job

S M U H

Ideenbörse

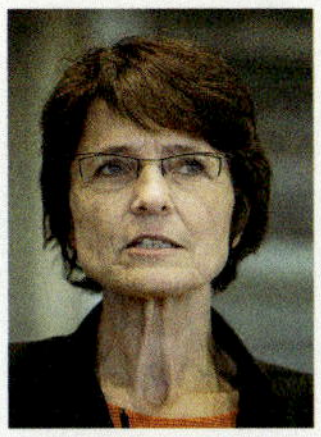

„Unsere Jugend braucht Jobs und sie braucht sie jetzt. Es ist inakzeptabel, dass über 20 Prozent der jungen Menschen auf dem Arbeitsmarkt (in der EU) derzeit keine Stelle finden."

Marianne Thyssen, Kommissarin für Soziales in der EU

- Was können die Mitgliedstaaten gemeinsam zur Bekämpfung der Jugendarbeitslosigkeit in der EU tun?

Finde zwei Ideen für wirkungsvolle Maßnahmen.

Station 6 Wie soll die Zukunft der EU gestaltet werden?

S M U H

Wähle 1 aus 3

Schlagzeilen zur Zukunft der EU

Es fehlt in der EU an Solidarität

Europa muss stärker werden

Zukunftsprobleme gemeinsam lösen

- Wähle eine der drei Schlagzeilen aus.
- Erkläre, welches Problem sich dahinter verbirgt.
- Erläutere, wie du dir eine Lösung des von dir beschriebenen Problems vorstellen kannst.

Station 7 Herausforderung Flüchtlingskrise

S M U H

Eigene Gedanken zu einer Karikatur formulieren

Welche Verbindung kannst du herstellen zwischen den Begriffen: *Syrien – Europa – Wasser – Flut – Haustür?*

Erläutere die Zusammenhänge mithilfe der Karikatur.

Nöte und Not

11 Friedenssicherung als Aufgabe internationaler Politik

Das kleine Mädchen ist mit seiner Familie vor dem Bürgerkrieg in Syrien geflohen. Das Foto wurde in einem Flüchtlingslager in der Türkei aufgenommen.

Welche Chancen gibt es für eine friedlichere Welt?

1. Allein nachdenken

Welche Gedanken lösen das Foto und die Bildunterschrift in dir aus?

2. Zu zweit beraten

Zum Begriff „Frieden“ fällt uns spontan ein: …

3. In der Klasse sammeln

Wo auf der Welt ist der Frieden bedroht?

Im Verlauf dieses Kapitels könnt ihr …

- Gefahren für den Frieden auf der Welt beschreiben,
- am Beispiel des sog. Islamischen Staats Ursachen, Täter und Möglichkeiten zur Bekämpfung des internationalen Terrorismus erläutern,
- den Nahostkonflikt mithilfe einer Konfliktanalyse untersuchen,
- in Kurzvorträgen die NATO und UNO vorstellen und die Präsentationen bewerten,
- über Auslandseinsätze der Bundeswehr diskutieren,
- den Beitrag von Nichtregierungsorganisationen zum Frieden beurteilen.

Eigene Schwerpunkte könnt ihr setzen, indem ihr …

- darüber diskutiert, wie die NATO ihre östlichen Mitgliedstaaten schützen kann,
- die Erfolgsbilanz der UNO bewertet,
- euren persönlichen Beitrag zum Frieden reflektiert.

1 Welche Gefahren bedrohen den Frieden?

Frieden definieren – Aufgaben von Friedenspolitik beschreiben

A Neue Bedrohungen

Fast täglich erreichen uns bedrohliche Nachrichten aus vielen Gegenden, in denen der Frieden gefährdet ist oder sogar schon Menschen gegeneinander kämpfen. Sie stellen die internationale Staatengemeinschaft vor große Herausforderungen. Die folgenden Texte schildern einige Gefahren. Besonders dramatisch ist, dass sie selten alleine auftreten, sondern sich gegenseitig verstärken.

Tipp: Die folgenden vier Materialien können arbeitsteilig bearbeitet werden.

1. Internationaler Terrorismus

Mit ihren Anschlägen wollen Terroristen die Zivilgesellschaft einschüchtern und das Vertrauen in den Staat und seine Regierung zerstören. Terroristen haben nicht nur das Ziel, möglichst viele Menschen zu töten oder zu verletzen. Sie wollen auch Angriffsziele mit Symbolcharakter treffen: Botschaften, Flughäfen, Einkaufszentren, Museen oder andere bekannte Orte. Dabei soll eine möglichst breite und erschreckende öffentliche Wirkung erzielt werden. Terrorismus breitet sich weltweit aus, in Westafrika, in der Sahelzone und in Südostasien. Al-Qaida und Boko Haram sind zwei Gruppierungen, die dem religiösen Terrorismus zugeordnet werden. Beide haben zahlreiche terroristische Anschläge verübt. Sie finden Gehör, indem sie sich die Missgunst der armen gegen die reichen Länder zunutze machen […] Mit steigender Mobilität und besseren Kommunikationsmöglichkeiten hat sich der religiöse Terrorismus vernetzt und ist somit internationaler geworden. Das Machtvakuum nach dem drohenden Staatszerfall des Iraks und den Konflikten in Teilen des Nahen Ostens machte sich vor allem die Terrororganisation „Islamischer Staat" (IS) zu Nutze. […] Gegen die westliche Welt kündigt der „Islamische Staat" einen „heiligen Krieg" an. Der IS führt einen Terrorkrieg gegen die Zivilgesellschaft und zwingt alle Religions- und Volksgruppen gewaltsam, seine radikale Auslegung des Islams anzunehmen. Hunderttausende werden somit gezwungen, ihre Heimat zu verlassen.

Menschen im Gaza-Streifen hofften bisher vergeblich auf Frieden. Der israelisch-palästinensische Konflikt begann bereits kurz nach dem Zweiten Weltkrieg – eine Lösung ist noch nicht absehbar.

2. Verbreitung von Massenvernichtungswaffen

Durch neue Krisen und Kriege bleiben Massenvernichtungswaffen eine Bedrohung für die Menschen. Gerade in Ländern, in denen staatliche Strukturen fehlen, ist eine Verwendung von atomaren, chemischen und biologischen Kampfmitteln nur schwer zu kontrollieren. Sie stellen die internationale Gemeinschaft vor neue Aufgaben. […]

Grundsätzlich sind biologische und chemische Waffen leichter herzustellen als Atomwaffen. Ihre Verbreitung ist nur schwer zu kontrollieren. […] Biologische Kampfmittel werden zwar produziert, wurden aber bisher nicht von Staaten eingesetzt. In der Hand von Extremisten können daraus gefährliche Waffen werden. […] Schädliche Stoffe wie Viren, Bakterien oder radioaktives Material können durch den beschleunigten globalen Austausch von Waren und Dienstleistungen sowie durch die zunehmende Mobilität der Menschen unkalkulierbar verbreitet werden. Sie sind zu einer

Gefährdung geworden, die schwer zu kontrollieren ist.

(1. u. 2. nach: Stiftung Jugend und Bildung [Hg.]: Frieden und Sicherheit, Schülermagazin 2015/16, Berlin 2015, S. 6f.)

3. Regionale Konflikte

Mali galt lange Zeit als vorbildliches Beispiel einer afrikanischen Demokratie, in der viele unterschiedliche Völker trotz großer Armut friedlich zusammenlebten. Im Sommer 2012 besetzten nach einem Militärputsch Tuaregs zusammen mit islamistischen Rebellen den Norden des Landes und errichteten dort eine Gewaltherrschaft auf der Grundlage des islamischen Rechts. Über eine Million Menschen mussten fliehen. Zwar konnten die Rebellen dank internationaler Unterstützung zurückgedrängt werden, doch noch herrscht kein Frieden. Weitere Gründe für regionale Konflikte sind oft Spannungen zwischen verschiedenen Bevölkerungsgruppen und Religionen, Gebiets- und Machtansprüche, aber auch der Kampf um Wasser und Bodenschätze. Sie können deshalb gefährlich werden, weil sie sich oft auf Nachbarstaaten ausweiten und ganze Regionen destabilisieren.

4. Klimawandel

Die bis 2050 erwarteten Klimaveränderungen könnten […] Konflikte zwischen Gruppen um 28 bis 56 Prozent ansteigen lassen. […] Die Konflikte zwischen Gruppen könnten ausbrechen, weil der Klimawandel die ökonomische Basis vieler Menschen bedroht, die sich dann nur noch mit Gewalt zu helfen wissen. Auch könnten Ungleichheiten entstehen, die den gewohnten Rahmen sprengen. Zugleich dürfte die Macht staatlicher Institutionen bröckeln. […] Schätzungen der UN sprechen von 150 bis 200 Millionen Menschen, die im Jahr 2050 vor Klimaveränderungen fliehen […] Darum stellen sich vielerorts Generalstäbe und Geheimdienste darauf ein, dass der Klimawandel die nationale Sicherheit bedrohe.

(4. nach: Christopher Schrader: Mehr Gewalt durch Klimawandel, in: www.sueddeutsche.de, 02.08.2013; Zugriff: 15.10.2015)

Kriege und Konflikte 2014

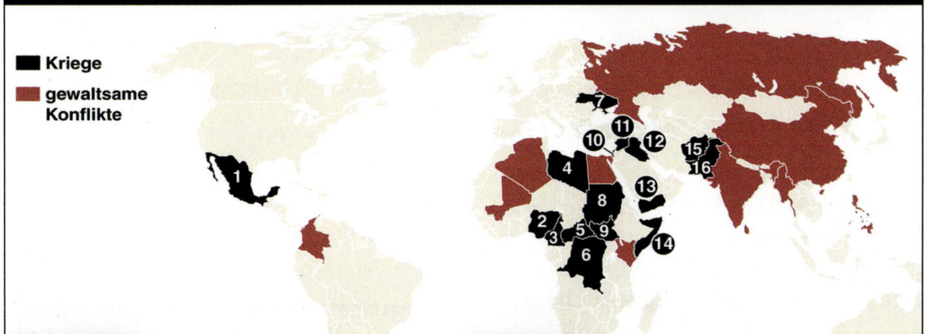

1 Mexiko	Drogenkartelle – Armee
2 Nigeria*	islamistische Sekte Boko Haram; Bauern – Nomaden
3 Kamerun	islamistische Sekte Boko Haram
4 Libyen	Opposition – Regierung
5 Zentralafrik. Republik	ehem. Rebellenallianz Séléka – christliche Anti-Balaka-Gruppen
6 D. R. Kongo	Rebellengruppen ADF – Armee
7 Ukraine	verschiedene Milizen – Regierung
8 Sudan*	Darfur: Rebellen – Milizen – Armee; Kurdufan, Blauer Nil: Widerstandsbewegung PLM; Sudan – Südsudan
9 Südsudan	interethnische Konflikte
10 Israel*	Hamas – Fatah
11 Syrien*	interethnische Konflikte; IS – Regierung, Kurdengebiete
12 Irak	IS – Regierung, kurd. Regionalregierung
13 Jemen*	Huthi-Rebellen – Regierung; Al Kaida auf der Arabischen Halbinsel
14 Somalia	islamistische Miliz Al-Shabaab – Regierung
15 Afghanistan	Taliban, and. milit. Gruppen – Regierung
16 Pakistan	milit. islamistische Gruppen – Regierung

*mehrere interne Konflikte

Quelle: Heidelberger Institut für internationale Konfliktforschung

© Globus 10178

Kriege hat es immer gegeben. Damit müssen wir auch in Zukunft leben. Die Menschen sind nicht fähig, Konflikte friedlich auszutragen.

Menschen können lernen, in Frieden miteinander zu leben. Nach zwei Weltkriegen haben wir in Mitteleuropa seit fast 70 Jahren Frieden.

1. Fasse den Inhalt des von dir bearbeiteten Textes in eigenen Worten zusammen.
2. Informiert euch gegenseitig in der Gruppe, erstellt gemeinsam eine Mindmap über die Gefahren für den Frieden und präsentiert eure Arbeitsergebnisse.
3. Diskutiert in der Klasse über die Positionen in den beiden Sprechblasen.

B Friedenssicherung

1 Wie lautet die traditionelle Definition von Frieden? Beschreibe sie.

2 Nach einem modernen Verständnis von Frieden gehören sechs Merkmale dazu. Erläutere sie.

3 Warum sind demokratische Staaten seltener von Bürgerkriegen betroffen? Finde dazu deine eigene Erklärung.

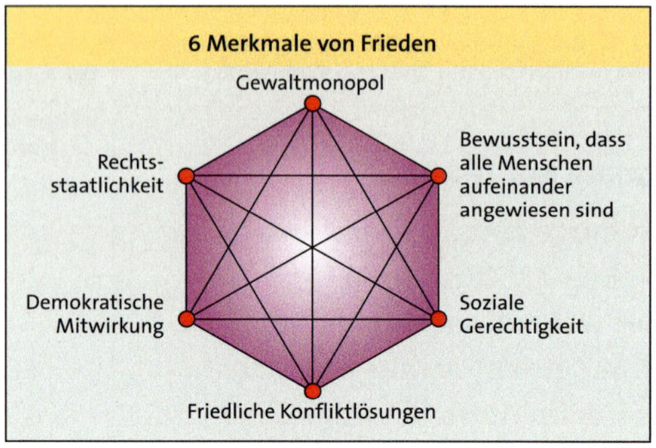

Gewaltmonopol: Nur der Staat darf Gewalt anwenden, um die Einhaltung von Gesetzen zu sichern.

Frieden – was ist das eigentlich?

Die meisten Menschen haben eine sehr genaue Vorstellung davon, was Krieg heißt: Gewalt, Tod vieler, meist unschuldiger Menschen, Zerstörung, Vertreibung ... Schließlich sehen wir fast täglich schreckliche Bilder im Fernsehen zu diesen Themen. Schwieriger wird es, wenn man beschreiben möchte, was Frieden bedeutet. Man könnte sagen, Frieden herrscht, wenn die Waffen schweigen. Und sicherlich ist es ein großer Fortschritt, wenn sich ehemals erbitterte Gegner einigen, auf Gewalt zu verzichten und einen Waffenstillstand zu beschließen. Doch ist das schon Frieden? Lange Zeit dachte man so. Doch dann kam man zu der Einsicht, dass Konflikte häufig soziale Ursachen haben, wenn zum Beispiel in einem Staat Minderheiten unterdrückt oder wirtschaftlich ausgebeutet werden. Darauf deutet auch die weltweit abnehmende Zahl von Kriegen zwischen Staaten und die zunehmende Zahl von Bürgerkriegen hin, in denen sich verfeindete Gruppen in einem Staat bekämpfen. In solchen Fällen wird die Gewalt nicht enden, bis die Ursachen beseitigt sind. Einige Forscher definieren deswegen Frieden als Zustand größtmöglicher sozialer Gerechtigkeit. Eine weitere wichtige Voraussetzung für Frieden ist, dass in einem Staat die Menschenrechte beachtet werden. Wo Menschen willkürlich verfolgt werden, wo gefoltert wird, wo keine Meinungsfreiheit garantiert wird, ist auch kein Frieden möglich. Rechtsstaatlichkeit und Demokratie sind weitere wichtige Bedingungen für einen stabilen Frieden. Tatsächlich hat die Geschichte gezeigt, dass demokratische Staaten seltener von Bürgerkriegen betroffen sind und auch weniger Kriege mit anderen Staaten führen.

Frieden als Prozess

Der Politikwissenschaftler Dieter Senghaas erweiterte diese Vorstellungen und entwickelte ein Friedensmodell mit sechs Merkmalen. Darin begreift er Frieden als Prozess, in dem nach und nach diese Ziele erreicht werden. Sein Modell bezieht sich vorwiegend auf den inneren Frieden eines Landes.

Aufgaben von Friedens- und Sicherheitspolitik

Wenn man Frieden umfassend versteht, wird deutlich, dass Frieden nicht nur mit militärischen Mitteln und auch nicht nur durch den Staat gesichert werden kann. Friedenspolitik ist eine Aufgabe aller gesellschaftlichen Gruppen. Demnach ist Friedenspolitik auch Sozialpolitik, die das Ziel verfolgt, allen Menschen einen gerechten Anteil am wirtschaftlichen Wohlstand zu ermöglichen. Bildungspolitik kann ebenfalls Friedenspolitik sein, indem sie allen den Zugang zu Schulen und Bildungseinrichtungen ermöglicht und jeder Bürger soziale Aufstiegschancen wahrnehmen kann. Auch Entwicklungspolitik leistet einen wichtigen Beitrag zum Frieden. Sie mindert soziale Spannungen in Entwicklungsländern und versucht die Benachteiligung dieser Länder im Welthandel auszugleichen. Auf internationaler Ebene bedeutet Sicherheits- und Friedenspolitik, dass Staaten untereinander Kontakte pflegen, bei Problemen miteinander verhandeln und sich in Organisationen wie der UNO und der NATO politisch zusammenschließen – denn die Bedrohungen machen vor Ländergrenzen nicht Halt. Frieden besteht am wahrscheinlichsten da, wo man sich kennt und einander vertraut. Das zeigt auch das Beispiel der Europäischen Union, die den Staaten in Mitteleuropa die längste Friedensperiode in ihrer Geschichte beschert hat.

C Wir entwerfen eine Treppe zum Frieden

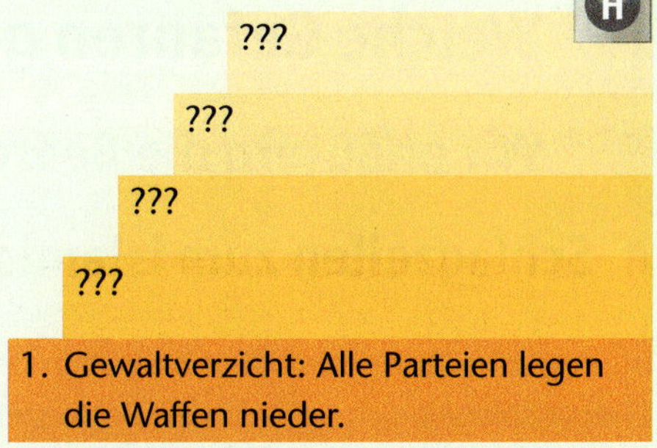

Einmal angenommen, in einem kleinen Land irgendwo in Afrika, Asien oder Südamerika herrscht viele Jahre lang ein Bürgerkrieg, in dem sich Angehörige verschiedener Volksgruppen bekämpfen. Auf Druck der UNO schließen die verfeindeten Parteien einen Waffenstillstand. Doch der Weg zum Frieden ist noch lang. Auf dieser Seite findet ihr Vorschläge für friedenspolitische Maßnahmen. Überlegt gemeinsam, wie ihr sie in eine sinnvolle Reihenfolge bringen könnt.

Alle Stämme des Landes erkennen die Regierung an und erklären sich bereit, die Gesetze des Landes zu beachten. Die Menschenrechte werden gewährleistet.

Die unterschiedlichen gesellschaftlichen Gruppen im Land verpflichten sich, sich zu respektieren und auch andere Lebensformen zu tolerieren.

Die Regierung investiert in Bildung und Gesundheitsversorgung. Alle Kinder, unabhängig von ihrer sozialen Schicht, erhalten eine gute Ausbildung.

Die wichtigsten Stämme und gesellschaftlichen Gruppierungen werden an der politischen Macht in gerechter Weise beteiligt.

Der Staat ist selbst in der Lage, mit seiner Polizei und Armee für die Sicherheit des Landes zu sorgen.

Es werden Wirtschaftsprogramme entwickelt, die Arbeitsplätze schaffen.

Wiederaufbaumaßnahmen und Entwicklungsprojekte können ungestört durch Gewalt durchgeführt werden.

In dem Land finden freie Wahlen statt. Die demokratisch gewählte Regierung nimmt ihre Arbeit auf.

Die Menschen erhalten das Recht, frei ihre Meinung zu vertreten und Parteien zu gründen.

Euer Auftrag:

1. Zeichnet die Treppe in euer Heft.
2. Füllt die Treppenstufen aus.
3. Stellt eure Lösungen in der Klasse vor und besprecht sie.

Tipp: Das geht am besten in Partnerarbeit.

2 Internationaler Terrorismus: Welche Gefahren gehen vom „Islamischen Staat" aus?

Wir erläutern die Bedrohung und diskutieren über Möglichkeiten des Schutzes

A Schlagzeilen zum islamistischen Terrorismus

Islamistische Terroranschläge bedrohen den Frieden in vielen Ländern der Welt. Das Thema spiegelt sich auch in den Schlagzeilen der Medien wieder. Die folgenden Meldungen stellen nur eine kleine Auswahl dar, weltweit wurden in diesem Zeitraum sehr viel mehr Anschläge verübt.

Paris, Januar 2015: Islamistischer Anschlag auf das Satiremagazin „Charlie Hebdo" und einen jüdischen Supermarkt. 17 Tote, mehrere Verletzte.

Kopenhagen, Februar 2015: Islamistischer Anschlag auf Synagoge in Kopenhagen. Mehrere Verletzte.

Tunesien, Juni 2015: Islamistischer Terrorist schießt am Strand eines Hotels auf Touristen. 39 Tote, darunter auch Deutsche.

Frankreich, August 2015: Fahrgäste verhindern Anschlag auf Schnellzug zwischen Paris und Brüssel. Zwei Verletzte.

Paris, November 2015: Serie von Terroranschlägen auf eine Konzerthalle und mehrere Restaurants. 129 Tote, Hunderte Verletzte.

Hannover, November 2015: Länderspiel Deutschland – Niederlande wird wegen einer Terrorwarnung abgesagt.

Istanbul, Januar 2016: Selbstmord-Attentäter sprengt sich mitten in deutscher Touristengruppe in die Luft. Zehn deutsche Tote.

München, Dezember 2015: Der Hauptbahnhof sowie der Bahnhof Pasing werden wegen Hinweisen auf geplante islamistische Anschläge geräumt.

Brüssel, März 2016: Bei Anschlägen des „Islamischen Staates" starben 35 Menschen und mehr als 300 wurden verletzt.

Indonesien, Januar 2016: Anschlag auf ein Einkaufszentrum in der Hauptstadt Jakarta. Sieben Tote.

Trauer in Istanbul nach dem Attentat, bei dem zehn deutsche Touristen starben.

1 Wähle aus den Schlagzeilen diejenigen aus, zu denen du bereits etwas weißt. Tauscht euch gemeinsam darüber aus.

2 Wie schätzt ihr die persönliche Bedrohung der Menschen in Deutschland ein? Begründet eure Ansicht.

B Was ist der „Islamische Staat"?

Kämpfer der IS auf einem Propagandavideo

Die aktuell größte Bedrohung durch islamistischen Terror geht vom sogenannten „Islamischen Staat" aus. Millionen Menschen flüchteten bereits vor dem Terrorregime, auch nach Deutschland. **Tipp:** Die Materialien B, C und D könnt ihr arbeitsteilig erarbeiten und euch gegenseitig informieren.

Der „Islamische Staat" ist eine Terrororganisation, […] die seit 2013 große Gebiete in Syrien und im Irak erobert hat. Die Miliz regiert in ihrem Machtbereich mit großer Grausamkeit – sie lässt Widersacher und Gefangene exekutieren, bestraft Vergehen gegen die eigene Auslegung des Korans mit drakonischen Strafen, lässt vor laufender Kamera Geiseln enthaupten und die Videos durch die eigene Propagandamaschine weltweit verbreiten. Der IS ist gleichzeitig auch ein Staatenprojekt. Konkret geht es um den Aufbau eines vermeintlich islamischen Staates, in dem die IS-Ideologie die Staatsreligion bildet. Der IS erklärt sich zu einer fundamentalistischen Utopie, die Radikale in aller Welt elektrisiert. Dadurch ist er zu einer Marke von internationaler Anziehungskraft geworden. Selbst Attentäter, die nie direkt mit dem IS in Kontakt standen, berufen sich auf ihn. Kriminelle Gruppen und islamistische Milizen betonen Verbindungen zum IS, weil sie sich im Wettbewerb mit Rivalen Vorteile versprechen. […]
Der Westirak und der angrenzende Nordosten sind die Kernregion des IS. Die dünn besiedelte Wüstenregion ist etwa so groß wie Belgien und die Niederlande. Dort kontrolliert der IS die wichtigsten Städte und Verbindungsrouten. […] In Libyen nisten sich IS-Rückkehrer aus Syrien ein. Sie konnten die Küstenstadt Derna im Osten unter ihre Kontrolle bringen. Nun versuchen sie, in anderen Städten die Vorherrschaft zu erringen. […] In Ländern wie Pakistan und Nigeria, wo es rivalisierende Milizen gibt, mehren sich die Trittbrettfahrer, weil sie sich einen Vorteil gegenüber ihren lokalen Konkurrenten erhoffen. […] Mehrere Attentäter in westlichen Ländern haben sich auf den IS berufen. So hatte sich Amedy Coulibaly, der Franzose, der in einem jüdischen Supermarkt im Januar 2015 vier Menschen ermordete, zu der Miliz bekannt. Dabei war Coulibaly niemals im Irak oder in Syrien. Er hatte keinen Kontakt zur IS-Führung, der Anschlag war nicht vom IS geplant.

(Aus: Raniah Salloum: Terrormiliz IS – Endlich verständlich: So funktioniert der Islamische Staat, in: www.spiegel.de, 08.09.2015; Zugriff: 15.10.2015)

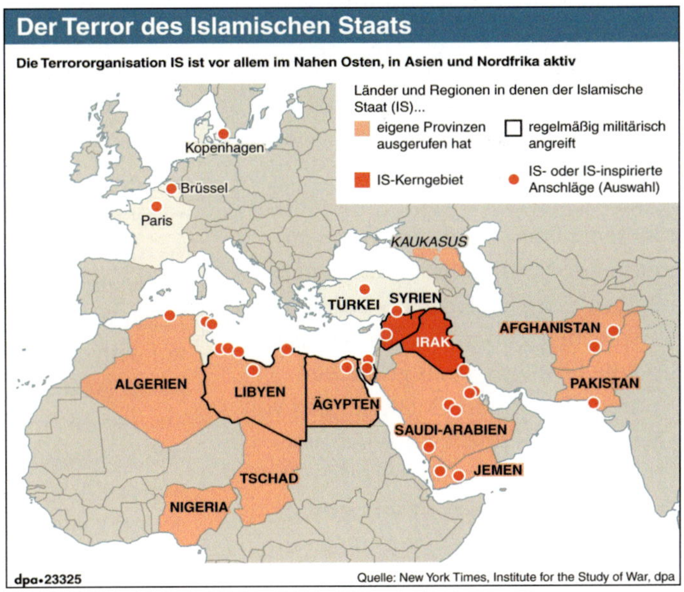

1 Fasse mit eigenen Worten zusammen: Was ist der IS? Welche Ziele verfolgt er? Wie geht er dabei vor?

2 Was macht den IS für westliche Staaten so gefährlich? Suche nach Erklärungen.

C Warum kämpfen auch Deutsche für den IS?

Experten sprechen von etwa 600 Deutschen, die sich dem Kampf der Terrororganisation IS angeschlossen haben und als Dschihadisten in den heiligen Krieg ziehen. Viele davon sind noch sehr jung, einige sogar minderjährig. […]

Die Gründe für diesen radikalen Schritt sind vielfältig. Häufig handelt es sich um labile und orientierungslose Jugendliche, die Schwierigkeiten in ihrer Lebensführung haben und die in den radikalen Denkweisen und strengen Handlungsempfehlungen Halt, Aufmerksamkeit, Anerkennung und Zugehörigkeit suchen. […] Der Weg zum extremen Islamismus ist online häufig nur einen Mausklick entfernt. Der IS tritt in der Öffentlichkeitsarbeit professionell auf und ist sehr aktiv in den sozialen Netzwerken. Er verbreitet […] Videos und Bilder, in denen der Glaubenskampf mit popkulturellen Elementen glorifiziert wird und junge Muslime zur Teilnahme am heiligen Krieg aufgerufen werden. Das Versprechen ist der Weg ins Paradies und die Erfüllung eines göttlichen Auftrags. Drastische Darstellungen von Gewalt, Angstappelle und Anstachelungen durch klar umrissene Feindbilder sollen die jungen Internetnutzer zur Ausreise nach Syrien motivieren. Die Jugendlichen folgen daher dem Ruf des IS und unterstützen diesen sowohl als Kämpfer, als Öffentlichkeitsarbeiter oder als sogenannte Dschihad-Bräute. Junge Mädchen, bisweilen sogar minderjährige, reisen in die Kampfzonen aus, um den Kampf mit einer Heirat von Dschihadisten zu unterstützen. […] Einige fallen im heiligen Krieg, andere kehren zurück. Rund 25 dieser Rückkehrer sind dem Verfassungsschutz in Deutschland bisweilen aktenkundig bekannt. Diese sind häufig stark traumatisiert und werden streng überwacht. Die Öffentlichkeit fürchtet, dass die militärisch ausgebildeten Rückkehrer terroristische Anschläge in Europa planen, um den heiligen Krieg dort fortzusetzen.

(Aus: Landeszentrale für politische Bildung Baden-Württemberg: Dossier Islamischer Staat, in: www.lpb-bw.de/islamischer-staat.html; Zugriff: 25.10.2015)

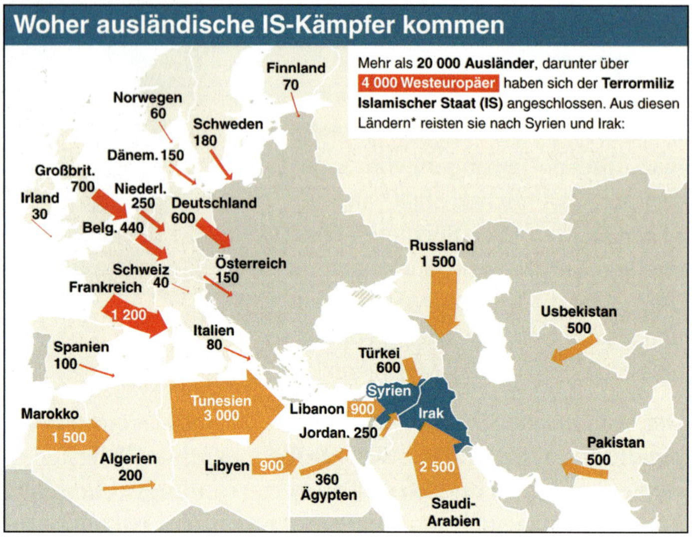

Was Heimkehrer berichten

Auffällig viele Heimkehrer schildern ein Klima der Angst, des Misstrauens und der grenzenlosen Brutalität. So würden deutsche Dschihadisten schon kurz nach der Ankunft von deutschen Dschihadisten verhört. Potenzielle Attentäter werden gehätschelt und gepflegt. Wer aber irgendwie verdächtig erscheint, muss mit drakonischer Bestrafung rechnen. Vermeintliche Spitzel werden gefoltert, erschossen, geköpft. Ein Rückkehrer erzählt, wie ein Neuankömmling auf dem zentralen Platz des Lagers hingerichtet worden sei, weil er ein Handy hatte. Früher seien die Köpfe ermordeter Dschihadisten zur Abschreckung aufgespießt worden, heute würden die Leichen meist weggeworfen. Zumindest einige Neuankömmlinge müssten, so berichten Rückkehrer, eine brutale Mutprobe leisten. Dazu könne auch die Ermordung eines Menschen gehören.

(Nach: Georg Heil/Hans Leyendecker/Georg Mascolo: Einblicke ins Schlachthaus, in: www.sueddeutsche.de, Zugriff: 25.01.2016)

1 Beschreibe, mit welchen Mitteln der IS junge Muslime für den Krieg gewinnt.

2 Warum kehren so viele Rückkehrer traumatisiert zurück? Begründe.

D Wie kann der IS besiegt werden?

Soldaten der Bundeswehr kurz vor ihrem Einsatz in Syrien

Im Irak und in Syrien kämpfen sehr unterschiedliche Milizen und Volksgruppen gegen den IS. Sie reichen von nur notdürftig ausgerüsteten radikalen muslimischen Splittergruppen bis hin zu den vom Westen unterstützten kurdischen Peschmerga-Kämpfern. Oft sind sie untereinander zerstritten und kämpfen für unterschiedliche Ziele.
Seit 2014 bekämpft eine internationale Allianz aus 60 Nationen unter der Führung der USA den IS aus der Luft. Auch Deutschland beteiligt sich, indem es Waffen an die Peschmerga liefert, ihre Kämpfer ausbildet und die Allianz mit Aufklärungsflugzeugen und Kriegsschiffen unterstützt.
Seit Herbst 2015 greift auch Russland mit Luftangriffen in Syrien ein. Die Uneinigkeit und die unterschiedlichen Ziele der IS-Gegner machen die Lage in der Region unübersichtlich und stärken den IS.
Trotz der vielen Angriffe ist der IS noch nicht besiegt – denn er erweist sich als schwieriger Gegner. Der Irak und besonders Syrien sind durch jahrelange Bürgerkriege geschwächt und verfügen nicht über schlagkräftige nationale Armeen, die wirksam den Vormarsch des IS aufhalten konnten. Infolge der jahrelangen Bürgerkriege sind die IS-Führer kriegserfahren und kennen auch das Leben im Untergrund. Schon im Irakkrieg mussten sie sich verstecken. Die Kämpfer gelten als besonders flexibel und ändern immer wieder ihre Vorgehensweise. So mischen sie sich häufig unter die Bevölkerung und sind als IS-Kämpfer gar nicht mehr zu erkennen.
Selbst wenn der IS in einiger Zeit besiegt wird, wird es noch sehr lange dauern, bis die Lage in der Region so stabil sein wird, dass niemand mehr um sein Leben fürchten muss. Das haben die Erfahrungen aus den Kriegen im Irak und in Afghanistan gezeigt.
(Autorentext).

Militärische Mittel reichen nicht aus

Zur militärischen Auslöschung des IS kann es keine Alternative geben, zumal sie mit konventionellen militärischen Mitteln erfolgen kann – mit Luftstreitkräften und Bodentruppen. Dazu muss die Anti-IS-Allianz ausgeweitet werden, der ein durchschlagender Erfolg gegen den IS bisher versagt blieb. […] Kein westliches Land ist aber bereit, eigene Truppen zu stellen. […]
Selbst wenn der IS militärisch besiegt sein sollte, die Ideologie des Dschihads bestünde fort und wäre ein Nährboden für künftige Generationen von Terroristen. Der Islam des IS ist ohne den Islam Saudi-Arabiens nicht denkbar. […] Gewonnen werden kann der Krieg gegen den IS nur, wenn saudische Theologen der Ideologie des Dschihads den Kampf ansagen und den Anspruch aufgeben, dass ihre Version des Islams allen anderen Religionen überlegen sei. Dann würden auch wieder gemäßigte Muslime zur Kenntnis genommen […] Schließlich müssen bei uns muslimische Jugendliche das Gefühl bekommen, akzeptiert und anerkannt zu werden, um nicht mehr anfällig zu sein für eine Heilspropaganda à la IS.
(Aus: Rainer Hermann: Wie der IS besiegt werden muss, in: www.faz-net, 18.11.2015; Zugriff: 25.01.2016)

1 Was hat die Allianz zur Bekämpfung des IS unternommen? Beschreibe die Schritte.

2 Der IS gilt als besonders schwieriger Gegner. Begründe, warum.

3 Diskutiert in der Klasse, was wir in Deutschland tun können, um die Gefahr des IS-Terrorismus einzudämmen.

3 Beispiel Nahostkonflikt: (Kein) Frieden in Sicht?

Einen Konflikt analysieren

Der Konflikt zwischen Israelis und Palästinensern ist die Geschichte der Feindschaft zwischen zwei Völkern. Beide erheben Anspruch auf dasselbe Land – Palästina, das heilige Land der Bibel. Immer wieder kommt es zu Gewaltausbrüchen, bei denen zahllose Menschen getötet werden. Wie denken die Betroffenen über den Konflikt?

A Stimmen zum Konflikt

Die Sicht eines Israelis

Sirenen sind für mich ziemlich normal. Ich kenne sie als Kind aus dem Golfkrieg. Ich kenne sie aus meiner Zeit bei der Armee. Es ist zwar nicht so, als wäre nichts geschehen, von einer Atmosphäre der Angst zu reden, ist aber völlig übertrieben. […] Ich finde es schrecklich, wie tief die Gräben zwischen uns und den Palästinensern sind. Ich habe noch nie mit einem Palästinenser gesprochen. Dabei würde ich das gern. Ich glaube, die normalen Menschen in Palästina und Israel können sich schon zusammenfinden – wenn es nur die Radikalen auf beiden Seiten nicht gäbe. Die schauen immer nur auf kurzfristige Erfolge und militärische Siege. Langfristig bringt uns das nichts, außer Bomben und Krieg.

(Niv Rafaeli, 31 Jahre, Tel Aviv, Start-up-Gründer; in: www.sueddeutsche.de, 16.11.2012; letzter Zugriff: 01.09.2015)

Die Sicht eines Palästinensers

Meine Kinder haben unglaubliche Angst, besonders nachts. Wir sitzen die ganze Zeit herum und versuchen, uns irgendwie abzulenken. Die Fensterscheiben sind kaputt, es ist heiß und wenn man hinaussieht, kann man Bomben fliegen sehen. […] Ich könnte ins Ausland flüchten, aber mit einer siebenköpfigen Familie ist das wirklich nicht einfach. Ich gehöre zu denjenigen, die auf keinen Fall an Gewalt glauben. Die einzige Lösung ist, miteinander zu reden. Den Zorn auf die Israelis verstehe ich trotzdem. Wir leben hier in Angst, jeden Tag.

(Ragy Mousalm, 50 Jahre, Bauingenieur, Gazastreifen, in: www.sueddeutsche.de, 20.11.2012; letzter Zugriff: 01.09.2015)

Die Sicht eines Deutschen

Während des Holocausts wurden Millionen Juden von Deutschen getötet. Deshalb finde ich es besonders wichtig, dass sich alle Deutschen für die Existenz und Sicherheit Israels einsetzen. Doch ich kann auch die Palästinenser verstehen: Sie wollen zu Recht einen eigenen Staat. Frieden kann es nur geben, wenn die verfeindeten Parteien bereit sind, Kompromisse einzugehen und ernsthaft zu verhandeln.

(Christoph Seemann, 29 Jahre, IT-Berater)

1 Fasse die drei Positionen in eigenen Worten zusammen.

2 Erläutere: Was haben Niv Rafaeli, Ragy Mousalm und Christoph Seemann gemeinsam, wodurch unterscheiden sie sich?

Methodenkarte 15

S M U H

Konfliktanalyse

Thema: Nahostkonflikt

Worum geht es?

Selbst für politisch interessierte Menschen ist es oft sehr schwierig, zu erkennen, worum es bei einem Konflikt geht und welche Möglichkeiten zur Lösung infrage kommen. So besteht die Gefahr, dass man sich einfache Erklärungen zurechtlegt, Vorurteile und Feindbilder können verstärkt werden. Friedensforscher haben deshalb das Instrument der Konfliktanalyse entwickelt, das hilft, Konflikte besser zu verstehen und Lösungswege zu erkennen. Es ist grundsätzlich auf jeden Konflikt anwendbar. Dabei wird das Thema mithilfe von Leitfragen untersucht. Analyse bedeutet, dass man ein Thema in einzelne Aspekte zerlegt, diese zunächst getrennt untersucht und auswertet. Anschließend werden die Erkenntnisse zusammengefasst, geordnet und bewertet.

Vorbereitung und Durchführung

- Ihr könnt die Fragen arbeitsteilig in Gruppen bearbeiten.
- Lest dann die Materialien auf den Seiten 288 bis 290 und notiert die Antworten auf die Fragen im PC oder auf einer Folie.

Präsentation und Auswertung

Präsentiert eure Ergebnisse der Klasse. Versucht gemeinsam, das Ergebnis zu bewerten: Welche Erkenntnisse habt ihr aus der Analyse gewonnen? Wie könnte sich der Konflikt weiterentwickeln? Wie bewertet ihr die Lösungsansätze?

Leitfragen für die Konfliktanalyse

1. Ausgangslage

- Wer sind die Konfliktgegner?
- Welche Vorgeschichte hat der Konflikt?
- Was löst den Konflikt aus?
- Welche Ursachen sind erkennbar?

2. Konfliktverlauf

- Welche wichtigen Ereignisse kennzeichnen den Verlauf des Konflikts?
- Wie ist die aktuelle Situation?

3. Ziele und Interessen

- Welche Ziele und Interessen haben die Beteiligten?
- Wie sind die Machtverhältnisse zwischen den Gegnern?

4. Konfliktlösung

- Welche Lösungen streben die Beteiligten an?
- Wie sind die Lösungen zu bewerten? Orientiert euch dabei an folgenden Kriterien: Folgen für die Beteiligten, Beseitigung der Ursachen, Entspannung der Situation, Verbesserung des Verhältnisses zwischen den Beteiligten.

B Materialien zur Konfliktanalyse

1. Ausgangslage

Die Ursachen des Konflikts reichen bis in das 19. Jahrhundert zurück. Damals begannen jüdische Siedler, sich in Palästina niederzulassen. Der Grund: Sie wurden in Europa verfolgt und sie sahen in diesem Land am Jordan ihre ursprüngliche Heimat, in das vor langer Zeit Abraham das jüdische Volk geführt hatte. Hier wollten sie nun einen jüdischen Staat gründen, wo die auf der Welt versprengten Juden zusammenleben können. Seit vielen Jahrhunderten lebten aber dort auch palästinensische Araber. Auch diese sahen das Land als ihre Heimat an, und auch sie wollten hier einen eigenen Staat gründen. Das war ihnen bis dahin nicht möglich gewesen, weil Palästina bis 1920 unter türkischer Herrschaft stand und ab dann unter britischer Verwaltung. Auf Beschluss der Vereinten Nationen endete 1948 die britische Verwaltung und es kam zur Gründung Israels. Die Palästinenser und die arabischen Staaten weigerten sich, die Staatsgründung anzuerkennen. Noch im gleichen Jahr kam es zum israelisch-arabischen Krieg, den Israel gewann. Hunderttausende Palästinenser verloren ihre Heimat. Sie und ihre Nachkommen leben heute noch in riesigen Flüchtlingslagern in Nachbarstaaten und in den palästinensisch verwalteten Gebieten.

2. Konfliktverlauf

Auch nach dem israelischen Sieg von 1948 blieb die Lage kritisch. Es folgten mehrere weitere Kriege. Im sogenannten Sechs-Tage-Krieg erweiterte Israel 1967 sein Staatsgebiet, indem es die Golanhöhen, das Westjordanland, den Gaza-Streifen, den Sinai und Ostjerusalem besetzte. Diese Gebiete konnte Israel auch halten, als es an einem der höchsten jüdischen Feiertage 1973 von Ägypten angegriffen wurde (Jom-Kippur-Krieg).
Die ständigen Spannungen und enttäuschten Hoffnungen hatten innerhalb der palästinensischen Bevölkerung zu einer Radikalisierung geführt. 1964 gründeten sie die PLO (Palestine Liberation Organization). Diese führte wiederholt Terroranschläge durch. 1986 brach eine neue Welle der Gewalt aus. Junge Palästinenser erhoben sich gegen die israelischen Besatzer und griffen diese mit Steinen bewaffnet an. Bekannt wurde dieser Aufstand unter dem Namen Intifada, was Aufstand bedeutet. 1993 einigten sich Israel und die PLO auf einen Friedensplan, an dessen Ende ein eigenständiger palästinensischer Staat stehen sollte. Der Gaza-Streifen und das Westjordanland werden seither weitgehend eigenständig von einer palästinensischen Regierung verwaltet. Doch der Plan scheiterte. Weitere palästinensische Aufstände folgten. 2002 begann Israel, das Westjordanland mit einer 8 Meter hohen Mauer zu umzäunen, um sich nach eigenen Angaben vor Terroranschlägen zu schützen. Auch in den folgenden Jahren kommt der Friedensprozess nicht voran. Die Palästinenser verüben nach wie vor Anschläge, die die Sicherheit israelischer Bürger gefährden, und verweigern Israel die Anerkennung als Staat. Die Israelis bauen weiterhin neue jüdische Siedlungen im palästinensischen Westjordanland und rund um Jerusalem und erschweren dadurch die Gründung eines palästinensischen Staates.
Im Sommer 2014 eskalierte der Konflikt im Gaza-Krieg. Als Reaktion auf massive Raketenangriffe aus dem palästinensischen Gazastreifen startete Israel einen groß angelegten Bodenangriff, der weite Teile der Siedlungen im Gazastreifen vollkommen zerstörte. Mehr als 2000 Palästinenser starben,

Während der Intifada erhoben sich junge Palästinenser gegen die israelische Besatzung.

Eine meterhohe Sperrmauer trennt israelische und palästinensische Siedlungen.

Jerusalem – heilige Stadt für Juden, Muslime und Christen

200 000 flohen in die Nachbarländer. Auf israelischer Seite gab es rund 70 Tote.
Im September 2015 kündigte der Palästinenserpräsident vor der UNO-Vollversammlung an, sein Volk fühle sich nicht mehr an den Friedensplan von 1993 gebunden, weil Israel das Abkommen immer wieder verletzt habe. In der Folgezeit führten Streitigkeiten um die Nutzung des Tempelberges in Jerusalem erneut zu zahlreichen Anschlägen auf beiden Seiten.

3. Ziele und Interessen: die wichtigsten Streitpunkte

Bau jüdischer Siedlungen/Abzug aus dem Westjordanland

Nach dem Sechs-Tage-Krieg begannen jüdische Siedler, sich in den besetzten Gebieten niederzulassen. Nach dem Völkerrecht sind diese Siedlungen unrechtmäßig. Israel weigert sich, die Siedlungen zu räumen, und will im Westjordanland in den kommenden Jahren sogar 3 000 neue Siedlungen bauen. Die große Zahl jüdischer Siedlungen erschwert die Gründung eines palästinensischen Staates. Schon jetzt sind für Palästinenser rund 60 % des Westjordanlandes nicht nutzbar oder nicht zugänglich. Die Palästinenser fordern einen sofortigen Siedlungsstopp und die Räumung der Siedlungen.

(Autorentext)

Jerusalem

Der künftige Status der Stadt mit den heiligen Stätten von Juden, Muslimen und Christen ist besonders umstritten. Israel beharrt auf dem ungeteilten Jerusalem als Hauptstadt. Die Palästinenser beanspruchen den Ostteil als Hauptstadt ihres künftigen Staates. Im Jahr 2000 scheiterte der Nahost-Gipfel an der Jerusalem-Frage.

Flüchtlinge

Als Folge der Kriege 1948/49 und 1967 gibt es in den palästinensischen Gebieten und Israels Nachbarländern 4,8 Millionen registrierte palästinensische Flüchtlinge und ihre Nachkommen.
Die Flüchtlinge beharren auf dem Recht, in ihre Heimat im heutigen Israel zurückkehren zu dürfen. Israel verneint dieses Recht und will den Verzicht auf eine Rückkehr in einem Friedensvertrag festschreiben.

Grenzen

Nach dem Willen der Palästinenser soll ihr Staat die 1967 von Israel besetzten Gebiete Westjordanland, Gaza und Ost-Jerusalem umfassen. Israel beansprucht jedoch Teile dieses Territoriums – entgegen internationalem Recht – für sich. Israel hatte den Gazastreifen 2005 zwar geräumt, sein Embargo [= Handelsblockade] seit der Machtübernahme der Hamas 2007 aber verschärft.
Israel will zudem an Teilen des Westjordanlands festhalten. Dort gibt es rund 120 jüdische Siedlungen mit etwa 300 000 Israelis. In Ost-Jerusalem leben nach Angaben israelischer Menschenrechtler weitere 200 000.

(Aus: Knackpunkte der Nahostgespräche, in: www.spiegel.de/thema/nahostkonflikt; Zugriff: 01.09.2015)

4. Lösungsmöglichkeiten für den Konflikt

Road Map

Mit der Road Map haben die EU, die USA, die UNO und Russland – man spricht deshalb auch vom Nahost-Quartett – im April 2002 ein Dokument vorgelegt, das Frieden zwischen Israelis und Palästinensern bringen soll. Ziel der Road Map [= Fahrplan] ist die sogenannte Zwei-Staaten-Lösung, also ein souveräner palästinensischer Staat neben dem Staat Israel. Dafür müsste Israel Siedlungen aufgeben und die Lebensbedingungen der palästinensischen Bevölkerung verbessern. Die Palästinenser müssten im Gegenzug militante Gruppen entwaffnen und feste Staatsstrukturen schaffen. Großes Manko der Road Map sind konkrete Lösungsvorschläge der zentralen Streitfragen: Wo sind Palästinas Landesgrenzen? Wem würde Jerusalem mit seinen religiösen Stätten gehören? Und was wäre mit den vielen palästinensischen Flüchtlingen?

Der arabische Friedensplan

Auch die Arabische Liga, ein Zusammenschluss arabischer Staaten, hat 2002 ihre Version eines Friedensplans vorgelegt. Darin wird konkret verlangt, dass Israel die 1967 besetzten Gebiete einschließlich Ost-Jerusalem räumt und eine gerechte Lösung für die vielen palästinensischen Flüchtlinge in den Nachbarländern findet. Im Gegenzug wird Israel eine Normalisierung des Verhältnisses zur arabischen Welt angeboten. Israel lehnt diesen Plan ab.

(Aus: Ursula Götz: Die Weltgemeinschaft und der „Nahostkonflikt", in: www.planet-schule.de; Zugriff: 01.09.2015)

Erste Schritte der Road Map wurden umgesetzt, doch in der Folgezeit stagnierte der Friedensprozess. Mehrfach verhandelten Israelis und Palästinenser – doch ohne Ergebnis. EU, USA und Russland unterstützen nach wie vor eine Zwei-Staaten-Lösung auf der Grundlage der Road Map. Doch ob dieses Ziel erreichbar ist, ist zunehmend umstritten. Befürworter und Gegner dieser Lösung finden sich sowohl auf israelischer als auch auf palästinensischer Seite.

C TEAM kontrovers: Ist die Zwei-Staaten-Lösung eine realistische Perspektive?

S M U H

Ja!

Israelis und Palästinenser sind seit Jahrzehnten verfeindet. Frieden kann es nur geben, wenn ein eigenständiger Palästinenserstaat geschaffen wird. Im Prinzip haben beide Parteien dieser Lösung ja bereits zugestimmt. Für die Streitfragen findet sich eine Lösung, wenn Israelis und Palästinenser ernsthaft verhandeln.

Nein!

Beide Parteien haben sich bereits inoffiziell von diesem Ziel verabschiedet. Die Israelis, indem sie durch die Siedlungen auf palästinensischem Gebiet die Gründung eines Palästinenserstaats unmöglich gemacht haben. Die Palästinenser, indem sie nicht bereit sind, die Sicherheit israelischer Bürger vor Terrorangriffen zu garantieren.

S
M
U
H

D Perspektivwechsel: Wir vertreten Positionen von Israelis und Palästinensern

Frieden kann es nur geben, wenn sich Israelis und Palästinenser auf Kompromisse in der Frage der Landverteilung einigen und auf einen Teil ihrer maximalen Forderungen verzichten. Die Verhandlungspositionen könnt ihr in Form eines Perspektivwechsels durchspielen.

Forderungen der Israelis

- Die Sperrmauer rund um das Westjordanland bleibt, denn sie schützt die Bevölkerung vor Terrorangriffen.
- Alle palästinensischen Organisationen müssen das Existenzrecht Israels anerkennen.
- Die Hamas ist eine Terrororganisation. Sie darf sich nicht an einer palästinensischen Regierung beteiligen.
- Bereits 1922 hat der Völkerbund Juden das Recht eingeräumt, sich in allen Teilen Israels niederzulassen. Außerdem haben wir das Land 1967 in einem Verteidigungskrieg erobert. Auch in Israel ist ein Fünftel der Bevölkerung arabischer Herkunft.
- Jerusalem ist für alle Juden eine heilige Stadt. Sie muss ungeteilt Hauptstadt unseres Landes bleiben.
- Die Terrorangriffe auf israelische Bürger müssen gestoppt werden. Alle Palästinenser geben ihre Waffen ab.
- In einem Palästinenserstaat dürfen jüdische Siedler nicht vertrieben oder unterdrückt werden. Sie müssen gleiche Rechte wie die arabische Bevölkerung haben.

Forderungen der Palästinenser

- Die Sperrmauer muss abgebaut werden. Alle Palästinenser müssen sich frei bewegen können.
- Der Bau jüdischer Siedlungen im Westjordanland muss sofort gestoppt werden. Sie machen wegen der Zersiedelung unseres Landes die Gründung eines Palästinenserstaates unmöglich.
- Wir wollen in einem eigenen Staat leben, der von Israel anerkannt wird. Er umfasst Gaza, Westjordanland und Ostjerusalem.
- Jerusalem hat für alle Muslime eine herausragende religiöse Bedeutung. Ostjerusalem soll deshalb nie Hauptstadt des neuen Staates werden.
- Die Hamas wurde in freien Wahlen in die Regierung der palästinensischen Autonomiebehörde gewählt. Israel muss sie anerkennen.
- Israel hat Gaza, Westjordanland mit Jerusalem und die Golanhöhen 1967 widerrechtlich erobert. Es muss alle besetzten Gebiete räumen und das Militär abziehen.
- Solange die Besetzung palästinensischer Gebiete anhält, dürfen sich Palästinenser gegen die Unterdrückung ihrer Bevölkerung mit Waffengewalt wehren.

- Teilt eure Klasse in mehrere Gruppen auf, die jeweils die Positionen von Israelis und Palästinensern vertreten.
- Überlegt anhand eurer Liste, auf welche zwei Forderungen ihr in eurer jeweiligen Rolle notfalls verzichten könntet und auf welche auf keinen Fall.
- Präsentiert eure Ergebnisse entsprechend eurer Rolle vor der Klasse und begründet eure Entscheidung.
- Diskutiert abschließend in der Klasse: Was müsste passieren, damit eine Einigung möglich wäre?

4 Internationale Organisationen: Was leisten NATO und UNO für den Frieden?

Kurzvorträge bewerten

Im Auftrag internationaler Organisationen sind weltweit Menschen in Krisengebieten für den Frieden tätig und riskieren dafür nicht selten sogar ihr Leben. Welche Aufgaben diese Organisationen haben und was sie für die Friedenssicherung leisten, ist Thema in diesem und im folgenden Unterkapitel. Ihr könnt zwischen den beiden Themen auswählen, die Materialien selbstständig erarbeiten und die Organisationen in Kurzvorträgen vorstellen. Mithilfe der Methodenkarte könnt ihr anschließend eure Vorträge bewerten.

A Wahlthema NATO

Was ist die NATO?

Die NATO (North Atlantic Treaty Organization) ist ein Militärbündnis und wird auf Deutsch „Nordatlantikpakt" genannt. Gegründet wurde sie 1949 – wenige Jahre nach dem Zweiten Weltkrieg – von den USA, Kanada und zehn europäischen Staaten. Bei ihrer Gründung hatte die NATO eine wichtige Aufgabe und ein wichtiges Ziel: Sie sollte die Sicherheit der Bündnispartner garantieren und die kommunistischen Staaten des sogenannten Ostblocks durch militärische Stärke davon abhalten, gegen die westlichen Staaten Krieg zu führen. 1955 schlossen sich die damals kommunistischen Staaten in Osteuropa unter der Führung der Sowjetunion zu einem Gegenbündnis, dem sogenannten „Warschauer Pakt", zusammen.

Von zentraler Bedeutung für die Rolle der NATO ist der sogenannte Bündnisfall, der im Artikel 5 des Nordatlantikvertrages geregelt ist. Darin übernehmen alle NATO-Mitgliedstaaten die Verpflichtung, sich im Falle einer militärischen Bedrohung gegenseitig zu helfen.

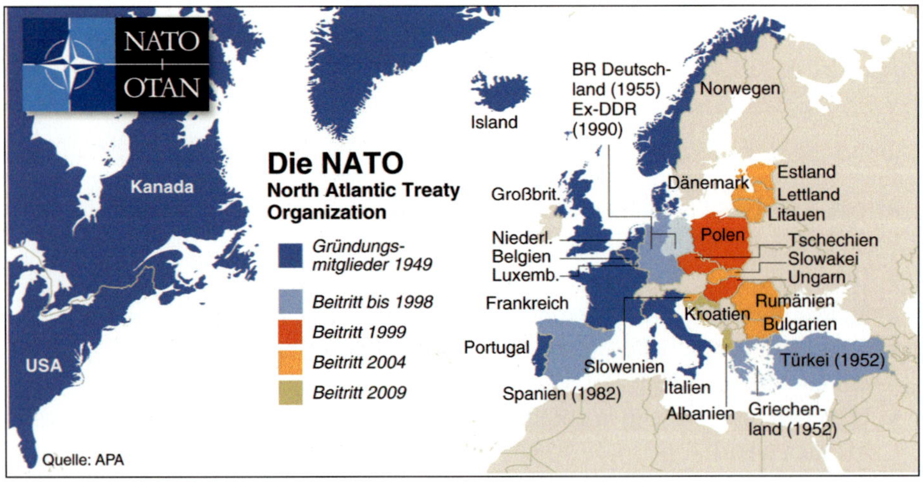

Organisation

Das Bündnis hat seinen Sitz in Brüssel. Wichtigstes Organ der NATO ist der Nordatlantikrat. Er steuert alle Aktivitäten des Bündnisses. Den Vorsitz hat der Generalsekretär, der als Sprecher die NATO in der Weltöffentlichkeit vertritt. Zweimal pro Jahr treffen sich außerdem die Außen- und Verteidigungsminister der Mitgliedstaaten, alle drei bis vier Jahre die Regierungschefs auf den sogenannten NATO-Gipfeln, um aktuelle Fragen zu besprechen, aber auch um die langfristige Strategie des Bündnisses festzulegen.

Neue Aufgaben für die NATO

Nach dem Zerfall der Sowjetunion löste sich 1991 auch das östliche Gegenbündnis, der Warschauer Pakt, auf. Das Ende der kommunistischen Staaten in Europa bedeutete auch das Ende der Gegnerschaft zwischen Ost und West. Damit änderten sich die Aufgaben der NATO und ihre Zusammensetzung. Mehrere europäische Staaten, die früher dem Warschauer Pakt angehört hatten, wurden in das Bündnis aufgenommen (siehe Schaubild). Mittlerweile gehören der NATO 28 Staaten an (Stand 2016).
Heute definiert sich die NATO nicht mehr nur als ein reines Militärbündnis, sondern darüber hinaus als ein partnerschaftlicher Zusammenschluss von Staaten, die gemeinsam Freiheit

und Menschenrechte schützen wollen. Mit Russland, dem Nachfolgestaat der ehemaligen Sowjetunion, strebte die NATO eine partnerschaftliche Zusammenarbeit in Fragen der globalen Friedenssicherung an. Diese positive Entwicklung wurde allerdings gestoppt, als russische Truppen 2014 in die Ukraine einmarschierten, die Halbinsel Krim in das russische Reich eingliederten und es zum Krieg auf dem Gebiet der Ukraine kam. Aus der Sicht des Westens betreibt Russland hier eine unrechtmäßige Eroberungspolitik und verletzt das Völkerrecht. Russland dagegen bestreitet die Vorwürfe und sieht im Bestreben der NATO, immer mehr Mitglieder aufzunehmen, eine neue Art der Bedrohung.
Weltweite Kriseneinsätze im Auftrag der UNO gehören mittlerweile zu den wichtigen Aufgaben der NATO. Beispiele dafür sind der Einsatz in Afghanistan zwischen 2002 und 2014, an dem auch Soldaten der Bundeswehr beteiligt waren, und der Einsatz in Libyen 2011.
In Europa soll die NATO Frieden und Sicherheit garantieren. Dazu gehört auch der weltweite Kampf gegen den internationalen Terrorismus, der mittlerweile zu den besonders großen Herausforderungen zählt.
Das Bündnis sucht heute die sicherheitspolitische Zusammenarbeit auch mit Staaten, die der NATO nicht angehören. Man pflegt Kontakte und Kooperationen mit über 40 Staaten und vielen Organisationen weltweit (Stand 2016). Eine dringliche Zukunftsaufgabe wird in den kommenden Jahren darin bestehen, vorbeugende Maßnahmen gegen eine elektronische Kriegsführung zu finden. Cyberwar zum Beispiel durch Angriffe auf Computersysteme, Kommunikations- und Energienetzwerke stellen eine neue Form der Bedrohung dar, auf deren Abwehr sich die Mitgliedstaaten vorbereiten müssen.

Der Bündnisfall: Artikel 5 des Nordatlantikvertrags

„Die Parteien vereinbaren, dass ein bewaffneter Angriff gegen eine oder mehrere von ihnen in Europa oder Nordamerika als ein Angriff gegen sie alle angesehen wird; sie vereinbaren daher, dass im Falle eines solchen bewaffneten Angriffs jede von ihnen […] der Partei oder den Parteien, die angegriffen werden, Beistand leistet, indem jede von ihnen unverzüglich für sich und im Zusammenwirken mit den anderen Parteien die Maßnahmen, einschließlich der Anwendung von Waffengewalt, trifft, die sie für erforderlich erachtet, um die Sicherheit des nordatlantischen Gebiets wiederherzustellen und zu erhalten."

1 Bereitet einen Kurzvortrag vor, in dem ihr auf folgende Fragen eingeht:
- Was ist die NATO? Wer ist Mitglied?
- Wie ist die NATO organisiert?
- Wie haben sich die Aufgaben der NATO gewandelt?
- Welche Bedeutung hat der sogenannte Bündnisfall?
- Welche Ziele hat die NATO für die Zukunft?

Tipp: Euren Vortrag könnt ihr erweitern, indem ihr zusätzlich die folgende Seite miteinbezieht.

2 Präsentiert eure Vorträge und bewertet sie mithilfe der Methodenkarte 16, Seite 298.

3 Im Zeitalter der Globalisierung lassen sich Sicherheitsrisiken nicht mehr lokal eingrenzen. Einige Mitglieder fordern deshalb, die NATO zu einem globalen Militärbündnis auszubauen. Nehmt Stellung zu dieser Forderung.

Die neue Herausforderung: Wie kann die NATO die Sicherheit ihrer östlichen Mitglieder gewährleisten?

Seit dem Ukraine-Konflikt und der Besetzung der Krim durch Russland ist in den östlichen Staaten der NATO die Angst vor einer russischen Aggression stark gewachsen. Sie verlangen von der NATO, langfristig mehr Truppen und Waffen in Osteuropa zu stationieren. Wie soll die NATO auf diese Forderung reagieren?

Estland, Lettland und Litauen erwarten von den Deutschen ein klares Bekenntnis zur Sicherheit der NATO-Partner in direkter Nachbarschaft zu Russland. Und sie wollen offenbar mehr als nur freundliche Worte. Denn die Sorge vor einer Wiederholung der Krim-Annexion ist auch in Riga, Tallinn und Vilnius zu spüren, man fühlt sich von Moskau bedroht. Nicht zuletzt, weil in Estland und Lettland eine starke russische Minderheit von mehr als 25 Prozent der Bevölkerung lebt und der Kreml das Recht für sich in Anspruch nimmt, auch im Ausland zum Schutz seiner Bürger militärisch zu intervenieren. […]
Doch die Armeen sind nach wie vor klein und haben insgesamt nicht mal 20000 reguläre Soldaten und nur wenig schwere Waffen.
Offensichtlich sind solche Appelle aus Sicht der Balten notwendig. Denn tatsächlich haben die anderen NATO-Länder sich bislang auf eher symbolische Gesten beschränkt. […]
US-Präsident Barack Obama betonte zwar im September 2014 bei einem Besuch im Baltikum, die Verteidigung von Tallinn, Riga und Vilnius sei genauso wichtig wie die von Berlin, Paris und London. Dennoch herrscht in vielen NATO-Ländern mindestens Skepsis, ob man für die Balten einen Krieg mit der Atommacht Russland riskieren sollte.

Zwar garantiert Artikel 5 des NATO-Vertrages im Falle eines Angriffs „Beistand“ für das attackierte Land durch die anderen Mitglieder der Allianz, doch dabei gibt es einen breiten Spielraum. Den Ländern ist es überlassen, welche Maßnahmen sie konkret ergreifen, um die Sicherheit des Bündnisses wiederherzustellen.

(Aus: Christian Thiels: Von der Leyen beruhigt die Balten, 14.04.2015, in: www.tagesschau.de; Zugriff: 30.10.2015, © NDR)

Für die Balten einen Krieg mit Russland riskieren?

Wichtigstes Ziel der NATO ist der Schutz ihrer Mitglieder. Deshalb sollte die NATO den Forderungen der Balten nachgeben, auch wenn sich dadurch das Verhältnis zu Russland weiter verschlechtert.

Die NATO sollte den Forderungen der Balten nicht nachgeben und lieber versuchen, durch Kontakte und Zusammenarbeit ihr Verhältnis zu Russland zu verbessern. Dann muss sich niemand vor Russland fürchten.

1 Erläutere, warum sich die baltischen Staaten von Russland bedroht fühlen.

2 Nimm Stellung zu den Aussagen in den Sprechblasen. Orientiere dich dabei an den Kriterien Angemessenheit der Reaktion, mögliche Folgen und Wirksamkeit der Maßnahmen. Stellt am Ende eures Vortrags die beiden Sprechblasen in der Klasse zur Diskussion.

B Wahlthema UNO

Aufgaben der UNO

Die UNO ist die größte und wichtigste internationale Organisation zur Sicherung des Friedens in der Welt. Ihr gehören heute 193 der 195 Staaten der Welt an.
Nach dem Zweiten Weltkrieg schlossen sich am 26. Juni 1945 51 Staaten zur „United Nations Organization (UNO)“ zusammen. Deutschland gehört der UNO seit 1973 an. Die UNO hat zum Ziel,

- den Weltfrieden und die internationale Sicherheit zu wahren,
- weltweit die Achtung der Menschenrechte durchzusetzen,
- freundschaftliche Beziehungen zwischen den Nationen zu wahren und zu fördern. Es gilt dabei der Grundsatz der Gleichberechtigung.

Alle Mitglieder der UNO haben die „Charta der Vereinten Nationen“ unterschrieben. Darin verpflichten sich diese,

- Streitigkeiten untereinander ausschließlich mit friedlichen Mitteln beizulegen,
- jede Androhung und Anwendung von Gewalt gegen die Unabhängigkeit oder das Territorium eines anderen Staates zu unterlassen,
- die Weltorganisation bei allen Maßnahmen zu unterstützen.

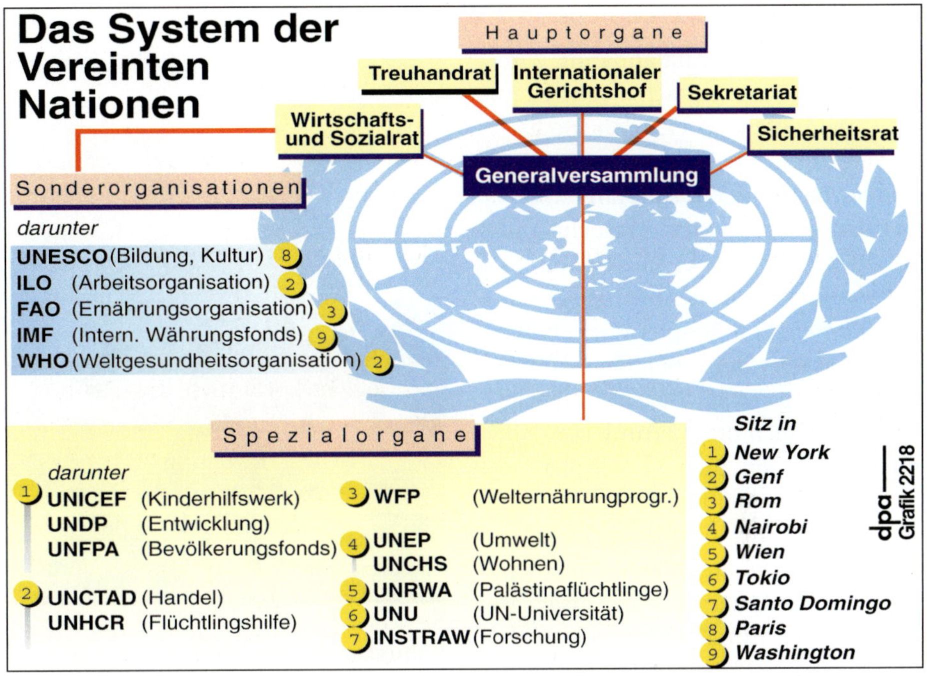

Die wichtigsten Organe der UNO

Die *Generalversammlung* besteht aus Vertretern von allen Mitgliedsländern der UNO. Jedes der 193 Länder hat eine Stimme. Auf der jährlichen Vollversammlung in New York, dem Hauptsitz der Weltorganisation, setzt sie sich für die Verwirklichung der Menschenrechte ein, lenkt die Aufmerksamkeit des Sicherheitsrats auf Gefährdungen des Weltfriedens und erörtert Fragen der Abrüstung. Die Generalversammlung kann in Krisengebieten Untersuchungen durchführen und Empfehlungen zur Konfliktregelung aussprechen. Alle zwei Jahre wählt sie die zehn nicht ständigen Mitglieder des Sicherheitsrates.
Alle fünf Jahre wählt die Generalversammlung auf Empfehlung des Sicherheitsrats den *Generalsekretär*, den obersten Verwaltungsbeamten der UNO. Er reist in Krisengebiete, führt Gespräche mit Regierungen und macht Vorschläge zur Beilegung von Konflikten. An den Sitzungen des Sicherheitsrats nimmt er teil und lenkt dort die Aufmerksamkeit auf die Probleme der Welt. Der *Sicherheitsrat* ist verantwortlich für die Wahrung des Weltfriedens. Er setzt sich aus fünf ständigen Mitgliedern (China, Frankreich, Großbritannien, Russland, USA) und zehn nicht ständigen Mitgliedern zusammen. Diese werden von der Generalversammlung auf zwei Jahre gewählt. Der Sicherheitsrat kann Empfehlungen aussprechen, wie die streitenden Länder ihre Konflikte friedlich beilegen können. Als einziges Organ der UNO kann er verbindliche Beschlüsse fassen und auch Zwangsmaßnahmen gegen ein Mitglied anordnen. Gegen die Beschlüsse des Sicherheitsrats können die fünf ständigen Mitglieder von ihrem Vetorecht Gebrauch machen und damit mit einer einzigen Stimme einen Beschluss verhindern.

Friedenssicherung

Wenn sich ein Konflikt anbahnt, wird der Sicherheitsrat zunächst versuchen, die verfeindeten Parteien mit friedlichen Mitteln, wie Untersuchungen und Verhandlungen, zum Einlenken zu bringen. Wenn diese Versuche erfolglos sind, kann er Sanktionen (= Zwangsmaßnahmen) verhängen. Das können zum Beispiel Wirtschaftsembargos sein, bei denen der Handel mit den betroffenen Staaten untersagt wird, oder auch die Sperrung von Auslandskonten, um zum Beispiel uneinsichtige Konfliktparteien in finanzielle Schwierigkeiten zu bringen. Scheint kein anderer Ausweg möglich, kann der Sicherheitsrat den Einsatz militärischer Mittel anordnen. Dazu stehen ihm mehrere Möglichkeiten zu Verfügung.

Peacekeeping (Friedenssichernde Einsätze)

Im Auftrag der UNO werden leicht bewaffnete Truppen, aber auch zivile Helfer aus verschiedenen Mitgliedstaaten der UNO in Konfliktgebieten eingesetzt. Nach der Farbe ihrer Kopfbedeckung werden die UN-Soldaten Blauhelme genannt. Peacekeeper wurden zunächst nur eingesetzt, um einen Waffenstillstand zu überwachen. Sie dürfen nur zur Selbstverteidigung zu den Waffen greifen.
Häufig übernehmen UN-Truppen in den betroffenen Staaten zusätzlich auch zivile Aufgaben. So überwachen sie zum Beispiel Wahlen, sorgen für die Einhaltung von Menschenrechten und helfen beim Wiederaufbau der zerstörten Länder mit.

Robustes Peacekeeping

In den 1990er-Jahren zeigte sich, dass die klassischen Blauhelmtruppen an ihre Grenzen stießen: So konnten Friedenstruppen der UNO zum Beispiel 1994 in Ruanda einen Völkermord mit über 800 000 Opfern nicht verhindern. Zunehmend wurden auch UN-Soldaten selbst zu Opfern von Gewalttaten. Daher erhielten Blauhelmtruppen in der Folgezeit das Recht, ihren Auftrag notfalls auch mit Waffengewalt zu verfolgen. Das bezeichnet man als robustes Peacekeeping. Diese Aufgaben können auch NATO-Truppen übertragen werden, wie dies zum Beispiel 2011 in Libyen der Fall war.

1 Bereitet einen Kurzvortrag vor, in dem ihr auf folgende Fragen eingeht:
- Welche Ziele verfolgt die UNO und welche Pflichten ergeben sich daraus für die Mitglieder?
- Was sind die wichtigsten Organe der UNO, welche Aufgaben haben sie?
- Welche Möglichkeiten hat der Weltsicherheitsrat in Krisensituationen?
- Welche Auswirkungen kann das Vetorecht auf den Handlungsspielraum des Weltsicherheitsrats haben?
- Welche Instrumente zur militärischen Friedenssicherung hat die UNO? Wodurch unterscheiden sie sich?

Tipp: Euren Vortrag könnt ihr erweitern, indem ihr zusätzlich die folgenden beiden Seiten miteinbezieht.

2 Präsentiert eure Vorträge und bewertet sie mithilfe der Methodenkarte 16, Seite 298.

Wie erfolgreich ist die UNO?

2015 wurde die UNO 70 Jahre alt. In einem Interview zog der UN-Experte und Journalist Andreas Zumach Bilanz.

Anlässlich des 70. Jubiläums der Weltorganisation erstrahlten weltweit markante Gebäude im UNO-Blau, wie hier in Aserbaidschan.

Herr Zumach, ist der 70. Geburtstag der UNO ein Grund zur Freude?

Andreas Zumach: Ja, es ist ein Grund zur Freude. Sie hat es nicht geschafft, die Menschheit von der Geißel des Krieges zu befreien, aber sie hat doch einige Konflikte verhindern und andere durch Verhandlungen frühzeitig beenden können – wie den ersten Golfkrieg zwischen Iran und Irak. Außerdem wurden durch ihre Unterorganisationen wie das Weltflüchtlingshilfswerk humanitäre Katastrophen verhindert. […]

Welche Verdienste kann sie noch vorweisen?

Es kam auch dank der Vermittlung des UN-Sicherheitsrates im Kalten Krieg nicht zu einem atomaren Konflikt zwischen den USA und der Sowjetunion. Das ist sicher der größte Verdienst. Und denken Sie an die zahlreichen Abkommen in den Bereichen Menschenrechte, Abrüstung, Arbeitsschutz oder Umwelt- und Klimaschutz.

Was waren die größten Fehler?

Zu den schwärzesten Stunden gehört ganz sicher der Völkermord in Ruanda 1994, als trotz dringender Warnungen eines kanadischen Generals nichts geschehen ist. […] Der Mord an 8000 Muslimen in Srebrenica im Jugoslawien-Krieg war das größte Versagen auf dem europäischen Kontinent.

Warum ist die Organisation oft tatenlos?

Ich möchte das ausdrücklich betonen: Wenn man von einem Versagen der Vereinten Nationen spricht, ist das in erster Linie ein Versagen der Mitgliedstaaten. Es gibt unterschiedliche nationalstaatliche Interessen und Machtgewichte. Daher kommt es im Sicherheitsrat immer wieder zu Blockaden durch die fünf Veto-Mächte. Dennoch halte ich die UNO mit ihrem kollektiven System für geeigneter, egoistische Interessen der Mitgliedstaaten im Zaum zu halten, als ein nach außen gerichtetes Militärbündnis wie die NATO.

Der Syrien-Krieg, die Ukraine-Krise, Ebola: Hat die UNO auch dort versagt?

Junge Leute, denen ich begegne und die um die 25 Jahre alt sind, sagen: 2014 gab es das schlimmste globale Chaos, das wir je erlebt haben. Und sie sehen leider auch ein Versagen der UNO, weil sich die Veto-Mächte im Sicherheitsrat erneut gegenseitig blockieren, etwa im Syrien-Krieg, wo sich die USA und Russland nicht auf ein gemeinsames Vorgehen einigen konnten. Dass in Syrien nicht einmal die vollständige Versorgung der Flüchtlinge gelingt, ist dramatisch […]

Wie viel Macht hat die UNO eigentlich noch?

Sie wird in der Tat aus bedeutenden Verhandlungen immer häufiger rausgehalten. In der Ukraine-Krise waren die Europäer zu überheblich und wollten das lieber mit ihren eigenen Organisationen wie der EU oder der OSZE regeln. Auch im Konflikt zwischen Israel und Palästina spielt die UNO keine Rolle, weil die USA das verhindern. Der Eindruck drängt sich auf, dass der Staatenbund an Macht verliert.

Hat die UNO eine Zukunft?

Sie muss eine Zukunft haben. Eine Welt ohne die UNO, das wäre ein Rückfall in die Barbarei […], so wie wir es ab Mitte der 1930er-Jahre in Europa schon einmal erlebt haben.

(Aus: Thomas Fritz, Andreas Zumach: 70 Jahre Vereinte Nationen: Brauchen wir die UNO eigentlich noch, 28.06.2015, in: www.web.de/magazine; Zugriff: 28.10.2015, © 1&1 MAIL&MEDIA)

1 Erfolge und Rückschläge der UNO könnt ihr zum Beispiel in einer Tabelle visualisieren und in euren Vortrag einbauen.

2 Wie bewertet ihr den Erfolg der UNO? Begründet euren Standpunkt und stellt ihn in der Klasse zur Diskussion.

Methodenkarte 16

S M U H

Bewertung von Kurzvorträgen

Thema: NATO, UNO

Worum geht es?

Wenn ihr im Politikunterricht einige Routine in der Präsentation von Kurzvorträgen gewonnen habt, könnt ihr darangehen, eure Kurzvorträge zur Friedenssicherung einer genaueren Beurteilung zu unterziehen und den Vortragenden Rückmeldung über die Wirkung ihrer Vorträge zu geben. Das nennt man Feedback.

Wie könnt ihr vorgehen?

Den Fragebogen auf dieser Seite könnt ihr für alle Schülerinnen und Schüler kopieren, damit ihr eure Bewertungen eintragen könnt. Ihr vergebt Punkte für die einzelnen Bewertungsmerkmale und zählt am Ende eure Gesamtpunktzahl zusammen.

Was solltet ihr noch beachten?

Während des Vortrags sollte sich das Publikum auf das Zuhören und Zuschauen konzentrieren. Den Fragebogen könnt ihr im Anschluss daran ausfüllen. In der Phase der Besprechung der Vorträge sollte die gegenseitige Hilfestellung vor der gegenseitigen Kritik im Vordergrund stehen. Später in der Berufsausbildung könnt ihr davon ausgehen, dass solche Beurteilungsbögen als Grundlage für eine Leistungsbewertung herangezogen werden. Der Fragebogen auf dieser Seite wurde von Lehrern und Schülern gemeinsam erarbeitet.

Beurteilungsbogen für Kurzvorträge

		maximale Punktzahl	erreichte Punktzahl	Vortragende von A bis Z				
				A	B	C	D	E
A	**Die Sache**							
1.	Wurde zu Beginn des Vortrags das Thema deutlich benannt und erklärt?	0–2						
2.	War der Vortrag anschaulich und gut gegliedert?	0–4						
3.	Wie gut verständlich und wie lehrreich war er für die Zuhörerinnen und Zuhörer?	0–4						
4.	Enthielt der Vortrag eine angemessene Menge an Informationen?	0–3						
5.	Gab es am Ende eine Zusammenfassung und einen gut nachvollziehbaren Abschluss?	0–2						
		15 Punkte						
B	**Die Personen**							
6.	Haben die Vortragenden die Aufmerksamkeit der Klasse abgewartet und in Ruhe eröffnet?	0–2						
7.	Wurde Blickkontakt zum Publikum hergestellt und gehalten?	0–1						
8.	Wurde klar, laut und deutlich, frei und in angemessenem Tempo gesprochen?	0–2						
9.	War erkennbar, dass die Vortragenden sich gut vorbereitet haben?	0–3						
10.	War das äußere Erscheinungsbild der Vortragenden der Situation angemessen (Art des Auftretens, Körperhaltung etc.)?	0–2						
		10 Punkte						
C	**Sonderpunkte**							
11.	Können ein oder mehrere Zusatzpunkte für besondere Einfälle und Leistungen gegeben werden?	0–2						

Organisationen-Bingo: Wir überprüfen unsere Kenntnisse

Beim Organisationen-Bingo kannst du auf spielerische Weise überprüfen, welche Informationen du dir während der Kurzvorträge über die NATO und UNO merken konntest, und zugleich feststellen, was andere in der Klasse darüber wissen. Nicht du selbst sollst die richtigen Antworten finden, vielmehr suchst du für jede Karte jemanden, der die Antworten notiert.

1. Die UNO hat heute … Mitglieder.

   Unterschrift:

2. Der Generalsekretär der UNO hat die Aufgabe, …

   Unterschrift:

3. Das Vetorecht bedeutet, dass …

   Unterschrift:

4. Als einziges Organ der UNO kann der Weltsicherheitsrat … verhängen.

   Unterschrift:

5. Blauhelmsoldaten werden so genannt, weil …

   Unterschrift:

6. Robustes Peacekeeping bedeutet, …

   Unterschrift:

7. Eine wichtige Aufgabe der NATO ist: …

   Unterschrift:

8. Der Bündnisfall in der NATO bedeutet, …

   Unterschrift:

9. Die Abkürzung NATO steht für …

   Unterschrift:

So könnt ihr vorgehen:

- Übertragt die Karten auf ein leeres Blatt Papier oder kopiert diese Seite.
- Auf ein Startsignal hin versucht ihr, so schnell wie möglich eine Mitschülerin oder einen Mitschüler zu finden, die/der jeweils ein Kärtchen ausfüllen kann. Beachtet dabei, dass ihr für jedes Kärtchen eine andere Person finden müsst.
- Gewonnen hat, wer als Erster alle Kärtchen ausgefüllt hat. Er oder sie ruft dann laut „Bingo!“.
- Das Spiel dauert so lange, bis fünf Schülerinnen oder Schüler „Bingo!“ gerufen haben.
- Vergleicht anschließend in Kleingruppen eure Lösungen.

5 Soll sich die Bundeswehr stärker an Auslandseinsätzen beteiligen?

Erfolgschancen von Auslandseinsätzen beurteilen

Deutschland ist von Freunden umgeben. Wozu brauchen wir überhaupt eine Armee? Diesen Fragen könnt ihr in diesem Unterkapitel nachgehen.
Tipp: Es kann auch eigenständig erarbeitet und in Form eines Kurzvortrags präsentiert werden.

Deutsche Soldaten im Auslandseinsatz

A Die Bundeswehr im Einsatz: drei Beispiele

1 Deutsches Engagement in Afghanistan

Von 2002 bis 2014 waren deutsche Soldatinnen und Soldaten im Auftrag der NATO in Afghanistan eingesetzt, wo sie der afghanischen Regierung und der Zivilbevölkerung im Kampf gegen die radikalislamischen Taliban halfen. Diese galten als Unterstützer des internationalen Terrorismus und wollten gewaltsam die Macht in dem seit 1979 umkämpften Staat zurückerobern. Der Einsatz in Afghanistan war einer der umstrittensten, längsten und insgesamt der gefährlichste in der Geschichte der Bundeswehr. Mehr als 50 deutsche Soldaten starben bei Anschlägen und Kämpfen. 2014 ging die Verantwortung für die Sicherheit an die afghanische Regierung über. Nach wie vor ist die Bundeswehr vor Ort aktiv: Sie bildet Streitkräfte und Polizei aus, um die Sicherheit im Land aufrechtzuerhalten – denn die Taliban sind nach wie vor im Land eine große Gefahr.

2 Operation Atalanta

Deutschland und Europa hängen von sicheren Transportwegen über See ab. Durch den Golf von Aden verläuft die Haupthandelsroute zwischen Europa, der Arabischen Halbinsel und Asien, mehr als 20 000 Schiffe passieren das Gebiet pro Jahr […]. Gleichzeitig gehört die Route zu den weltweit am stärksten von Piraterie gefährdeten. Sie offen und sicher zu halten, liegt im deutschen Interesse – der Schutz von Seewegen ist Kernaufgabe einer Marine.
Im Jahr 2008 wurde die EU NAVFOR Somalia Operation Atalanta aufgestellt, um humanitäre Hilfslieferungen für Somalia zu schützen und die von Somalia ausgehende Piraterie auf See zu bekämpfen. Deutschland beteiligt sich durchgehend an dem Verband, derzeit mit der Korvette „Erfurt" und einem Seefernaufklärungsflugzeug vom Typ P-3C „Orion". Seit 2012 ist die Piraterie stark rückläufig, was unter anderem auf die Anwesenheit der europäischen Kriegsschiffe zurückzuführen ist. Die Seewege am Horn von Afrika sind wesentlich sicherer geworden.

(Nach: Presse- und Informationszentrum Einsatzführungskommando der Bundeswehr, www.einsatz.bundeswehr.de; Zugriff: 30.10.2015)

3 EU-Einsatz im Mittelmeer

Seit 2015 beteiligt sich die Deutsche Marine mit zwei Schiffen an der Rettung von Flüchtlingen in Seenot und an Maßnahmen gegen Schleuserbanden. Mehr als eine halbe Million Flüchtlinge sind in den ersten zehn Monaten des Jahres über das Mittelmeer nach Europa geflüchtet – oftmals auf seeuntauglichen Booten. 3 000 Menschen bezahlten diesen Versuch mit dem Leben, unzählige mussten aus Seenot gerettet werden. […] Gegen die Schleuserbanden geht die Europäische Union mit ihrer Mission EU NAVFOR vor. Die Soldaten dürfen Schiffe, die für Menschenschmuggel benutzt werden, beschlagnahmen. Die Einsatzregeln gestatten es deutschen Soldaten, auch Waffengewalt anzuwenden.

(Nach: Presse- und Informationszentrum Einsatzführungskommando der Bundeswehr, www.einsatz.bundeswehr.de; Zugriff: 30.10.2015)

1 Beschreibe, welche Aufgaben die Bundeswehr bei den drei Beispielen jeweils erfüllt.

B Hintergrund: Welche Aufgaben hat die Bundeswehr?

Armee im Bündnis

Die Bundeswehr war 1955 gegründet worden, um im Verteidigungsfall den Feind im Osten mit starken Bodentruppen und Panzern aufzuhalten. Von Anfang an war sie mit ihren Waffen und Truppen vollständig in die NATO integriert. Nach dem Wegfall der Bedrohung im Osten bleibt zwar die Landesverteidigung eine wichtige Aufgabe, doch sind heute internationale Einsätze wesentlich wichtiger geworden. Zu ihren Aufgaben gehören heute:

- Landesverteidigung im Bündnisfall im Rahmen der NATO,
- internationale Konfliktverhütung und Krisenbewältigung einschließlich des Kampfes gegen den internationalen Terrorismus,
- Beteiligung an Einsätzen der UNO, NATO und der EU,
- Rettung und Evakuierung sowie Geiselbefreiung im Ausland,
- Hilfe bei Naturkatastrophen, schweren Unglücksfällen im Inland sowie humanitäre Hilfsaktionen im Ausland.

Auslandseinsätze

Seit den 90er-Jahren wird die Bundeswehr im Ausland eingesetzt. Dahinter steht die Erkenntnis, dass im Zeitalter der Globalisierung Bedrohungen auch weit außerhalb Europas die Sicherheit Deutschlands gefährden können. Deshalb wirkt die Bundeswehr aktiv an der Vorbeugung und Bekämpfung von Konflikten mit – in Afrika, auf dem Balkan, im Nahen Osten.

Das Bundesverfassungsgericht schuf 1994 die rechtlichen Voraussetzungen dafür. Danach sind sogenannte out-of-area-Einsätze (Einsätze außerhalb des NATO-Gebiets) zulässig,

- wenn die Bundeswehr an friedensschaffenden und -erhaltenden Maßnahmen der UNO oder NATO teilnimmt,
- wenn zuvor der Bundestag einer Teilnahme mehrheitlich zugestimmt hat.

Seither hat die Zahl der Bundeswehreinsätze erheblich zugenommen. Sie sind auch gefährlicher geworden. Der Einsatz in Afghanistan war der erste größere Kampfeinsatz der Bundeswehr. Dort verloren rund 50 Soldaten ihr Leben.

Die Bundeswehr – eine Berufsarmee

Bei ihrer Gründung wurde die Bundeswehr als Armee von Wehrpflichtigen konzipiert. Dahinter stand die Auffassung, dass in einem demokratischen Staat Bürger bereit sein müssen, die Demokratie notfalls mit Waffen zu verteidigen. Kritiker bemängelten allerdings, dass für die steigende Zahl von Auslandseinsätzen Wehrdienstleistende nicht eingesetzt werden konnten. Auch erforderten Auslandseinsätze gut ausgebildete Soldaten, die auch über längere Zeit eingesetzt werden können. Deshalb besteht die Bundeswehr seit 2011 aus Berufssoldaten. Die Wehrpflicht wurde ausgesetzt, das bedeutet, dass sie aktuell nicht angewendet wird.

1 Erkläre, unter welchen Bedingungen Auslandseinsätze der Bundeswehr zulässig sind.

2 Begründe, warum die Bundeswehr heute eine Berufsarmee ist.

Was auch noch interessant sein kann:

- Auf der Website der Bundeswehr schildern Armeeangehörige ihre Eindrücke bei Bundeswehreinsätzen. Ihr könnt sie unter www.einsatz.bundeswehr.de recherchieren und in der Klasse vorstellen.

C Wie erfolgreich ist die Bundeswehr bei der Friedenssicherung?

Der längste Einsatz in der Geschichte der Bundeswehr ist abgeschlossen. Nach mehr als 17 Jahren endete das Engagement der Truppe in Bosnien-Herzegowina. [...] Seit 1996 waren etwa 63 500 deutsche Soldaten im Auftrag der EU zur Friedenssicherung eingesetzt. 18 deutsche Soldaten verloren während des Einsatzes ihr Leben.
Der Bürgerkrieg in Bosnien-Herzegowina zwischen Serben, Kroaten und muslimischen Bosniaken (1992–1995) war der folgenschwerste militärische Konflikt in Europa seit dem Zweiten Weltkrieg. Mehr als 100 000 namentlich identifizierte Tote, Hunderttausende Verletzte, Hunderttausende Vertriebene, verwüstete Landstriche, Milliarden-Schäden. Zur Sicherung des Ende 1995 erzwungenen Friedens wurde die internationale Schutztruppe IFOR eingesetzt, die später in SFOR umbenannt wurde. Neun Jahre später übernahm die EU die Friedenssicherung (EUFOR). Weil sich die Sicherheitslage verbesserte, konnten immer mehr deutsche Soldaten nach Hause zurückkehren. [...]
Durch den Einsatz der Soldaten wurden die schweren Waffen der Kriegsparteien vernichtet, die Truppen demobilisiert, heimische Sicherheitskräfte nach modernen demokratischen Prinzipien ausgebildet, wichtige Infrastrukturprojekte wie Straßen instand gesetzt. [...] Doch während die militärische Mission erfüllt ist, gerieten die politischen Friedensbemühungen zu einem Fiasko [...] Schon seit vielen Jahren gilt das Balkanland wegen des fortdauernden Streits zwischen den drei Völkern als unregierbar. Die beiden fast autonomen Landeshälften der Serben auf der einen und der Muslime und Kroaten auf der anderen Seite arbeiten gegeneinander. Mehr noch: Die Serben, die ein Drittel der Bevölkerung stellen und die Hälfte des Landes kontrollieren, wollen sich abspalten und ihrer Mutterrepublik Serbien anschließen.

(Nach: dpa/dapd: Bundeswehr verlässt Bosnien, in: www.sueddeutsche.de, 27.09.2012; Zugriff: 20.04.2013, verf. von Oliver Klasen und Friederike Zoe Grasshoff)

1 Stelle Fortschritte und Defizite der Friedenssicherung einander gegenüber.

2 Suche dir einen Partner und vergleicht die Ergebnisse. Wie beurteilt ihr den Erfolg der Bundeswehrmission?

3 Diskutiert in der Klasse über die Frage: Kann man Frieden mit militärischen Mitteln schaffen? Berücksichtigt dabei auch eure Arbeitsergebnisse aus dem ersten Unterkapitel.

S M U H

D TEAM kontrovers: Soll sich die Bundeswehr stärker an Auslandseinsätzen beteiligen?

In den letzten Jahren forderten einige Politiker, darunter auch Bundespräsident Joachim Gauck, dass Deutschland international mehr Verantwortung übernehmen müsse, besonders wenn in einem Konflikt massiv Menschenrechte verletzt würden. Es reiche nicht aus, wenn die Bundeswehr in Konflikten nur bei unterstützenden Maßnahmen aushelfe. Im Kampf um Menschenleben sei es manchmal notwendig, zu Waffen zu greifen. Doch Kampfeinsätze der Bundeswehr sind von Anfang an umstritten. Ihr könnt euch auf dieser Seite ein eigenes Urteil bilden.

1 Arbeite aus den beiden Stellungnahmen die Argumente heraus.

2 Formuliere eine begründete Stellungnahme zur Diskussionsfrage.

3 Stelle sie in der Klasse vor und diskutiert miteinander.

Pro: Nur wer kämpft, darf mitreden

Dutzende von bewaffneten Konflikten gab es in den vergangenen Jahren. Neben Angriffskriegen und Unabhängigkeitskriegen auch sogenannte Verteidigungskriege wie der Feldzug in Afghanistan. [...] Das Land am Hindukusch war nicht nur Brut- und Ausbildungsstätte von radikal-islamistischen Terroristen, sondern auch beherrscht von einem Regime, das als unmenschlich, brutal und rückständig betrachtet wurde. Es fiel nicht wirklich schwer, diese Invasion zu rechtfertigen. Deutschland war auch Teil dieses Krieges. [...] Und jede Verlängerung oder Ausweitung eines Bundeswehr-Auslandseinsatzes, sei es auf dem Balkan oder Tornado-Aufklärungsflüge über Afghanistan, muss dem Parlament mühsam abgerungen werden. Das ist auch gut so. Ein Land wie Deutschland mit seiner Vergangenheit darf es sich nicht leichtmachen mit dem Kriegführen. Aber es sollte auch nicht davor zurückschrecken.

Natürlich ist es wünschenswert, für jeden Konflikt eine politische Lösung zu finden. Wünschenswert, aber unrealistisch. Und wenn sich die internationale Gemeinschaft gezwungen sieht, militärisch zu intervenieren, dann sollte Deutschland nicht außen vor bleiben. Dieses Land ist eine der größten Wirtschaftsnationen, es steht auf Platz 13 der bevölkerungsreichsten Länder der Welt, es ist ein Global Player [...] Es ist zudem NATO- und EU-Mitglied und gern- und angesehener Makler in der internationalen Politik. Ein so wichtiger Teil der internationalen Gemeinschaft kann und sollte sich nicht drücken, wenn es ernst wird. [...] Nur wer mitkämpft, bekommt Respekt. Und wer Respekt genießt, darf mitreden. Und wer mitredet, darf mitbestimmen.

(Aus: Niels Kruse: Darf Deutschland Krieg führen?, in: www.stern.de, 11.09.2009; letzter Zugriff: 20.01.2016)

Kontra: Konflikte erfordern politische Lösungen

Wo immer militärisches Engagement nachgefragt wird, die Bundesrepublik ist dabei. Als ob es kein nationalsozialistisches Gestern gebe und kein Nachdenken darüber, wie man aktuelle internationale Probleme mit politischen Mitteln lösen kann. [...]

Allerdings scheint es auch niemanden in den politischen Bilanzabteilungen der kriegführenden Staaten zu stören, dass die praktischen Ergebnisse der meisten internationalen militärischen Aktionen in den vergangenen Jahren mehr als fragwürdig sind. [...] Beispiel Afghanistan: [...] Weder ist das multilaterale Verteidigungsbündnis dem Ziel nähergekommen, die Brutstätten des internationalen radikalislamistischen Terrors zu vernichten, noch schafften es die Soldaten, das Land im Inneren zu befrieden [...]

Warum also sollten deutsche Soldaten in Afghanistan bleiben oder in irgendeinem anderen Winkel der Welt in einem Schützengraben liegen?

Was die Krisenherde dieser Welt brauchen, sind keine Soldaten, sondern politische Lösungen, die die traditionellen, kulturellen und religiösen Interessen der Menschen in den betroffenen Ländern ernst nehmen und den vielen in- und ausländischen karitativen, sozialen und wirtschaftlichen Netzwerken eine Chance geben, ihre Aufbauarbeit zu leisten. [...] Ob die ex-jugoslawischen Mafiabanden, die Islamisten in Afghanistan oder die somalischen Piraten am Ende wirklich mit neuen Brunnen, Schulen, Krankenhäusern und wirtschaftlichem Aufbau zu besiegen sind, wird sich zeigen. Dass sie mit immer mehr Bundeswehrsoldaten nicht besiegt werden können, ist schon bewiesen.

(Aus: Manuela Pfohl: Darf Deutschland Krieg führen?, in: www.stern.de, 11.09.2009; letzter Zugriff: 20.01.2016)

6 Was leisten Nichtregierungsorganisationen?

Den persönlichen Beitrag zum Frieden reflektieren

A Friedensdienst ohne Waffen – Beispiele

1. Der Zivile Friedensdienst

Konflikte gewaltfrei zu bearbeiten – das ist der Leitgedanke des Zivilen Friedensdienstes (ZFD). Knapp 300 ausgebildete Fachkräfte sind derzeit in 39 Ländern aktiv. Dazu arbeiten sie grundsätzlich mit lokalen Partnern wie Friedens- und Menschenrechtsorganisationen zusammen.
Die Fachkräfte des ZFD unterstützen ihre lokalen Partner vor Ort darin,

- Gewalt zu verhindern, bevor sie ausbricht,
- Konflikte friedlich zu regeln,
- Versöhnung zu ermöglichen,
- Frieden langfristig zu sichern.

Getragen wird der ZFD von neun deutschen Friedens- und Entwicklungsorganisationen, die sich im ZFD zusammengeschlossen haben. Finanziert und gefördert wird der ZFD vom Bundesministerium für wirtschaftliche Zusammenarbeit und Entwicklung.

Der ZFD unterstützt in Israel und Palästina Friedensgruppen, die sich mit Dialogveranstaltungen und Demonstrationen für eine Friedenslösung einsetzen.

Wege eröffnen. Die Menschen in Israel und Palästina leben seit Langem in einem Klima von Bedrohung, Gewalt, Angst und Besatzung. ZFD-Fachkräfte zeigen mit lokalen Gruppen aller Seiten Möglichkeiten auf, diese Belastung zu verarbeiten und gewaltfreie Wege der Konfliktbearbeitung zu erlernen und zu verfolgen. Dies gelingt zum Beispiel durch Friedenserziehung an Schulen, Dialogprojekte, der psychosozialen Betreuung von Gewaltopfern sowie Musik- und Theaterworkshops.

Gräben überwinden. Die Region der Afrikanischen Großen Seen ist seit Jahrzehnten durch Kriege und gewaltsame Konflikte geprägt. Die Gräben zwischen den verschiedenen Bevölkerungsgruppen sind tief, nicht nur zwischen den verschiedenen Bevölkerungsgruppen, sondern auch in den Ländern. Fachkräfte des ZFD begleiten Projekte in Ruanda, Burundi und der DR Kongo zur Wiedereingliederung von Flüchtlingen, zur Aufarbeitung der Vergangenheit, zur Rehabilitation Traumatisierter sowie zum grenzüberschreitenden Dialog.

Gerechtigkeit fördern. Seit mehr als fünfzig Jahren leidet Kolumbien unter gewaltsamen Konflikten zwischen Militär, Paramilitärs und Guerilla. Oft steht die Zivilbevölkerung im Visier politisch motivierter Gewalt. Wer sich wehrt, wird bedroht, vertrieben, verhaftet. ZFD-Fachkräfte stärken die Menschen in ihrem Ringen um Gerechtigkeit. Menschenrechtsaktivisten werden zu ihrem Schutz begleitet und geschult. Theaterpädagogik gibt der Bevölkerung eine wirksame Möglichkeit, erfahrene Gewalt zu verarbeiten und anzuprangern.

(Nach: Kurzfassung ZFD – „Wir scheuen keine Konflikte", in: http://www.ziviler-friedensdienst.org/sites/ziviler-friedensdienst.org/files/anhang/beitrag/zfd-ausstellung-wir-scheuen-keine-konflikte-2761.pdf; Zugriff: 25.10.2015, © AGDF)

2. Hilfe für ehemalige Kindersoldaten im Kongo

In der Demokratischen Republik Kongo setzt sich die Caritas für die Entlassung von Kindersoldaten ein. Dort werden die Kinder in dem seit Jahrzehnten andauernden Bürgerkrieg von Rebellen zum Militärdienst gezwungen. Nach der Entlassung betreut die Caritas die Jugendlichen medizinisch und psychologisch, ermöglicht ihnen den Schulbesuch und führt sie in ihre Familien zurück. (www.caritas-international.de)

3. Medizinische Hilfe in Kriegsgebieten

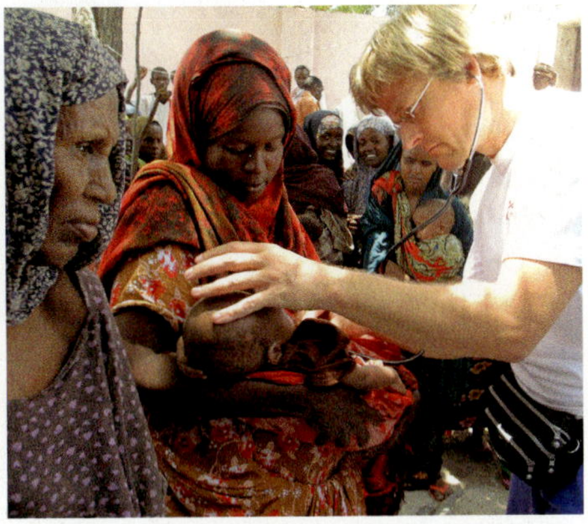

„Ärzte ohne Grenzen" leistet medizinische Hilfe für Menschen in Notsituationen, wie hier im Bürgerkriegsland Südsudan. Dazu zählen Einsätze in Kriegsgebieten und Flüchtlingslagern, bei Naturkatastrophen und Seuchen, wie zum Beispiel Ebola. Bei einem Einsatz arbeiten die ehrenamtlichen Helfer neben ihrem normalen Beruf für mehrere Wochen im Einsatzgebiet. (www.aerzte-ohne-grenzen.de)

4. Wiederaufbau einer Schule in Nepal

In Nepal baute die Welthungerhilfe nach einem verheerenden Erdbeben eine Schule erdbebensicher wieder auf und ermöglichte damit den Kindern den Schulbesuch. Nepal zählt zu den ärmsten Ländern der Welt, jeder zweite Erwachsene kann nicht lesen und schreiben. (www.welthungerhilfe.de)

5. Patenschaften für Kinder in Entwicklungsländern

Die christliche Kinderhilfsorganisation „World Vision" vermittelt Paten, die ein Kind finanziell unterstützen, damit es ausreichend ernährt werden und zur Schule gehen kann. Mit dem Beitrag werden auch die Familien unterstützt und Entwicklungsprojekte vor Ort finanziert. (www.worldvision.de)

1 Beschreibe, welche Ziele der Zivile Friedensdienst verfolgt und welche Mittel er dafür einsetzt.

2 Musik- und Theaterworkshops haben auf den ersten Blick wenig mit Friedensdienst zu tun. Erkläre den Zusammenhang.

3 Wähle eines der Beispiele auf dieser Seite aus und begründe, warum dieses Projekt einen Beitrag zum Frieden leistet. **Tipp:** Lies dazu noch einmal auf Seite 280 den Abschnitt „Aufgaben von Friedens- und Sicherheitspolitik".

Was noch interessant sein kann:

- über die Arbeit der vorgestellten Organisationen recherchieren und sie in einem Kurzvortrag vorstellen. Die Internetadressen findet ihr unter den Fotos auf dieser Seite.

B Zivile Friedensarbeit

1 Beschreibe in eigenen Worten, was Nichtregierungsorganisationen sind und in welchen Bereichen sie tätig sind.

2 Erkläre, warum Entwicklungspolitik eine besonders wirksame Form der Friedenspolitik ist.

3 NGOs setzen sich mit nicht militärischen Mitteln für den Frieden ein. Hältst du deren Beitrag für wichtiger, genauso wichtig oder weniger wichtig als die Arbeit von UNO und NATO? Begründe deine Antwort.

Ziele und Maßnahmen

Sind Kriege erst ausgebrochen, bleibt oft keine andere Wahl, als Waffen einzusetzen, um die Gewalt zu stoppen. Zivile Friedensarbeit hat zum Ziel, mit nicht militärischen Mitteln den Ausbruch von Gewalt zu verhindern und nach einem Krieg mit vielfältigen Mitteln bei der Bewältigung der Kriegsfolgen und der Versöhnung der verfeindeten Gruppen zu helfen. Dazu zählen beispielsweise Maßnahmen, die

- Gespräche und Kontakte zwischen verfeindeten Volksgruppen anregen,
- beim Wiederaufbau nach einem Krieg helfen,
- heimkehrenden Flüchtlingen bei der Wiedereingliederung helfen,
- örtliche Menschenrechtsgruppen unterstützen und beim Aufbau von demokratischen Regierungsformen beraten,
- soziale Ungerechtigkeit und Armut bekämpfen.

Die Rolle der Nichtregierungsorganisation

Nach einer Definition der UNO ist eine nichtstaatliche Organisation (NGO = non-governmental organization) „eine nicht gewinnorientierte und auf freiwilliger Arbeit basierende Organisation von Bürgern, die sowohl lokal als auch national oder international organisiert und tätig sein kann.“ NGOs engagieren sich vor allem in den Bereichen Nothilfe in Krisensituationen, Menschenrechte, Umwelt- und Entwicklungspolitik.
In Deutschland sehr bekannte internationale NGOs sind zum Beispiel Amnesty International, Greenpeace, Ärzte ohne Grenzen und Terre des Hommes. Auch in den Gemeinden haben sich zahlreiche private Initiativen und Vereine gebildet, die sich zum Beispiel für Flüchtlinge einsetzen oder eigene entwicklungspolitische Projekte durchführen. Die Zahl der NGOs ist in den letzten Jahren auf weltweit über 67 000 Organisationen gestiegen. Mit ihrem Engagement leisten sie einen Großteil der zivilen Friedensarbeit. Viele NGOs arbeiten mit Organen der UNO zusammen und beraten diese als Spezialisten bei ihrer Arbeit.

Wie in sehr vielen Ländern engagieren sich auch in Deutschland viele Bürgerinnen und Bürger ehrenamtlich für den Frieden, zum Beispiel bei der Betreuung von Flüchtlingen. Sie helfen ihnen, sich in Deutschland einzugliedern und die schrecklichen Erfahrungen auf der Flucht zu bewältigen.

Entwicklungspolitik = Friedenspolitik

Mehr als eine Milliarde Menschen leben von weniger als 1,25 Dollar am Tag. Wo es am Nötigsten zum Leben fehlt, wo Menschenrechte ständig verletzt werden und Menschen keinerlei Lebensperspektiven haben, entsteht ein Nährboden für Gewalt. Die meisten bewaffneten Konflikte finden in Entwicklungsländern statt. Dort ist die Lebenssituation der Menschen oft so schlimm, dass sie keinen anderen Weg sehen, als vor Krieg und Armut zu flüchten. Weltweit befinden sich über 60 Millionen Menschen auf der Flucht (Stand 2015). Die Bekämpfung von Armut und sozialer Ungerechtigkeit ist demnach auch ein wichtiger Schwerpunkt entwicklungspolitischer Projekte von staatlichen Organisationen und NGOs. Indem Entwicklungspolitik die Ursachen bekämpft, leistet sie einen besonders wichtigen Beitrag zur Verhinderung von Kriegen.

C Wir bewerten unsere Bereitschaft, uns für den Frieden zu engagieren

Euer Auftrag:

1. Entscheidet zunächst Punkt für Punkt für euch selbst, welche Aussage zutreffend ist.
2. Setzt euch dann in Gruppen zusammen und präsentiert eure Ergebnisse.
3. Vergleicht eure Ergebnisse und wertet sie aus. Gibt es ein Vorhaben, das ihr schon in naher Zukunft umsetzten könnt oder wollt?

		Das habe ich schon gemacht	Das könnte ich mir (später einmal) vorstellen zu tun	Das kommt für mich nicht infrage
1.	bei einem Konflikt in meinem Freundeskreis vermitteln und zur Beilegung beitragen			
2.	eine Ausbildung als Streitschlichter absolvieren			
3.	in Zeitungen oder im Internet über Friedensprojekte und Aktionen recherchieren			
4.	einmalig einen Betrag für ein Projekt oder eine Aktion spenden			
5.	in meiner Freizeit ehrenamtlich bei der Betreuung von Kriegsflüchtlingen mithelfen			
6.	ein Kind in einem Entwicklungsland durch eine Patenschaft unterstützen			
7.	mich in der Kirche, einer Partei, einer entwicklungspolitischen oder einer Menschenrechtsorganisation engagieren			
8.	mich an einer Demonstration gegen Rassismus und Ausländerfeindlichkeit beteiligen			
9.	an meiner Schule ein Projekt anregen und durchführen			
10.	ein freiwilliges soziales Jahr in einem Entwicklungsland leisten			

Friedenssicherung

Station 1 Welche Gefahren bedrohen den Frieden?

S M U H

Im Südsudan in Ostafrika tobt seit 2013 ein blutiger Bürgerkrieg. Auslöser war ein Machtkampf zwischen der Regierung und der Armee. In dem noch jungen Staat ist die Armee in viele ethnische Gruppen zersplittert, die sich zudem untereinander bekämpfen. Die Folge: 50 000 Tote, über zwei Millionen Vertriebene. Wegen der andauernden Kämpfe kam es 2015 zu einer Hungersnot unter der Bevölkerung.

1. Erkläre, um welche Art von Bedrohung es sich im vorliegenden Beispiel handelt. Warum ist sie besonders gefährlich?
2. Beschreibe eine weitere Bedrohung für den Frieden.
3. Können Menschen lernen, Konflikte friedlich zu lösen? Wie lautet deine Antwort auf die Frage? Begründe.

Station 2 Welche Gefahren gehen vom „Islamischen Staat“ aus?

S M U H

1. Die meisten Anschläge verübte der IS bisher in Nordafrika und im Nahen Osten. Sind auch Menschen in Mitteleuropa gefährdet? Begründe deine Antwort.
2. Beschreibe, wie der IS Nachwuchskämpfer rekrutiert.
3. Welche Maßnahmen wurden bisher im Kampf gegen den IS ergriffen, mit welchem Erfolg?

Station 3 Beispiel Nahostkonflikt: Kein Frieden in Sicht?

S M U H

1. Die Karikatur entstand im Sommer 2014. Interpretiere sie und nimm dabei Bezug auf die Ereignisse und die Kernursache des Konflikts.
2. Der Nahostkonflikt ist ein besonders komplexer Konflikt. Um ihn besser zu verstehen, kann man eine Konfliktanalyse vornehmen. Beschreibe die Vorgehensweise mithilfe der fünf Leitfragen.

MAL WIEDER ...

Station 4 Welchen Beitrag zum Frieden leisten internationale Organisationen?

Wähle eine Organisation und vervollständige den Steckbrief in Stichwörtern.

Steckbrief NATO

Mitglieder: ?

Hauptziel: ?

Organisation: ?

Aufgaben: ?

Ziele für die Zukunft:

Steckbrief UNO

Mitglieder:

Hauptziel: ?

Organisation: ?

Möglichkeiten des Sicherheitsrats: ?

Instrumente zur militärischen Friedenssicherung: ?

Station 5 Soll sich die Bundeswehr stärker an Auslandseinsätzen beteiligen?

1. Begründe ausgehend von der Karikatur, warum die Bundeswehr weltweit eingesetzt wird.
2. Erläutere die rechtlichen Grundlagen für einen Auslandseinsatz der Bundeswehr.

Station 6 Was leisten Nichtregierungsorganisationen?

Lea und Juri sitzen gemeinsam vor dem Fernseher. Gerade kommen Nachrichten. „Schrecklich, jeden Tag so viele Kriege, Armut und Flüchtlinge! Die Menschen in diesen Ländern tun mir so leid", murmelt Lea. „Jammern hilft auch nichts", entgegnet Juri. „Da hast du recht. Wir sollten etwas unternehmen, aber was?"

1. Schlage Lea und Juri drei Möglichkeiten vor, wie sie sich für den Frieden engagieren können.
2. Stelle ihnen eine Nichtregierungsorganisation und ihre Arbeit vor, die sie aktiv oder mit Spenden unterstützen könnten.

Glossar

Arbeit
Darunter versteht man die Summe aller Tätigkeiten, die Menschen verrichten, um ihren Lebensunterhalt zu verdienen. Man kann zwischen bezahlter und unbezahlter Arbeit unterscheiden. Es fehlt hier und in anderen Ländern an bezahlter Arbeit. Die Beseitigung von Arbeitslosigkeit bzw. die Sicherung und Schaffung neuer Arbeitsplätze gilt als eine der wichtigsten Zukunftsaufgaben für die Politik.

Armut
Hier muss man zwischen absoluter und relativer Armut unterscheiden. Weltweit leben über eine Milliarde Menschen in absoluter Armut. Das bedeutet, dass sie nicht genug zu essen, keinen Zugang zu sauberem Trinkwasser und keine menschenwürdige Wohnung haben. Auch in Deutschland gibt es viele Menschen, denen wenig Geld zur Verfügung steht und die sich wenig leisten können. Im Vergleich zur absoluten Armut leben diese Menschen in relativer Armut. Als relativ arm gelten in Deutschland Familien, denen weniger als die Hälfte eines durchschnittlichen Familieneinkommens zur Verfügung steht.

Betrieb
In den Betrieben werden die Waren, die wir zum Leben brauchen, hergestellt und auf den Märkten angeboten. Das kann in einem Ein-Personen-Betrieb geschehen, aber auch in einem Unternehmen, in dem Tausende von Mitarbeitern mit der Herstellung eines Produktes beschäftigt sind. Neben der Größe unterscheiden sich die vielen Betriebe nach der Art der Waren, die dort hergestellt werden, und nach der Rechtsform. Zum Beispiel kann ein Betrieb eine Personengesellschaft sein mit einer Chefin oder einem Chef an der Spitze oder eine große Aktiengesellschaft. Zu einem Unternehmen können mehrere Betriebe gehören.

Betriebsrat
Er ist die gewählte Interessenvertretung der Arbeitnehmerinnen und Arbeitnehmer in einem Wirtschaftsbetrieb. Er kann in Betrieben mit einer Mindestzahl von fünf Personen alle vier Jahre gewählt werden. Die wichtigste Aufgabe des Betriebsrates besteht darin, alle Belange der Belegschaft gegenüber der Leitung des Betriebes zu vertreten. Seine Rechte sind im Betriebsverfassungsgesetz geregelt.

Bruttoinlandsprodukt
Den Wert aller in einer Volkswirtschaft erstellten Waren und Dienstleistungen in einem Jahr bezeichnet man als Bruttoinlandsprodukt. Dies wird in einer Geldsumme ausgedrückt. Die Höhe des BIP gilt als Maßstab für den Wohlstand und die wirtschaftliche Leistungsfähigkeit einer Gesellschaft. Nach wie vor ist eines der wichtigsten Ziele der Wirtschaftspolitik, ein hohes und gleichmäßiges Wachstum des Bruttoinlandsproduktes zu erreichen. Früher sprach man vom Bruttosozialprodukt. Der Unterschied besteht darin, dass das Bruttoinlandsprodukt den Wert aller Waren und Dienstleistungen ausdrückt, die im Land erzeugt werden. Dazu zählen auch die von Ausländern im Land erbrachten Leistungen. Das Bruttosozialprodukt berechnete auch die Leistungen, die Deutsche im Ausland erbringen. Mit dem BIP lassen sich Länder besser vergleichen.

Bundeskanzler
Er wird vom Bundestag gewählt und ist der mächtigste Politiker in der Bundesrepublik Deutschland. Der Bundeskanzler ist gegenüber dem Parlament für die Politik der gesamten Bundesregierung verantwortlich. Als Chef der Regierung bestimmt er die Richtlinien der Politik. Ihm steht das Recht zu, die Ministerinnen und Minister zu entlassen und neue zu berufen.

Bundespräsident
Er ist Staatsoberhaupt der Bundesrepublik Deutschland. Zu seinen Aufgaben gehört, dass er Deutschland bei Staatsbesuchen im In- und Ausland vertritt. Er empfängt die Staatsgäste, unterzeichnet Bundesgesetze und internationale Verträge. Er wird von der Bundesversammlung für einen Zeitraum von fünf Jahren gewählt und kann sich einmal zur Wiederwahl stellen. Im Vergleich zum Bundeskanzler hat der Bundespräsident wenig direkte Macht. Zu den wirkungsvollsten Mitteln, Einfluss auf die Politik zu nehmen, gehört die öffentliche Rede bei besonderen Anlässen.

Bundesrat
Er ist die politische Vertretung der 16 Bundesländer. Seine Mitglieder werden nicht vom Volk gewählt, sondern von den Landesregierungen der 16 Länder entsandt. Durch den Bundesrat wirken die Länder an der Gesetzgebung des Bundes mit. Alle Bundesgesetze, die die Interessen der Bundesländer betreffen, bedürfen der Zustimmung des Bundesra-

tes, bevor sie in Kraft treten. Bundesrat und Bundestag bilden zusammen das Parlament der Bundesrepublik Deutschland.

Bundesregierung
Sie besteht aus dem Bundeskanzler und den Bundesministern. Die Bundesregierung übt für den Zeitraum zwischen zwei Wahlen die politische Herrschaft im Staate aus. Sie berät und entscheidet darüber, was im eigenen Land geschehen soll. Sie regelt die Beziehungen zu anderen Staaten. Bei ihren Entscheidungen muss sich die Regierung an die Gesetze halten. Sie hat das Recht, Gesetzesvorschläge vorzubereiten und beim Parlament einzureichen.

Bundesstaat (siehe auch Föderalismus)
Das ist ein Staat, der aus mehreren Teilstaaten besteht, die gemeinsam zu einem Bund zusammengeschlossen sind. Die Bundesrepublik Deutschland ist ein solcher Bundesstaat. Sie besteht aus 16 Bundesländern und hat in der Bundeshauptstadt Berlin ein gemeinsames Parlament und eine gemeinsame Regierung.

Bundestag
Der Bundestag ist die gewählte Volksvertretung der Bundesrepublik Deutschland. Er gilt als wichtigste Bundeseinrichtung und als „Herz der Demokratie". Die Abgeordneten zum Deutschen Bundestag werden alle vier Jahre in allgemeiner, unmittelbarer, freier, gleicher und geheimer Wahl gewählt. Zu den wichtigsten Aufgaben des Bundestags gehört die Wahl des Bundeskanzlers, die Überwachung der Bundesregierung, das Recht, über die Einnahmen und die Ausgaben des Bundes zu beschließen, und die Verabschiedung aller Bundesgesetze.

Bundestagswahl
Sie findet alle vier Jahre statt. Bei der Wahl haben die Wählerinnen und Wähler zwei Stimmen. Mit der Erststimme wählen sie nach dem Mehrheitswahlsystem die Abgeordneten in ihren Wahlkreisen. Mit der Zweitstimme wählen sie nach dem Verhältniswahlrecht eine Partei. Für die prozentuale Sitzverteilung der Parteien im Bundestag ist die Zweitstimme entscheidend, deswegen ist sie die wichtigere von beiden. Das Wahlsystem zur Bundestagswahl wird prozentuales Verhältniswahlrecht genannt.

Bundesverfassungsgericht
Es ist das oberste deutsche Gericht und hat die Aufgabe, zu überwachen, dass das Grundgesetz nicht verletzt wird. Das BVG wird als „Hüter der Verfassung" bezeichnet. Es kann ein Gesetz, das nach seinem Urteil gegen das Grundgesetz verstößt, außer Kraft setzen. Jeder Bürger der Bundesrepublik Deutschland hat die Möglichkeit, Verfassungsbeschwerde zu erheben, wenn er oder sie sich in den im Grundgesetz festgelegten Grundrechten verletzt fühlt.

Bundesversammlung
Sie tritt in der Regel nur einmal alle fünf Jahre zusammen und hat nur eine Aufgabe: die Wahl des Bundespräsidenten. Sie setzt sich zur Hälfte ihrer Mitglieder aus allen Abgeordneten des Bundestages zusammen und zur anderen Hälfte aus Bürgerinnen und Bürgern, die von den Landtagen in den Bundesländern gewählt werden. Von der Mitgliederzahl her gesehen, ist die Bundesversammlung das größte Staatsorgan in Deutschland.

Bürgerbegehren/Bürgerentscheid
In den meisten Bundesländern in Deutschland sind Bürgerbegehren und Bürgerentscheide als eine Form direkter Demokratie auf der Ebene der Gemeindepolitik vorgesehen. Mit diesem Instrument können sich die Bürger für oder gegen ein Vorhaben einsetzen. Das Verfahren sieht immer zwei Stufen vor: Zunächst müssen die Bürger für ihr Vorhaben ein Begehren durchführen. Dazu müssen zwischen 6 und 10 Prozent der Stimmberechtigten unterschreiben. Lehnt der Rat das Begehren ab, kommt es zur zweiten Stufe: dem Bürgerentscheid. Er gilt als angenommen, wenn die Mehrheit dafür ist. In den meisten Bundesländern ist die Bedingung, dass ein bestimmter Prozentsatz der Stimmberechtigten an der Abstimmung teilgenommen hat (Entscheidungsquorum). (Siehe auch Volksinitiative, Volksbegehren, Volksentscheid auf Landesebene.)

Bürgerinitiative
Wenn man „initiativ" wird, unternimmt man etwas. Man wehrt sich zum Beispiel gegen eine politisch geplante Maßnahme. Eine Bürgerinitiative ist ein Zusammenschluss von Bürgerinnen und Bürgern, die sich gegen bestimmte Maßnahmen wehren – zum Beispiel gegen den Ausbau von Flughäfen, den Bau von Straßen, Kernkraftwerken, Fabriken etc. Bürgerinitiativen setzen sich meist für den Schutz der Umwelt, die Verbesserung der Lebens- und Wohnver-

hältnisse und für die Gleichberechtigung von Frauen und Männern ein. Sie üben mit vielfältigen Mitteln Druck auf die Politiker, Parteien, Verbände und Wirtschaftsunternehmen aus. Sie sind eine Form spontaner und direkter politischer Aktivität und gelten in einer lebendigen Demokratie als erwünscht.

Bürgermeister
Eine Bürgermeisterin oder ein Bürgermeister ist Leiterin bzw. Leiter einer Gemeinde, ob haupt- oder ehrenamtlich, hängt von der Größe der Gemeinde ab. In kreisfreien Städten heißt der Bürgermeister Oberbürgermeister. Bürgermeister führen den Vorsitz in den Gemeinde- und Stadträten. Ihre Rechte und Pflichten sind in den Gemeindeordnungen festgeschrieben, die von Bundesland zu Bundesland unterschiedlich sind. Zum Beispiel werden die Bürgermeister in Nordrhein-Westfalen seit 1994 von der Bevölkerung direkt gewählt. In anderen Bundesländern gilt die Regelung, dass ein Bürgermeister vom Gemeinde- oder Stadtrat gewählt wird.

Datenschutz
Wer einer Freundin oder einem Freund ein Foto von sich schenkt, will nicht, dass es in fremde Hände gelangt, womöglich, damit sich andere darüber lustig machen, das Foto bearbeiten, zur Schau stellen usw. Man will, dass persönliche Daten in besonderer Weise geschützt werden. Aus diesem Wunsch leitet sich ein Recht ab, das als Datenschutz bezeichnet wird. In Deutschland wird es als so wichtig angesehen, dass es den Charakter eines Grundrechtes hat. Man bezeichnet es als das *Recht auf informationelle Selbstbestimmung*. Danach kann jeder Mensch selbst entscheiden, wem er welche persönlichen Daten zur Verfügung stellt. Die Politik hat die Aufgabe, diesen Schutz zu gewährleisten. Dazu gibt es das Datenschutzgesetz. Mit der zunehmenden Verbreitung des Internets wird es zu einer sehr schwierigen Aufgabe, die Bürgerinnen und Bürger vor einem Datenmissbrauch zu schützen.

Demokratie
Wörtlich übersetzt heißt das aus der griechischen Sprache stammende Wort „Herrschaft des Volkes". Für unsere moderne Zeit bedeutet Demokratie, dass alle Herrschaft im Staat vom Volk ausgeht. Das Volk wählt seine Vertreter in die Gemeinderäte, die Landtage und in den Bundestag. Weil diese Vertreterinnen und Vertreter das Volk repräsentieren, nennt man unsere Demokratie auch repräsentative Demokratie. Der wichtigste Wert in einer Demokratie ist, dass die Menschen frei sind und gleiche Rechte haben.

Digitalisierung
Unter Digitalisierung versteht man die Erfassung, Speicherung und Versendung von Informationen mithilfe der Sprache des Computers. Will man ein Foto im PC speichern, muss es digitalisiert werden. Das bedeutet, dass alle Bildelemente in Zahlen umgewandelt werden. Gelb erhält zum Beispiel die Zahl 1, Rot die Zahl 3 usw. Das digitale Foto besteht so aus unzähligen Punkten, denen allesamt Zahlen zugeordnet sind. „Digital" kommt aus dem Lateinischen und bedeutet Finger (= digitus) bzw. Zahl. Die digitale Technologie ist die Voraussetzung zur Nutzung von internetfähigen Computern.

Diktatur
Sie ist das Gegenteil einer Demokratie. Hier sind die Menschen nicht frei. In einer Diktatur liegt die politische Gewalt in der Hand einer Person oder in der Hand einer Gruppe. So gut wie nie gibt eine Staatsführung zu, dass der eigene Staat eine Diktatur sei. Die wahren Zustände werden häufig durch scheindemokratische Elemente verschleiert – wie zum Beispiel durch ein machtloses Parlament oder durch Scheinwahlen, in denen es keine Auswahl gibt. Diktatur kann durch eine Einzelperson (Diktator, „Führer"), eine Familie (Familien-Diktatur) oder durch Militärmachthaber (Militär-Diktatur; „Junta") ausgeübt werden. Menschenrechtsverletzungen und die Verfolgung Andersdenkender sind in Diktaturen an der Tagesordnung.

Emanzipation
Das Wort stammt aus der lateinischen Sprache und bedeutet ursprünglich, dass man sich als Sklave von seinen Fesseln befreit und in die Selbstständigkeit entlassen wird. Heute versteht man unter dem Begriff den Kampf der Frauen um Gleichberechtigung bzw. um die Beseitigung vielfältiger Benachteiligungen gegenüber den Männern.

Emissionen
Das ist die Bezeichnung für die Abgabe von festen, flüssigen oder gasförmigen Schadstoffen (z. B. Gase, Stäube), die die Luft, das Wasser und den Boden verunreinigen, sowie für Geräusche, Erschütterungen und Strahlen, die die Umwelt belasten.

Entwicklungsländer
So werden die armen Länder der Erde

genannt. Vor allem auf wirtschaftlichem Gebiet sind sie im Vergleich zu den hoch entwickelten Industrieländern „unterentwickelt". Mehr als drei Viertel der Menschen leben in diesen Staaten, die auch als Länder der „Dritten Welt" bezeichnet werden. Wichtige Merkmale der Armut sind: hohes Bevölkerungswachstum, mangelnde Ernährung, mangelhafte Infrastruktur und hohe Arbeitslosigkeit. Der Begriff „Entwicklungsländer" wird zunehmend als problematisch angesehen, weil er den Eindruck erweckt, als müssten sich alle Länder in Richtung der Ziele bewegen, die von den Wertvorstellungen und Kulturen der Industrieländer geprägt sind.

Europäische Union

Die EU ist ein Verbund europäischer Staaten, zu dessen wichtigsten Zielen die Sicherung des Friedens, der Freiheit und die Förderung des wirtschaftlichen Wohlergehens gehört. Seit 2013 gehören 28 Mitgliedstaaten der Europäischen Union (EU) an. Sie haben sich vertraglich verpflichtet, weite Bereiche der Politik gemeinsam zu gestalten und zu einem immer festeren wirtschaftlichen und politischen Bündnis zusammenzuwachsen. Dabei sollen die einzelnen Mitgliedstaaten ihre Selbstständigkeit behalten. Die EU verfügt über gemeinsame „europäische Organe", die in der Lage sind, verbindliche Entscheidungen für alle Menschen in der EU zu treffen. Dazu gehören das Europäische Parlament, die Europäische Kommission, der Rat der Minister sowie der Rechnungshof und der Europäische Gerichtshof. Mit dem Vertrag von Lissabon, der am 1. Dezember 2009 in Kraft trat, werden die Institutionen der EU modernisiert und ihre Arbeitsmethoden optimiert, um den Herausforderungen der Zukunft gewachsen zu sein.

Europäischer Binnenmarkt

Ein Binnenmarkt ist ein Gebiet ohne Grenzen für alles, was sich im wirtschaftlichen Geschehen von einem Ort zum anderen bewegen soll. Das gesamte wirtschaftliche Geschehen spielt sich im Binnenmarkt nach einheitlichen Regeln und gleichen Bedingungen ab. Der Europäische Binnenmarkt umfasst die Mitgliedstaaten der Europäischen Union (EU). Grundlegend gelten vier Freiheiten:
1. Waren können ungehindert in allen Mitgliedstaaten verkauft werden.
2. Personen eines Mitgliedslandes der EU können in jedem anderen EU-Land leben, arbeiten oder eine Ausbildung absolvieren.
3. Dienstleistungen können von jedem EU-Bürger über die nationalen Grenzen hinweg erbracht werden.
4. Geld und Kapital können von jedem Mitgliedsland in ein anderes frei bewegt werden. Zwischen den Mitgliedstaaten des Europäischen Binnenmarktes gibt es nur noch Innenhandel und keinen Außenhandel mehr.

Europarat

Er ist ein Zusammenschluss europäischer Staaten, der sich zum Ziel gesetzt hat, die Völker Europas dauerhaft zusammenzuschließen, den Gedanken der Demokratie zu fördern, die europäische Kultur zu pflegen und die Zusammenarbeit in wirtschaftlichen, sozialen, wissenschaftlichen und rechtlichen Angelegenheiten zu fördern. Vor dem Hintergrund der Schrecknisse des Zweiten Weltkrieges wurde er 1949 von zehn Staaten gegründet. 1990 erweiterten Ungarn und die Tschechoslowakei als erste Mitglieder des ehemaligen Ostblocks den Zusammenschluss auf 25 Mitglieder. Er hat seinen Sitz in Straßburg.

Europäisches Parlament

Das Europäische Parlament wird alle fünf Jahre von den Bürgerinnen und Bürgern in der EU gewählt. Es setzt sich zusammen aus 750 Abgeordneten aus den Mitgliedstaaten und dem Parlamentspräsidenten. Die Anzahl der Sitze hängt von der Einwohnerzahl des Landes ab. Deutschland stehen 96 Sitze zu. Das Parlament teilt sich die Aufgabe der Gesetzgebung mit dem Ministerrat. Es besitzt das Haushaltsrecht und entscheidet mit über die Aufnahme neuer Mitgliedstaaten in die EU.

Exekutive

Sie ist die ausführende Gewalt und damit eine der drei klassischen Staatsgewalten. Polizisten sind zum Beispiel Teil der staatlichen Exekutive, weil sie dafür sorgen, dass die Ordnung im Staat aufrechterhalten wird. Auf Bundesebene ist die Bundesregierung das oberste Organ der Exekutive.

Extremismus

Das lateinische Wort bedeutet „außerhalb". In der Politik sind Extremisten Menschen, die außerhalb der Demokratie stehen. Extremistisch ist eine politische Partei, die die Demokratie ablehnt und das Ziel verfolgt, die Demokratie zu beseitigen. Das Grundgesetz sieht vor, dass extremistische Parteien verboten werden können.

Familie

Die Familie ist die erste und die wichtigste Gruppe, in die ein Mensch hineingeboren wird. Niemand kann sie sich aussuchen. Ihre Form kann sehr unterschiedlich sein. Oft verstehen wir darunter eine Gemeinschaft, die aus Eltern und einem oder mehreren Kindern besteht. Sie kann aber auch aus einer alleinerziehenden Mutter oder einem alleinerziehenden Vater bestehen. Die häufigste Form in Deutschland ist gegenwärtig das Ehepaar ohne Kinder.

Föderalismus
Das lateinische Wort „födus" heißt „Bund". Ein föderalistischer Staat ist ein Staat, in dem mehrere Teilstaaten zu einem Bund zusammengeschlossen sind. Dabei kann man zwischen einem Staatenbund und einem Bundesstaat unterscheiden. Die Bundesrepublik Deutschland ist ein föderalistischer Bundesstaat.

Fraktion
Eine Fraktion ist die Gruppe der Abgeordneten in einem Parlament, die der gleichen Partei angehören. Geleitet wird die Fraktion von einer Fraktionssprecherin bzw. einem Fraktionssprecher.

Freiheit
bezeichnet die Fähigkeit des Menschen, aus eigenem Willen und aus eigener Verantwortung Entscheidungen zu treffen und zwischen mehreren Möglichkeiten auswählen zu können. Man kann frei *von etwas* sein – also frei von Unterdrückung, Not, Mobbing oder ungerechter Behandlung. Und man kann *frei für etwas* sein – frei zu tun und zu lassen, was man will, den eigenen Beruf zu wählen, sich für die Demokratie und gegen Fremdenfeindlichkeit einzusetzen und vieles andere mehr. Die Grenzen der eigenen Freiheit liegen immer dort, wo Recht und Gesetz bestimmte Handlungen verbieten und wo die Freiheit anderer Menschen durch die eigene Freiheit verletzt wird.

Gemeinde
Mit diesem Sammelbegriff kann ein Dorf oder auch eine Großstadt bezeichnet werden. Eine Gemeinde hat das Recht, sich selbst zu verwalten und ihre Angelegenheiten selbst zu regeln. Gemeinden sind sogenannte Gebietskörperschaften. Das heißt, sie sind für ihr Gebiet mit bestimmten Aufgaben, Rechten, Pflichten und Einrichtungen ausgestattet. Für Gemeinden verwendet man auch den Begriff Kommunen.

Gemeinderat
(siehe Stadtrat)

Gemeinwohl
Die Politik in einer Demokratie, ob in der Stadt, im Land oder im Bund, hat sich am Gemeinwohl zu orientieren, das bedeutet am allgemeinen Wohlergehen aller Menschen. Regierungen dürfen also nicht nur Gesetze beschließen, die bestimmten Gruppen nützen, sondern sie müssen versuchen, die Interessen und Bedürfnisse aller angemessen zu berücksichtigen. Die Orientierung am Gemeinwohl ist ein Ziel, das in politischen Auseinandersetzungen oft angezweifelt wird.

Gerechtigkeit
Schülerinnen und Schüler erwarten von ihren Lehrern, dass sie gerecht handeln. Dazu gehört einerseits, dass diese ihre Sache richtig machen, indem sie sich an die geltenden Regeln und Gesetze halten und andererseits, dass sie gut handeln, zum Beispiel, indem sie niemanden bevorzugen oder benachteiligen. Gerechtigkeit hat immer damit zu tun, wie wir uns anderen Menschen gegenüber verhalten. Welches Handeln wir als gut empfinden, hängt von unseren eigenen Wertvorstellungen ab. Weil das so ist, unterscheiden sich die Auffassungen von Gerechtigkeit von Mensch zu Mensch. Das gilt auch für die Vorstellungen von einer gerechten Politik. Die einen meinen, es gehe dann gerecht in der Gesellschaft zu, wenn alle etwa gleich viel besitzen, andere meinen, Gerechtigkeit bestehe, wenn alle gleiche Bildungschancen hätten, wieder andere sind davon überzeugt, dass es gerecht ist, wenn diejenigen, die mehr leisten als andere, dadurch auch einen höheren Reichtum erzielen. Verteilungs-, Chancen- und Leistungsgerechtigkeit sind drei Vorstellungen, zwischen denen es zu unterscheiden gilt.

Gesellschaft
bedeutet dem Wortursprung nach eine Vereinigung mehrerer Gefährten oder ein freundliches Beisammensein. Wenn wir von unserer Gesellschaft sprechen, meinen wir damit in der Regel die Gesamtheit der Menschen, die in diesem Staat leben. Der Mensch braucht die Gesellschaft, weil er als soziales Wesen auf andere Menschen angewiesen ist. Man unterscheidet verschiedene Gesellschaftsformen. Die deutsche Gesellschaft wird – je nach Sichtweise – als eine demokratische, offene bezeichnet, die sich im Wandel von einer Industrie- zu einer Dienstleistungsgesellschaft befindet.

Gesetze

Gesetze sind die aufgeschriebenen und vom Parlament verabschiedeten Regeln, an die sich alle Menschen in einem Staat halten müssen. Damit die Gesetze eingehalten werden, gibt es Strafen für die Nichtbeachtung. In einem Rechtsstaat ist auch der Staat an die Einhaltung der Gesetze gebunden. Im Streitfall entscheiden die Gerichte frei und unabhängig im Rahmen der Gesetze.

Gewaltenteilung

Darunter versteht man die Aufteilung der Macht im Staat auf die drei Gewalten Legislative, Exekutive und Judikative. Die Legislative ist die gesetzgebende Gewalt. Sie wird vom Bundesparlament und den Landesparlamenten wahrgenommen. Die Exekutive ist die ausführende Gewalt, also diejenige, die die Politik für einen begrenzten Zeitraum bestimmt. Diese Aufgabe wird von den Regierungen ausgeübt. Die dritte Staatsgewalt ist die Judikative, also die Rechtsprechung. Sie wird ausgeführt von den unabhängigen Gerichten. Die Staatsgewalten sind geteilt, damit sie sich gegenseitig kontrollieren. Die Teilung soll verhindern, dass zu viel Macht in einer Hand zusammenkommt.

Gewerkschaften

sind Vereinigungen von Arbeitnehmern, um deren Interessen gegenüber den Arbeitgebern und dem Staat zu vertreten. Sie haben viele Aufgaben, vor allem kümmern sie sich um die Verbesserung der Arbeitsbedingungen, die Sicherung und Erhöhung der Löhne, den Schutz bestehender und die Schaffung neuer Arbeitsplätze und um die Mitbestimmung der Arbeitnehmer in den Betrieben. Die ersten Gewerkschaften entstanden als Arbeitervereine zu Beginn des 19. Jahrhunderts. Über ein Drittel aller Arbeitnehmer sind in den 16 Einzelgewerkschaften des Deutschen Gewerkschaftsbundes (DGB) organisiert.

Gewissen

Gewissensentscheidungen spielen in der Politik eine große Rolle. Zum Beispiel sind die Abgeordneten des Deutschen Bundestages nach Artikel 38 des Grundgesetzes bei Abstimmungen nur ihrem Gewissen unterworfen und nach Artikel 12a darf niemand gegen sein Gewissen zum Dienst an der Waffe gezwungen werden. Das Gewissen ist der innere Gradmesser, nach dem wir selbst unsere Handlungen bewerten. Es sagt uns, was gut und richtig und was falsch und verwerflich ist. Das Gewissen bildet sich aufgrund von Erfahrungen und erzieherischen Einflüssen heraus. Hinterlässt eine Entscheidung ein gutes Gewissen, fühlt man sich wohl. Entscheidungen, die man mit schlechtem Gewissen trifft, wirken demgegenüber belastend.

Gleichberechtigung

(siehe Emanzipation)

Globalisierung

Sie ist ein Prozess der weltweiten Vernetzung der wirtschaftlichen Abläufe und Abhängigkeiten, der technischen Möglichkeiten, der wissenschaftlichen Forschung, der kulturellen Angleichung der Lebensumstände, der Auswirkungen des Lebens auf die Umwelt, der politischen Möglichkeiten, Chancen und Probleme. Der vielschichtige Begriff wird einmal zur Charakterisierung eines neuen Zeitalters nach dem Ende des Ost-West-Konfliktes verwendet und andererseits als Sammelbegriff für alle Megatrends, die in einem weltweiten Zusammenhang gesehen werden müssen.

Grundrechte

Sie sind die in der Verfassung niedergeschriebenen grundlegenden Menschenrechte. Zu ihnen zählen die Freiheits- und Gleichheitsrechte sowie soziale Grundrechte. Sie sind in erster Linie Schutzrechte des Einzelnen gegenüber dem Staat. In der Bundesrepublik Deutschland sind die Grundrechte im ersten Abschnitt des Grundgesetzes aufgeführt.

Inflation

heißt Geldentwertung. Von einer Inflation spricht man, wenn die Verbraucherinnen und Verbraucher für die gleiche Menge Geld weniger kaufen können, weil die Waren teurer geworden sind. Die Inflationsrate wird in der Regel mit einer Prozentzahl ausgedrückt. Diese Zahl drückt aus, wie sich die Waren im Vergleich zum Vorjahr durchschnittlich verteuert haben.

Interessenverbände

Sie spielen in der parlamentarischen Demokratie eine große Rolle und sind auf die unterschiedlichsten Arten organisiert. Gemeinsam ist ihnen, dass sich Menschen zusammenschließen, um sich so wirkungsvoller gegenüber der Regierung oder gegenüber anderen Interessengruppen durchsetzen zu können. Interessengruppen versuchen, Druck auf die Politik auszuüben, um die Entscheidungen der Politiker in ihrem Sinne zu beeinflussen. Das ist rechtlich geregelt und legitim. Allerdings wird der Einfluss mächtiger Interessenverbände auf die politischen Entscheidungen auch häufig als zu groß kritisiert.

Internet
Auf Deutsch kann man Internet mit Verbundnetz übersetzen. Das Internet ist ein weltweiter elektronischer Verbund von vielen Millionen Computern. Vergleicht man es mit einem Netz, so ist jeder einzelne PC ein Knoten in diesem Netz. Das Verbundsystem ermöglicht es, Daten weltweit zu versenden und auszutauschen. Zum ersten Mal wurde das Internet im Jahr 1969 genutzt – damals noch ausschließlich zu militärischen Zwecken.

Judikative
Wenn jemand gegen die Gesetze verstoßen hat und sich dafür vor Gericht verantworten muss, dann ist er bei der Judikative gelandet. Sie ist die rechtsprechende Gewalt und eine der drei klassischen Staatsgewalten. Sie wird von unabhängigen Gerichten bzw. Richtern ausgeübt, die nur den Gesetzen verpflichtet sind.

Jugendliche
Die Jugendphase ist die Zeit zwischen Kindheit und Erwachsensein, dazu gehört auch die Zeit der Ausbildung. Oft werden Leute bis zum Ende des zwanzigsten Lebensjahres als Jugendliche bezeichnet. Unter rechtlichen Gesichtspunkten ist man Jugendliche oder Jugendlicher im Alter zwischen 14 und 18 Jahren. Für diese Altersgruppe gelten in der Regel die Bestimmungen des Jugendrechts. Vor Gericht kann man auch bis 21 als Jugendlicher behandelt werden.

Jugendrecht
ist ein Sammelbegriff für alle Rechtsgrundsätze, die speziell für Jugendliche gelten. Dazu gehören das Jugendschutzgesetz, das Jugendarbeitsschutzgesetz und das Jugendstrafrecht. Die Gesetze zum Schutz der Jugend haben die Aufgabe, Jugendliche vor seelischen und körperlichen Gefährdungen zu bewahren und ihnen eine gesunde Entwicklung zu ermöglichen.

Kartell
bedeutet Vereinbarung. In der Wirtschaft wird das Wort oft zur Bezeichnung geheimer Preisabsprachen benutzt, die zwei oder mehr Unternehmen treffen, um die Preise ihrer Produkte untereinander abzusprechen. Solche Preiskartelle haben das Ziel, den Wettbewerb auszuschalten und den Unternehmensgewinn zu sichern. Kartelle sind grundsätzlich verboten und werden mit hohen Geldbußen bestraft.

Koalition
Koalition bedeutet Bündnis oder Zusammenschluss. In der parlamentarischen Demokratie versteht man darunter einen Zusammenschluss von zwei oder mehreren Parteien in einem Parlament zum Zwecke der Regierungsbildung. Koalitionen werden gebildet, wenn keine der in einem Parlament vertretenen Parteien alleine in der Lage ist, eine Mehrheit zu bilden. Das gemeinsame Regierungsprogramm einer Koalitionsregierung wird in einem Koalitionsvertrag festgelegt.

Kommunalpolitik
Das ist die Politik, die in den Gemeinden gemacht wird, also in den Stadt- und Landgemeinden. Kommunal heißt die Gemeinde betreffend; eine Kommune ist eine Gemeinde. Neben der Bundes- und der Landespolitik ist die Kommunalpolitik die dritte Ebene der nationalen Politik.

Kompromiss
Das lateinische Wort bedeutet „Übereinkunft" bzw. „Ausgleich". Der Kompromiss ist eine Art der Entscheidung zwischen Personen oder Gruppen, die unterschiedliche Interessen vertreten und unterschiedlicher Meinung sind, die sich aber irgendwie einigen müssen. In der Demokratie spielen Kompromisse eine große Rolle, weil es fast immer darum geht, verschiedene Interessen so unter einen Hut zu bringen, dass alle Beteiligten eine Entscheidung akzeptieren können. Kompromissfähigkeit gilt als eine Qualifikation, über die jeder demokratische Mensch verfügen sollte.

Konflikt
Das Wort bedeutet „Zusammenstoß". Es bezeichnet eine Auseinandersetzung, die entsteht, wenn Menschen oder Gruppen aufeinandertreffen, die unterschiedliche Interessen vertreten. Die streitenden Parteien versuchen dann mit Argumenten und mit Macht, den Streit siegreich zu beenden. Oft gelten Konflikte als unvermeidbar, zum Beispiel, wenn alljährlich die Vertreter der Arbeitgeber und Arbeitnehmer über die Höhe der Löhne streiten. In der Demokratie gilt der Konflikt nicht als etwas Schlechtes. Wichtig ist, dass die Konflikte mit friedlichen und fairen Mitteln zu einem vernünftigen Ausgleich gebracht werden.

Konsument
ist in der Sprache der Wirtschaft ein anderes Wort für Verbraucher. Konsumenten sind wir alle, wenn wir regelmä-

ßig einkaufen gehen und Wirtschaftsgüter erwerben, die wir verbrauchen oder gebrauchen und von Zeit zu Zeit durch neue ersetzen.

Kredit
Wer einer anderen Person einen Kredit gewährt, leiht dieser in der Regel eine größere Geldsumme, die diese dann zurückzahlen muss. Man spricht von einem Darlehen. Eine häufige Form ist der Ratenkredit. Nimmt zum Beispiel eine Familie einen Kredit auf, um ein Auto oder ein Haus zu finanzieren, so zahlt sie die Summe nicht auf einmal, sondern in vereinbarten Raten zurück. Bei großen Anschaffungen kann sich die Rückzahlung über viele Jahre hinweg hinziehen. Kredit bekommt in der Regel nur, wer sich als kreditwürdig erweist. Das Wort bedeutet „glauben" und „vertrauen". Der Kreditgeber muss darauf vertrauen können, dass der Kreditnehmer zur Rückzahlung in der Lage ist. Banken und Sparkassen vergeben Kredite nicht umsonst. Sie verlangen von Kreditnehmern Zinsen, die der Höhe des Darlehens hinzugerechnet werden.

Landtage
sind die von der wahlberechtigten Landesbevölkerung gewählten Parlamente in den Bundesländern. Ein Landtag beschließt die Landesgesetze, also diejenigen, die nur im eigenen Bundesland gelten. Dazu gehören zum Beispiel die Gesetze über das Schul- und das Polizeiwesen. Er wählt die Ministerpräsidentin oder den Ministerpräsidenten und hat die Aufgabe, die Landesregierung zu kontrollieren. Da Deutschland aus 16 Bundesländern besteht, gibt es 16 Landesparlamente.

Legislative
Sie ist die gesetzgebende Gewalt und damit eine der drei klassischen Staatsgewalten. In der Bundesrepublik Deutschland wird sie vom Bundesparlament, bestehend aus dem Bundestag und dem Bundesrat, ausgeübt. Auch die Länderparlamente in den Bundesländern gehören zur Legislative, weil auch sie das Recht haben, Gesetze zu erlassen.

Manipulation
Wörtlich übersetzt bedeutet der Begriff „geschickte Handhabung". Man versteht darunter die Beeinflussung von Menschen, ohne dass diese es merken. Wer andere manipuliert, will sie zu einem ganz bestimmten Fühlen, Denken und Handeln verführen. Der Vorwurf der Manipulation wird oft gegenüber der Werbung erhoben, wenn diese mit raffinierten Mitteln versucht, die Menschen zum Kauf eines bestimmen Produktes zu verführen. Auch Zeitungen und Zeitschriften und die übrigen Massenmedien haben die Macht, Menschen zu manipulieren. Vor Manipulation schützen kann man sich, indem man lernt, die Tricks und Absichten zu durchschauen.

Massenkommunikation
Das Wort „Kommunikation" von lateinisch „communicatio" bedeutet Mitteilung, Unterredung. Gemeint ist die Verständigung zwischen zwei oder mehreren Teilnehmern: Massenkommunikation ist die Form der Übertragung von Informationen und Meinungen, die sich an eine unbegrenzte Zahl von Personen wendet und die – zumindest theoretisch – jedermann zugänglich ist. Eine Zeitung kann sich theoretisch jeder kaufen, auch wenn sie in Amerika oder Asien erscheint. Das Wesen der Massenkommunikation besteht darin, dass sie in der Regel einseitig von einem Sender zu einem Empfänger verläuft.

Massenmedien
Presse, Rundfunk und Fernsehen werden unter dem Oberbegriff „Massenmedien" zusammengefasst. Auch die als „neue Medien" bezeichneten Computer, die in einem Netzwerk, zum Beispiel im Internet, miteinander verbunden sind, gehören dazu. Sie sind allesamt technische Verbreitungsmittel, mit denen man eine unbegrenzte Zahl von Menschen gleichzeitig erreichen kann. Sie prägen und verändern das Leben der meisten Menschen in den modernen Gesellschaften. Massenmedien gelten einerseits als unverzichtbar und hilfreich, andererseits können durch Missbrauch auch Gefährdungen von ihnen ausgehen.

Mehrheitswahl
Sie ist eine Form der politischen Wahl, bei der das Wahlgebiet in Wahlkreise eingeteilt wird. In den Wahlkreisen haben die Wähler die Möglichkeit, einen Kandidaten zu wählen. Gewählt ist, wer die Mehrheit der Stimmen bekommt. In der Regel genügt die relative Mehrheit, also auch weniger als 50 Prozent. Die Stimmen für die unterlegenen Kandidaten fallen bei diesem Wahlrecht unter den Tisch (siehe auch Verhältniswahl).

Menschenrechte
Das sind die grundlegenden Rechte, die jedem Menschen zustehen, und zwar unabhängig von seinem Geschlecht, seiner Sprache, seiner Heimat und

Herkunft, seiner religiösen oder politischen Anschauung. Sie gehören sozusagen zur Natur des Menschen und können von niemandem aberkannt werden. Einige Herrschaftssysteme, Staaten und Kulturen zweifeln allerdings den universalen Gültigkeitsanspruch der Menschenrechte an (siehe auch Grundrechte).

Mitbestimmung
Für größere Wirtschaftsbetriebe bedeutet dieser Begriff, dass die Arbeitnehmerinnen und Arbeitnehmer an der Leitung des Betriebes mitbestimmend teilnehmen. Die Unternehmer können zum Beispiel nicht alleine darüber entscheiden, wer eingestellt und wer entlassen wird, wie der Betrieb gestaltet wird usw.

Nachhaltigkeit
Der Begriff wurde aus der Forstwirtschaft übernommen und bedeutete ursprünglich, dass man nicht mehr Holz schlagen darf als nachwachsen kann. Heute gilt „nachhaltige Entwicklung" (sustainable development) in der Umweltpolitik als international eingeführtes Prinzip. Es bedeutet, dass Eingriffe des Menschen in die Natur die Lebensbedingungen künftiger Generationen nicht gefährden dürfen. Indirekt ist das Prinzip der Nachhaltigkeit unter der Überschrift „Schutz der natürlichen Lebensgrundlagen" in den neu formulierten Artikel 20a des Grundgesetzes aufgenommen worden.

NATO
Das ist die Abkürzung für „North Atlantic Treaty Organization", auch Nordatlantikpakt genannt. Die NATO wurde 1949 gegründet und ist ein Verteidigungsbündnis. Die 28 Mitgliedstaaten des Bündnisses haben sich zu gegenseitiger Hilfe verpflichtet, falls einer von ihnen mit Waffengewalt angegriffen wird. Seit der Auflösung des Ostblocks hat sich das Aufgabengebiet der NATO verändert. Von 1999–2008 wurden 12 Mitgliedsstaaten des ehemaligen Ostblocks in die NATO aufgenommen. Auf Bitten Albaniens griff die NATO 1999 im jugoslawischen Kosovo zum Schutz der Kosovo-Albaner mit militärischen Luftangriffen ein. Die NATO versteht diese Militäraktion nicht als Kriegseinsatz, sondern als einen Akt humanitärer Hilfe.

Ökologie
Das Wort stammt aus dem Griechischen. Es bezeichnet die Lehre von den Wechselbeziehungen zwischen Mensch und Umwelt. Wichtigstes Ziel der Ökologie ist es, die Zerstörung der Umwelt zu verhindern und das Gleichgewicht der verschiedenen Kräfte in der Natur zu erhalten. Damit leistet diese Wissenschaft einen wichtigen Beitrag zur Bewahrung der Lebensgrundlagen für die Menschheit.

Ökonomie
(siehe Wirtschaft)

Opposition
Im Parlament besteht die Opposition aus allen Parteien, die nicht an der Regierung beteiligt sind. Das Wort bedeutet Widerspruch, Gegensatz. Die Opposition ist immer die Minderheit, die einer Mehrheit gegenübersteht und die darauf wartet, zum Beispiel bei der nächsten Wahl, die Mehrheit zu erlangen. In der Demokratie hat die Opposition zwei entscheidende Aufgaben: Sie soll die Regierung überwachen und kritisieren. Sie soll eigene politische Pläne entwickeln, die eine Alternative zu denen der regierenden Mehrheit darstellen.

Parteien
In den Parteien finden sich Menschen mit gleichen oder ähnlichen politischen Interessen zusammen. Jede Partei versucht, so groß und einflussreich wie möglich zu werden, um alleine oder in Zusammenarbeit mit anderen Parteien Macht auszuüben und ihre Ziele durchzusetzen. Nach dem Grundgesetz der Bundesrepublik Deutschland haben die Parteien die Aufgabe, an der politischen Willensbildung der Bevölkerung mitzuwirken (Artikel 21). Jeder Bürger kann Mitglied einer Partei werden. In der Regel werden Mitglieder von Parteien als Abgeordnete in die verschiedenen Parlamente geschickt. Die Parteien spielen im politischen Leben eine sehr große Rolle. Häufig werden der übergroße Einfluss der Parteien und die Art der Parteienfinanzierung kritisiert.

Politik
Dieser Begriff leitet sich von dem griechischen Wort „Polis" ab, das man mit „Gemeinschaft" übersetzen kann. Heute verstehen wir darunter alle Aufgaben und Zukunftsprobleme, die gelöst werden müssen, damit die Menschen im Staat friedlich, frei und in Sicherheit miteinander leben können. Politik wird von einzelnen Personen, vor allem aber auch von Parteien, Bürgerinitiativen und Interessenverbänden gemacht. Zum Wesen demokratischer Politik gehört, dass die Vorstellungen über die Lösung der Zukunftsaufgaben sehr unterschiedlich sein können.

Rechtsordnung

Darunter versteht man die Gesamtheit aller Regeln und Gesetze, die für die Menschen in einem Land verbindlich gelten. An die bestehende Rechtsordnung muss man sich halten, sonst droht Strafe. Grundlage der Rechtsordnung in der Bundesrepublik Deutschland ist das am 23. Mai 1949 verabschiedete Grundgesetz.

Rechtsstaat

Im Rechtsstaat ist alles staatliche Handeln an die bestehenden Gesetze gebunden. Der Rechtsstaat schützt so die Bürger vor willkürlichen Übergriffen der Staatsgewalt. Kein Gesetz, keine Verordnung, kein Richterspruch darf den in der Verfassung festgelegten Rechtsgrundsätzen widersprechen. Die Aufgaben von Regierung und Parlament sind durch die Verfassung vorgeschrieben. Zur Rechtsstaatlichkeit gehören auch die Garantie der Grundrechte und die Teilung der Staatsgewalt.

Repräsentative Demokratie

Die Bundesrepublik Deutschland ist eine repräsentative Demokratie. Das bedeutet, dass die Staatsgewalt vom Volk ausgeht, dass sie aber nicht direkt vom Volk ausgeübt wird. Zur Ausübung der Staatsgewalt wählt das Volk seine Repräsentanten, die dann für die Dauer einer Wahlperiode die politischen Entscheidungen treffen. Den Repräsentanten, die auch als Abgeordnete bezeichnet werden, wird ein Entscheidungsspielraum zugestanden. Nach dem Grundgesetz sind sie „an Aufträge und Weisungen nicht gebunden und nur ihrem Gewissen verantwortlich" (Artikel 38, Abs. 1).

Republik

Der Begriff stammt aus dem Lateinischen „res publica" und bedeutet, dass der Staat die Sache des Volkes ist. Von einer Republik sprechen wir, wenn die Macht im Staat vom Volk ausgeht. Die Bundesrepublik Deutschland ist eine Republik, weil das Volk durch Wahlen bestimmt, wer für die Zeit zwischen zwei Wahlen die politische Herrschaft ausüben darf. Republik bedeutet auch, dass es keinen König oder Kaiser geben kann.

Schülervertretung (SV)

Durch die SV wirken die Schülerinnen und Schüler an der Gestaltung des Schullebens mit. Sie hat die Aufgabe, die Interessen der Schüler zu vertreten. Sie besteht aus den gewählten Klassensprecherinnen und Klassensprechern sowie deren Stellvertretern, aus der Klassensprecherversammlung und den gewählten Schülersprechern. In einigen Bundesländern trägt die Klassensprecherversammlung die Bezeichnung Schülerrat.

Solidarität

Das Wort Solidarität stammt aus dem Lateinischen. Man versteht darunter den engen Zusammenhalt einzelner Personen oder Gruppen. Diese bilden eine Solidargemeinschaft. Man unterstützt sich gegenseitig, kämpft für gemeinsame Interessen und hat gemeinsame Ziele. Das Wesen einer Solidargemeinschaft wird in dem Motto „Einer für alle, alle für einen" deutlich.

Soziale Marktwirtschaft

Nach dem Zweiten Weltkrieg wurde in der Bundesrepublik die soziale Marktwirtschaft eingeführt. In dieser Wirtschaftsordnung ist das Privateigentum auch an Produktionsmitteln garantiert. Die Preise bilden sich auf dem Markt nach Angebot und Nachfrage. Garantiert werden Produktions- und Berufsfreiheit sowie ein freier Kapitalverkehr. Neben diesen marktwirtschaftlichen Elementen enthält die soziale Marktwirtschaft auch sozialpolitische Elemente. Der Staat darf in das Wirtschaftsgeschehen eingreifen, um den Wettbewerb zu sichern. Er übernimmt aber auch eine Schutzfunktion gegenüber seinen Bürgern. Mit einer umfangreichen Sozialgesetzgebung schützt er die Arbeitnehmer und bewahrt den sozialen Frieden.

Soziale Netzwerke

In sozialen Netzwerken bilden Internetnutzer Gemeinschaften, um miteinander zu kommunizieren und Kontakte zu pflegen. Immer mehr Menschen nutzen so das Internet als ständigen Begleiter ihres Alltagslebens. Besondere Vorteile bestehen in der Erweiterung der kommunikativen Möglichkeiten jedes einzelnen Menschen. Auf der Negativseite stehen die Gefahren des Datenmissbrauchs, Computersucht und die Verunglimpfung anderer durch Cyber-Mobbing.

Sozialhilfe

Im System der sozialen Sicherung ist in Deutschland die Sozialhilfe das letzte Auffangnetz für alle, die in Not geraten sind. Nach dem Bundessozialhilfegesetz (BSHG) soll die Sozialhilfe den Bedürftigen ein menschenwürdiges Leben ermöglichen und sie befähigen, bald wieder selbst ihren Lebensunterhalt zu verdienen. Die Sozialhilfe ist also in erster Linie als Hilfe zur Selbsthilfe gedacht. Sie umfasst die Hilfen zum Lebensunterhalt, mit der die Grundbedürfnisse (wie Ernährung, Kleidung, Wohnung und Heizung) abgedeckt werden sollen, und die Hilfen in besonderen Lebenslagen für Personen, deren Einkommen oder Vermögen nicht ausreicht, um außerordentliche Notsituationen (wie Krankheit, Behinderung oder Pflegebedürftigkeit) zu bewältigen.

Sozialstaat

Einen Staat, der in seiner Verfassung das Ziel soziale Gerechtigkeit anstrebt, bezeichnet man als Sozialstaat. Der Sozialstaat hat eine Fürsorgepflicht gegenüber den Schwachen in der Gesellschaft. Er setzt sich das Ziel, allen Bürgerinnen und Bürgern ein Leben zu ermöglichen, das mit der Würde des Menschen vereinbar ist. In der deutschen Geschichte wurde das Sozialstaatsprinzip erstmals im Grundgesetz für die Bundesrepublik Deutschland verankert. Nach Artikel 20 des Grundgesetzes ist die Bundesrepublik ein Sozialstaat. Erstmals haben damit die Bürger einen Rechtsanspruch auf eine soziale Mindestsicherung. Umgekehrt wird von den leistungsstarken Bürgern erwartet, dass sie durch das Bezahlen von Steuern und Sozialabgaben dazu beitragen, dass der Staat diese Aufgabe erfüllen kann.

Staat

Der Staat ist die Gesamtheit aller Bürgerinnen und Bürger, die zu einem Volk gehören. Wörtlich übersetzen kann man das Wort aus dem frühen Mittelalter mit „Lebensweise". Man versteht darunter auch die Organisation, die sich die Menschen in der Gesellschaft gegeben haben, damit sie geregelt und friedlich miteinander leben können. Der Staat fordert von den Menschen, dass sie einen nicht unerheblichen Teil ihres Einkommens in Form von Steuern und Abgaben an ihn entrichten. Er verteilt dieses Geld dann wieder, zum Beispiel an Familien in Form von Kindergeld, und verwendet es zum Bau von Straßen, Schienen, Flugplätzen, Krankenhäusern, Schulen, für die Bundeswehr und für vieles andere mehr.

Staatsbankrott

Bankrott bedeutet Zusammenbruch. Ein Staatsbankrott tritt ein, wenn die Regierung eines Staates erklären muss, dass der Staat seinen Zahlungsverpflichtungen entweder nicht mehr nachkommen kann oder nicht mehr nachkommen will. Die Staatsbediensteten erhalten dann keine Gehälter mehr, die Zahlung von Sozialleistungen und Subventionen wird eingestellt, und der Staat zahlt dann weder seine Bankschulden noch die fälligen Zinsen zurück. In gleicher Bedeutung wird der Begriff der Staatsinsolvenz benutzt. Die Folgen eines Staatsbankrottes sind dramatisch. Es kommt zu einer schweren Wirtschaftskrise mit Firmenpleiten und hoher Arbeitslosigkeit und erheblichen sozialen Spannungen. 2001 erlebte Argentinien einen solchen Bankrott. Auch in Europa sind die besonders hoch verschuldeten Länder davon bedroht. Ein Staat braucht lange, um sich von einem Bankrott zu erholen.

Staatsgewalt

Wenn man von der Staatsgewalt spricht, versteht man Gewalt im Sinne von Macht. Der Staat, in dem wir leben, übt eine gewisse Macht über uns aus, weil er uns dazu zwingt, die Gesetze einzuhalten, und uns bestraft, wenn wir das nicht tun. In der Demokratie ist der Staat die einzige Macht, die die politische Herrschaft ausüben darf und die das Recht hat, sie auch mit Gewalt aufrechtzuerhalten. Die Staatsmacht ist unterteilt in die Exekutive, die Legislative und die Judikative (siehe auch dort).

Staatsquote

Sie ist eine Zahl, die in Prozent angibt, wie hoch der Anteil der Staatseinnahmen in Form von Steuern und Abgaben am gesamten Bruttoinlandsprodukt ist. Im Jahr 2003 betrug diese Zahl z. B. in Deutschland 48,8 Prozent. Das bedeutet, dass der Staat knapp die Hälfte des Wertes aller erzeugten Waren und Dienstleistungen zur Erfüllung seiner Aufgaben in Anspruch nimmt. Alle großen Parteien haben sich zum Ziel gesetzt, die Staatsquote zu senken. Dies hat einerseits eine Verringerung der staatlichen Leistungen zur Folge, führt aber andererseits zu mehr privater Nachfrage, Wirtschaftswachstum und zu Arbeitsplätzen.

Stadtrat

Der Stadtrat, auch Gemeinderat genannt, ist die gewählte politische Vertretung der Bürgerinnen und Bürger in einer Gemeinde bzw. Stadt. Er übt das Recht auf Selbstverwaltung einer Gemeinde aus. Nach Artikel 28 des Grundgesetzes haben die Gemeinden das Recht, „alle Angelegenheiten der örtlichen Gemeinschaft im Rahmen der Gesetze in eigener Verantwortung zu regeln". Die hierzu notwendigen Beschlüsse werden per Mehrheitsentscheidung in den Stadt- und Gemeinderäten gefasst.

Steuern
Steuern sind Abgaben, die die Bürger an den Staat zahlen. Es besteht Steuerpflicht. Wer sie nicht bezahlt, macht sich strafbar. Mit den Steuern bestreitet der Staat seine Aufgaben. Man unterscheidet direkte und indirekte Steuern. Direkte Steuern werden vom Lohn und Einkommen und dem Besitz der Bürger bezahlt. Indirekte Steuern werden auf Waren und Dienstleistungen aufgeschlagen. Von der Summe, die die Bürger für diese Produkte zahlen, wird ein Teil als Steuer an die Staatskasse abgeführt.

Tarifautonomie
Darunter versteht man das Recht der Vertretungen der Arbeitgeber (Arbeitgeberverbände) und der Vertretungen der Arbeitnehmer (Gewerkschaften), die Löhne, Arbeitszeiten und die übrigen Arbeitsbedingungen selbst, also autonom, auszuhandeln und in einem Tarifvertrag für eine bestimmte Zeit festzulegen (Tarif = Vereinbarung). Die Regierung darf sich grundsätzlich nicht in Tarifverhandlungen einmischen. Die Tarifpartner sind frei in ihren Entscheidungen und selbst dafür verantwortlich.

Toleranz
bedeutet Duldsamkeit. Tolerant ist, wer mit Ansichten und Lebensweisen leben kann, die seinen eigenen Überzeugungen nicht entsprechen. Toleranz bedeutet nicht, dass einem andere Auffassungen gleichgültig sind. Man ist aber bereit, sie zu respektieren, ohne sie als richtig zu akzeptieren.

Überhangmandate
Sie entstehen bei Bundestagswahlen und bedeuten, dass eine Partei mehr Sitze im Parlament erhält, als ihr nach der erreichten Prozentzahl der Stimmen eigentlich zustehen. Das ist der Fall, wenn in den Wahlkreisen eines Bundeslandes mehr Kandidaten einer Partei ihren Wahlkreis direkt gewinnen, als ihr nach den erreichten Zweitstimmen zustehen. Der Grund für Überhangmandate liegt in der Kombination des Wahlrechts von Mehrheits- und Verhältniswahl. Wenn eine Partei Überhangmandate erhält, muss für die anderen im Bundestag vertretenen Parteien ein Ausgleich an Sitzen geschaffen werden. Überhangmandate können so zu einer erheblichen Vergrößerung der Zahl der Parlamentssitze führen.

Umweltpolitik
Darunter versteht man die Summe aller Maßnahmen, die zum Ziel haben,
a) bestehende Umweltschäden zu beseitigen und b) die Zukunft so zu gestalten, dass neue Belastungen für die Umwelt nicht entstehen können.
Umweltpolitik wird vom Staat im Bund, in den Ländern und in den Gemeinden gestaltet.
Zahlreiche Umweltbestimmungen werden mittlerweile auf europäischer Ebene innerhalb der Europäischen Union vereinbart. Umweltpolitik wird auch von zahlreichen Bürgerinitiativen und anderen nicht staatlichen Verbänden geleistet.

Vereinte Nationen (UNO)
Die englische Abkürzung bedeutet United Nations Organization. Die Vereinten Nationen wurden 1945 nach dem Ende des Zweiten Weltkrieges gegründet. Ihre wichtigsten Ziele, die Sicherung des Weltfriedens, die Förderung der wirtschaftlichen und sozialen Entwicklung in den armen Ländern der Erde und die Durchsetzung der Menschenrechte, sind in der „Charta der Vereinten Nationen" festgelegt. Neben der Generalversammlung ist der Sicherheitsrat eine Einrichtung von großer weltpolitischer Bedeutung. Seine Hauptaufgabe besteht darin, Streitigkeiten zwischen den Staaten auf der Welt beizulegen. Derzeit (2016) sind 193 Staaten Mitglied der Vereinten Nationen.

Verhältniswahl
Bei dieser Form der politischen Wahl erhalten die Parteien genau den Anteil an Sitzen im Parlament, der ihnen im Verhältnis zur erreichten Stimmenzahl zusteht. Alle Stimmen zählen gleich und haben den gleichen Erfolgswert. Bei Bundestagswahlen findet das System eine Einschränkung darin, dass eine Partei mindestens 5 Prozent der Stimmen erhalten muss, um überhaupt in das Parlament einziehen zu können (Fünf-Prozent-Hürde).

Volksbegehren/Volksentscheid
Viele Landesverfassungen (vor allem auch in den neuen Bundesländern) haben das Mittel des Volksbegehrens und des Volksentscheids als Element direkter Demokratie aufgenommen. In einem Volksbegehren können die Bürgerinnen und Bürger eines Bundeslandes den Landtag dazu zwingen, einem bestimmten Gesetz innerhalb einer festgelegten Frist zuzustimmen. Das Begehren kommt zustande, wenn eine bestimmte Zahl der Wahlberechtigten (z. B. 15 Prozent) das Begehren unterschreibt. Lehnt der Landtag mit seiner Mehrheit dieses Volksbegehren ab,

kommt es zu einem Volksentscheid. Der Landtag stellt dann dem Volk das Gesetz zur Abstimmung. Wenn die Mehrheit der Abstimmenden (mindestens aber eine bestimmte Prozentzahl aller Wahlberechtigten, z. B. ein Drittel) dem Gesetz zustimmt, ist der Volksentscheid angenommen. Bestimmte Themenbereiche, wie z. B. finanzielle Angelegenheiten, sind allerdings von diesen Möglichkeiten ausgenommen.

Wertvorstellungen

Das sind Grundsätze und Zielvorstellungen, die ein einzelner Mensch oder die gesamte Gesellschaft als erstrebenswert ansieht. Werte beziehen sich oft auf die Art und Weise des Umgangs mit anderen Menschen, zum Beispiel die Gerechtigkeit und die Hilfsbereitschaft. In einer Partnerschaft spielen Werte wie Liebe und Treue eine große Rolle. Eine Gesellschaft braucht ein gewisses Maß von gemeinsamen Werten, die alle Menschen teilen, weil sie sonst nicht funktionieren kann. Dazu gehören zum Beispiel die Ablehnung von Gewalt, die Achtung vor den Gesetzen, die Toleranz gegenüber Andersdenkenden etc. Werte können sich im Laufe der Zeit verändern.

Wir-Gefühl

Das ist das Zusammengehörigkeitsgefühl, das zwischen den Mitgliedern einer Gruppe besteht. Das Wir-Gefühl führt dazu, dass man sich mit der eigenen Gruppe identifiziert, sich darin wohlfühlt usw. Es kann auch zur Folge haben, dass man sich ganz bewusst von anderen Gruppen abgrenzt. Das geschieht zum Beispiel zwischen verschiedenen Mannschaften im Sport, auch zwischen verschiedenen Schulklassen usw. Gefährlich wird das Wir-Gefühl, wenn es so weit geht, dass andere Gruppen als Feinde angesehen werden, zum Beispiel: „Wir Deutsche“ gegen „die Ausländer“.

Wirtschaft (auch Ökonomie)

Unter Wirtschaft versteht man die Gesamtheit aller menschlichen Tätigkeiten, die sich auf die Produktion und den Verbrauch von Waren und Dienstleistungen beziehen. Die Wirtschaft versorgt uns mit diesen Waren (z. B. Lebensmittel, Kleidung, Autos, Computer) und Dienstleistungen (z. B. ärztliche Versorgung, Haarpflege, Krankenpflege, öffentliche Verwaltungen). In der Wirtschaft sind wir nicht nur Käufer und Verbraucher. In der beruflichen Tätigkeit erbringen wir Leistungen, erzielen dafür Einkommen und erstellen die verschiedensten Waren und Dienstleistungen, die wir als Verbraucher wieder kaufen. Daher sind wir alle Teile in einem großen volkswirtschaftlichen Kreislauf.

Wirtschaftswachstum

Das „Gesetz zur Förderung der Stabilität und des Wachstums in der Wirtschaft“ verpflichtet die Bundesregierung zu einer Wirtschaftspolitik, die angemessenes Wirtschaftswachstum zum Ziel hat. Die Vorzüge wirtschaftlichen Wachstums bestehen vor allem in der Schaffung von Arbeitsplätzen und der Verbesserung des gesellschaftlichen Wohlstands. Allerdings wird Wirtschaftswachstum heute zunehmend auch kritisch gesehen. Dabei wird zwischen dem problematischen quantitativen und dem wünschenswerten qualitativen Wachstum unterschieden. Quantitatives Wachstum ist berechenbar und wird in einer Prozentzahl ausgedrückt. Beträgt das Wachstum der Wirtschaft zwei Prozent, so bedeutet dies, dass der Wert aller Waren und Dienstleistungen in diesem Jahr im Vergleich zum vorherigen Jahr um zwei Prozent gestiegen ist. Diese Zahl sagt jedoch nichts über eine sozial gerechte Verteilung des Wohlstands und erst recht nichts über die Umweltschäden aus. Deshalb ist das Ziel heute ein qualitatives Wirtschaftswachstum. Damit ist gemeint, dass Wachstum mit den Erfordernissen des Schutzes der Umwelt vereinbar sein muss und darüber hinaus der sozial gerechten Verteilung des Wohlstands dient.

Wirtschaftsordnungen

In einem großen Staatsgebilde muss es für den Bereich der Wirtschaft einen Ordnungsrahmen geben. Er hat die Aufgabe, die wirtschaftliche Versorgung der Menschen möglichst reibungslos zu garantieren. Dazu greift der Staat mithilfe von Gesetzen ordnend und gestaltend in das Wirtschaftsgeschehen ein. Die Wirtschaftsordnung in der Bundesrepublik Deutschland trägt die Bezeichnung soziale Marktwirtschaft.

Register

Was bedeuten eigentlich die Verben in den Arbeitsaufträgen?

Die Verben in den Arbeitsaufträgen bezeichnen die Tätigkeiten, die während der Bearbeitung von euch erwartet werden. Lehrerinnen und Lehrer bezeichnen diese auch als **Operatoren**. Hier findet ihr in alphabetischer Reihenfolge die Operatoren, die in TEAM häufig verwendet werden. Wenn ihr hin und wieder Zweifel habt, was konkret zu tun ist, könnt ihr euch an den kurzen Erklärungen orientieren.

analysieren	Ihr führt eine genaue Untersuchung des Materials durch, untergliedert es in seine einzelnen Bestandteile und fügt am Ende die Teilergebnisse eurer Arbeit zu einem Gesamtergebnis zusammen.
begründen	ist ein wichtiger Bestandteil eurer eigenen Urteilsbildung. Wenn ihr zum Beispiel eine Stellungnahme abgebt oder eine bestimmte Ansicht in einer Diskussion vertretet, sucht ihr so nach Argumenten bzw. nach Beweisen, mit denen ihr diese möglichst überzeugend unterfüttern könnt.
beschreiben	Ihr stellt einen Fall, einen Text, ein Schaubild oder ein anderes Material mit eigenen Worten in einer an der Sache orientierten Sprache vor und verwendet dabei die Fachbegriffe und Erklärungen dazu.
beurteilen	geht noch über die Begründung hinaus. Ihr trefft ein Sachurteil, das aus einer Behauptung bzw. These besteht, begründet dieses mit möglichst mehreren Argumenten und Beispielen und grenzt euch von den Urteilen anderer ab, indem ihr euch damit argumentativ auseinandersetzt.
bewerten	geht noch einen Schritt weiter als das Beurteilen, weil ihr zusätzlich die Wertmaßstäbe deutlich macht, auf die sich euer Urteil gründet. Im Bereich der politischen Bildung können solche Wertmaßstäbe zum Beispiel der Beitrag eures Urteils zur Förderung der Demokratie und der Menschenrechte sein, der Abwehr von Gefahren für das Zusammenleben der Menschen und anderes mehr.
erklären	Ihr stellt euer Wissen, das ihr euch durch Texte oder durch andere Materialien erworben habt, mit euren eigenen Worten so dar, dass die Zusammenhänge deutlich werden und dass ein Ansprechpartner euren Gedanken problemlos folgen kann. Es gelingt euch bei eurer Darstellung, das Wichtige einer gewonnenen Einsicht zu verdeutlichen.
erläutern	geht über das Erklären hinaus. Hier reichert ihr eure Darstellung mit Beispielen und zusätzlichen Informationen an.
ermitteln	Aus den vorgegebenen Materialien findet ihr bestimmte Sachverhalte heraus und notiert sie. Das können Ursachen, Folgen, Chancen, Gefahren etc. sein. Ihr findet diese auch dann, wenn sie im Material nicht direkt benannt sind und nicht direkt ins Auge springen. In der Regel notiert ihr schriftlich, was ihr ermittelt habt.
präsentieren	Ihr tragt eure Arbeitsergebnisse vor der Klasse oder einem anderen Publikum vor, um dieses möglichst genau über eure erworbene Sachkompetenz in Kenntnis zu setzen. Ihr achtet dabei auf eine gut nachvollziehbare Struktur und unterstützt euren Vortrag medial in Form unterschiedlicher Visualisierungen.

recherchieren	ist die gezielte Suche nach Informationen – häufig mithilfe des Internets. Ihr geht dabei immer von einem bestimmten Lerninteresse und von einem Untersuchungsauftrag aus und sucht nach Materialien, die euer Forschungsinteresse klären. Dabei achtet ihr im Besonderen auf die Qualität der verwendeten Quellen.
Stellung nehmen	enthält die Tätigkeiten beurteilen oder bewerten. Dabei tragt ihr euer Urteil zusammenhängend in einer gewissen Ausführlichkeit vor und stützt euch dabei in der Regel auf eine schriftliche Ausfertigung, die ihr vorbereitend verfasst habt.
überprüfen	Inhalte, Sachverhalte, Positionen anderer werden dabei auf der Grundlage eurer eigenen Kenntnisse oder mithilfe weiterer Materialien auf ihre Richtigkeit und Angemessenheit untersucht.
vergleichen	Ihr stellt zwei oder mehrere Materialien zu einem Thema einander gegenüber und betrachtet sie, um Gemeinsamkeiten und Unterschiede herauszufinden.
zusammenfassen	Ihr unterzieht die Ergebnisse eures Lernens einer abschließenden Betrachtung und konzentriert euch dabei auf die Darstellung des Wesentlichen und auf die Erkenntnisse, die ihr nachhaltig im Gedächtnis speichern wollt.

Übersicht über die Methodenkarten in den Bänden der Reihe TEAM

Team 5/6

Verzeichnis der Seiten

Team 7/8

Verzeichnis der Seiten

Team 9

Verzeichnis der Seiten

Lösungen zu den Kompetenzstationen

1. Jugend und gesellschaftliches Engagement

Station 1: Kriterienorientierte Bewertung

Motive	Hilfsbereitschaft, Einsatz für Kinder in Not
Zeit, Aufwand	Begrenzt, da es sich bei Sönkes Aktion um eine einmalige Angelegenheit handelt; allerdings setzt er schon seit seinem zehnten Lebensjahr einen großen Teil seiner Freizeit für sein soziales Engagement ein.
Auswirkung auf andere Menschen	Den Kindern im Hospiz wird ihre schwierige Situation ein wenig erleichtert. Eltern der Kinder und Angestellte im Hospiz freuen sich über die Unterstützung.
Verbesserung der Gesellschaft	Viele solcher kleinen Hilfen können das Zusammenleben verbessern, weil so deutlich wird, dass Menschen füreinander einstehen und sich gegenseitig unterstützen.
Erkennbare Werthaltungen	Einsatzbereitschaft, Anteilnahme, Selbstlosigkeit, Freude am Helfen

Station 2:
Beschreibung: Ein Ehepaar liegt bei Mondschein (also nachts) und bei geöffnetem Fenster im Ehebett und hört zu, wie jemand draußen auf der Straße um Hilfe schreit. Die Schrift und die Symbole in einer Sprechblase zeigen, dass hier offensichtlich ein Gewaltverbrechen von Neonazis passiert. Die Frau erkennt die Situation. Der Mann reagiert mit der Bemerkung, dass sie ihre Verbrechen doch bitte auch ein bisschen leiser ausführen könnten.
Analyse: Der Karikaturist kritisiert, dass viele Menschen die Verbrechen der Neonazis zwar zur Kenntnis nehmen, aber keinesfalls dazu bereit sind, sich in ihrer Ruhe stören zu lassen. Sie nehmen dafür in Kauf, dass die Opfer verletzt und sogar getötet werden. Die austretenden Schweißtropfen am Kopf des Mannes deuten an, dass er ein schlechtes Gewissen bei seinem Verhalten hat. Es reicht aber nicht aus, um gegen Neonazis aktiv zu werden.
Bewertung: Neonazis stellen die eigene Nation über alle anderen, hassen Ausländer und Juden, leugnen die Rechte des Einzelnen, fordern Unterordnung, wollen die Demokratie abschaffen, treten für eine Diktatur ein, missachten den Rechtsstaat, wollen die Herrschaft des Rechts durch die Herrschaft des Stärkeren ersetzen, bekämpfen und missachten Andersdenkende, sind Rassisten.

Station 3:
Einleitung: In diesem Text geht um grundlegende Elemente und unterschiedliche Formen von Demokratie.
Zur Gliederung in Abschnitte bieten sich an: Definition Demokratie, grundlegende Elemente, Unterschied zwischen direkter und indirekter Demokratie, unterschiedliche Demokratieformen.
Zu erklärende Fachbegriffe: Volkssouveränität, Konventionen, Gewaltenteilung, direkte, indirekte, repräsentative und parlamentarische Demokratie.
Die Textbewertung kann erfolgen anhand der Kriterien: bedeutsame Informationen, Sach- und wertende Aussagen, Bedeutung für die eigene Urteilsbildung, ist der Text zum Lesen empfehlenswert oder nicht.

2. Demokratie in der Bundesrepublik Deutschland

Station 1:
Bürgerinitiative: Sie ist ein Zusammenschluss von Bürgerinnen und Bürgern, die sich gegen bestimmte Maßnahmen wehren – zum Beispiel gegen den Ausbau von Flughäfen, den Bau von Straßen, Fabriken etc. Wenn das Ziel erreicht ist, ein tragfähiger Kompromiss erzielt wurde oder das Verfolgen des Ziels als aussichtslos angesehen wird, löst sich eine Bürgerinitiative in der Regel wieder auf.
Bürgerbegehren: Sie sind eine Form direkter Demokratie auf der Ebene der Gemeindepolitik. Die Bürgerinnen und Bürger einer Stadt stellen darin den schriftlichen Antrag an den Rat der Gemeinde, eine bestimmte Entscheidung zu treffen. Das Bürgerbegehren muss mit einer vorgeschriebenen Mindestzahl von Unterschriften versehen sein. Der Rat der Stadt kann dem Bürgerbegehren stattgeben oder es ablehnen.
Bürgerentscheid: Er kommt zustande, wenn der Rat der Gemeinde ein zuvor eingereichtes Bürgerbegehren ablehnt. Im Bürgerentscheid können die Bürgerinnen und Bürger direkt

über eine Maßnahme in der Stadt abstimmen (zum Beispiel über den Bau einer Umgehungsstraße).
Weitere Erläuterungen dazu findet ihr auch im Glossar dieses Buches.

Station 2:
Parteien sind Vereinigungen von Bürgern, die dauernd oder für längere Zeit auf die politische Willensbildung Einfluss nehmen und nach politischer Mitgestaltung im Bundestag, in den Landtagen, den Kreistagen und den Gemeinde- bzw. Stadträten streben. Ziel aller Parteien ist es in der Regel, politische Macht auszuüben (zum Beispiel in der Regierungsverantwortung), um so die politischen Verhältnisse im Land maßgeblich gestalten zu können.
Aufgaben der Parteien: Mitwirkung an der politischen Willensbildung, Gestaltung der öffentlichen Meinung, Förderung der aktiven Teilnahme möglichst vieler Menschen an der Politik, Teilnahme an Wahlen, Festlegung politischer Ziele in Parteiprogrammen, Kandidatenauswahl für politische Ämter u. a.

Station 3:
Warum zwei Kreuze? Mit der Erststimme wählt man einen Wahlkreiskanditaten, mit der Zweitstimme eine Partei.
Was ist der Unterschied? Der Erststimme liegt das Mehrheitswahlsystem zugrunde. Danach zieht derjenige Kandidat in den Bundestag ein, der im Wahlkreis die Mehrheit der Stimmen auf sich vereint. Die Zweitstimme funktioniert nach dem Verhältniswahlsystem. Danach wird der prozentuale Anteil einer Partei am Gesamtergebnis der Wahl berechnet. Die erreichte Prozentzahl entscheidet über die Anzahl der Sitze einer Partei im Parlament.
Welcher Name: Das Wahlrecht zum Deutschen Bundestag wird als *personalisiertes Verhältniswahlrecht* bezeichnet, weil es aus einer Kombination von Mehrheits- und Verhältniswahlsystem besteht.

Station 4:
Frage 1: Wer wählt den Bundeskanzler bzw. die Bundeskanzlerin?
Frage 2: Woraus besteht die Bundesregierung?
Frage 3: Werden die Mitglieder des Bundesrates vom Volk gewählt?
Frage 4: Welche Aufgabe hat das Bundesverfassungsgericht?

Station 5:
Tierschutz ist in Deutschland keine Privatsache. Der Tierschutz wurde sogar als ***Staatsziel*** in das ***Grundgesetz*** aufgenommen (Artikel 20a). Es gibt in Deutschland ein ***Tierschutzgesetz***, das vom ***Bundestag*** und vom ***Bundesrat*** verabschiedet wurde.

Station 6:
Die Rechtslage ist so, dass die Abgeordneten des Deutschen Bundestages nur ihrem Gewissen unterworfen sind. So steht es im Artikel 38 des Grundgesetzes. Die Wählerinnen und Wähler können ihren Abgeordneten also nicht zu einer Entscheidung zwingen. Der Abgeordnete hat ein **freies Mandat**. Das bedeutet, dass er das Recht hat, eigenverantwortlich zu entscheiden, und nicht an den Auftrag seiner Wählerinnen und Wähler gebunden ist. Wäre es so, spräche man von einem **imperativen Mandat**. Er müsste dann auf Anordnung handeln.

Station 7:
Wenn die Macht nicht kontrolliert wird, können die Regierenden tun und lassen, was sie wollen. Das führt nahezu in allen Fällen zu einem Missbrauch der Macht in Form der Zerstörung demokratischer Freiheiten. In Deutschland gab es den schlimmsten Missbrauch staatlicher Macht in der Zeit des Nationalsozialismus. Die Teilung der Staatsgewalt ist wichtig, damit Machtkonzentration und Machtmissbrauch verhindert werden und damit die Staatsgewalten sich gegenseitig kontrollieren. Die Person links in der Zeichnung symbolisiert die Legislative (= die gesetzgebende Gewalt), die mittlere Person in der Robe des Richters die Judikative (= gesetzgebende Gewalt) und die rechte Person die Exekutive (= die ausführende Gewalt).

Station 8:
Extremisten akzeptieren keine anderen Meinungen als ihre eigenen und lassen keine anderen Religionen zu, allenfalls die Richtung einer bestimmten Religion, die sie selbst vertreten. Sie missachten daher den grundlegenden Wert der Freiheit.
Rassisten teilen die Menschen in Rassen ein und vertreten die Ansicht, die „Rasse", der sie selbst angehören, sei mehr wert und habe daher mehr Rechte als alle anderen. Sie verstoßen daher gegen das Werteprinzip der Gleichheit aller Menschen vor dem Gesetz.

3. Auf dem Weg zur Berufswahl

Station 1:
3 Gründe für eine Berufsausbildung nach dem Mittleren Schulabschluss: Man verdient sofort Geld. Der Zeitaufwand für die Berufsausbildung ist absehbar. Man erwirbt praktische Qualifikationen.
3 Gründe für das Abitur: Das Abitur ist eine Eintrittskarte für eine Vielzahl von Berufen. Mit anschließendem Studium hat man als Akademiker bessere Aufstiegsmöglichkeiten. Die höhere Bildung fördert die Persönlichkeitsentwicklung.
3 mögliche Ausbildungswege: praktische Berufsausbildung im dualen System (Lehre); Besuch einer Berufsfachschule; Abitur mit anschließendem Hochschulstudium.

Station 2:
Hier muss deine Antwort ganz individuell ausfallen. Da alle aufgeführten Begriffe eine Bedeutung für die Durchführung des Betriebspraktikums haben, solltest du diejenigen für deine Erläuterung auswählen, die für dich ganz persönlich besonders wichtig sind.

Station 3:
Zwei mögliche Hilfen durch die Arbeitsagentur: Besuch der Berufsinformationszentren (BIZ); Nutzung der Angebote im Internet mit www.planet-beruf.de (anschließend Terminvereinbarung für ein persönliches Beratungsgespräch).
Was soll man als Erstes tun? Man sollte sich einen persönlichen Plan zur Vorgehensweise erstellen. Zu Beginn empfiehlt es sich, mithilfe von Tests die persönlichen Interessen und Stärken herauszufinden. Frühzeitig sollte man die neueste Ausgabe von „Beruf aktuell" studieren.
Freiwillige Praktika führen zu mehr Erfahrungen und erhöhen die Erfolgsaussichten bei der Suche nach dem geeigneten Ausbildungsplatz. Sie können im Lebenslauf aufgeführt werden und verschaffen der Bewerberin bzw. dem Bewerber so einen Bonus.

Station 4:
Englischkenntnisse: Englisch ist die wichtigste Sprache in der globalisierten Arbeitswelt. Englischkenntnisse werden heute in nahezu allen Ausbildungsberufen als selbstverständlich vorausgesetzt.
Pflichttugenden wie Pünktlichkeit, Verlässlichkeit, Fleiß und Höflichkeit zählen zu den wichtigsten Erwartungen, welche die Ausbildungsbetriebe an die Azubis stellen.

4. Medien und Politik

Station 1:
Meinung 1: Diese Ansicht gründet sich auf die Erfahrung, dass wir nahezu all unser Wissen über das, was in der Gesellschaft passiert, durch die Medien bekommen. Man lernt lebenslang, indem man ständig die Berichterstattung der Medien verfolgt, unterschiedliche Informationen miteinander vergleicht und sich so ein eigenes Urteil bildet. Politische Bildung entsteht vor allem durch aktive und kritische Mediennutzung. Du kannst diese Ansicht beurteilen, indem du sie mit anderen Einflussfaktoren auf das Lernen und die politische Bildung vergleichst: Haben Gespräche mit Eltern, Freunden und Bekannten vielleicht doch noch größeren Einfluss auf die politische Bildung? Ist der Einfluss der Medien auf das Lernen noch größer als der Einfluss der Schule?
Meinung 2: Mit Medienkompetenz sind hier zwei besonders wichtige Kompetenzen gemeint: Man muss wissen, in welchem Medium man welche Information findet. Man muss sich für politische und gesellschaftliche Themen interessieren. Du kannst Stellung dazu nehmen, ob fehlende Medienkompetenz auch ein Desinteresse an politischer Bildung zur Folge hat.
Meinung 3: Begründet wird diese Ansicht mit dem grundlegenden Wesensmerkmal von Demokratie, wonach diese auf das aktive Mitmachen und Mitgestalten setzt. Demokratische Rechte haben dann einen Sinn, wenn sie von möglichst vielen genutzt werden und nicht nur auf dem Papier stehen. Du kannst diese Äußerung beurteilen, indem du zum Beispiel der Frage nachgehst, ob eine Demokratie auch dann funktionieren kann, wenn sich weite Kreise der Bevölkerung aus der Politik heraushalten.

Station 2:
Mögliche Aussagen zur Bedeutung der Pressefreiheit: Ohne die Möglichkeit freier Meinungsäußerung in der Presse gibt es keine Demokratie, Presse- und Meinungsfreiheit sind elementare Grundrechte. Aussagen zum Artikel 5 des Grundgesetzes: Jeder hat das Recht auf Information, Pressefreiheit ist gewährleistet. Zwei Aussagen zu den Pflichten des Journalisten: Informationen müssen vor der Veröffentlichung auf ihren

Wahrheitsgehalt hin überprüft werden (Sorgfaltspflicht bei der Recherche). Journalisten haben die Pflicht, die Bevölkerung wahrheitsgetreu zu informieren. Zwei Aussagen über die Grenzen der Pressefreiheit: Bestehende Gesetze dürfen nicht verletzt werden (zum Beispiel Gesetze zum Schutz der Jugend), keine Beleidigungen oder Verleumdungen.

Station 3:
Thema 1, Shitstorms: Pro: Leute können spontan reagieren, belebendes Element der Demokratie, Politiker können weniger gut „über die Köpfe der Menschen hinweg" agieren. Kontra: Primitive Form übler Beschimpfung im Netz, es geht nicht um den Austausch von Argumenten, Shitstorms zerstören die politische Kultur (und schwächen die Demokratie).
Thema 2, online wählen: Argumente pro und kontra befinden sich auf der Seite 118 in diesem Buch.

5. Die Bedeutung der sozialen Marktwirtschaft

Station 1:
Das Warenangebot in einem Supermarkt entsteht aus dem Wechselspiel zwischen Angebot und Nachfrage. Die Regale werden mit den Produkten gefüllt, die von den Kunden häufig nachgefragt werden. Waren, für die wenig oder keine Nachfrage besteht, verschwinden aus den Regalen. Der Markt ist das ausgleichende Instrument. Weil das so ist, wird unsere Wirtschaftsordnung als Marktwirtschaft bezeichnet.

Station 2:
Die Preisbildung richtet sich nach dem Verhältnis zwischen Angebot und Nachfrage. Im Fall von Herrn Kleinschmidt bleibt das Angebot an Hotelzimmern gleich, aber die Nachfrage ändert sich. In den Sommerferien möchten mehr Menschen in Urlaub fahren als im März. Weil die Nachfrage steigt, kann auch der Preis angehoben werden.

Station 3:
Ordnung schaffen: Der Staat sorgt mit gesetzlichen Regelungen dafür, dass sich das Wirtschaftsleben in einem geordneten Rahmen abspielen kann.
Soziale Schutzfunktion: Der Staat übernimmt eine soziale Schutzfunktion gegenüber den Menschen, indem er die Macht der Mächtigen begrenzt, die Schwachen schützt und der Herstellung sozialer Gerechtigkeit verpflichtet ist.
Aktive Mitgestaltung: Der Staat betreibt eine aktive Wirtschaftspolitik – zum Beispiel, indem er Unternehmensgründungen unterstützt oder staatliche Aufträge für den Bau von Straßen vergibt.
Sicherung des Wettbewerbs: Wettbewerb ist eine Grundvoraussetzung für eine funktionierende Marktwirtschaft. Der Staat muss dafür sorgen, dass der Wettbewerb erhalten bleibt. Durch das Verbot von Preisabsprachen und Zusammenschlüssen allzu mächtiger Unternehmen will er die Konkurrenz erhalten und allzu große Marktmacht verhindern.

Station 4:
In der freien Marktwirtschaft um 1880 ging es der großen Mehrheit der Menschen keineswegs besser als heute. Der Grund liegt darin, dass die soziale Schutzfunktion des Staates fehlte (denn dieser griff damals kaum in die sozialen Verhältnisse ein). „Frei" bedeutete, dass die Unternehmer in ihren Fabriken frei schalten und walten konnten. So mussten die Fabrikarbeiterinnen und Fabrikarbeiter unter zum Teil unmenschlichen und gefährlichen Bedingungen arbeiten bei Löhnen, die kaum zum Leben reichten. Unternehmer versuchten, ihre Kosten möglichst gering zu halten, um so den maximalen Gewinn zu erzielen.

Station 5:
Hier ist die Beantwortung frei. Wichtig ist zu erkennen, dass den drei Behauptungen verschiedene Vorstellungen von sozialer Gerechtigkeit zugrunde liegen. Dem ersten Beispiel liegt das Konzept der Solidarität zugrunde, Beispiel 2 die Idee der Eigenverantwortlichkeit und Beispiel 3 das Konzept der Kombination aus Solidarität und Eigenverantwortlichkeit. (Drei Gerechtigkeitsbegriffe, die man hier zuordnen kann, sind Verteilungs-, Leistungs- und Chancengerechtigkeit.) In der Antwort sollte man darauf hinweisen, dass die These 3 sich mit der Vorstellung deckt, der die Politik in der sozialen Marktwirtschaft folgt.

Station 6:
Möglichkeit 1: Steuererhöhung: wirkt auf Unternehmen negativ, weil die Menschen weniger Geld zum Ausgeben haben, negativ auch auf die privaten Haushalte, weil sie das Einkommen schmälert, negativ auf den Bankensektor, weil die Banken weniger Kredite verkaufen und weniger Spareinlagen erhalten, negativ auf das Ausland, weil die Nachfrage nach

Importgütern sinkt (und weniger Auslandsreisen gemacht werden). Positiv wirken Steuern auf den Sektor Staat, weil er seine Einnahmen verbessert.
Möglichkeit 2: Autohersteller in Japan senken die Preise: Negativ sind die Folgen für die Unternehmen in Deutschland, weil die Nachfrage nach inländischen Autos sinkt, positiv sind sie für die privaten Haushalte, weil die importierten Autos billiger werden, eher negativ sind sie für den Staat, weil das inländische Wirtschaftswachstum schrumpft. Preissenkungen, egal ob für inländische oder ausländische Produkte, sind für die Banken positiv, weil den Menschen mehr Geld zum Sparen übrig bleibt und weil sie eher einen Kredit aufnehmen können.
Möglichkeit 3: Die Banken senken die Zinsen: Das ist sowohl für den Unternehmenssektor als auch für das Ausland positiv, weil sich Neukäufe leichter durch Kredite finanzieren lassen; der Staat profitiert, weil die Wirtschaft angekurbelt wird, die privaten Haushalte profitieren, weil sie leichter einen Kredit aufnehmen können; Nachteile haben sie, wenn parallel dazu auch die Zinsen für Spareinlagen gesenkt werden.

6. Soziale Sicherung heute und morgen

Station 1:

- Unter Sozialpolitik versteht man alle Maßnahmen des Staates, die die Menschen in Risikosituationen schützen sollen.
- Unter einem Sozialstaat versteht man einen Staat, der die Pflicht übernimmt, für den sozialen Schutz seiner Bürgerinnen und Bürger zu sorgen und ihnen ein menschenwürdiges Leben zu ermöglichen.
- Das Prinzip Solidarität bedeutet, dass die Menschen zusammenhalten und sich gegenseitig unterstützen und dass der Staat den Menschen eine Verantwortung für die gesamte Gemeinschaft abverlangt.
- Das Prinzip Eigenverantwortung bedeutet, dass man in einer Notsituation nicht untätig bleiben darf und den Staat für sich sorgen lässt. Man muss selbst versuchen, sich aus der Notlage zu befreien.

Situationen, in denen Jugendliche mit dem Sozialstaat in Berührung kommen, können sein: Im Falle eines Unfalls oder im Laufe einer Krankheit genießen sie Versicherungsschutz, als gewähltes Mitglied in der Ausbildungsvertretung eines Betriebes können sie sich für den Jugendarbeitsschutz einsetzen, als Berufsanfänger am Beginn einer Ausbildung werden sie Mitglied im System der sozialen Sicherung, als Auszubildende können sie Ausbildungsförderung beantragen (Bafög).

Station 2:
Die fünf Sozialversicherungen sind: Rentenversicherung, Unfallversicherung, Krankenversicherung, Pflegeversicherung, Arbeitslosenversicherung. Ziel ist ein möglichst umfangreicher sozialer Schutzschirm für alle Versicherten. Bezahlt werden die Versicherungen größtenteils je zur Hälfte vom Arbeitnehmer und Arbeitgeber. Die Unfallversicherung zahlt nur der Arbeitgeber. Hinzu kommen weitere staatliche Zuschüsse, weil das Geld aus den Versicherungsbeiträgen nicht ausreicht, um die Kosten zu decken.

Station 3:
Stufe 1: Das Schaubild zeigt die Auswirkungen des demografischen Wandels auf den Altersaufbau in Deutschland am Beispiel der Jahre 1960, 2013 und 2060. Deutlich ist zu sehen, dass die Zahl der bis zu 30-Jährigen kontinuierlich abnehmen wird, während der Anteil der 70-bis 100-Jährigen ansteigt.
Stufe 2: 2060 werden Senioren um die 70 Jahre den größten Anteil an der Bevölkerung stellen. Je jünger die Jahrgänge, desto geringer wird der Bevölkerungsanteil sein. Der Anteil der 30- bis 60-Jährigen, also derjenigen, die in der Regel in einem Arbeitsverhältnis stehen und Sozialversicherungsbeiträge bezahlen, wird gegenüber 2013 zurückgehen. Eine Netto-Zuwanderung von mindestens 200 000 Personen im Jahr wird dazu führen, dass der Anteil von Menschen unterhalb des Seniorenalters leicht zunimmt.
Dieser Entwicklung liegt die Annahme zugrunde, dass Frauen durchschnittlich 1,4 Kinder bekommen und dass die durchschnittliche Lebenserwartung 2060 bei Jungen 84,8 Jahre und bei Mädchen 88,8 Jahre sein wird.
Stufe 3: Das Schaubild weist auf das Problem hin, dass die Zahl der Beitragszahler der Rentenkasse weiterhin abnimmt, während die Zahl der Rentenempfänger stark zunimmt. Das hat Auswirklungen auf das Umlageverfahren, nach dem das Geld für die Renten von den Einnahmen der aktuellen Beitragszahler finanziert wird. Immer weniger Beitragszahler müssen für die Renten von immer mehr Senioren aufkommen.
Stufe 4: Hier ist die Antwort offen. Wichtig ist, dass du erkennst, dass die staatlich garantierte Rente in der Zukunft nicht sonderlich hoch sein wird. Vorbeugen kannst du für dich persönlich, indem du eine private Zusatzversicherung ab-

schließt, sobald du Geld verdienen wirst. Vorbeugen kannst du auch durch eine möglichst gute Ausbildung, weil du so eher ein höheres und sicheres Einkommen erwirbst und zusätzlich etwas zurücklegen kannst. Bei der Frage der Einwanderung junger Leute nach Deutschland solltest du sehen, dass die positiven Folgen für die Altersstruktur und für den Generationenvertrag aller Wahrscheinlichkeit nach überwiegen werden.

Station 4:
In eurem Text solltet ihr die Situation eines armen Kindes in Deutschland beschreiben und erklären, unter welchen Entbehrungen es leidet. Mit der einen oder anderen Zahl solltet ihr das Ausmaß des Problems verdeutlichen. Einen oder mehrere Vorschläge dazu, wie sich die Situation armer Kinder verbessern lässt, solltet ihr euch selbst überlegen.

7. Wirtschaft und Umwelt

Station 1:
1. Offensichtlich spricht der Mann im Fenster von quantitativem Wirtschaftswachstum. Damit ist die Steigerung des Wertes aller im Land erzeugten Güter und Dienstleistungen im Vergleich zum Vorjahr gemeint.
2. Quantitatives Wirtschaftswachstum führt zu einer Steigerung des materiellen Wohlstands. Es bedeutet, dass die Unternehmen mehr verkaufen und höhere Gewinne erzielen. Verlangsamt sich diese Art von Wirtschaftswachstum, sinken demnach die Gewinne der Unternehmen. Das ist hier der Auslöser für die Panikattacken.
3. Verlangsamtes Wachstum erkennt man an einer Prozentzahl. Beträgt das Wirtschaftswachstum im aktuellen Jahr zwei Prozent und im Jahr zuvor drei Prozent, so hat man es mit einem verlangsamten Wachstum zu tun.

Station 2:
Frage 1: Hier sind viele Antworten möglich, Beispiele:

- umweltschonend produzieren – zum Beispiel durch Einsatz von Ökostrom, Senkung des Energieverbrauchs, schonenden Umgang mit Ressourcen etc.,
- Verwendung heimischer Rohstoffe, Verzicht auf chemische Behandlung von Stoffen, Textilien,
- faire Arbeitsbedingungen beachten und überwachen, vor allem bei Zulieferungen aus dem Ausland, Ächtung von Kinderarbeit,
- mit umweltschonender Produktion bei den Kunden werben.

Frage 2: Höhe des aktiven Beitrags zum Umweltschutz, vorbeugender Umweltschutz, Vorbildfunktion für andere Unternehmen

Station 3:
1: Außenwirtschaftliches Gleichgewicht bedeutet, dass der Wert der importierten Güter dem Wert der exportierten Güter in etwa entspricht. Wenn Länder mehr Geld für Importe ausgeben müssen, als sie für den Export von Waren erzielen, liegt das außenwirtschaftliche Gleichgewicht in weiter Ferne.
2: Unter Konjunktur versteht man das Auf und Ab des Wirtschaftsgeschehens. Wenn die Konjunktur langsam aus der Talsohle herauskommt, bedeutet das, dass sich die Kurve nach oben bewegt und dass die Wirtschaft beginnt, sich von einer Krise zu erholen.
3: Das Kooperationsprinzip bedeutet, dass alle Beteiligten (Unternehmen, Staat, private Haushalte) in Sachen Umweltschutz zusammenarbeiten müssen.
4: Präventiv sind Umweltschutzmaßnahmen, wenn dadurch verhindert wird, dass ein Umweltproblem überhaupt erst entstehen kann. Nachhaltig ist ihre Wirkung, wenn auch zukünftige Generationen dadurch profitieren.

8. Grund- und Menschenrechte

Station 1:
1. Grundrechte
2. Bundesverfassungsgericht
3. Menschenwürde
4. Staatsgewalt
5. Grundgesetz
6. Religionsfreiheit
7. Recht auf körperliche Unversehrtheit
8. Gleichberechtigung

Station 2:
1. Die Karikatur zeigt ein Paar, das im Fernsehen einen Bericht über die Flüchtlingskrise sieht. Die Frau kritisiert das fremdenfeindliche Denken, dass vor allem in der Aussage des Mannes zum Ausdruck kommt, sowie die mangelnde Bereitschaft, sich für die Flüchtlinge einzusetzen. Der Mann denkt nicht an die möglichen Folgen seines Vorschlags, sondern vor allem daran, dass durch die Schließung der Grenzen das Problem aus seiner Sicht gelöst sei.

2. Beispiele: Ja, weil Deutschland ein reiches Land ist, Fachkräfte benötigt, die Bevölkerung überaltert ist. Nein, weil bereits sehr viele Menschen nach Deutschland gekommen sind, weil die Integration so vieler Menschen in die deutsche Gesellschaft nicht zu leisten ist, weil die Flüchtlinge für den Wiederaufbau ihres eigenen Landes benötigt werden.

Station 3:
Piktogramme: Recht auf Freiheit, Glaubensfreiheit, Recht auf Meinungsfreiheit
Drei besonders oft von Menschenrechtsverletzungen betroffene Gruppen sind Frauen, Kinder und Minderheiten.
Drei Hauptgründe für Menschenrechtsverletzungen sind: Diktatorische Regime fürchten um ihre Macht und unterdrücken jede Art von Opposition; radikale Überzeugungen (auch religiöse) dienen als Rechtfertigung für Menschenrechtsverletzungen; fehlender Respekt vor dem Leben und der Freiheit anderer.
Drei Arten von Diskriminierung, unter denen Frauen weltweit leiden müssen, sind zum Beispiel Zwangsheirat, Misshandlungen, Einschränkung ihrer Bewegungsfreiheit.

Station 4:
Z. B.: Amnesty International, für „urgent actions" 125 000 Menschen in 85 Ländern, Millionen Unterstützer; Amnesty kümmert sich um Menschen, die aus politischen Gründen gefangen, gefoltert oder auf andere Weise unterdrückt werden; Eilaktionen: Unterstützer schreiben Protestbriefe an Regierungen und fordern Freilassung der politisch Unterdrückten, machen durch einen jährlichen Bericht Menschenrechtsverletzungen öffentlich; Amnesty setzte sich zum Beispiel für den zur Todesstrafe verurteilten Moses Akatugba ein und erreichte, dass er begnadigt wurde; in zahlreichen Fällen wie diesem erreichte Amnesty, dass Inhaftierte freigelassen wurden oder zumindest Hafterleichterungen erhielten.

9. Globalisierung

Station 1:
1. Waren- und Kapitalströme: internationale Arbeitsteilung – die einzelnen Produktionsschritte bei der Herstellung von Produkten werden auf verschiedene Länder verteilt. Produziert wird dort, wo die Kosten am niedrigsten sind.
Umweltveränderungen: Globalisierung belastet die Umwelt und verschärft zum Beispiel durch den zunehmenden Verbrauch von Energie und Wasser bestehende Umweltprobleme.
Kunst und Literatur: Konsumgewohnheiten gleichen sich weltweit an, dadurch werden auch Filme und Bücher weltweit verbreitet und gelesen, zum Beispiel Harry-Potter-Bände.
Verkehr, Nachrichten und Datennetze: Über das Internet können Menschen weltweit und kostengünstig miteinander kommunizieren.
2. Waren- und Kapitalströme: Durch die weltweite Konkurrenz sind viele Produkte billiger geworden, sie kostet jedoch auch Arbeitsplätze in den Industrieländern.
Umweltveränderungen: Umweltprobleme erfordern internationale Lösungen, die Bereitschaft zu internationalen Umweltabkommen ist gestiegen; von den Umweltveränderungen sind besonders die ärmsten Staaten betroffen, die dafür nicht verantwortlich sind.
Kunst und Literatur: Die Menschen haben die Chance, auch andere Kulturen besser kennenzulernen; die Kulturen gleichen sich immer mehr, regionale Gebräuche verschwinden immer mehr.
Verkehr, Nachrichten und Datennetze: Riesige Containerschiffe verbilligen den Transport von Waren rund um den Globus. Dadurch wird allerdings die Umwelt stärker belastet.
3. individuelle Bearbeitung

Station 2:
Beispieltext: Deutsche Unternehmen investieren sehr viel Geld im Ausland, um dort eigene Produktionsstätten aufzubauen. Auch Dienstleistungen werden wegen der günstigen Löhne zunehmend ins Ausland verlagert. Wichtigstes Motiv für Auslandsinvestitionen ist jedoch die Nähe zum Kunden. Seit 1997 hat deshalb der Global Player Siemens mehr Beschäftigte im Ausland als in Deutschland. Auch mittelständische Firmen verkaufen ihre Produkte inzwischen weltweit.

Station 3:
1. Das Poster kritisiert die Ausbeutung von Arbeitskräften in den Fabrikhallen von Entwicklungsländern, wo diese unter sehr schlechten Bedingungen und zu Niedriglöhnen arbeiten.
2. Die Organisation „Saubere Kleidung" fordert ein Verbot von Kinderarbeit, die Reduzierung von Arbeitszeiten und die Bezahlung angemessener Löhne in der Textilindustrie.

3. Die Politik kann das Los der Textilarbeiterinnen verbessern, indem sie Mindestlöhne durchsetzt, die Bildung von Gewerkschaften fördert und die wöchentliche Arbeitszeit senkt. Denkbar ist auch der Einsatz staatlicher Kontrolleure zur Überwachung der Gesetze.
4. Auch die Verbraucher tragen zur Ausbeutung von Arbeitskräften bei, weil sie beim Kauf von Textilien fast ausschließlich auf den Preis der Ware schauen und sich nicht dafür interessieren, unter welchen Bedingungen diese produziert wurde.

Station 4:
1. Die Grafik zeigt den allmählichen Anstieg der globalen Durchschnittstemperatur: die Karikatur thematisiert in überspitzter Form, wie sich der Klimawandel in Europa langfristig auswirken wird.
2. a) Sicht eines Entwicklungslandes: Entwicklungsländer sind überproportional vom Klimawandel betroffen. Lange Zeit waren Industrieländer nicht bereit, die Entwicklungsländer bei der Bewältigung der Folgen wirksam zu unterstützen. Erst nachdem auch in Europa die Folgen sichtbar wurden, änderte sich die Einstellung.
b) Sicht eines Industriestaats: In den letzten Jahren hat auch Europa die Auswirkungen zu spüren bekommen: sehr heiße Sommer, Dürren, Stürme und Überschwemmungen. Nun wird allen klar, dass Klimawandel ein Thema ist, dass alle Staaten der Erde angeht. Es kann nur international gelöst werden.
3. Das Pariser Abkommen bedeutet für das Weltklima, dass endlich verbindliche Ziele festgeschrieben wurden, die von fast allen Staaten der Erde anerkannt werden. Es kann ein erster Schritt zur Bremsung des Klimawandels sein.

10. Die Europäische Union: Erfolge, Krisen und Herausforderungen

Station 1:
Sein Glühbirnenlicht muss europäischen Standards entsprechen, ebenso die Qualität seines Trinkwassers, auch was mit seinem Abwasser geschieht, ist EU-weit einheitlich geregelt. Die Angabe der E-Stoffe auf Lebensmitteln ist eine Maßnahme zum Verbraucherschutz in der EU. Er profitiert von der Warenvielfalt im europäischen Binnenmarkt und von den vergleichbar niedrigen Lebensmittelpreisen. Er kann aus dem Ausland billiger telefonieren. Er kann sein Altauto überall in der EU recyceln lassen. Er profitiert von den offenen Grenzen und genießt Reise- und Aufenthaltsfreiheit im gesamten Gebiet der Europäischen Union.

Station 2:
A + 4 + 8; B + 3 +5; C + 1 + 7; D + 2 +6.

Station 3:
Richtig sind: 1, 3, 4, 6, 7.

Station 4:
Vorteile des Euro: kein Geldumtausch bei Grenzübertritten, Erleichterung des Zahlungsverkehrs, gute Vergleichbarkeit der Preise im gesamten Euroraum, Handelserleichterungen; der Euro als Ausdruck guter europäischer Zusammenarbeit und als Zeichen für die friedliche Vereinigung der Staaten Europas

Station 5:
Die EU kann aus ihrem eigenen Haushalt mehr finanzielle Mittel zur Verfügung stellen. Sie kann mithelfen, dafür zu sorgen, mehr Praktikums- und Ausbildungsplätze anzubieten. Staaten mit geringer Jugendarbeitslosigkeit können Jugendliche aus anderen Ländern der EU aufnehmen und Ausbildungsplätze anbieten.

Station 6:
„Es fehlt in der EU an Solidarität." Diese Aussage bezieht sich zum Beispiel auf den Umgang mit der Flüchtlingskrise, in der die Mitgliedstaaten der EU wenig Bereitschaft zur Zusammenarbeit zeigen.
Du kannst zum Beispiel dafür plädieren, dass es gut ist, wenn solche großen Probleme von allen EU-Staaten gemeinsam (also solidarisch) gelöst werden.
„Europa muss stärker werden." Damit ist gemeint, dass die EU zurzeit eher schwach ist und sich in einer Vertrauenskrise befindet. Du könntest begründen, warum eine starke Gemeinschaft von Staaten Probleme besser lösen kann als eine schwache, in der alle nur ihre nationalen Interessen verfolgen.
„Zukunftsprobleme gemeinsam lösen." Damit ist gemeint, dass die großen Herausforderungen der Zukunft besser von einem starkem statt von einem schwachen Europa bewältigt werden können. Dies gilt für den Umgang mit Flüchtlingen ebenso wie für die Bekämpfung der Jugendarbeitslosigkeit, für Maßnahmen im Umweltschutz, gegen Klimaerwärmung usw.

Station 7:
So kann der Zusammenhang aussehen: Syrien ist ein Land, aus dem die Menschen vor Krieg und aus Angst um ihr Leben

flüchten. Fluchtziel der meisten Flüchtlinge ist Europa. Viele flüchten über das Mittelmeer (unter Gefahr für ihr Leben). Die große Zahl der Flüchtenden wird oft als Flut bezeichnet. Europa sieht, dass dieses Problem sich vor der eigenen Haustür, also unmittelbar an den Grenzen Europas abspielt.
Die Frage, zu der du Stellung nehmen kannst, ist, ob die Europäer ihre Türen für die Flüchtlinge öffnen oder verschließen sollen.

11. Friedenssicherung

Station 1:
1. Es handelt sich um einen regionalen Konflikt. Regionale Konflikte sind deshalb besonders gefährlich, weil die Spannungen auch auf Nachbarstaaten übergreifen können. Außerdem sind Nachbarstaaten wegen der großen Zahl von Flüchtlingen betroffen.
2. Eine weitere Bedrohung ist der internationale Terrorismus. Er ist eine relativ neue Erscheinung. Immer wieder sterben bei Anschlägen zahlreiche Zivilisten.
3. Dafür spricht: In Mitteleuropa gab es seit dem Zweiten Weltkrieg keinen weiteren Krieg. Offensichtlich haben die Europäer gelernt, Konflikte friedlich zu regeln. In anderen Teilen der Welt gibt es dennoch Kriege, vor allem Bürgerkriege. Das spricht dafür, dass Menschen nicht lernen können, Konflikte friedlich auszutragen.

Station 2:
1. Der IS verübt auch in Mitteleuropa Selbstmordanschläge, zum Beispiel in Paris oder Brüssel. Deshalb sind auch wir gefährdet. Eine besondere Gefahr geht von Heimkehrern aus. Experten befürchten, dass sie hier Attentate planen.
2. Der IS rekrutiert junge Menschen, indem er sie gezielt über die sozialen Netzwerke und über Videos anspricht, in denen der Dschihad glorifiziert wird. Besonders labile junge Menschen sind für diese Art Propaganda empfänglich.
3. Die Internationale Allianz versucht, durch Luftangriffe den IS zurückzudrängen.

Station 3:
1. Die Karikatur zeigt eine Friedenstaube, die auf ein Straßenschild mit dem Symbol einer Sackgasse prallt. Der Karikaturist kritisiert, dass der Friedensprozess im Nahost-Konflikt durch neue Gewalt auf beiden Seiten wieder einmal in einer Sackgasse gelandet ist. Im Kern geht es um einen Kampf um Land: Beide Parteien erheben Anspruch auf Palästina und leiten den Anspruch aus ihrer Geschichte ab.
2. Ausgangslage – Konfliktverlauf – Ziele und Interessen – Konfliktlösungen

Station 4:
NATO: 28 Staaten; militärische Verteidigung der Mitglieder des Bündnisses; Nordatlantikrat steuert Aktivitäten, Vorsitz Generalsekretär, zweimal pro Jahr Treffen der Außen- und Verteidigungsminister, alle drei bis vier Jahre NATO-Gipfel der Regierungschefs; verstärkte Unterstützung der baltischen Staaten, Bekämpfung des internationalen Terrorismus und Maßnahmen bei Cyberattacken.
UNO: 193 Staaten; Wahrung des Weltfriedens und Durchsetzung der Menschenrechte; Generalversammlung (je Mitglied eine Stimme), Generalsekretär oberster Verwaltungsbeamter; Sicherheitsrat: USA, Großbritannien, Russland, China, Frankreich als ständige Mitglieder, zehn gewählte nichtständige Mitglieder; Sicherheitsrat kann Sanktionen aussprechen und militärische Mittel anordnen (dabei Vetorecht der ständigen Mitglieder); Peacekeeping durch Blauhelmsoldaten sowie robustes Peacekeeping durch Armeen oder NATO-Truppen im Auftrag der UNO.

Station 5:
1. In einer globalisierten Welt lassen sich Sicherheitsrisiken nicht national eingrenzen. Gefahren für die Sicherheit Europas entstehen außerhalb der Grenzen, Beispiel: Bürgerkriege im Nahen Osten und in Afrika, internationaler Terrorismus.
2. Der Bundestag muss Einsätzen zustimmen; die Bundeswehr darf nur an Einsätzen im Rahmen der NATO und UNO teilnehmen.

Station 6:
1. Beispiele: Sie kann eine Ausbildung zur Streitschlichterin absolvieren, sich einer Menschenrechtsorganisation anschließen, ehrenamtlich Flüchtlinge betreuen.
2. Beispiel „Ärzte ohne Grenzen“: Die Organisation setzt sich für die medizinische Versorgung von Flüchtlingen und Kriegsopfern ein. Die Fachkräfte arbeiten ehrenamtlich.

Bildquellen

action press: 176 – action press/Michael Wallrath: 192 r. – © Agence DER – Fotolia.com: 148 l. – © Amnesty International: 208 r. – © Amnesty International/Foto: Panithan Kitsakul: 208 l. – © Amnesty International/Foto: Henning Schacht: 5 u., 190 – AP Photo/The Oregonian, Paul Kitagaki Jr.: 226 – Yuri Arcurs – Fotolia.com: 139 2.v.u. – © ARD Aktuell – Tagesschau 2015: 242 l. – Harm Bengen/ toonpool.com: 116 – © Bergmoser + Höller Verlag AG: 73, 156, 182, 251 – © Adam Berry/Getty Images: 110 r. – BERUF AKTUELL 2015/2016, hrsg. von der Bundesagentur für Arbeit: 94 u. – Bildarchiv Preußischer Kulturbesitz (bpk), Berlin: 133 – © Bilderberg, Stefan Enders: 192 l. – Bundesarbeitsgemeinschaft Berufswahlpass: 94 m. – Bundesbildstelle Berlin: 38 o., 61, 71 o.r. – Angelika Gulder: Finde den Job, der dich glücklich macht, 3. Auflage 2013, Campus Verlag, Frankfurt/New York: 94 o.l. – © Caritas international: 305 l. – © CARO/ Thomas Ruffer: 42 o.m., 47 2.v.r. – Christliche Initiative Romero e.V. (www.ci-romero.de) | Bleifrei: 239 – © contrastwerkstatt – Fotolia.com: 148 m. – Foto: Doro Dietsch/Landtag NRW: 35 – © dpa-Fotoreport/Michael Jung: 52, 56 u.l., 58 l. – © Europäische Kommission/Grafik: Verlagsarchiv Schöningh: 252 – © F.A.Z.-Grafik Niebel: 180 – © Jörg Axel Fischer/VISUM: 42 o.r., 47 o.l. – © forumZFD: 304 – Reprinted with permission of Freedom House www.freedomhouse.org © 2016: 207 – © Dragana Gavric: 34 – © GEORGES GOBET/AFP/Getty Images: 256 l. – © Horst Haitzinger: 79, 221, 260 – infratest dimap: 136 u. – iStockphoto.com: 174 – © Jürgen Janson: 188, 290, 308 u. – JOBFACTORY, www.jobfactory.de/© Foto: Andreas Duerst: 4 o., 82 – www.kgh-online.de Ausstellung 2006; Zeichnung: © Margarita Kerbs: 307 – Kinder- und Jugendring Sachsen-Anhalt e. V.: 55 o. – © Kostas Koufogiorgos: 239 u.r., 302 u. – Landesjugendring Brandenburg: 54 – © liangpv/iStockphoto: 309 o.l. – Kai Loeffelbein/laif: 170 – © Gerhard Mester: 43 r., 172 l., 200, 224 o.l.+u.r. – © Jiri Miklo – Fotolia.com: 139 2.v.o. – © Burkhard Mohr: 272, 275 u., 309 u. – © momius – Fotolia.com: 121 u. – FILIPPO MONTEFORTE/Staff/Getty Images: 267 – Hintergrund: Unclesa | Collage: Horst Müller | Foto „Mädchen“: Franz Pfluegl | Foto: Will Baxter: 227 – RAIGO PAJULA/AFP/Getty Image: 118 – © Edyta Pawlowska – Fotolia.com: 254 – © photocreo – Fotolia.com: 56 o.r., 59 r. – © picture-alliance/abaca: 7, 276 – picture-alliance/ANP XTRA: 212 – © picture alliance/AP Photo: 283 o. – picture alliance/Arco Images GmbH: 194 – © picture-alliance/ausloeser-photographie: 210 – © picture alliance/Ulrich Baumgarten: 162 – picture alliance/Bildagentur Huber: 289 r. – picture alliance/Bildagentur-online: 5 o., 146 – © picture-alliance/chromorange: 152, 216, 240 o.l. – © picture alliance/CITYPRESS24: 282 – © picture-alliance/Cultura: 144 – © picture alliance/Wiktor Dabkowski: 275 o. – © picture alliance/dpa: 3 u., 4 m.+u., 6 u., 14, 16 (beide), 20, 32, 36, 38 u., 39, 40, 42 o.l., 47 3.v.l., 50, 53, 56 o.l. + m., 58 r., 60 l., 62, 63, 72, 74, 80 r., 95, 104, 110 l., 122, 124, 134 (2), 135 (5), 151, 160 u., 167 u., 204, 206, 211, 218, 219, 240 o.r.+u.l.+u.r., 255, 256 u.l.+o.m.+u.r., 261, 264, 266, 271, 285, 288, 289 l., 293, 296, 305 m., 306, 308 o. – © picture alliance/dpa-Infografik: 15, 45, 51, 98, 99, 107, 138 (beide), 163, 167 o., 175, 178, 181, 183, 186 (2 Bilder), 187 (alle), 197, 198, 217, 223 (beide), 239 u.l., 248, 249, 250, 265, 268, 279, 283 u., 284, 286, 292, 295, 301 – © picture-alliance/Jose Giribas/ROPI: 300 – © picture-alliance/HB-Verlag: 126 – © picture alliance/JOKER: 196 – © picture alliance/Pacific Press: 297 – © picture alliance/prisma: 202 – picture alliance/Stefan Sauer: 257 – © picture alliance/Westend61: 96, 261 – © picture alliance/ZB: 3 o., 5 m., 12, 108, 131, 160 o., 168, 230 – © picture-alliance/ZB-Fotoreport: 134 (1, 3) – © Thomas Plaßmann: 157 o., 213, 224 o.r. – © Erich Rauschenbach: 157 u. – © Rawpixel.com – Fotolia.com: 6 o., 214 – © REUTERS/Yves Herman: 256 o.r. – © REUTERS/Ibraheem Abu Mustafa: 278 – © Heiko Sakurai: 294 – Schekker – das Jugendmagazin der Bundesregierung: 66 (beide) – Finde raus, was DU drauf hast! Der persönliche Berufs-Check-up für Jugendliche, Schulwerkstatt-Verlag 2011: 94 o.r. – © Reiner Schwalme: 136 o. – © stringerphoto – Fotolia.com: 233 – © Klaus Stuttmann: 10 u.r., 30, 224 u.l., 229 u. – aus: Süddeutsche Zeitung vom 28./29. November 2015, Nr. 275, S. 2: 228 (beide), 229 o. – Foto: terre des hommes: 203 – © Jürgen Tomicek: 78 – © ullstein bild: 71 – © ullstein bild – Becker & Bredel: 21 – Umweltgutachterausschuss beim Bundesministerium für Umwelt, Naturschutz und Reaktorsicherheit: 179 – © UNO: 309 r. – vario-press/Ulrich Baumgarten: 56 u.r., 59 l. – Verlagsarchiv Schöningh/Susanne Baumann: 242 r. – Verlagsarchiv Schöningh/Fotostudio Henke, Salzkotten: 9, 24 (alle), 55 u. (beide), 85, 92, 97, 100/101 (alle), 106, 130. 139 (5 Bilder), 165 (beide), 175 (beide), 205 – Verlagsarchiv Schöningh/Wolfgang Mattes: 247 (alle), 253 r. – courtesy of WAN-IFRA, www.wan-ifra.org and Michel Cambon, http://michelcambon.free.fr/: 113 – © Welthungerhilfe: 305 r. – © Volker Witt – Fotolia.com: 135 (4) – © Jacques Witt/Pool/ABACAPRESS/ddp images: 231 – © Joern Wolter/wolterfoto.de: 148 r. – © World Vision: 305 u. – © Alena Yakusheva – Fotolia.com: 140 – © Zoonar.com/Peter Probst: 42 u. (4 Bilder), 47 u.l, 2.v.l., 4.v.l., r. – weitere: Verlagsarchiv Schöningh

Sollte trotz aller Bemühungen um korrekte Urheberangaben ein Irrtum unterlaufen sein, bitten wir darum, sich mit dem Verlag in Verbindung zu setzen, damit wir eventuell notwendige Korrekturen vornehmen können.